常德市人民代表大会志

常德市地方志编纂委员会
常德市人民代表大会常务委员会 编

方志出版社
Publishing House of Local Records

图书在版编目（CIP）数据

常德市人民代表大会志 / 常德市地方志编纂委员会，常德市人民代表大会常务委员会编. -- 北京 ：方志出版社，2016.10
ISBN 978-7-5144-2162-0

Ⅰ. ①常… Ⅱ. ①常… ②常… Ⅲ. ①地方各级人民代表大会—工作概况—常德 Ⅳ. ①D624.644

中国版本图书馆CIP数据核字(2016)第259652号

常德市人民代表大会志

编　　者： 常德市地方志编纂委员会、常德市人民代表大会常务委员会
责任编辑： 罗　滔
出 版 人： 冀祥德
出 版 者： 方志出版社
地址　北京市朝阳区潘家园东里9号（国家方志馆4层）
邮编　100021
网址　http://www.fzph.org
发　　行： 方志出版社发行中心
电话（010）67110500
经　　销： 各地新华书店
印　　刷： 常德市湘北彩印厂　　0736-7187272
开　　本： 787×1092　　1/16
印　　张： 43.5
字　　数： 921千字
版　　次： 2016 年 10月第1版　2016年10月第1次印刷
印　　数： 0001～1500册

ISBN 978-7-5144-2162-0　　**定价：** 368.00元

常德市地方志编纂委员会

顾　　问　王　群　徐正宪　刘　明　李爱国

主　　任　周德睿

副 主 任　朱水平　黄清宇　陈　华　吉荣华

委　　员　周代惠　涂碧波　易耀平　王兴钊　鲁晓凤　朱　明
任克勤　吴兴国　李百艳　胡以军　汤祚国　唐汇诰
马　慧　唐子钧　胡　文　龚美爱　曾　勇　杨天生
张运华　吴德新　杨成英　黄金陵　向美华　黄云新
向才焰　涂贤春　黄修林　洪振海　张克武　张国政
刘兴华　伍彩霞　郑家火　覃志云　程方山　刘湘宁
刘李波　陈集群　周华辉

《常德市人民代表大会志》编修委员会

主　　任　刘　明

副 主 任　文承保　王孝山　肖燕芳　曾再农　王先蒙　熊大顺
谭弘发　曾再农　彭启云

顾　　问　熊奇生　彭孟芝　莫道宏　刘本之　曹儒国

成　　员　（按姓氏笔画排序）
万　利　王志华　王育平　兰枝云　邓纯彪　刘德军
李世霞　李向东　李学文　张启俊　杨立安　杨华桥
杨　君　汪淑凡　赵正乐　赵理群　高德知　鲁祖安
廖忠义　蔡常林　颜学锦　魏邦发　魏岳林

（编修委员会设办公室，杨立安兼任办公室主任，刘伏沅任办公室副主任）

《常德市人民代表大会志》编辑部

主　　编　万　利

副 主 编　杨立安　王志华　赵理群

编辑人员　（按姓氏笔画排序）

张星瑜　李昌衡　陈　成　陈志辉　陈春生　杨治国

李成强　田明时　薛　彬　江正全　肖建华　池大炎

石概志　齐绍进　胡　政　胡群锋　唐　莹　彭青岭

潘军达　刘伏沅　方建春　龙清安　朱　伟　吴英清

常德市人大常委会机关

1989年7月15日，常德市第一届人民代表大会第二次会议会场

1995年3月25日，常德市第二届人民代表大会第三次会议会场

1997年12月29日，常德市第三届人民代表大会第一次会议会场

2002年12月28日，常德市第四届人民代表大会第一次会议会场

2011年1月12日，常德市第五届人民大代表大会第四次会议会场

2012年12月26日，常德市第六届人民代表大会第一次会议会场

1989年9月4日，常德市第一届人大常委会举行第八次会议

1997年4月28日，常德市第二届人大常委会举行第三十一次会议

2001年12月24日，常德市第三届人大常委会举行第三十一次会议

2006年8月30日，常德市第四届人大常委会举行第三十三次会议

2012年8月23日，常德市第五届人大常委会举行第三十二次会议

2013年2月27日，常德市第六届人大常委会举行第一次会议

常德市第一届人大常委会组成人员

前排左起： 李丰茂、蔡汝栋、徐霞林、吴愈俊、罗寅阶、刘运武、熊奇生、揭乐田、余习忠、杨云孝

常德市第二届人大常委会组成人员

前排左起： 周鸿翔、张先春、鲁之芙、余习忠、彭孟芝、熊奇生、何星甫、李丰茂、俞斌龙、肖有志

常德市第三届人大常委会组成人员

前排左起：蒋祖建、李学林、邹克忠、俞斌龙、姚绍球、向启国、肖有志、彭孟芝、莫道宏、佘习忠、张先春、周鸿翔、孙维忠

常德市第四届人大常委会组成人员

前排左起：张启祥、何英满、高　勇、邹克忠、蒋祖健、莫道宏、孙维忠、李学林、刘克云、鲁秉群

常德市第五届人大常委会组成人员

前排左起： 彭启云、肖燕芳、杨先平、张启祥、刘本之、张元英、文承保、石成林、王孝山

常德市第六届人大常委会组成人员

前排左起： 彭启云、王先蒙、肖燕芳、刘　明、王孝山、曾再龙、谭弘发、万　利

1989年9月15日，常德市第一届人大常委会视察张公庙大桥建设工程

1997年9月15日，常德市第二届人大常委会视察沅水公铁两用桥建设工程

2001年5月17日，常德市第三届人大常委会视察安乡县县城防洪圈建设

2002年12月31日，常德市第四届人民代表大会第一次会议期间，市人大代表视察柳叶湖建设

2011年10月13日，常德市第五届人大常委会劳动法执法检查组在常德市汇美食品有限公司调查

2012年12月29日，常德市第六届人民代表大会第一次会议期间，市人大代表视察城市规划馆

2006年11月23日，常德市第四届人大常委会举办全市学习贯彻监督法培训班

1994年9月10日，常德市第二届人大常委会举行常德市优秀法官命名表彰大会

序

盛世修志。中国共产党带领中国人民正在朝着民族复兴的康庄大道阔步前进。在中共常德市委的正确领导和社会各界的大力支持下，经过市人大常委会和全体编纂人员的辛勤努力，《常德市人民代表大会志》终于付梓出版了。这部志书的出版发行，为常德市留下了一部政权建设的珍贵史料，对推进我市贯彻“全面建成小康社会、全面深化改革、全面依法治国、全面从严治党”的战略布局，推进我市民主政治建设，都具有重要的现实意义和历史意义。

1988年6月，“撤区建市”后的常德市第一届人民代表大会第一次会议召开，从此，我市民主政治建设掀开了新的篇章。20多年来，市人大及其常委会始终坚持党的领导、人民当家作主和依法治国的有机统一，依法履行宪法和法律赋予的各项职责，围绕党的中心工作，议决重大事项、强化监督职能、依法选举任免、加强代表联络、宣传人大制度，在实践中探索前进，人大工作年年有进步、届届有发展。人大工作的开展和加强，对坚持和完善人民代表大会制度，加强社会主义民主政治建设，保障和促进全市经济社会发展，发挥了重要的作用。20多年的实践证明，人民代表大会制度是党领导人民当家作主的最好组织形式，是完全符合中国国情的根本政治制度，是中国人民的正确选择。

“史以信为本。”这部志书以朴实简洁的语言，依托大量的资料，客观、真实、准确地记述了常德市人大及其常委会20多年来的工作历程，文风严谨顺畅，体现了志书的基本特征。

《常德市人民代表大会志》在编纂过程中，全体编写人员克服时间跨度较长、史实资料不全、编写经验不足等困难，精心编纂、数易其稿，按照“详市略属、详主略次、详特略同”的原则，以记述市人大及其常委会的工作为重点，兼顾各区县(市)人民代表大会的历史，内容丰富，资料翔实，观点正确，体例科学，图文并茂，贯穿了史志“资政”、“育人”“存史”的指导思想。志书在编纂过程中，得到许多老领导、老同志以及区县(市)人大常委会、市方志办、市档案局等部门和单位的大力支持。在此，我谨代表常德市人大常委会和志书编辑委员会，一并表示衷心感谢！

历史的车轮滚滚向前，伟大的民族复兴之路灿烂辉煌。常德市人大及其常委会将紧密团结在以习近平同志为总书记的党中央周围，在中共常德市委的领导下，坚持改革创新，不断总结经验，恪尽职守，不负众望，为保障和促进全市经济社会全面发展，建设智慧健康美丽现代幸福常德贡献力量。

2015年12月10日

(作者系常德市第六届人大常委会主任)

凡 例

一、本志以马克思列宁主义、毛泽东思想、邓小平理论和“三个代表”重要思想、科学发展观和习近平系列重要讲话精神为指导，运用辩证唯物主义、历史唯物主义的基本原理，实事求是地记叙我国人民代表大会制度在常德市的建立、发展的历史和现状，力求全面、系统、准确和思想性、科学性的统一，并体现时代特征和地方特色。

二、本志上限始于撤区建市的1988年，下限止于2013年。为保持区县（市）人民代表大会制度发展历史的连续性，区县篇的记述上溯至各自的首届各界人民代表会议，下限亦止于2013年12月。

三、本志记述自1988年撤销原常德地区建立省辖常德市以来，市人民代表大会及其常务委员会在中共常德市委领导下，依法行使职权，推进常德市的改革开放、经济发展和民主法制建设的历程。依届次为序，按门类横排，纵向记述。志首设概述，分设代表大会、常务委员会、决议决定、选举与人事任免、监督工作、代表工作、常委会日常工作、区县（市）人民代表大会共八篇，另设人物、附录。因篇幅所限，市人大常委会工作报告只录入第一届至第五届每届的五年工作总结和2013年年度工作报告。考虑到代表大会和常委会的重要工作事项和重大活动，在本志有关章节中作了比较详细的记叙，为避免内容重复，故未设大事记。

四、为保持历史原貌，书中对武陵区、鼎城区的表述，在1988年撤区建市前仍分别称常德市、常德县。

五、本志体例和行文，均按中国地方志指导小组制定的《地方志书质量规定》《〈湖南省志〉编写行文通则》和《常德市志书编纂工作细则》执行。采用公元纪年。组织、机构、单位、会议等名称，第一次出现用全称,再次出现按习惯用语简称。国家法律名称一律使用习惯性简称,法规以及规章名称使用全称。

六、本志所引用资料,来源于常德市档案馆和市人大常委会档案室,所用资料均已核实,不交代出处。

七、坚持生不立传原则。本志入传人物为断限内逝世的曾任常德市人大常委会正、副主任的老领导。

八、本志在第五、第六届市人大常委会主任会议领导下,由常委会办公室牵头,机关党委、代表大会各专门委员会、常委会各工作机构负责组织编写,《常德市人民代表大会志》编修工作领导小组进行协调、统筹和修改指导。

目　录

第二篇　常德市人民代表大会常务委员会

第三篇　决议决定

第四篇 选举与人事任免

第五篇　监督工作

第六篇　代表工作

第七篇　常委会日常工作

第八篇　区、县(市)人民代表大会

人　物

附　录

CONTENTS

Part 2 The Standing Committee of the People's Congress of Changde

Part 3 Resolutions

Part 5 Supervision

Part 6 Work of the Deputies

Part 7 Daily work of the Standing Committee

Part 8 People's Congress of the Districts, Counties and Prefecture-Level Cities

Important Figures

Appendix

概　述

1988 年 1 月，国务院批准撤销常德地区，建立省辖常德市，实行市领导县体制。2013 年，辖武陵、鼎城两个行政区，汉寿、桃源、石门、临澧、澧县、安乡六个县和德山经济开发区、柳叶湖旅游度假区、桃花源风景管理区、西洞庭管理区、西湖管理区，代管县级津市市，区域面积 1.82 万平方千米，户籍人口 622.59 万人。

一

1988 年 6 月，常德市第一届人民代表大会第一次会议选举产生常德市第一届人民代表大会常务委员会。至 2013 年 12 月止，常德市人民代表大会历经六届。二十多年来，历届人大及其常委会在中共常德市委的领导下，认真履行宪法和法律赋予的职责，与时俱进，开拓创新，为推进全市的改革开放、经济社会发展和民主法制建设，做了大量卓有成效的工作。

依法行使重大事项决定权。市人大及其常委会按照宪法和法律规定的原则精神，制定讨论决定重大事项的规定，并根据形势发展和现实需要，多次进行修订，对本行政区域内重大事项的范围进行了界定，对行使重大事项决定权的程序作了规范和细化。历届代表大会和常务委员会紧紧抓住经济建设和社会发展这个中心，围绕市委提出的重要工作部署，先后作出决议决定 388 项，其中涉及财政经济方面 117 项、法制建设和社会发展方面 59 项。

对全市改革发展和经济建设中的全局性事项作出决议决定。历届市人民代表大会先后审查批准了常德市国民经济和社会发展“八五”“九五”“十五”计划、“十一五”“十二五”规划纲要，以及年度国民经济和社会发展计划和财政预算。代表大会闭会期间，常委会会议对市人民政府提出的年度国民经济社会发展计划、财政预算执行过程中部分指标调整的议案及时进行审议，作出相应的决定。为了改善经济发展环境，2000 年 4 月，市三届人大常委会第十六次会议作出关于治理经济发展环境的决议，提出要切实解决全市经济发展环境存在的突出问题，并通过执法检查的方式，督促有关部门查处破坏经济发展环境的典型案件，对改善常德市的经济发展环境，扩大改革开放、加快发展速度产生非常重要的推动作用。

对城市建设管理和环境保护工作中的重大事项作出决议决定。为了加快常德市城市建设步伐，市一届人大常委会就对城市总体规划修编纲要进行审议，对城市性质、发展规模、功能划分、产业定位、生态环境保护、旧城改造等重要事项提出建设性修改意见，作出相应决议，奠定了常德市城市发展基础。随后，历届人大常委会又多次就城市总体规划修编、扩容提质作出决议决定。1995 年 3 月，市二届人大常委会在全省率先作出在市城区禁止燃放烟花爆竹的决定。1999 年 6 月，市三届人大常委会第十次会议作出关于建设常德市城区大气环境保护圈的决议，成为全省首例。2004 年 8 月，市四届人大常委会第十五次会议作出进一步加强环境保护、建设生态市的决议，提出要把建设生态城市作为长远发展目标，将环境效益纳入经济发展水平评价体系。历届常委会会议还就环境保护工作、城市建设资金的管理和使用、建设城区防洪大堤、德山经济开发区和柳叶湖旅游度假区总体规划、城区禁止机动车辆鸣喇叭、确定“市树市花”等项工作作出决议决定，促进常德市的城市建设管理和环境保护工作上了新的台阶。

对全市民主法制建设中的重大问题作出决议决定。常委会先后就普法教育、依法治市、执法检查、加强法院执行工作、加强人民检察院对诉讼活动中的监察工作、人大换届选举等民主法制建设的重大问题作出一系列决议决定，为建设法制常德、构建和谐社会发挥了无可替代的作用。1988 年 12 月，市一届人大常委会第四次会议作出关于依法治市的决议，明确全市要用五年时间，实现各级国家机关和领导干部依法决策、依法管理、保障公民基本权利、依法保障和促进各项事业健康发展等方面取得显著进展的目标。

对关系广大人民群众切身利益的民生问题作出决议决定。二十多年来，市人大及其常委会在依法行使重大事项决定权的过程中，始终坚持代表广大人民群众的根本利益，把关注困难群体和特殊群体的基本生活保障，维护群众利益作为工作的切入点，先后就解决水库淹没区及壶瓶山自然保护区生产建设和群众生活生存问题、解决城乡贫困人口住房困难问题、农村养老问题、职业病患者医疗救助问题作出决议决定。市一届人大三次会议作出关于解决自然保护区生产建设和群众生活生存问题议案的决议后，市政府有关部门向市人大常委会会议汇报调查情况和解决方案，会议认为有关部门的汇报不够认真、工作不够扎实，汇报未予通过。之后，常委会组成人员前往实地视察调查，向市人民政府提出解决问题的具体建议，使这一决议得到较好的贯彻落实。市五届人大常委会先后就“住有所居、老有所养、病有所医”等重大民生问题作出相关决议后，督促市人民政府出台有关政策，投入大量资金，加快城市住房体系建设，对贫困农村家庭给予建房补贴，加大对农村养老院和乡镇卫生院建设的政策和资金支持力度，对职业病患者进行医疗救助，体现了党和政府对社会贫困群体的关心。

对社会发展事业中的重大问题作出决议决定。常委会先后就普及九年义务教育、发展职业技术教育、文物保护、创建国家优秀旅游城市、增加教育投入、血吸虫病防疫、体育场馆建设作出决定，推动了社会事业均衡、健康发展。为了营造全民兴教的浓厚氛围，动员社会各界关心和支持教育事业，市三届人大常委会第三十六次会议作出决定，将每年 9 月 8 日定为全市“助教日”。随着城市规模不断扩大，学前教育严重滞后与学龄前儿童快速增长的矛盾日益突出。2011 年 8 月，市五届人大常委会第二十五次会议作出《关于促进全市学前教育健康发展的决议》，对加大学前教育投入，加快幼儿园建设，提高幼儿教师素质等提出要求，这一矛盾正逐步缓解。

对农业与农村工作的重大事项作出决议决定。为了实现从农业大市向农业强市的转变，常委会先后就减轻农民负担、防汛救灾、造林绿化、农村集体资产管理、农村改水、农业投入品监管等事关农业与农村发展问题作出决议决定。为了切实解决农民负担过重问题，市一届人大常委会第二次会议于 1988 年 9 月作出决议，要求各级人民政府办一切事情都要从农村工作实际出发，正确估价农民的富裕程度，在农民负担问题上要坚持取之有度、用之得当的原则，严禁一切向农民乱收费、乱摊派、乱集资、乱罚款行为，坚决废止违规增加农民负担的文件，严肃查处违规的人和事，使这一现象得到有效遏制。

不断深化监督工作。市人大及其常委会按照宪法和法律赋予的监督职权，每年选择若干关系改革发展稳定大局和群众利益、社会普遍关注的重大问题，认真开展对“一府两院”的法律监督和工作监督，不断创新监督方式，努力使监督工作取得实效。

听取和审议专项工作报告。至 2013 年年底，共听取审议有关部门工作报告 488 项。通过听取审议专项工作报告，强化对“一府两院”重要工作的监督。一是强化对关系全市改革发展重大事项的监督。重点围绕发展工业经济、国有企业改制、招商引资、建立社会保障制度、农业结构调整、农村税费改革、环境资源保护、城市总体规划修编、加快城市化发展步伐等重要内容，听取市人民政府及有关部门的汇报，提出审议意见和建议。二是强化对国民经济计划、财政预算执行情况的监督。常委会每年至少听取一次计划和财政预算执行情况，听取有关专门委员会对全市经济形势分析报告，对五年经济发展规划进行中期评估。制定预算审查监督办法，听取预算执行情况的审计工作报告，由点到面对部门预算进行审查，逐步实现对财政预算由程序性监督向实质性监督转变。审议城市建设资金计划和重大城市建设项目，促进资金合理使用，提高效益。三是强化对人民群众普遍关心的热点难点问题的监督。常委会听取和审议市人民政府减轻农民负担、下岗职工再就业、医疗制度改革、住房制度改革、安居工程、教育经费保障、打击假冒伪劣商品、食品安全、农村居民饮水安全等工作报告，通过信访渠道，了解群众的意愿和要求，及时向有关部门反馈，提出意见和建议，促进有关问题解决，维护了群众的合法权益。

突出重点抓好执法检查。二十六年来，常委会和有关专门委员会共组织开展了 132 次执法检查。在开展执法检查的过程中，把重点放在法律法规实施中的薄弱环节、人民群众反映强烈和存在的突出问题上，力求抓出成效。环境保护是我国的基本国策，历届常委会都把环保执法检查放在十分重要的位置，紧紧抓住不放，督促有关方面严肃查处破坏环境的典型案件，禁止在大型水面投肥养鱼，大幅压减珍珠养殖面积，关停了一批污染严重的企业。为了创造良好的经济发展环境，先后开展了企业法、产品质量法、价格法、劳动法的执法检查,对检查发现的问题向有关部门交办,跟踪检查办理落实情况。2006 年 9 月,第四届人大常委会组织开展了安全生产法律法规的执法检查,对发现的重大安全隐患向市人民政府交办,有关问题均得到妥善解决。司法不公是人民群众反映比较突出的问题,常委会多次开展刑诉法、法官法、检察官法、治安处罚法的执法检查,组织人大代表评议典型司法案件,督促查处徇私枉法问题,不断促进政法部门加强队伍建设、提高办案质量、提升干警形象。常委会和代表大会专门委员会还开展了义务教育法、科学进步法、教师法、水法、水土保持法、水污染防治法、农业法、农村土地承包法等法律法规的检查,取得了较好的效果。1999 年,市人大常委会牵头开展"常德环保世纪行"活动,随后,又陆续开展"农产品质量安全行""常德司法公正行""常德农民健康行""常德民族团结进步行动" 等活动,监督"一府两院"认真贯彻与"五行"活动相关的法律法规,揭露违法现象,成为增强执法检查效果的推进器。

开展专项工作视察。除组织省、市、县三级人大代表开展年度视察活动外,常委会还组织对重大工业项目、公路建设、城市基础设施建设、防洪保安工程、农田水利建设、农业综合开发、园区建设、基层法院建设、监所管理、检察工作等开展 80 次专项视察,针对有关工作存在的问题和困难,提出意见和建议。2011 年 9 月,市人大常委会组成人员视察全市重点工业和城建项目,对市人民政府"项目建设年"工作成果给予充分肯定,提出要聚精会神抓项目、全力以赴促进度、千方百计保资金、齐心协力搞拆迁的视察意见。

开展述职评议和工作评议。市三届人大常委会开始,对市政府组成部门和"两院"主要负责人开展述职评议。评议前,常委会组织评议调查小组召开被评议负责人所在单位班子成员座谈会和科室负责人座谈会征求意见,发放测评表开展工作测评,了解该负责人任职期间的工作情况。常委会会议听取负责人述职报告,对其德、勤、能、绩进行客观评议,现场进行满意度测评,评议结果及时向市委报告并通报本人,督促其对不足之处进行整改。按照监督法的规定,市五届人大常委会组织开展对"一府两院"的相关工作开展工作评议。2011 年 4 月,市五届人大常委会第二十三次会议审议通过工作评议办法,对工作评议的对象、内容、程序、评议结果的处理进行了规范,增强了评议效果。

抓好规范性文件备案审查工作。2007 年 6 月,市人大常委会对规范性文件的备案审查工作正式启动。2008 年 2 月,市五届人大常委会第一次会议审议通过规范性文件备案审查办法。办法规定,"一府两院"制定的具有普遍约束力的文件,区县(市)人大及其常委会对本行政区域内重大事项作出的决议、决定等,做到应报尽报、有件必备。有关专门委员会在审查过程中及时向规范性文件制定机关提出修改建议,有效地防止和减少了违宪违法或不适当情形。至 2013 年年底,常委会共接受市政府及区县(市)人大常委会报送规范性文件 181 件,建议文件制定机关修改 1 件,建议取消出台 2 件。

认真行使任免权。二十多年来,常委会任免"一府两院"负责人、市人大有关专门委员会和工作机构负责人 2023 人次,一大批德才兼备的干部进入国家机关领导岗位,在推进全市改革开放和经济建设中发挥了应有的作用。一是坚持党管干部的原则与依法任免的统一。对有关机关提请审议的任免案，主任会议首先听取情况介绍，统一思想，如有不同意见，要求提请机关进一步考察，重大问题向市委报告。常委会会议审议时，“一府两院”负责人到会介绍拟任人员情况，常委会组成人员充分发表意见。二是建立和完善任免工作制度。1988 年 8 月，市一届人大常委会第二次会议审议通过人事任免工作暂行办法，对任免范围、任免程序、表决方式等作出详细规定；1993 年，市二届人大常委会经过修改、完善、补充，出台《常德市人民代表大会常务委员会人事任免办法》；2001 年，市三届人大常委会再次对这个办法进行修改。三是坚持任免工作的民主性。拟任人员在常委会会议上进行从政发言，介绍自己的基本情况，常委会组成人员可就有关问题提出询问，由提请机关或拟任人员当场解答。由填票表决改为电子表决，更加保证了投票人的民主权利。表决结束后，通过颁发任命书、举行集体宣誓仪式，对被任命人员进行敬畏法律、勤政廉政、依法办事、执政为民的教育，努力为党和人民把好人事任免关。

依法做好换届选举。市人大常委会设立以来，已组织进行了 5 届常德市的省人大代表和市人大代表换届选举，指导 6 届县级、7 届乡级人大代表换届选举。常委会根据地方组织法、选举法、代表法的有关规定和常德市实际，对代表的选举方式、选区划分、候选人的提出、代表名额分配、代表补选以及罢免等作出具体规定。选举过程中，坚持和依靠各级党委的领导，加强对选举工作的组织与指导，强调选举的各个环节都要充分发扬民主，严格依法办事，及时发现纠正选举中出现的违法行为；改进候选人的提名方式和方法，增进选民对候选人的了解，开展代表资源调查，实行差额选举，使选出的代表在知识结构、年龄结构和参政议政能力等方面逐届改善；开展法制宣传和人大制度宣传，激发选民参与国家政治生活的热情；精心组织，努力提高参选率和直投率，确保选举顺利进行。

努力发挥代表作用。市人大常委会把代表工作作为一项基础性工作来抓，采取一系列措施，发挥代表在参与管理国家事务、促进常德市的经济建设和社会发展中的重要作用。

加强与代表的联系。常委会建立了主任会议成员及驻会委员联系代表制度，实行分工负责制，通过上门走访、电话、信函、电子邮件等方式，了解代表工作情况、履行代表职责情况、家庭生活情况，帮助代表解决有关困难。每年，主任会议成员及驻会委员都会集中一段时间，下到区、县(市)和乡镇，召开代表座谈会，听取代表对人大常委会和有关国家机关工作的意见和建议。

以代表小组为基础开展活动。按选区就近建立代表活动小组，制定小组活动计划；每次换届后均举办代表小组长培训班，提高代表履职能力；评选表彰先进代表小组和代表活动积极分子，激发代表履职热情，增强代表工作活力。

畅通代表知政渠道。邀请省、市代表列席常委会会议和政府有关会议；每年召开一次政情通报会，由“一府两院”负责人向代表通报全市改革经济发展重大工作部署和审判、检察工作的重大事项；组织代表开展视察、参与市人大常委会组织的执法检查，拓宽代表活动领域，促进常委会决策的民主化、科学化、法制化。

认真办理代表议案和建议、批评和意见。常委会先后制定3个规范性文件，对议案和建议、批评和意见的征集、审议、交办、承办、落实、答复、检查等环节都作了具体规定，“一府两院”也制定了相应的配套性制度。代表在大会期间提出的重要议案，经大会主席团审议，提交大会表决，作出相关决议；交由常委会审议办理的议案，列入常委会会议审议，按程序办理。有关专门委员会和常委会各工作机构加强经常性督办检查，常委会每年听取“一府两院”办理工作情况报告，对办理不力或代表对办理结果不满意的，提出通报批评，责令重办，直到代表满意为止。每年选择几件代表反映意见比较集中、事关人民群众切身利益的议案、建议重点督办。如关于水库淹没区和壶瓶山自然保护区群众生产生活问题的两个议案、关于贯彻实施《劳动法》的议案、关于防洪保安的议案、关于解决江南江北天然气同价的建议、关于解决城乡贫困人口住房困难问题的议案、关于改进农村五保户供养工作的议案等，市人大常委会领导和代表大会专门委员会、常委会有关工作机构多次组织人大代表和有关部门实地视察调查，研究解决问题的办法，督促承办单位拿出具体措施抓紧落实，使问题得到较好解决。改进办理方式，由会后交办改为会中交办与会后交办相结合，发挥代表大会期间领导集中、提办双方见面沟通方便、大会交办气氛浓的优势，由市人大常委会和市人民政府负责人主持，选择办理责任明确的建议、批评和意见，现场向承办单位交办，由承办单位填写责任卡，作出责任承诺。建立办理考核制度，办结率、回复率、满意率逐年提高，解决了一批群众关注、久拖不决、市民得到普惠的问题，对改进国家机关的工作作风、密切党和人民群众的关系、建设满意政府起到极大促进作用。

二

常德市人民代表大会建设的实践证明，人民代表大会制度是适合中国国情的根本政治制度，充分体现了社会主义民主的本质特征和内在要求，是建设社会主义民主政治的必由之路。回顾市人大及其常委会建立二十多年来的发展历程，主要经验和体会是：

必须坚持以马列主义、毛泽东思想、邓小平理论、“三个代表”重要思想、科学发展观和习近平系列重要讲话精神为指导，毫不动摇地坚持和完善人民代表大会制度。我国的人民代表大会制度，是在马列主义、毛泽东思想指引下，逐步发展起来的。邓小平关于发展社会主义民主、健全社会主义法制的一系列论述，是新时期我国民主政治建设和地方人大工作的根本指导思想。“三个代表”重要思想、科学发展观以及习近平系列重要讲话，为进一步做好地方人大工作指明了方向。只有坚持高举马列主义、毛泽东思想和邓小平理论伟大旗帜，深刻理解我国人民代表大会的性质、地位、特点、作用和优越性，充分认识人民代表大会制度是保证人民实现当家作主、行使管理国家事务权利的基本形式，认真履行法定职权，进一步坚持和完善人民代表大会制度，才能保证人大工作始终沿着正确道路前进。

必须坚持党的领导，把依靠党的领导与依法行使职权统一起来。坚持和依靠党的领导，是宪法确定的基本原则。人大及其常委会只有坚持和强化党的领导的观念，自觉把人大工作置于党的领导之下，才能保证人大工作健康发展。市人大常委会始终自觉接受党的领导，重大问题和重要工作及时向市委请示报告；常委会安排工作，确定议题，力求体现党的意图；市委的重大决策，常委会及时按照法定程序作出决议决定，使之变成全市人民的共同意志。二十多年来，市委共召开5次人大工作会议，每次会议均就加强和改善市委对人大工作的领导，支持人大及其常委会依法行使职权作出决议决定，或提出工作意见。这样，使党的领导和人大行使法定职权实现了高度统一，保证了市委始终发挥总揽全局、协调各方的领导核心作用。

必须服从和服务于经济建设这个中心，保障全市经济社会协调发展。经济建设是全党全国的工作中心，也是人民群众的根本利益所在。人大工作只有自觉服从和服务于这个中心，才能更好地发挥地方国家权力机关的作用。人大工作服从和服务于经济建设中心，关键是要强化中心意识，注重从人大的工作性质和特点出发，找准与经济工作的结合点，通过审议决定重大事项和强化监督，督促国民经济计划和财政预算的执行，保证全市经济建设目标的实现和重大建设项目的落实，促进依法行政、公正司法，维护人民群众的合法权益，解决社会热点难点问题，推动建设和谐社会，为经济建设创造良好的法制环境和社会氛围。

必须坚持发挥好代表作用，夯实人大工作的基础。人大代表是人民代表大会的主体，是做好人大工作的基础和依托，是人民代表大会制度保持旺盛生命力的源泉所在。市人大常委会坚持把代表工作作为基础工作来抓，在提高代表素质、改善代表结构、加强与代表的联系、创新代表活动方式等方面做了大量扎实有效的工作，较好地发挥了代表来自群众、了解民意、作为沟通党和政府与人民群众联系纽带的独特作用，激发了代表参与管理地方国家事务的热情，使人大工作具有更强的民主性和广泛性。

必须解放思想，勇于探索，不断把地方人大工作推向前进。人民代表大会制度是具有中国特色社会主义的崭新的社会制度，许多工作处于发展和摸索之中，必须坚持在法定原则的前提下，适应新形势，研究新问题，以发展和改革的精神，解放思想，打破传统的思维模式，在工作中探索，在探索中前进。例如在对"一府两院"拟任对象进行任前调查、法律知识考试、拟任人员在常委会进行从政发言、任命一段时间后进行述职评议等，就是监督工作的创新和发展；部门预算审查监督工作，则是找到了对财政预算由程序性审查向实质性审查的切入点；开展年度经济形势分析，是常委会监督经济运行的深化；把"五行"活动与法律监督结合起来，组织人大代表对"两院"所办案件开展案件质量评议，向有关部门交办重点问题并跟踪检查落实情况等，提高了执法检查的权威，增强了执法检查效果；设立调研机构，不断学习人大工作理论，加强调查研究，借鉴外地先进经验，推介本地典型，努力使理论与实践结合更加紧密。这些实践与探索，拓宽了地方人大工作的思路，丰富了人大工作的内容，推动了人大工作不断进步。

我国正处于全面建设小康社会的关键时期，地方人大工作肩负着为实现伟大中国梦而努力奋斗的崇高历史使命。中共常德市委将“新常德新创业”确定为中国梦的常德篇章，揭开了打造“智慧常德、健康常德、美丽常德、现代常德、幸福常德”的战斗序幕。常德市人大及其常委会将在科学总结和正确运用实践经验的基础上，更高地举起社会主义民主法制的伟大旗帜，坚定不移地走中国特色社会主义政治发展道路，坚持改革创新，更好地发挥地方国家权力机关的作用，为实现中国梦、建设新常德谱写更加辉煌的篇章。

第一篇《

常德市人民代表大会

第一篇　常德市人民代表大会

出席市第四届人民代表大会第四次会议的人大代表步入工人文化宫会场

第一章　常德市第一届人民代表大会

第一节　第一届人民代表大会代表

一、代表产生和构成

根据湖南省七届人大常委会第二次会议的决定，常德市第一届人民代表大会代表名额为467名。实际分配选举的代表名额446名，保留机动名额21名。1988年6月上旬，依照《中华人民共和国全国人民代表大会和地方各级人民代表大会选举法》的有关规定并参照军队选举办法的有关规定，分 10 个县（区、市）和武警、消防共 12 个选举单位，选举代表 446 名。其中，中共党员代表 305 名，占 68.4%；非中共党员代表 141 名，占 31.6%。妇女代表 104 名，占 23.3%；少数民族代表 17 名，占 3.8%；工人代表 90 名，占 20.2%；农民代表 99 名，占 22.2%；知识分子代表 85 名，占 19.1%；干部代表 119 名，占 26.7%；军队和武警、消防方面代表 4 名，占 0.9%；其他方面代表 11 名，占 2.5%。

二、代表名单

（按选举单位以姓氏笔画为序，共计 446 名）

武陵区（47 名）

丁玉环（女）（回族） 卜泽光 马明泉（回族） 王子敬 王耀清 冯 敏（女） 刘长生 刘焕清 汤音宏（土家族） 朱云德 朱裴然 孙荣群（女） 阳 光（女） 李少甫 严高明 肖宗荣 吴明德 邹克忠 张安中 张成仁 张和平 张家界 张维民 张燕杰（女） 陈美红（女） 陈菊英（女） 陈德铨 罗爱平（女） 罗常艳（女） 胡大垣 胡良娥（女） 贺大国 姚建平（女） 郭仁远 龚友初 龚业铮 曹同生 梅学贤 黄泽贤（回族） 曾宪友 谢桐樵 蒋星庚 彭菊初 蔡文喜 熊先忠 潘国忠 夏侯培英（女）

鼎城区（57 名）

丁时集 万长瑞 马文远 马善华（回族） 文振贵（女） 王成英（女） 王春芳（女） 王德梅（女） 左维俊 史本迪 史爱民 许芬芝（女） 刘志芸（女） 刘金彪 刘承楚 刘道珍 孙维忠 宋 杰 沈友生 沈善林 李天益 李丰茂 李正达 李超雍（女） 杨甫初 杨桂元（女） 严若来 张丕望 张先春 张家发 张雪秀（女） 陈芝先 陈湘杰 范曼萱（女） 周 旺 周才勇 周望生 罗克全 罗宗武（女） 胡久云 胡国银 胡前毅 姚正先 姚席均 高冬菊（女） 高兆鹏 郭树国 袁明主 袁隆惠 聂绍仪 章伯先 龚家齐 黄富春（女、回族） 粟琼卿（女） 熊绍斌 熊庭战 潘友平（女）

桃源县（57 名）

文龙喜 方春元 王健政 丰兴昌 印长贵 印雄家 刘书林 刘立明 刘东强 刘厚福 刘淑英（女） 许菊秋 伍秋芳（女） 朱清凤 杨万全 杨兰枝（女） 杨年江 杨建国 杨秋林（女） 杨荣族 李华堂 李秋林 吴志新 邹如章 邹白琼（女） 张子福 张华璋 张信国 陈文浩 罗 军 罗元福 罗贤君（女） 周江生（女） 赵伯芹（女） 高 渊 唐贤益 袁松阶 袁淑珍（女） 徐百钧 徐辉臣 黄兆顺 黄国军（回族） 黄雪丹（女） 谢云利（女） 曾庆炎 覃正彦

覃惠均(女)　葛志龙　彭新山　蒋震川　鲁之元　傅圣德　廖志华(女)　谭金富　裴华皆　翦法初(维吾尔族)　魏国超

澧县(55名)

马盛武　文丹震　王　宇　王中文　王本祝　王先兰(女)　王明钧　龙秋梅(女)　皮修银　刘清海　曲家俊　任家伏(女)　任家宽　汪学乾　汪国顺　严文和　李文清　李开喜　李金秀(女、苗族)　李高梅(女)　李桂凡　杨太铭　杨芝文　杨孚林　杨孚海　杜慎茂　余习培　邹团群　何贵铭　陈世忠　陈春生　陈桂英(女)　陈彰嘉　陆维学　郑程遥　周文连(女)　罗昌仁　洪明祥　胡一飞　胡艮海　胡淑媛(女)　胡盛海　羿世淦　徐霞霖　盛玉媛(女)　黄继珍　童证光(女)　谢朝英(女)　彭信梅(女)　覃道海　鲁平兰(女)　谭永兰(女)　廖贻华　熊鹤仙(女)　戴承松

石门县(44名)

丁世明　丁培元　王盛闯　冯希尧　甘昌强　龙美玉(女)　申玉华(女)　卢安尤　叶运华　田时洪　祁梅芳　刘德成　朱方君　孙昌民　沈绪刚　杨万云(女)　杨万平　杜辉才　吴扬钦　吴献华(女)　何仁全　邱正义　张凡英(女)　张立晴(女)　张松林　陈建教(土家族)　陈锦彦　罗寅阶　姚绍球　唐长庆　唐天雄　高伏春(女)　袁金湘　梁桂萼　梁新保　黄加田　龚兆业　崔昌武　游冬群(女)　揭乐田　韩炯承　覃道勋(土家族)　覃福英(女)　谭梦林

慈利县(41名)

卜启圣　王文龙　王菊娥(女)　尹世芳(女)　邓金松(女)　田仲杰　包昌荣　刘呈祥　刘献捷　朱允汉　向必达　汪伯明　杨　万　杨兴平　杨守彩　李书银(女)　李仲丘　李远善　李宗政　李修猛　李淑珍(女)　吴明仁　余仁成　张启敬　张家甫　张海初　尚武卓　香　梅(女)　卓德翠(女)　施大礼　胡佳春(女)　胡道益　莫光华　康晓娥(女)　曾庆中　彭泽春　鲁观靖　鲍菊英(女、回族)　蔡汝栋　滕国华　戴春阳

汉寿县(48名)

方志刚　王定甲　邓　纯　冯自春(女)　史宏新　刘　军　刘　殷　刘正安　刘伊文　刘伟政　刘欣文　刘景恭　李　结　李庆东　李佑祥(回)　李金堂　李跃海　杨长清　肖　晋　肖有志　邹敬忠　张　军(女)　张茂友　陈正富　庞道沐　青克玉(女)　范美玉(女)　周亨发　周家栋　祝明全　胡云华　胡吉安　骆少华　费安培(女)　郭敦文　袁贵友(女)　聂信芳　康冬刚　黄国华(回族)　童成兰(女)　曾明芳(女)　董学全　彭星跃　雷章甫　熊谷春　翦林国(维吾尔族)　戴泽英(女)　戴琼芳(女)

临澧县(28名)

于坤解　于乾萍(女)　马景祥(回族)　刘淑元(女)　朱传湘　汪筱玲(女)　李文耀　李健志　杨永锡　杨有年　杨和清　杨德中　吴愈俊　邹启固　邹纯杰　张天政　张朝胜　陈长伟　林稔载　周金年(女)　易湘域　罗摘星　赵传绪　贺友元(女)　徐章幼　龚秋娥(女)　彭文彬　蒋宗杰(女)

安乡县(41 名)

万兰香(女)　王元珍(女)　尹绍安　龙素文(女)　石彩莲(女)　申建春　刘运武　刘宏炎　刘腊华(女)　向启国　孙立人　孙定国　李光远　李自章　李贤均　李涛白　李锡加(回族)　杨庆武　杨秋莲(女)　杨梅香(女)　杜修元　肖泽德　张代金　张爱云(女)　周功柏　周光德　钟明炎　姚本才　袁庆才　贾国强　黄兆辉　龚佑斌　龚道赐　龚德培　曾凡明　曾贵荣　谢官保　覃正飞　程林义　廖松柏　薛开银

津市市(26 名)

王学好　王学栋　乐眉飞　刘宗贤　汤明继(白族)　朱立炎　杨才香(女)　杨云孝　肖本新　肖光荣　邹洁勤(女)　邵国新　张先武　张自阶　张建国　陈立钧　陈昌富　卓小莲(女)　周雪英(女)　胡炳春　段金平(女)　钱金凤　徐崇章　黄费智　蔡子定　蔡长松

武警常德支队(1 名)

蒋吉华

武警常德地区消防大队(1 名)

杨俊树

三、代表异动

1988 年 12 月—1989 年 3 月

慈利县划归大庸市管辖,代表资格相应消失 36 名(名单略)

调离本行政区域 3 名:熊绍斌、严高明、林稔载

死亡 1 名:梅学贤

补选 19 名:刘春林、王志华、胡友成、王国权、刘顺甄、陈本祥、刘莲玉(女)、熊绍祖、陈绪初、李森树、涂贤怀(女)、贺启德、姚世柏、熊锡礼、曹儒国、鲁秉群、钟万民、陈克鑫、庹朝明

1989 年 4 月—1990 年

调离本行政区域 4 名:程林义、卜启圣、唐贤益、胡炳春

罢免 2 名:刘呈祥、许菊秋

死亡 2 名:杨万平、肖光荣

1991 年

调出本行政区域1名:陈彰嘉

罢免1名:何仁全

死亡1名:乐眉飞

补选3名:吴定宪、朱圣云、贺源涛

增选12名:余习忠、张冠洲、雷立杰、高天成、鲁之芙、梁久华、李大伦、龙迪安、袁观清、胡作武、张春仙(女)、杨丽华(女)

1992年

调离本行政区域5名:陈文浩、曾庆炎、周光德、黄费智、钟万民

死亡2名:刘淑元(女)、何贵铭

补选1名:熊奇生

第二节　第一届人民代表大会会议

第一届人民代表大会第一次会议

1988年6月20—24日，常德市第一届人民代表大会第一次会议在常德市滨湖影剧院举行。出席本次会议的市人大代表应到446人,实到441人,列席人员1人。

会议选举罗寅阶为常德市第一届人大常委会主任,陈文浩、刘淑元、李丰茂、刘运武、杨万平、揭乐田、吴愈俊7人为常委会副主任,蔡汝栋为秘书长,丁世明等23人为常委会委员。选举程林义为常德市人民政府市长,卜启圣、李江、颜永盛、陈德铨4人为副市长;张维明为常德市中级人民法院院长;李少甫为常德市人民检察院检察长(报经省人大常委会批准)。

第一届人民代表大会第二次会议

1989年7月15—20日，常德市第一届人民代表大会第二次会议在常德市滨湖影剧院举行。出席本次会议的市人大代表应到424人,实到399人,列席人员68人。

会议听取和审议市人大常委会、市人民政府、市中级人民法院、市人民检察院的工作报告,并作出相应的决议;听取和审议计划、财政报告,审查和批准常德市1988年国民经济、社会发展计划;审查和批准常德市1988年财政决算和1989年财政预算。会议审议通过接受程林义辞去市人民政府市长职务的决定;补选蔡长松为常德市人民政府市长,徐霞霖、蔡汝栋为常德市第一届人大常委会副主任,杨万柱为常德市人民政府副市长,曹儒国、章伯先为常德市第一届人大常委会委员,邓有志、符国印为省第七届人民代表大会代表。

本次会议共收到10名以上代表联名提出的议案50件。经大会议案审查委员会和主席团审议,全部改为代表建议办理。此外,大会还收到代表提出的建议、批评、意见220件,议案组将全部建议、批评、意见进行分类、登记,大会秘书处与市人民政府、市中级人民法院、市人民检察院(以下简称“一府两院”)取得联系,对一部分能够立即办理的或当场答复代表的进行了办理和答复，解决了代表提出的一些问题和要求。确有困难暂时无法办理的,“一府两

院”有关负责人向代表说明情况。

第一届人民代表大会第三次会议

1990年3月27—31日，常德市第一届人民代表大会第三次会议在常德市滨湖影剧院举行。出席本次会议的市人大代表应到423人，实到394人，列席人员84人(其中包括邀请的市委、市人民政府、市政协、军分区主要领导及老干部28人，到组列席62人)。

会议听取和审查市人民政府市长蔡长松关于政府工作的报告，市计划委员会主任唐必清关于常德市1989年国民经济、社会发展计划执行情况和1990年国民经济、社会发展计划草案的报告，市财政局局长张冠洲关于常德市1989年财政决算和1990年财政预算草案的报告，市人大常委会主任罗寅阶关于市人大常委会工作的报告，市中级人民法院院长张维民关于市中级人民法院工作的报告，市人民检察院副检察长吴斌关于市人民检察院工作的报告，并分别作出决议。

本次会议共收到10名以上代表联名提出的议案35件，其中属于农村工作的8件，财政经济工作的14件、教育科学文化卫生工作的4件、城市建设和环境保护的7件，政法工作的1件、其他方面的1件。议案审查委员会对代表提出的议案逐件进行审议，决定将其中6件议案提请大会主席团审议，审议后有4件议案列入大会议程审议，作出了《常德市第一届人民代表大会第三次会议关于解决水库淹没区生产建设和群众生活问题议案的决议》和《常德市第一届人民代表大会第三次会议关于解决自然保护区生产建设和群众生活生存问题议案的决议》，其余2件连同29件转作建议、批评和意见，交政府有关部门研究办理。在转交的31件中，有13件在大会期间进行了办理，分别由政府分管的副市长及有关部门，根据有关政策精神，到提案人所在代表团直接作出答复，当场拍板，解决了一些重大问题。此外，截止3月30日，大会还收到代表提出的建议、批评、意见138件，议案组全部进行了登记分类，在大会闭幕后交“一府两院”研究办理。

第一届人民代表大会第四次会议

1991年3月29日—4月3日，常德市第一届人民代表大会第三次会议在常德市桃林宾馆举行。出席本次会议的市人大代表应到435人，实到405人，列席人员90人(其中包括邀请的市委、市人民政府、市政协、军分区主要领导及老干部26人)。

会议听取和审查市人民政府市长蔡长松关于政府工作的报告，市计划委员会主任唐必清关于常德市1990年国民经济、社会发展计划执行情况和1991年国民经济、社会发展计划草案的报告，市财政局局长张冠洲关于常德市1990年财政决算和1991年财政预算草案的报告，市人大常委会主任罗寅阶关于市人大常委会工作的报告，市中级人民法院院长张维民关于市中级人民法院工作的报告，市人民检察院检察长李少甫关于市人民检察院工作的报告，并分别作出决议。会议补选余习忠为常德市第一届人民代表大会常务委员会秘书长。会上还表彰了1990年度先进代表小组和代表活动积极分子。武陵区第四代表小组等15个先进市人大代表小组和丁玉环等90名市人大代表活动积极分子受到表彰。陈建教、龚秋娥、羿世淦、邹克忠、曾贵荣、彭星耀六位代表活动积极分子在大会上作典型发言。会议还听取和审议了副市长钦时中就市一届人大三次会议作出的《关于解决水库淹没区生产建设和群众生活问题议案的决议》和《关于解决自然保护区生产建设和群众生活生存问题议案的决议》的实施情况汇报。

会议共收到10名以上代表联名提出的议案31件,其中属于农村工作的10件、财政经济工作的8件、教育科学文化卫生工作的6件、城市建设和环境保护的5件、政法工作的1件、其他方面的1件;议案审查委员会对代表提出的议案进行了认真审议,将其中津市代表团黄费智共11名代表提出的“关于切实解决常德高专基本建设第二期工程立项与投资问题”的议案(第17号)和鼎城区代表团章伯先等50名代表提出的“关于保护和修复常德会战阵亡将士公墓”的议案(第28号),提请大会主席团审议,并建议交人大常委会进一步研究办理。对武陵区代表团张成仁等37名代表提出的“关于调整武陵区财政体制、解决财政连年巨额赤字”的议案(第3号),召开了专题座谈会,决定连同其余28件议案转作建议、批评、意见。大会闭幕后,由市政府召开专门会议和有关部门联席会议,认真办理并答复代表。此外,大会还收到了代表提出的建议、批评、意见180件,议案组全部进行了登记分类,在大会闭幕后交“一府两院”研究办理。

第一届人民代表大会第五次会议

1992年4月10—14日,常德市第三届人民代表大会第三次会议在常德市桃林宾馆举行。出席本次会议的市人大代表429人,列席人员92人(其中包括邀请的市委、市人民政府、市政协、军分区主要领导及老干部27人)。

会议听取和审查了市人民政府市长蔡长松关于政府工作的报告,市计划委员会主任唐必清关于常德市1991年国民经济、社会发展计划执行情况和1992年国民经济、社会发展计划草案的报告,市财政局局长张冠洲关于常德市1991年财政决算和1992年财政预算草案的报告,市人大常委会主任罗寅阶关于市人大常委会工作的报告,市中级人民法院院长张维民关于市中级人民法院工作的报告,市人民检察院检察长李少甫关于市人民检察院工作的报告,并分别作出决议。会议补选熊奇生为常德市第一届人大常委会副主任。会上表彰了1991年度武陵区第一代表小组等17个先进市人大代表小组和贺大国等93名市人大代表活动积极分子。

本次会议共收到10名以上代表联名提出的议案29件,其中属于农村工作的8件、财政经济工作的10件、教育科学文化卫生工作的9件、民族侨务工作的1件、其他方面的1件。议案审查委员会对代表提出的议案进行认真审议,将其中武陵区代表团聂绍仪等36名代表提出的“关于进一步深化城区体制改革,尽快理顺城区管理体制”的议案(第1号)、鼎城区代表团章伯先等16名代表提出的“建议筹备纪念抗日常德会战50周年活动,促进经贸往来,振兴常德”的议案(第28号)、武陵区代表团卜泽光等14名代表提出的“关于城区防洪大堤整治工程中存在3个问题,要求慎重考虑,研究解决”的议案(第15号)、汉寿县代表团刘伊文等18名代表提出的“关于我市自办乡镇企业技术管理大专班”的议案(第27号)提请大会主席团审议。大会主席团通过认真讨论,决定予以立案,交市人大常委会列入常委会会议议程,审议办理。其余25件议案转作建议、批评和意见,在大会闭幕后,由市政府召开专门会议和有关部门联席会议,认真办理并答复代表。此外,大会还收到代表提出的建议、批评、意见90件,议案组全部进行了登记分类,在大会闭幕后交“一府两院”研究办理。另外,临澧县王宏忠等14名代表对官亭水库淹没区的有关问题提出了询问,由大会秘书处责成市水利局主要领导到代表团作了答复,提出了处理意见。

第二章　常德市第二届人民代表大会

第一节　第二届人民代表大会代表

一、代表产生和构成

常德市第二届人民代表大会代表名额，经省人大常委会核定为445名。换届选举时，保留机动名额4名，按9个区县(市)和军队、武警、消防12个选举单位选举代表441名。其中，中共党员代表347名，占78.7%；非中共党员代表94名，占21.3%。妇女代表91名，占20.6%；少数民族代表28名，占6.4%；工人代表50名，占11.33%；农民代表89名，占20.18%；知识分子代表86名，占19.5%；干部代表183名，占41.49%；军队和武警、消防方面代表3名，占0.7%；其他方面代表30名，占6.8%。

二、代表名单

（按选举单位以姓氏笔画为序）（共计441名）

武陵区（52名）

丁玉环（女、回族）　王顺生　王耀清　文吉福　文志斌　左宜斌（女）　龙定友
龙海泉　叶诗林　任承忠　刘大德　刘启明　刘志卫　刘海清　刘德元　许成林
孙荣群（女）　杨伟仁　杨亚莉（女）　苏长新　李光中　李铁如　吴昌杰　余鹤林
邹克忠　应康逢　张凤梅（女）　张孝珍（女）　张恩美（女）　张耀宗　陈智慧
陈德铨　欧运崇（土家族）　范贤光（回族）　罗耀权　赵涌涛　柯碧军（女）　胡大垣
胡登选　贺大国　姜燮清　夏侯培英（女）　徐章幼　陶元章　黄兆应　黄泽贤（回族）
龚景先　崔午辰　鲁之芙　喻绍球　潘国忠　戴军勇

鼎城区（66名）

丁秀珍（女）　马腊枝（女、回族）　王正中　王吉贵　王仲强　王泽华　邓慈常
田寿福　朱春日　朱熊飞　伍冬梅（女）　华学政　刘昌进　刘春兰（女）　刘桂云（女）
许忠诚　杜镇文　杨九元（女）　杨文廉　杨甫初　杨绍堂　苏世华　李　顺
李建新　李雪梅（女）　肖馥荣（女）　吴明忠　沈水初　张友文（女）　张先春
张志成（苗族）　张振明　张菊枝（女）　陈正思　陈冬梅　陈忠德　陈德新　罗宏全
罗寅阶　周　璇（女）　周桂华（女）　庞道沐　郑景阳　胡友成　胡玉成　胡国艮

胡前毅　赵安汉　姚运来　贺用民　贺启德　袁克宽　聂绍仪　夏国新　唐友善
黄兰芬(女、回族)　黄德俊(回族)　曹儒国　蒋国齐　舒仁科　鲁代珍(女)　雷云震
鲍学孝　谭学初　熊小英(女)　薛海舟

安乡县(44 名)

丁普庭　王元珍(女)　石佳双　申建春　祁开斌　朱安兰(女)　刘运武　刘宏炎
孙碧秀(女)　阮雪菊(女)　陈　健　陈克兰(女)　陈克鑫　陈沧海　陈章任
陈章雄　余习中　杨正万　杨志福　李学文　李承武　李金城　肖秋莲(女)
张义田　张先甫　严利平(女)　邹永志　何斌然　金元武　罗英碧　周阳生
周国斌　赵诗茂　胡代建　姚本才　袁庆才　部成发(蒙古族)　郭美珍(女)
晏德荣　崔年青　黄明雪　庹朝明　曾广雪　戴红兵

汉寿县(54 名)

马志烈　及胜强　王志华　王景领　王春梅(女)　王　耘(女)　王淑华(女)
刘正常　刘文丽(女)　刘阳生　刘汉华　刘明玉　何星甫　伍　娥(女)　汪万昌
李庆东　李要舫　李后将　李森树　肖宗荣　汤西池(女)　余宗瑾　张正钧
张葆华(女)　张爱媛(女)　陈文龙　陈春生　陈秀娥(女)　陈淑祥　杨长青
杨跃恒　周亨发　胡子达　胡白云(女)　袁桂友(女)　崔建明　黄仁迪(回族)
黄正甫(回族)　黄忠贤(回族)　龚高明　高德顺　曾明芳(女)　曾金怀　曾昭旺
彭兴云　雷碧华(女)　雷章甫　蔡国秋　蔡国栋　韩美兰(女)　熊绍祖　黎仲谋
黎建平　戴琼芳(女)

澧县(55 名)

马明兰(女)　马祖岗　马盛武　王本祝　王中文　尹宏珍(女)　帅先元　叶发高
皮世林　任声莲(女)　刘云霞(女)　刘仕南(女)　刘延群(女)　刘承楚　杨芝文
李大平　李丰茂　李元英(女)　李开喜　李书金　李学林　李承新　李章海
李敦亮　汪建华　汪国顺　汪学乾　张绍荣　张儒珍　陈　华　陈红霞(女)
陈金玉(女)　陈桂英(女)　吴定宪　金廷武(回族)　金明兰(女)　周丕银　胡志军
胡国强　赵大祥　赵丕柏　洪丕富(回族)　羿世淦　羿保炳　夏远铭　黄志民
龚道平　彭世媛(女)　鲁秉群　童正光(女)　曾　辉　谢代湘　谢秉勋　蔡建和
戴承松

临澧县(35 名)

马宗英(女)　王宏忠　石南村　史训炎　刘东强　刘光主　刘春林　刘褚堂
刘德亮　刘德清　朱传湘　李腊梅(女)　吴贤淑(女)　何英国(女)　闵泽国
张天政　张冠洲　张朝胜　张德儒　陈昌清　陈隆财　易湘域　俞斌龙　胡宗国
郭大松　夏松林　夏绍春　涂昌广　曹同生　龚秋娥(女)　梁宋模　彭孟芝(女)
蒋宗杰(女)　程远财　熊鹤仙(女)

桃源县(59名)

卜功富　于天官　马仁辉(回族)　马金雄　王伟太(女)　王建龙　龙佑云　叶平泉
包学云　伍学军　刘双平　刘京湘(女)　庄必胜　江曙东　许厚明　杨万全
杨昌桂　李长斌　李巨斌　李华军　李秋林　李娥皇(女)　吴长敏　吴丕生
沙元亨　张凤翠(女)　张正福　张李立(女)　张治民　邱伏兰(女)　罗方良
周国忠　周鸿翔　胡兰花(女)　胡宪中　洪光荣　姚福新　袁继树　聂文华
倪久如　徐升堂　徐秋国　徐辉臣　高天成　唐必权　黄国军(回族)　黄雪丹(女)
崔卫平　梁久成　彭世元　覃正彦(土家族)　鲁秋伯　谢云利(女)　阙海卿
裴华皆　熊奇生　翦秋桂(女、维吾尔族)　翦凝旭(维吾尔族)　魏国超

石门县(44名)

丁冬从(女、土家族)　王浦堂　甘昌强　龙西斌(土家族)　龙顺泉　龙美玉(女)
田长贵　田时洪　申祖长　叶运华(土家族)　邢协元(土家族)　刘玉坤　刘光佐
刘运平(女、土家)　刘纯领　祁梅芳　杜辉才　李文耀　杨志伟　余先铭　张松林
陈位敦　陈建教(土家族)　陈海珍(女)　苟宗佑　罗富国　岳志焕(土家族)　周光武
周用金　施秋云(女)　骆正鑫　徐孟根　徐家荣　徐霞霖　唐天雄　唐长庆(土家族)
涂春堂　黄用康　黄加田　寇淑玉(女)　谌有荣　揭乐田　覃红卫(土家族)
覃友珍(女、土家族)

津市市(29名)

马先伦　马耀舫(回族)　王承菊(女)　文学进　叶培明　朱继跃　向才富　刘先荣
刘清秀(女)　刘碧林(女)　杨云孝　吴本立　何世丰　张长兰(女)　张丽莉(女)
杨玉林　肖本新　易祚金　洪家银　贺修望　贺湘平　羿保刚　袁观清　郭珍英(女)
傅祖元　蔡汝栋　滕国华　潘训安　潘善松

常德军分区(1名)

梅荣保

武警常德市支队(1名)

单汝良

武警常德市消防支队(1名)　杨俊树

三、代表异动

1993—1994年

调离本行政区域7名：陈德铨、邱伏兰(女)、陈克鑫、雷章甫、胡前毅、单汝良、邓慈常

死亡1名：张儒珍(女)

补选4名：陈正华、李盛福、郭诚、刘道知

1994—1995 年

调离本行政区域 4 名:庞道沐、周阳生、鲁代珍(女)、梅荣保

辞职 1 名:王伟太

死亡 1 名:陈沧海

补选 12 名:张昌平、钦时中、李木生、张新民、郭儒刚、胡宗清、徐万发、李正来、朱敏、张家安、吴志剑、熊剑平

1995—1996 年

调出本行政区域 2 名:夏绍春、徐孟根

辞职 1 名:杨正万

死亡 1 名:丁冬从

补选 5 名:龚椰林、肖有志、罗桂林、陈文浩、许连椅

1996—1997 年

调离本行政区域 1 名:李巨斌

死亡 1 名:汪学乾

补选 3 名:杨明清、郑敏芳、邓天宝

第二节　第二届人民代表大会会议

第二届人民代表大会第一次会议

1992 年 12 月 28 日—1993 年 1 月 3 日,常德市第二届人民代表大会第一次会议在常德市桃林宾馆举行。出席本次会议的市人大代表 441 人,实到 429 人,列席人员 100 人。

会议听取和审查了市人民政府代理市长吴定宪关于政府工作的报告,市计划委员会主任唐必清关于常德市 1992 年国民经济、社会发展计划执行情况和 1993 年国民经济、社会发展计划草案的报告,市财政局局长张冠洲关于常德市 1992 年财政预算执行情况和 1993 年财政预算草案的报告,市人大常委会主任罗寅阶关于市人大常委会工作的报告,市中级人民法院院长张维民关于市中级人民法院工作的报告,市人民检察院检察长李少甫关于市人民检察院工作的报告,并分别作出决议。会议选举产生常德市第二届人大常委会主任、副主任、秘书长、委员共 33 名,市人民政府市长、副市长,市中级人民法院院长,市人民检察院检察长;熊奇生当选为市二届人大常委会主任,蔡汝栋、何星甫、李丰茂、揭乐田、余习忠、俞斌龙、鲁之芙、张先春 8 人当选为市二届人大常委会副主任,周鸿翔当选为市二届人大常委会秘书长;吴定宪当选为市人民政府市长,陈德铨、刘昌进、杨万柱、钦时中、莫道宏 5 人当选为市人民政府副市长;夏绍春当选为市中级人民法院院长;李文耀当选为市人民检察院检察长;会议还选出了应由常德市选举的湖南省第八届人民代表大会代表共 75 名。

本次会议共收到 10 名以上代表联名提出的议案共 27 件,其中属于农村工作的 4 件、财

政经济工作的12件、教育科学文化卫生工作的6件、其他方面的5件。议案审查委员会对代表提出的议案进行审议后，决定将武陵区代表邹克忠等13名代表提出的关于保护开发区健康发展的议案(第15号)和该代表团提出的关于理顺市区职能，促进经济和社会发展的议案(第26号)，提请大会主席团进行审议。大会主席团审议后决定将27件议案全部转作代表建议办理，大会闭幕后由市人民政府召集有关部门专题研究办理，并答复代表。此外，大会还收到代表提出的建议、批评、意见共75件，由大会议案组分别进行了整理、登记，在大会闭幕后一并转交"一府两院"办理。

第二届人民代表大会第二次会议

1994年3月27—31日，常德市第二届人民代表大会第二次会议在常德市桃林宾馆举行。出席本次会议的市人大代表437人，实到397人，列席人员95人。

会议听取和审查了市人民政府市长吴定宪关于政府工作的报告，市计划委员会主任向启国于常德市1993年国民经济、社会发展计划执行情况和1994年国民经济、社会发展计划草案的报告，市财政局局长陈君文关于常德市1993年财政决算和1994年财政预算草案的报告，市人大常委会主任熊奇生关于市人大常委会工作的报告，市中级人民法院院长夏绍春关于市中级人民法院工作的报告，市人民检察院检察长李文耀关于市人民检察院工作的报告，并分别作出决议。会议补选王志华、刘大德、张恩美、郭大松4人为常德市第二届人大常委会委员。会上还表彰了1993年度先进市人大代表小组16个和市人大代表活动积极分子95名。贺大国、陈建教、张爱媛、涂昌广、赵安汉5位代表活动积极分子在大会上作典型发言。

本次会议共收到10名以上代表联名提出的议案59件，审查期间提案人主动撤回1件，实有58件，其中属于人大工作的3件、农村工作的18件、财政经济工作的13件、教育科学文化卫生工作的9件、城市建设和环境保护的5件、交通运输工作的4件、政法工作的3件、其他方面工作的3件。经大会议案审查委员会和大会主席团审议，决定将曹同生等30名代表提出的"关于深入学习宣传贯彻《代表法》和《实施〈代表法〉办法》"的议案(第3号)列入本次大会议程进行审议并作出决议，王浦堂等22名代表提出的"树立陈建教为市人大代表活动积极分子标兵" 议案等16件13个问题的议案提请大会主席团审议后连同其余41件共57件转作代表建议、批评和意见，大会闭幕后召开交办会议进行具体交办。此外，大会还收到代表对各方面工作提出的建议、批评和意见133件，议案组全部进行分类登记，在大会闭幕后交"一府两院"研究办理。

第二届人民代表大会第三次会议

1995年3月25—29日，常德市第二届人民代表大会第三次会议在常德市桃林宾馆举行。出席本次会议的市人大代表443人，实到418人，列席人员94人(其中包括邀请的老干部3人)。

会议听取和审查了市人民政府代市长张昌平关于政府工作的报告，市计划委员会主任向启国关于常德市1994年国民经济、社会发展计划执行情况和1995年国民经济、社会发展计划草案的报告，市财政局局长陈君文关于常德市 1994 年财政预算执行情况和 1995 年财政预算草案的报告，市人大常委会主任熊奇生关于常德市人大常委会工作的报告，市中级人民法院院长夏绍春关于市中级人民法院工作的报告，市人民检察院检察长李文耀关于市人民检察院工作的报告，并分别作出决议。会议补选张昌平为常德市人民政府市长，补选刘明玉、李木生、贺启德 3 人为常德市第二届人民代表大会常务委员会委员，补选刘莲玉、罗毅 2 人为湖南省第八届人民代表大会代表。会上表彰了 1994 年度先进市人大代表小组 18 个和代表活动积极分子 93 名。此次会议期间没有安排专题座谈会，改由市政府主要负责人带领副市长、政府有关部门负责人分别到各代表团听取代表意见。

本次会议共收到 10 名以上代表联名提出的议案 40 件，其中属于工业方面的 4 件，农村方面的 14 件、交通运输方面的 6 件、教育卫生方面的 4 件、城市建设方面的 4 件、财贸方面的 3 件、政法方面的 3 件、环境保护方面的 1 件、其他方面的 1 件。议案审查委员会对议案逐件进行审议，并邀请有关的代表参与，征求意见，决定将其中 6 个问题 8 件议案提请大会主席团审议。大会主席团经过审议，决定将胡大恒等 81 名代表提出的《关于按法律政策增加教育投入，确保普九规划实施的议案》、李承武等 29 名代表提出的《关于强化农资市场管理的议案》和李光中等 32 名代表提出的《关于广泛宣传、坚决贯彻中共中央、国务院〈关于深化供销合作社改革的决定〉的议案》予以立案，交市人大常委会列入常委会会议议程，审议办理；其余 37 件转作代表建议，交有关部门研究办理。此外，大会还收到了代表提出的建议、批评、意见 65 件，大会闭幕后交“一府两院”研究办理。

第二届人民代表大会第四次会议

1996 年 3 月 25—30 日，常德市第二届人民代表大会第四次会议举行。出席本次会议的市人大代表 444 人，实到 415 人，列席人员 102 人。

会议听取和审查了市人民政府市长张昌平关于政府工作的报告，市计划委员会主任向启国关于常德市 1995 年国民经济、社会发展计划执行情况和 1996 年国民经济、社会发展计划草案的报告，市人民政府副市长、财政局局长陈君文关于常德市 1995 年财政预算执行情况和 1996 年财政预算草案的报告，市人大常委会主任熊奇生关于市人大常委会工作的报告，市中级人民法院代院长邓天保关于市中级人民法院工作的报告，市人民检察院检察长李文耀关于市人民检察院工作的报告，并分别作出决议。会议审查和批准了常德市国民经济和社会发展“九五”计划和 2010 年远景目标纲要。会议补选肖有志为常德市第二届人民代表大会常务委员会副主任，补选邓天保为常德市中级人民法院院长。

本次会议共收到 10 名以上代表联名提出的议案 48 件，其中属于农村工作的 9 件、财政经济工作的 8 件、教育科学文化卫生工作的 9 件、城市建设和管理工作的 7 件、交通能源工作的 9 件、政法工作的 1 件、其他方面的 5 件。议案审查委员会依照有关法律法规和政策规定，对代表提出的议案进行了认真审议，决定将其中 5 件列入市人大常委会会议议程进行审议，余下 43 件转作代表建议、批评、意见交有关机关办理，由市人大常委会认真督办。此外，会议期间还收到了代表提出的建议、批评和意见 115 件，议案组根据不同情况进行登记分类,会议期间市政府专门召开交办会,有些问题在会议期间就得到了解决。

大会主席团还审议通过了武陵区代表团李光中等 11 名代表提出的关于“对邓绪稼一案重罪轻判,市检察院为何不忠于职守依法抗诉”的质询案,由市人民检察院检察长李文耀到代表团会议上接受质询,回答问题。

第二届人民代表大会第五次会议

1997 年 3 月 24—29 日,常德市第二届人民代表大会第五次会议在工人文化宫举行。出席本次会议的市人大代表 445 人,实到 425 人,列席人员 104 人(其中包括邀请的市委、市人民政府、市政协、军分区主要领导及老干部 29 人)。

会议听取和审查了市人民政府市长张昌平关于政府工作的报告，市计划委员会主任向启国关于常德市 1996 年国民经济、社会发展计划执行情况和 1997 年国民经济、社会发展计划草案的报告，市财政局局长万善志关于常德市 1996 年财政预算执行情况和 1997 年全市及市级财政预算草案的报告,市人大常委会主任熊奇生关于市人大常委会工作的报告,市中级人民法院院长邓天保关于市中级人民法院工作的报告，市人民检察院检察长李文耀关于市人民检察院工作的报告,并分别作出决议。会议审议和通过了《常德市人民代表大会议事规则》。会议补选彭孟芝为常德市第二届人大常委会副主任,杨明清为常德市第二届人大常委会委员。会上表彰了“十佳”市人大代表、1996 年度市人大先进代表小组和代表活动积极分子。陈建教、贺大国、邹克忠、杨绍堂、邹永志、伍娥(女)、王本祝、张天政、黄雪丹(女)、文学进被授予“十佳”市人大代表光荣称号。

本次会议共收到 10 名以上代表联名提出的议案 46 件,其中属于农村工作的 6 件、财政经济工作的 8 件、教育科学文化卫生工作的 9 件、城市建设和环境保护工作的 6 件、交通运输工作的 8 件、政法工作的 1 件、其他方面工作的 8 件。经议案审查委员会审查,将其中的 40 件转作建议、批评、意见,分别交有关机关办理,对另外 6 件议案提交大会主席团审议。大会主席团审议决定对鼎城区代表团许忠诚等 15 名代表联名提出的“要求理顺规划管理体制”的议案(第 1 号)等有关市、区管理体制方面问题的 5 件议案作为代表建议列入市人大常委会会议议程,听取市政府有关情况汇报,督促市政府逐步地妥善解决;李光中等 13 名代表联名提出的“提请常务委员会的主任会议,依法对钦时中副市长在其子钦松伙同假外商从事破坏金融秩序的犯罪行为中负有何种责任进行特定问题调查”的议案转作建议交市人大常委会办理。此外,大会还收到代表提出的建议、批评、意见 108 件,议案组分别进行登记归类,大会秘书处在会期召开有关部门的专门会议进行交办。

会议期间,市政府主要负责同志带领政府有关部门负责人,分成两个组,分别到各代表团集中听取代表意见、答复问题。

第三章　常德市第三届人民代表大会

第一节　第三届人民代表大会代表

一、代表产生和构成

常德市第三届人民代表大会代表名额，经省人大常委会核定为476名，分配选举470名,保留机动名额6名。1997年11月中下旬,按9个区县(市)和军分区共10个选举单位依法进行选举，津市市有1名代表未选出，实选出469名。其中，中共党员代表347名,占73.99%;非中共党员代表122名,占26.01%。妇女代表94名,占20.4%;少数民族代表42名,占8.96%;工人代表81名,占17.27%;农民代表97名,占20.68%;干部代表137名,占29.21%;知识分子代表122名,占26.01%;军人代表3名,占0.64%;其他方面代表29名,占6.18%。

二、代表名单

（按选举单位以姓氏笔画排列,共计469名）

武陵区(61名)

丁为敏　万善志　王心一　王凤湘(女)　王海平(土家族)　王德英(女)　文吉福
韦绍斌　邓朝晖(女)　石子球　石成林　冉伍英(女)　刘　勇　刘卫艳(女)
刘大德　刘昌年　江伟民　向启国　任承忠　呙　斌　杨　松　杨亚莉(女)
肖　瑛(女)　肖州平　苏长新　苏治刚　张凤梅(女)　张正常　张启祥　吴让见
吴志剑　吴昌国　李本源　李克湘　李瑞师　陈君文　陈菊英(女)　周久长
罗上林　罗明顺　罗耀权　林庆国　欧运崇(土家族)　欧国保　贺大国　姚建平(女)
胡邦国　胡国华　姜燮清　郭学怀　郭道义　曾卫平　黄泽贤(回族)　黄德成
龚景先　傅少祥(土家族)　韩光荣　谭绍武　熊国建　熊剑平　薛海舟

鼎城区(64名)

马　立(回族)　马本慧(女、回族)　孔凡伟　王成英(女)　王志华　丰先桂(女)
尹忠杰　文承保　毛恩友　田巨清　石瑞韬　朱　明　华学政　刘　芳(女)
刘先斌　刘瑞芳(女)　刘道熙　孙太仙(女)　孙　旗　向湘粤(土家族)　李立华(女)
李湘建　吴定宪　肖朝进　沈国华　严维贡　陈启瑞　陈德新　杨　君　杨作顺

杨明清　杨绍堂　张永红（女）　张世界　张先春　张振明　张桂启（女）　周名权
周国忠　周国栋　周国清　胡兴业　胡忠义　胡烈豹　段玉林　赵安汉　贺启德
唐友善　唐生贵　唐纯尧（女）　梁志明　涂能进　郭　诚　郭述政　黄大进
黄自灼　黄朝信　黄首玲（女）　龚玉喜　曾昭华　蒯兰华（女、维吾尔族）　谭久成
穆昌华（女、回族）　瞿淑娥（女）

安乡县（45 人）

卜盛林（女）　马承斌　王小兰（女）　王军杰　王红玲（女）　文洛生　申建春
毕仁贵（女）　朱玉龙　任海权　刘厚之　许连椅　杨志福　杨　钦（女）　李少甫
李承武　李祖军　何斌然　邹永志　佘习忠　张开松　张孝岳　张国雄　张金祥
张新民　陈永进　金　明　周用功　周玉彩　孟德金　赵诗茂　钟春红（女）
洪丕海　姚正先　姚禹庭　徐万发　康长利　章泽民　庹朝明　游松柏　彭启云
曾宪孝　曾宪举　裴　纯（女、土家族）　戴红杰

汉寿县（55 人）

丁远福　马志烈　及胜强　王三妹（女）　王可畏　王兆瑞（女）　王琼华（女）
邓家红　龙佑云　卢鹏飞　刘大爱　刘本之　刘旭东　刘运群　刘孝魁（女）
刘经平　刘晓娟（女）　朱大欢　伍　娥（女）　李向东　李永红（女）李后将
李厚祥　杨仁华　杨先平（回族）　吴国清　匡田力（女）　何超群（女）　余则清
张九红　张红艳（女、回族）　张昌平　邱景蓉（女）　罗兰芝（女）　罗喜庭　周利党
周伯军　郑华芬（女）　胡子达　胡运清　赵训慈　饶　杰　夏胜平　高　斌
崔建明　陶明庆　黄云新　黄世喜　黄运武（回族）　黄厚华（回族）　肖有志
曾宪贵　彭国华　童晓华　蔡国栋

澧县（59 人）

马祖岗　王本祝　王孝蔚　毛祖新　卢奇山（回族）　皮世林　朱道贵　刘友明
孙运岩　苏宏清　李小梅（女）　李友元　李绍国　李学林　李承新　李登玉（女）
杨孚森　杨耀金（回族）　汪圣柏　张绍林　张绍荣　张晓莲（女）　余章贵　陈　华
陈　猷　陈克成　陈桂英（女）　金中军　周军红（女）　周远鹏　孟令君　孟素云（女）
赵业兰（女）　赵理群　赵绪清　胡国强　胡炎宏　施建华　洪丕富（回族）　洪明超
羿保炳　涂春堂　敖财富　袁超海　郭绍清（女）　唐汇元　唐昌国　黄继元
龚道国　龚道旗　庹德成　淡光兴　彭世凤　彭孟芝（女）　韩先贵　鲁秉群
蔡建和　蔡诗菊（女）　翟千红

临澧县（32 人）

于二彩　史训炎　石　霞（女）　冉承元　叶正兰（女）　刘光主　刘春林　刘德亮
祁春初　许春玲（女）　朱宏志　朱德茂　肖世轩　余先柏　吴生元　汪　洋（女）
张天政　赵正乐　赵传进　赵爱民　俞斌龙　闻立春（女）　贾柏枝（女）　徐德菊（女）

曹同生　龚德培　郭大松　晏学锋　涂昌广　傅必金　蒋　琼　蒋祖建(女)

桃源县(66人)

丁方德　马安莉(女、回族)　马建国(回族)　王科夫　王桂兰(女)　文丙中　文会新　方伟杰　龙立新　叶平泉　田永胜　朱　敏　伍子琦(女)　刘双模　刘伯顺　刘其华　刘泽全　刘爱华(女)　庄新华　许厚明　孙志球　杜文军　杨云孝　李　清　李亚林(女)　李利民　李富军　肖金汉　吴信群　何　峰　何加权　汪协清　沙元亨　陈其军　罗凤进　罗德初　周　伟　周中一　周鸿翔　胡廷玉(女)　胡宗清　胡建民　赵伯芹(女)　赵爱兰(女)　姚彩霞(女)　聂文华　徐超文　高　勇　唐淑英(女)　涂建成　黄天明(回族)　黄继英(女)　黄雪丹(女)　龚为民　商万勇　韩文友　彭世元　董明奇　程远祥　鲁光华　章　婧(女)　熊以才　熊奇生　翦象友(维吾尔族)　翦象荣(女、维吾尔族)　戴金秀(女)

石门县(49人)

丁　霞(女、土家族)　邓兆贵(土家族)　甘昌强　龙西斌(土家族)　叶文明(土家族)　叶运华(土家族)　申玉生　田时洪(土家族)　皮世菊(女)　冯文化　汉宏庆　伍彩霞(女、土家族)　向云才(土家族)　向多礼　孙云辉(土家族)　刘凡顺　刑修波(土家族)　李　芳(女)　李继杰　杨梅珍(女、土家族)　陈　红(女、土家族)　陈　欣　陈文浩　陈东海　陈位敦　陈初忠　陈建教(土家族)　陈梅儒(土家族)　林云峰　杜辉才　肖宁元　肖燕芳(女、回族)　周建香(女)　周常云　罗鑫来　郑敏芳　侯　彪　胡传忠　姚绍球　徐敬堂　殷远明　唐汇栋(土家族)　唐汇姣(女、土家族)　涂生斌　谌有荣　覃红卫(土家族)　覃清香(女、土家族)　覃道仙(女、土家族)　曾凡大(土家族)

津市市(35人)

马耀舫(回族)　王明生　王建国　毛秀英(女)　文学进　冯树美(女)　朱忠诚　向绪汉　杨建波　李洪兵　邹克忠　宋冬春　张　平　张远平　张恩美(女)　陈晓明(女)　陈章贤　林德意　胡定洪　赵惠平　贺修望　贺家泽　袁观清　高守梅　高蓉月(女)　涂德新　黄继长　彭元英(女)　曾凡俊　窦长清　雷光键　谭先茂　谭绍兴　蔡常林　潘训安

常德军分区(3人)

王保荣　杨万里　何佑民

三、代表异动

1998年

调离本行政区域2名:张昌平、赵惠平

辞职 5 名:丁为敏、周国忠、陈欣、许厚明、董时奇　死亡 1 名:罗喜廷

补选 7 名:程海波、李应常、莫道宏、曹儒国、钦时中、卢武福、杨玉林

选举 1 名:朱方华

1999 年

辞职 1 名,徐德菊(女)

补选 1 名:吴友云

选举 4 名:王秋果、闵泽国、肖先谋、林义祥

2000 年

调出本行政区域 5 名:袁观清、夏胜平、龙建业、姚正先、张孝丘

死亡 1 名:胡帮国

辞职 5 名:叶文明、刘厚之、方伟杰、赵训慈、何佑民

罢免 1 名:石瑞韬

补选 13 名:贺用昌、王勇、杨昌荣、龙建业、熊惠民、邓德林、成定明、朱晓平、车世炎、戴开树、陈明安、王承英、曹德春

2001 年

调离本行政区域 7 名:龙佑云、石霞(女)、周久长、吴定宪、郭诚、刘凡顺、成定明

辞职 5 名:罗鑫来、蒯兰华(女)、涂德新、刘伯顺、贺用昌

死亡 2 名:沙元亨、刘旭东

补选 14 名:卜功元、孙维忠、李大平、吴承云、聂其龙、杨亚雄、魏立刚、龙泽巨、车德斌、杨孚初、刘建龙、吴昂平、程方山、刘晶柯

2002 年

调离本行政区域 1 名:蔡建和

辞职 2 名:姚禹廷、金明

第二节　第三届人民代表大会会议

第三届人民代表大会第一次会议

1997 年 12 月 29 日—1998 年 1 月 4 日，常德市第三届人民代表大会第一次会议在常德市工人文化宫举行。出席本次会议的市人大代表 469 人,实到 462 人,列席人员 127 人,特邀离退休老干部 10 人。

会议听取和审查了市人民政府市长张昌平关于政府工作的报告，市计划委员会主任梁宋模关于常德市 1997 年国民经济、社会发展计划执行情况和 1998 年国民经济、社会发展计划草案的报告，市财政局局长万善志关于常德市 1997 年财政预算执行情况和 1998 年全市及市本级财政预算草案的报告,市人大常委会主任熊奇生关于市人大常委会工作的报告,市

市第三届人民代表大会第一次会议期间，鼎城区代表团审议政府工作报告

中级人民法院院长邓天保关于市中级人民法院工作的报告，市人民检察院检察长李文耀关于市人民检察院工作的报告，并分别作出决议。会议选举产生常德市第三届人大常委会组成人员共34名，市人民政府市长、副市长，市中级人民法院院长，市人民检察院检察长；彭孟芝当选为市三届人大常委会主任，余习忠、俞斌龙、张先春、肖有志、向启国、姚绍球、周鸿翔、邹克忠8人当选为市三届人大常委会副主任，蒋祖建当选为市三届人大常委会秘书长，张昌平当选为市人民政府市长，陈君文、杨万柱、李会刚、杨光宏、刘本之、龚建民6人当选为市人民政府副市长，龚德培当选为市中级人民法院院长，杜辉才当选为市人民检察院检察长。会议选出应由常德市选举的省第九届人民代表大会代表共64名。会议通过了关于设立常德市人民代表大会内务司法委员会、财政经济委员会、教育科学文化卫生委员会、农业委员会、城乡建设环境资源保护委员会等五个专门委员会的决定及常德市第三届人民代表大会各专门委员会主任委员、副主任委员、委员名单。

市第三届人民代表大会第一次会议期间，桃源县代表团审议政府工作报告

本次会议共收到10名以上代表联名提出的议案51件，其中属于农村工作的8件、财政经济工作的14件、教育科学文化卫生工作的9件、城市建设和环境保护工作的6件、能源和交通运输工作的7件、政法工作的3件、其他方面工作的4件。议案审查委员会对代表提出的议案进行了认真审议，将其中48件议案作为重点建议、批评和意见交市政府办理；对另外3件议案归纳为“关于全市防洪保安”和“继续加强对石门扶贫攻坚力度”两个方面的问题，提请大会主席团审议后，予

市第三届人民代表大会第一次会议期间，大会财政预算审查委员会举行会议，对财政预算报告(草案)进行初步审查

以立案，交市人大常委会列入常委会会议议程，进行审议办理。此外，大会还收到了代表提出的建议、批评、意见96件，议案组全部进行登记分类，大会秘书处会同市政府对其中的部分问题，在大会期间进行办理，剩余的进行归纳整理后交有关机关办理。

第三届人民代表大会第二次会议

1999年1月16—21日，常德市第三届人民代表大会第二次会议在常德市工人文化宫举行。出席本次会议的市人大代表469人，实到450人，列席人员438人(其中政协委员392人，特邀离退休老干部2人)。

会议听取和审查了市人民政府代市长程海波关于政府工作的报告，市计划委员会主任梁宋模关于常德市1998年国民经济、社会发展计划执行情况和1999年国民经济、社会发展计划草案的报告，市财政局局长万善志关于常德市1998年财政预算执行情况和1999年财政预算草案的报告，市人大常委会主任彭孟芝关于市人大常委会工作的报告，市中级人民法院院长龚德培关于市中级人民法院工作的报告，市人民检察院检察长杜辉才关于市人民检察院工作的报告，并分别作出决议。会议还选举了常德市人民政府市长、湖南省第九届人民代表大会代表1名。程海波当选为常德市人民政府市长，同时当选为湖南省第九届人民代表大会代表。

本次会议共收到10名以上代表联名提出的议案70件，其中属于农村工作方面的29件，财政经济工作方面的16件，教育、科学、文化、卫生工作方面的11件，城市建设环境保护工作方面的7件，内务司法工作方面的7件。根据大会议案处理办法和有关规定，经市人大各专门委员会研究，决定将其中周军红等10名代表提出的“关于开展对《妇女权益保障法》执法情况检查”的议案(第47号)等5件议案在大会闭会期间，由有关的专门委员会研究后，交“一府两院”办理，有关专门委员会对办理情况进行审议后，向市人民代表大会常务委员会提出报告。其余65件议案改作建议、批评、意见。此外，大会收到代表对各方面工作的建议、批评、意见78件，大会秘书处会同市人民政府开展现场交办代表建议活动。会议后，对代表提出的建议、批评和意见由市人大常委会交有关机关研究办理。

会上，石门代表团陈东海等30名代表就“市中级人民法院在审理常德建设银行诉珠海经济特区宏德工贸发展公司贷款300万元逾期不还，三江口水电管理局担保负连带责任一案中执法不公，错判此案，应追究责任”的问题，提出了对市中级人民法院的质询案。大会主席团通过审议，予以立案，由市中级人民法院主要负责人答复代表质询。

第三届人民代表大会第三次会议

2000年2月16—19日，常德市第三届人民代表大会第三次会议在常德市工人文化宫举行。出席本次会议的市人大代表474人，列席人员451人(其中政协委员400人，特邀离退休老干部10人)。

会议听取和审查了市人民政府市长程海波关于政府工作的报告，市计划委员会主任梁宋模关于常德市1999年国民经济、社会发展计划执行情况和2000年国民经济、社会发展计划草案的报告，市财政局局长万善志关于常德市1999年财政预算执行情况和2000年全市及市本级财政预算草案的报告，市人大常委会主任彭孟芝关于市人大常委会工作的报告，市中级人民法院院长龚德培关于市中级人民法院工作的报告，市人民检察院检察长杜辉才关于市人民检察院工作的报告，并分别作出决议。大会对18个先进市代表小组和75名代表活动积极分子在代表大会上进行了表彰，一批先进典型代表在大会上介绍了经验。

本次会议共收到10名以上代表联名提出的议案80件，其中属于内务司法工作方面的7件、财政经济工作方面的18件、教育科学文化卫生工作方面的17件、农业与农村工作方面的25件、城乡建设和环境资源保护工作方面的13件。根据大会《议案提出和处理办法》的规定，经市人大各专门委员会审议，将80件议案全部转作建议、批评、意见，由市人大常委会交有关机关、组织研究办理，负责答复代表。大会收到代表提出的建议、批评、意见92件，议案组全部进行登记分类，在大会闭幕后，市人大常委会选举任免联络工作委员会会同市政府办公室和市直有关机关、组织依法认真研究办理，并及时答复代表。

会议期间，召开了部分代表座谈会，邀请市委领导到会指导，市人大常委会、市人民政府及有关方面的负责同志参加，直接听取基层代表对全市各方面工作的意见。

第三届人民代表大会第四次会议

市第三届人民代表大会第四次会议期间，武陵区代表团审议政府工作报告

2001年2月11—15日，常德市第三届人民代表大会第四次会议在常德市工人文化宫举行。出席本次会议的市人大代表474人，列席人员456人(其中政协委员398人，特邀离退休老干部10人)。

会议听取和审查了市人民政府市长程海波关于政府工作的报告，市计划委员会主任梁宋模关于常德

市第三届人民代表大会第四次会议期间，安乡县代表团审议政府工作报告

市 2000 年国民经济、社会发展计划执行情况和 2001 年国民经济、社会发展计划草案的报告，市财政局局长万善志关于常德市 2000 年财政预算执行情况和 2001 年全市及市级财政预算草案的报告，市人大常委会主任彭孟芝关于市人大常委会工作的报告，市中级人民法院院长龚德培关于市中级人民法院工作的报告，市人民检察院检察长杜辉才关于市人民检察院工作的报告，并分别作出决议；审查和批准了常德市国民经济和社会发展第十个五年计划纲要。会议补选常德市第三届人大常委会副主任 2 名、常委会委员 4 名，孙维忠、蒋祖建当选为市三届人大常委会副主任，王海平（土家族）、成定明、吴承云、赵理群当选为市三届人大常委会委员。

本次会议共收到 10 名以上代表联名提出的议案 72 件，其中属于内务司法工作方面的8件、财政经济工作方面的 24 件、教育科学文化卫生工作方面的 13 件、农业与农村工作方面的 8 件、城乡建设和环境资源保护工作方面的 19 件。根据大会《议案提出和处理办法》的规定，分别由各专门委员会对代表提出的议案进行审议，其中贺大国等 30 名代表联名提出的“关于对我市的城市管理实行相对集中行政处罚权制度的建议”的议案（第 29 号）提请大会主席团审议后列入本次会议议程，并作出了相应决定。其余 71 件议案转作建议、批评、意见。大会议案组收到代表对各方面工作提出的建议、批评、意见 62 件。大会秘书处会同市政府联合召开现场交办会，交有关机关、组织依法认真研究办理，并及时答复代表。

第三届人民代表大会第五次会议

2002 年 1 月 17—21 日，常德市第三届人民代表大会第五次会议在常德市工人文化宫举行。出席本次会议的市人大代表 475 人，列席人员 466 人（其中政协委员 405 人，特邀离退休老干部 10 人）。

会议听取和审查了市人民政府代市长陈君文关于政府工作的报告，市发展计划委员会主任梁宋模关于常德市 2001 年国民经济、社会发展计划执行情况和 2002 年国民经济、社会发展计划草案的报告，市财政局局长万善志关于常德市 2001 年财政预算执行情况和 2002 年全市及市级财政预算草案的报告，市人大常委会主任彭孟芝关于市人大常委会工作的报告，市中级人民法院院长龚德培关于市中级人民法院工作的报告，市人民检察院检察长杜辉才关于市人民检察院工作的报告，并分别作出决议。会议补选陈君文为市人民政府市长，李学林为市三届人大常委会副主任，高勇为市三届人大常委会秘书长，刘晶柯、杨建波、李向东3人为市三届人大常委会委员。会议审议和通过了市人大有关专门委员会主任委员任职名单，彭启云为常德市第三届人民代表大会农业委员会主任委员。会议对20名全市人大先进工作者和16个先进市代表小组、73名人大代表活动积极分子进行了表彰，一批先进典型代表在大会上介绍了经验。

本次会议共收到10名以上代表联名提出的议案72件，其中属于财政经济工作方面的24件、内务司法工作方面的7件、教育科学文化卫生工作方面的13件、城建与环境资源保护工作方面的16件、农业与农村工作方面的12件。依据有关法律和本次大会主席团通过的《议案提出和处理办法》的规定，大会秘书处将12件议案全部转作建议处理。大会秘书处对收到的代表提出的建议、批评、意见73件，会同市政府召开了现场交办会进行交办。

第四章 常德市第四届人民代表大会

第一节 第四届人民代表大会代表

一、代表产生和构成

常德市第四届人民代表大会代表名额，经省人大常委会核定为476名，分配选举473名,保留机动名额3名。2002年11月,按9个区县(市)和军分区共10个选举单位依法进行选举,津市市3名代表未选出,实选出470名。其中,中共党员代表369名,占78.5%,非中共党员代表101名,占21.5%。工人代表81名,占17.2%;农民代表68名,占14.5%;干部代表267名,占56.8%;知识分子代表39名,占8.3%;军人代表3名,占0.6%;妇女代表83名,占17.7%;少数民族代表40名,占8.5%;其他方面的代表12名,占2.6%。

二、代表名单

（按选举单位以姓氏笔画排列,共计470名）

武陵区(62名)

丁天德 于济世 万善志 王 秦(女、回族) 王世昌 王孝山 王志明 王洪明 韦绍斌 毛法清 文元林 文吉福 尹东风 尹治才 龙泽巨 龙晓清 代锦云(女) 刘 勇 刘凡荣 刘家秀(女) 杨国华 李 勤 李孝武 李克湘 李忠格 李迪伟 张凤梅(女) 张友富 张民主 张启祥 陈本祥 陈华庆 陈君文 陈邦辉 罗上林 罗少挟(女) 罗明顺 罗耀权 周军红(女) 周建政 赵永鹏 姚建平(女) 贺 钢 贺大国 贺家勇 袁世平(女) 徐 平 黄治军 黄建荣(女) 黄理清 曹卫平 龚建民 梁宋模 彭文节 舒德春 曾志德 曾勤建 蔡文喜 谭绍武 熊文辉 黎建平 戴嘉庆

鼎城区(65名)

卜梅生 马 兰(女、回族) 马本慧(女、回族) 王 军 王志华 车德莲(女) 毛明星 毛恩友 毛新云 匡长楼 朱方源 伍中福 华学政 刘文炳 刘帅进 刘克云 刘保桂 孙启林 杨 鹰 杨立平 杨安权 杨启贵 杨学平 杨明清 李大平 李小波 李立华(女) 李成良 李润初 严维贡 肖群英(女、回族) 吴 为(女) 吴生元 何光照 沈国华 张 琴(女) 张志英 张国芳 陈 慧(女)

陈才贵　陈至乐　陈顺清　林义祥　胡　文　胡兴业　胡烈豹　施建华　贺启德
晏丰儒　徐政国　郭述政　唐孟元　诸扬欢　诸阳焕　盛　铭　韩建庭　彭晋国
葛国林　粟跃进　程海波　蔡建球　蔡胜黎　廖再文　谭正平　翦兰华(女、维吾尔族)
桃源县(66名)
丁方德　万治军　马建国(回族)　王义生　王科夫　王桂林(女)　文会新
邓　艳(女)　印善平　向光汉　向启国　向真金(土家族)　向联华　刘长城　刘平波
刘生耀　刘宏胜　刘学胜　刘爱华(女)　杨连范　李卫民　李春华　李艳红(女)
李校芹(女)　李继杰　李富军　肖燕芳(女、回族)　何　峰　何业伟(女)
张亚兰(女)　陈之超　陈水清(女)　陈华勇　陈其军　陈碧云(女)　金　慧(女)
周利党　郑弟祥　胡官清　胡建民　钟开琼(女)　施怀中(女)　贺立新　贺敬辉
聂文华　聂其龙　聂兴平　钱正安　郭文均　高　勇　唐志坚　黄志珍(女)　黄沅敏
符建法　覃光明　程泽斌　舒　石　鲁光华　曾佰友　蔡常林　翦凤鸣(维吾尔族)
翦象云(女、维吾尔族)　薛志红　燕文泉　戴军勇　魏立刚
汉寿县(55名)
丁红艳(女)　王　平　王兴亚　王在有　车德斌　邓丕德　叶新华　卢武福
朱传信　朱能国　刘　毅(女)　刘运群　刘经平　刘保湘　杨立安　杨先平(回族)
李向东　李特进　李雪花(女)　李跃忠　肖有志　肖跃林　吴和枝(女)　何英满
邱鹏飞　汪国平　陈伯岩　林光浩　易启桂　周先锋　周国忠　周定贵　周显明
胡杰夫　贺丽君　袁友德　柴丛林(土家族)　郭运军(女)　涂贤春(女)　梅建世
黄云新　黄岳云　黄福才(回族)　龚友清　童立权　童自政　童成振　童桂云(女)
曾　勇　曾凡国　曾庆南　曾爱佳　雷志汉　熊成章　黎　英(女)
澧县(62名)
王少波　毛祖新　邓伦彩　邓连琼(女)　龙元珍(女)　皮世林　向才协　刘　颖
刘锡达　牟明德　孙运岩　孙逢菊(女)　杨明秋　杨品红　杨耀金(回族)　李友元
李绍生　李祥林　李德英(女)　肖世轩　肖平娥(女)　吴生梅(女)　吴泽波
汪圣柏　宋爱民(回族)　陆振贵　陈文浩　陈桂英(女)　罗德清　金义武　金忠军
孟令君　胡国珍(女)　胡国强　荣海清　赵绪清　赵理群　钟广新　段君香（女）
洪丕富(回族)　洪振森　羿保炳　敖财福　莫道宏　徐万发　徐泽荣　郭绍清(女)
唐述福　梅　芳(女)　韩先贵　彭小晖(女)　彭世凤　彭昌楚　程　晖　傅依广
鲁秉群　蔡诗菊(女)　熊永钧　黎伯凯　燕中炎　戴　平　戴　璇(女)
津市市(34名)
马耀舫(回族)　王军杰　王冀湘　邓德林　孔生彪　朱方华　朱忠诚　刘青龙
刘家庆　杨亚雄　杨学玲(女)　李亚林　李学林　李绍霞(女、土家族)　李洪兵
严东平　肖和平　吴宇峰　何英平(女)　余永贵　沈英琼(女)　陈　猷　陈强民

范国军　周向阳　赵正乐　高守梅　涂　强　黄费武　黄继长　蒋　琼　谭绍兴
熊伟革　颜　军
石门县(48 名)
马晓玲(女、土家族)　王　勇　王茂文　王忠清　王建国　甘昌强　龙西斌(土家族)
田建平　申玉生　邢修波(土家族)　朱丽丽(女)　朱晓平　刘建龙　孙云辉(土家族)
孙维忠　杜辉才　杨为明(土家族)　苏　光(土家族)　李　柯(土家族)
李　辉(土家族)　吴金秀(女、土家族)　吴承云　张元珍(女)　岳克己
陈　军(女、土家族)　陈冬林　易先平　胡　敏(女)　周常云　郑红菊(女、土家族)
郑敏芳　侯　彪　胡传忠　胡淙伍(土家族)　赵松岳　夏崇仁　袁映凤(女、土家族)
袁智勇(土家族)　贾之礼(土家族)　韩宏庆　唐汇栋(土家族)　唐宝兰(女、土家族)
谌友志(土家族)　曾宪妮(女、土家族)　覃红卫(土家族)　覃雪玲(女、土家族)
程方山　熊大顺
临澧县(33 名)
王先蒙　王承英　王承宗　王秋果　尹启生　叶正兰(女)　田淑平(女)　史训炎
付必金　朱良枝　刘茂梅　刘朝云(女)　李章林　肖　俊(女)　吴友云(土家族)
吴昂平　佘洪涛　余先柏　余周怀　张方才　张建新　陈世忠　邵柏枝(女)
赵昌清　贾柏枝(女)　徐德菊(女)　章祖贵　彭荣钦　蒋祖武　蒋祖建(女)
曾建立 谢肇荣 裴和平
安乡县(42 名)
丁友才　邓业华　申建春　伍　瑾　任海泉　刘丛宏　刘登贵(女)　刘翠君(女)
刘德军　关　蕾(女)　祁开斌　许连椅　杨正辉　李利民　李祖军　肖昌权
邹克忠　沈冬生　张开松　张树武　陈明高　范建平　欧运崇(土家族)　易继瑜
罗先友　金德贵　胡华林　赵子君　侯慧明(女)　徐超文　唐汇元　黄　浩
龚云兰(女)　龚德生　彭启云　彭孟雄　彭群友　覃事玉(女、土家族)　焦贵年
曾凡军　樊明雪　薛开胜
军分区(3 名)
刘晶柯　张胜军　熊新平

三、代表异动

2003 年
调离本行政区域 2 名:李咸良、刘建龙
辞职 2 名:葛国林、诸阳焕　死亡 1 名:周军红(女)
补选 4 名:李国祥、杨乎初、陈士华、欧阳宏

选举 3 名:朱立春、刘湘松、蔡业金

2004 年

调离本行政区域 4 名:盛铭、赵昌清、唐述福、舒石

辞职 3 名:马耀舫、高守梅、丁方德

补选 6 名:余德中、赵娜莲(女)、郭志宏、罗世平、陈敏霞(女)、王昌义

2005 年

调离本行政区域 2 名:黎伯凯、吴昂平

辞职 2 名:黄理清、刘翠君(女)

死亡 2 名:贺大国、文吉福

补选 8 名:徐诗标、刘文兵、阎湘鲁、史开卷、邹义祥、姚旭辉、陈保家、黄清宇

另选 2 名:刘定青、龚美爱(女)

2006 年

调离本行政区域 5 名:程海波、戴军勇、邓德林、李勤、阎湘鲁

其他 2 名 (根据 2006 年 12 月 28 日代表资格审查报告,桃源、石门各出缺 1 名代表,无名单,统计时作“其他”处理)

补选 6 名:曹儒国、武吉海、李平、王本林、石成林、文承保

2007 年

辞职 1 名:万善志

补选 1 名:龚玉文

第二节 第四届人民代表大会会议

第四届人民代表大会第一次会议

市第四届人民代表大会第二次会议主席团举手表决通过有关决议草案

2002 年 12 月 28 日—2003 年 1 月 3 日,常德市第四届人民代表大会第一次会议在市工人文化宫举行。出席本次会议的市人大代表共 470 人,列席人员 436 人(其中市政协委员 339 人列席开幕式,特邀的离退休老干部 14 人列席开幕式和闭幕式)。

会议听取和审查了市

市第四届人民代表大会第一次会议期间，石门县代表团审议政府工作报告

人民政府市长陈君文关于政府工作的报告，市发展计划委员会主任周运来关于常德市2002年国民经济和社会发展计划执行情况及2003年计划草案的报告，市财政局局长万善志关于常德市2002年财政预算执行情况和2003年全市及市本级财政预算草案的报告，市人大常委会主任彭孟芝关于市三届人大常委会工作的报告，市中级人民法院院长龚德培关于市中级人民法院工作的报告，市人民检察院检察长杜辉才关于市人民检察院工作的报告,并分别作出决议。会议选举产生常德市第四届人大常委会主任、副主任、秘书长、委员共35名;市人民政府市长、副市长;市中级人民法院院长;市人民检察院检察长。莫道宏当选为市四届人大常委会主任,孙维忠、蒋祖建、李学林、邹克忠、张启祥、高勇、刘克云、何英满当选为市四届人大常委会副主任，鲁秉群当选为市四届人大常委会秘书长；陈君文当选为市人民政府市长,陈文浩、张元英、刘春林、刘剑英、龚建明、李爱国、宋冬春当选为市人民政府副市长；谢肇荣当选为市中级人民法院院长;杜辉才当选为市人民检察院检察长。会议选出应由常德市选举的省十届人大代表共68名；通过市四届人大各专门委员会主任委员、副主任委员、委员名单。

市第四届人民代表大会第一次会议期间,临澧县代表团审议政府工作报告

本次会议共收到10名以上代表联名提出的议案77件,其中属于农业与农村工作方

面的26件、财政经济工作方面的26件、教育科学文化卫生工作方面的12件、城乡建设和环境保护工作方面的9件、内务司法工作方面的4件。大会议案审查委员会对代表提出的议案进行了认真审议，并提请大会主席团通过，决定将代表提出的77件议案全部转作建议、批评和意见，交有关机关办理。大会收到代表对各方面工作提出的建议、批评和意见138件。对于转作建议的议案和代表提出的建议、批评和意见，大会秘书处会同市政府于2003年1月1日联合召开现场交办会，落实承办单位，要求在规定时限内办理、回复代表。

第四届人民代表大会第二次会议

2004年1月4—7日，常德市第四届人民代表大会第二次会议在市工人文化宫举行。出席本次会议的市人大代表472人(其中2人暂停代表职务)，列席人员454人(其中全程列席人员72人，市政协委员368人列席开幕式，特邀的离退休老干部14人列席开幕式和闭幕式)。

2004年1月7日，市第四届人民代表大会第二次会议上，代表举手表决通过有关决议

会议听取和审查了市人民政府市长陈君文关于政府工作的报告，市发展计划委员会主任周运来关于常德市2003年国民经济、社会发展计划执行情况和2004年国民经济、社会发展计划草案的报告，市财政局局长万善志关于常德市2003年财政预算执行情况和2004年全市及市级财政预算草案的报告，市人大常委会主任莫道宏关于市人大常委会工作的报告，市中级人民法院院长谢肇荣关于中级人民法院工作的报告，市人民检察院检察长杜辉才关于市人民检察院工作的报告，并分别作出决议。根据代表分组审议的意见，对《政府工作报告》进行了部分修改。

本次会议共收到10名以上代表联名提出的议案71件，其中属于财政经济工作方面的30件、农业与农村工作方面的18件、城乡建设和环境保护工作方面的13件、教育科学文化卫生工作方面的8件、内务司法工作方面的2件。市人大各专门委员会对代表提出的议案进行了认真审议，其中由安乡代表团赵子君等11名代表联名提出的《关于政府加大扶持力度，做大做强农业产业化龙头企业的议案》(第53号)作为议案提请大会主席团审议，其余70件议案全部转作建议、批评和意见，交有关机关办理。大会收到代表对各方面工作提出的建议、批评和意见104件。对于转作建议的议案和代表提出的建议、批评、意见，大会秘书处会同市政府于1月7日联合召开现场交办会，落实承办单位，要求在法定时限内办理、回复代表。

第四届人民代表大会第三次会议

2005年1月11—14日，常德市第四届人民代表大会第三次会议在市工人文化宫举行。出席本次会议的市人大代表471人，列席人员464人（其中全程列席人员68人，市政协委员369人列席开幕式，特邀的离退休老干部16人列席开幕式和闭幕式）。

会议听取和审查了市人民政府市长陈君文关于政府工作的报告，市发展计划委员会主任周运来关于常德市2004年国民经济、社会发展计划执行情况和2005年国民经济、社会发展计划草案的报告，市财政局局长万善志关于常德市2004年财政预算执行情况和2005年全市及市级财政预算草案的报告，市人大常委会主任莫道宏关于市人大常委会工作的报告，市中级人民法院院长谢肇荣关于市中级人民法院工作的报告，市人民检察院检察长杜辉才关于市人民检察院工作的报告，并分别作出决议。会议表彰了2004年度先进市人大代表小组和代表活动积极分子。

本次会议共收到10名以上代表联名提出的议案69件，其中属于农业与农村工作方面的14件、财政经济工作方面的25件、教育科学文化卫生工作方面的9件、城乡建设和环境保护工作方面的15件、内务司法工作方面的5件、其他方面的1件。市人大各专门委员会对代表提出的议案进行了认真审议，经大会主席团审议通过，69件议案全部转作建议、批评和意见，交有关机关办理。此外，大会收到代表对各方面工作提出的建议、批评和意见130件。对于转作建议的议案和代表提出的建议、批评、意见，大会秘书处会同市政府于1月14日联合召开现场交办会，落实承办单位，要求在法定时限内办理、回复代表。

第四届人民代表大会第四次会议

2006年1月10—13日，常德市第四届人民代表大会第四次会议在市工人文化宫举行。出席本次会议的市人大代表474人，列席人员461人（其中全程列席人员77人，市政协正副主席11人列席开幕式和闭幕式、委员370人列席开幕式，特邀的离退休老干部3人列席开幕式和闭幕式）。

会议听取和审查了市人民政府市长陈君文关于市人民政府工作的报告，市发展和改革委员会主任周运来关于常德市2005年国民经济和社会发展计划执行情况与2006年国民经济、社会发展计划草案的报告，市财政局局长万善志关于常德市2005年预算执行情况和2006年全市及市级预算草案的报告，市人大常委会主任莫道宏关于市人大常委会工作的报告，市中级人民法院院长谢肇荣关于市中级人民法院工作的报告，市人民检察院检察长杜辉才关于市人民检察院工作的报告及常德市国民经济和社会发展第十一个五年规划纲要，并分别作出决议。会议表彰了 2005 年度先进代表小组和代表活动积极分子。大会秘书处组织部分代表对部分部门预算进行审查。

本次会议共收到 10 名以上代表联名提出的议案 47 件，其中属于农业与农村工作方面的 12 件、财政经济工作方面的 20 件、教育科学文化卫生工作方面的 10 件、城乡建设和环境保护工作方面的 5 件。市人大各专门委员会对代表提出的议案进行了认真审议，经大会主席团审议通过，临澧代表团余先柏等 18 名代表联名提出的《关于加强农业投入品监管的议案》(第 43 号)交市人大有关专门委员会进一步调查，拿出实施意见后提交市人大常委会审议决定，并报下一次代表大会。其余 46 件议案全部转作建议、批评和意见，交政府有关部门办理。此外，大会收到代表对各方面工作提出的建议、批评和意见 123 件。对于转作建议的议案和代表提出的建议、批评、意见，大会秘书处会同市政府于 1 月 13 日联合召开现场交办会，进行现场交办。

第四届人民代表大会第五次会议

2007 年 1 月 15—19 日，常德市第四届人民代表大会第五次会议在市工人文化宫举行。出席本次会议的市人大代表 474 人，列席人员 453 人(其中全程列席人员 71 人，市政协正副主席 10 人列席开幕式和闭幕式、委员 382 人列席开幕式，特邀的离退休老干部 2 人列席开幕式和闭幕式)。

会议听取和审查市人民政府市长陈君文关于市人民政府工作的报告，市发展和改革委员会主任周运来关于常德市 2006 年国民经济和社会发展计划执行情况与 2007 年国民经济、社会发展计划草案的报告，市财政局局长万善志关于常德市 2006 年预算执行情况和 2007 年全市及市级预算草案的报告，市人大常委会主任莫道宏关于市人大常委会工作的报告，市中级人民法院院长谢肇荣关于市中级人民法院工作的报告，市人民检察院检察长杜辉才关于市人民检察院工作的报告，并分别对以上报告作出决议。大会秘书处组织部分代表对部门预算进行了审查。由于蒋祖建、邹克忠、李学林、何英满分别在市人大常委会第三十八、三十九次会议上辞去了常德市第四届人大常委会副主任职务，会议补选文承保、杨先平、石成林、万善志为常德市第四届人大常委会副主任。会议表彰了 2006 年度先进市人大代表小组和代表活动积极分子。

本次会议共收到 10 名以上代表联名提出的议案 35 件，其中属于农业与农村工作方面的 8 件、财政经济工作方面的 14 件、教育科学文化卫生工作方面的 8 件、城乡建设和环境保护工作方面的 5 件。市人大各专门委员会对代表提出的议案进行了认真审议，经大会主席团审议通过，35 件议案全部转作建议、批评和意见，交政府有关部门办理。此外，大会收到代表对各方面工作提出的建议、批评和意见 107 件。对于转作建议的议案和代表提出的建议、批评、意见，大会秘书处会同市政府于 1 月 18 日联合召开现场交办会进行现场交办。

第五章　常德市第五届人民代表大会

第一节　第五届人民代表大会代表

一、代表产生和构成

常德市第五届人民代表大会代表名额，经省人大常委会核定为483名，比第四届增加7名，分配选举477名。2007年11月，按9个区县(市)和军分区共10个选举单位依法进行选举，有4名代表未选出(武陵区1名、津市市3名)，实选出473名(代表构成资料缺失)。

二、代表名单

(按选举单位以姓氏笔画排列，共计473名)

武陵区(62名)

丁友才　王　平(土家族)　王书娥(女)　王世昌　王先波　王孝山
王春桥(女、土家族)　王洪明　左五弟　龙晓清　向绪彦　卢武福　田建中
刘　雷　刘凡荣　刘汉军　刘锡龙　关建锋　牟利民　李中英　李立波(女)
李加祥　李建华　李客乡　杨文惠(女)　杨作成　杨明华　杨明晓　肖德建
张民主　张启祥　陈本祥　罗　敏　罗少挟(女)　罗志伟　罗安华　罗明顺
罗耀权　周泽猛　周诗伟　郑之松　赵先桃(女)　姚建平(女)　袁世平(女)
莫雅竹(女)　唐孟元　顾庆平　曹卫平　常　旭　康　明　彭文节　彭家明
舒德春　鲁光学　雷志汉　鲍　华(女)　蔡常林　谭绍武　潘云辉　潘道波
滕明友　戴嘉庆

鼎城区(66名)

丁晚枝　万　利　马　兰(女、回族)　马文华(回族)　马本慧(女、回族)　王志华
王昌义　王昌元　毛兴荣　毛明星　毛恩友　卢年初　卢晓岚　宁艳华　匡长楼
朱晓初　朱清期　伍双枝(女)　向　阳　向　实(女)　刘伟利　杨先平(回族)
杨孚初　杨明清　杨学平　杨桉权　李三堡　李南孝　李秋葆　李润初　李新民
肖仁华　肖群英(女)　吴　为(女)　吴兰静(女)　吴建军　何东彪　余德中
邹纲强　沈国华　陈　颢　邵立群　武吉海(苗族)　林义祥　罗旺甫　罗绍情(回族)
周惠亮　胡仕刚　胡治湘　赵志海　赵爱国　贺立新　聂仁作　柴从林(土家族)

徐政国　唐枝仙(女)　涂国祥　梅昌杰　黄一员　黄政国　龚玉文　韩建庭
彭长秀(女)　彭治权　谢　芳(女)　熊　辉

汉寿县(55名)

王立初　王从豪　王先荣　王兴亚　王在友　文承保　邓湘仁　石静欢(女)
刘定青　向远德　杜　鹏　杜小平(女)　杨　戊　杨开政　杨长富　苏宏杰(回族)
李向东　李应常　李昌友　李轶蓉(女)　李娥皇(女)　李跃忠　李雪花(女)
吴泽波　吴明星　何学君　邱鹏飞　宋云文　张丽群(女)　张建军　陈　军
陈　诚　陈坚毅(女)　陈武俊　林光浩　胡杰夫　段青云　贺丽君　饶　杰
夏吉平　徐郁平　徐胜利　席在钢　郭辉梁　文　华　黄　杰(回族)　黄　强
曾伯云　覃事共(土家族)　粟显波(女)　童立权　童自政　雷常元　熊文中　熊利宏

桃源县(67名)

丁璇如(女)　王晓梅(女)　叶子健　田建中　印善平　兰枝云(女)　朱自权
伍立斌　向真金(土家族)　向联华　刘　凯　刘文兵　刘本之　刘建龙　刘怡福
齐济平　杨立安　杨连范　杨惠平　杨德志　李卫民　李元平(女)　李明亚
李继杰　李富军　吴慧敏(女)　张云翔　张李立(女)　张启俊　陈　亮　陈之超
陈会龙　陈琼武　陈碧云(女)　陈誓红(女)　郑弟祥　胡之理　胡建民　胡官清
胡美华(女)　钟开琼(女)　敖治平　钱正安　郭国球　郭凌云(女)　高　勇
唐春仙(女)　龚永福　龚德汉　黄沅敏　曹儒国(土家族)　符建法　商淑雯(女)
覃红卫(土家族)　覃光明　程泽斌　傅光正　鲁胡子　童　琳(女)　曾伯友
蔡胜利　翦　鹰(维吾尔族)　翦凤鸣(维吾尔族)　薛志红　薛桂花(女、回族)
燕文泉　魏岳林

临澧县(33名)

卜功元　王学武　王承宗　田淑平(女)　邬文生　刘艺峰　刘显涛　刘家秀(女)
刘艳菊(女)　刘朝年　江　群　李　智　李经义　吴　飞　吴宇凡　吴飞鹏
吴泽梅(女)　余周怀　张　帆　张元英(女)　张方才　张远贵　张桂兰(女)
钟　音(女)　唐生元(土家族)　黄清宇　黄新春　敬治平　蒋祖武　谢承益
雷立敬　谭本仲　黎卫平(女)

石门县(49名)

于　华(女、土家族)　万勇平(土家族)　马晓玲(女、土家族)　王　勇
王其梅(土家族)　王振华　王爱平(女、土家族)　石成林　龙西斌
伍千玲(女、土家族)　伍忠福　刘　颖(女)　刘伟才　池　琳(女、土家族)　李　平
李设球　李良军　苏　光(土家族)　杨为明(土家族)　杨琦明　张庆政
张国珍(土家族)　张前云　陈　平　陈建教(土家族)　陈美玉(女、土家族)
欧阳宏　易继平　岳克己　项文元　赵松岳　胡香云(女、土家族)　姚景平

夏崇仁　徐合林　郭伟勋　唐华艳(女、土家族)　唐贵初(土家族)　唐满贵
董高群　覃　丽(土家族)　覃事玉(女、土家族)　覃事君　覃国庆　喻自文　程方山
曾宪妮(女、土家族)　漆渫颖　熊大顺

澧县(63名)

王少波　毛小萍(女)　毛祖新　邓岐彩　皮正新　皮世琳　皮桃凤(女)　孙维忠
杨志祥　杨明秋　杨品红　杨桔瑛(女)　杨晚球　杨耀金(回族)　李大平
李卫华(女)　李友元　李法胜　李绍生　李泰松　李祥林　肖世轩　吴明俭
张业平　陆振贵　陈文浩　陈立平(女)　易　红(女)　罗德清　金义武　周训长
周昌惠　郑承伦　胡云平　胡祖国　荣海清　赵绪清　赵理群　洪振淼　贺修卫
羿保炳　卿渐伟　唐荣华(女)　黄道田　龚德梅(女)　彭世凤　彭孟雄　曾凡明
傅依广　傅爱民　游　龙　谢　琼(女)　雷华军　雷　鸣　蔡德金　谭敦新
谭　斌　燕中炎　戴宏生　戴　璇(女)　魏俊辉　魏锦燕(女)　魏新刚

安乡县(43名)

马承斌　王先蒙　田　华　伍　瑾　任中伟　刘德军　关　蕾(女)　许海军
杨正辉　劳建芳　李　军　李利民　沈　洋　张开松　张廷军　张炼平　张桂华
陈　星　陈保家　陈海波　罗功大　罗先友　周玉彩　庞继元　胡新明　赵子君
侯慧明(女)　姚忠辉　徐晓斌　黄　翔　龚美爱(女)　彭志宏　彭启云
彭曼君(女、土家族)　傅淼河　曾　盈(女)　曾宪孝　雷光宇　蔡练刚　廖　洪
廖建华　潘宏祥　瞿宏辉

津市市(34名)

王军杰　王爱平　尹正锡　皮明毅　匡　雄　刘克云　刘湘松　杨　军　李　平
李亚林　李岳安　李景峰　肖燕芳(女、回族)　严东平　何英平(女)　余永贵
张元桂(女)　范国军　易　榕(女)　胡荣山　赵正乐　郭志宏　唐胜利　黄费武
黄继长　梁文利　曾　君　谢正平　雷光键　褚　敏(女)　蔡业金　谭传东
谭绍兴　熊先富

军分区(1名)

孙振华

三、代表异动

2008年

调离本行政区域8名:张开松、武吉海、王昌义、龙晓清、杨孚初、欧阳宏、傅淼河、匡雄

辞职2名:张帆、罗功大

选举5名:汤向荣、许文耽、汪文武、周枭、温南军

补选7名:石玉林、陈友谊、雷平、王继弘、刘颖、袁北屏、龙艳(女)

2009年

调离本行政区域9名:王爱平、李智、李加祥、吴宇凡、胡之理、魏新刚、吴鹏飞、吴泽波、许文耽

辞职4名:罗先友、燕中炎、杨作成、雷志汉

死亡1名:姚忠辉

补选15名:王继成、彭海涛、董岚(女)、林德新、董超祺、谭弘发、林友清、刘小明、汪明炎、赵克蓉(女)、汤文美、鲁祖安、乔文光、陈根良、邓向阳

2010年

调离本行政区域4名:李平、向实、唐满贵、袁北屏

辞职3名:戴宏生、杨军、牟利民

死亡1名:庞继元

补选10名:石谋军、张涛、罗建、袁超云、贺姝红(女)、李恒山、杨易、申文斌、潘能仲、谢永忠

2011年

调离本行政区域3名:王继弘、王继成、陈海波

辞职2名:李娥皇(女)、项文元

死亡1名:李富军

补选9名:刘明、曾再农、左宜方、夏柏龙、涂碧波、王宁、宋冬春、唐江浩、颜学锦

2012年

调离本行政区域1名:吴明俭

辞职3名:程方山、杨为明、江群

补选4名:杨天生、肖纲超、吴永兴、李世霞

第二节 第五届人民代表大会会议

第五届人民代表大会第一次会议

2007年12月28日—2008年1月3日，常德市第五届人民代表大会第一次会议在常德市工人文化宫举行。出席本次会议的市人大代表473人,全程列席人员78人,部分会议列席人员391,特邀离退休老干部刘佳时、熊奇生参加开幕式和闭幕式。

会议听取和审议了市人民政府代市长卿渐伟关于政府工作的报告，审查和批准了市发展和改革委员会主任周运来关于常德市2007年国民经济和社会发展计划执行情况及2008年计划草案的报告、市财政局局长卢武福关于常德市2007年财政预算执行情况和2008年全市及市级财政预算草案的报告，听取和审议了市人大常委会主任莫道宏关于市人大常委

会工作的报告、市中级人民法院院长谢肇荣关于市中级人民法院工作的报告、市人民检察院检察长杜辉才关于市人民检察院工作的报告,并分别作出决议。会议选举产生了常德市第五届人大常委会主任、副主任、秘书长、委员共 40 名;市人民政府市长、副市长;市中级人民法院院长;市人民检察院检察长。刘本之当选为市五届人大常委会主任,张元英、张启祥、文承保、杨先平、石成林、肖燕芳当选为市五届人大常委会副主任,彭启云当选为市五届人大常委会秘书长;卿渐伟当选为市人民政府市长,陈文浩、宋冬春、万成贞、李爱国、徐万发、徐超文、朱晓平当选为市人民政府副市长;郧文生当选为市中级人民法院院长;陈海波当选为市人民检察院检察长。会议选举了应由常德市选举的省十一届人大代表共 66 名;通过市五届人大各专门委员会主任委员、副主任委员、委员名单。

本次会议共收到 10 名以上代表联名提出的议案 56 件，其中属于农业与农村工作方面的 15 件、财政经济工作方面的 13 件、教育科学文化卫生工作方面的 11 件、城乡建设和环境保护工作方面的 10 件、内务司法工作方面的 7 件。大会议案审查委员会对代表提出的议案进行了认真审议,经大会主席团审议通过,56 件议案全部转作代表建议,交有关部门办理,其中由武陵代表团关建锋等 14 名代表联名提出的“关于加快解决城市低收入家庭住房困难”的议案(第 16 号)和石门代表团龙西斌等 14 名代表联名提出的“关于加大我市乡镇文化站设施建设力度”的议案(第 49 号)转作重点建议,交政府有关部门办理。此外,大会收到代表对各方面工作提出的建议、批评和意见 159 件。对于转作建议的议案和代表提出的建议、批评、意见,大会秘书处会同市政府联合召开现场交办会,进行现场交办。

第五届人民代表大会第二次会议

2009 年 2 月 13—17 日，常德市第五届人民代表大会第二次会议在常德市工人文化宫举行。出席本次会议的市人大代表 475 人,全程列席人员 75 人,市政协委员 398 人列席第一次全体会议(开幕式)并听取市政府工作报告,特邀离退休老干部刘佳时、熊奇生、彭孟芝、莫道宏参加开幕式和闭幕式。

会议听取和审议了市人民政府代市长陈文浩关于政府工作的报告，审查和批准了市发展和改革委员会主任周运来关于常德市 2008 年国民经济和社会发展计划执行情况和 2009 年计划草案的报告、市财政局局长卢武福关于常德市 2008 年财政预算执行情况和 2009 年全市及市级财政预算草案的报告，听取和审议了市人大常委会主任刘本之关于市人大常委会工作的报告、市中级人民法院院长郧文生关于市中级人民法院工作的报告、市人民检察院检察长陈海波关于市人民检察院工作的报告,并分别作出决议。会议补选常德市人民政府市长,选举了常德市第五届人大常委会副主任 1 名、委员 1 名。陈文浩当选为市人民政府市长,燕中炎当选为市五届人大常委会副主任,龙艳当选为市五届人大常委会委员。

本次会议共收到 10 名以上代表联名提出的议案 30 件，其中属于农业与农村工作方面的 7 件、财政经济工作方面的 9 件、教育科学文化卫生工作方面的 8 件、内务司法工作方面的 5 件、城乡建设和环境资源保护工作方面的 2 件(其中 1 号议案涉及农业和城环两方面工作)。市人大有关专门委员会对代表提出的议案进行认真审议,建议将其中桃源代表团张启俊等 19 名代表联名提出的《切实解决城乡贫困人口住房困难问题》(第 1 号)作为议案立案,提请大会主席团审议后,交市人大有关专门委员会研究办理,其余 29 件议案转作建议处理。此外,大会秘书处收到代表对各方面工作提出的建议、批评和意见 139 件。对代表提出的建议、批评和意见,大会秘书处会同市政府于 2 月 16 日联合召开交办会,进行现场交办。

第五届人民代表大会第三次会议

2010 年 1 月 19—23 日，常德市第五届人民代表大会第三次会议在常德市工人文化宫举行。出席本次会议的市人大代表 475 人,全程列席人员 88 人,市政协委员 412 人列席第一次全体会议(开幕式)并听取市政府工作报告,特邀离退休老干部刘佳时、熊奇生、彭孟芝、莫道宏参加开幕式和闭幕式。

会议听取和审议了市人民政府市长陈文浩关于政府工作的报告，审查和批准了市发展和改革委员会主任周运来关于常德市 2009 年国民经济和社会发展计划执行情况及 2010 年计划草案的报告、市财政局局长卢武福关于常德市 2009 年财政预算执行情况和 2010 年全市及市级财政预算草案的报告，听取和审议了市人大常委会主任刘本之关于市人大常委会工作的报告、市中级人民法院院长邬文生关于市中级人民法院工作的报告、市人民检察院检察长陈海波关于市人民检察院工作的报告,并分别作出了决议。会议补选常德市第五届人民代表大会常务委员会副主任 1 人、委员 2 人。王孝山当选为常德市第五届人民代表大会常务委员会副主任,鲁祖安、伍中福当选为常德市第五届人民代表大会常务委员会委员。会议对 2009 年度 16 个先进市人大代表小组、76 名代表活动积极分子进行了表彰。

本次会议共收到 10 名以上代表联名提出的议案 47 件,其中属于农业与农村工作方面的 14 件、财政经济工作方面的 14 件、教育科学文化卫生工作方面的 8 件、内务司法工作方面的 5 件、城乡建设和环境保护工作方面的 6 件。市人大有关专门委员会进行了认真审议,将鼎城代表团万利等 30 名代表联名提出的“关于加强和改善农村五保供养工作”的议案(第 1 号)作为议案立案,提请主席团审议后交代表大会表决,再交市人大有关专门委员会研究办理。其他议案转作建议处理。此外,大会秘书处收到代表对各方面工作提出的建议、批评和意见 126 件。对代表提出的建议、批评、意见,大会秘书处会同市政府于 2 月 2 日联合召开现场交办会进行现场交办。

会议期间,大会秘书处组织全体代表视察了工业和城建重点项目。

第五届人民代表大会第四次会议

2011 年 1 月 12—16 日，常德市第五届人民代表大会第四次会议在常德市工人文化宫举行。出席本次会议的市人大代表 481 人,全程列席人员 89 人,市政协委员 421 人列席第一次会议(开幕式)并听取市政府工作报告,特邀离退休老干部刘佳时、熊奇生、彭孟芝、莫道宏参加开幕式和闭幕式。

会议听取和审议了市人民政府市长陈文浩关于政府工作的报告，审查和批准了市发展和改革委员会主任汤祚国关于常德市 2010 年国民经济和社会发展计划执行情况及 2011 年计划草案的报告、市财政局局长卢武福关于常德市2010年财政预算执行情况和2011年全市及市级财政预算草案的报告，听取和审议了市人大常委会主任刘本之关于市人大常委会工作的报告、市中级人民法院院长邬文生关于市中级人民法院工作的报告、市人民检察院检察长陈海波关于市人民检察院工作的报告，并分别作出决议。会议补选常德市第五届人大常委会主任1名、委员2名，曹儒国当选为市五届人大常委会主任，贺立新、彭海涛当选为市五届人大常委会委员。

本次会议共收到10名以上代表联名提出的议案35件，其中属于农业与农村工作方面的7件、财政经济工作方面的13件、教育科学文化卫生工作方面的8件、内务司法工作方面的2件、城乡建设和环境资源保护工作方面的5件。市人大有关专门委员会对代表提出的议案进行认真审议，将津市代表团赵正乐等30名代表提出的《关于促进我市学前教育健康发展的议案》（第1号）予以立案，由主席团审议后交市人大有关专门委员会研究办理；同时，对桃源代表团黄沅敏等11名代表提出的《关于请求纠正常德仲裁委枉法裁决恣意侵害桃源县第一中学国有财产、维护法律尊严和社会公平正义、支持桃源教育事业发展的议案》（第13号）经市人大内司委审议并与代表沟通同意撤回；其他33件议案转作建议处理。此外，大会秘书处收到代表对各方面工作提出的建议、批评和意见115件。对代表提出的建议、批评、意见，大会秘书处会同市政府于2月26日联合召开现场交办会进行现场交办。

第五届人民代表大会第五次会议

2012年1月5—9日，常德市第五届人民代表大会第五次会议在常德市工人文化宫举行。出席本次会议的市人大代表481人，全程列席人员85人，市政协正副主席及党组副书记列席第一次全体会议（开幕式）和第四次全体会议（闭幕式）、委员423人列席第一次会议（开幕式），特邀离退休老干部刘佳时、熊奇生、彭孟芝、莫道宏参加开幕式和闭幕式。

会议听取和审议了市人民政府市长陈文浩关于政府工作的报告，审查和批准了市发展和改革委员会主任汤祚国关于常德市2011年国民经济和社会发展计划执行情况及2012年计划草案的报告、市财政局局长尹正锡关于常德市2011年财政预算执行情况和2012年全市及市级财政预算草案的报告，听取和审议了市人大常委会主

市第五届人民代表大会第五次会议期间，津市市代表团审议政府工作报告

市第五届人民代表大会第五次会议期间，汉寿县代表团审议政府工作报告

任曹儒国关于市人大常委会工作的报告、市中级人民法院院长邬文生关于市中级人民法院工作的报告、市人民检察院代理检察长刘清生关于市人民检察院工作的报告，并分别作出了决议。会议补选常德市第五届人大常委会副主任2名，市人民检察院检察长1名，刘明、曾再农当选为市五届人大常委会副主任，刘清生当选为市人民检察院检察长。

本次会议共收到10名以上代表联名提出的属于全市人民代表大会职权范围内的议案27件，其中属于农业与农村工作方面的7件、财政经济工作方面的10件、教育科学文化卫生工作方面的5件、内务司法工作方面的2件、城乡建设和环境资源保护工作方面的3件。市人大有关专门委员会对代表提出的议案进行认真审议，经大会主席团通过，将武陵代表团潘道波等21名代表提出的《关于切实加强我市职业病患者医疗救助工作的议案》(第1号)予以立案，交市人大有关专门委员会研究；将桃源代表团张启俊等19名代表提出的《关于加大扶贫帮困工作力度的议案》(第18号)和其他25件议案转作建议办理。此外，大会秘书处收到代表对各方面工作提出的建议、批评和意见120件。对代表提出的建议、批评和意见，大会秘书处会同市政府办公室于大会后联合召开现场交办会，进行现场交办。

会议期间，大会秘书处组织全体代表视察了城区重点建设项目。

第六章　常德市第六届人民代表大会

市第六届人民代表大会第一次会议开幕式上，全体参会人员起立，齐唱《中华人民共和国国歌》

第一节　第六届人民代表大会代表

一、代表产生和构成

常德市第六届人民代表大会代表名额，经省人大常委会核定为478名，分配选举478名。2012年11月下旬，以9个区县(市)为选举单位依法进行选举，实选出代表478名。其中，中共党员代表374名，占78.24%；民主党派代表23名，占4.81%；无党派人士代表81名，占16.95%。工人代表34名，占7.11%；农民代表38名，占7.95%；企业代表84名，占17.57%；专业技术人员代表43名，占9%；农村村委会代表13名，占2.72%；军队武警代表4名，占0.84%。

二、代表名单

（按选举单位以姓氏笔画排列）（共计 478 名）

武陵区（57 人）

王书娥（女） 王本林 王吉兵 王孝山 王　林 王　强 邓兴建 冉伍英（女）
向　阳 向建新（回族） 向绪林（土家族） 向绪彦 刘　杰 刘海樵 刘涤尘
汤赛男（女） 严　达 杜修锋 杜登全（土家族） 李发军 杨立安 杨明华
杨明晓 杨建祈 杨　昶 吴拥华 宋雨泓（女） 张光斌 张　冰（女） 张　波
陈爱喜 罗少挟（女） 罗安华 罗志伟 罗明顺 周泽猛 周琳富 郑之松
倪新明 徐术福 翁　曦 唐孟元 唐　莹（女） 涂碧波 康　明 喻世龙（回族）
鲁光峃 曾　杰 游剑飞 蔡建军 蔡常林 廖可元 廖忠义 熊文中 黎　娟（女）
潘云辉 魏宏芝

鼎城区（66 人）

王立清 王成猛 王志新 王启真 王昌元 毛明星 毛恩友 毛新云 石朝勋
卢晓岚 帅成正 宁　凯 宁艳华 匡长楼 朱清期 刘伟利 刘运华 刘　明
刘定青 刘警智 阮　龄（女） 孙凤英（女） 孙冬香（女） 李友明 李世霞
李南孝 李新明 杨　君 肖仁华 吴　为（女） 吴慧敏（女） 余建明 邹纲强
张仕华 张　民 张勇崎 张　涛 林新忠 周本成 周立新 赵志海 赵金秋
赵建华（女） 赵爱国 胡春喜 姚敦科 袁付华 卿渐伟 唐枝仙（女，回族）
唐洪波 唐　翀 涂华军 黄政国 龚玉文 彭　放 彭　嵘 葛良清 董　岚（女）
舒仁德 曾强国 谢家祥 腾明友 蔡启良 裴世军 管　挥 魏　饴

汉寿县（57 人）

丁远贵 万　利 王立初 王　华 叶新华 朱一平（女） 伍国典 刘运华
刘丽艳（女） 刘群利 刘　毅 李小波 李文广 李正才 李发银 李百艳（女）
李向东 李守进 李红震 李　明 李学文 李跃忠 杨长富 杨从发 杨　戊
吴明星 吴　锐 余迎峰 邹秉松 宋云文 张志红 陈　军 陈坚毅（女）
陈　亮 周立文 周　凯 周金旺 周政怀 胡　敏（女） 胡章岭 胡　蓉（女）
钟丽琴（女） 徐胜利 郭辉勇 黄劲松 黄荣耀 黄　强 龚玉彪 彭志爱
覃事共（土家族） 粟显波（女） 章自正 曾再农（回族） 廖传美 谭本仲
谭弘发 熊跃政

桃源县（69 人）

丁旋如（女） 万　志 王开美 文承保 文承喜 文继承 孔　升 邓向阳
印善平 兰枝云（女） 伍玉秋（女） 伍立斌 向光伟 刘正华 刘红军

刘怡福　杜　鹏　李大均　李元平（女）　李宏伟　李　晖　李继杰
杨　凡（女，侗族）　杨建华　肖兴江　吴永兴　吴丽兰（女）　旷昌文　余运俊
余其斌　宋冬春　张云翔　张四新　张启俊　张明海　陈岳中　陈春章　陈维亚
陈琼武　陈誓红（女）　罗飞东　罗长富　赵月娅（女）　胡官清　钟广丽（女）
姚方平　夏绪捷　郭国球　郭凌云（女）　唐汇浩　曹儒国（土家族）　龚德汉
商　均　商淑雯（女）　彭爱立　粟　勇　程度文　鲁祖安　曾凡民　曾文志
曾伯友　谢永忠　裴　杰　蒯　影（女，维吾尔族）　蒯　鹰（维吾尔族）　燕立国
燕良贵　魏岳林　魏金林

临澧县（38人）

邓纯彪　石玉林　石　港　乔光泉　刘显涛　刘艳菊（女）　苏群英（女）　李家喜
杨天生　杨华桥　杨富国　肖燕芳（女，回族）　邹吉茂　汪淑凡　怀素娟（女）
宋冠毅　宋维君　张元英（女）　张远贵　张　勇　陆　华　陈　飞　陈继鑫
陈　斌　邵国锋　林德新　易法铁　庞杰武　胡秋兰（女）　夏小琼（女）　殷宗德
郭菊红（女）　唐生元（土家族）　黄新春　蒋祖武　鲍虹宇（女）　蔡碧蓉（女）
谭晚成

石门县（49人）

于　华（女，土家族）　万改观（女）　万勇平（土家族）　王　宁　毛春晖（土家族）
龙西斌（土家族）　龙　艳（女）　申文斌　伍林支（土家族）　刘凡荣　许兆飞
苏宏云（土家族）　李丽华　李良军（土家族）　李敬平　杨申付（土家族）　杨琦明
吴大均　邱正鑫　邱令华　余宏建　张庆政（土家族）　张国珍　陈支勇（土家族）
陈文化（土家族）　陈　平　陈　材　陈根良　易继平　赵应云　侯红华　娄远军
夏召安（土家族）　夏崇仁　高德知（土家族）　郭伟勋　唐凡妮（女，土家族）
唐春文（土家族）　唐贵初（土家族）　龚云林　董仁忠（土家族）　覃小洪（土家族）
覃玉华（女，土家族）　覃　丽（女，土家族）　覃歇民（土家族）　詹　敏（女，土家族）
廖琪宁　熊大顺　戴海蓉（女，土家族）

澧县（63人）

卜兴炎　王先荣　毛小萍（女）　毛先武　毛善新　方建春　邓岐彩　石梦娜（女）
田大春（女）　皮正新　皮桃凤（女）　刘小明　刘连华　刘　勇　刘　斌
孙运秀（女，土家族）　严　平　李世刚　李设球　李志荣　李法胜　李先平（回族）
杨志祥　杨　易　杨承勇　杨承清　杨桔瑛（女）　杨耀金（回族）　肖世轩　余昊湘
余明春　张　力　张　华　陈文浩　陈章明　易　红（女）　罗思维　罗德军
金义武　金廷望　周玖红（女）　赵克蓉（女）　荣海清　胡祖国　胡桂生　姜坤山
姚明铎　贺修卫　袁金波　殷民立　郭晓宏　唐胜利　黄　斌　黄道田　龚德平
龚德辉（女）　淡光兴　彭孝军　袁孟雄　游　龙　雷　鸣　颜学锦　戴作东

安乡县(44 人)

王先蒙　王　黛(女)　文政国　申建春　田祖峰　任中伟　刘晓东　刘德军
汤一平　孙逢雪　杜修振　李振业　杨　成　肖卫国　肖昌权　肖慧英(女)
吴　飞　沈　洋　张友富　张　阳　张佑国　张炼平　张　猛　范建平
欧阳忆清　易耀平　罗志星(女)　赵先桃(女)　赵丽玫(女)　侯慧明(女)
贺福丽(女)　秦　燕(女)　商家勇　唐丁杰　唐治平　彭启云　董超祺　蒋德平
谢承益　潘宏祥　潘　勇　潘能仲　潘道波　魏邦发

津市市(35 人)

王志江　王育平　王学武　毛　娟(女)　邓惠荣　石成林　石谋军(苗族)　皮明毅
汤文美(土家族)　李志兵　吴为民　陈三英(女)　陈克元　陈　杰　陈明哲
陈　钢　易　榕(女)　罗先东　岳少敏(女)　周　辉　赵正乐　郭天民　郭志宏
曹桂清　彭德强　葛　胜　董小斌　曾　盈(女)　谢迎春　雷光键　雷志宏
褚　敏(女)　蔡国民(回族)　蔡德习　谭　峰

三、代表异动

2013 年

调离本行政区域 9 名:卿渐伟、陈文浩、石谋军、张民、刘小明、陈春章、陈根良、陈誓红、郭志宏、唐洪波

补选 8 名:王群、周德睿、朱水平、李挚、范昶、徐有朝、郭碧勋、鲁祖方

第二节　第六届人民代表大会会议

第六届人民代表大会第一次会议

2012 年 12 月 26 日—2013 年 1 月 1 日,常德市第六届人民代表大会第一次会议在市工人文化宫举行。出席本次会议的市人大代表共 478 人。

会议听取和审议了市人民政府市长陈文浩关于政府工作的报告，审查和批准了市发展和改革委员会主任汤祚国关于常德市 2012 年国民经济和社会发展计划执行情况及 2013 年计划草案的报告，市财政局局长尹正锡关于常德市 2012 年财政预算执行情况和 2013 年全市及市级财政预算草案的报告，听取和审议了市人大常委会主任曹儒国关于市人大常委会的工作报告,市中级人民法院代理院长廖具之关于市中级人民法院的工作报告,市人民检察院检察长刘清生关于市人民检察院的工作报告,并作出相应决议。会议选举产生常德市第六届人大常委会主任、副主任、秘书长、委员共 41 名;市人民政府市长、副市长共 8 名;市中级人民法院院长;市人民检察院检察长。刘明当选为市六届人大常委会主任,文承保、肖燕芳、

王孝山、曾再农、王先蒙、熊大顺、谭弘发当选为市六届人大常委会副主任，彭启云当选为市六届人大常委会秘书长，万利等 32 人当选为市六届人大常委会委员；陈文浩当选为市人民政府市长，刘小明、卢武福、朱晓平、沈习淼、胡丘陵、陈华、匡加才当选为市人民政府副市长，廖具之当选为市中级人民法院院长；刘清生当选为市人民检察院检察长；会议选出应由常德市选举的省十二届人大代表共 63 名；通过了市六届人大各专门委员会主任委员、副主任委员、委员名单。

市第六届人民代表大会第一次会议期间，澧县代表团审议政府工作报告

本次会议共收到 10 名以上代表联名提出的属于全市人民代表大会职权范围内的议案 12 件，其中属于农业与农村工作方面的 2 件、财经工作方面的 7 件、教育科学文化卫生工作方面的 1 件、内务司法工作方面的 1 件、城乡建设和环境保护工作方面的 1 件。议案审查委员会对代表提出的议案进行了认真审议，将全部议案转作建议处理。此外，大会秘书处收到代表对各方面工作提出的建议、批评和意见 73 件。对代表提出的建议、批评、意见，大会秘书处会同市政府大会联合召开现场交办会，进行现场交办。

第七章　常德市人民代表大会专门委员会

1998 年 1 月，市三届人民代表大会第一次会议决定，设立市人民代表大会内务司法委员会、财政经济委员会、城乡建设环境资源保护委员会、教育科学文化卫生委员会、农业与农村委员会等 5 个专门委员会，通过各专门委员会组成人员名单。至 2013 年 12 月，专门委员会的设立没有变化。

第一节　各专门委员会工作职责

内务司法委员会

一、审议市人民代表大会主席团或市人大常委会交付审议的有关内务司法工作方面的议案，提出审议结果报告；

二、向市人民代表大会主席团或市人大常委会提出属于委员会职权范围内的议案；

三、审议市人民代表大会主席团或市人大常委会交付的有关内务司法工作方面的质询案，听取受质询机关对质询案的答复并报告有关情况；

四、市人大常委会会议举行前 20 日，对“一府两院”提请市人大常委会会议审议的有关内务司法工作方面的专项工作报告进行初步审议，提出修改审议意见；

五、对市人民代表大会及其常委会作出的有关内务司法工作方面的决议、决定的贯彻执行情况和审议意见的研究处理情况进行调查研究，并报告有关情况；

六、为市人民代表大会及其常委会审议决定内务司法工作的重大事项开展调查研究，提供有关报告；

七、承担市人大常委会开展的内务司法工作方面的执法检查、视察、工作评议等项工作的服务和组织工作；

八、对“一府两院”作出的决议、决定和制定的对公民具有普遍约束力的规范性文件进行合法性和合理性审查，提出审查意见并向主任会议报告；对区、县(市)人民代表大会及其常委会作出的决议、决定进行合法性审查，并将审查意见反馈有关区、县(市)人大常委会；

九、对市人大常委会交办的本级人大代表提出的重点建议、批评和意见进行督办；

十、负责人民群众涉法涉诉来信来访的接待处理；

十一、承办市人民代表大会主席团、人大常委会和主任会议交办的其他工作事项。

财政经济委员会

一、审议市人民代表大会主席团或市人大常委会交付审议的有关财政经济工作方面的议案，提出审议结果报告；

二、向市人民代表大会主席团或市人大常委会提出属于委员会职权范围内的议案；

三、审议市人民代表大会主席团或市人大常委会交付的有关财政经济工作方面的质询案，听取受质询机关对质询案的答复，并报告有关情况；

四、市人大常委会会议举行前 20 日，对人民政府提请市人大常委会会议审议的有关财政经济工作方面的专项工作报告进行初步审议，提出修改审议意见；

五、对市人民代表大会及其常委会作出的有关财政经济工作方面的决议、决定的贯彻执行情况和审议意见的研究处理情况进行调查研究，并报告有关情况；

六、为市人民代表大会及其常委会审议决定财政经济工作的重大事项开展调查研究，提供有关报告；

七、对市人民政府制定的国民经济和社会发展计划（草案）、财政预决算（草案）及国民经济计划部分变更方案和财政预算调整方案进行初步审查，提出审查结果的报告；

八、对市人民政府制定的国民经济和社会发展五年规划（草案）进行初步审查并提出审查结果的报告，对五年规划执行情况进行中期评估，提出评估报告；

九、承担市人大常委会开展的财政经济工作方面的执法检查、视察、工作评议等项工作的服务和组织工作；

十、对市人大常委会交办的本级人大代表提出的重点建议、批评和意见进行督办；

十一、承办市人民代表大会主席团、人大常委会和主任会议交办的其他工作事项。

城乡建设环境资源保护委员会

一、审议市人民代表大会主席团或市人大常委会交付审议的有关城乡建设环境资源保护工作方面的议案，提出审议结果报告；

二、向市人民代表大会主席团或市人大常委会提出属于委员会职权范围内的议案；

三、审议市人民代表大会主席团或市人大常委会交付的有关城乡建设资源环境保护工作方面的质询案，听取受质询机关对质询案的答复并报告有关情况；

四、市人大常委会会议举行前 20 日，对市人民政府提请市人大常委会会议审议的有关城乡建设环境资源保护工作方面的专项工作报告进行初步审议，提出修改审议意见；

五、对市人民代表大会及其常委会作出的有关城乡建设环境资源保护工作方面的决议、决定的贯彻执行情况和审议意见的研究处理情况进行调查研究，并报告有关情况；

六、为市人民代表大会及其常委会审议决定城乡建设环境资源保护工作的重大事项开展调查研究，提供有关报告；

七、承担市人大常委会开展的城乡建设环境资源保护工作方面的执法检查、视察、工作评议等项工作的服务和组织工作；

八、对市人大常委会交办的本级人大代表提出的重点建议、批评和意见进行督办；

九、承担市人民代表大会主席团、人大常委会和主任会议交办的其他工作事项。

教育科学文化卫生委员会

一、审议市人民代表大会主席团或市人大常委会交付审议的有关教育科学文化卫生民族华侨外事工作方面的议案，提出审议结果报告；

二、向市人民代表大会主席团或市人大常委会提出属于委员会职权范围内的议案；

三、审议市人民代表大会主席团或市人大常委会交付的有关教育科学文化卫生民族华侨外事工作方面的质询案，听取受质询机关对质询案的答复并报告有关情况；

四、市人大常委会会议举行前20日，对市人民政府提请市人大常委会会议审议的有关教育科学文化卫生民族华侨外事工作方面的专项工作报告进行初步审议，提出修改审议意见；

五、对市人民代表大会及其常委会作出的有关教育科学文化卫生民族华侨外事工作方面的决议、决定的贯彻执行情况和审议意见的研究处理情况进行调查研究，并报告有关情况；

六、为市人民代表大会及其常委会审议决定教育科学文化卫生民族华侨外事工作的重大事项开展调查研究，提供有关报告；

七、承担市人大常委会开展的教育科学文化卫生民族华侨外事工作方面的执法检查、视察、工作评议等项工作的服务和组织工作；

八、对市人大常委会交办的本级人大代表提出的重点建议、批评和意见进行督办；

九、承办市人民代表大会主席团、人大常委会和主任会议交办的其他工作事项。

农业与农村委员会

一、审议市人民代表大会主席团或市人大常委会交付审议的有关农业与农村工作方面的议案，提出审议结果报告；

二、向市人民代表大会主席团或市人大常委会提出属于委员会职权范围内的议案；

三、审议市人民代表大会主席团或市人大常委会交付的有关农业与农村工作方面的质询案，听取受质询机关对质询案的答复并报告有关情况；

四、市人大常委会会议举行前20日，对市人民政府提请市人大常委会会议审议的有关农业与农村工作方面的专项工作报告进行初步审议，提出修改审议意见；

五、对市人民代表大会及其常委会作出的有关农业与农村工作方面的决议、决定的贯彻执行情况和审议意见的研究处理情况进行调查研究，并报告有关情况；

六、为市人民代表大会及其常委会审议决定农业与农村工作的重大事项开展调查研究，提供有关报告；

七、承担市人大常委会开展的有关农业与农村工作方面的执法检查、视察、工作评议等项工作的服务和组织工作；

八、对市人大常委会交办的本级人大代表提出的重点建议、批评和意见进行督办；

九、承办市人民代表大会主席团、人大常委会和主任会议交办的其他工作事项。

第二节　各专门委员会负责人名录

内务司法委员会

第三届

主任委员：杨明清（1998.1—2002.12）

副主任委员：杨建波（1998.1—2002.12）

委员：罗鑫来（1998.1—2001.2）

王建国（1998.1—2002.12）

欧运崇（1998.1—2002.12）

第四届

主任委员：杨明清（2003.1—2007.12）

副主任委员：聂其龙（2003.1—2007.2）

吴永兴（2012.4—2012.12）

委员：王建国（2003.1—2007.12）

韦绍斌（2003.1—2007.12）

肖世轩（2003.1—2006.6）

杨为明（2003.12—2007.12）

黄继长（2003.1—2007.12）

第五届

主任委员：万利（2008.1—2012.12）

副主任委员：杨为明（2008.1—2012.4）

委员：王平（2008.1—2012.12）

王爱平（2008.1—2012.12）

杨明清（2008.1—2010.12）

陈坚毅（2008.1—2012.12）

董高群（2008.1—2012.12）

第六届

主任委员：万利（2013.1—　）

副主任委员：陈坚毅（2013.1—　）

委员：方建春（2013.1—　）

孙冬香（2013.1—　）
罗明顺（2013.1—　）
郑之松（2013.1—　）
黄道田（2013.1—　）
鲍虹宇（2013.1—　）

财政经济委员会

第三届

主任委员：王志华（1998.1—2002.12）
副主任委员：李向东（1998.1—2002.12）
委员：姜夒清（1998.1—2002.12）
赵训慈（1998.1—2002.12）
曹同生（1998.1—2002.12）
肖世轩（2001.2—2002.12）
龙建业（2000.2—2000.8）
程方山（2001.11—2002.12）

第四届

主任委员：王志华（2003.1—2007.12）
副主任委员：李向东（2003.1—2007.12）
委员：周定贵（2003.1—2007.12）
程方山（2003.1—2006.6）
舒　石（2003.1—2007.12）

第五届

主任委员：李向东（2008.1—2012.12）
副主任委员：伍中福（2008.1—2012.12）
委员：王志华（2008.1—2010.12）
刘文兵（2008.1—2012.12）
吴慧敏（2008.1—2012.12）
胡祖国（2008.1—2012.12）
程方山（2008.1—2012.4）
吴　飞（2010.6—2012.12）
袁北屏（2010.6—2010.12）
陈友谊（2011.2—2012.12）
赵先桃（2011.2—2012.12）

第六届

主任委员:李向东(2013.1—)

副主任委员:詹 敏(2013.1—)

委员:王启真(2013.1—)

李丽华(2013.1—)

吴 飞(2013.1—)

吴慧敏(2013.1—)

陈 斌(2013.1—)

赵先桃(2013.1—)

胡秋兰(2013.1—)

城乡建设环境资源保护委员会

第三届

主任委员:鲁秉群(1998.1—2002.12)

副主任委员:赵理群(1998.1—2002.12)

委员:伍子琦(1998.1—2002.12)

向湘粤(1998.1—2002.12)

刘大德(1998.1—2002.12)

第四届

主任委员:赵理群(2003.1—2007.12)

副主任委员:周军红(2003.1—2003.3)

杨耀金(2003.6—2007.12)

委员:杨耀金(2003.1—2003.6)

伍中福(2003.6—2007.12)

车德莲(2003.1—2007.12)

吴泽波(2003.1—2007.12)

刘凡荣(2003.1—2007.12)

夏崇仁(2003.1—2007.12)

第五届

主任委员:兰枝云(2008.1—2012.12)

副主任委员:杨耀金(2008.1—2012.12)

李世霞(2012.4—2012.12)

委员:赵理群(2008.1—2012.12)

龚玉文(2008.1—2012.12)

刘凡荣(2008.1—2012.12)
夏崇仁(2008.1—2012.12)
罗志伟(2008.1—2012.12)
王洪明(2008.1—2012.12)
李岳安(2008.1—2012.12)

第六届

主任委员:李世霞(2013.1—)
副主任委员:龚玉文(2013.1—)
委员:兰枝云(2013.1—)
刘凡荣(2013.1—)
孙凤英(2013.1—)
杨耀金(2013.1—)
罗志伟(2013.1—)
夏崇仁(2013.1—)
唐　莹(2013.1—)

教育科学文化卫生委员会

第三届

主任委员:贺启德(1998.1—2002.12)
副主任委员:赵正乐(1998.1—2002.12)
委员:严维贡(2000.12—2002.12)
曹卫平(1998.1—2002.12)

第四届

主任委员:赵正乐(2003.1—2007.12)
副主任委员:蒋　琼(2003.1—2004.12)
赵娜莲(2004.12—2007.2)
杨立安(2007.2—2007.12)
委员:王军杰(2003.12—2007.12)
杨立安(2003.12—2007.2)
肖艳芳(2003.12—2007.12)
曹卫平(2003.12—2007.12)
曾志德(2003.12—2007.12)

第五届

主任委员:赵正乐(2008.1—2012.12)

副主任委员：唐孟元（2008.1—2012.12）

委员：王书娥（2009.10—2012.12）

王军杰（2008.1—2012.12）

吴明俭（2008.1—2012.12）

谢承益（2008.1—2012.12）

曹卫平（2008.1—2012.12）

潘道波（2008.1—2012.12）

赵爱国（2008.12—2012.12）

康　明（2008.12—2012.12）

第六届

主任委员：鲁祖安（2013.1—　　）

副主任委员：唐孟元（2013.1—　　）

委员：王书娥（2013.1—　　）

张　力（2013.1—　　）

赵正乐（2013.1—　　）

娄远军（2013.1—　　）

康　明（2013.1—　　）

谢承益（2013.1—　　）

潘道波（2013.1—　　）

农业与农村委员会

第三届

主任委员：高　勇（1998.1—2002.12）

副主任委员：唐汇元（1998.1—2002.6）

委员：余先柏（1998.1—2002.12）

罗耀权（1998.1—2002.12）

杨耀金（1998.1—2002.12）

第四届

主任委员：彭启云（2003.1—2007.12）

副主任委员：罗先友（2003.1—2007.12）

委员：贺立新（2003.1—2007.12）

毛新云（2003.1—2007.12）

邓亚华（2003.1—2007.12）

杨品红（2003.1—2007.12）

符建法（2003.1—2007.12）

第五届

主任委员：张启俊（2008.1—2012.12）

副主任委员：贺立新（2008.1—2012.12）

委员：剪　鹰（2008.1—2010.6）

褚　敏（2010.12—2012.12）

毛新云（2008.1—2012.12）

杨品红（2008.1—2012.12）

符建法（2008.1—2012.12）

卜功元（2008.1—2012.12）

马文化（2008.2—2010.4）

杨孚初（2008.2—2012.12）

赵志海（2008.2—2012.2）

汪明炎（2010.2—2012.12）

第六届

主任委员：汪淑凡（2013.1—　　）

副主任委员：吴永兴（2013.1—　　）

委员：张启俊（2013.1—　　）

毛新云（2013.1—　　）

陈明哲（2013.1—　　）

罗安华（2013.1—　　）

胡官清（2013.1—　　）

程度文（2013.1—　　）

褚　敏（2013.1—　　）

第二篇《

常德市人民代表大会常务委员会

第二篇　常德市人民代表大会常务委员会

第一章　常德市第一届人民代表大会常务委员会

第一节　第一届人民代表大会常务委员会构成

1988 年 6 月 20—24 日，第一届人民代表大会第一次会议选出常务委员会组成人员 32 名,其中主任 1 名、副主任 7 名、秘书长 1 名、委员 23 名。其主要结构为,妇女 3 名;少数民族 2 名。常务委员会副主任中,届中辞职 1 名,补选 3 名。常委会委员中,届中辞职 3 人,补选 2 人。届末实有常委会组成人员 33 名。

常德市第一届人大常委会正副主任、秘书长名录

(1988 年 6 月—1992 年 12 月)

主　任:罗寅阶

副主任:陈文浩(1988.6—1991.9)

刘淑元(女)

李丰茂

刘运武

杨万平

揭乐田

吴愈俊

徐霞霖(1989.7 补)

蔡汝栋(1989.7 补)

熊奇生(1992.4 补)

秘书长:蔡汝栋(1988.6—1989.7)

余习忠(1991.4 补)

常德市第一届人大常委会委员名录

（共计 25 名，按姓氏笔画为序）

丁世明	马明泉（回族、兼）
王建政	左维俊（兼）
阳　光（女、兼）	孙定国（兼）
许芬芝（女）	刘伊文（兼）
刘承楚	汤音宏（土家族、兼、1988.6—1992.3）
严高明（兼、1988.6—1988.12）	李桂凡
杨云孝	杨德中
杜辉才	张家界（兼）
陈春生	何贵铭
袁松阶	郭敦文（兼）
曹同生（兼）	曹儒国（土家族、兼、1989.7 补）
章伯先（兼、1989.7 补）	黄费智（兼、1988.6—1991.9）
龚业铮（兼）	

第二节　第一届人民代表大会常务委员会会议

常德市一届人大常委会自 1988 年 6 月至 1992 年 12 月，共举行 30 次会议。

第一次会议

1988 年 6 月 20—24 日，市一届人大常委会举行第一次会议。会议审议通过市一届人大常委会关于设立办公室和有关工作委员会的决议，任命人大常委会各工作机构主要负责人，讨论通过市一届人大常委会近期工作要点。

第二次会议

1988 年 8 月 28 日—9 月 3 日，市一届人大常委会举行第二次会议。会议审议通过《常德市人民代表大会常务委员会议事规则》、《常德市人民代表大会常务委员会人事任免工作暂行办法》、《常德市人民代表大会常务委员会关于市一届人大一次会议至二次会议期间工作要点》；听取市人民政府关于农村经济工作情况和全市减轻农民负担工作情况的报告，审议通过市人大常委会关于切实减轻农民负担的决议；决定任命市人大常委会各工作机构负责人、市人民政府 32 个组成单位主要负责人和市中级人民法院、市人民检察院有关负责人。

第三次会议

1988 年 11 月 2—6 日，市一届人大常委会举行第三次会议。会议听取市人民政府、市中级人民法院、市人民检察院所作的关于开展《土地管理法》《森林法》《企业法》《矿产资源法》

《食品卫生法》《商标法》《计量法》《治安管理处罚条例》等法律法规执法检查情况的报告，市人民政府所作的关于全市职业技术教育情况的报告、关于全市抗灾救灾工作情况的报告；审议通过市人大常委会关于切实加强政法干警教育管理 坚持严肃执法的决议、关于巩固和发展职业技术教育的决议、关于联系市人大代表开展代表活动的暂行办法和《致全市灾区人民的慰问信》；决定任免市人大常委会、市中级人民法院和市人民检察院有关负责工作人员。

第四次会议

1988 年 12 月 26—29 日，市一届人大常委会举行第四次会议。会议听取市人民政府所作的关于依法治市实施方案的报告、关于实现“五年消灭荒山十年绿化常德”奋斗目标的情况报告、关于贯彻实施企业法的情况汇报、关于血防工作情况的报告；审议通过市人大常委会关于依法治市的决议、关于加快造林绿化步伐的决议和关于贯彻实施企业法的决议；决定接受严高明辞去市人大常委会委员职务；作出《关于慈利县行政区域变更后卜启圣等 5 名市人大代表资格问题的决定》；决定任命市国土局主要负责人和市人民检察院有关负责工作人员。

第五次会议

1989 年 3 月 8—10 日，市一届人大常委会举行第五次会议。会议听取和审议市人民政府关于全市 1988 年国民经济、社会发展计划执行情况和 1989 年国民经济、社会发展计划安排草案的报告、关于全市 1988 年财政预算执行情况和 1989 年财政预算草案的报告、关于全市 1988 年城建资金预算执行情况和 1989 年城建资金预算安排草案的报告、关于农资专营情况的报告；听取市人大常委会秘书长蔡汝栋所作的关于召开常德市第一届人民代表大会第二次会议的说明，审议通过市人大常委会关于召开市一届人大二次会议的决定；听取和审议关于市一届人民代表大会代表名额的调整和增补市人大代表问题的报告；补选省七届人大代表 1 名；决定任命市公安局、林业局主要负责人和市中级人民法院有关负责工作人员。

第六次会议

1989 年 4 月 27—29 日，市一届人大常委会举行第六次会议。会议听取和审议市人民政府关于全市农村科技工作情况的报告、市人大常委会代表资格审查委员会关于市一届人大代表异动情况和补选的市人大代表资格审查的报告；审议市人大常委会工作报告（草稿）；审议市一届人大二次会议主席团和秘书长名单（草案）；审议通过《市人大常委会关于议案和建议、批评、意见的产生和办理的试行办法》；决定任命市财政局主要负责人；组织常委会组成人员、全体机关干部和其他与会人员，学习讨论《人民日报》“4·26”社论；罗寅阶发表“认真学习社论、旗帜鲜明反对动乱”的讲话。

第七次会议

1989 年 7 月 8—10 日，市一届人大常委会举行第七次会议。会议传达学习党的十三届四中全会精神和邓小平同志的重要讲话；听取和审议市人民检察院关于开展以反贪污、反受贿为重点的打击严重经济犯罪情况的报告，市人民政府关于清理整顿公司情况的报告；审议市人大常委会副主任陈文浩关于市一届人大二次会议筹备工作报告和市人大常委会工作报告(草稿);审议并通过市一届人大常委会代表资格审查委员会调整人员名单;决定市人民政府有关组成人员的撤职和任命。

第八次会议

1989年9月4—6日,市一届人大常委会举行第八次会议。会议听取和审议市人民政府关于贯彻实施管理法和《湖南省土地管理实施办法》情况的报告,市人民政府关于常德市罚没财物和追回赃款赃物管理暂行办法的说明,市人大常委会财经工委关于全市罚没收入管理调查情况的报告;审议通过《常德市人大常委会关于开展执法检查的决定》、《常德市第一届人民代表大会第二次会议至第三次会议期间常务委员会工作计划要点》、《常德市人大常委会关于市人大及其常委会决议、决定贯彻执行的检查制度》;批准市人民检察院《关于提请批准逮捕刘呈祥的报告》;决定市人民政府秘书长的任免和市中级人民法院有关负责工作人员的任命;传达学习党的十三届四中全会精神和邓小平同志的重要讲话;听取和审议市人民检察院关于开展以反贪污、反受贿为重点的打击严重经济犯罪情况的报告,市人民政府关于清理整顿公司情况的报告;审议并通过市一届人民代表大会常务委员会代表资格审查委员会调整名单;决定市人民政府有关组成人员的撤职和任命。

第九次会议

1989年10月26—28日,市一届人大常委会举行第九次会议。会议听取和审议市人民政府关于常德市1989年1月至9月国民经济和社会发展计划执行情况及年度部分计划指标调整意见的报告,1989年财政预算调整情况的报告,1989年1月至9月城建资金预算执行情况,全市劳动就业工作情况,实施义务教育法情况,文化市场整顿清理情况的报告;审议通过关于常德市1989年国民经济和社会发展计划部分调整的决定、关于常德市1989年财政预算部分调整的决定、关于县乡两级人民代表大会换届选举时间的决定、关于设立民族华侨工作委员会的决定;通过有关人事任免事项。

第十次会议

1989年12月27—29日,市一届人大常委会举行第十次会议。会议听取和审议市人民政府、市中级人民法院、市人民检察院开展执法检查情况的报告,听取和审议市人民政府关于农作物种子管理工作情况的报告;审议通过《常德市人民代表大会常务委员会关于加强农作物种子管理工作的决议》;听取和审议市人民政府关于市直单位惩治腐败,加强廉政建设情况的报告;通过有关人事任免事项。

第十一次会议

1990年3月1—4日,市一届人大常委会举行第十一次会议。会议听取和审议市人民政府关于常德市1989年计划执行情况和1990年计划安排意见的报告、关于常德市1989年财政决算和1990年财政概算的报告、关于常德市1989年城建资金预算执行情况和1990年城建资金预算安排(草案)的报告,并形成审议意见;听取和审议市人民政府、市人大常委会关于市一届人大二次会议主席团交办的代表议案和建议、批评、意见办理情况的报告；审议和原则通过《常德市城市总体规划修编纲要》《常德市城区防洪大堤建设方案》；通过市人民政府、市中级人民法院和市人民检察院有关人事任免事项，批准对各区、县(市)人民检察院检察长的任命，罗寅阶向被任命人员颁发任命书。

第十二次会议

1990 年 3 月 26 日，市一届人大常委会举行第十二次会议。会议组织学习《中共中央关于加强党同人民群众联系的决定》；听取市一届人大三次会议筹备工作情况的报告，审议市一届人大三次会议主席团和秘书长名单（草案）、列席人员名单（草案）；审议市一届人大三次会议关于设立会议预算审查委员会、议案审查委员会和组成人员名单（草案）；审议和通过市一届人大常委会代表资格审查委员会关于补选代表资格的审查报告。

第十三次会议

1990 年 5 月 4—6 日，市一届人大常委会举行第十三次会议。会议听取和审议市人民政府关于农村初级卫生保健工作情况、关于城市管理工作情况的报告，关于常德市城市管理暂行规定(草案)及实施细则（草案）的说明和常德市国家建设征地拆迁安置管理暂行办法的说明，审议《常德市城市管理暂行规定（草案）》和《常德市国家建设征地拆迁安置管理暂行办法(草案)》；审议《常德市第一届人民代表大会第三次会议至第四次会议期间常务委员会工作要点》。

第十四次会议

1990 年 6 月 26—28 日，市一届人大常委会举行第十四次会议举行。会议听取和审议市人大常委会法制工作委员会关于督办执法检查交办案件和问题的情况报告、市人民检察院关于开展反贪污贿赂工作情况的报告、市人民政府关于贯彻文物保护法情况的报告和 1—5 月工业生产情况的报告；通过关于切实做好文物保护工作的决议和关于全市工业生产情况的审议意见；通过市人大常委会有关工作委员会负责人员的任命。

第十五次会议

1990 年 8 月 10—11 日，市一届人大常委会举行第十五次会议。会议听取和审议市人民政府关于全市水利工作情况的报告，作出关于巩固发展水利事业的决议；审议和通过市人民政府关于解决部分水库淹没区群众生产生活问题意见的报告；会议认为市人民政府关于壶瓶山自然保护区群众生产生活现状的调查情况和解决意见的报告不够严肃认真，工作不够扎实，决定不予通过；审议通过市人大常委会关于开展执法检查的决定；通过有关人事任免事项，罗寅阶向被任命人员颁发任命书。

第十六次会议

1990 年 10 月 31 日—11 月 1 日，市一届人大常委会举行第十六次会议。会议听取和审议市人民政府关于 1990 年计划执行情况及部分计划指标调整意见的报告，作出有关决定；听取和审议市人民政府有关科技兴农、打击刑事犯罪、城区防洪大堤整治工程与壶瓶山自然保护区群众生产生活困难调查情况和解决意见的报告，提出审议意见。

第十七次会议

1990年12月24—29日，市一届人大常委会举行第十七次会议。会议期间人大常委会组成人员视察城市建设规划的部分重点项目；听取和审议市人民政府关于常德市城市总体规划情况的报告，通过《关于常德市城市总体规划的决议》；听取和审议市司法局关于执行“两劳”法律法规情况的报告和人大常委会法制工委关于开展“两劳”法律法规检查情况的报告、市劳动局关于劳改释放和解除劳教人员安置情况的报告、市人民政府关于贯彻实施《湖南省散居少数民族工作条例》情况的报告，提出审议意见；听取市人大常委会副主任刘淑元关于补选省人大代表名单的提请说明和人大常委会代表联络工委关于增补市人大代表有关问题的汇报；补选省七届人大代表1名。

第十八次会议

1991年2月26—28日，市一届人大常委会举行第十八次会议。会议听取和审议市人民政府关于全市1990年国民经济和社会发展计划执行情况及1991年国民经济和社会发展计划（草案）的报告、关于1990年财政预算执行情况和1991年财政概算的报告、关于全市1990年城市建设资金使用情况和1991年城市建设资金预算安排(草案)的报告；听取和审议市人民政府关于市一届人大三次会议交办的代表议案和建议、批评、意见办理情况的报告，市人大常委会代表联络工委关于评选市人大先进代表小组和代表活动积极分子的情况报告；通过市人大常委会《关于召开常德市第一届人民代表大会第四次会议的决定》和市人大先进代表小组和代表活动积极分子名单。决定免去蔡汝栋兼任的市人大常委会秘书长职务，免去钦时中兼任的市人民政府秘书长职务，免去余习忠市劳动局局长职务，免去孙际泉市中级人民法院副院长、审判委员会委员职务；批准免去周厚久安乡县人民检察院检察长职务；任命徐田葆为市人民政府秘书长，朱梅青为市劳动局局长，毛先渭为津市白洋堤地区人民检察院副检察长、检察委员会委员。

第十九次会议

1991年3月21日，市一届人大常委会举行第十九次会议。会议听取和审议市人民政府关于执行“市一届人大三次会议关于解决水库淹没区生产建设和群众生活问题议案的决议”和“市一届人大三次会议关于解决自然保护区生产建设和群众生活生存问题议案的决议”情况的报告，听取市人大常委会主任会议关于市一届人大四次会议筹备工作情况的报告和市一届人大常委会代表资格审查委员会关于代表资格的审查报告，审议市一届人大四次会议主席团秘书长名单(草案)，审议决定市一届人大四次会议列席人员名单；决定免去颜永盛的市人民政府副市长职务。

第二十次会议

1991年5月29—31日，市一届人大常委会第二十次会议举行。会议听取和审议市人民政府关于“一五”普法情况和“二五”普法工作规划的报告，并作出相应的决议；听取和审议市人民政府普及九年制义务教育规划，并作出相应决议；听取和审议市人民政府关于乡镇企业生产情况的报告和主任会议关于市一届人大四次会议主席团交付市人大常委会审议的代表议案初审意见的报告，分别提出审议意见；审议通过市一届人大四次会议至五次会议期间常委会工作要点；听取有关人事任免事项提请的报告和拟任职人员的述职报告，通过有关人事任免事项。

第二十一次会议

1991年7月31日—8月3日，市一届人大常委会举行第二十一次会议。会议听取和审议市人民政府关于全市抗灾救灾工作情况、关于全市十年规划和“八五”计划纲要(草案)的说明、关于开展“质量、品种、效益年”活动情况的汇报和关于全市农业服务体系建设情况的汇报，并形成审议意见；听取和审议市人民政府关于环保法实施情况的汇报，作出相应决议；决定市中级人民法院有关人事任免事项。

第二十二次会议

1991年9月18—19日，市一届人大常委会举行第二十二次会议。会议听取和审议市人民政府关于1991年国民经济计划、财政预算执行情况及调整意见的报告，并作出相应决定；听取和审议市人民检察院关于反贪污、反贿赂工作情况和市中级人民法院关于审判经济犯罪案件情况的报告，并提出审议意见；决定接受陈文浩辞去市人大常委会副主任、黄费智辞去市人大常委会委员职务；任命刘士六为市人民政府副市长。

第二十三次会议

1991年11月28—30日，市一届人大常委会举行第二十三次会议。会议听取和审议市人民政府关于社会治安综合治理工作情况和关于发展村级集体经济情况的报告，听取和审议市中级人民法院关于经济、民事案件执行情况的报告以及市人民政府关于制定《常德市市民守则(草案)》和《常德市公共生活行为规范(草案)》情况的说明，分别就法院执行工作作出决议，就社会治安综合治理工作和发展村级集体经济提出审议意见；通过有关人事任免事项。

第二十四次会议

1992年1月27—28日，市一届人大常委会举行第二十四次会议。会议听取和审议市中级人民法院关于行政诉讼法实施情况的报告和市人民政府关于市一届人大四次会议代表建议、批评、意见办理情况的报告，并提出加强行政诉讼法实施工作的审议意见。

第二十五次会议

1992年3月19—21日，市一届人大常委会举行第二十五次会议。会议听取和审议市人民政府关于全市1991年国民经济和社会发展计划执行情况及1992年国民经济和社会发展计划(草案)的报告、1991年财政决算和1992年财政预算(草案)的报告、1991年城建资金预算执行情况和1992年城建资金安排(草案)的报告；审议市人大常委会工作报告(初稿)；审议通过市人大常委会关于召开市一届人大五次会议的决定、关于调整市一届人大常委会代表资格审查委员会成员的决定、关于表彰1991年度先进市人大代表小组和代表活动积极分子的决定;决定接受汤音宏辞去市人大常委会委员职务;通过有关人事任免事项。

第二十六次会议

1992 年 4 月 8 日,市一届人大常委会举行第二十六次会议。会议听取蔡汝栋关于市一届人大五次会议筹备工作情况的报告,审议市一届人大五次会议议程(草案)、主席团和秘书长名单(草案)、常务主席名单和执行主席分组名单(草案)、副秘书长名单(草案)等;审议通过市一届人大五次会议列席人员名单和代表资格审查报告。

第二十七次会议

1992 年 5 月 27—30 日,市一届人大常委会举行第二十七次会议。会议听取和审议市人民政府关于国合企业实行经营、价格、分配、用工“四放开”改革试点工作情况,调整农业结构发展多种经营情况,制定《常德市城市规划管理暂行规定(草案)》情况的报告;听取市人大常委会代表联络工委关于市一届人大五次会议主席团交办的 4 个代表议案的办理意见;听取市人民政府关于农村改水工作情况的报告,作出《关于进一步做好农村改水工作的决议》;通过市一届人大五次会议至市二届人大一次会议期间常委会工作要点。通过有关人事任命事项。

第二十八次会议

1992 年 7 月 31 日—8 月 1 日,市一届人大常委会举行第二十八次会议。会议听取和审议市人民政府关于贯彻食品卫生法法律法规,查处假冒伪劣商品工作情况的报告,作出《关于严厉打击生产、经销假冒伪劣商品违法行为的决议》;听取市人民政府关于乡(镇)农科教中心建设情况的报告,提出审议意见;听取和审议市人民政府关于贯彻市人大常委会关于城区防洪大堤工程建设的决定和审议意见的情况报告;通过有关人事任免事项。

7 月 31 日下午,参加会议的常委会组成人员、市政府有关部门负责人参加市工商局组织的假冒伪劣食品的焚烧活动,市人大常委会副主任吴愈俊、副市长杨万柱在现场发表讲话。

第二十九次会议

1992 年 9 月 23—24 日,市一届人大常委会举行第二十九次会议。会议听取市人民政府关于全市 1—8 月国民经济计划执行情况及年度部分计划指标调整意见的报告、关于市本级 1992 年财政预算部分调整情况的报告,并作出相应决定;听取市人大常委会代表联络工委关于全市人大换届选举有关情况的报告,作出关于全市市、县、乡三级人民代表大会换届选举时间的决定, 听取市中级人民法院关于全市法院为企业服务情况的报告和市人民检察院关于检察机关为经济建设服务的情况报告;通过有关人事任免事项。

第三十次会议

(资料缺失)

第二章　常德市第二届人民代表大会常务委员会

第一节　第二届人民代表大会常务委员会构成

1992年12月28日—1993年1月3日，常德市第二届人民代表大会第一次会议选出常务委员会组成人员33名，其中主任1名、副主任8名、秘书长1名、委员23名。主要结构为：妇女4名；少数民族2名；兼职委员14名。常务委员会副主任中，届中辞职2名，补选2名。常委会委员中，届中辞职8人，补选8人。届末实有常委会组成人员33名。

常德市第二届人大常委会正副主任、秘书长名录

（1993年1月—1997年12月）

主　任：熊奇生

副主任：蔡汝栋（1993.1—1996.2）

何星甫

李丰茂

揭乐田（1993.1—1996.2）

余习忠

俞斌龙

鲁之芙

张先春

肖有志（1996.3补）

彭孟芝（女，1997.3补）

秘书长：周鸿翔

常德市第二届人大常委会委员名录

（共计31名，按姓氏笔画为序）

马仁辉(回族、兼）

王志华（1994.3补）

刘大德(兼、1994.3补)

刘明玉(兼、1995.3补)

叶诗林（兼）

刘承楚

杜辉才（1993.1—1996.4）

杨云孝

杨明清（1997.3补）

吴本立（兼）

吴明忠(兼)
邱伏兰(女、兼、1993.1—1994.2)
张义田(1993.1—1994.2)
张恩美(兼、1994.3 补)
欧运崇(土家族、兼)
骆正鑫(兼、1993.1—1994.12)
聂绍仪(兼)
曹同生(兼)
鲁代珍(女、1993.1—1994.8)
阙海卿(兼、1993.1—1994.2)
熊鹤仙(女)
何英国(女、兼)
李木生(兼、1995.3 补)
张冠洲(兼、1993.1—1994.2)
陈春生
姜燮清(兼)
贺启德(1995.3 补)
郭大松(兼、1994.3 补)
梅荣保(兼、1993.1—1995.1)
鲁秉群
熊绍祖(兼)

第二节 第二届人民代表大会常务委员会会议

常德市第二届人大常委会自 1993 年 1 月至 1997 年 12 月,共举行 34 次会议。

第一次会议

1993 年 2 月 19—21 日,市二届人大常委会第一次会议举行。会议通过《常德市人民代表大会常务委员会人事任免办法》《关于设立常德市第二届人民代表常务委员会代表资格审查委员会的决定》和代表资格审查委员会组成人员名单、《常德市第二届人民代表大会第一次会议至第二次会议期间常务委员会工作要点》。任命市人大常委会有关工作机构负责人;市人民政府、市中级人民法院、市人民检察院拟任人员作从政发言,通过有关人事任命事项;熊奇生代表人大常委会向被任命人员颁发任命书;补选湖南省第八届人大代表 1 名。

第二次会议

1993 年 4 月 27—28 日,市二届人大常委会第二次会议举行。会议听取和审议市人民政府关于 1992 年国民经济和社会发展计划执行情况及 1993 年计划调整意见的报告、关于 1992 年财政决算情况和 1993 年财政预算调整方案的报告、并分别作出相应的决定;听取和审议市人民政府关于 1992 年城建资金预算执行情况和 1993 年城建预算安排(草案)的报告和关于乡镇企业推行和完善股份合作制工作情况的汇报,并分别提出审议意见。通过有关人事任免事项。

第三次会议

1993 年 6 月 28—30 日,市二届人大常委会第三次会议举行。会议听取和审议市人民政府关于确定常德市市树、市花的报告,作出《关于确定常德市市树市花的决定》;听取市人民政府关于常德市城市道路管理情况的汇报,审议《常德市城市道路管理暂行办法(草案)》并提出审议意见;听取市人民政府关于全市土地使用制度改革的情况报告、关于贯彻落实《全民所有制工业企业转换经营机制条例》情况的报告和关于制定《常德市公民义务献血管理办法（草案）》的情况报告，并分别提出审议意见；听取和审议市人民政府关于加强外经外贸工作和发展对外经济情况的报告；通过有关人事任命事项。

第四次会议

1993 年 8 月 26—28 日，市二届人大常委会第四次会议举行。会议审议通过市人民政府关于西洞庭湖区洪涝灾害综合治理初步规划的报告并作出相应决议；听取和审议市人民政府关于实施水污染防治法、关于培育和发展技术市场、关于调整农村产业结构发展农工商一体化的情况汇报，并分别作出审议意见；通过有关人事任免事项。

第五次会议

1993 年 10 月 22—23 日，市二届人大常委会第五次会议举行。会议听取和审议市人民政府关于第三产业发展情况的报告、关于发展农村合作基金会的情况报告、关于 1993 年财政预算部分变更情况的报告并作出相应决定；通过有关人事免职事项。

第六次会议

1993 年 12 月 20—21 日，市二届人大常委会第六次会议举行。会议听取和审议市人民政府关于发展个体私营经济、关于实施《常德市普及九年义务教育规划》情况的报告，并分别作出审议意见；听取市人民政府关于发展三资企业工作、常德市友好访问团赴日访问情况的报告；听取和审议市中级人民法院关于强化审判职能、促进社会治安综合治理情况的报告，并作出审议意见；听取市人大常委会法制工作委员会关于全市执法检查情况的报告；补选湖南省第八届人大代表 1 名；通过人事任免事项。

第七次会议

1994 年 2 月 21—23 日，市二届人大常委会第七次会议举行。会议听取和审议市人民政府关于 1993 年国民经济和社会发展计划执行情况及 1994 年国民经济和社会发展计划（草案），关于 1993 年财政决算和 1994 年财政预算（草案），关于贯彻市人大常委会《关于西洞庭湖区洪涝灾害综合治理的决议》情况，关于办理市二届人大一次会议主席团交办议案和建议、批评、意见情况的报告；作出关于召开市二届人大二次会议的决定；通过市二届人大二次会议列席人员名单；同意邱伏兰、张冠洲、阙海卿、张义田辞去市二届人大常委会委员职务，并决定报市二届人大二次会议备案；通过有关人事任免事项。

第八次会议

1994 年 3 月 25—28 日，市二届人大常委会第八次会议举行。会议听取市二届人大二次会议筹备工作情况的报告；听取和审议市二届人大常委会代表资格审查委员会关于补选的市二届人大代表的代表资格审查的报告；审议市二届人大二次会议议程（草案）和主席团、秘书长名单（草案），以及关于设立本次会议议案审查委员会、预算审查委员会的决议（草案）和两个委员会组成人员名单（草案）。

第九次会议

1994年4月26—28日，市二届人大常委会第九次会议举行。会议听取和审议市人民政府关于全市山水开发情况、关于整顿金融秩序情况、关于血防综合治理规划情况的报告；通过"关于全市山水开发工作的审议意见"、"关于全市整顿金融秩序工作的审议意见"和"关于切实搞好血防综合治理的决议"；审议通过《常德市第二届人民代表大会第二次会议至第三次会议期间常务委员会工作要点》；作出《常德市人大常委会关于开展向陈建教代表学习活动的决定》；通过有关人事任免事项。

第十次会议

1994年6月27—28日，市二届人大常委会第十次会议举行。会议听取和审议市人民政府关于全市乡镇企业股份合作制发展情况、特困企业情况、市直预算外资金管理工作情况的报告，并分别提出审议意见；听取市人大常委会主任会议关于全市机构改革方案情况的通报；通过有关人事任命事项。

第十一次会议

1994年8月25—27日，市二届人大常委会第十一次会议举行。会议听取和审议市人民政府关于全市个体私营经济工作和国有大中型企业改革情况的报告、关于发展全市体育事业和承办省八运会情况的报告；听取和审议市中级人民法院关于授予全市优秀法官荣誉称号、市人民检察院关于全市刑事检察工作情况的报告；作出《关于抓紧体育场馆建设，切实承办好省八运会的决议》和《关于授予万德安等同志优秀法官称号的决定》；决定接受鲁代珍辞职的请求；通过市人民检察院的有关人事任免事项。

第十二次会议

1994年10月25—28日，市二届人大常委会第十二次会议举行。会议听取市人民政府7个工作局主要负责人的工作述职并分别对其进行评议；听取和审议市人民政府关于1994年国民经济和社会发展计划部分调整情况、1994年财政预算部分变更情况、1994年城建资金预算安排和预算执行情况的报告；并分别作出相应决定；听取和审议市人民政府关于对见义勇为有功人员实行奖励意见的情况报告并作出《关于对见义勇为有功人员实行奖励的决议》；审议通过市人大常委会民族华侨工作委员会更名为常德市人大常委会民族华侨外事工作委员会的决定。

第十三次会议

1994年12月27—28日，市二届人大常委会举行第十三次会议。会议听取和审议市人民政府关于贯彻教师法情况、关于常德市"九五"计划和2010年经济社会发展基本思路、市中级人民法院关于全市法院审判监督情况的报告；审议通过关于接受骆正鑫辞去市人大常委会委员职务请求的决定，通过有关人事任免事项。

第十四次会议

1995年1月14日，市二届人大常委会举行第十四次会议。会议审议通过关于接受梅荣保辞去市人大常委会委员职务的请求的决定，决定任命张昌平为市人民政府副市长；审议通过关于接受吴定宪辞去市长的请求的决定，决定张昌平为代理市长。

第十五次会议

1995 年 2 月 27 日—3 月 1 日，市二届人大常委会举行第十五次会议。会议听取和审议市人民政府关于常德市 1994 年国民经济和社会发展计划执行情况及 1995 年国民经济和社会发展计划草案的报告，关于常德市 1994 年财政预算执行情况及 1995 年财政预算草案的报告，审查批准常德市本级 1994 年财政决算；听取和审议市人民政府关于常德市 1994 年城市建设资金计划执行情况及 1995 年城市建设资金计划草案的报告，市人民政府、市中级人民法院和市人大常委会选举任免联络工委关于市二届人大二次会议期间人大代表所提议案、建议办理工作的情况报告；作出关于《常德市城区禁止燃放烟花爆竹暂行规定》的决定；审议市人大常委会在市二届人大三次会议上的工作报告(初稿)，审议通过市人大常委会关于召开市二届人大三次会议的决定和会议列席人员名单；通过市中级人民法院的有关人事任免事项。

第十六次会议

1995 年 3 月 23 日，市二届人大常委会举行第十六次会议。会议听取和审议市二届人大三次会议筹备工作情况的报告、市二届人大常委会代表资格审查委员会关于补选的市二届人大代表的代表资格审查报告；通过有关人事任免事项。

第十七次会议

1995 年 4 月 27—28 日，市二届人大常委会举行第十七次会议。会议听取和审议市人民政府关于物价管理工作情况、关于医疗机构和药品市场整顿情况、关于加强农业生产资料市场管理工作情况的报告；审议通过关于将市二届人大三次会议第 13、18、19 号议案列入常委会会议议程的决定；审议通过市二届人大三次会议至四次会议期间常委会工作要点；审议通过关于修改市人大常委会议事规则的决定；通过有关人事任免事项。

第十八次会议

1995 年 6 月 28—29 日，市二届人大常委会举行第十八次会议。会议听取和审议市人民政府关于常德市国民经济和社会发展“九五”计划执行情况和“十五”计划纲要(草案)的报告，关于深化工交企业改革、搞活国有大中型企业的情况报告，关于全市养殖业发展情况的汇报和市中级人民法院关于全市经济审判工作情况的报告；免去莫道宏的市人民政府副市长职务，任命陈君文为市人民政府副市长；通过其他有关人事任免事项。

第十九次会议

1995 年 8 月 29—30 日，市二届人大常委会举行第十九次会议。会议听取和审议市人民政府关于《常德市普及九年义务教育规划》实施情况、关于打击刑事犯罪维护社会治安情况、关于外事旅游工作、关于实施劳动法、关于支灾救灾工作情况的报告；作出《关于按法律政策增加教育投入，确保“普九”规划按期实施的决议》。

第二十次会议

1995年10月25—26日,市二届人大常委会举行第二十次会议。会议听取和审议市人民政府关于1995年国民经济和社会发展计划执行情况及部分调整情况、关于1995年财政预算部分调整情况、关于市本级1995年城建资金预算执行情况、关于全市农村集体资产管理情况、关于访问澳大利亚情况的报告;作出《关于常德市1995年国民经济和社会发展计划部分调整的决定》、《关于常德市1995年财政预算部分变更的决定》;通过市人民政府有关人事任免事项和市人民检察院有关人事撤职事项。

第二十一次会议

1995年12月26—27日,市二届人大常委会举行第二十一次会议。会议听取和审议市人民政府关于实施预算法、加强预算管理情况,关于深化供销合作社改革情况,关于实施科技进步法情况的报告;听取和审议市人民检察院关于反贪污反贿赂工作情况的报告;听取市人大常委会财经工作委员会关于全市环保执法检查情况的报告;通过有关人事任命事项。

第二十二次会议

1996年2月27—28日,市二届人大常委会举行第二十二次会议。会议听取和审议市人民政府关于1995年国民经济和社会发展计划执行情况及1996年国民经济和社会发展计划(草案)、关于1995年财政预算执行情况及1996年财政预算(草案)、关于1995年城建资金计划执行情况及1996年城建资金计划草案的报告;听取和审议市人民政府、市人大常委会选举任免联络工委关于市二届人大三次会议人大代表议案、建议办理工作情况的报告;听取和审议市人民政府关于调整《常德市普及九年义务制教育规划》的情况报告;听取市人大常委会选举任免联络工委关于全市乡镇人大换届选举工作情况的报告;审议通过市人大常委会关于召开市二届人民代表大会第四次会议的决定;批准市人民政府对《常德市普及九年义务教育规划》进行调整,并作出相应的决定;通过关于同意蔡汝栋、揭乐田辞去市人大常委会副主任职务的决定;通过市人民政府、市人民检察院人事免职事项;通过市中级人民法院人事辞职事项。

第二十三次会议

1996年3月22日,市二届人大常委会举行第二十三次会议。会议听取市二届人大四次会议筹备工作情况报告和补选的市二届人大代表资格审查报告;审议通过市二届人大四次会议有关名单(草案);任命邓天保为市中级人民法院副院长,并决定其代理院长职务。

第二十四次会议

1996年4月24—26日,市二届人大常委会举行第二十四次会议。会议听取和审议市人民政府关于常德市本级1995年财政决算(草案)的情况报告,关于常德市1995年财政预算执行情况的审计情况报告;听取和审议市中级人民法院、市人民检察院关于评议整改工作的情况报告;审议通过《关于将市二届人大四次会议期间的5件代表议案列入市人大常委会会议议程的决定》和《常德市第二届人民代表大会第四次会议至第五次会议期间常务委员会工作要点》;听取市人民政府、检察院 6 名拟任人员的从政发言;决定同意杜辉才辞去市人大常委会委员职务;通过“一府两院”有关人事任免事项。

第二十五次会议

1996 年 6 月 24—26 日,市二届人大常委会举行第二十五次会议。会议听取和审议市人民政府关于实施《国家公务员条例》、关于发展乡镇股份合作制企业、关于常德市“三五”普法规划、关于国有企业改革机制、关于加强禁毒工作、关于加强城区排水设施管理的情况报告;通过有关人事任免事项。

第二十六次会议

1996 年 8 月 26—29 日,市二届人大常委会举行第二十六次会议。会议听取和审议市人民政府关于“二五”普法工作情况和“三五”普法工作意见、关于抗洪救灾工作及水利建设情况报告、关于落实市人大常委会《巩固和发展职业技术教育的决议》、关于加强劳动监察和社会保险工作、关于市直单位反腐败斗争的情况报告;听取和审议市中级人民法院关于全市法院民事经济审判方式改革的情况报告;作出《关于继续开展法制宣传教育的决议》,就进一步巩固和发展全市职业技术教育、加强招商引资工作、加强劳动监察和社会保险工作,加大市直单位反腐败斗争力度作出审议意见;听取和审议市计委、经委、建委、科委主要负责人的述职。

市第二届人大常委会第二十六次会议举手表决通过有关决议

第二十七次会议

1996 年 10 月 29—30 日,市二届人大常委会举行第二十七次会议。会议听取和审议市人民政府关于全市 1—9 月国民经济和社会发展计划执行情况及部分计划调整意见的报告,关于全市 1996 财政预算调整情况和关于市本级 1996 年城建资金预算执行情况的报告,作出关于全市 1996 年国民经济和社会发展计划部分调整和财政预算调整的决定;听取和审议市人民政府关于全市实施基本农田保护条例的情况和基本农田保护规划编制情况的报告;通过有关人事任免事项。

第二十八次会议

1996 年 12 月 25—27 日,市二届人大常委会举行第二十八次会议。会议听取和审议市人民政府关于预算外资金管理情况和关于农村集体资产管理情况的报告，作出“关于加强农村集体资产管理工作的决议”；听取和审议市人民检察院关于民事、行政检察工作的情况报告；听取市人大常委会主任会议关于全市贯彻实施人民银行法和商业银行法执法检查情况和开展公安系统执法检查情况的报告；审议《常德市人民代表大会议事规则（草案）》；听取市体改委、外经委、人事局、卫生局和司法局等5个政府组成部门主要负责人的述职；通过有关人事任免事项。

第二十九次会议

1997年2月25—27日，市二届人大常委会举行第二十九次会议。会议听取和审议市人民政府关于1996年国民经济和社会发展计划执行情况及1997年国民经济和社会发展计划（草案）、关于1996年财政预算执行情况和1997年全市及市本级财政预算（草案）的报告；听取和审议市人民政府关于市本级1996年城建资金计划执行情况和1997年城建资金预算(草案)的报告；听取和审议市人民政府、市中级人民法院和市人大常委会选举任免联络工委关于办理市二届人大四次会议人大代表议案、建议、批评、意见的情况报告；审议通过市人大常委会关于召开市二届人大五次会议的决定；审议通过关于表彰“十佳”市人大代表的通报、关于表彰一九九六年度市人大先进代表小组和代表活动积极分子的通报；审议通过市二届人大五次会议列席人员名单；审议市人大常委会工作报告（初稿）；通过有关人事任免事项。

第三十次会议

1997年3月19日，市二届人大常委会举行第三十次会议。会议听取和审议市人大常委会关于市二届人大五次会议筹备工作情况报告及代表资格审查委员会关于补选的市二届人大代表的代表资格审查报告；审议市二届人大五次会议议程（草案）、日程（草案）、主席团和秘书长名单（草案）、主席团常务主席名单（草案）和执行主席分组名单（草案）及关于设立市二届人大五次会议议案、预算审查委员会决定（草案）和两个委员会组成人员名单（草案）；传达八届全国人大五次会议精神；通过有关人事免职事项。

第三十一次会议

1997年4月28—30日，市二届人大常委会举行第三十一次会议。会议听取和审议市人民政府关于市本级1996年财政决算（草案）的报告和关于市本级1996年财政预算执行情况的审计报告，审查批准市本级1996年财政决算；听取和审议市人民政府关于开展依法治市工作情况的报告，作出关于继续开展依法治市的决议；听取和审议市人民政府关于全市普及九年义务教育规划实施情况的报告，提出审议意见；审议通过二届人大五次会议至三届人大一次会议期间市人大常委会工作要点；通过有关人事任免事项。

第三十二次会议

1997年6月26—27日，市二届人大常委会举行第三十二次会议。会议听取和审议市人民政府关于农村卫生工作的情况报告；关于建筑市场管理、建设工程招投标管理、建设工程质量管理等三个条例贯彻实施情况的报告；审议通过市人大常委会有关工作机构变更的决定;听取和审议市政府关于“1015”工程实施情况报告;通过有关人事免职事项。

第三十三次会议

1997年8月26—27日,市二届人大常委会举行第三十三次会议。会议听取和审议市人民政府关于全市国有工业“三改一加强”工作的情况报告、关于加强旅游工作管理的情况报告、关于依法治林和发展高效林业的情况报告以及关于调整市、区管理职能的情况报告;通过有关人事任命事项。

第三十四次会议

1997年10月28—30日,市二届人大常委会举行第三十四次会议。会议听取和审议市人民政府关于全市1997年1月至9月国民经济和社会发展计划执行情况及部分计划调整意见的报告,决定批准市人民政府对固定资产投资计划进行适当调整;听取和审议市人民政府关于市本级1997年财政预算部分调整的报告,决定批准市本级财政预算调整方案;听取和审议市人民政府关于市本级1997年城市建设资金预算执行情况的报告;听取和审议市中级人民法院、市人民检察院、市人民政府关于实施刑事诉讼法的情况报告;听取全省领导班子换届工作会议精神和全市人大换届选举工作安排的报告,通报全市人大换届选举工作的大体安排;作出关于召开市三届人大一次会议的决定;通过有关人事任免事项。

第三章　常德市第三届人民代表大会常务委员会

第一节　第三届人民代表大会常务委员会构成

1997 年 12 月 28 日—1998 年 1 月 4 日，第三届人民代表大会第一次会议选出常务委员会组成人员 34 名，其中主任 1 名、副主任 8 名、秘书长 1 名、委员 24 名。其主要结构为，妇女 4 名；少数民族 3 名。常务委员会副主任中，届中辞职 3 名，补选 3 名。常委会委员中，届中辞职 6 人，补选 7 人。届末实有常委会组成人员 35 名。

常德市第三届人大常委会正副主任、秘书长名录

（1998 年 1 月—2002 年 12 月）

主　任：彭孟芝（女）
副主任：余习忠
　　　　俞斌龙（1998.1—2001.2）
　　　　张先春（1998.1—2001.2）
　　　　肖有志
　　　　向启国
　　　　姚绍球
　　　　周鸿翔（1998.1—2002.1）
　　　　邹克忠（兼）
　　　　孙维忠（2001.2 补）
　　　　蒋祖建（女、2001.2 补）
　　　　李学林（2002.1 补）
秘书长：蒋祖建（女、1997.12—2002.1）
　　　　高　勇（2002.1 补）

常德市第三届人大常委会委员名录

（共计 31 名，按姓氏笔画为序）

王军杰（1998.1—2000.10）
王志华
王建国
王海平（土家族、兼、2001.2 补）
伍子琦（女）
成定明（兼、2001.2—2001.11）

向湘粤（土家族、兼）
杨建波（2002.1 补）
李向东（2002.1 补）
吴承云（2001.2 补）
余先柏（兼）
欧运崇（土家族、兼）
赵训慈（兼、1998.1—2000.1）
贺启德
陶明庆（1998.1—2001.12）
曹卫平（兼）
庹朝明（1998.1—2002.1）
彭启云
窦长清
刘晶柯（兼、2002.1 补）
杨明清
肖燕芳（女、回族、兼）
何佑民（兼、1998.1—1999.12）
陈　猷（兼）
郑敏芳
赵理群（2001.2 补）
高　勇（1998.1—2002.1）
黄继长（兼）
曹同生（兼）
梁志明
鲁秉群

第二节　第三届人民代表大会常务委员会会议

常德市第三届人大常委会自 1998 年 1 月至 2002 年 12 月，共举行 38 次会议。

第一次会议

1998 年 3 月 2—5 日，市三届人大常委会举行第一次会议。会议审议并同意张昌平辞去市人民政府市长职务，任命程海波为市人民政府副市长，决定其代理市长职务；市人大常委会主任彭孟芝、市人民政府代理市长程海波、市中级人民法院院长龚德培、市人民检察院负责人杜辉才分别作出人事提请，市人民政府组成单位拟职人员作从政发言，通过人事任免事项，彭孟芝向被任命人员颁发任命书；审议通过《关于将市三届人大一次会议期间的 3 件代表议案列入市人大常委会会议议程的决定》《常德市第三届人民代表大会第一次会议至第二次会议期间常务委员会工作要点》《关于设立常德市第三届人民代表大会常务委员会代表资格审查委员会的决定》及组成人员名单。常委会组成人员学习《中华人民共和国地方各级人民代表大会和地方各级人民政府组织法》《湖南省县级以上人民代表大会常务委员会监督条例》《常德市人民代表大会常务委员会议事规则》。

第二次会议

1998 年 4 月 28—30 日，市三届人大常委会举行第二次会议。会议通过市人大常委会关于接受副市长李会刚辞职请求的决定；听取和审议市人民政府关于市本级 1997 年财政决算（草案）的报告、关于市本级 1997 年财政预算执行情况的审计报告、关于市本级 1998 年财政预算调整方案的情况报告、关于市本级 1997 年城建资金预算执行情况和 1998 年城建资金预算计划（草案）的报告，并作出相应决定；听取和审议市人民政府关于开展中小学生素质教育的情况汇报、关于防洪保安工作的情况汇报;听取和审议市人大常委会关于修改常德市人民代表大会常务委员会议事规则的决定(草案)》及常委会议事规则修正案(草案)的说明和《常德市人民代表大会常务委员会主任会议议事规则(草案)》及其说明,并分别作出决议。

第三次会议

1998年6月23日,市三届人大常委会举行第三次会议。会议听取和审议市人民政府关于国有企业下岗职工基本生活保障和再就业工作的情况报告并提出审议意见;审议通过《常德市德山经济科技开发区总体规划》;听取和审议市中级人民法院关于审判方式改革的情况报告。

第四次会议

1998年8月6—7日,常德市第三届人大常委会举行第四次会议。会议听取和审议市人民政府关于实施促进科技成果转化法的情况报告、关于土地市场管理的情况报告,并分别提出审议意见;审议市人大常委会关于《常德市人民代表大会常务委员会组织代表活动规则(草案)》;决定任命刘春林为市人民政府副市长,通过市中级人民法院、市人民检察院、白洋堤检察院有关人事任免事项。

1998年9月9日,市人大常委会主任彭孟芝主持召开常委会临时会议,审议通过市人民检察院《关于请求市人大常委会许可对许厚明逮捕的提请》。

第五次会议

1998年10月27—29日,市三届人大常委会举行第五次会议。会议听取和审议市人民政府关于全市国民经济和社会发展计划执行情况及年度计划部分指标调整意见的报告和全市1998年财政预算执行情况和市本级1998年财政预算调整建议的报告,审查批准全市1998年国民经济和社会发展计划调整方案和市本级1998年财政预算调整方案;听取和审议市人民政府关于市本级1998年城建资金计划执行情况、“三资”企业情况、抗洪救灾情况的报告,分别提出审议意见;根据市人大常委会主任会议关于省、市人大代表视察全市水利建设情况的报告以及市人民政府关于全市水利建设的情况的报告,提出《关于1999年度水利建设工作》的审议意见;审议通过市人大常委会代表资格审查委员会关于代表资格的审查报告;作出《关于批准武陵区河洑镇人民代表大会提前换届的决定》。

第六次会议

1998年12月28—30日,市三届人大常委会举行第六次会议。会议听取和审议市人民政府关于扶贫工作情况和国有企业股份制改造的情况报告,关于三届人大一次会议主席团交办的代表建议、批评和意见办理情况的报告,关于常德市1998年国民经济、社会发展计划执行情况和1999年国民经济、社会发展计划(草案)的报告,关于常德市1998年财政预算执行情况和1999年全市及市本级财政预算(草案)的报告,市人民检察院关于打击经济犯罪的情况报告,常德市第三届人民代表大会代表资格审查委员会关于补选代表资格审查的报告;审议通过《常德市人大常委会关于召开市三届人大二次会议的决定》,审议决定市三届人大二次会议列席人员名单；听取市人大常委会主任会议关于市三届人大二次会议筹备工作情况的报告；审议通过《常德市人民代表大会常务委员会组织代表活动办法》；审议市人大常委会工作报告(初稿)及市三届人大二次会议主席团、秘书长名单(草案)、会议日程(草案)。

第七次会议

1999 年 3 月 4 日，市三届人大常委会举行第七次会议。会议听取和审议市人民政府关于开展“’99 常德环保世纪行”活动方案的报告，提出审议意见；听取市人大选举任免联络工委《关于全市乡镇人大换届选举情况的报告》；审议通过《常德市第三届人民代表大会第二次会议至第三次会议期间常务委员会工作要点》；通过市中级人民法院有关人事任免事项。

第八次会议

1999 年 4 月 27 日，市三届人大常委会举行第八次会议。会议听取和审议市人民政府关于市本级 1998 年财政决算（草案）的报告，关于市本级 1998 年城建资金预算执行情况和 1999 年城建资金预算计划(草案)的报告，关于国有企业下岗职工基本生活保障和再就业工作的情况报告；听取市审计局关于对市人民政府 1998 年度本级财政预算执行情况的审计报告，听取市人大财经委员会关于市本级 1998 年财政决算的审查报告；听取市人大常委会代表资格审查委员会关于代表资格的审查报告；作出批准常德市本级 1998 年财政决算的决定；通过关于国有企业下岗职工基本生活保障和再就业工作的审议意见；通过市人民检察院有关人事任免事项。

第九次会议

1999 年 5 月 7 日，市三届人大常委会举行第九次会议。会议审议通过市人民政府关于市本级 1998 年城建资金预算执行情况和 1999 年城建资金预算计划；听取市人民政府关于城区排水系统扩容改建情况的报告。

第十次会议

1999 年 6 月 29 日，市三届人大常委会举行第十次会议。会议听取和审议市人民政府关于市城区贯彻实施大气污染防治法的情况报告，关于加强城市建设、加快城市化步伐的情况报告，关于流通工作的情况报告，并通过有关决议和审议意见；听取市人民政府关于灾后重建工作的情况报告。

第十一次会议

1999 年 9 月 2 日，市三届人大常委会举行第十一次会议。会议听取和审议市人民政府关于财政收费征管体制改革和财政综合预算情况的报告，关于贯彻实施土地管理法情况的报告，关于全市教育改革工作情况的报告，关于发展高新技术产业情况的报告；会议就市人民政府关于扩大常德市城区禁止燃放烟花爆竹范围的规定(草案)的议案进行审议，并作出相应的决定；决定免去刘本之、杨万柱市人民政府副市长职务，通过有关人事任命事项。

第十二次会议

1999 年 10 月 27 日，市三届人大常委会举行第十二次会议。会议听取和审议市人民政府关于1999年全市国民经济和社会发展计划执行情况的报告，关于全市1999年1-9月财政预算执行情况和市本级1999年财政预算调整意见的报告，关于1999年城建资金计划执行情况及部分计划调整的情况报告，并通过有关决定和审议意见；听取和审议市人大常委会主任会议关于常德市授予荣誉市民称号办法（草案）及其说明，并通过该《办法》；对市外经委、人事局、审计局、农业局、卫生局、司法局的主要负责人进行述职评议；听取市中级人民法院关于推行中层骨干竞争上岗的情况汇报；通过市中级人民法院有关人事任命事项，并颁发任命书。

第十三次会议

1999年12月27日，市三届人大常委会举行第十三次会议。会议听取和审议市人民政府关于推行执法责任制情况、加强招商引资工作的情况、打假工作的情况、实施《专利法》的情况、执行《湖南省计划生育条例》的情况报告；听取市人大常委会主任会议关于《湖南省计划生育条例》和人民警察法执法检查情况的报告；听取和审议市有关机关关于办理市三届人大二次会议代表议案和建议的情况报告；通过市人大常委会关于召开市第三届人大三次会议的决定、关于表彰先进代表小组和代表活动积极分子的通报；作出关于接受何佑民辞职请求的决定；通过有关人事任免事项。

第十四次会议

2000年1月28日，市三届人大常委会举行第十四次会议。会议听取市人大常委会主任会议关于市三届人大三次会议筹备工作情况的报告；听取和审查市人大常委会代表资格审查委员会关于补选代表资格的审查报告；审议市人大常委会工作报告（征求意见稿），市三届人大三次会议日程（草案）和主席团、秘书长名单（草案）及执行主席分组名单（草案），决定列席人员名单。

第十五次会议

2000年2月29日，市三届人大常委会举行第十五次会议。会议审议通过《常德市第三届人民代表大会第三次会议至第四次会议期间常务委员会工作要点》，听取市中级人民法院关于机关内部人事制度改革的情况报告，通过有关人事任免事项。

第十六次会议

2000年4月21日，市三届人大常委会举行第十六次会议。会议听取和审议市人民政府关于1999年市级财政决算（草案）的报告，市审计局关于1999年市级财政预算执行情况的审计报告，市人大财经委关于1999年市级财政决算（草案）的审查报告；听取和审议市人民政府关于1999年市级城建资金计划执行情况和2000年城建资金计划（草案）的报告和市人大城环委关于2000年城建资金计划（草案）的审查报告，决定批准1999年市级财政决算和市本级2000年市级城建资金计划；听取和审议市人民政府关于警察法执法检查有关问题整改情况的报告，听取市人大常委会主任会议关于城市基础设施打捆项目贷款还贷资金的说明；与会人员学习《民事诉讼法》；审议通过关于治理经济发展环境的决议；审议通过《常德市人大常委会组成人员守则(试行)》。

第十七次会议

2000 年 6 月 21 日,市三届人大常委会举行第十七次会议。会议听取和审议市人民政府关于 2000 年环保世纪行活动和企业达标排放情况的报告,关于创建优秀旅游城市的情况报告;审议通过关于深入开展环保世纪行活动的审议意见和“贯彻实施《湖南省旅游管理条例》,创建优秀旅游城市”的决议;与会人员学习刑事诉讼法。

第十八次会议

2000 年 8 月 30 日,市三届人大常委会举行第十八次会议。会议听取和审议市人民政府关于实施乡镇企业法情况、医疗保险制度改革情况的报告;通过市人民政府有关人事任免事项;与会人员学习刑事诉讼法。

第十九次会议

2000 年 10 月 10 日,市三届人大常委会举行第十九次会议。会议听取和审议市中级人民法院关于执行《法官法》的情况报告、市人民检察院关于执行《检察官法》的情况报告,听取和审议市人大常委会执法检查组关于法官法执法检查的情况报告、关于检察官法执法检查的情况报告;会议评议并交办相关案件。

第二十次会议

2000 年 10 月 30 日,市三届人大常委会举行第二十次会议。会议听取和审议市人大常委会执法检查组关于价格法和《湖南省行政事业性收费管理条例》执法检查情况的报告;听取和审议市人民政府关于 2000 年全市 1—9 月国民经济和社会发展计划执行情况的报告,关于 2000 年全市 1—9 月及市级财政预算调整情况的报告,决定批准 2000 年市级财政预算调整方案;听取和审议市人民政府关于 2000 年市级城建资金计划执行情况的报告,通过审议意见;审议通过市人大常委会代表资格审查委员会关于补选的市第三届人民代表大会代表的资格审查报告;补选湖南省第九届人民代表大会代表 1 名;听取和审议市人民检察院关于违法对市人大代表实行监视居住的情况报告;通过关于接受王军杰辞去市人大常委会委员职务的决定;审议决定市人民政府、市中级人民法院、市人民检察院有关人事任免事项。

第二十一次会议

2000 年 11 月 13 日,市三届人大常委会举行第二十一次会议。会议审议市人民政府关于授予张儒钦常德市荣誉市民称号的议案,决定授予张儒钦常德市荣誉市民。

第二十二次会议

2000 年 12 月 25 日,市三届人大常委会举行第二十二次会议。会议听取和审议市人民政府关于治理经济发展环境工作情况的报告,关于城区总体规划修编情况的报告,并通过常德市城市总体规划决议;听取市人民政府关于执行本年度市人大及其常委会的决议、决定情况的报告和关于全市“九五”计划完成情况及“十五”计划纲要编制情况的报告;听取和审议市人民政府、市中级人民法院关于办理市三届人大三次会议代表建议、批评和意见情况的报告;听取和审议市中级人民法院、市人民检察院关于交办案件办理情况的报告;听取和审议市人民政府关于转让柳叶湖旅游度假区部分地域旅游开发权的情况报告;作出关于召开市三届人大四次会议的决定;通过有关审议意见;通过有关人事任免事项。

第二十三次会议

2001年2月5—6日,市三届人大常委会举行第二十三次会议。会议听取和审议市人民政府关于市人大常委会主任会议交办的治理经济发展环境重要案件和线索办理情况的报告;听取和审议市中级人民法院关于市人大常委会主任会议交办的《法官法》执法检查案件办理情况的报告;听取和审议人大常委会代表资格审查委员会关于补选的市人大代表资格审查的报告;听取和审议市人大常委会主任会议关于市三届人大四次会议筹备工作报告;审议并原则通过市人大常委会工作报告(草稿)、市三届人大四次会议建议议程(草案)、市三届人大四次会议日程(草案)、会议主席团及秘书长名单(草案)、会议列席人员名单(草案)和会议补选办法(草案);会议接受俞斌龙、张先春辞去市人大常委会副主任职务的请求;通过有关人事任免事项。

第二十四次会议

2001年3月9日,市三届人大常委会举行第二十四次会议。会议审议通过《常德市第三届人民代表大会第四次会议至第五次会议期间常务委员会工作要点》;根据市中级人民法院的请示,审议决定许可桃源县人民法院对常德市第三届人民代表大会代表刘佰顺实行刑事审判。

第二十五次会议

2001年4月27—29日,市三届人大常委会举行第二十五次会议。会议听取和审议市人民政府2000年财政决算(草案)的报告、市审计局关于2000年市级财政预算执行情况的审计报告、市人大财经委关于2000年市级财政决算的审查报告,通过关于批准2000年市级财政决算的决定;听取和审议市人民政府关于2000年市级城建资金计划执行情况和2001年城建资金计划(草案)的报告,通过关于批准2001年城建资金计划的决定;听取和审议市人民政府关于贯彻执行义务教育法的情况报告,市人大城环委关于三届人大四次会议主席团交付的第29号议案审查意见的报告;审议通过《常德市人民代表大会常务委员会关于对部分审判和检察人员实行任前公示的规定》;听取市人大常委会代表资格审查委员会关于补选的市人大代表资格审查的报告;增补吴承云为市人大常委会代表资格审查委员会委员;确定2001年度述职评议对象。

第二十六次会议

2001年5月11日,市三届人大常委会举行第二十六次会议,通过有关人事任免事项。

第二十七次会议

2001年6月26日,市三届人大常委会举行第二十七次会议。会议听取和审议市人民政府关于"三五"普法教育规划实施情况和"四五"普法工作安排意见的报告,并作出相关决议;

听取和审议市人民政府关于开展严打整治工作情况的报告、关于开展村级财务清理整顿情况的报告；审议通过《常德市人大常委会关于授予常德市优秀检察官荣誉称号的决定》；审议《常德市人大常委会人事任免办法修正案》；听取和审议市人大常委会代表资格审查委员会关于补选的市人大代表资格的审查报告。

第二十八次会议

2001年8月29—31日，市三届人大常委会举行第二十八次会议。会议听取和审议市人民政府关于农业结构调整情况的报告、关于国有工商企业改革情况的报告和关于招商引资工作情况的报告、关于机构改革工作的情况报告、关于市直行政事业单位实行会计集中核算实施方案的报告、关于土地资产管理和土地市场建设情况的报告；补选湖南省第九届人大代表；通过有关人事任免事项。

第二十九次会议

2001年10月25—26日，市三届人大常委会举行第二十九次会议。会议听取和审议市人大财经委员会关于预算法和《湖南省乡镇财政管理条例》执法检查情况的报告，听取和审议市人民政府关于2001年1—9月国民经济和社会发展计划执行情况的报告，关于2001年1—9月全市及市本级财政预算执行情况的报告，审查批准2001年市级财政预算调整方案，并通过有关决定；听取和审议市人民政府关于2001年1—9月市级城建资金计划执行情况的报告以及市人大常委会代表资格审查委员会关于补选的市人大代表资格审查报告。

第三十次会议

2001年11月29日，市三届人大常委会举行第三十次会议。会议审议通过市人大常委会代表资格审查委员会关于补选的市人大代表资格审查的报告；审议通过市人大常委会关于召开市三届人大五次会议的决定；公告因成定明转业调离本行政区，代表资格终止，委员职务相应终止；通过有关人事任免事项。

第三十一次会议

2001年12月24—27日，市三届人大常委会举行第三十一次会议。会议听取市技术监督局关于贯彻实施产品质量法的情况报告；听取和审议市中级人民法院、市人民检察院关于案件办理自评情况的报告；听取和审议市有关机关办理市三届人大四次会议代表批评和意见建议情况的报告；听取市人民政府关于对三届人大四次会议代表提出的第29号议案办理情况的报告；听取市人民政府对市人大常委会决议、决定的执行和审议意见办理情况的报告；听取市人大常委会主任会议关于全市乡镇人大换届工作的报告；听取和审议市人民政府有关组成单位负责人述职报告；听取和审议市人大常委会主任会议关于市三届人大五次会议筹备工作报告，审议市三届人大五次会议建议议程（草案）和日程（草案）、补选办法（草案）、会议主席团及秘书长名单（草案）、常务主席名单（草案）、执行主席分组名单（草案）、副秘书长名单（草案）、市人大常委会工作报告（草案）；审议决定市三届人大五次会议列席人员名单；审议通过关于表彰全市人大先进工作者、代表活动积极分子和先进代表小组的通报；

通过关于接受将祖建辞去市人大常委会秘书长职务、陶明庆辞去常委会委员职务的请求；通过有关人事任免事项。

第三十二次会议

2002年2月28日，市三届人大常委会举行第三十二次会议。会议审议通过《常德市第三届人民代表大会第五次会议至第四届人民代表大会第一次会议期间常务委员会工作要点》，通过有关人事任免事项。

第三十三次会议

2002年3月22日，市三届人大常委会举行第三十三次会议。会议确定本年度书面述职评议人员名单，通过有关人事任免事项。

第三十四次会议

2002年4月29—30日，市三届人大常委会举行第三十四次会议。会议听取和审议市人民政府关于市本级2001年财政决算(草案)的报告、市审计局关于市人民政府2001年市本级财政预算执行情况的审计报告、市人大财经委关于2001年市级财政决算的审查报告，审查批准市本级2001年财政决算；听取和审议市人民政府关于2001年市级城建资金计划执行情况和2002年城建资金安排意见的报告；听取市人民政府有关工作部门主要负责人对2001年述职评议意见整改情况的报告；通过有关人事任免事项。

第三十五次会议

2002年6月18—19日，市第三届人大常委会举行第三十五次会议。会议听取和审议市人民政府关于农村税费改革方案的报告、关于实施农业五个百万亩工程的情况报告、关于建立会计核算中心的情况报告；听取和审议市人大常委会主任会议关于《代表法》执法检查情况的报告；听取和审议市人大常委会关于优化经济环境综合执法检查情况的报告；通过有关人事任免事项。

第三十六次会议

2002年8月28—29日，市三届人大常委会举行第三十六次会议。会议听取和审议市人民政府关于贯彻执行食品卫生法情况的报告，市药品监督管理局关于贯彻实施药品管理法的情况报告，市人民政府关于建立常德市政务服务中心的情况报告；审议市人民政府提请审议的关于设立常德市“助教日”的议案，并作出相关决定；听取主任会议关于本级国家机关有关人员书面述职评议情况的报告；听取和审议常德市第四届人民代表大会代表名额分配和选举问题的决定(草案)，并作出相关决定；通过有关人事任免事项。

第三十七次会议

2002年10月30—31日，市三届人大常委会举行第三十七次会议。会议听取和审议市人民政府关于推进工业改革、加快工业发展的情况报告，关于2002年1—9月国民经济和社会发展计划执行情况的报告，关于2002年1—9月全市及市本级财政预算执行情况的报告，审查批准2002年市级财政预算调整方案；听取和审议市人民政府关于实施城市规划(1999—2020)意见的报告;审议通过关于对市中级人民法院、市人民检察院有关人员法律职务实行随届任命的决定,关于召开市四届人大一次会议的决定。

第三十八次会议

2002 年 12 月 12—13 日,市三届人大常委会举行第三十八次会议。会议听取市有关机关关于办理市三届人大五次会议代表批评和意见建议情况的报告; 听取市人民政府关于贯彻本年度市人大及其常委会决议、决定和常委会审议意见情况的报告;听取和审议市人民政府关于招商引资工作情况的报告;听取和审议市中级人民法院、市人民检察院关于开展案件质量评选活动的情况报告;听取和审议市四届人大一次会议筹备工作报告;审议市四届人大一次会议议程(草案)和市四届人大一次会议日程(草案),主席团名单(草案)、秘书长名单(草案)、常务主席名单(草案)、副秘书长名单(草案)、执行主席分组名单(草案);审议决定市四届人大一次会议列席人员名单、应邀在主席台就座的非主席团成员名单;审议市四届人大一次会议选举办法(草案)和关于设立市四届人大一次会议计划和财政预算审查委员会、议案审查委员会的决定(草案)及其组成人员名单(草案);审议市三届人大常委会工作报告(初稿)、市三届人大常委会代表资格审查委员会关于选举的常德市第四届人民代表大会代表代表资格的审查报告;通过有关人事任免事项。

第四章　常德市第四届人民代表大会常务委员会

第一节　第四届人民代表大会常务委员会构成

2002 年 12 月 28 日—2003 年 1 月 3 日，第四届人民代表大会第一次会议选出常务委员会组成人员 35 名，其中主任 1 名、副主任 8 名、秘书长 1 名、委员 25 名。其主要结构为，妇女 4 名；少数民族 3 名。常务委员会副主任中，届中辞职 5 名，补选 4 名。常委会委员中，届中辞职 1 人。届末实有常委会组成人员 33 名。

常德市第四届人大常委会正副主任、秘书长名录

（2003 年 1 月—2008 年 12 月）

主　任：莫道宏

副主任：孙维忠

蒋祖建（女、2003.1—2006.12）

李学林（2003.1—2006.12）

邹克忠（2003.1—2006.12）

张启祥

高　勇

刘克云

何英满（2003.1—2006.12）

文承保（2007.1 补）

杨先平（回族、2007.1 补）

石成林（2007.1 补）

万善志（2007.1—2007.8）

秘书长：鲁秉群

常德市第四届人大常委会委员名录

（共计 25 名，按姓氏笔画为序）

王军杰（兼）

王志华

王建国（兼）

车德莲（女、兼）

韦绍斌（兼）

刘经平

刘晶柯（兼）
李友元
肖燕芳（女、回族、兼）
余先柏（兼）
周定贵（兼、2003.1—2003.12）
赵理群
聂兴平（兼）
黄继长（兼）
彭启云
蔡常林
杨明清
李向东
吴承云
陈　猷（兼）
赵正乐
贺启德
徐　平（兼）
曹卫平（兼）
覃事玉（女、兼、土家族）

第二节　第四届人民代表大会常务委员会会议

常德市四届人大常委会自2003年1月至2007年12月，共举行48次会议。

第一次会议

2003年2月28日，市四届人大常委会举行第一次会议。会议组织学习《中华人民共和国地方各级人民代表大会和地方各级人民政府组织法》《常德市人民代表大会常务委员会议事规则》；审议通过市四届人大一次会议至二次会议期间常务委员会工作要点；审议通过市四届人大常委会代表资格审查委员会组成人员名单；通过有关人事任免事项。

第二次会议

2003年3月18—20日，市四届人大常委会举行第二次会议，决定任命市人民政府秘书长、委员会主任、局长，任命市中级人民法院副院长、庭长、副庭长、审判委员会委员、审判员和市人民检察院副检察长，并在法院举行颁发法官任命书暨宣誓大会。听取市四届人大常委会代表资格审查委员会关于另选的市四届人民代表大会代表的资格审查报告。

第三次会议

2003年4月28—29日，市四届人大常委会举行第三次会议。会议听取和审议市人民政府关于市本级2002年财政决算（草案）的报告和审计局关于市人民政府2002年市本级财政预算执行情况的审计报告、市人大财经委关于2002年财政决算的审查报告，审查批准市本级2002年度财政决算；听取和审议市人民政府关于防治非典型肺炎工作情况的报告；审议通过第四届人大常委会代表资格审查委员会关于另行选举的市第四届人民代表大会代表资格的审查报告；任命检察院有关人员的法律职务，并在检察院举行颁发任命书暨宣誓大会。

第四次会议

2003年5月23日，市四届人大常委会举行第四次会议，听取和审议市人民检察院关于提请许可逮捕市四届人大代表黄理清的报告，并作出相应决定。

第五次会议

2003年6月26—27日，市四届人大常委会举行第五次会议。会议听取和审议市人民政府关于全面建设小康社会规划的报告和关于贯彻实施义务教育法情况的报告、市人大常委会义务教育执法检查组执法检查情况的报告、市人大财经委员会关于全市乡镇财政状况调查情况的报告；审议通过市第四届人大常委会代表资格审查委员会关于补选的市第四届人民代表大会代表资格的审查报告；通过有关人事事项。

第六次会议

2003年7月28日，市四届人大常委会举行第六次会议，听取和审议市人民检察院关于提请许可对市四届人大代表丁方德予以拘留的报告，并作出相应决定。

第七次会议

2003年8月28—29日，常德市第四届人大常委会举行第七次会议。会议听取和审议市人民政府关于全市劳动和社会保障工作情况的报告、关于推进农业产业化经营情况的报告；听取市人民政府关于编制市城区城市近期建设规划情况的说明，审议市城区城市近期建设规划；审议通过《常德市第四届人民代表大会常务委员会关于确定年度会议述职评议和书面述职评议人员的决定》；通过有关人事事项。

第八次会议

2003年10月29—30日，市四届人大常委会举行第八次会议。会议听取市人民政府关于着力办好十件实事的情况报告和关于贯彻实施中小企业促进法情况的报告；听取和审议市人民政府关于贯彻实施献血法情况的报告，关于2003年1—9月国民经济和社会发展计划执行情况的报告和2003年1—9月全市及市本级财政预算执行情况的报告，审查批准2003年全市国民经济和社会发展计划调整方案和2003年市本级财政预算调整方案。

第九次会议

2003年12月8—9日，市四届人大常委会举行第九次会议。会议听取和审议市人民政府关于招商引资工作情况的报告和市中级人民法院、市人民检察院关于开展案件质量评选活动的情况报告；听取市人民政府、市中级人民法院关于办理市四届人大一次会议以来代表建议办理情况的报告和市人民政府关于贯彻本年度市人大常委会决议、决定和办理常委会审议意见情况的报告；审议通过市人大常委会关于召开市四届人大二次会议的决定；听取代表资格审查委员会关于有关代表资格的审查报告；审议市四届人大二次会议议程（草案）、日程（草案）、主席团、秘书长名单（草案），常务主席名单（草案），副秘书长名单（草案）和执行主席分组名单（草案）；审议决定市四届人大二次会议列席人员名单和应邀在主席台就座的非主席团成员名单；通过关于接受周定贵辞去常委会委员职务请求的决定；通过有关人事任免事项。

第十次会议

2003年12月23日，市四届人大常委会举行第十次会议，听取和审议市人大常委会主任会议关于市四届人大二次会议筹备工作情况的报告和常委会工作报告(讨论稿)。

第十一次会议

2004 年 2 月 26 日,市四届人大常委会举行第十一次会议。会议组织学习行政许可法；审议通过《常德市第四届人民代表大会第二次会议至第三次会议期间常务委员会工作要点》和常德市人大常委会关于对部分部门预算执行情况进行审计的决定；通过关于接受刘春林辞去市人民政府副市长职务的决定及其他人事任免事项。

第十二次会议

2004 年 4 月 29 日,市四届人大常委会举行第十二次会议。会议组织学习预算法;听取和审议市人民政府关于市本级 2003 年财政决算(草案)的报告和市审计局关于市人民政府 2003 年市本级财政预算执行情况的审计报告、市人大财经委关于 2003 年财政决算的审查报告,审查批准市本级 2003 年度财政决算;审议通过《常德市人民代表大会常务委员会关于统一规范管理社会服务的司法鉴定的决定》;通过有关人事任免事项。

第十三次会议

2004 年 6 月 29 日,市四届人大常委会举行第十三次会议。会议组织学习城市规划法；听取市人民政府关于《常德柳叶湖旅游度假区总体规划(草案)》修编工作情况的说明,审议《常德柳叶湖旅游度假区总体规划(草案)》;听取市人大财经委关于税收执法检查情况的报告；听取市人大常委会主任会议关于调整市人大常委会 2004 年度述职评议人员的建议;听取和审议市人大常委会代表资格审查委员会关于补选的代表资格的审查报告；通过市人民政府有关人事任命的提请,决定任命徐万发为市人民政府副市长。

第十四次会议

2004 年 6 月 30 日,市四届人大常委会举行第十四次会议,通过市人民政府有关人事任命的提请,决定任命徐超文为市人民政府副市长;通过市中级人民法院有关人事免职的提请。

第十五次会议

2004 年 8 月 26 日,市四届人大常委会举行第十五次会议。会议学习环境保护法;听取和审议市人民政府关于环境保护工作的情况报告，关于全市农产品质量安全管理工作的情况报告,关于贯彻实施土地管理法的情况报告;听取和审议市人大城环委关于水污染防治法等法律法规执法检查情况的报告,关于土地管理法等法律法规执法检查情况的报告;通过市人大常委会关于进一步加强环境保护、建设生态市的决议和关于加强农产品质量安全管理的决议。

第十六次会议

2004 年 9 月 3 日,市四届人大常委会举行第十六次会议,听取市人民政府关于江北城区防洪工程贷款情况的报告,审议通过市人大常委会主任会议关于调整市人大常委会 2004 年度述职评议人员的建议。

第十七次会议

2004年10月26—27日，市四届人大常委会举行第十七次会议。会议听取和审议市人民政府关于贯彻实施人口与计划生育法的情况报告，关于工业发展情况的报告，关于2004年1—9月国民经济和社会发展计划执行情况的报告，关于2004年1—9月全市及市本级财政预算执行情况的报告，决定批准市人民政府2004年国民经济和社会发展计划调整方案及市本级财政预算调整方案；听取和审议9名述职人员的述职报告及市人大常委会代表资格审查委员会关于补选的代表资格审查报告；听取市人大教科文卫委员会关于《人口和计划生育法执法检查情况的报告、市人大常委会农业综合执法检查办公室关于农业综合执法检查情况的报告；通过市人大常委会关于人口与计划生育法贯彻实施情况的审议意见和《常德市人大常委会关于授予常德市模范法官荣誉称号的决定》；通过市人民政府和市人民检察院有关人事任免事项。

第十八次会议

2004年12月9日，市四届人大常委会举行第十八次会议。会议听取和审议市中级人民法院、市人民检察院关于开展案件质量评选活动的情况报告，《常德市人民代表大会常务委员会讨论、决定重大事项的规定(草案)》和《常德市人民代表大会常务委员会预算审查监督办法(草案)》；听取市人民政府关于贯彻执行本年度市人大常委会决议、决定和办理常委会审议意见情况的报告；审议通过市人大常委会关于召开四届人大三次会议的决定、代表资格审查委员会关于有关代表资格的审查报告；审议市四届人大三次会议议程(草案)、日程(草案)和市四届人大三次会议主席团、秘书长名单(草案)，常务主席名单(草案)，副秘书长名单(草案)和执行主席分组名单(草案)，审议通过市四届人大三次会议非主席团成员在主席台就座的有关人员名单和列席人员名单；通过有关人事任免事项。

第十九次会议

2004年12月27日，市四届人大常委会举行第十九次会议。会议听取市人民政府关于市四届人大二次会议代表建议办理情况的报告、市中级人民法院关于市四届人大二次会议代表建议办理情况的报告；审议通过《常德市人民代表大会常务委员会讨论、决定重大事项规定》《常德市人民代表大会常务委员会预算审查监督办法》；通过先进代表小组和代表活动积极分子名单、市四届人大常委会代表资格审查委员会关于有关代表资格的审查报告；听取和审议市人大常委会主任会议关于市四届人大三次会议筹备工作情况的报告，审议市人大常委会工作报告(初稿)；通过有关人事任免事项。

第二十次会议

2005年1月22日，常德市第四届人大常委会举行第二十次会议，听取市人民政府关于机构改革情况的报告，通过有关人事任免事项。

第二十一次会议

2005年2月28日，市四届人大常委会举行第二十一次会议，审议通过《常德市第四届人民代表大会三次会议至四次会议期间常务委员会工作要点》，通过有关人事任免事项。

第二十二次会议

2005年4月28日，市四届人大常委会举行第二十二次会议。会议组织学习审计法；听取和审议市人民政府关于市本级2004年财政决算（草案）的报告、市审计局关于市人民政府2004年市本级财政预算执行情况的审计报告和市人民政府关于2005年城市建设项目计划安排情况的报告；根据市人大财经委员会的审查报告，决定批准市本级2004年度财政决算；听取市人民检察院关于调整常德市白洋堤地区人民检察院管辖范围的报告并作出有关决定；审议通过人大常委会代表资格审查委员会关于有关代表资格的审查报告；通过有关人事任免事项。

第二十三次会议

2005年6月27—28日，市四届人大常委会举行第二十三次会议。会议组织学习警察法；听取市人民政府关于提高农业综合生产能力的工作情况报告；听取和审议市人民政府关于民营工业经济发展情况的报告和关于防治柑橘“一虫一病”工作情况的报告；听取和审议市人大常委会代表资格审查委员会关于补选的代表资格审查报告和市人大常委会主任会议关于市人大常委会2005年度述职评议人员的建议名单。

第二十四次会议

2005年8月25日，市四届人大常委会举行第二十四次会议。会议组织学习《科技进步法》；听取市人大财经委关于全市经济形势分析情况的报告；听取和审议市人民政府贯彻落实市人大常委会《关于加强农产品质量安全管理的决议》和《关于进一步加强环境保护，建设生态市的决议》的情况报告；听取和审议有关国家机关贯彻执行劳动法和警察法、刑事诉讼法及治安管理处罚条例（以下简称“三法一条例”）的情况报告，关于2005年德山开发区新增城市基础设施工程项目的情况报告；听取市人大常委会执法检查组关于“三法一条例”执法检查情况的报告；通过有关人事任免事项。

第二十五次会议

2005年10月25—27日，市四届人大常委会举行第二十五次会议。会议听取和审议市人民政府关于2005年1—9月国民经济和社会发展计划执行情况的报告和关于2005年1—9月全市及市本级财政预算执行情况的报告，审查批准2005年全市国民经济和社会发展计划调整方案和2005年市本级财政预算调整方案；听取和审议市人民政府关于贯彻执行科技进步法的情况报告和市人大常委会代表资格审查委员会关于补选的代表资格审查报告；对政府有关部门负责人进行述职评议。

第二十六次会议

2005年12月8日，市四届人大常委会举行第二十六次会议。会议听取市人民政府关于“十件实事”落实情况的报告、关于贯彻执行本年度市人大常委会决议决定和办理常委会审议意见情况的报告、关于常德市“十一五”规划纲要（草案）的报告；听取市人民政府、市中级人民法院关于办理市四届人大三次会议代表建议情况的报告；审议通过市人大常委会关于召开市四届人大四次会议的决定；审议四届人大四次会议议程(草案)、日程(草案)和会议主席团、秘书长名单(草案)、常务主席名单(草案)、副秘书长名单(草案)和执行主席分组名单(草案)；审议通过非主席团成员在主席台就座的有关人员名单和列席人员名单。

第二十七次会议

2005年12月26日，市四届人大常委会举行第二十七次会议。会议听取和审议市中级人民法院、市人民检察院关于开展案件质量评选活动的情况报告和市人大常委会主任会议关于市四届人大四次会议筹备工作情况的报告；听取市公安局关于开展对涉黑、涉恶、涉毒进行专项整治的情况报告；审议通过先进代表小组和代表活动积极分子名单和市人大常委会关于增补列席市四届人大四次会议有关人员的决定；审议市人大常委会工作报告(初稿)；通过人事任免事项。

第二十八次会议

2006年2月28日，市四届人大常委会举行第二十八次会议。会议审议通过《常德市第四届人民代表大会第四次会议至第五次会议期间常务委员会工作要点》，就述职评议人员中的单位法定代表人进行经济责任审计和关于加强预算执行情况审计监督作出相关的决定，通过有关人事任免事项。

第二十九次会议

2006年4月4日，市四届人大常委会举行第二十九次会议，听取和审议市人民政府关于市本级国家开发银行城建贷款的情况报告。

第三十次会议

2006年4月29—30日，市四届人大常委会举行第三十次会议。会议听取和审议市人民政府关于市本级2005年财政决算(草案)的报告和市审计局关于市人民政府2005年市本级财政预算执行和其他财政财务收支的审计工作报告，市人大财经委关于2005年财政决算的审查报告，审查批准市本级2005年度财政决算；听取和审议市人民政府关于2005年市本级城建项目和城建资金计划执行情况及2006年市本级城建项目计划(草案)安排的情况报告、关于旅游工作的情况报告、关于贯彻执行动物防疫法和《重大动物疫情应急条例》的情况报告、关于常德市教育基础设施建设项目向国家开发银行申请贷款的情况报告；通过有关人事任命事项。

第三十一次会议

2006年6月28—29日，市四届人大常委会举行第三十一次会议。会议进行旅游条例知识讲座；听取和审议市人民政府关于市本级工业招商引资工作的情况报告、关于贯彻执行环境保护法等法律的情况报告；听取市人大常委会执法检查组关于环境保护法等法律执法检查的情况报告和市人民政府关于贯彻执行信访条例的情况报告，听取和审议市人民政府关于建设体育生态园项目的情况报告并作出相关决议；审议通过市四届人大常委会关于设立市人大常委会预算工作委员会的决定;审议《常德市人民代表大会代表建议、批评和意见办理工作规定(草案)》,听取和审议市人大常委会主任会议关于2006年度述职评议人员的建议名单;通过有关人事任免事项。

第三十二次会议

2006年7月24日,市四届人大常委会举行第三十二次会议,听取和审议市人民政府关于德山经济开发区总体规划修编情况的报告。

第三十三次会议

2006年8月30—31日,市四届人大常委会举行第三十三次会议。会议进行食品卫生法知识讲座;听取和审议市人民政府关于城市管理相对集中行政处罚权有关工作情况的报告、关于农业投入品监管工作情况的报告、关于在全市深入开展法制宣传教育和依法治理工作的情况报告和市人大财经委关于全市经济形势分析的报告;听取和审议市人民政府关于贯彻执行食品卫生法的情况报告,市审计局关于城建资金管理使用情况的审计报告和教育资金管理使用情况的审计报告;审议通过市人大常委会关于进一步加强法制宣传教育的决议;听取和审议市人大农业委《关于农业投入品监管的议案》审议结果的报告并作出相应决定;通过有关人事任免事项。

第三十四次会议

2006年9月28日上午,市四届人大常委会举行第三十四次会议,通过有关人事任命事项。

第三十五次会议

2006年9月28日下午,市四届人大常委会举行第三十五次会议,通过有关人事任命事项。

第三十六次会议

2006年10月25—27日,市四届人大常委会举行第三十六次会议。会议听取《安全生产法》知识讲座;听取和审议市人民政府关于2006年1—9月国民经济和社会发展计划执行情况的报告,关于2006年1—9月全市及市本级财政预算执行情况的报告,审查批准2006年市本级财政预算调整方案;听取和审议市人民政府关于贯彻执行安全生产法的情况报告及市人大常委会执法检查组关于安全生产法执法检查情况的报告;审议通过市人大常委会关于授予“模范检察官”称号的决定;审查批准常德市建设生态市规划,审议通过常德市人民代表大会代表建议、批评和意见办理工作规定;进行述职评议事项;通过有关人事任免事项。

第三十七次会议

2006年12月15日,市四届人大常委会举行第三十七次会议。会议听取市人民政府关于全市社会主义新农村建设情况的报告和关于贯彻执行本年度市人大常委会决议、决定和办理常委会审议意见情况的报告,听取市人民政府、市中级人民法院关于办理市四届人大四次会议代表建议情况的报告;听取和审议常德市旅游发展总体规划(草案),作出有关决议;审议通过市人大常委会关于召开市四届人大五次会议的决定和市人大常务委员会代表资格审查委员会关于有关代表资格的审查报告；审议四届人大五次会议议程（草案）、日程（草案）。

第三十八次会议

2006年12月28日，市四届人大常委会举行第三十八次会议。会议听取市中级人民法院、市人民检察院关于案件质量评选活动的情况报告；听取和审议市人大常委会主任会议关于市四届人大五次会议筹备工作情况的报告；审议市人大常委会工作报告(初稿)和市四届人大五次会议主席团、秘书长名单（草案），主席团常务主席名单（草案），副秘书长名单（草案）和执行主席分组名单（草案）；审议通过先进市人大代表小组和代表活动积极分子名单、代表资格审查委员会关于有关代表资格的审查报告和四届人大五次会议非主席团成员在主席台就座的有关人员名单；审议决定四届人大五次会议列席人员名单；审议通过市人大常委会关于接受蒋祖建、邹克忠辞职请求的决定。

第三十九次会议

2006年12月30日，市四届人大常委会举行第三十九次会议，审议通过市人大常委会关于接受李学林、何英满辞职请求的决定。

第四十次会议

2007年1月14日，市四届人大常委会举行第四十次会议，听取和审议市人民政府关于市城区春节期间限制性燃放烟花爆竹方案的报告，并作出有关决定。

第四十一次会议

2007年2月28日，市四届人大常委会举行第四十一次会议。会议审议通过市四届人大五次会议至五届人大一次会议期间常务委员会工作要点和代表资格审查委员会关于有关代表资格的审查报告；通过有关人事任免事项。

第四十二次会议

2007年4月26—27日，市四届人大常委会举行第四十二次会议。会议进行反洗钱法知识讲座；听取和审议市人民政府关于市本级2006年财政决算（草案）的报告、市审计局关于市人民政府2006年市本级财政预算执行情况的审计报告、市人大财经委关于2006年财政决算的审查报告，审查批准市本级2006年财政决算；听取和审议市人民政府关于2006年市本级城建项目和城建资金计划执行情况及2007年市本级城建项目计划（草案）安排的情况报告、关于贯彻实施防震减灾法的情况报告和常德市城市总体规划局部调整的情况报告、关于市本级经营性国有资产管理情况的报告和关于常德市与俄罗斯、澳大利亚、美国有关城市缔结友好城市的情况报告；通过有关人事任免事项。

第四十三次会议

2007年5月9日，市四届人大常委会举行第四十三次会议，决定任命卿渐伟为市人民政府副市长，决定其为常德市人民政府代理市长。

第四十四次会议

2007年6月28日,市四届人大常委会举行第四十四次会议。会议进行义务教育法讲座;听取和审议市人民政府关于全市工业园区建设情况的报告和关于开展农村中小学“两免一补”工作的情况报告、关于市城区廉租住房建设管理情况的报告;通过有关人事任免事项。

第四十五次会议

2007年8月28—29日,市四届人大常委会举行第四十五次会议。会议听取法律知识讲座;听取和审议市人民政府关于全市劳动和社会保障工作情况的报告、关于贯彻实施《湖南省非税收入管理条例》情况的报告、关于全市社会主义新农村建设情况的报告、关于开展拆除市城市规划区违法建筑专项行动的报告和市人民检察院关于全市反贪污贿赂犯罪和反渎职侵权犯罪工作情况的报告;听取市人大财经委关于全市贯彻实施《湖南省非税收入管理条例》执法检查的情况报告和关于全市2007年上半年经济形势分析报告;审议通过市四届人大常委会关于市五届人大代表名额分配和选举问题的决定、市人大常委会关于接受万善志辞去湖南省第十届人大代表职务的决定。

第四十六次会议

2007年10月24—25日,市四届人大常委会举行第四十六次会议。会议听取和审议关于市人民政府与创业(中国)投资发展集团有限公司进行投融资合作的报告,关于2007年1—9月全市国民经济社会发展计划执行情况及部分计划调整意见的报告和关于2007年1—9月全市财政预算执行情况及2007年市本级财政预算调整意见的报告，并作出相关决定;听取市人民政府关于贯彻实施《常德市生态市建设规划》情况的报告和关于贯彻实施农产品质量安全法的报告;进行农产品质量安全法讲座。

第四十七次会议

2007年11月27日,市四届人大常委会举行第四十七次会议。会议审议通过市人大常委会关于召开市五届人大一次会议的决定和常务委员会代表资格审查委员会关于有关代表资格审查报告;审议市人大常委会工作报告(初稿);通过有关人事任免事项。

第四十八次会议

2007年12月18日,市四届人大常委会举行第四十八次会议。会议分别听取市人民政府、市中级人民法院关于市四届人大五次会议代表建议办理情况的报告;听取市人民政府关于贯彻执行当年度市人大常委会决议、决定和办理常委会审议意见情况的报告和市人民检察院关于贯彻《市人大常委会关于进一步加强反贪污贿赂犯罪和反渎职工作的审议意见》的情况报告；听取和审议市人大常委会主任会议关于市五届人大一次会议筹备工作的情况报告;审议市五届人大一次会议议程(草案)、日程(草案)和有关人员名单(草案)、选举办法(草案);通过有关人事任免事项。

第五章 常德市第五届人民代表大会常务委员会

第一节 第五届人民代表大会常务委员会构成

2007年12月28日—2008年1月3日，第五届人民代表大会第一次会议选出常务委员会组成人员40名，其中主任1名、副主任6名、秘书长1名、委员32名。其主要结构为：妇女9名；少数民族4名。常委会委员中，届中辞职7人，补选5人。届末实有常委会组成人员40名。

常德市第五届人大常委会正副主任、秘书长名录

（2008年1月—2012年12月）

主　任：刘本之（2008.1—2011.1）
　　　　曹儒国（土家族、2011.1补）
副主任：张元英（女、2008.1—2011.10）
　　　　张启祥
　　　　文承保
　　　　杨先平（回族）
　　　　石成林
　　　　肖燕芳（女、回族）
　　　　燕中炎（2009.2—2009.12）
　　　　王孝山（2010.1补）
　　　　刘　明（2012.1补）
　　　　曾再农（回族、2012.1补）
　　　　秘书长：彭启云

常德市第五届人大常委会委员名录

（共计37名，按姓氏笔画为序）

卜功元	万　利
马承斌	王军杰（兼）
王志华（2008.1—2009.12）	龙　艳（女、兼、2009.2补）
兰枝云（女）	伍中福（2010.1补）
孙振华（兼）	杜　鹏（兼）

李友元（2008.1—2011.1）
李向东
李娥皇（女、兼、2008.1—2011.12）
李继杰
杨耀金（回族）
肖世轩（2008.1—2010.10）
吴　飞（兼）
吴　为（女）
张启俊
陈　亮（兼）
陈立平（女、兼）
罗功大（兼、2008.1—2008.12）
罗先友（2008.1—2009.10）
赵正乐
赵理群
姚建平（女）
姚景平（兼）
贺立新（2011.1 补）
黄继长（兼）
曹卫平（兼）
彭海涛（2011.1 补）
覃事玉（女、土家族、兼）
程方山（2008.1—2012.2）
鲁祖安（2010.1 补）
曾　盈（女、兼）
蔡常林
潘道波（兼）

第二节　第五届人民代表大会常务委员会会议

常德市第五届人大常委会自 2008 年 1 月至 2012 年 12 月，共举行 35 次会议。

第一次会议

2008 年 2 月 28 日，市五届人大常委会举行第一次会议。会议审议通过市五届人大一次会议至二次会议期间常委会工作要点、关于设立市五届人大常委会代表资格审查委员会的决定及有关人员名单、市人大常委会关于对市中级人民法院、市人民检察院有关人员不再进行随届任命的决定、市人大常委会规范性文件备案审查办法、市人大常委会监督司法工作的若干规定、市人大常委会议事规则（修订案）和市人大常委会主任会议议事规则（修订案）；通过有关人事任免事项。

第二次会议

2008 年 4 月 29 日，市五届人大常委会举行第二次会议。会议听取城乡规划法相关法律知识讲座；听取和审议市人民政府关于 2007 年市本级城建项目和城建资金计划执行情况及 2008 年市本级城建项目计划（草案）的报告；听取市人民政府关于全市循环农业建设规划编制情况的报告，审议《常德市循环农业建设规划（草案）》并作出有关决定；听取和审议市人民政府关于对白马湖乌龙港环境综合整治工程融资建设情况的报告；听取中国人民银行常德市中心支行关于全市金融形势的报告；审议通过市五届人大常委会代表资格审查委员会关于有关代表资格的审查报告；通过有关人事任免事项。

第三次会议

2008年6月25—27日,市五届人大常委会举行第三次会议。会议听取动物防疫法知识讲座;听取和审议市人民政府关于贯彻实施动物防疫法、《重大动物疫情应急条例》(以下简称“一法一条例”)的情况报告,听取和审议市人大常委会执法检查组关于“一法一条例”执法检查的情况报告;听取和审议市人民政府关于贯彻实施《体育法》的情况报告;听取和审议市人民政府关于市本级2007年财政决算(草案)的报告、市审计局关于市人民政府2007年市本级财政预算执行情况的审计报告、市人大财经委关于2007年财政决算的审查报告,审查批准市本级2007年财政决算;听取和审议市人民政府关于全市工业传统优势产业发展的情况报告;听取市人大常委会预算工作委员会关于常德卷烟厂重组后市级税源变化情况的调查报告;审议通过市人大常委会关于增加市人大常委会会议有关议题的决定。

第四次会议

2008年8月27—28日,市五届人大常委会举行第四次会议。会前进行监督法知识讲座。会议听取和审议市人民政府关于贯彻实施建筑法情况的报告、关于全市农村面源污染整治情况的报告、关于贯彻实施中小企业促进法情况的报告,听取和审议市人大常委会执法检查组关于开展中小企业促进法和《湖南省实施〈中华人民共和国中小企业促进法〉办法》执法检查的情况报告;听取市人大财经委关于全市2008年上半年经济形势分析报告,市人大常委会研究室关于全市贯彻实施监督法情况的报告。

第五次会议

2008年10月29—31日,市五届人大常委会举行第五次会议。会议听取和审议市人民政府关于贯彻实施治安管理处罚法的情况报告和市人大常委会执法检查组关于治安管理处罚法执法检查的情况报告;听取和审议市人民政府关于2008年1—9月全市及市本级财政预算执行情况的报告,审查批准2008年市本级财政预算调整方案;听取市人民政府关于2008年1—9月国民经济和社会发展计划执行情况的报告;听取和审议市人民政府关于“十一五”规划实施情况的中期评估报告,关于贯彻实施招标投标法的情况报告,关于建设生态市、减少污染物排放工作的情况报告;听取和审议市人大常委会执法检查组关于招标投标法执法检查的情况报告。

第六次会议

2008年12月29—30日,市五届人大常委会举行第六次会议。会议听取市中级人民法院关于涉诉信访案件办理情况的报告,市人民政府关于2007年和2008年1—11月市本级农业专项资金预算执行情况报告;听取市人民政府关于办理市五届人大一次会议代表建议情况的报告,市中级人民法院关于办理市五届人大一次会议代表建议情况的报告;听取市人民政府关于贯彻执行本年度市人大常委会决议、决定和办理市人大常委会审议意见情况的报告;审议通过《常德市人大常委会关于召开常德市第五届人民代表大会第二次会议的决定》;审议市人大常委会工作报告(初稿);听取和审议市人民政府关于2009年城建融资计划的报告;审议通过市人大常委会代表资格审查委员会关于有关代表资格的审查报告;听取和审议市五届人大二次会议筹备工作情况的报告;审议市五届人大二次会议议程(草案)、日程(草案);审议通过会议有关人员名单;审议市五届人大二次会议选举办法(草案);通过关于罗功大辞去常委会委员职务的决定;通过有关人事任免事项。

第七次会议

2009 年 2 月 26 日,市五届人大常委会举行第七次会议。会议审议通过《常德市第五届人民代表大会第二次会议至第三次会议期间常务委员会工作要点》;听取市人民政府部分工作部门关于 2009 年工作计划的报告;通过有关人事任免事项。

第八次会议

2009 年 4 月 28 日,市五届人大常委会举行第八次会议。会议听取法律知识讲座;听取和审议市人民政府关于 2008 年市本级城建项目和城建资金计划执行情况及 2009 年市本级城建项目计划安排(草案)情况的报告;听取和审议市人民政府关于贯彻执行科学技术进步法情况的报告。

第九次会议

2009 年 5 月 4 日,市五届人大常委会举行第九次会议。会议听取和审议市人民政府关于发行企业债券有关议案的报告,并作出相关决定;听取和审议市人民政府关于将“三路一桥”BT 项目合同中的回购资金在回购期内列入财政预算议案的报告,并作出相关决定。

第十次会议

2009 年 6 月 29—30 日,市五届人大常委会举行第十次会议。会议听取法律讲座;听取和审议市人大农业委、城环委关于市五届人大二次会议主席团交付审议的 1 号议案审议结果的报告,市人民政府关于解决城乡贫困人口住房困难工作情况的报告;审议通过市人大常委会关于切实解决城乡贫困人口住房困难问题的决议;听取和审议市人民政府关于市本级 2008 年财政决算(草案)的报告,市审计局关于市人民政府 2008 年市本级财政预算执行情况和其他财政收支情况的审计报告、市人大财经委关于 2008 年财政决算的审查报告,审查批准市本级 2008 年财政决算;审议通过市人大常委会关于对市教育局进行工作评议的实施方案和《常德市人民代表大会常务委员会执法检查办法》;听取和审议市人民检察院关于调整常德市白洋堤地区人民检察院管辖范围的议案并作出有关决定;通过人事任免事项。

第十一次会议

2009 年 8 月 19—21 日,市五届人大常委会举行第十一次会议。会议听取法律讲座;听取和审议市人民政府关于贯彻实施农村土地承包法情况的报告和市人大常委会执法检查组关于开展农村土地承包法执法检查情况的报告;听取和审议市人民政府关于社保基金运行情况的报告和市总工会关于贯彻实施工会法情况的报告;对市教育局进行工作评议;审议通过市人大常委会对市水利局进行工作评议的实施方案;审议通过市五届人大常委会代表资格审查委员会关于有关代表资格的审查报告;通过有关人事任免事项。

第十二次会议

2009年10月27—29日,市五届人大常委会举行第十二次会议。会议听取和审议市人民政府关于2009年1—9月国民经济和社会发展计划执行情况的报告,听取市人大财经委关于2009年1—9月国民经济和社会发展计划执行情况的审查报告;听取和审议市人民政府关于2009年1—9月全市及市本级财政预算执行情况及2009年市本级财政预算调整方案(草案)的报告,审查批准2009年市本级财政预算调整方案;听取和审议市人民检察院关于贯彻实施检察院组织法及诉讼活动中相关法律情况的报告和市人大常委会执法检查组关于开展检察院组织法及诉讼活动中相关法律执法检查情况的报告;审议通过《常德市人民代表大会常务委员会关于加强人民检察院在诉讼活动中法律监督工作的决议》;对市水利局进行工作评议;审议市人民政府关于提请确定市树、市花的议案,作出相关决定;听取和审议市人民政府关于融资计划的报告;审议通过代表资格审查委员会有关代表资格的审查报告;通过接受罗先友辞去市五届人大常委会委员职务请求的决定;通过有关人事任免事项。

第十三次会议

2009年12月17—18日,市五届人大常委会举行第十三次会议。会议听取和审议市人民政府关于2010年市本级部门预算编制情况的报告;听取和审议市人民政府、市中级人民法院、市人民检察院关于办理市五届人大二次会议代表建议情况的报告;听取和审议市人民政府、市人民检察院关于贯彻执行本年度市人大常委会决议、决定和办理审议意见情况的报告;听取市人民政府有关工作部门关于2009年工作情况的报告;审议通过代表资格审查委员会关于有关代表资格的审查报告;审议通过《常德市人大常委会关于召开常德市第五届人民代表大会第三次会议的决定》;审议市五届人大三次会议议程(草案)、日程(草案);通过关于接受王志华辞去市五届人大常委会委员职务请求的决定;审议确认燕中炎的常德市第五届人民代表大会代表资格终止,燕中炎的常德市第五届人民代表大会常务委员会副主任职务相应终止;通过有关人事任免事项。

第十四次会议

2010年1月7日,市五届人大常委会举行第十四次会议。会议审议市人大常委会工作报告(初稿);听取和审议市人大常委会主任会议关于五届人大三次会议筹备工作情况的报告;审议通过代表资格审查委员会关于有关代表资格的审查报告;审议通过先进市人大代表小组和代表活动积极分子名单;审议市五届人大三次会议补选办法(草案),主席团、秘书长名单(草案),主席团常务主席名单(草案),副秘书长名单(草案),执行主席分组名单(草案);审议通过非主席团成员在主席台就座的有关人员名单和列席人员名单;通过有关人事任免事项。

第十五次会议

2010 年 2 月 25 日，市五届人大常委会举行第十五次会议。会议审议通过《常德市第五届人民代表大会第三次会议至第四次会议期间常务委员会工作要点》；听取市人民政府有关工作部门关于 2010 年工作计划的报告；通过有关人事任免事项。

第十六次会议

2010 年 4 月 23—25 日，市五届人大常委会举行第十六次会议。会议听取法律讲座；听取和审议市人民政府关于 2009 年市本级城建项目和城建资金计划执行情况及 2010 年市本级城建项目计划安排(草案)情况的报告；听取和审议市人民政府关于贯彻执行《中华人民共和国职业教育法》情况的报告；听取市人民政府关于《常德市城市总体规划(2009—2030)》(草案)修编工作情况的报告，审议常德市城市总体规划；听取市人民政府关于全市政府还贷二级收费公路债务情况的报告；审议通过市人大常委会关于许可对市人大代表马文华采取刑事拘留的强制措施的决定；通过有关人事任免事项。

第十七次会议

2010 年 6 月 28—29 日，市五届人大常委会举行第十七次会议。会议听取法律讲座；听取和审议市人民政府关于市本级 2009 年财政决算(草案)的报告，听取和审议市审计局关于市人民政府 2009 年市本级预算执行及其他财政收支情况的审计工作报告、市人大财经委关于 2010 年财政决算的审查报告，审查批准市本级 2009 年财政决算；听取市人民政府关于生态市建设工作情况的报告；听取和审议市中级人民法院关于贯彻实施民事诉讼法情况的报告和市人大常委会执法检查组关于开展民事诉讼法执法检查情况的报告；审议通过《常德市人民代表大会常务委员会关于加强和改进人民法院执行工作的决议》；对市人民政府交通工作进行评议；审议通过市人大常委会关于对市人民政府卫生工作进行评议的实施方案；通过有关人事任免事项。

第十八次会议

2010 年 8 月27 日，市五届人大常委会举行第十八次会议。会议听取市人大财经委关于 2010 年全市经济形势分析报告；听取和审议市人民政府关于全市集体林权制度改革情况的报告和建设人民满意政府工作情况的报告；对市人民政府卫生工作进行评议；通过有关人事任免事项。

第十九次会议

2010 年 10 月 21—22 日，市五届人大常委会举行第十九次会议。会议听取和审议市人民政府关于 2010 年 1—9 月国民经济和社会发展计划执行情况的报告；听取市人大财经委关于 2010 年 1—9 月全市国民经济和社会发展计划执行情况的审查报告；听取和审议市人民政府关于 2010 年 1—9 月全市及市本级财政预算执行情况和 2010 年市本级财政预算调整方案(草案)的报告，审查批准 2010 年市本级财政预算调整方案；听取和审议市人民政府关于市本级国土出让收入收支情况的报告，关于工业发展情况的报告，关于加强和改进农村五保供养工作情况的报告；听取和审议市人大内司委关于市五届人大三次会议决定交付审议的1号议案审议结果的报告；听取和审议市人民政府关于贯彻实施城乡规划法和《湖南省实施〈中华人民共和国城乡规划法〉办法》情况的报告，听取和审议市人大常委会执法检查组关于全市贯彻实施城乡规划法和《湖南省实施〈城乡规划法〉办法》执法检查情况的报告；审议通过代表资格审查委员会关于有关代表资格的审查报告；进行省人大代表述职、补选省人大代表2名；通过关于接受肖世轩辞去市人大常委会委员职务的决定；通过有关人事任免事项。

第二十次会议

2010年12月13—14日，市五届人大常委会举行第二十次会议。会议听取和审议市人民政府关于"十二五"规划（草案）编制情况的报告；听取和审议市人民政府、市中级人民法院、市人民检察院关于办理市五届人大三次会议代表建议情况的报告；听取和审议市人民政府、市中级人民法院关于贯彻执行本年度市人大常委会决议、决定和办理市人大常委会审议意见情况的报告；审议通过《常德市人大常委会关于召开常德市第五届人民代表大会第四次会议的决定》；审议五届人大四次会议议程（草案）、日程（草案）；审议通过代表资格审查委员会关于有关代表资格的审查报告；通过关于接受李友元辞去市人大常委会委员的决定；通过有关人事任免事项。

第二十一次会议

2011年1月7日，市五届人大常委会举行第二十一次会议。会议听取和审议市人民政府关于2011年市本级部门预算编制情况的报告；审议市人大常委会工作报告（初稿）；审议通过代表资格审查委员会关于有关代表资格的审查报告；听取和审议市五届人大四次会议筹备工作情况的报告；审议市五届人大四次会议有关人员名单（草案）、补选办法（草案）；通过有关人事任免事项。

第二十二次会议

2011年2月25日，市五届人大常委会举行第二十二次会议。会议审议通过《常德市第五届人民代表大会第四次会议至第五次会议期间常务委员会工作要点》；听取市人民政府工作部门关于2010年工作计划落实情况和2011年工作计划的报告；听取市人大常委会委员履职情况报告；听取和审议市人大教科文卫委关于对《关于促进全市学前教育健康发展的议案》审议结果的报告；通过有关人事任免事项。

第二十三次会议

2011年4月26日，市五届人大常委会举行第二十三次会议。会前听取法律讲座；会议听取和审议市人民政府关于2010年市本级城建项目和城建资金计划执行情况及2011年城建项目计划安排（草案）情况的报告；审议通过市人大常委会"司法公正常德行"活动方案；审议通过市人大常委会工作评议办法；通过有关人事任免事项。

第二十四次会议

2011 年 6 月 27—28 日，市五届人大常委会举行第二十四次会议。会前听取法律知识讲座；会议听取和审议市人民政府关于市本级 2010 年财政决算（草案）的报告、市审计局关于市人民政府 2010 年度市本级财政预算执行情况及其他财政收支情况的审计工作报告，审查批准市本级 2010 年财政决算；听取和审议市人民政府关于贯彻执行畜牧法情况的报告和市人大常委会执法检查组关于开展畜牧法执法检查情况的报告；听取和审议市人民政府关于以国有土地资产置换武陵区农村信用联社不良贷款情况的报告；对市人民政府文化工作进行评议；审议通过市人大常委会关于全市文化工作的评议意见；通过有关人事任免事项。

第二十五次会议

2011 年 8 月24—25 日，市五届人大常委会举行第二十五次会议。会前听取法律知识讲座；会议听取市人大财经委关于 2011 年全市经济形势分析的报告；听取市人民政府关于项目建设年“一竞赛两高潮”主题活动开展情况的报告；听取和审议市人民政府关于促进全市学前教育健康发展情况的报告；对市人民政府国土资源工作进行评议；审议通过《常德市人民代表大会代表议案处理办法》；通过有关人事免职事项。

第二十六次会议

2011 年 10 月 25—26 日，市五届人大常委会举行第二十六次会议。会前听取法律知识讲座；会议听取和审议市人民政府关于 2011 年 1—9 月国民经济和社会发展计划执行情况的报告和市人大财经委关于 2011 年 1—9 月国民经济和社会发展计划执行情况的审查报告；听取和审议市人民政府关于 2011 年 1—9 月全市及市级财政预算执行情况及 2011 年市级财政预算调整方案（草案）的报告，审查批准 2011 年市级财政预算调整方案；听取市人民检察院关于落实《常德市人民代表大会常务委员会关于加强人民检察院在诉讼活动中的法律监督工作的决议》情况的报告；听取和审议市人民政府关于贯彻执行劳动合同法情况的报告和市人大常委会执法检查组关于开展劳动合同法执法检查情况的报告；听取市人民政府关于全市城乡规划工作情况的报告；审议通过《市人大常委会关于召开市五届人大五次会议的决定》；审议市五届人大五次会议议程（草案）、日程（草案）；审议通过《常德市人民代表大会常务委员会讨论、决定重大事项的规定（修订案）》；听取市五届人大常委会代表资格审查委员会关于有关代表资格的审查报告；通过关于接受张元英辞去市人大常委会副主任职务的决定；听取部分省人大代表履职情况的报告；通过有关人事任免事项。

第二十七次会议

2011 年 12 月 15—16 日，市五届人大常委会举行第二十七次会议。会议听取市中级人民法院关于落实《市人大常委会关于加强和改进人民法院执行工作的决议》情况的报告；听取市人民政府关于 2011 年全市农业项目资金使用效益情况的报告、关于融资管理使用情况的报告；听取和审议了市人民政府、市中级人民法院关于办理市五届人大四次会议代表建议情况的报告；听取和审议市人民政府关于贯彻执行本年度市人大常委会决议、决定和办理市人大常委会审议意见情况的报告；听取市人民政府关于财政审计有关问题整改情况的报告；听取市五届人大常委会代表资格审查委员会关于有关代表资格的审查报告；通过有关人事任免事项。

第二十八次会议

2011年12月27日，市五届人大常委会举行第二十八次会议。会议审议市人大常委会工作报告(初稿)；听取和审议市人民政府关于2012年市级部门预算编制情况的报告；审议通过市人大常委会关于进一步开展法制宣传教育的决议；听取市五届人大常委会代表资格审查委员会关于有关代表资格的审查报告；听取和审议市五届人大五次会议筹备工作情况的报告；审议市五届人大五次会议补选办法(草案)，会议主席团、秘书长名单(草案)，主席团常务主席名单(草案)、副秘书长名单(草案)、执行主席分组名单(草案)；审议通过市五届人大五次会议非主席团成员在主席台就座的有关人员名单和列席人员名单；通过有关人事任免事项。

第二十九次会议

2012年2月28—29日，市五届人大常委会举行第二十九次会议。会议审议通过《常德市第五届人民代表大会第五次会议至第六届人民代表大会第一次会议期间常务委员会工作要点》；听取市人民政府部分工作部门关于2011年工作计划落实情况和2012年工作计划的报告；听取市人大教科文卫委《关于切实加强全市职业病患者医疗救助的议案》审议结果的报告，听取和审议市人民政府关于全市职业病患者医疗救助工作情况的报告并作出相应的决议；听取市人大常委会司法公正常德行活动领导小组关于2011年司法公正常德行工作情况的报告；审议通过《常德市人大常委会关于进一步开展法制宣传教育的决议》和《常德市人大常委会关于推进法治常德建设的决议》；听取市五届人大常委会代表资格审查委员会关于有关代表资格的审查报告；决定接受程方山辞去常德市第五届人民代表大会常务委员会委员职务；通过有关人事任免事项。

第三十次会议

2012年4月27—28日，市五届人大常委会举行第三十次会议。会议听取和审议市人民政府关于2011年市级城建项目和城建资金计划执行情况和2012年市级城建项目计划安排情况的报告、市质量技术监督局关于贯彻执行产品质量法情况的报告，市人大常委会执法检查组关于开展产品质量法执法检查情况的报告；市纪委、市监察局向会议通报2011年度全市党风廉政建设情况；对市人民政府司法行政工作、民政工作进行评议；听取市五届人大常委会代表资格审查委员会关于有关代表资格的审查报告；通过有关人事任免事项。

第三十一次会议

2012年6月26—27日，市五届人大常委会举行第三十一次会议。会议听取和审议市人民政府关于2011年市级财政决算(草案)的报告、市审计局关于市人民政府2011年市级财政预算执行情况和其他财政收支情况的审计报告、市人大财经委关于2011年财政决算的审查报告，审查批准市级 2011 年财政决算；听取和审议市人民政府关于贯彻执行《农民专业合作社法》情况的报告和市人大常委会执法检查组关于开展农民专业合作社法执法检查情况的报告；听取市人民政府关于融资情况的报告；对市人民政府城管工作进行评议；对市人民政府人口和计划生育工作进行询问和评议；通过有关人事任免事项。

第三十二次会议

2012 年 8 月 23 日，市五届人大常委会举行第三十二次会议。会议听取和审议市人民政府关于贯彻执行《献血法》情况的报告和市人大常委会执法检查组关于开展《献血法》执法检查情况的报告和市人民政府关于 2011 年—2012 年上半年市级非税收入征收管理工作情况的报告；听取市人大财经委关于 2012 年全市经济形势分析的报告；听取和审议常德经济技术开发区关于设立人民法院、人民检察院情况的报告；听取市人民政府关于保障性安居工程、敞开式小区设施配套和规范管理工程、食用油放心工程等八大民生工程推进工作情况的报告；通过有关人事任免事项。

第三十三次会议

2012 年 10 月 25 日，市五届人大常委会举行第三十三次会议。会议听取和审议市人民政府关于 2012 年 1—9 月全市国民经济和社会发展计划执行情况的报告，听取市人大财经委关于 2012 年 1—9 月全市国民经济和社会发展计划执行情况的审查报告；听取和审议市人民政府关于 2012 年 1—9 月全市及市级财政预算执行情况及 2012 年市级财政预算调整方案（草案）的报告和市人大财经委关于 2012 年 1—9 月全市及市级财政预算执行情况及 2012 年市级财政预算调整方案（草案）的审查报告，审查批准 2012 年市级财政预算调整方案；听取和审议市人民政府关于对 2011 年市级财政预算执行情况和其他财政收支情况审计报告有关问题整改情况的报告；审议通过市人大常委会关于召开市六届人大一次会议的决定；通过有关人事任免事项。

第三十四次会议

2012 年 12 月 10 日，市五届人大常委会举行第三十四次会议。会议听取市人民政府、市中级人民法院、市人民检察院关于办理市五届人大五次会议代表建议情况的报告，市人民政府关于贯彻执行本年度市人大常委会决议、决定和办理市人大常委会审议意见情况的报告；听取市五届人大常委会代表资格审查委员会关于有关代表资格的审查报告；审议通过市人大常委会关于调整市六届人大一次会议召开时间的决定；通过有关人事任免事项。

第三十五次会议

2012 年 12 月 18 日，市五届人大常委会举行第三十五次会议。会议审议市人大常委会工作报告（讨论稿）；听取和审议市人民政府关于 2013 年市级部门预算编制情况的报告；听取和审议市六届人大一次会议筹备工作情况的报告；审议市六届人大一次会议议程（草案）、日程（草案）、选举办法（草案）、有关人员名单（草案）、关于设立市六届人大一次会议计划财政预算审查委员会的决定（草案）和关于设立市六届人大一次会议议案审查委员会的决定（草案）及两个委员会组成人员名单（草案）。

第六章　常德市第六届人民代表大会常务委员会

第一节　第六届人民代表大会常务委员会构成

2012年12月26日—2013年1月1日,第六届人民代表大会第一次会议选出常务委员会组成人员41名,其中主任1名、副主任7名、秘书长1名、委员32名。其主要结构为,妇女8名;少数民族2名;兼职委员14名。

常德市第六届人大常委会正副主任、秘书长名录

(2013年1月—2013年12月)

主　任:刘　明

副主任:文承保

王孝山

肖燕芳(女、回族)

曾再农(回族)

王先蒙

熊大顺

谭弘发

秘书长:彭启云

常德市第六届人大常委会委员名录

(共计32名,按姓氏笔画为序)

万　利	文政国(兼)
龙　艳(女、兼)	兰枝云(女)
刘丽艳(女、兼)	刘德军
杜　鹏(兼)	李正才(兼)
李世霞	李向东
李继杰	杨耀金(回族)
吴　飞(兼)	吴　为(女)
汪淑凡	张　力(兼)
张启俊	陈　亮(兼)

郑之松（兼）
赵先桃（女）
姚敦科（兼）
翁　曦（兼）
喻世龙（回族、兼）
曾　盈（女、兼）
蔡常林
赵正乐
胡秋兰（女）
殷宗德
郭伟勋
鲁祖安
谢承益
潘道波（兼）

第二节　第六届人民代表大会常务委员会会议

常德市六届人大常委会自 2013 年 1 月至 2013 年 12 月，共举行 7 次会议。

第一次会议

2013 年 2 月 27—28 日，常德市第六届人大常委会举行第一次会议。会议审议通过《常德市第六届人民代表大会第一次会议至第二次会议期间常务委员会工作要点》、《关于设立常德市第六届人民代表大会常务委员会代表资格审查委员会的决定》及有关人员名单；听取市人民政府有关工作部门关于 2012 年工作计划落实情况和 2013 年工作计划的报告，对 2012 年工作计划落实情况进行满意度测评；任命新一届市人民政府秘书长及各工作部门主任、局长。

第二次会议

2013 年 4 月 10 日，常德市第六届人大常委会举行第二次会议。会议审议通过关于接受陈文浩辞去常德市人民政府市长职务的决定，决定任命周德睿为市人民政府副市长，通过关于周德睿副市长为常德市人民政府代理市长的决定。

第三次会议

2013 年 4 月 25—26 日，常德市第六届人大常委会举行第三次会议。会议审议通过《常德市人大常委会关于召开常德市第六届人民代表大会第二次会议的决定》；听取和审议市人民政府关于 2012 年市本级城建项目和城建资金计划执行情况和 2013 年市本级城建项目计划安排情况的报告，关于全市工业园区发展情况的报告，关于常德市 2017 年建成全面小康社会情况的报告；听取和审议市人大有关专门委员会提请修改、废止有关规范性文件的议案；听取市六届人大常委会代表资格审查委员会有关代表资格的审查报告；审议市六届人大二次会议议程（草案）、日程（草案）、选举办法（草案），通过市六届人大二次会议非主席团成员在主席台就座的有关人员名单，审议决定列席人员名单；通过市人民检察院提请的有关人事任免事项；进行城乡规划法法律知识讲座。

第四次会议

2013 年 6 月 24—26 日，常德市第六届人大常委会举行第四次会议。会议听取市人民政府关于2012年市级财政决算(草案)的报告、市审计局关于2012年市级财政预算执行情况和其他财政收支情况的审计报告、市人大财经委关于2012年市级财政决算(草案)的审查报告,批准2012年市级财政决算;听取市人民政府关于市本级融资管理和使用情况的报告、关于市城区“三改四化”方案的报告;举行道路交通安全法法律知识讲座。

第五次会议

2013年8月27—28日,常德市第六届人大常委会举行第五次会议。会议听取和审议市人民政府关于贯彻执行药品管理法和《湖南省药品和医疗器械流通监督管理条例》(以下简称“一法一条例”)情况的报告和市人大常委会执法检查组关于“一法一条例”执法检查情况的报告;听取和审议市人民政府关于生态市建设工作情况的报告;听取市人大财经委关于2013年全市经济形势分析的报告;听取和审议市人民政府关于2012年和2013年上半年市级财政投资评审工作情况的报告和市人大常委会预算工委关于市级财政投资评审工作情况的调查报告;听取市六届人大常委会代表资格审查委员会关于有关代表资格的审查报告;举办法律知识讲座。

第六次会议

2013年10月28—30日,常德市第六届人大常委会举行第六次会议。会议听取和审议市人民政府关于2013年1—9月国民经济和社会发展计划执行情况的报告、关于2013年1—9月全市及市级财政预算执行情况和2013年市级财政预算调整方案(草案)的报告、市人民政府关于2012年市级财政预算执行情况和其他财政收支情况审计报告指出问题的跟踪整改情况的报告以及市人民政府关于“十二五”规划实施情况的中期评估报告及相关调研报告,审查批准市人民政府2013年预算调整方案;审议通过常德市与斯里兰卡阿努拉达普拉市缔结友好城市的决定;通过关于召开市六届人大三次会议的决定;对市人民政府科技工作、人力资源和社会保障工作、农业工作、商务工作以及人民防空工作进行评议。

第七次会议

2013年12月18日,常德市第六届人大常委会举行第七次会议。会议听取和审议市人民政府关于未成年人保护工作情况的报告,市人民政府、市中级人民法院、市人民检察院关于市六届人大一次会议代表建议办理情况的报告以及市人民政府关于贯彻执行2013年度市人大常委会决议、决定和办理市人大常委会审议意见情况的报告;听取和审议市人大财经委关于将社保基金预算和国有资本经营预算纳入政府全口径预算决算审查监督管理的议案,并作出相应决定;补选省人大代表1名;通过有关人事任免事项。

第七章　常德市人民代表大会常务委员会工作机构

1988 年 6 月，市一届人大常委会决定设立常委会办公室和代表联络工作委员会、法制工作委员会、财政经济工作委员会、教育科学文化卫生工作委员会、农村工作委员会等办事机构和工作机构。1989 年 9 月，市一届人大常委会第九次会议决定设立民族华侨工作委员会。1994 年 10 月，市二届人大常委会第十二次会议决定，代表联络工作委员会更名为选举任免联络工作委员会，民族华侨工作委员会更名为民族华侨外事工作委员会。1997 年 6 月，市二届人大常委会决定撤销民族华侨外事工作委员会，其工作职责由教育科学文化卫生工作委员会承担；设立研究室和城乡建设环境资源保护工作委员会。1998 年 1 月，市三届人大一次会议决定设立有关专门委员会，原常委会法制工作委员会、财政经济工作委员会、城乡建设环境资源保护工作委员会、教育科学文化卫生工作委员会、农村工作委员会的工作职责随之中止。2006 年 6 月，市四届人大常委会第三十一次会议决定，设立预算工作委员会。至 2013 年 12 月，市人大常委会共设有办公室、研究室等 2 个办事机构和选举任免联络工作委员会、预算工作委员会等 2 个工作机构。

第一节　常务委员会各工作机构工作职责

办公室

一、承担市人民代表大会会议、常务委员会会议、主任会议和党组会议的会务工作；

二、负责督办市人民代表大会及其常委会的决议、决定的贯彻落实情况及审议意见的研究办理情况；

三、联络、协调各专门委员会和各工作机构的工作；

四、负责市人大常委会领导参加的各项活动的安排协调；

五、负责与市委、市政府、市政协、“两院”办公室的工作联系；

六、负责与上下级人大常委会及外地人大常委会的联系；

七、负责接待、办理群众来信来访；

八、负责机关人事、文秘、机要、档案、保密、工会、老干、通讯等项工作；

九、负责纪律检查工作；

十、负责机关后勤事务管理工作；

十一、承办常委会和主任会议交办的其他工作。

选举任免联络工作委员会

一、负责市人民代表大会及其常委会有关代表选举、补选、辞职、代表资格审查方面的具体事务性工作；

二、承办市人大常委会有关人事任免方面的具体工作；

三、负责驻常德市的全国、省人大代表及本级人大代表的联络及代表活动的组织、服务工作；

四、负责本级人大代表骨干和基层人大代表工作者的业务培训工作；

五、收集、整理市人大代表提出的议案、建议、批评和意见，按规定程序进行交办和督办；

六、处理代表来信来访；

七、承办市人大常委会和主任会议交办的其他工作事项。

法制工作委员会

一、为市人民代表大会及其常委会讨论决定本行政区域内内务司法工作的重大事项开展调查研究并报告有关情况，提出意见和建议；

二、为常委会依法行使对“一府两院”内务司法工作的监督权做好服务工作；

三、对内务司法方面的法律法规在本行政区域内贯彻实施情况开展调查研究，向常委会报告有关情况；

四、为常委会开展内务司法方面的法律法规的执法检查做好服务工作；

五、对市人民代表大会及其常委会和本级人大代表提出的有关内务司法工作方面的议案、建议、批评和意见以及常委会审议意见的办理落实情况进行督办；

六、接待受理涉及内务司法工作方面的来信来访；

七、承办常委会和主任会议交办的其他工作事项。

财政经济工作委员会

一、为市人民代表大会及其常委会讨论决定本行政区域内财政经济工作的重大事项开展调查研究并报告有关情况，提出意见和建议。

二、对市人民政府提请市人民代表大会及其常委会会议审查批准的国民经济计划（草案）、财政预决算（草案）、国民经济计划部分变更方案、财政预算调整方案进行初审前调查，为初审做好组织、协调服务工作；

三、为常委会依法行使对市人民政府财政经济工作的监督权做好服务工作；

四、对财政经济金融方面的法律法规在本行政区域内贯彻实施情况开展调查研究并向常委会报告有关情况；

五、为常委会开展财政经济金融方面的法律法规的执法检查做好服务工作；

六、对市人民代表大会及其常委会和本级人大代表提出的议案、建议、批评和意见以及常委会审议意见的办理落实情况进行督办；

七、承办常委会和主任会议交办的其他工作事项。

教育科学文化卫生工作委员会

一、为市人民代表大会及其常委会讨论决定本行政区域内教育科学文化卫生工作的重大事项开展调查研究并报告有关情况，提出意见和建议；

二、为常委会依法行使对市人民政府教育科学文化卫生工作的监督权做好服务工作；

三、对教育科学文化卫生方面的法律法规在本行政区域内贯彻实施情况开展调查并向常委会报告有关情况；

四、为常委会开展教育科学文化卫生方面的法律法规的执法检查做好服务工作；

五、对市人民代表大会及其常委会和本级人大代表提出的议案、建议、批评和意见以及常委会审议意见的办理落实情况进行督办；

六、承办常委会和主任会议交办的其他工作事项。

农村工作委员会

一、为市人民代表大会及其常委会讨论决定本行政区域内农业与农村工作方面的重大事项开展调查研究并报告有关情况，提出意见和建议；

二、为常委会依法行使对市人民政府农业与农村工作的监督权做好服务工作；

三、对农业与农村工作方面的法律法规在本行政区域内的贯彻实施情况开展调查并向常委会报告有关情况；

四、为常委会开展农业与农村工作方面的法律法规的执法检查做好服务工作；

五、对市人民代表大会和常委会及本级人大代表提出的有关农业与农村工作方面的议案、建议、批评和意见以及常委会的审议意见的办理落实情况进行督办；

六、承办常委会和主任会议交办的其他工作事项。

民族华侨外事工作委员会

一、为市人民代表大会及其常委会讨论决定本行政区域内民族华侨外事工作的重大事项开展调查研究并报告有关情况，提出意见和建议；

二、为常委会依法行使对市人民政府民族华侨外事工作的监督权做好服务工作；

三、对民族华侨外事方面的法律法规在本行政区域内的贯彻实施情况开展调查并向常委会报告有关情况；

四、为常委会开展民族华侨外事方面的法律法规的执法检查做好服务工作；

五、对市人民代表大会和常委会及本级人大代表提出的有关民族华侨外事工作方面的议案、建议、批评和意见以及常委会的审议意见的办理落实情况进行督办；

六、承办常委会和主任会议交办的其他工作事项。

城乡建设环境资源保护工作委员会

一、为市人民代表大会及其常委会讨论决定本行政区域内城乡建设环境资源保护工作的重大事项开展调查研究并报告有关情况，提出意见和建议；

二、为常委会依法行使对市人民政府城乡建设环境资源保护工作的监督权做好服务工作；

三、对城乡建设环境资源保护方面的法律法规在本行政区域内的贯彻实施情况开展调查并向常委会报告有关情况；

四、为常委会开展城乡建设环境资源保护方面的法律法规的执法检查做好服务工作；

五、对市人民代表大会和常委会及本级人大代表提出的有关城乡建设环境资源保护工作方面的议案、建议、批评和意见以及常委会的审议意见的办理落实情况进行督办；

六、承办常委会和主任会议交办的其他工作事项。

研究室工作职责

一、开展人大制度建设理论研讨；

二、围绕常委会重要工作开展调查研究；

三、承担常委会工作报告、常委会主要领导的会议讲话及署名文章等文字材料的撰写工作；

四、负责人大工作宣传，编辑发行机关刊物；

五、负责管理运营“常德市人大门户网站”，指导市人大理论研究会的相关工作；

六、承办常委会和主任会议交办的其他工作事项。

预算工作委员会

一、为市人民代表大会及其常委会讨论决定本行政区域内财政税收工作的重大事项开展调查研究并报告有关情况，提出意见和建议；

二、为常委会依法行使对市人民政府财政工作的监督权做好服务工作；

三、协助财政经济委员会对市级财政预决算(草案)、预算调整方案进行初步审查；

四、负责对市级部门预算编制(草案)的初审批复备案工作，对部门预算的执行和决算情况进行督查；

五、协助财政经济委员会对市级预算执行情况及其他财政收支情况的审计报告进行初审并督办审计整改工作；

六、协助财政经济委员会对市人民代表大会和常委会以及本级人大代表提出的有关财政工作方面的议案、建议、批评和意见以及常委会审议意见的办理落实情况进行督办；

七、承办常委会和主任会议交办的其他工作事项。

第二节　常务委员会工作机构负责人名录

常委会副秘书长

第一届

刘春林（1988.11—1989.12）

第二届

鲁秉群（1984.6—1998.1）

第三届

彭启云（1998.10—2002.12）
鲁秉群（1998.1—2002.12）
蔡常林（2002.10—2002.12）
李继杰（2002.10—2002.12）

第四届

蔡常林（2003.1—2007.11）
李继杰（2003.1—2007.12）
张启俊（2005.8—2007.12）
刘德军（2005.8—2007.12）

第五届

李继杰（2008.1—2012.12）
刘德军（2008.1—2012.4）
杨建华（2009.12—2012.12）
肖世轩（2010.10—2012.12）
邓纯彪（2011.6—2012.12）
商淑雯（2012.12—2012.12）
欧阳忆清（2012.12—2012.12）

第六届

李继杰（2013.1—　　）
杨建华（2013.1—　　）
商淑雯（2013.1—　　）
欧阳忆清（2013.1—　　）

办　公　室

第一届

主　任:陈春生(1988.6—1993.1)

副主任:鲁秉群(1988.9—1993.1)

陈正华(1988.9—1992.3)

夏远铭(1988.11—1993.1)

龚椰林(1992.2—1993.1)

第二届

主　任:鲁秉群(1993.2—1997.12)

副主任:龚椰林(1993.2—1997.6)

赵理群(1993.2—1997.10)

李向东(1995.9—1997.10)

蔡常林(1997.10—1997.12)

李继杰(1997.10—1997.12)

蒋　琼(1997.10—1997.12)

其他负责人:夏远铭　谢直松

第三届

主　任:彭启云(1998.3—2002.1)

副主任:蔡常林(1998.1—2002.12)

李继杰(1998.1—2002.12)

蒋　琼(1998.1—2002.12)

刘德军(2002.10—2002.12)

其他负责人:刘朝云　商淑雯

第四届

主　任:鲁秉群(2003.1—2007.11)

彭启云(2007.11—2007.12)

副主任:蔡常林(2003.1—2007.11)

李继杰(2003.1—2007.12)

张启俊(2005.8—2007.12)

刘德军(2003.1—2007.12)

杨立安(2007.11—2007.12)

其他负责人:刘朝云　商淑雯　彭海涛　赵娜莲　聂其龙　张伯敏　李发芝

第五届

主　任:彭启云(2008.1—2012.12)

副主任:李继杰(2008.1—2012.12)

刘德军(2008.1—2012.4)

杨立安(2008.1—2012.12)

剪　鹰(2010.6—2012.12)

董高群(2012.12—2012.12)

其他负责人:彭海涛　沈友福　孙冬香　熊　毅　向艳艳　赵娜莲　鲁秉群　杨明清　贺启德　聂其龙　刘朝云　张伯敏　王志远　谢运发　曾建龙　李发芝

第六届

主　任:彭启云(2013.1—　)

副主任:李继杰(2013.1—　)

剪　鹰(2013.1—2013.8)

董高群(2013.1—　)

其他负责人:熊　毅　向艳艳　刘朝云　肖世轩　王志远　曾建龙　李发芝　沈友福

选举任免联络工作委员会

第一届

主　任:刘承楚(1988.6—1992.12)

副主任:贺启德(1988.9—1992.12)

刘东强(1988.9—1992.12)

第二届

主 任:陈春生(1993.1—1997.12)

副主任:贺启德(1993.2—1995.3)

郑敏芳(1993.2—1997.12)

陶明庆(1997.10—1997.12)

李友元(1997.10—1997.12)

第三届

主　任:陶明庆(1998.1—2001.2)

吴承云(2001.2—2002.12)

副主任:郑敏芳(1998.1—2002.12)

李友元(1998.1—2002.12)

戴　平(2002.2—2002.12)

第四届

主　任:李友元(2002.12—2007.11)

副主任:吴　为(2002.12—2007.12)

王　鳌(2005.12—2007.2)

郭伟勋(2007.2—2007.12)

戴　平(2002.12—2005.10)

第五届

主　任:蔡常林(2007.11—2012.12)

副主任:吴　为(2008.1—2012.12)

郭伟勋(2008.1—2012.12)

第六届

主　任:蔡常林(2013.1—　)

副主任:吴　为(2013.1—　)

郭伟勋(2013.1—　)

法制工作委员会

第一届

主　任:杜辉才(1988.6—1993.2)

副主任:熊锡礼(1988.9—1991.5)

郑敏芳(1992.3—1993.2)

第二届

主　任:杜辉才(1993.2—1996.4)

杨明清(1996.10—1998.1)

副主任:杨建波(1996.10—1998.1)

罗鑫来(1996.10—1998.1)

财政经济工作委员会

第一届

主　任:何贵铭(1988.6—1992.3)

副主任:王志华(1988.9—1993.1)

陈本祥(1988.9—1991.5)

陈正华(1992.3—1993.1)

第二届

主　任:王志华(1994.2—1997.12)
副主任:王志华(1993.2—1994.2)
　　　陈正华(1993.2—1994.12)
　　　彭启云(1995.10—1997.12)
　　　李向东(1997.10—1997.12)

教育科学文化卫生工作委员会

第一届

主　任:李桂凡(1988.6—1993.1)
副主任:王国权(1988.9—1993.1)
　　　李盛福(1990.6—1993.1)

第二届

主　任:贺启德(1995.3—1997.12)
副主任:李盛福(1993.2—1994.12)
　　　赵正乐(1994.2—1997.12)

农村工作委员会

第一届

主　任:王健政(1988.6—1993.1)
副主任:熊鹤仙(1988.9—1993.1)

第二届

主　任:熊鹤仙(1993.2—1997.12)
副主任:彭启云(1993.2—1995.10)

民族华侨外事工作委员会

主　任:杨云孝(1989.10—1997.6)

城乡建设环境资源保护工作委员会

第二届

负责人:杨云孝(1997.6—1997.12)
副主任:赵理群(1997.10—1997.12)

研究室

第二届

副主任:刘经平(1997.7—1997.12)

第三届

主　任:梁志明(1998.3—2001.12)
　　　刘经平(2001.12—2002.12)
副主任:刘经平(1998.1—2001.12)
　　　罗先友(2001.12—2003.2)

第四届

主　任:刘经平(2003.1—2007.11)
　　　罗先友(2007.11—2007.12)
副主任:罗先友(2003.2—2007.11)
　　　严维贡(2003.2—2007.2)
　　　徐郁平(2007.2—2007.12)

第五届

主　任:罗先友(2008.1—2009.10)
　　　鲁祖安(2009.10—2012.12)
副主任:徐郁平(2007.12—2011.8)
　　　李宏伟(2012.4—2012.12)

第六届

主　任:邓纯彪(2013.1—　　)
副主任:李宏伟(2013.1—　　)

预算工作委员会

第四届

主　任:王志华(2006.6—2007.12)
副主任:肖世轩(2006.6—2007.12)

第五届

主　任:肖世轩(2007.12—2010.10)
　　　程方山(2010.10—2012.2)
　　　刘德军(2012.2—2012.12)
副主任:胡秋兰(2010.10—2012.12)

第六届

主　任:刘德军(2013.1—　　)
副主任:胡秋兰(2013.1—　　)

第三篇《

决议决定

第三篇　决议决定

第一章　常德市人民代表大会决议决定

第一节　第一届人民代表大会决议决定

常德市第一届人民代表大会会议期间共作出32项决议、决定。

第一届人民代表大会决议决定一览表

表3—1—1—1

类别	时间	决议、决定
第一届人民代表大会第二次会议	1989.7.20	关于政府工作报告的决议 关于常德市1988年国民经济和社会发展计划执行情况及1989年国民经济和社会发展计划的决议 关于常德市1988年财政决算和1989年财政预算的决议 关于常德市人民代表大会常务委员会工作报告的决议 关于常德市中级人民法院工作报告的决议 关于常德市人民检察院工作报告的决议 关于设立本次会议议案审查委员会和财政预算审查委员会的决议 关于接受程林义同志辞去市人民政府市长职务的请求的决定
第一届人民代表大会第三次会议	1990.3.31	关于政府工作报告的决议 关于常德市1989年国民经济和社会发展计划执行情况及1990年国民经济和社会发展计划的决议 关于常德市1989年财政预算执行情况和1990年财政预算的决议 关于常德市人民代表大会常务委员会工作报告的决议 关于常德市中级人民法院工作报告的决议 关于常德市人民检察院工作报告的决议 关于解决水库淹没区生产建设和群众生活生存问题议案的决议 关于解决自然保护区生产建设和群众生活生存问题议案的决议 关于设立本次会议议案审查委员会和财政预算审查委员会的决议
第一届人民代表大会第四次会议	1991.4.3	关于政府工作报告的决议 关于常德市1990年国民经济和社会发展计划执行情况及1991年国民经济和社会发展计划的决议 关于常德市1990年财政决算和1991年财政预算的决议 关于常德市人民代表大会常务委员会工作报告的决议

续表

类别	时间	决议、决定
		关于常德市中级人民法院工作报告的决议 关于常德市人民检察院工作报告的决议 关于设立本次会议议案审查委员会和财政预算审查委员会的决议
第一届人民代表大会第五次会议	1992.4.14	关于政府工作报告的决议 关于常德市国民经济和社会发展十年规划和第八个五年计划执行纲要的决议 关于常德市 1991 年国民经济和社会发展计划执行情况及 1992 年国民经济和社会发展计划的决议 关于常德市 1991 年财政决算和 1992 年财政预算的决议 关于常德市人民代表大会常务委员会工作报告的决议 关于常德市中级人民法院工作报告的决议 关于常德市人民检察院工作报告的决议 关于设立本次会议议案审查委员会和财政预算审查委员会的决议

1989 年 7 月 20 日，常德市第一届人民代表大会第二次会议作出《关于政府工作报告的决议》，决定批准程林义市长代表市人民政府所作的《稳定局势，稳定经济，努力把常德的建设和改革推向前进》的政府工作报告。要求各级人民政府要充分重视和听取人大代表提出的建议、批评和意见，采取切实有效的措施，努力解决好人民群众普遍关心的农业、物价、教育、清理整顿公司、社会治安、公路、城市管理和廉政建设等问题，扎扎实实为人民群众办好几件实事。要提高决策的民主化、科学化水平，要加强宏观管理，克服经济建设中急于求成的倾向，促进国民经济的协调发展。要在抓好社会主义物质文明建设的同时，大力加强社会主义精神文明建设，切实加强思想政治工作，狠抓社会治安的综合治理，严厉打击严重刑事犯罪分子和严重经济犯罪分子。要努力推进廉政建设，坚决同各种腐败现象做斗争，进一步密切政府与人民群众的联系。

1989 年 7 月 20 日，常德市第一届人民代表大会第二次会议作出《关于常德市人民代表大会常务委员会工作报告的决议》，决定批准罗寅阶主任所作的工作报告。要求市一届人大常委会要深入贯彻党的十三届四中全会精神和全国、省七届人大二次会议精神，坚定不移的执行党的“一个中心、两个基本点”的基本路线，坚持和完善人民代表大会制度，紧紧围绕经济建设和改革开放，全面有效地行使宪法和法律赋予的各项职权。特别是要抓住治理整顿中的重大问题、农业发展中的关键问题、社会治安中的严重问题、廉政建设中的突出问题，充分行使决定权、监督权和对国家机关工作人员的任免权。要进一步密切同人大代表和人民群众的联系，充分发挥人大代表参政议政的作用，最大限度地调动人民群众的积极性，为进一步促进全市的安定团结，推动社会主义法制建设，推动经济建设和改革开放做出新的贡献。

1990 年 3 月 31 日，常德市第一届人民代表大会第三次会议就桃源、石门、临澧三县代表团提出的水库淹没区生产建设和群众生活困难的问题，作出《关于解决水库淹没区生产建设和群众生活问题议案的决议》。决议要求，市人民政府要对这一问题引起高度重视，组织专门班子，认真调查研究，拿出具体实施方案，组织落实，下决心把这些问题解决好。

1990 年 3 月 31 日，常德市第一届人民代表大会第三次会议就石门县代表团提出的“迫切要求解决壶瓶山自然保护区群众生活生存问题的议案”，作出《关于解决自然保护区生产建设和群众生活生存问题议案的决议》。会议认为，这个问题不仅关系到群众的生产生活，而且关系到群众的生命安全，应该引起高度重视。会议要求，市人民政府要对这一问题针对性地采取措施，认真予以解决，以保证壶瓶山自然保护区人民安居乐业。

1990 年 3 月 31 日，常德市第一届人民代表大会第三次会议作出《关于政府工作报告的决议》，决定批准蔡长松市长代表市人民政府所作的工作报告。要求各级人民政府要始终坚持以经济建设为中心，坚持四项基本原则，不断推进治理整顿和深化改革；要继续提高对农业基础地位的认识，集中力量办好农业，切实增加对农业的投入，不断改善农业生产条件，争取粮食、棉花、油料等主要农产品有一个好的收成，促进农林牧副渔的全面发展；要切实加强工业企业增长；要积极推动科学技术进步，保证教育、文化、卫生等社会事业稳步发展。在抓好社会主义物质文明建设的同时，要大力加强社会主义精神文明建设，切实强化思想政治工作，推进社会主义民主法制建设，实现社会治安的综合治理，巩固发展安定团结的政治局面。

1990 年 3 月 31 日，常德市第一届人民代表大会第三次会议作出《关于常德市人民代表大会常务委员会工作报告的决议》，批准罗寅阶主任代表市一届人大常委会所作的工作报告。《决议》认为市人大常委会认真贯彻党的十三届四中全会、五中全会精神，紧紧围绕稳定大局和经济建设、廉政建设，审议决定全市重大事项，切实实施对政府和“两院”的监督，依法任免国家机关工作人员，积极开展代表活动，搞好对基层人大工作的联系与指导，加强自身的思想、作风和制度建设，做了大量富有成效的工作，为推进社会主义民主法制建设和社会主义现代化建设、维护全市安定团结的政治局面，发挥了国家权力机关的重要作用。报告中提出的会期工作任务，符合党的十三届五中全会、六中全会精神，符合常德市的实际情况，市人大常委会要认真组织实施。

1990 年 3 月 31 日，常德市第一届人民代表大会第三次会议作出《关于常德市中级人民法院工作报告的决议》，批准张维民院长所作的工作报告。要求市中级人民法院要以党的十三届五中全会、六中全会和七届全国人大三次会议精神为指针，依照法律赋予的职能，全面开展刑事、民事、经济和行政审判工作，继续严厉打击严重刑事犯罪和严重经济犯罪活动，积极参加社会治安的综合治理，切实加强自身建设，不断提高执法水平，为保证治理整顿、深化改革的顺利进行，实现全市政治、经济和社会的进一步稳定发展而努力奋斗。

1990 年 3 月 31 日，常德市第一届人民代表大会第三次会议作出《关于常德市人民检察院工作报告的决议》，批准吴斌副检察长所作的工作报告。要求市人民检察院要以党的十三届五中全会、六中全会和七届全国人大三次会议精神为指针，充分发挥检察机关的职能作用,把反贪污、反受贿的斗争作为工作重点,严惩严重经济犯罪分子,继续严厉打击严重刑事犯罪活动,认真搞好法律监督,积极参加社会治安综合治理,切实加强自身建设,不断提高执法水平,为维护全市政治、经济和社会的进一步稳定,保证和促进建设和改革事业不断发展做出新的贡献。

1991 年 4 月 3 日,常德市第一届人民代表大会第四次会议作出《关于政府工作报告的决议》,批准蔡长松市长代表市人民政府所作的工作报告。会议要求市人民政府要认真贯彻党的十三届七中全会的主要精神,坚持以经济建设为中心,采取得力措施,扎扎实实做好各项工作。要认真搞好宏观决策,制定全市国民经济和社会发展"八五"计划和十年规划,合理确定全市国民经济发展重大比例关系。要深入开展"质量、品种、效益年"活动,帮助和支持工业企业调整结构,开发新产品,提高产品质量,抓好扭亏增盈,保持工业适度增长。要进一步加强农业,落实发展农业的各项政策、措施,千方百计夺取今年农业全面丰收。要采取切实措施搞活流通,解决农副产品收购、调运问题,坚决制止乱摊派,维护企业和农民的利益。要把教育、科技摆到建设和发展的战略地位,抓好计划生育、环境保护和土地管理工作。要继续深化改革和对外开放,调动一切积极因素,促进全市经济走上持续、稳定、协调发展的轨道。各级人民政府要进一步加强廉政建设,改进机关作风,密切和人民群众的关系。要进一步建立、健全民主决策制度,切实尊重人民当家作主的权利,保证决策符合人民利益。政府工作人员要廉洁奉公,勤政为民,深入基层,倾听群众意见,为人民群众办实事,为基层排忧解难,全心全意为人民服务。

1991 年 4 月 3 日,常德市第一届人民代表大会第四次会议作出《关于常德市人民代表大会常务委员会工作报告的决议》,批准罗寅阶主任代表市一届人民代表大会常务委员会所作的工作报告。会议认为,市人大常委会确立的"认真贯彻落实党的十三届七中全会精神,坚持以经济建设为中心,以民主法制建设为重点,围绕经济振兴和社会发展,实现兴工、强农、富市的目标,全面有效地行使职权,努力推进我市的两个文明建设"的指导思想是正确的。市人大常委会提出的会期工作任务符合我市实际情况,要认真予以实施。要求市人大常委会要进一步密切同人大代表和人民群众的血肉联系,实事求是地反映人民群众的意愿和要求,保证各项决策符合人民的利益。要不断加强自身建设,建立和完善人大及其常委会的各项工作制度,更好地发挥地方国家权力机关的作用。要团结和动员全市人民,在中共常德市委的领导下,振奋精神,同心协力,为发扬社会主义民主,健全社会主义法制,保证和促进我市经济和社会的稳定发展做出更大的贡献。

1991 年 4 月 3 日,常德市第一届人民代表大会第四次会议作出《关于常德市中级人民法院工作报告的决议》,批准张维民院长所作的工作报告。要求市中级人民法院要认真贯彻党的十三届七中全会精神和党中央提出的竭尽全力维护社会稳定的政法工作的总的指导方针,紧紧围绕经济建设这个中心,全面开展各项审判工作,积极参与社会治安综合治理,切实加强队伍建设,努力提高执法水平,为促进我市政治、经济和社会治安秩序的稳定、保障国民经济和社会事业的顺利发展，做出新的贡献。

1991 年 4 月 3 日，常德市第一届人民代表大会第四次会议作出《关于常德市人民检察院工作报告的决议》，批准李少甫检察长所作的工作报告。要求市人民检察院要以党的十三届七中全会精神为指针，切实履行检察机关职责，继续把反贪污、反贿赂和打击严重刑事犯罪的斗争作为重点，全面开展各项检察业务，积极参与社会治安综合治理，严格依法办事，保护国家利益和公民合法权益，加强自身建设，提高执法水平，自觉地为经济建设服务，为维护我市的政治、经济、社会的稳定和发展做出新的贡献。

1992 年 4 月 14 日，常德市第一届人民代表大会第五次会议作出《关于政府工作报告的决议》，批准蔡长松市长代表市人民政府所作的工作报告。会议要求，市人民政府要以邓小平同志关于建设有中国特色社会主义的重要论述为指针，认真贯彻中共中央政治局全体会议和七届全国人大五次会议精神，进一步认清形势，解放思想，放开胆子，加快改革开放的步伐，抓住有利时机，大力推进"兴工强农富市"发展战略的全面实施，使我市经济建设和社会事业的发展登上一个新的台阶。

1992 年 4 月 14 日，常德市第一届人民代表大会第五次会议作出《关于常德市国民经济和社会发展十年规划和第八个五年计划纲要的决议》，批准《常德市国民经济和社会发展十年规划和第八个五年计划纲要》。会议要求务必抓住"八五"期间乃至整个九十年代这个大好的关键时期，进一步解放思想，发扬敢试、敢闯、敢"冒"精神，大胆开拓，奋力进取，加快改革和建设步伐。要全面贯彻党的基本路线，坚定不移地坚持以经济建设为中心，集中精力把经济搞上去。要继续加强农业这个基础，努力改善生产条件，大力发展高效农业，切实抓好产业结构调整，积极发展多种经营和乡镇企业，不断壮大农村集体经济。振兴工业，既要重视结构调整，优化生产要素的配置，努力提高经济效益，又要重视企业技术改造和重点项目建设，不断增强发展后劲。要牢固树立大商业、大流通、大市场观念，切实加强市场体系和商业网点建设，不断繁荣城乡经济。要在发展生产的基础上，不断提高城乡居民收入水平，努力加强文化、体育、教育、卫生、公共福利设施等社会事业的发展，使全市人民的生活水平尽快达"小康"。要高度重视科学技术的发展，坚持走科技兴工、科技强农、科技富市富民的路子。要坚持"两手抓"，切实加强社会主义精神文明建设，大力推进社会主义民主和法制建设。继续抓紧抓好计划生育工作，不断提高人口素质。市人民政府必须采取得力措施，确保十年规划和"八五"计划纲要全面顺利的实施。

1992 年 4 月 14 日，常德市第一届人民代表大会第五次会议作出《关于常德市人民代表大会常务委员会工作报告的决议》批准罗寅阶主任所作的工作报告。会议要求，在新的一年里，市人大常委会要认真学习邓小平同志关于建设有中国特色社会主义的重要论述，全面贯彻执行党的基本路线，进一步解放思想，以保证和促进我市改革开放和实施"兴工强农富市"战略为首要职责，全面有效地行使职权，把人大工作提高到一个新水平。市人大常委会要切实履行宪法和法律赋予的职责，担负起人民的重托。要以经济建设为中心，围绕改革、开放、发展的全局，议大事，定大事；不断强化法律监督，推动严格执法，保证宪法和各项法律法规全面有效实施；进一步加强对基层人大工作的指导，更加密切与代表和群众的联系，充分反映人民群众的意愿和要求，不断推进基层民主政治建设；切实加强常委会自身建设，不断总结经验，改进工作，更好地适应形势发展的需要。

1992 年 4 月 14 日，常德市第一届人民代表大会第五次会议作出《关于常德市中级人民法院工作报告的决议》，决定批准张维民院长所作的工作报告。会议要求市中级人民法院要认真学习邓小平同志关于建设有中国特色社会主义的重要论述，深入贯彻中共中央政治局全体会议和七届全国人大五次会议精神，围绕保障和促进经济建设和改革开放，全面开展各项审判工作，坚持严肃执法，严厉打击严重刑事犯罪分子和经济犯罪分子，积极参与社会治安综合治理，依法维护正常的经济和社会秩序，努力为我市加快改革开放，加速经济发展创造良好的社会环境。

1992 年 4 月 14 日，常德市第一届人民代表大会第五次会议作出《关于常德市人民检察院工作报告的决议》，决定批准李少甫检察长所作的工作报告。要求市人民检察院要认真学习邓小平同志关于建设有中国特色社会主义的重要论述，深入贯彻中共中央政治局全体会议和七届全国人大五次会议精神，把保障和促进经济建设和改革开放作为首要任务，深入进行以反贪污、反贿赂为重点的打击经济领域犯罪活动的斗争，全面开展各项检察工作，积极参与社会治安综合治理，维护正常的经济生活秩序，严格依法办事，提高执法水平，努力促进我市的改革开放和经济发展。

第二节　第二届人民代表大会决议决定

常德市第二届人民代表大会会议期间共作出 37 项决议、决定。

第二届人民代表大会决议决定一览表

表 3—1—2—1

类别	时间	决议、决定
第二届人民代表大会第一次会议	1993.1.3	关于政府工作报告的决议 关于常德市 1992 年国民经济和社会发展计划执行情况及 1993 年国民经济和社会发展计划的决议 关于常德市 1992 年财政预算执行情况和 1993 年财政预算的决议 关于常德市人民代表大会常务委员会工作报告的决议 关于常德市中级人民法院工作报告的决议 关于常德市人民检察院工作报告的决议 关于设立本次会议议案审查委员会和财政预算审查委员会的决定

续表

类别	时间	决议、决定
第二届人民代表大会第二次会议	1994.3.31	关于政府工作报告的决议 关于常德市 1993 年国民经济和社会发展计划执行情况及 1994 年国民经济和社会发展计划的决议 关于常德市 1993 年财政决算情况和 1994 年财政预算的决议 关于常德市人民代表大会常务委员会工作报告的决议 关于常德市中级人民法院工作报告的决议 关于常德市人民检察院工作报告的决议 关于深入学习宣传贯彻《中华人民共和国人民代表大会和地方各级人民代表大会代表法》和《实施〈代表法〉办法》议案的决议 关于设立本次会议议案审查委员会和财政预算审查委员会的决议
第二届人民代表大会第三会议	1995.3.29	关于政府工作报告的决议 关于常德市 1994 国民经济和社会发展计划执行情况及 1995 国民经济和社会发展计划的决议 关于常德市 1994 财政预算执行情况和 1995 财政预算的决议 关于常德市人民代表大会常务委员会工作报告的决议 关于常德市中级人民法院工作报告的决议 关于常德市人民检察院工作报告的决议 关于设立本次会议议案审查委员会和财政预算审查委员会的决议
第二届人民代表大会第四次会议	1996.3.29	关于政府工作报告的决议 关于常德市国民经济和社会发展“九五”计划和2010年远景目标纲要的决议 关于常德市 1995 年国民经济和社会发展计划执行情况及 1996 年国民经济和社会发展计划的决议 关于常德市 1995 年财政预算执行情况和 1996 年全市及市级财政预算的决议 关于常德市人民代表大会常务委员会工作报告的决议 关于常德市中级人民法院工作报告的决议 关于常德市人民检察院工作报告的决议 关于设立本次会议议案审查委员会和财政预算审查委员会的决议
第二届人民代表大会第五次会议	1997.3.29	关于政府工作报告的决议 关于常德市 1996 年国民经济和社会发展计划执行情况及 1997 年国民经济和社会发展计划的决议 关于常德市 1996 年财政预算执行情况和 1997 年全市及市级财政预算的决议 关于常德市人民代表大会常务委员会工作报告的决议 关于常德市中级人民法院工作报告的决议 关于常德市人民检察院工作报告的决议 关于设立本次会议议案审查委员会和财政预算审查委员会的决议

1993 年 1 月 3 日,常德市第二届人民代表大会第一次会议作出《关于政府工作报告的决议》,批准吴定宪市长所作的政府工作报告。要求新的一届市人民政府要紧紧跟上大改革、大开放、大发展的新形势,围绕建立社会主义市场经济的目标,全面推进经济体制改革,加快企业经营机制转换,尽快改变农村经济传统格局,积极培育和建设市场体系,搞好各方面的配套改革。要努力改善投资环境,加速开放开发,增强对外开放活力,拓宽对外开放的领域。要大力振兴工业,努力提高经济效益,继续强化农业这个基础,切实保护农民利益,加速发展乡镇企业,积极发展第三产业,搞好城镇建设和管理。要更好地坚持"科技兴常",进一步发展教育、科学、文化和卫生事业,抓好计划生育,控制人口增长。要大力加强精神文明建设,推动民主法制建设,抓好社会治安综合治理,为改革开放和经济建设创造良好的社会环境。要切实抓好政府机关的廉政建设和作风建设,勤政务实、廉洁奉公,力戒空谈和形式主义;要积极推进行政管理体制和机构的改革,尽快精简机构,转变职能,强化服务,努力提高政府工作效率和管理水平,把各项任务落到实处。

1993 年 1 月 3 日,常德市第二届人民代表大会第一次会议作出《关于常德市 1992 年国民经济和社会发展计划执行情况及 1993 年国民经济和社会发展计划的决议》。决定批准市人民政府提出的常德市 1993 年国民经济和社会发展计划,批准《关于常德市 1992 年国民经济和社会发展计划执行情况及 1993 年国民经济和社会发展计划草案的报告》。

1993 年 1 月 3 日,常德市第二届人民代表大会第一次会议作出《关于常德市 1992 年财政预算执行情况和 1993 年财政预算的决议》,批准《关于常德市 1992 年财政预算执行情况和 1993 年财政预算草案的报告》。鉴于全市 1992 年财政决算和 1993 年财政预算汇编在本次会议期间未提出,会议责成市人民政府在 1992 年财政决算编竣和 1993 年财政预算汇编后,对 1993 年财政预算进行调整,提请市第二届人民代表大会常务委员会对其调整部分认真审查、作出决定,并授权市二届人大常委会对编竣后的 1992 年财政决算予以审查批准。

1993 年 1 月 3 日,常德市第二届人民代表大会第一次会议作出《关于常德市人民代表大会常务委员会工作报告的决议》,批准罗寅阶主任所作的工作报告。要求新一届市人大常委会要更好地坚持以经济建设为中心,紧紧围绕改革、开放、发展的重大事项行使职权,督促和支持市人民政府进一步加快全市改革开放和经济建设的步伐,全面实施"兴工强农富市"发展战略,胜利完成国民生产总值提前 4 年翻两番的目标。要切实加强法律监督,特别是加强对社会治安综合治理和经济方面重要法律法规执行的监督,促进严肃执法,为保障社会主义市场经济新体制的顺利建立,推进改革开改和经济建设的持续发展,创造良好的社会环境。要进一步加强对基层人大工作的指导,更加密切与代表群众联系,充分反映人民群众的意愿和要求,不断推进基层民主政治建设。要加强常委会自身建设,努力发扬开拓进取,争创一流的优良传统,认真总结经验、不断改进工作,更好地适应形势发展的需要。

1993 年 1 月 3 日,常德市第二届人民代表大会第一次会议作出《关于常德市中级人民法院工作报告的决议》,批准《常德市中级人民法院工作报告》。要求市中级人民法院要认真贯彻党的十四大精神，进一步明确审判工作坚持为改革开放和经济建设服务的指导思想，充分运用审判职能调整经济关系，拓展服务领域，更好地服务于经济建设。要更加严肃执法，严惩严重刑事犯罪和经济犯罪分子，积极参与社会治安综合治理，依法维护正常的经济和社会秩序。要进一步加强队伍建设，坚持从严治警，反腐倡廉，勤政为民，秉公办事，不断提高执法水平，为促进全市改革开放和经济建设的更快发展作出新的更大的贡献。

1993 年 1 月 3 日，常德市第二届人民代表大会第一次会议作出《关于常德市人民检察院工作报告的决议》，批准《常德市人民检察院工作报告》。要求市人民检察院要深入贯彻党的十四大精神，把保障改革开放和经济建设的顺利进行作为检察工作的首要任务，更好地行使检察职能。要继续深入开展以反贪污、反贿赂为重点的打击经济犯罪活动的斗争，严厉打击各种严重刑事犯罪活动，积极参与社会治安综合治理，更好地行使法律监督职能，依法维护正常的经济和社会秩序。要进一步加强队伍建设，坚持从严治警，反腐倡廉，勤政为民，秉公办事，不断提高执法水平，为促进我市改革开放和经济建设更快的发展作出新的更大的贡献。

1994 年 3 月 31 日，常德市第二届人民代表大会第二次会议作出《关于政府工作报告的决议》，会议决定批准吴定宪市长所作的《政府工作报告》。要求市人民政府要以邓小平同志建设有中国特色的社会主义理论为指针，立足全党工作大局，动员和凝聚全市各方面力量，抓住机遇，深化改革，扩大开放，促进经济更快发展，保持社会政治稳定。加快转换国有大中型企业经营机制，逐步建立起现代企业制度，深化农村改革，组织好财税、金融体制改革和其他各项配套改革，并且把改革与开放结合起来，加速开放开发步伐，努力改善投资环境。继续强化农业基础地位，围绕发展“两高一优”农业，因地制宜地调整农业结构。狠抓国有工商企业的技术改造、产品结构调整和企业管理，搞活搞好国有企业，努力提高企业的经济效益。积极引导、放手发展乡镇企业、个体和私营经济以及第三产业，大力培育和发展新的经济增长点。切实加强基础设施和基础产业建设，不断增强经济发展后劲。要把发展科技、教育事业放在突出位置，继续抓紧抓好计划生育工作，促进各项社会事业的发展和社会的全面进步。要大力推进社会主义精神文明建设和民主法制建设，加强思想政治工作，抓好社会治安综合治理，为改革和发展创造良好的社会环境。要加强和改善政府工作，加快转变政府职能，增强调控能力，强化服务工作。坚持实事求是的思想路线，发扬联系群众、艰苦奋斗和求实务实的作风，加强廉政建设，坚决制止“三乱”，力戒形式主义，努力提高工作效率和管理水平，把各项工作落到实处。

1994 年 3 月 31 日，常德市第二届人民代表大会第二次会议作出《关于常德市人民代表大会常务委员会工作报告的决议》，决定批准熊奇生主任所作的工作报告。会议要求市人大常委会要切实以建设有中国特色社会主义的理论和党的基本路线为指针，认真贯彻党的十四大、十四届三中全会和八届全国人大二次会议精神，坚持以经济建设为中心、以民主法制建设为根本任务，紧紧围绕全党的工作大局和市委确定的工作目标开展工作，行使职权。充分调动广大人民群众的积极性，为深化改革，扩大开放，促进发展，保持稳定，更好地发挥地方国家权力机关的作用。要把保障和促进改革、发展和稳定摆在首要位置。要依法搞好对宏观经济问题和重大改革措施的审议、决策，特别是要强化监督职能，加强对法律法规实施的监督，加强对国家行政机关、司法机关的工作监督，促进依法行政和严格执法，维护人民群众的合法权益，努力创造稳定的社会环境。要更加密切与人大代表和人民群众的联系，充分发挥人大代表参政议政作用，充分反映人民群众的意愿和要求，切实加强对县乡人大工作的指导，不断推进基层民主政治建设。要进一步加强常委会自身建设，坚持用建设有中国特色的社会主义理论武装思想，认真总结经验，不断改进工作，廉洁自律，务实创新，努力适应新形势的需要。

1994 年 3 月 31 日，常德市第二届人民代表大会第二次会议根据本次会议期间曹同生等 30 名代表联名提出的有关议案，作出《关于深入学习宣传贯彻〈中华人民共和国全国人民代表大会和地方各级人民代表大会代表法〉和实施〈代表法〉办法的议案的决议》。要求广泛深入学习、宣传《代表法》和《实施〈代表法〉办法》，利用多种形式，广泛组织全市各级国家机关干部特别是各级领导干部认真学习；狠抓《代表法》和《实施〈代表法〉办法》的贯彻落实，切实保障和维护代表的民主权利和人身权益；把学习贯彻《代表法》、《实施〈代表法〉办法》与深入开展代表争先创优活动紧密结合起来，积极引导代表围绕改革、发展和稳定，围绕群众关心的重大问题开展各项活动，充分履行代表职责;各级人民政府要按照《代表法》的规定，为代表执行职务、开展活动创造条件，提供方便，人大代表参加人民代表大会闭会期间的各项活动，所在单位都应视为正常出勤，并保证必要待遇；要把代表活动经费纳入本级财政预算，统一拨款，以保证代表活动的顺利进行。

1995 年 3 月 29 日，常德市第二届人民代表大会第三次会议作出《关于政府工作报告的决议》，决定批准张昌平代市长所作的《政府工作报告》。会议要求，市人民政府要进一步把握和处理好改革、发展和稳定的关系，坚持以改革促发展、以发展促稳定。要以国有企业改革为重点，不断深化经济体制改革，加快建立社会主义市场经济体制；坚持政企职责分开，进一步落实企业自主权，加快转换国有企业经营机制，搞好企业改组和技术改造，集中力量培育和壮大支柱产业和拳头产品，全面提高工业经济效益；继续推进财税、金融、外贸以及社会保障体制改革，并以改革为动力，促进开放开发兴市。要真正把农业放在经济工作的首位，大力强化农业基础地位，稳定粮棉油生产，重点发展养殖业，加快农业产业化步伐，加大农业投入，调动农民的生产积极性，加快农业大市向产业强市跨越的步伐。要加快发展乡镇企业、个体私营经济和第三产业，抓好基础建设和重点工程建设，加强财源建设，大力培育和发展新的经济增长点，不断增强经济实力和发展后劲。要强化宏观调控，加强市场和物价管理，整顿流通秩序，增加有效供给，抑制通货膨胀，确保人民生活水平的不断改善和提高。要坚持两手抓、两手都要硬的方针，进一步加强社会主义精神文明建设，大力发展科技、教育事业，继续抓好计划生育工作，切实落实社会治安综合治理措施，促进社会的稳定和全面进步。

1995 年 3 月 29 日，常德市第二届人民代表大会第三次会议作出《关于常德市人民代表大会常务委员会工作报告的决议》,决定批准熊奇生主任所作的工作报告。要求市人大常委会要继续坚持以建设有中国特色的社会主义理论为指导,牢牢把握全党工作大局,围绕市委确定的工作思路开展工作、行使职权,为动员全市人民抓机遇、善谋实干、促进发展,实现本次会议提出的改革开放、经济建设和社会稳定与发展的各项目标和任务,更好地发挥自己的职能作用。要进一步坚持抓大事、议大事的原则,集中围绕全市改革、发展和稳定中的重大问题,围绕人民群众普遍关心的问题,加强调查研究,搞好审议决策。要进一步加大监督工作的力度,注重全面有效地行使监督职权,切实搞好对政府和"两院"工作的监督,特别要加强对法律法规实施的监督,督促国家机关自觉守法、依法和严格执法,切实保障和促进改革和建设事业的顺利进行。要进一步做好代表工作,密切与代表和人民群众的联系,积极反映人民群众的意见和要求,保障和支持代表依法执行职务,充分发挥人大代表的作用。要进一步加强常委会自身建设,努力提高思想理论素质和法律水平,坚持廉洁自律,力求务实创新,不断总结经验,积极开拓人大工作的新局面。

1996 年 3 月 29 日,第二届人民代表大会第四次会议作出《关于政府工作报告的决议》,批准张昌平市长所作的《政府工作报告》。要求市人民政府要牢牢把握"抓住机遇、深化改革、扩大开放、促进发展、保持稳定"的工作大局,围绕推进"两个根本性转变",积极做好各方面的工作。要以国有企业改制、改组、改造为重点,不断深化企业改革和其他方面的配套改革,加快建立社会主义市场经济体制。要以市场为导向,以效益为中心,抓住国家产业重组的机遇,集中力量培育和壮大支柱产业和拳头产品,全面提高工业经济效益,加快全市工业发展的步伐。要进一步强化农业基础地位,稳定粮棉油生产,大力发展养殖业和乡镇企业,加快农业产业化进程,促进农村经济登上新台阶。要大力抓好基础设施建设和重点工程建设,积极改善投资环境和发展条件,不断增强经济实力和发展后劲。要切实加大对外开放、招商引资的力度,进一步拓宽以开放促开发、以引进促改造、促发展的路子,积极发展对外贸易和经济技术交流。要积极实施"科技兴市"战略,加速科技成果的转化和应用,提高科技对经济增长的贡献率。要强化宏观调控,搞好财源建设,加强市场和物价管理,增加有效供给,确保人民生活水平的不断改善和提高。要进一步加强社会主义精神文明建设,继续抓好教育、卫生、计划生育、文化、体育以及社会保障工作,大力推进社会主义民主和法制建设,加强社会治安综合治理,促进社会的稳定和发展。

1996 年 3 月 29 日,常德市第二届人民代表大会第四次会议作出《关于常德市国民经济和社会发展"九五"计划和 2010 年远景目标纲要的决议》,批准市人民政府提出的《常德市国民经济和社会发展"九五"计划和 2010 年远景目标纲要》。会议认为,《纲要(草案)》提出的全市今后十五年的奋斗目标和指导方针,国民经济和社会发展的主要任务和战略布局,改革开放的部署和措施,符合中央精神和常德实际,是积极稳妥的,经过努力是能够实现的。要求全市各级人民政府要按照《纲要》提出的主要任务和措施,全力组织实施。市人民政府在编制年度计划时,可根据实际情况的变化进行必要的调整充实,提交市人民代表大会审议批准。

1996 年 3 月 29 日，常德市第二届人民代表大会第四次会议作出《关于常德市 1995 年国民经济、社会发展计划执行情况和 1996 年国民经济、社会发展计划的决议》，批准《关于常德市 1995 年国民经济、社会发展计划执行情况和 1996 年国民经济、社会发展计划(草案)的报告》。要求市人民政府认真贯彻“改革、发展、稳定”的总方针，围绕推进“两个根本性转变”，改进计划工作，加强宏观调控，完善制约机制，保障和促进经济和社会的稳定、协调发展，圆满完成 1996 年国民经济和社会发展计划。

1996 年 3 月 29 日，常德市第二届人民代表大会第四次会议作出《关于常德市 1995 年财政预算执行情况和 1996 年全市及市级财政预算的决议》，批准《关于常德市 1995 年财政预算执行情况和 1996 年全市及市级财政预算(草案)的报告》。要求市人民政府要严格贯彻实施《中华人民共和国预算法》，依法做好财政工作，加强财源建设，强化财税征管，搞好增收节支，严格执行预算，圆满完成全市财政收支任务。

1996 年 3 月 29 日，常德市第二届人民代表大会第四次会议作出《关于常德市人民代表大会常务委员会工作报告的决议》，决定批准熊奇生主任所作的工作报告。要求市人大常务委员会要继续坚持以建设有中国特色社会主义理论为指导，牢牢把握全党工作大局，围绕市委确定的工作目标，依法行使职权，为动员全市人民抓住机遇，团结拼搏，实现本次会议提出的改革开放和社会主义现代化建设的各项目标和任务，更好地发挥职能作用。要把保障和促进改革、发展摆在首要位置，坚持抓大事、议大事的原则，依法搞好对重大改革开放措施、宏观经济问题和群众普遍关心的问题审议决策，推动全市改革、开放和发展的步伐。要把强化监督作为主要任务，进一步加强对宪法、法律、法规实施的监督，加强对国家行政机关、司法机关的工作及其工作人员的监督，促进依法行政和严格执法。要进一步密切与人大代表和人民群众的联系，积极反映人民群众的意愿和要求，保障和支持代表依法执行职务，充分发挥人大代表的作用。要不断加强常委会自身建设，增强理论素养，提高法律水平，坚持廉政勤政，力求务实创新，为巩固和完善人民代表大会制度，促进社会主义民主法制建设，推动全市改革开放和社会主义现代化建设做出新贡献。

1997 年 3 月 29 日，常德市第二届人民代表大会第五次会议作出《关于政府工作报告的决议》，决定批准张昌平市长所作的《政府工作报告》。要求市人民政府必须坚持以邓小平建设有中国特色社会主义理论为指导，全面贯彻执行党的基本路线和基本方针，牢牢把握大局，坚持稳中求进，动员和组织全市人民振奋精神，拼搏奋进，进一步把全市改革开放和社会主义现代化建设推向前进。要坚定不移地把立足点放在推进两个根本性转变上，切实加大经济结构调整的力度，着力培育新的经济增长点。要巩固和强化农业基础地位，促进农业和农村经济持续稳步发展。要加快国有企业改革、改造、改组步伐，深化企业内部管理，下大力抓好扭亏增盈，努力提高工业的整体素质和效益。要调整好投资结构和重点建设布局，逐步实现由重点抓基础设施项目向工业项目转移，工业项目向支柱产业倾斜。要进一步搞好开放开发，加大招商引资力度，扩大对外开放。要继续大力培植财源，切实加强财税征管，搞活融资机制。要坚持贯彻“科教兴市”和可持续发展战略,促进经济、社会协调发展。要切实关心和改善群众生活,注重解决社会“热点”问题。坚持邓小平同志的“两手抓,两手都要硬”的方针,更好地把社会主义精神文明建设和民主法制建设落到实处。要坚持依法行政和依法办事,积极推进依法治市。要整顿规范经济秩序和社会生活秩序,下大力减轻农民、企业的负担。要进一步增强群众观点,坚持实事求是,加强廉政勤政,改进工作作风,力戒形式主义和官僚主义,把各项工作落到实处。

1997 年 3 月 29 日,常德市第二届人民代表大会第五次会议作出《关于常德市 1996 年国民经济和社会发展计划执行情况及 1997 年国民经济和社会发展计划的决议》,批准《关于常德市 1996 年国民经济和社会发展计划执行情况及 1997 年国民经济和社会发展计划(草案)的报告》。要求市人民政府要本着改革、发展、稳定三者有机统一和稳中求进的指导思想,加强宏观调控,采取有效措施,圆满完成 1997 年国民经济和社会发展计划,促进全市改革开放和社会主义现代化建设事业更快更好的向前发展。

1997 年 3 月 29 日,常德市第二届人民代表大会第五次会议作出《关于常德市 1996 年财政预算执行情况和 1997 年市级财政预算的决议》,批准市人民政府提出的常德市 1997 年市级财政预算,批准《关于常德市 1996 年财政预算执行情况和 1997 年全市及市级财政预算(草案)的报告》。要求市人民政府要按照经济和社会发展稳中求进的方针,依法做好财政工作,狠抓财源建设,加强财税征管,搞好增收节支,进一步强化预算外资金的管理,切实增强政府的财政实力。同时进一步强化预算执行意识,维护预算的严肃性,圆满完成全年财政收支任务。

1997 年 3 月 29 日,常德市第二届人民代表大会第五次会议作出《关于常德市人民代表大会常务委员会工作报告的决议》,批准熊奇生主任所作的工作报告。要求市人大常委会继续坚持以邓小平建设有中国特色社会主义理论和党的基本路线为指导,坚持以经济建设为中心,以民主法制建设为根本任务,把握改革、发展、稳定的大局,围绕市委确定的工作思路,全面有效地行使职权,积极做好各项工作,为推动全市国民经济和社会事业的稳步发展,进一步加强社会主义精神文明建设和民主法制建设,做出新的贡献。要依法搞好对改革开放、经济和社会发展重大问题的审议决策,督促政府切实推进两个根本性转变,坚持兴工强农富市,深化国有企业改革,加快开放开发步伐,推动科教进步。要认真贯彻国家有关法律法规和湖南省县级及县级以上人大常委会监督条例,切实把监督工作摆在重要位置,加强对执法工作和国家机关及其工作人员的监督,加大监督力度,保障法律法规的有效实施,促进依法行政和公正执法,推动廉政勤政建设。要进一步加强代表工作,充分发挥代表的作用,切实维护代表的合法权益。要在市委的统一领导下,认真做好市、县两级的换届选举工作,加强地方政权建设和社会主义民主政治建设。要进一步搞好常委会自身建设,以高度负责的精神,兢兢业业,扎扎实实工作,圆满完成本届人大的各项工作任务。

第三节 第三届人民代表大会决议决定

常德市第三届人民代表大会人民代表大会期间在会议期间共作出 31 项决议、决定。

第三届人民代表大会决议决定一览表

表 3—1—3—1

类别	时间	决议、决定
第三届人民代表大会第一次会议	1998.1.4	关于政府工作报告的决议 关于常德市 1997 年国民经济和社会发展计划执行情况及 1998 年国民经济和社会发展计划的决议 关于常德市 1997 年财政预算执行情况和 1998 年全市及市本级财政预算的决议 关于常德市人民代表大会常务委员会工作报告的决议 关于常德市中级人民法院工作报告的决议 关于常德市人民检察院工作报告的决议 关于设立本次会议议案审查委员会和财政预算审查委员会的决议
第三届人民代表大会第二次会议	1999.1.21	关于政府工作报告的决议 关于常德市 1998 年国民经济和社会发展计划执行情况及 1999 年国民经济和社会发展计划的决议 关于常德市 1998 年财政预算执行情况和 1999 全市及市本级年财政预算的决议 关于常德市人民代表大会常务委员会工作报告的决议 关于常德市中级人民法院工作报告的决议 关于常德市人民检察院工作报告的决议
第三届人民代表大会第三次会议	2000.2.19	关于政府工作报告的决议 关于常德市 1999 年国民经济和社会发展计划执行情况及 2000 年国民经济和社会发展计划的决议 关于常德市 1999 年财政预算执行情况和 2000 年全市及市本级财政预算的决议 关于常德市人民代表大会常务委员会工作报告的决议 关于常德市中级人民法院工作报告的决议 关于常德市人民检察院工作报告的决议
第三届人民代表大会第四次会议	2001.2.11	关于政府工作报告的决议 关于常德市 2000 年国民经济和社会发展计划执行情况及 2001 年国民经济和社会发展计划的决议 关于常德市 2000 年财政预算执行情况和 2001 全市及市本级财政预算的决议 关于常德市人民代表大会常务委员会工作报告的决议 关于常德市中级人民法院工作报告的决议 关于常德市人民检察院工作报告的决议

续表

类别	时间	决议、决定
第三届人民代表大会第五次会议	2002.1.21	关于政府工作报告的决议 关于常德市2001年国民经济和社会发展计划执行情况及2002年国民经济和社会发展计划的决议 关于常德市2001年财政预算执行情况和2002全市及市本级财政预算的决议 关于常德市人民代表大会常务委员会工作报告的决议 关于常德市中级人民法院工作报告的决议 关于常德市人民检察院工作报告的决议

1998年1月4日，常德市第三届人民代表大会第一次会议作出《关于政府工作报告的决议》，批准张昌平市长所作的《政府工作报告》。要求市人民政府要紧紧围绕建立和完善社会主义市场经济体制，促进国民经济持续快速健康发展这一目标，坚持以经济建设为中心，努力推进两个根本性转变，实现所有制结构调整的新突破，实现产业结构调整的新突破。积极实施开放带动战略、科技带动战略和名牌带动战略，加快改革开放和经济发展步伐，要以资本为纽带，加快国有企业改革，大胆运用股份制、联合兼并、破产重组、租赁出售等手段，推动企业改革的纵深发展。要集中力量培育和壮大具有特色和优势的支柱产业和拳头产品，全面提高工业的整体素质和经济效益。要进一步强化农业基础地位，以市场为导向，调整优化结构，积极推进农业产业化进程，不断壮大乡村集体经济，搞好农田水利建设，促进农村经济持续稳定发展。要在加强固定资产投资宏观调控的基础上，继续抓好重点工程和基础设施建设，改善投资环境，不断增强经济发展后劲。要积极发展第三产业，改善流通条件，加大招商引资力度，提高外经外贸工作水平。要深化财税、金融、计划和投资体制的改革，大力培植财源，加强财税征管。要切实加强社会主义民主与法制建设，增强民主法制意识，严格依法行政，实行民主、科学决策，自觉接受人大及其常委会的监督，努力推进依法治市。要切实加强社会主义精神文明建设，调动各方面的积极性。要把发展科技和教育事业放在突出位置，依靠科技进步和提高劳动者素质，提高工农业产品的科技含量和对经济增长的贡献份额。要继续抓好文化、卫生、体育、计划生育以及社会保障等工作，促进经济和社会协调发展。要切实关心和改善群众生活，切实做好职工解困、就业和再就业、农民减负和扶贫开发工作。继续保持物价平稳。要转变政府职能，下大力搞好城市管理。要继续加强社会治安综合治理，及时调处各类社会矛盾，巩固和发展安定团结的政治局面。

1998年1月4日，常德市第三届人民代表大会第一次会议经过认真审议，并根据财政预算审查委员会的审查报告，作出《关于常德市1997年财政预算执行情况和1998年全市及市本级财政预算的决议》，批准《关于常德市1997年财政预算执行情况和1998年全市及市本级财政预算（草案）的报告》，批准市人民政府提出的常德市1998年市本级财政预算。要求市人民政府要适应社会主义市场经济条件下所有制结构转变的新形势，依照《中华人民共和国预算法》，认真做好财政工作，加大财源建设力度，加快财税体制改革步伐，强化财税征管，抓好增收节支，加强预算外资金管理，切实增强财政调控能力。要进一步增强预算观念，自觉接受人大及其常委会的监督，维护预算的严肃性，圆满完成全年财政收支任务。

1998 年 1 月 4 日，常德市第三届人民代表大会第一次会议作出《关于常德市人民代表大会常务委员会工作报告的决议》，批准彭孟芝主任所作的市人大常委会工作报告，要求市三届人大常委会要继续认真学习和贯彻党的十五大精神，把保障和促进改革开放和经济建设作为首要职责，把加强社会主义民主与法制建设作为根本任务，把搞好自身建设放在重要地位，为建立和完善社会主义市场经济体制，实现依法治市，充分发挥地方国家权力机关的职能作用。要更加全面有效地行使宪法和法律赋予的职权，抓住全市改革开放和现代化建设中重大事项进行审议决策；要采取多种形式，加强执法监督，保障宪法、法律法规在本市的正确实施，保障人大代表和公民合法权利。要坚持党的干部路线，依法任免国家机关工作人员。要加强和改进代表工作，加强对县、乡人大代表的联系和工作指导，不断推进基层民主政治建设。要切实加强常委会组成人员和机关工作人员的思想建设、业务建设和作风建设，提高常委会的工作效能，自觉接受人民的监督，使人大机关真正成为精干、务实、廉洁、高效的地方国家权力机关。

1998 年 1 月 4 日，常德市第三届人民代表大会第一次会议作出《关于常德市中级人民法院工作报告的决议》，批准市中级人民法院工作报告。要求市中级人民法院认真贯彻党的十五大精神，积极推进司法改革，拓宽服务领域，更好地服务经济建设。要加大执法力度，建立冤案错案责任追究制度，稳准狠地打击犯罪，积极参与社会治安综合治理，依法维护正常的经济和社会秩序。要进一步加强队伍建设，从严治警，反腐倡廉，勤政为民，秉公办事，不断提高执法水平。自觉接受人大及其常委会的监督，为维护社会稳定，促进改革开放和经济发展做出新的贡献。

1998 年 1 月 4 日，常德市第三届人民代表大会第一次会议作出《关于常德市人民检察院工作报告的决议》，批准市人民检察院工作报告。要求市人民检察机关要以党的十五大精神为指针，坚决贯彻党的基本路线，进一步强化法律监督职能，加大对贪污贿赂等经济犯罪、渎职犯罪和严重刑事犯罪的打击力度，切实保障公民、法人的合法权益。加强自身建设，坚持从严治警，反腐倡廉，勤政为民，秉公办事，不断提高执法水平。自觉接受人大及其常委会的监督，为维护全市社会稳定，促进改革开放和经济发展做出新的贡献。

1999 年 1 月 21 日，常德市第三届人民代表大会第二次会议作出《关于政府工作报告的决议》，批准市长程海波所作的政府工作报告。要求市人民政府要按照本次会议确定的工作任务和目标，突出以经济建设为中心，坚持改革开放，坚持依法治市，处理好改革、发展和稳定的关系，积极推进经济体制改革和经济增长方式的根本转变，充分调动一切积极因素，千方百计加快经济发展步伐。要坚定不移地把农业放在经济工作的首位，抓好农村经济的全面发展。要努力加快工业发展,不断提高工业的整体素质和效益。要继续加强重点工程建设,进一步增强常德的经济实力。要大力发展第三产业,促进其他所有制经济的持续发展。要以建立和完善社会主义市场经济体制为目标,不断深化工商企业改革、乡镇财政体制改革、住房制度改革、农村改革和社会保障制度等方面的改革。要认真实施“开放带动”战略,努力提高对外开放水平。要推进“科技带动”战略,抓好高新技术产业开发,加速科技成果转化。要抓好教育事业发展,全面推行素质教育,培养各类合格人才。要认真落实计划生育、环境保护和国土管理三项基本国策,大力发展各项社会事业。要切实关心和改善群众生活,抓紧实施再就业工程,做好农民减负和扶贫开发工作。要转变政府职能,加强城市建设和管理,提高城市管理水平。要切实加强社会主义民主与法制建设,增强民主法制意识,严格依法行政,实行科学民主决策,全面落实执法责任制和错案责任追究制度,积极推进依法治市。要及时化解广大人民群众关心的热点、难点问题,正确处理各类社会矛盾,加强社会治安的综合治理,依法打击各种犯罪活动,维护社会稳定。要切实加强和改进政府工作,进一步加强思想和作风建设,增强群众观念和公仆意识,勤政廉政,克服形式主义和官僚主义,反对弄虚作假,努力提高工作效率和管理水平,把各项工作落到实处。

1999 年 1 月 21 日,常德市第三届人民代表大会第二次会议作出《关于常德市人民代表大会常务委员会工作报告的决议》,批准彭孟芝主任所作的市人大常委会工作报告。要求市人大常委会高举邓小平理论伟大旗帜,按照依法治国的基本方略,把保障和促进全市的社会主义市场经济发展和改革开放作为首要职责,把加强社会主义民主法制建设,推进依法治市作为根本任务,努力探索新形势下人大工作的客观规律,进一步提高全市人大工作水平,充分发挥地方国家权力机关的职能作用。要更加全面有效地行使宪法和法律赋予的职权,坚持以经济建设为中心,继续抓好深化改革,扩大开放,加快发展,保持稳定等方面重大问题的审议决策。要抓好稳定和加强农业、深化企业改革、优化经济发展环境、调整经济结构、提高经济增长的质量和效益,以及社会关注的热点等问题的审议决策,督促和支持政府,保证常委会决策的实现。要更好地履行常委会的监督职能,加大监督力度,增强监督实效,把全市的经济和社会事务逐步纳入法制化管理的轨道,努力加快依法治市的进程。要进一步加强和改进代表工作,密切常委会同人大代表的联系,依法维护人大代表的权利,更好地发挥人大代表作用。要继续加强对县、乡人大的联系和人民代表大会制度的宣传力度,增强全体公民的法制观念和民主意识。要继续搞好常委会思想、组织、业务和作风建设,带头搞好廉洁自律、自觉接受人民代表大会、人大代表和人民群众的监督,认真履行职责,扎实开展工作,进一步提高决策水平和机关办事效率。

1999 年 1 月 21 日,常德市第三届人民代表大会第二次会议作出《关于常德市中级人民法院工作报告的决议》,批准《常德市中级人民法院工作报告》。要求市中级人民法院要继续深入贯彻党的十五大精神,围绕保障和促进改革开放和经济建设的顺利进行,充分发挥审判职能作用,坚持严格执法,公正司法,全面推行执法责任制和错案责任追究制,稳准狠地打击犯罪，积极参与社会治安综合治理，依法维护正常的经济和社会秩序。要巩固政法队伍教育整顿成果，从严治警、反腐倡廉、勤政为民、秉公办事，不断提高执法水平。要自觉接受人大及其常委会的监督，为维护全市的社会稳定，促进改革开放和现代化建设作出新的贡献。

1999 年 1 月 21 日，常德市第三届人民代表大会第二次会议作出《关于常德市人民检察院工作报告的决议》，批准《常德市人民检察院工作报告》。要求市人民检察院充分发挥检察机关的职能作用，加大对贪污贿赂等经济犯罪、渎职犯罪和严重刑事犯罪的打击力度，强化法律监督，维护司法公正，保障公民、法人的合法权益。要全面推行执法责任制和错案责任追究制，积极参与社会治安综合治理，依法维护正常的经济和社会秩序。要巩固政法队伍教育整顿成果，从严治警、反腐倡廉、勤政为民、秉公办事，不断提高执法水平。要自觉接受人大及其常委会的监督，为维护社会稳定，促进全市的两个文明建设做出更大的贡献。

2000 年 2 月 19 日，常德市第三届人民代表大会第三次会议作出《关于政府工作报告的决议》，决定批准政府工作报告。要求市人民政府按照本次会议确定的工作任务和目标，突出经济建设这个中心，坚持改革开放，坚持依法治市，认真处理好改革、发展和稳定的关系，积极推进经济体制和经济增长方式的根本转变，把加快经济发展作为一切工作的出发点和落脚点。要坚定不移地把农业放在经济工作的首位，千方百计增加农民收入。要大力发展工业经济，不断提高工业的整体素质和水平。要加快第三产业发展步伐，促进各种不同所有制经济的快速发展。要切实加强财税金融工作，增强财政实力。要不断深化国有企业改革，全面推进以医疗保险制度改革和城市公用设施经营方式改革为主要内容的社会事业改革。要认真实施“开放带动”战略，努力提高对外开放水平。要推进科技带动战略，抓好高新技术产业开发，加速科技成果转化。要高度重视教育工作，狠抓计划生育工作。加强社会主义精神文明建设，繁荣各项社会主义文化事业。要切实关心和改善群众生活，抓紧实施再就业工程，保障下岗职工基本生活。下力做好农村减灾、减债、减负和扶贫开发工作。要加强城市建设和管理，提高城市管理水平，加快城市化发展步伐。要切实加强社会主义民主与法制建设，积极推进依法治市。要增强人民代表大会制度意识和民主法制意识，自觉接受人大及其常委会的监督，认真办理人大代表的议案和建议，切实做到民主、科学决策。要正确处理各类社会矛盾，加强社会治安综合治理，依法打击各种违法犯罪活动，维护社会稳定。要加强廉政勤政建设，深入持久地开展反腐败斗争。要严格坚持依法行政，从严治政，全面落实执法责任制和错案责任追究制。要搞好政府机构改革，进一步转变政府职能，转变工作作风。要克服形式主义和官僚主义，反对虚报浮夸，努力提高工作效率和管理水平，把各种工作落到实处。

2000 年 2 月 19 日，常德市第三届人民代表大会第三次会议作出《关于常德市人民代表大会常务委员会工作报告的决议》，批准彭孟芝主任所作的市人大常委会工作报告。要求市人大常委会按照依法治国的基本方略，把加强社会主义民主和法制建设，推进依法治市，保障改革开放和社会主义现代化建设的顺利进行作为根本任务。要解放思想，勇于开拓，积极探索新时期的人大工作的客观规律，不断提高人大工作水平，充分发挥地方国家权力机关的职能作用。要更加全面有效地行使好法定职权。要抓住全市改革开放、经济建设和社会发展与稳定中带根本性的重大问题，搞好审议决策，特别是要围绕第十个五年计划和城市总体规划修编、围绕稳定和加强农业、增加农民收入、深化国有企业改革、调整经济结构、提高经济增长质量和效益、加强小城镇建设，以及人民群众广泛关注的热点难点等问题进行审议决策，并督促和支持政府保证决策的实施。要不断完善监督机制，加大监督力度，增强监督实效。要突出治理经济发展环境这个重点，认真开展执法检查，搞好“百案评议”，继续督促并支持政府和“两院”推行执法责任制和错案责任追究制度，把全市经济和社会事务逐步纳入法制化管理的轨道，努力加快依法治市进程。要进一步加强和改进代表工作，密切常委会同人大代表的联系，更好地发挥人大代表的作用，依法维护人大代表的权利。要加大对社会主义民主法制和人民代表大会制度的宣传力度，增强全市人民的法制观念和民主意识。要继续搞好常委会的自身建设，自觉接受人民代表大会、人大代表和人民群众的监督，认真履行职责，扎实开展工作，进一步提高决策水平和机关办事效率，为全市改革开放和现代化建设事业作出新的贡献。

2001 年 2 月 15 日，常德市第三届人民代表大会第四次会议作出《关于政府工作报告的决议》，批准市长程海波代表市人民政府所作的《政府工作报告》。要求市人民政府以邓小平理论为指导，按照“三个代表”重要思想的要求，坚持党的基本路线，进一步解放思想，更新观念，务实创新，抢抓机遇，把握改革、发展、稳定的工作大局，努力实现经济的快速发展和社会的全面进步，尽快使常德由农业大市变成湖南的经济强市。市人民政府要以经济建设为中心，坚持以“三个有利于”为根本标准，大力推进经济结构的战略性调整，加快工业化进程。调整城乡结构，加快城镇化步伐。调整所有制结构，发展非国有制经济。调整产业结构，加速发展旅游、文化、会展等第三产业。加大招商引资力度，进一步拓展开放型经济。要以体制创新和科技创新为动力，重视教育的发展以及人才的培养、引进和使用，努力提高生产力水平。要继续加强基础设施建设和水利建设，集中抓好一批关系经济和社会发展全局的大工程、大项目。要加强城市建设和管理，提高城市管理水平。要继续深化国有企业改革，加快建立现代企业制度；切实抓好各级政府机构改革，转变政府职能；认真实施农村税费改革，推进财税体制改革。要切实抓好三项基本国策的实施，继续加强计划生育工作，加强环境资源保护和国土管理，加大治理环境污染的力度。要加强社会主义精神文明建设，促进社会主义文化、卫生、体育和其他社会事业的发展，更好地为经济建设服务。要不断扩大就业渠道，完善社会保障体系，加大扶贫帮困力度，解决人民群众的生活困难。要下力做好农村减灾、减债、减负和扶贫开发工作。要切实加强社会主义民主法制建设，积极推进依法治市，增强人民代表大会制度意识和民主法制意识，自觉接受人大及其常委会的监督。要高度重视和妥善处理各类社会矛盾，加强社会治安综合治理，依法打击各类犯罪活动，维护社会稳定。要树立公仆意识，全力做好政府工作。要狠抓经济发展环境的治理，严格坚持依法行政，全面落实执法责任和错案责任追究制，强化层次管理，坚决惩治腐败。切实转变作风，建立勤政、务实、高效的工作机制。

2001年2月15日,常德市第三届人民代表大会第四次会议作出《关于常德市国民经济和社会发展第十个五年计划纲要的决议》。会议认为,《纲要》提出的全市今后五年的奋斗目标和指导方针,国民经济和社会发展重点以及主要政策措施,体现了党中央精神,符合常德实际,反映了全市人民的共同愿望,经过努力是能够实现的。会议决定批准《常德市国民经济和社会发展第十五个五年计划纲要》。市人民政府要认真组织和广泛动员全市人民,在市委的领导下,齐心协力,共同奋斗,保证《纲要》的顺利实施。市人民政府在编制年度计划时,可根据实际情况的变化进行必要的调整和充实,提交市人民代表大会审查批准。

2001年2月15日,常德市第三届人民代表大会第四次会议作出《关于常德市人民代表大会常务委员会工作报告的决议》,批准彭孟芝主任所作的市人大常委会工作报告。要求市人大常委会,认真贯彻党的十五大、十五届五中全会精神,以"三个代表"的重要思想为指导,积极落实依法治国的基本方略,紧紧围绕市委的工作部署,更好地坚持以经济建设为中心,努力推进社会主义民主法制建设,注重议决大事,突出重点,务求实效,全面履行宪法和法律赋予的各项职权,大力推进依法治市进程,充分发挥地方国家权力机关的职能作用。要进一步加强对政府和法院、检察院的监督,加强对由人大及其常委会选举任命的国家机关工作人员的监督,促进"一府两院"严格执行执法责任制和错案责任追究制,不断完善内部监督制约机制,督促和支持政府及其部门依法行政,督促和支持司法机关公正司法。要广泛深入地开展调查研究,依法行使好重大事项决定权,充分体现人民的意志和愿望。要进一步加强和改进代表工作,密切与人大代表的联系,更好地发挥代表作用,依法维护人大整体功能,依法指导好乡镇人大换届选举工作,不断提高全市人大工作的整体水平。要加大对社会主义民主法制和人民代表大会制度的宣传力度,增强全市人民的法制观念和民主意识。要继续加强常委会自身建设,提高常委会组成人员的理论、政策和法律水平,不断提高议事决策能力和工作效率。要增强接受监督的意识,自觉接受人民代表大会、人大代表和人民群众的监督,忠于职守,廉洁奉公,扎实工作,为推动全市改革开放和现代化建设事业,顺利实现"十五"计划做出应有的贡献。

2002年1月21日,常德市第三届人民代表大会第五次会议作出《关于政府工作报告的决议》,批准陈君文代市长代表市人民政府所作的工作报告。要求市人民政府按照市委的总体工作思路和本次会议确定的工作任务,坚持以加快发展为主题,以结构调整为主线,以改革开放和体制创新、科技创新为动力,以提高人民生活水平为根本出发点,动员和组织全市人民振奋精神,拼搏奋进,进一步把全市的改革开放和社会主义现代化建设推向前进。要把加快经济发展作为一切工作的出发点和落脚点。要以"三个有利于"为根本标准,充分调动一切积极因素,集中精力搞好经济建设。要把推进工业化进程作为经济工作的重点,加快工业产业结构、产品结构、企业组织结构的战略性调整,继续深化企业改革,大力发展高新技术产业,改造提升传统产业,培植壮大主导产业,着力营造工业经济优势,大力发展民营经济,不断提高工业的整体素质和水平。要进一步强化农业基础地位,优化农业内部结构,推进农业科技革命，加快农业产业化步伐，实现农业增效、农民增收。要进一步加快城市建设步伐，强化城市规划法律意识，加大城市建设投资。要拓宽经营城市的思路，搞活城市建设市场，逐步形成政府投入引导机遇，要保持开拓进取、奋发有为的精神状态，团结求实、不断创新，共建常德美好的明天。

2002 年 1 月 21 日，常德市第三届人民代表大会第五次会议作出《关于常德市人民代表大会常务委员会工作报告的决议》批准彭孟芝主任所作的市人大常委会工作报告。《决议》要求市人大常委会认真行使宪法和法律赋予的职权，把维护人民群众的根本利益摆在突出的位置。把握发展主题，突出推进工业化战略，认真审议决策，不断提高决策水平。要切实加强监督，督促"一府两院"强化内部监督制约机制，全面落实执法责任制，促进依法行政和公正执法。要继续加强对"一府两院"工作人员的监督，按照省人大常委会颁布的述职评议条例，扎扎实实地搞好对国家机关工作人员的述职评议工作。要切实组织好《代表法》颁布十周年纪念活动，继续加强和改进代表工作，密切同人大代表的联系，自觉接受人大代表的监督，依法维护人大代表的合法权益。要加强对下级人大工作的联系和指导，依法搞好市县人大换届选举工作。进一步加大对社会主义民主法制和人民代表大会制度的宣传力度，增强全社会的民主意识和法制观念。要进一步加强自身建设，依法行使职权，努力提高工作水平，为加快常德市改革开放和经济发展，促进社会主义精神文明和民主法制建设，推进依法治市，做出新的贡献。

第四节　第四届人民代表大会决议决定

常德市第四届人民代表大会人民代表大会期间共作出 31 项决议、决定。

第四届人民代表大会决议决定一览表

表 3—1—4—1

类别	时间	决议、决定
第四届人民代表大会第一次会议	2003.1.3	关于政府工作报告的决议 关于常德市 2002 年国民经济和社会发展计划执行情况及 2003 年国民经济和社会发展计划的决议 关于常德市 2002 年财政预算执行情况和 2003 年全市及市本级财政预算的决议 关于常德市人民代表大会常务委员会工作报告的决议 关于常德市中级人民法院工作报告的决议 关于常德市人民检察院工作报告的决议 关于设立本次大会议案审查委员会、计划和财政预算审查委员会的决定

续表

类别	时间	决议、决定
第四届人民代表大会第二次会议	2004.1.7	关于政府工作报告的决议 关于常德市2003年国民经济和社会发展计划执行情况及2004年国民经济和社会发展计划的决议 关于常德市2003年财政预算执行情况和2004年全市及市本级财政预算的决议 关于常德市人民代表大会常务委员会工作报告的决议 关于常德市中级人民法院工作报告的决议 关于常德市人民检察院工作报告的决议
第四届人民代表大会第三次会议		关于政府工作报告的决议 关于常德市2004年国民经济和社会发展计划执行情况及2005年国民经济和社会发展计划的决议 关于常德市2004年财政预算执行情况和2005年全市及市本级财政预算的决议 关于常德市人民代表大会常务委员会工作报告的决议 关于常德市中级人民法院工作报告的决议 关于常德市人民检察院工作报告的决议
第四届人民代表大会第四次会议	2006.1.13	关于政府工作报告的决议 关于常德市国民经济和社会发展第十一个五年计划的决议 关于常德市2005年财政预算执行情况和2006年全市及市本级财政预算的决议 关于常德市人民代表大会常务委员会工作报告的决议 关于常德市中级人民法院工作报告的决议 关于常德市人民检察院工作报告的决议
第四届人民代表大会第五次会议	2007.1.14	关于政府工作报告的决议 关于常德市2006国民经济和社会发展计划执行情况及2007国民经济和社会发展计划的决议 关于常德市2006财政预算执行情况和2007年全市及市本级财政预算的决议 关于常德市人民代表大会常务委员会工作报告的决议 关于常德市中级人民法院工作报告的决议 关于常德市人民检察院工作报告的决议

2003年1月3日，常德市第四届人民代表大会第一次会议作出《关于政府工作报告的决议》，批准陈君文市长所作的《政府工作报告》。要求市人民政府要始终把发展作为主题，大力推进工业化进程，加大工业园区建设力度，加大支柱产业培育力度，加大工业投入力度，走出一条科技含量高、经济效益好、资源消耗低、环境污染少、人力资源优势得到充分发挥的新型工业化路子。要加快农业产业化经营步伐，围绕农民增收、农业增效、农村致富的目标，建

立健全农村社会化服务体系；继续推进农村税费改革，减轻农民负担，保护农民利益。要大力推进城镇化建设，完善城镇规划，搞活城镇经营，加强城镇管理，逐步形成以市城区为中心，各县城为依托，中心镇为基础，资源共享、功能互补、协调发展的城镇体系。要积极拓展第三产业，扩大第三产业比重。要以水利设施和交通建设为重点，集中抓好一批事关长远发展的大工程，着力打造基础设施平台。要坚定不移地深化改革、扩大开放，形成全方位、宽领域、多层次对外开放新格局。要切实抓好社会保障工作，提高社会保障水平。要加大科技项目的开发引进，推进科技进步和科技创新。要继续抓好教育、文化、卫生、体育、广播电视、新闻出版、计划生育等工作，促进经济和社会协调发展。要全面优化经济发展环境，努力形成全市上下营造经济发展环境、共同珍惜经济发展环境的氛围。要继续加强社会治安综合治理，及时调处各类社会矛盾，巩固和发展安定团结的政治局面。要把发展社会主义民主政治，建设社会主义政治文明作为全面建设小康社会的重要内容来抓。要增强民主法制意识，严格依法行政，推进依法治市，推进执行责任制和评议考核制，自觉接受人大及其常委会的监督。要深入了解民情、充分反映民意、广泛集中民智、切实珍惜民力，形成行为规范、运转协调、公正透明、廉洁高效的行政管理机制。要进一步加强思想和作风建设，增强群众观念和公仆意识，努力建设创新高效、求真务实、勤政为民、公正廉洁、依法行政的政府。

2003 年 1 月 3 日，常德市第四届人民代表大会第一次会议作出《关于常德市人民代表大会常务委员会工作报告的决议》，决定批准彭孟芝主任所作的工作报告。要求常德市第四届人民代表大会常务委员会要继续高举邓小平理论伟大旗帜，全面落实“三个代表”重要思想，全面有效行使宪法和法律赋予的职权，按照市第四次党代会提出的目标和任务，进一步推进社会主义政治文明建设，更加全面有效地行使宪法和法律赋予的职权，抓住全市改革开放和现代化建设中的重大事项进行审议决策；要采取多种形式，加强执法监督，保障宪法、法律、法规正确实施，保障人民群众合法权益；要坚持党的干部路线，依法任免国家机关工作人员；要加强和改进代表工作，密切同人大代表和人民群众的联系，充分发挥人大代表在人大工作中的主体作用；要加强对县、乡人大的联系和工作指导，不断推进基层民主政治建设；要切实加强常委会组成人员和机关工作人员的思想建设、业务建设和作风建设，开创性地开展人大工作，提高常委会的工作效能，自觉接受人民群众监督，使人大机关真正成为精干、务实、廉洁、高效的地方国家权力机关。

2003 年 1 月 3 日，常德市第四届人民代表大会第一次会议作出《关于常德市中级人民法院工作报告的决议》，批准《常德市中级人民法院工作报告》。要求市中级人民法院要认真学习贯彻党的十六大精神，全面落实“三个代表”重要思想，认真做好刑事、民事、行政等各类案件的审判工作和执行工作，为全面建设小康社会提供强有力的司法保障。深化人民法院改革，拓宽服务领域，更好地服务经济建设。加大执法力度，进一步落实好错案责任追究制度，稳准狠地打击犯罪，积极参与社会治安综合治理，依法维护正常的经济和社会秩序。加强自身建设，建设一支政治坚定、业务精通、作风优良、执法公正的队伍。自觉接受人大及其常委会的监督，为维护社会稳定，促进改革开放和经济社会发展做出的新贡献。

2003 年 1 月 3 日，常德市第四届人民代表大会第一次会议作出《关于常德市人民检察院工作报告的决议》，批准《常德市人民检察院工作报告》。要求全市检察机关要认真学习贯彻党的十六大精神，全面落实“三个代表”重要思想，进一步强化法律监督职能，加大对贪污贿赂等经济犯罪、渎职犯罪和严重刑事犯罪的打击力度，切实保障公民、法人的合法权益。加强自身建设，建立一支政治坚定、业务精通、作风优良、执法公正的队伍。

2004 年 1 月 7 日，常德市第四届人民代表大会第二次会议作出《关于政府工作报告的决议》，决定批准陈君文市长代表市人民政府所作的《政府工作报告》。要求市人民政府要始终把发展作为主题，坚持走工业强市之路，把招商引资作为扩大工业投入的主渠道，把园区建设作为工业发展的主阵地，把改革和体制创新作为工业发展的主动力，使工业成为经济增长的主体、财税收入的主体和扩大就业的主体。要千方百计增加农民收入，深化结构调整，推进产业化经营，着力抓好基地建设，培植龙头企业，突出生产服务，确保质量安全。要坚持用经营理念筹划城市建设，促进城市发展，用人本理念推进城市提质，改善人居环境。要切实抓好社会保障工作，建立健全同经济发展水平相适应的社会保障体系，提高社会保障水平。要积极推进社会统筹发展，继续抓好教育、科技、文化、卫生、体育、广播电视、新闻出版、计划生育、资源与环境保护等工作，促进经济和社会协调发展。要继续加强社会治安综合治理，及时调处各类社会矛盾，创造稳定的社会环境和治安秩序。要把发展社会主义民主政治、建设社会主义政治文明作为全面建设小康社会的重要内容来抓。严格依法行政，推进依法治市，落实执法责任制和评议考核制，自觉接受人大及其常委会的监督。要进一步加强思想和作风建设，增强群众观念和公仆意识，了解民情、尊重民意、集中民智、珍惜民力，形成行为规范、运转协调、公正透明、廉洁从政的行政管理机制。努力建设创新高效、求真务实、勤政为民、公正廉洁、依法行政的政府。

2004 年 1 月 7 日，常德市第四届人民代表大会第二次会议作出《关于常德市人民代表大会常务委员会工作报告的决议》，决定批准莫道宏主任代表常德市人大常委会所作的工作报告。要求市人大常委会要认真履行宪法和法律赋予的各项职权，把握发展主题，落实工业强市发展战略，认真搞好重大事项的审议决策，不断提高决策水平。围绕经济和社会发展、人民群众生产生活中的重大问题，切实加强监督，督促“一府两院”抓好法律法规的贯彻实施，全面落实执法责任制，不断完善内部监督制约机制，促进依法行政、公正司法。加强对“一府两院”组成人员的监督，按照省人大常委会述职评议工作条例，扎扎实实地开展述职评议工作。继续加强和改进代表工作，加大对人大代表建议的督办力度，提高督办实效。进一步加大对社会主义民主法制和人民代表大会制度的宣传力度，增强全社会的宪法意识、人民代表大会制度意识和民主法制观念。要进一步加强自身建设，进一步规范和完善工作制度，充分发挥各专门委员会的作用，不断提高工作质量和水平。

2006 年 1 月 13 日，常德市第四届人民代表大会第四次会议作出《关于政府工作报告的决议》，决定批准陈君文市长代表市人民政府所作的《政府工作报告》。《决议》要求市人民政府要围绕市四届人大四次会议提出的奋斗目标，进一步加大招商引资力度，大办工业，办大工业。全面深化农村改革，大力发展农村公共事业，千方百计增加农民收入，加快建设社会主义新农村的步伐。进一步强化对城镇发展的引导和调控，不断提升城镇综合功能，促进城镇化的健康发展。优先发展教育，推进科技创新，促进经济增长方式的转变。继续深化医疗卫生体制改革，完善公共卫生和医疗服务体系，逐步解决人民群众看病难看病贵的问题。加快建设资源节约型、环境友好型社会，大力发展循环经济，切实保护好自然生态。实施积极的就业政策，千方百计增加就业岗位，建立健全与经济发展水平相适应的社会保障体系。落实安全生产责任制，加强社会治安综合治理，维护公共安全和社会秩序，保障人民群众安居乐业。坚持为群众办实事，为群众谋利益，让群众得实惠，集中人力、物力、财力，切实把向人民群众承诺的十件实事落到实处，抓出实效。要努力加强自身建设，增强行政能力，进一步转变职能，明确政府职能定位，理顺政府及其部门分工，健全行政执法依据和程序公开制度，严格行政执法责任和执法过错追究，从严治政。自觉接受人大及其常委会的监督，努力建设成为高效廉洁、公开透明的服务型政府。

2006 年 1 月 13 日，常德市第四届人民代表大会第四次会议作出《关于常德市国民经济和社会发展第十一个五年规划纲要的决议》，批准《常德市国民经济和社会发展第十一个五年规划纲要》。认为《纲要》提出的全市今后五年的奋斗目标和指导方针，国民经济和社会发展重点以及主要政策措施，突出了工业强市、产业富民、以人为本，体现了中央精神、体现了科学发展观，符合常德实际，反映了全市人民的共同愿望，经过努力是能够实现的。要求市人民政府要认真组织和广泛动员全市人民，在市委的领导下，齐心协力，共同奋斗，保证《纲要》的顺利实施。市人民政府在编制年度计划时，可根据实际情况的变化进行必要的调整和充实，提交市人民代表大会审查批准。

2006 年 1 月 13 日，常德市第四届人民代表大会第四次会议作出《关于常德市人民代表大会常务委员会工作报告的决议》，决定批准莫道宏主任代表常德市人大常委会所作的工作报告。要求市人大常委会要以邓小平理论和“三个代表”重要思想为指导，以科学发展观统领人大工作全局，依法行使职权，推动人大工作迈上新台阶。要围绕市委提出的总体工作部署，紧密联系全市经济社会发展和民主法制建设实际，理清思路，准确定位，把坚持党的领导、人民当家作主和依法治国有机结合起来。围绕“十一五”规划确定的发展思路，审议决定全市经济和社会发展中的重大事项，促进依法决策、民主决策、科学决策。进一步加强对行政司法机关的监督，强化对经济工作，特别是对预算审查的监督。要抓好执法检查，继续深入开展环保世纪行活动和农产品质量安全行活动。依法任免国家机关工作人员，继续开展对人大及其常委会选举任命干部的述职评议。认真总结代表小组活动经验，积极探索新形势下代表工作的方式方法，拓宽代表知情知政渠道，提高代表议案、建议提出及办理质量，增强代表依法履职、参与管理国家事务的能力，进一步发挥代表参政议政的作用。要加强法律法规和人大业务知识的学习，加强调查研究，充分了解民情民意。完善各项制度，改进和加强常委会工作。

进一步规范专门委员会工作制度，发挥专门委员会作用。建立规范代表建议、意见提出及办理制度。认真办理人民群众来信来访，广泛听取人大代表和人民群众的意见建议，自觉接受人民群众监督，树立权力机关良好形象，为促进全市经济和社会全面、协调、可持续发展，构建和谐常德发挥积极作用。

2007年1月14日，常德市第四届人民代表大会第五次会议作出《关于政府工作报告的决议》，批准陈君文市长代表市人民政府所作的《政府工作报告》。要求市人民政府要加速推进新型工业化，紧紧扭住园区发展、项目引进、技改创新、优化环境不放松，带动整个经济又好又快发展。要扎实推进社会主义新农村建设。采取扩大投入、办点示范、深化改革等措施，着力发展现代农业，改善农村生产生活条件，提高农民富裕程度。要大力推进城镇化进程和基础设施建设。在城市规划建设管理上注重"两岸四区"协调发展。切实加大投资争取力度，新上一批支撑全市经济发展的交通、能源、水利等重大项目。要随着经济发展和社会进步，更加重视公共产品的供给，更加重视履行好政府公共服务和社会管理职能。要实行教育优先，建立农村义务教育经费保障机制。要发展和谐文化，落实文化名城建设实施方案。要加快建立覆盖城乡居民的基本卫生保健制度。要增加科技投入，建设创新型常德。要重点治理造纸业污染问题，加强生态环境保护。要落实好各项就业再就业优惠政策，扩大劳动就业，进一步完善社会保障体系建设。办好"十件实事"，增加群众收入。要把城镇社区作为构建和谐社会的重要平台，提高社区管理服务水平。要加强信访维稳和社会治安综合治理工作，全面推进平安常德创建活动。要搞好安全隐患排查处理，建立安全生产应急系统，切实抓好安全生产。要不断提高政府工作效能，自觉接受人大及其常委会的监督，做到敢于负责、全力服务、坚守法治、清正廉洁，努力建设责任型、服务型、法治型政府。

2007年1月14日，常德市第四届人民代表大会第五次会议作出《关于常德市人民代表大会常务委员会工作报告的决议》，决定批准莫道宏主任代表常德市人大常委会所作的工作报告。要求市人大常委会要围绕市委提出的总体工作部署和本次会议精神，紧密联系全市经济社会发展和民主法制建设的实际，把坚持党的领导、人民当家作主和依法治国有机结合起来，审议决定全市经济和社会发展中的重大事项，促进依法决策、民主决策、科学决策。要严格执行监督法，按照监督法确定的监督重点履行好监督职权，听取和审议政府、法院、检察院有关专项工作报告。开展对法律法规实施情况的调查、视察和检查。做好对规范性文件的备案审查工作。根据工作需要，对有关问题开展询问和质询。深入开展环保世纪行、农产品质量安全行和农民健康行活动。加强信访工作和涉法涉诉案件的督办处理。依法任免国家机关工作人员。要继续抓好代表工作，密切同人大代表和人民群众的联系，自觉接受人大代表的监督，依法维护人大代表和人民群众的合法权益。要加强对县、乡人大工作的联系和指导，依法搞好年内的市、县、乡三级人大换届选举。要进一步加强对人大制度和人大工作的宣传，增强全社会的民主法制意识。要进一步加强自身建设，进一步规范和完善工作制度，充分发挥各专门委员会的作用，不断提高工作质量和水平，为实现"工业强市、文化名城、和谐常德"的目标发挥重要作用。

第五节　第五届人民代表大会决议决定

常德市第五届人民代表大会人民代表大会在会议期间共作出33项决议、决定。

第五届人民代表大会决议决定一览表

表3—1—5—1

类别	时间	决议、决定
第五届人民代表大会第一次会议	2008.1.3	关于政府工作报告的决议 关于常德市2007年国民经济和社会发展计划执行情况及2008年国民经济和社会发展计划的决议 关于常德市2007年财政预算执行情况和2008年全市及市本级财政预算的决议 关于常德市人民代表大会常务委员会工作报告的决议 关于常德市中级人民法院工作报告的决议 关于常德市人民检察院工作报告的决议 关于设立本次会议议案审查委员会的决定 关于设立本次会议计划财政预算查委员会的决定
第五届人民代表大会第二次会议	2009.2.17	关于政府工作报告的决议 关于常德市2008年国民经济和社会发展计划执行情况及2009年国民经济和社会发展计划的决议 关于常德市2008年财政预算执行情况和2009年全市及市本级财政预算的决议 关于常德市人民代表大会常务委员会工作报告的决议 关于常德市中级人民法院工作报告的决议 关于常德市人民检察院工作报告的决议
第五届人民代表大会第三次会议	2010.1.23	关于政府工作报告的决议 关于常德市2009年国民经济和社会发展计划执行情况及2010年国民经济和社会发展计划的决议 关于常德市2009年财政预算执行情况和2010年全市及市本级财政预算的决议 关于常德市人民代表大会常务委员会工作报告的决议 关于常德市中级人民法院工作报告的决议 关于常德市人民检察院工作报告的决议
第五届人民代表大会第四次会议	2011.1.16	关于政府工作报告的决议 关于常德市国民经济和社会发展第十二个五年计划的决议 关于常德市2010年财政预算执行情况和2011年全市及市本级财政预算的决议 关于常德市人民代表大会常务委员会工作报告的决议 关于常德市中级人民法院工作报告的决议

续表

类别	时间	决议、决定
		关于常德市人民检察院工作报告的决议 关于接受刘本之同志辞去市五届人大常委会主任职务的决定
第五届人民代表大会第五次会议第四次全体会议	2012.1.9	关于政府工作报告的决议 关于常德市2011年国民经济和社会发展计划执行情况及2012年国民经济和社会发展计划的决议 关于常德市2011年财政预算执行情况和2012年全市及市级财政预算的决议 关于常德市人民代表大会常务委员会工作报告的决议 关于常德市中级人民法院工作报告的决议 关于常德市人民检察院工作报告的决议

2008年1月3日,常德市第五届人民代表大会第一次会议作出《关于常德市人民政府工作报告的决议》,批准卿渐伟代市长代表人民政府所作的《政府工作报告》。要求市政府必须坚持稳中求进,保持经济平稳较快发展;必须坚持好字优先,加快转变经济发展方式;必须坚持改革开放,在完善体制机制上取得新突破;必须坚持以人为本,更加重视改善民生。要把发展社会主义民主政治、建设社会主义政治文明作为全面建设小康社会的重要内容来抓。要增强民主法制意识,自觉接受人大及其常委会的监督。要进一步加强思想和作风建设,增强群众观念和公仆意识,努力建设责任型、服务型、法治型政府。

2008年1月3日,常德市第五届人民代表大会第一次会议作出《关于常德市人民代表大会常务委员会工作报告的决议》,批准刘本之主任所作的人大常委会工作报告。要求市人大常委会要认真贯彻党的十七大精神,以邓小平理论和“三个代表”重要思想为指导,深入贯彻落实科学发展观,全面有效行使宪法和法律赋予的职权;要按照市第五次党代会提出的目标和任务,抓住全市经济建设和社会发展中的重大事项进行审议决策;要全面贯彻实施监督法,综合运用听取和审议专项工作报告、执法检查、视察调查、规范性文件备案审查等监督手段,切实加强对“一府两院”的工作监督和法律监督,不断增强监督工作的针对性和实效性;要坚持党的干部路线,依法任免国家机关工作人员;要加强和改进代表工作,建立健全代表履职制度,支持和保证代表依法行使权力;要加强对县、乡人大工作的联系和指导,不断推进基层民主政治建设;要进一步加强常委会自身建设,不断提高履职水平。

2009年2月17日,常德市第五届人民代表大会第二次会议作出《关于常德市人民政府工作报告的决议》,批准陈文浩代市长所作的《政府工作报告》。要求市人民政府要坚持以党的十七大和全国经济工作会议精神为指针,深入贯彻落实科学发展观,聚精会神搞建设、一心一意谋发展,把科学发展作为最根本的取向,把改革开放作为最强劲的动力,把改善民生作为最基本的目标,加快工业强市、文化名城、和谐常德建设的进程,推动全市经济社会又好又快发展。

2009年2月17日，常德市第五届人民代表大会第二次会议作出《关于常德市人民代表大会常务委员会工作报告的决议》，批准刘本之主任所作的工作报告。要求市人大常委会要全面贯彻落实党的十七大精神，坚持以邓小平理论和“三个代表”重要思想为指导，深入学习实践科学发展观，全面贯彻实施监督法，依法行使宪法和法律赋予的职权。要把保障全市经济社会发展、维护民生民权、保证法律法规贯彻实施作为人大工作的重点，倍加努力地维护人民代表大会制度，倍加努力地创新人大工作，倍加努力地构建人大工作的良好氛围。

2010年1月22日，常德市第五届人民代表大会第三次会议作出《关于常德市人民政府工作报告的决议》，批准陈文浩市长所作的《政府工作报告》。要求市人民政府要以党的十七大和中央、省委、市委经济工作会议精神为指导，围绕“发展速度快于全省、发展效益高于全省、发展质量优于全省”的目标，进一步解放思想、真抓实干，不断加快工业强市、文化名城、和谐常德建设步伐，为全面完成“十一五”规划的各项目标任务，夺取全面建设小康社会新胜利而努力奋斗。

2010年1月22日，常德市第五届人民代表大会第三次会议作出《关于常德市人民代表大会常务委员会工作报告的决议》，批准刘本之主任所作的工作报告。要求市人大常委会要高举中国特色社会主义伟大旗帜，以邓小平理论和“三个代表”重要思想为指导，深入贯彻落实科学发展观，坚持把党的领导、人民当家作主和依法治国有机统一起来，认真履行宪法和法律赋予的职责，为推动经济社会又好又快发展，努力实现科学跨跃、富民强市的宏伟目标做出新的更大贡献。

2011年1月16日，常德市第五届人民代表大会第四次会议作出《关于常德市人民政府工作报告的决议》，批准陈文浩市长所作的《政府工作报告》。要求市人民政府要坚持以邓小平理论和“三个代表”重要思想为指导，全面贯彻落实科学发展观，在市委的坚强领导下，抢抓机遇，积极作为，求真务实，开拓创新，不断推进经济社会又好又快发展。

2011年1月16日，常德市第五届人民代表大会第四次会议作出《关于常德市人民代表大会常务委员会工作报告的决议》，批准刘本之主任所作的工作报告。要求市人大常委会要继续高举中国特色社会主义伟大旗帜，以邓小平理论和“三个代表”重要思想为指导，深入贯彻落实科学发展观，坚持把党的领导、人民当家作主和依法治国有机统一起来，认真履行宪法和法律赋予的各项职责，为实现建设现代常德、幸福家园的宏伟目标做出新的更大贡献。

2011年1月16日，常德市第五届人民代表大会第四次会议作出《关于常德市国民经济和社会发展第十二个五年规划纲要（草案）的决议》，批准市人民政府提出的“十二五”规划纲要。认为纲要草案提出的全市“十二五”时期经济社会发展的奋斗目标和主要任务，贯彻了党的十七大和十七届五中全会精神，体现了科学发展观的要求，符合常德的实际情况。要求全市人民在中共常德市委的坚强领导下，同心同德，锐意进取，扎实工作，为实现“十二五”规划纲要努力奋斗。

2012年1月9日，常德市第五届人民代表大会第五次会议作出《关于常德市人民政府工作报告的决议》，批准陈文浩市长所作的《政府工作报告》。

2012年1月9日常德市第五届人民代表大会第五次会议作出《关于常德市人民代表大会常务委员会工作报告的决议》，批准曹儒国主任代表市人大常委会所作的工作报告。

第六节 第六届人民代表大会决议决定

2013年，常德市第六届人民代表大会会议期间共作出9项决议、决定。

第六届人民代表大会决议决定一览表

表3—1—6—1

类别	时间	决议、决定
第六届人民代表大会第一次会议	2013.1.1	关于政府工作报告的决议 关于常德市2012年国民经济和社会发展计划执行情况及2013年国民经济和社会发展计划的决议 关于常德市2012年财政预算执行情况和2013年全市及市级财政预算的决议 关于常德市人民代表大会常务委员会工作报告的决议 关于常德市中级人民法院工作报告的决议 关于常德市人民检察院工作报告的决议 关于设立本次会议计划财政预算审查委员会的决定 关于设立常德市第六届人民代表大会专门委员会的决定 关于设立本次会议议案审查委员会的决定

2013年1月1日，常德市第六届人民代表大会第一次会议分别作出决议，批准市人民政府市长陈文浩所作的政府工作报告、第五届市人大常委会主任曹儒国所作的人大常委会工作报告、市中级人民法院代理院长廖具之所作的中级人民法院工作报告、市人民检察院检察长刘清生所作的人民检察院工作报告。还分别作出决议，同意本次大会计划和财政预算审查委员会的审查报告，决定批准常德市2012年国民经济和社会发展计划执行情况及2013年国民经济和社会发展计划报告，批准市人民政府提出的常德市2013年国民经济和社会发展计划；决定批准常德市2012年财政预算执行情况和2013年市级财政预算报告，批准市人民政府提出的2013年市级财政预算。

2013年1月1日，常德市第六届人民代表大会第一次会议作出决定：市六届人民代表大会设立内务司法委员会、财政经济委员会、城乡建设环境资源保护委员会、教育科学文化卫生委员会、农业与农村委员会。

第二章　常德市人民代表大会常务委员会决议决定

第一节　第一届人民代表大会常务委员会决议决定

常德市第一届人民代表大会常务委员会在第一届人民代表大会闭会期间共作出42项决议、决定。其中,人大工作10项,人事变动7项,民主法制建设4项,财政经济工作10项,城乡建设和环境保护工作4项,教科文卫工作3项,农业与农村工作4项。

第一届人民代表大会常务委员会决议决定一览表

表3—2—1—1

类别	时间	决议、决定
人大工作	1988.6.25 第一次会议	关于设立常德市人民代表大会常务委员会办公室和工作委员会的决议
	1989.3.10 第五次会议	关于召开常德市第一届人民代表大会第二次会议的决定
	1989.9.6 第八次会议	关于开展执法检查的决定
	1990.3.4 第十一次会议	关于召开常德市第一届人民代表大会第三次会议的决定
	1990.9.1 第十五次会议	关于开展执法检查的决定
	1991.2.28 第十八次会议	关于召开常德市第一届人民代表大会第四次会议的决定
	1992.3.21 第二十五次会议	关于召开常德市第一届人民代表大会第五次会议的决定
	1992.3.21 第二十五次会议	关于表彰1991年度先进市人大代表小组和市人大代表活动积极分子的决定
	1992.9.25 第二十九次会议	关于全市市、县、乡三级人民代表大会换届选举时间的决定
	1992.11.23 第三十次会议	关于召开常德市第二届人民代表大会第一次会议的决定
人事	1989.7.10 第七次会议	关于增补刘淑元同志为一届人大常务委员会代表资格审查委员会副主任委员的决定
	1991.9.29 第二十二次会议	关于陈文浩同志辞去市人大常委会副主任、黄费智同志辞去市人大常委会委员职务的请求的决定
	1992.3.20 第二十五次会议	关于接受汤音宏同志辞去市人大常委会委员职务的请求的决定
	1992.3.21 第二十五次会议	关于调整常德市人民代表大会常务委员会代表资格审查委员会主任委员、副主任委员、委员的决定
	1992.11.23 第三十次会议	关于接受市长蔡长松、副市长李江同志辞职请求的决定
	1992.11.23 第三十次会议	关于批准常安同志辞去津市市人民检察院检察长职务的决定
	1992.11.23 第三十次会议	关于副市长吴定宪同志代理市长职务的决定

续表

类别	时间	决议、决定
民主法制	1988.11.4 第三次会议	关于加强政法干警教育管理坚持严肃执法的决议
	1988.12.29 第四次会议	关于依法治市的决议
	1991.5.31 第二十次会议	关于在全市实施第二个五年普法教育规划的决议
	1991.11.30 第二十三次会议	关于加强人民法院执行工作的决议
财政经济	1988.12.29 第四次会议	关于贯彻实施全民所有制工业企业法的决议
	1989.10.28 第九次会议	关于常德市1989年国民经济和社会发展计划部分调整的决定
	1989.10.28 第九次会议	关于常德市1989年财政预算部分调整的决定
	1990.11.2 第十六次会议	关于常德市1990年国民经济和社会发展计划部分调整的决定
	1990.11.2 第十六次会议	关于常德市1990年财政预算部分调整的决定
	1991.9.29 第二十二次会议	关于常德市1991年国民经济和社会发展计划部分调整的决定
	1991.9.29 第二十二次会议	关于常德市1991年财政预算部分调整的决定
	1992.8.1 第二十八次会议	关于严厉打击生产、经销假冒伪劣商品违法行为的决议
	1992.9.25 第二十九次会议	关于常德市1992年国民经济和社会发展计划部分调整的决定
	1992.9.25 第二十九次会议	关于常德市1992年财政预算部分调整的决定
城乡建设与环境保护	1989.9.6 第八次会议	关于加强土地管理坚持严肃执法的决议
	1990.3.4 第十一次会议	关于原则批准《常德市城区防洪大堤工程建设方案》的决定
	1990.12.29 第十七次会议	关于《常德市城市总体规划》的决议
	1991.8.3 第二十一次会议	关于加强环境保护工作的决议
教科文卫	1988.11.4 第三次会议	关于巩固和发展职业技术教育的决议
	1990.6.28 第十四次会议	关于切实做好文物保护工作的决议
	1991.5.31 第二十次会议	关于《常德市普及九年义务教育规划》的决议
农业与农村	1988.9.1 第二次会议	关于切实减轻农民负担的决议
	1988.12.29 第二次会议	关于加快造林绿化的决议
	1990.9.1 第十五次会议	关于巩固发展水利事业的决议
	1992.5.29 第二十七次会议	关于进一步做好农村改水工作的决议

1988年9月1日，一届人大常委会第二次会议作出《关于切实减轻农民负担的决议》。决议指出对农民负担要实行定项限额，严格控制提留比例；严禁向农民乱收费、乱摊派、乱集资、乱罚款；一切违反规定的乱摊、乱派、乱罚，基层单位有权抵制，农民有权拒付；集体提留、共同生产费和公共事业统筹费，必须由乡、镇人民政府定项目，限数额，交乡人民代表大会审议通过，报区、县(市)人民政府备案，一年一定，中途不得任意追加；对所有农民负担实行归

口管理,对农民上交的各种提留款项,要切实加强管理监督,严禁挪作他用。

1988年11月4日,一届人大常委会第三次会议作出《关于巩固和发展职业技术教育的决议》。决议要求,各级人民政府要采取多种形式,大力宣传职业技术教育的地位和作用,把发展职业技术教育放在经济发展战略的高度抓紧抓好;坚持政府统筹,大力推进部门办学;市以及各区、县(市)人民政府应成立由政府及有关部门领导组成的职业技术教育领导小组,负责协调工作,统管职业技术教育;要把发展职业技术教育的重点放在农村,大力兴办农村家庭经营专业,以科技带动农民致富;大力倡导社会办学,形成多层次、多门类、多学科、多形式的职业技术教育网络;坚持贯彻"先培训,后就业"的原则,努力提高劳动者的素质;职业技术教育的培养培训计划由市和区、县(市)职业技术教育领导小组拟定。职业技术教育经费应采取多种渠道解决,要设立职业技术教育补助专款,每新办一所职中按规定给予补助。努力把各类职业技术学校办成人才培养、科技推广和生产经营三结合的实体。

1988年12月29日,一届人大常委会第四次会议作出《关于依法治市的决议》。决议的主要内容是:统一认识,明确任务。依法治市的基本任务是把全市各项工作纳入法制轨道,对各项事业实行依法管理,做到有法必依,执法必严,违法必究。全市争取用五年左右的时间在下列各方面取得显著进展:一是各级国家机关、各级领导干部自觉地在宪法和法律的范围内活动,做到依法决策,依法行政,依法管理各项事业。二是依法进行城市建设和城市管理,运用法律手段调整各种经济关系。三是加强民主政治建设,使公民真正享有各项公民权利,合法利益得到法律保障,能够依法参与市政事务和各项事业的管理。四是依法保障和促进各项事业的繁荣和健康发展。五是国家机关工作人员,能够做到依法办事,秉公执法,为政清廉。六是社会安定团结,治安秩序稳定,党风和社会风气好转。各级领导干部和执法人员要牢固树立法制观念,严格依法办事。各级领导干部和执法人员只能在宪法和法律允许的范围内活动,必须模范遵纪守法,决不允许以言代法,以权压法,徇私枉法,执法违法。继续广泛深入地进行法制宣传教育,普及法律常识,动员全市人民积极参加依法治市。各级人大常委会对依法治市的实施情况,每年要听取和审议一次人民政府、法院、检察院的汇报,组织一次检查。要认真搞好群众监督和舆论监督。各级国家机关和工作人员要虚心接受监督。各级人大、政府和司法机关,都要制定和完善依法治市的实施办法和规章制度,对依法治市工作齐抓共管,通力合作,各司其职,各尽其责。

1988年12月29日,一届人大常委会第四次会议作出《关于贯彻实施〈中华人民共和国全民所有制工业企业法〉的决议》(以下简称企业法),要求:广泛宣传学习企业法,下大力提高思想认识。要把宣传企业法作为普及法律常识、坚持依法治市、依法治厂的重要内容列入议事日程,切实抓紧抓好。新闻单位要采取多种形式进行宣传。各级人民政府要按照企业法的有关规定,实行两权分离,政企分开,转变职能,依法行政,全面落实企业自主权。政府要在认真清理的基础上,制定下放权力的具体方案,对企业要由直接管理逐步转向间接管理,既要保证企业独立自主地从事商品经济活动,又要提供优质服务,为落实企业自主权创造良好的外部环境。坚决禁止乱摊派,保护企业的合法利益。企业要善于运用法律保护自己的合法权益。对于少数寻衅闹事、敲诈勒索、影响企业正常生产秩序的人和事,要依法严肃查处。要进一步完善厂长负责制,支持厂长依法经营,正确行使职权。要充分发挥职代会的作用,强化企业民主管理,健全民主管理制度。要继续深化企业改革,不断增强企业自我激励、自我发展、自我约束的能力。各级人大常委会要加强法律监督,适时听取和审议政府贯彻执行《企业法》的情况汇报,组织人大代表视察,督促司法部门运用法律武器,推动《企业法》的贯彻实施。

1988 年 12 月 29 日, 一届人大常委会第四次会议作出《关于加快造林绿化步伐的决议》,同意市人民政府提出的绿化常德的各项措施。决议要求:深入宣传发动,努力提高全社会爱林、护林、造林、育林的自觉性。继续稳定完善林业承包责任制,要依靠国家、集体的力量,大搞规模造林、工程造林。以国营林场、集体林场为龙头,在自愿互利的原则下,实行联合造林。农村乡、村、组要实行劳动积累工制度,统一组织造林,兴办乡、村、组林场。要积极开展全民义务植树运动,特别是要动员广大青少年造林育林。千方百计增加对林业的投入,动员社会各方面向林业增加投入。坚持科学营林,封山育林。要以发展林业商品经济和保护生态环境为目的,合理调整林业内部结构,促进林业的发展。坚持依法治林,强化林政管理。坚决制止乱砍滥伐,打击毁林犯罪行为,严禁超限额采伐和无证采伐。切实抓好森林防火,保护森林资源。加强木材市场管理,大力提倡节约、代用木材,减少森林资源消耗。造林绿化要列入各级政府重要议事日程,有关部门要为发展林业提供优质服务,切实帮助解决实际问题,加快造林绿化的步伐。

1989 年 9 月 6 日,一届人大常委会第八次会议作出《关于加强土地管理坚持严肃执法的决议》。决议要求:各级人民政府要动员各方面的力量,大力宣传土地管理法,国土管理部门要抓好经常性的宣传教育活动,农业部门要教育农民珍惜土地。要严肃查处违法占地案件,对那些以种种非法手段乱占强占土地的,要依法严肃查处。各级人民政府要采取措施保护耕地,坚持制止荒废和破坏耕地,千方百计开发利用土地。司法、城建、房产、环保、水利、交通等部门要积极支持国土管理部门依法行使职权。各级人民法院要积极主动受理土地案件、及时查办大要案。各级人民政府要把国土管理工作纳入政府重要议事日程,各级人大常委会和乡镇人大主席团要定期对土地管理法的执行情况进行检查,把土地管理工作纳入法制轨道。

1989 年 9 月 6 日,一届人大常委会第八次会议作出《关于开展执法检查的决定》,决定对各级人民政府近两年贯彻执行土地管理法、《村民委员会组织法(试行)》和《城乡集市贸易管理办法》《投机倒把行政处罚暂行条例》《道路交通管理条例》的情况;对各级人民法院、人民检察院和公安机关贯彻执行全国人大常委会《关于严惩严重破坏经济的罪犯的决定》和《关于惩治贪污罪贿赂罪的补充规定》以及最高人民法院、最高人民检察院《关于贪污、受贿、投机倒把等犯罪分子必须在限期内自首坦白的通告》以及市人大常委会《关于加强政法干警教育管理坚持严肃执法的决议》的情况进行检查。

1990年3月4日，一届人大常委会第十一次会议通过《关于原则批准〈常德市城区防洪大堤工程建设方案〉的决定》，同意《方案》所提出的堤线走向的新线方案、大堤设计水位和抗震设防的标准。

1990年6月28日，一届人大常委会第十四次会议作出《关于切实做好文物保护工作的决议》。决议要求：各级人民政府要深入开展文物保护宣传，并把保护文物古迹纳入社会、经济发展的整体规划；要完善各项规章制度，保证地下文物的安全；严肃执法，坚决打击倒卖、走私、盗掘和破坏文物古迹的行为；采取有效措施，大力改善文物管理条件，市人民政府要将博物馆的建设纳入城市整体规划，力争"八五"期间建成并投入使用。市和区、县（市）政府要适当增加文物征集经费，进一步做好对社会流散文物的征集、管理工作。

1990年9月1日，一届人大常委会第十五次会议作出《关于巩固发展水利事业的决议》。决议要求：各级人民政府要加强指挥和协调，把发展农田水利基本建设作为全社会的共同事业来抓，水利、农业、林业、计划、财政、物资、银行等有关部门要在人力、物力、财力、科技等方面逐年作出安排，为巩固发展农田水利事业办实事；要认真落实国务院的有关政策规定，多层次、多渠道增加对水利建设的投入，地方各级财政每年要从预算中安排一定比例的资金用于农田水利建设，县、乡两级要建立农村水利建设发展基金，要管好用好劳动积累工、水费和其他水利建设资金，坚决制止截留、挪用和乱开支的行为；要按照扩大排涝和灌溉面积，建设旱涝保收农田的总目标，全面规划，综合治理，分步实施，搞好农田水利建设；要认真贯彻执行"水法"和水利法规，严格依法治水；要建立健全水政机构和水政监察队伍，认真开展执法工作。

1991年5月31日，一届人大常委会第二十次会议作出《关于在全市实施第二个五年普法教育规划的决议》，原则同意市人民政府制定的《关于在全市开展第二个五年普法教育的规划》。

1991年8月3日，一届人大常委会第二十一次会议作出《关于加强环境保护工作的决议》。决议要求：各级人民政府一定要高度认识环境保护的作用，增强工作责任感，强化目标管理，明确部门职责。环保目标责任书必须明确目标，落实责任，严格考核。要严格限期治理项目的管理，凡因主观原因没有按期完成限期治理目标的，要追究项目责任单位和责任人的经济责任和行政责任。要把环境目标管理纳入各级政府"双文明"建设的内容进行考核。政府有关部门要紧密配合，共同抓好环境保护工作，各级环保部门要严格把住新、扩、改建项目的审批关和验收关，保证"三同时"执行率达100%。落实环保资金，尽快把污染全市的废水、酸雨、噪声等几项主要指标降下来。审计部门要加强对环保资金使用的监督，保证专项专用。各级人民政府要切实抓好环境保护队伍的建设，建立健全环境保护监测网络，加强和充实专业技术力量，保证环境保护部门行使监督管理所需的人员和经费。

1992年8月1日，一届人大常委会第二十八次会议作出《关于严厉打击生产、经销假冒伪劣商品违法行为的决议》。决议要求：要加强食品卫生法、商标法、标准化法、烟草专卖法和

《工业产品质量责任条例》的学习宣传，不断增强各级领导和市民的法制观念，动员广大群众积极参与打击假冒伪劣商品的斗争；各级人民政府和有关主管部门要集中力量，抓好打击生产、经销假冒伪劣食品的违法行为，重点查处危害人身健康的各类食品，并在此基础上，逐步展开对伪劣药品、种子、化肥、饲料和各种伪劣家用电器产品的打击；生产企业要完善内部治安管理机制，增强自我保护意识，不断提高产品质量，健全产品销售跟踪监视网络，及时揭露、制止制造和销售假冒伪劣商品；各执法部门要认真履行职责，做到互相配合，互相支持，齐抓共管；报纸、电台、电视台等新闻单位要加强对打假治假斗争情况的宣传报道，敢于"曝光"；市和各区、县（市）人民政府要带头克服和抵制地方保护主义思想，旗帜鲜明地反对造假销假行为，积极组织和领导好打假治假斗争；各级人民检察院和人民法院要排除阻力，严肃执法，稳、准、狠地打击生产、经销假冒伪劣商品的犯罪活动。

第二节　第二届人民代表大会常务委员会决议决定

常德市第二届人民代表大会常务委员会在第二届人民代表大会闭会期间共作出 48 项决议、决定。其中，人大工作工作 14 项，人事变动 9 项，民主法制建设工作 2 项，财政经济工作 14 项，城乡建设和环境保护工作 3 项，教科文卫工作 5 项，农业与农村工作 1 项。

第二届人民代表大会常务委员会决议决定一览表

表 3—2—2—1

类别	时间	决议、决定
人大工作	1993.2.19 第一次会议	关于设立常德市第二届人民代表大会常务委员会代表资格审查委员会的决定
	1994.2.23 第七次会议	关于召开常德市第二届人民代表大会第二次会议的决定
	1994.4.28 第九次会议	关于开展向陈建教代表学习活动的决定
	1994.8.27 第十一次会议	关于授予万德安等优秀法官称号的决定
	1994.10.28 第十二次会议	关于将常德市人大常委会民族华侨工作委员会更名为常德市人大常委会民族华侨外事工作委员会的决定
	1995.2.28 第十五次会议	关于召开常德市第二届人民代表大会第三次会议的决定
	1995.4.28 第十七次会议	关于将市二届人大三次会议第 13、18、19 号议案列入常务委员会会议议程的决定 关于修改《常德市人大常委会议事规则》的决定
	1996.2.28 第二十二次会议	关于召开常德市第二届人民代表大会第四次会议的决定
	1996.4.25 第二十四次会议	关于将市二届人大四次会议期间的 5 件代表议案列入市人大常委会会议议程的决定
	1996.8.29 第二十六次会议	关于建立常德抗洪纪念碑的决定
	1997.2.27 第二十九次会议	关于召开常德市第二届人民代表大会第五次会议的决定

续表

类别	时间	决议、决定
	1997.6.27 第三十二次会议	关于常德市人大常委会有关工作机构变更的决定
	1997.10.30 第三十四次会议	关于召开常德市第三届人民代表大会第一次会议的决定
人事	1994.2.22 第七次会议	关于接受邱伏兰、张冠洲、阙海卿、张义田辞去市人大常委会委员职务的决定
	1994.8.27 第十一次会议	关于接受市人大常委会委员鲁代珍辞职请求的决定
	1994.12.28 第十三次会议	关于接受骆正鑫辞去市人大常委会委员职务的请求的决定
	1995.1.14 第十四次会议	关于接受梅荣保辞去市人大常委会委员职务的请求的决定 关于接受市长吴定宪辞职请求的决定 关于副市长张昌平代理市长职务的决定
	1996.2.28 第二十二次会议	关于接受蔡汝栋、揭乐田辞去市人大常委会副主任职务的请求的决定 关于接受夏绍春辞去市中级人民法院院长职务的请求的决定
	1996.4.26 第二十四次会议	关于接受杜辉才辞去市人大常委会委员职务的请求的决定
民主法制	1996.8.29 第二十六次会议	关于继续开展法制宣传教育的决议
	1997.4.30 第三十一次会议	关于继续开展依法治市的决议
财政经济	1993.4.28 第二次会议	关于常德市 1993 年国民经济和社会发展计划调整意见的决定 关于常德市 1992 年财政决算和 1993 年财政预算调整方案的决定
	1993.10.23 第五次会议	关于常德市 1993 年财政预算部分调整的决定
	1994.10.28 第十二次会议	关于常德市 1994 年国民经济和社会发展计划部分调整的决定 关于常德市 1994 年财政预算部分变更的决定
	1995.3.1 第十五次会议	关于《常德市本级 1994 年财政决算》的决定
	1995.10.26 第二十次会议	关于常德市 1995 年国民经济和社会发展计划部分调整的决定 关于常德市 1995 年财政预算部分变更的决定
	1996.4.26 第二十四次会议	关于《常德市本级 1995 年财政决算》的决定
	1996.10.30 第二十七次会议	关于常德市 1996 年国民经济和社会发展计划部分调整的决定 关于常德市 1996 年财政预算调整的决定
	1997.4.30 第三十一次会议	关于常德市本级 1996 年财政决算的决定
	1997.10.30 第三十四次会议	关于常德市 1997 年国民经济和社会发展计划部分调整的决定 关于常德市 1997 年财政预算部分调整的决定
城乡建设与环境保护	1993.6.30 第三次会议	关于确定常德市市树市花的决定
	1993.8.28 第四次会议	关于西洞庭湖区洪涝灾害综合治理的决议
	1995.3.1 第十五次会议	关于《常德市城区禁止燃放烟花爆竹暂行规定》的决定

续表

类别	时间	决议、决定
教科文卫	1994.4.28 第九次会议	关于切实搞好血防综合治理的决议
	1994.8.27 第十一次会议	关于抓紧体育场馆建设，切实承办好省八运会的决议
	1994.10.28 第十二次会议	关于对见义勇为有功人员实行奖励的决议
	1995.8.30 第十九次会议	关于按法律政策增加教育投入，确保“普九”规划按期实施的决议
	1996.2.28 第二十二次会议	关于调整《常德市普及九年义务教育规划》的决定
农业与农村	1996.12.27 第二十八次会议	关于加强农村集体资产管理工作的决议

1993年6月30日，市第二届人大常委会第三次会议，作出《关于确定常德市市树市花的决定》。本着乡土性、适应性、群众性、象征性相统一的原则，确定樟树为常德市市树，栀子花为常德市市花。

1993年8月28日，市二届人大常委会第四次会议作出《关于西洞庭湖区洪涝灾害综合治理的决议》。决议要求：要广泛宣传，提高认识，增强全社会综合治理洪涝灾害的紧迫感和责任感；全面规划，突出重点，分期分批实施治理；采取多渠道筹资投劳，增加全社会对综合治理洪涝灾害的投入；加强领导，稳定队伍，把西洞庭湖区的综合治理纳入法制轨道。

1994年4月28日，市二届人大常委会第九次会议作出《关于切实搞好血防综合治理的决议》。要求：各级政府一定要站在对疫区人民负责的高度，把血防综合治理作为一件大事，列入重要工作日程；有关部门要严格履行职责，要抽出专人抓血防，务必保证血防专款、专物专用，分配给各有关部门的任务、指标务必保证按期落实；要确保综合治理的投入，除了用好管好国家、省下拨的用于血防综合治理专项资金和世界银行贷款外，要积极落实按比例承担的试点配套经费，并保证按期到位；要稳定血防机构和队伍，各级政府要充实血防管理机构的力量，重视和关心基层血防人员的思想作风建设和业务技术建设，帮助解除工作、生活等方面的后顾之忧。

1994年4月28日，市二届人大常委会第九次会议作出《关于开展向陈建教代表学习活动的决定》。决定在全市各级人大代表中广泛开展向陈建教代表学习的活动。

1994年8月27日，市四届人大常委会第十一次会议作出《关于授予万德安等同志优秀法官称号的决定》，授予万德安、鲁之球、曹章坤、董志惠、李泽栋、雷毓林、刘湘波、田宗贤、周正德、曹红正、李以松、罗德楚等十二名同志“优秀法官”称号。

1994年10月28日，市二届人大常委会第十二次会议作出《关于对见义勇为有功人员实行奖励的决议》。要求市人民政府认真制定和全面落实见义勇为奖励抚恤措施，市和区、县(市)

应设立“见义勇为奖励基金”,各级财政要给予专项拨款,倡议全社会积极捐款资助;严肃认真地评定奖励对象,奖励对象必须是见义勇为的有功人员;宣传部门要大力宣传见义勇为有功人员的先进事迹,促使在全市形成一种爱慕英雄、学习英雄、见义勇为、惩恶扬善的良好风气。

1995 年 3 月 1 日,市二届人大常委会第十五次会议作出《关于〈常德市城区禁止燃放烟花爆竹暂行规定〉的决定》,市城区的沅江以北,三闾路(包括有线电厂、高专)以西,穿紫河以南,新河以东,德山开发区的沅江以南、枉水、善卷路以东,桃林路、常纺机厂以北,东风河以东的区域范围内实行全面禁止燃放烟花爆竹。

1995 年 8 月 30 日,市二届人大常委会第十九次会议作出《关于按法律政策增加教育投入,确保“普九”规划按期实施的决议》,要求各级人民政府进一步统一思想认识,重视教育投入,确保“普九”规划政策落实到位;要把教师工资逐步纳入财政全额预算,严格按照国家相关法律的明确规定,切实保证教师工资按月足额发放,不得挪用教育事业附加费和从学生中收取经费发放教师工资;要尽快设立实施义务教育的专项资金,用于奖励和扶持贫困地区发展义务教育;要进一步拓宽教育经费的筹措渠道,城市建设维护税用于教育的部分要力争达到政策规定的比例。

1996 年 2 月 28 日,市二届人大常委会第二十二次会议作出《关于调整〈常德市普及九年义务教育规划〉的决定》。由于武陵区、津市市已按规划进度如期完成,临澧县提前一年实现规划,并经省验收合格,已报国家教委认定,即将规划调整为:第一批:临澧县、津市市、武陵区,已于 1995 年完成。第二批:安乡县、汉寿县、澧县、鼎城区、桃源县、贺家山原种厂、西洞庭农场、西湖农场,1997 年完成。第三批:石门县、东山峰农场,1998 年完成。

1996 年 8 月 29 日,市二届人大常委会第二十六次会议作出《关于继续开展法制宣传教育的决议》,决定从 1996 年起到 2000 年实施在全市公民中开展法制宣传教育的第三个五年计划,通过继续深入进行以邓小平同志关于民主与法制建设理论和宪法、基本法律以及社会主义市场经济法律知识为主要内容的法制宣传教育,进一步增强全民的法制观念和法律意识,不断提高各级干部依法办事、依法管理的水平和能力,坚持有法必依、执法必严、违法必究、推进依法治市的进程。

1996 年 8 月 29 日,市二届人大常委会第二十六次会议作出《关于建立常德抗洪纪念碑的决定》,旨在号召全市人民进一步发扬抗洪抢险的精神,自力更生,艰苦奋斗,团结一心,扎实工作,大力推进全市两个文明建设,建设一个繁荣昌盛、富裕文明的新常德。

1996 年 12 月 27 日,市二届人大常委会第二十八次会议作出《关于加强农村集体资产管理工作的决议》。要求充分认识农村集体资产管理工作的重要性,进一步建立和完善农村集体资产的管理体制,全面进行清产核资,澄清底子,界定产权,规范管理,强化监督,保证农村集体资产的有效经营和增值。

1997 年 4 月 30 日,市二届人大常委会第三十一次会议作出《关于继续开展依法治市的决议》。要求全市各单位、各部门深入开展法制宣传教育,形成依法治市的广泛群众基础;坚持依法办事、严肃执法，切实做到有法必依、执法必严、违法必究；加强执法机构和执法队伍建设，不断提高执法人员的政治素质和业务素质，努力建设一支纪律严明、清正廉洁、秉公执法的执法队伍；加强组织领导和检查监督，明确执法主体，分清执法责任，充分发挥人大监督主体作用，结合民主党派、社会团体、人民群众和新闻舆论的监督作用，形成多渠道、多层次的监督体系，保障依法治市的顺利进行。

1997 年 6 月 27 日，市二届人大常委会第三十二次会议作出《关于常德市人大常委会有关工作机构变更的决定》，对市人大常委会有关工作机构作如下变更：一、撤销常德市人大常委会民族华侨外事工作委员会，其职能属于民族、宗教、侨务、外事、旅游等方面的由常德市人大常委会教育科学文化卫生工作委员会承担，属于外经、外贸方面的由常德市人大常委会财经工作委员会承担；二、新设立常德市人大常委会城乡建设环境保护工作委员会，承担市人大常委会有关城乡建设环境保护的工作职能；三、新设立常德市人大常委会研究室，承担市人大常委会有关人大理论和人大工作研究等职能。

第三节　第三届人民代表大会常务委员会决议决定

常德市第三届人民代表大会常务委员会在第三届人民代表大会闭会期间共作出 48 项决议、决定。其中，人大工作工作 12 项，人事变动 11 项，民主法制建设工作 1 项，财政经济工作 14 项，城乡建设和环境保护工作 9 项，教科文卫工作 1 项。

第三届人民代表大会常务委员会决议决定一览表

表 3—2—3—1

类别	时间	决议、决定
人大工作	1998.3.5 第一次会议	关于将市三届人大一次会议期间的 3 件代表议案列入市人大常委会会议议程的决定 关于设立常德市第三届人民代表大会常务委员会代表资格审查委员会的决定
	1998.4.30 第二次会议	关于修改《常德市人民代表大会常务委员会议事规则》的决定
	1998.10.29 第五次会议	关于批准武陵区河洑镇人民代表大会提前换届的决定
	1998.12.29 第六次会议	关于召开常德市第三届人民代表大会第二次会议的决定
	1999.12.29 第十三次会议	关于召开常德市第三届人民代表大会第三次会议的决定
	2000.12.26 第二十一次会议	关于召开常德市第三届人民代表大会第四次会议的决定
	2001.6.28 第二十七次会议	关于修改《常德市人民代表大会常务委员会人事任免办法》的决定
	2001.11.29 第三十次会议	关于召开常德市第三届人民代表大会第五次会议的决定
	2002.3.22 第三十三次会议	关于确定 2002 年书面述职评议对象的决定
	2002.8.29 第三十六次会议	关于常德市第四届人民代表大会代表名额分配和选举问题的决定

续表

类别	时间	决议、决定
	2002.10.31 第三十七次会议	关于对市中级人民法院、市人民检察院组成人员实行随届任命的决定
人事	1998.4.30 第二次会议	关于接受市人民政府副市长李会刚辞职请求的决定
	1999.12.29 第十三次会议	关于接受何佑民辞去市人大常委会委员职务的决定
	2000.10.31 第二十次会议	关于接受王军杰辞去市人大常委会委员职务的决定
	2001.2.6 第二十三次会议	关于接受俞斌龙、张先春辞去市人大常委会副主任职务请求的决定
	2001.3.9 第二十四次会议	关于许可对市人大代表刘伯顺实行刑事审判的决定
	2001.4.29 第二十五次会议	关于接受程海波辞去常德市人民政府市长职务请求的决定 关于陈君文为常德市人民政府代理市长的决定
	2001.4.29 第二十五次会议	关于增补吴承云为市第三届人大常委会代表资格审查委员会委员的决定 关于许可对市人大代表贺用昌采取逮捕的强制措施的决定
	2001.12.27 第三十一次会议	关于接受蒋祖建、陶明庆辞职请求的决定
	2002.6.19 第三十五次会议	关于许可对市人大代表姚禹廷、金明实行逮捕的决定
民主法制	2001.6.28 第二十七次会议	关于进一步开展法制宣传教育和依法治理工作的决议
财政经济	1998.4.30 第二次会议	关于批准常德市本级 1997 年财政决算的决定 关于常德市本级 1998 年财政预算调整的决定
	1998.10.29 第五次会议	关于常德市1998年国民经济和社会发展计划部分调整的决定 关于常德市本级 1998 年财政预算调整的决定
	1999.4.28 第八次会议	关于批准常德市本级 1998 年财政决算的决定
	1999.10.29 第十二次会议	关于常德市本级 1999 年财政预算调整的决定
	2000.4.22 第十六次会议	关于批准常德市本级 1999 年度财政决算的决定 关于治理经济发展环境的决议
		关于常德市 2004 年国民经济和社会发展计划调整的决定
	2000.10.31 第二十次会议	关于常德市本级 2000 年财政预算调整的决定
	2001.4.29 第二十五次会议	关于批准常德市本级 2000 年财政决算的决定
	2001.10.26 第二十九次会议	关于常德市本级 2001 年财政预算调整的决定
	2002.4.30 第三十四次会议	关于批准常德市本级 2001 年度财政决算的决定
	2002.10.31 第三十七次会议	关于常德市本级 2002 年财政预算调整的决定
城乡建设与环境保护	1998.6.24 第三次会议	关于同意《常德市德山经济科技开发区总体规划》的决议
	1999.6.30	关于建设常德市城区大气环境保护圈的决定
	1999.9.3 第十一会议	关于批准《扩大常德市城区禁放烟花爆竹范围的规定》的决定 关于同意在常德市江北城区禁止机动车辆鸣喇叭的决定
	2000.4.22 第十六次会议	关于批准《常德市本级 2000 年城建资金计划》的决定

续表

类别	时间	决议、决定
	2000.6.22 第十七次会议	关于创建中国优秀旅游城市的决议
	2000.12.27 第二十二次会议	关于《常德市城市总体规划（1999—2020）》的决议
	2001.4.29 第二十五次会议	关于批准《常德市本级2001年城建资金计划》的决定
	2002.10.31 第三十七次会议	关于认真实施城市总体规划的决议
教科文卫	2002.8.29 第三十六次会议	关于确定每年9月8日为全市“助教日”的决定

1998年10月29日，市三届人大常委会第五次会议作出《关于批准武陵区河洑镇人民代表大会提前换届的决定》，批准武陵区河洑镇人民代表大会提前一年换届，即在1999年元月底以前完成该镇人大换届任务，与全市乡镇人大换届同步。

1999年9月3日，市三届人大常委会第十一次会议作出《关于批准〈扩大常德市城区禁放烟花爆竹范围的规定〉的决定》。禁放区域调整为：1.江北城区为沅江（含沅江）及岩潭路以北，铁路以西及以南，新河以东，南坪路以南，南坪路与护城乡东风村2、5、7组至火车路的台沟以东，柳叶湖度假区建成的风景旅游及度假区；2.鼎城区武陵镇为金霞大道（含桥南商贸城、竹器市场）以北，319国道金霞大道至西站路段以东，西站路以北，玉霞大道桥南商贸城至枉水桥路段西侧200米以东至沅江（含沅江）；3.德山开发区为沅江以南（含沅江），枉水与善卷路西侧200米以东，桃林路由西向东至德山中路南侧200米以北，德山中路至有德路以东，崇德路至东风河以北，东风河以西。

1999年9月3日，市三届人大常委会第十一次会议作出《关于同意在常德市江北城区禁止机动车辆鸣喇叭的决定》。决定将市江北城区东至红旗路，南至沅江，西至芙蓉路、北至洞庭大道的区域划为机动车辆禁鸣区，一般机动车辆在禁鸣区内不得鸣喇叭，消防车、警备车、警车、救护车、工程抢险车等特种车辆使用警报器，必须符合安装、使用的有关规定，禁止在非执行紧急公务时使用警灯、警报器，夜间22时到凌晨6时，在禁鸣区内执行公务时，只能使用警示灯。在禁鸣区内鸣喇叭或不按规定使用警灯、警报器的，每次由公安部门处50元罚款，并对机动车驾驶员进行违章记点。

2000年4月22日，市三届人大常委会第十六次会议作出《关于治理经济发展环境的决议》。决议要求全市各级国家机关要进一步统一思想认识，加大宣传力度，要站在改革与发展的战略高度认识治理经济发展环境的重要性；要抓住重点，解决全市经济发展环境中存在的突出问题，如服务环境的治理，生产、投资、消费和农村经济环境的改善以及治安环境和执法环境的整治等；各级人民政府及其有关部门要建立和落实治理责任制，加大对重大案件的查处力度，严厉打击一切破坏经济发展环境的犯罪活动，使全市经济发展环境得到根本好转。

2000年6月22日，市三届人大常委会第十七次会议作出《关于创建中国优秀旅游城市的决议》。《决议》要求市人民政府及相关部门统一认识，加大宣传力度，把创建中国优秀旅游城市作为开放兴市的大事；要制定详细规划，不断增加投入，最大限度地开发利用和保护旅游资源；要强化管理，提高服务水平，切实保护旅游经营单位和个人的合法权益，为旅游事业的健康发展营造一个优美、文明、卫生、安全、高效的环境。

2000年12月27日，市三届人大常委会第二十二次会议作出《关于〈常德市城市总体规划(1999—2020)〉的决议》，肯定规划的指导思想明确，内容全面，布局合理，符合常德市的经济实际和社会发展状况，具有较强的科学性、实用性。决议原则同意这一规划，由市政府作适当修改补充完善后，报请省政府批准。同时要求市人民政府抓紧编制详细规划，提高规划的可操作性；广泛宣传，强化全社会法律意识和规划意识；加强统一管理，及时解决规划执行过程中遇到的各种问题，保证城市建设按照城市总体规划实施。

2002年8月29日，市三届人大常委会第三十六次会议作出《关于确定每年9月8日为全市"助教日"的决定》。决定要求进一步贯彻实施教育法，动员社会各界关心和支持教育事业，营造全民兴教的浓厚氛围。

第四节　第四届人民代表大会常务委员会决议决定

常德市第四届人民代表大会常务委员会在第四届人民代表大会闭会期间共作出51项决议、决定。其中,人大工作工作12项，人事变动11项，民主法制建设工作3项，财政经济工作14项，城乡建设和环境保护工作7项，农业工作2项，教科文卫2项。

第四届人民代表大会常务委员会决议决定一览表

表3—2—4—1

类别	时间	决议、决定
人大工作	2003.8.29 第七次会议	关于确定年度会议述职评议和书面述职评议人员的决定
	2003.12.9 第九次会议	关于召开常德市第四届人民代表大会第二次会议的决定
	2003.12.23 第十次会议	关于增加常德市第四届人民代表大会第二次会议列席人员的决定
	2004.10.28 第十七次会议	关于授予"模范法官"称号的决定
	2004.12.10 第十八次会议	关于召开常德市第四届人民代表大会第三次会议的决定
	2005.12.8 第二十六次会议	关于召开常德市第四届人民代表大会第四次会议的决定
	2005.12.26 第二十七次会议	关于增补列席市四届人大四次会议人员的决定
	2006.2.28 第二十八次会议	关于对述职评议人员中的单位法定代表人进行经济责任审计的决定
	2006.6.29 第三十一次会议	关于设立常德市人民代表大会常务委员会预算工作委员会的决定
	2006.10.27 第三十六次会议	关于授予"模范检察官"称号的决定
	2006.12.15 第三十七次会议	关于召开常德市第四届人民代表大会第五次会议的决定
	2007.11.27 第四十七次会议	关于召开常德市第五届人民代表大会第一次会议的决定

续表

类别	时间	决议、决定
人事	2003.5.23 第四次会议	关于许可对市人大代表黄理清采取逮捕的强制措施的决定
	2003.7.28 第六次会议	关于许可对市人大代表丁方德采取拘留的强制措施的决定
	2003.12.8 第九次会议	关于接受周定贵辞职请求的决定
	2004.2.26 第十一次会议	关于接受刘春林辞去市人民政府副市长职务的决定
	2006.2.28 第二十八次会议	关于接受龚建明辞去市人民政府副市长职务的决定
	2006.12.28 第三十八次会议	关于接受蒋祖建、邹克忠辞职请求的决定
	2006.12.28 第三十八次会议	关于接受李学林、何英满辞职请求的决定
	2007.4.27 第四十二次会议	关于接受陈君文辞去市人民政府市长职务的决定
	2007.5.9 第四十三次会议	关于卿渐伟副市长为常德市人民政府代理市长的决定
	2007.8.29 第四十五次会议	关于常德市第五届人民代表大会代表名额分配和选举问题的决定
	2007.8.29 第四十五次会议	关于接受万善志辞去湖南省第十届人民代表大会职务的决定
民主法制	2006.8.31 第三十三次会议	关于进一步加强法制宣传教育的决议
	2005.4.29 第二十二次会议	关于调整常德市白洋堤地区人民检察院管辖范围的决定
	2004.4.30 第十二次会议	关于规范管理面向社会服务的司法鉴定工作的决定
财政经济	2003.4.29 第三次会议	关于批准《常德市本级 2002 年度财政决算》的决定
	2003.10.30 第八次会议	关于常德市 2003 年国民经济和社会发展计划调整的决定
	2003.10.30 第八次会议	关于常德市本级 2003 年财政预算调整的决定
	2004.2.26 第十一次会议	关于对部分单位部门预算执行情况进行审计的决定
	2004.4.30 第十二次会议	关于批准《常德市本级 2003 年度财政决算》的决定
	2004.10.28 第十七次会议	关于常德市 2004 年国民经济和社会发展计划调整的决定
	2004.10.28 第十七次会议	关于常德市本级 2004 年财政预算调整的决定
	2005.10.27 第二十五次会议	关于常德市 2005 年国民经济和社会发展计划调整的决定
	2005.10.27 第二十五次会议	关于对常德市市本级 2005 年财政预算调整的决定
	2006.2.28 第二十八次会议	关于加强对市级财政预算执行情况审计监督的决定
	2006.4.30 第三十次会议	关于批准《常德市本级 2005 年度财政决算》的决定
	2006.10.27 第三十六次会议	关于常德市本级 2006 年财政预算调整的决定
	2007.10.25 第四十六次会议	关于常德市 2007 年国民经济和社会发展计划调整的决定
	2007.10.25 第四十六次会议	关于常德市本级 2007 年财政预算调整的决定
城乡建设与环境保护	2004.6.30 第十三次会议	关于同意《常德柳叶湖旅游度假区总体规划》的决议
	2004.8.27 第十五次会议	关于进一步加强环境保护、建设生态市的决议
	2006.6.29 第三十一次会议	关于招商引资建设常德体育生态园项目的决议
	2006.7.24 第三十二次会议	关于同意修编的《德山经济开发区总体规划(2006—2020年)》的决议
	2006.10.27 第三十六次会议	关于《常德生态市建设规划》的决议
	2007.1.14 第四十次会议	关于批准《常德市城区春节期间限制性燃放烟花爆竹方案》的决定

续表

类别	时间	决议、决定
	2007.4.27 第四十二次会议	关于同意《常德市城市总体规划局部调整（2006—2020年）》的决议
农业	2004.8.27 第十五次会议	关于加强农产品质量安全管理的决议
	2006.8.31 第三十三次会议	关于进一步加强农业投入品监管的决定
教科文卫	2006.12.15 第三十七次会议	关于《常德市旅游发展总体规划》的决议
	2007.4.28 第四十二次会议	关于我市与俄罗斯、澳大利亚、美国有关城市缔结友好城市的决定

2003 年 8 月 29 日，市四届人大常委会第七次会议作出《关于确定年度会议述职评议和书面述职评议人员的决定》。决定安排 2004 年度会议述职评议 33 人，书面述职评议 14 人。

2004 年 2 月 26 日，市四届人大常委会第十一次会议作出《关于对部分单位部门预算执行情况进行审计的决定》。决定由市审计局对市计生委、市林业局、市水利局、市民政局、市社保处、市司法局、市内贸办、市文化局、市统计局、市旅游局、市科协等 11 个单位 2003 年的部门预算执行情况进行审计，并在适当时候将审计结果报告市人大常委会。

2004 年 4 月 30 日，市四届人大常委会第十二次会议作出《关于规范管理面向社会服务的司法鉴定工作的决定》。决定为保障诉讼、仲裁等活动的顺利进行，保护公民、法人和其他组织的合法权益，维护司法公正，对本市面向社会服务的司法鉴定工作作出了规范性规定。

2004 年 8 月 27 日，市四届人大常委会第十五次会议作出《关于进一步加强环境保护、建设生态市的决议》。决议提出一要明确目标，制定规划，落实责任。市、县两级人民政府要把建设生态市（县）、市城区建成生态城市作为长远发展目标，同时建立健全环境质量年度考核制、环境保护过错责任追究制，将环境损失和环境效益纳入经济发展水平的评价体系；二要突出重点，认真解决区域环境主要问题。全市各级人民政府及其工作部门要重点抓好水污染、大气污染、噪声污染、固体废物污染防治工作；三要严格项目审批，控制污染排放总量；四要统筹兼顾，切实加强生态示范区、生态示范工业园区以及自然保护区、风景名胜区、森林公园的建设和保护；五要采取有效措施，综合运用法律、行政、经济手段，发展轻污染、低消耗、科技含量高、实行循环经济的行业，淘汰高污染、高消耗的设备和工艺，促进废弃物的减量化、资源化和无害化；六要增加投入，大力推广环境保护的新技术；七要严格执法，建立和完善环境保护的公共安全管理体系；八要加大宣传，增强全社会环境意识。

2004 年 8 月 27 日，市四届人大常委会第十五次会议作出《关于加强农产品质量安全管理的决议》。决议要求各级人民政府切实加强农产品生产过程管理，切实加强农产品流通领域管理，强化监管责任，狠抓管理与协调，尽快出台相关农产品质量安全监督管理办法，使全市农产品质量安全管理工作走上法制化的轨道。

2004 年 10 月 28 日，市四届人大常委会第十七次会议作出《关于授予“模范法官”称号的决定》。决定授予杨名夏、谢玉鸣、聂敏、高志宏、王少彬、周海清、马晓光、孙新元、袁顺章、郭松等十人“模范法官”称号。

2005 年 4 月 29 日，市四届人大常委会第二十二次会议作出《关于调整常德市白洋堤地区人民检察院管辖范围的决定》。决定：1.常德市白洋堤地区人民检察院统一管辖本市行政区划范围内的津市监狱、德山监狱和武陵监狱的派驻检察工作。2.津市监狱辖区内发生的刑事犯罪案件由白洋堤地区人民检察院向津市市人民法院提起公诉；德山监狱和武陵监狱辖区内发生的刑事犯罪案件由白洋堤地区人民检察院向武陵区人民法院提起公诉。3.常德市白洋堤地区人民检察院分别在津市监狱、德山监狱和武陵监狱设置派驻检察室。与管辖调整相关的其他事宜，由市人民检察院与有关部门依照法律和相关规定办理。

2006 年 2 月 28 日，市四届人大常委会第二十八次会议作出《关于加强对市级财政预算执行情况审计监督的决定》。决定：1.实行预算执行情况审计公告制。市审计部门对 2005 年度的财政预算执行情况审计要向社会公告。今后，要逐步形成审计公告制度，选择专项审计成果，适时向社会进行公告，不断提高审计工作的透明度和公信度，逐步建立比较完整的监督机制。2.加强对市级收入征缴情况的审计调查。市审计部门要对市级税收和非税收入的征缴情况进行审计调查，摸清地方纳税单位和中央、省属驻常单位的市级税收和非税收入征缴情况，全面地反映市级收入的征缴现状。3.加强专项资金的审计监督。市审计部门对2005 年度市本级城建资金和教育费附加的真实性、合法性和效益性进行专项审计，并向市人大常委会报告审计结果。

2006 年 8 月 31 日，市四届人大常委会第三十三次会议听取和审议市四届人大农业委关于市四届人大四次会议期间，临澧县代表团代表余先柏领衔、17 名代表附议，提出的《关于加强农业投入品监管的议案》(第 43 号)审议结果的报告，作出《关于进一步加强农业投入品监管的决定》。决定要求市人民政府要深化认识，强化领导，明确各职能部门的监管工作责任，实行严格的责任追究制度；切实加强农业投入品市场管理，严厉查处和打击各种违法行为；教育和引导农民科学选购、使用农业投入品；进一步完善农业投入品监管体系；进一步强化对农业投入品监管工作的监督。

2006 年 8 月 31 日，市四届人大常委会第三十三次会议作出《关于进一步加强法制宣传教育的决议》。决议要求：要明确法制宣传教育的内容；要突出法制宣传教育的重点；要创新丰富法制宣传教育的形式；要继续推动依法治理工作；要加强法制宣传教育的组织领导；要强化法制宣传教育的监督检查。

2006 年 10 月 27 日，市四届人大常委会第三十六次会议作出《关于授予“模范检察官”称号的决定》。决定授予邓雪松、龙立军、刘美云、成来彪、吴代锋、李明初、欧阳志恒、钟建平、夏阳、郭春芳、龚平、傅义惠等十二人“模范检察官”称号。

2006 年 12 月 15 日，市四届人大常委会第三十七次会议作出《关于〈常德市旅游发展总体规划〉的决议》，批准市人民政府《常德市旅游发展总体规划》。

2007 年 1 月 14 日，市四届人大常委会第四十次会议作出《关于批准〈常德市城区春节期间限制性燃放烟花爆竹方案〉的决定》。决定批准市人民政府对市城区在春节期间实行限制时间、限制区域、限制种类、限制销售的燃放烟花爆竹的方案。

2007 年 4 月 28 日，市四届人大常委会第四十二次会议作出《关于常德市与俄罗斯、澳大利亚、美国有关城市缔结友好城市的决定》。决定：同意常德市与俄罗斯季米特洛夫格勒、澳大利亚伊普斯维奇市、美国安尼朗德郡缔结为友好城市。

第五节　第五届人民代表大会常务委员会决议决定

常德市第五届人民代表大会常务委员会在第五届人民代表大会闭会期间共作出 34 项决议、决定。其中，人大工作工作 6 项，人事变动 8 项，民主法制建设工作 5 项，财政经济工作 9 项，城乡建设和环境保护工作 2 项，农业工作 2 项，教科文卫工作 2 项。

第五届人民代表大会常务委员会决议决定一览表

表 3—2—5—1

类别	时间	决议、决定
人大工作	2008.12.29	关于召开常德市第五届人民代表大会第二次会议的决定
	2009.12.18	关于召开常德市第五届人民代表大会第三次会议的决定
	2010.12.15	关于召开常德市第五届人民代表大会第四次会议的决定
	2011.10.26 第二十六次会议	关于召开常德市第五届人民代表大会第五次会议的决定
	2012.10.25 第三十三次会议	关于召开常德市第六届人民代表大会第一次会议的决定
	2012.12.10 第三十四次会议	关于调整常德市第六届人民代表大会第一次会议召开时间的决定
人事	2011.12.15 第二十七次会议	关于接受陈海波辞去市人民检察院检察长职务的决定
	2011.10.26 第二十六次会议	关于接受刘进能辞去市人民政府副市长职务的决定
	2011.6.28 第二十四次会议	关于接受宋冬春辞去市人民政府副市长职务的决定
	2011.10.26 第二十六次会议	关于接受张元英辞去市人大常委会副主任职务的决定
	2011.12.27 第二十八次会议	关于接受徐万发辞去市人民政府副市长职务的决定
	2012.2.28 第二十九次会议	关于接受程方山辞去常德市人民代表大会常务委员会委员职务的决定
	2012.6.27 第三十一次会议	关于接受郊文生辞去市中级人民法院院长职务的决定
	2012.8.23 第三十二次会议	关于提名廖具之副院长为常德市中级人民法院代理院长的决定
民主法制	2009.6.30 第十次会议	关于调整常德市白洋堤地区人民检察院管辖范围的决定
	2009.10.29 第十二次会议	关于加强人民检察院在诉讼活动中的法律监督工作的决议
	2010.6.29 第十七次会议	关于加强和改进人民法院执行工作的决议
	2012.2.29 第二十九次会议	关于进一步开展法制宣传教育的决议
	2012.2.29 第二十九次会议	关于推进法治常德建设的决议

续表

类别	时间	决议、决定
财政经济财政经济	2008.6.27 第三次会议	关于批准常德市本级2007年财政决算的决定
	2009.6.30 第十次会议	关于批准市本级2008年财政决算的决定
	2010.6.29 第十七次会议	关于批准市本级2009年财政决算的决定
	2010.10.22 第十九次会议	关于批准2010年市本级财政预算调整方案的决定
	2011.6.28 第二十四次会议	关于批准市本级2010年财政决算的决定
	2011.6.28 第二十四次会议	关于同意市人民政府以国有土地资产置换武陵区农村信用联社不良贷款的决定
	2011.10.26 第二十六次会议	关于批准2011年市本级财政预算调整方案的决定
	2012.6.27 第三十一次会议	关于批准市本级2011年财政决算的决定
	2012.10.25 第三十三次会议	关于批准2012年市级财政预算调整方案的决定
城乡建设与环境保护	2009.5.4 第九次会议	关于同意市人民政府回购市城市建设投资集团建设项目的决定
	2009.10.29 十二次会议	关于确定常德市市树、市花的决定
农业	2008.4.29 第二次会议	关于批准常德市循环农业建设规划的决定
	2009.6.30 第十次会议	关于切实解决城乡贫困人口住房困难问题的决议
教科文卫	2012.2.29 第二十九次会议	关于切实加强我市职业病患者医疗救助工作的决议
	2011.8.25 第二十五次会议	关于促进我市学前教育健康发展的决议

2008年4月29日，市五届人大常委会第二次会议作出《关于批准常德市循环农业建设规划的决定》。批准常德市循环农业建设规划。

2009年6月30日，市五届人大常委会第十次会议作出《关于切实解决城乡贫困人口住房困难问题的决议》。决议要求：一要坚定住房解困工作目标。市人民政府应根据已经核实的住房困难户数，合理制定住房解困实施规划，确保2011年年底前，实现城乡贫困人口住有所居。各级人民政府都要有具体明确的住房解困工作方案，并严格按有关程序规范操作，保证住房解困工作公开、公正、公平。二要加大住房解困资金投入。市人民政府要加强保障资金的筹措与调度，继续将廉租住房建设资金纳入本级财政预算，逐步加大投入比例。近三年内，市财政每年安排一定资金专项用于农村住房解困。各区县（市）人民政府要认真搞好资金配套。市人民政府应整合新农村宜居工程建设资金、建设口的农村危房改造补助资金等，充分发挥资金使用效益。要积极争取上级补助资金，以加快城乡贫困人口住房解困工作。要切实加强住房解困资金监管，确保所投入资金全部用于城乡贫困人口住房解困，严禁截留、挪用和挤占。三要落实住房解困政策措施。城市住房解困工作严格按照国家城市居民住房保障工作有关规定落实；渔民上岸定居的住房解困按照省政府有关规定落实;农村贫困人口住房解困资金实行以县级为主、市里奖励,以财政为主、社会资助的办法，广泛动员社会各方面参与和帮扶住房解困工作。若国家出台明确的农村住房解困政策,则按国家政策加以落实。所有农村住房解困的建设项目一律免收相关规费。四要建立住房解困责任机制。要建立起相关部门配合协调机制和责任追究机制,切实形成住房解困工作合力,并积极探索多渠道解决住房困难问题的机制。市人民政府要完善住房解困工作体系。各级都要明确责任单位和责任人。

2009 年 6 月 30 日,市五届人大常委会第十次会议作出《关于调整常德市白洋堤地区人民检察院管辖范围的决定》。决定:一、常德市白洋堤地区人民检察院在原有管辖津市监狱、德山监狱、武陵监狱的基础上,增加对常德市劳教所的管辖。二、常德市武陵区人民检察院不再承担对常德市劳教所派驻检察任务。与管辖调整相关的其他事宜,由常德市人民检察院与有关部门依照法律和相关规定办理。

2009 年 10 月 29 日,市五届人大常委会第十二次会议作出《关于加强人民检察院在诉讼活动中的法律监督工作的决议》。决议要求全市检察机关坚持国家法律监督机关的宪法定位,紧紧围绕“强化法律监督、维护公平正义”这一检察工作主题,进一步增强监督意识和工作主动性,忠实履行宪法和法律赋予的法律监督职责;要以社会普遍关注的执法不严、司法不公等突出问题为重点,加强对诉讼活动的法律监督工作;要高度重视完善对诉讼活动进行法律监督的工作机制,为有效履行法律监督的职权提供制度保障;要牢固树立执法为民的理念,进一步加强自身建设,不断提高对诉讼活动法律监督的能力和水平;全市侦查、审判、刑罚执行和其他监管机关要自觉接受并积极配合人民检察院的法律监督;全市各级人民政府要支持人民检察院依法开展法律监督工作;全市各级人大常委会要依照宪法和法律的规定，监督和支持人民检察院依法开展对诉讼活动的法律监督工作。

2009 年 10 月 29 日,市五届人大常委会第十二次会议作出《关于确定常德市市树、市花的决定》,决定香樟树为常德市市树,桃花为常德市市花。

2010 年 6 月 29 日,市五届人大常委会第十七次会议作出《关于加强和改进人民法院执行工作的决议》。决议要求,全市两级人民法院要从维护大局稳定、维护法律尊严、维护人民群众合法权益的角度出发,充分履行法律赋予的职责;要进一步加大执行力度,充分运用法律手段敦促被执行人履行生效法律文书所确定的义务；市中级人民法院要加强执行工作统一管理与协调,上下级人民法院之间、人民法院内部庭室之间树立执行工作“一盘棋”的思想;国家机关、社会团体、企业事业单位和其他组织,应当积极协助和配合人民法院的执行工作,坚决防止地方和部门保护主义;人民政府应当支持人民法院的执行工作,排除人民法院在执行工作中遇到的阻力,积极协调处理人民法院在执行工作中遇到的重大疑难问题,加大经费投入，切实改善人民法院执行工作条件；全市两级人民法院要进一步加强执行队伍建设,努力提高执行队伍的政治业务素质和职业道德水平,全力打造一支政治过硬、业务精通、公正高效、廉洁文明的执行队伍;法制宣传部门和新闻单位要加大人民法院执行工作的宣传力度。

2011 年 6 月 27 日,市五届人大常委会第二十四次会议作出《关于同意市人民政府以国有土地资产置换武陵区农村信用联社不良贷款的决定》。决定同意市人民政府以原 601 矿土地置换武陵区农村信用联社不良贷款,要求市人民政府要进一步加大力度,尽快完成常德武陵农村商业银行的组建工作,要建立和完善法人治理结构,创新金融产品,搞活金融机制,确保规范、安全和有效运行。

2011 年 8 月 25 日,市五届人大常委会第二十五次会议作出《关于促进全市学前教育健康发展的决议》。决议要求:各级人民政府要按照学前教育三年行动计划的要求,优化学前教育资源配置,保障适龄儿童就近入园。要加大学前教育投入力度,学前教育财政预算经费当年要达到整个教育财政预算经费总额的 3%,三年内达到 5%。要制定学前教育队伍培养培训计划,五年内全市幼儿园园长、骨干教师和保育员必须按国家要求,实现持证上岗。要大力推进公办幼儿园和普惠性民办幼儿园建设,尽快制定民办幼儿园向普惠性幼儿园发展的政策措施,通过实施三年行动计划,公办幼儿园和普惠性民办幼儿园达到 60%。新建小区必须按政策规定配套建设幼儿园,并作为城市小区开发的前置条件。要加大力度清理、整顿、规范无证幼儿园,维护学前教育健康发展的良好局面。

2012 年 2 月 29 日,市五届人大常委会第二十九次会议会议作出《关于切实加强全市职业病患者医疗救助工作的决议》。决议要求:要进一步宣传法律法规,明确职业病患者医疗救助重点;要进一步强化政府统筹,完善职业病患者医疗救助机制;要进一步加大经费投入,提高职业病患者医疗救助水平。

2012 年 2 月 29 日,市五届人大常委会第二十九次会议作出《常德市人民代表大会常务委员会关于推进法治常德建设的决议》。决议要求:一要充分认识推进法治常德建设的重大意义;二要坚持党的领导、人民当家作主和依法治国的有机统一,发展社会主义民主政治;三要坚持和完善人民代表大会制度,充分发挥地方各级人大及其常委会的职能作用。四要全面推进法治政府建设;五要保障审判、检察机关依法、独立、公正行使审判权、检察权,切实维护司法权威;六要注重运用法律手段调节社会关系,平衡社会利益,解决社会矛盾,促进社会和谐;七要强化法治常德在“现代常德、幸福家园”建设中的保障作用,突出法治惠民;八要不断加强法治文化建设。

第六节　第六届人民代表大会常务委员会决议决定

2013 年,市六届人大常委会共作出 12 项决议、决定。其中,人大工作 3 项,人事变动 3 项,民主法制建设工作 1 项,财政经济工作 3 项,城市建设工作 1 项,外事工作 1 项。

第六届人民代表大会常务委员会决议决定一览表

表 3—2—6—1

类别	时间	决议、决定
人大工作	2013.2.27 第一次会议	关于设立常德市第六届人民代表大会常务委员会代表资格审查委员会的决定
	2013.10.30 第六次会议	关于召开常德市第六届人民代表大会第三次会议的决定
	2013.4.26 第三次会议	关于废止有关规范性文件的决定
人事	2013.4.10 第二次会议	关于接受陈文浩同志辞去常德市人民政府市长职务的决定
	2013.4.26 第四次会议	关于接受刘小明同志辞去常德市人民政府副市长职务的决定
	2013.4.27 第四次会议	关于接受龚永福辞去湖南省第十二届人民代表人民代表大会代表职务的决定
民主法制	2013.4.26 第三次会议	关于常德市白洋堤地区人民检察院管辖范围的决定
财政经济	2013.4.26 第四次会议	关于批准 2012 年市级财政决算的决定
	2013 年 10 月 30 日第六次会议	关于批准 2013 年市级财政预算调整方案的决定
	2013.12.18 第七次会议	关于将社保基金预算和国有资本经营预算纳入政府全口径预算决算审查监督的决定
城乡建设与环境保护	2013.4.26 第四次会议	关于市城区实施“三改四化”的决议
外事	2013.10.28 第六次会议	关于我市与斯里兰卡阿努拉达普拉市缔结友好城市的决定

2013 年 4 月 26 日，市六届人大常委会第三次会议审议通过市人大内务司法委员会、财政经济委员会、教育科学文化卫生委员会、农业与农村委员会分别提出的废止相关规范性文件的议案，作出《关于废止有关规范性文件的决定》，对市人大常委会制定的 23 件规范性文件予以废止。

2013 年 6 月 26 日，市六届人大常委会第四次会议作出《关于市城区实施“三改四化”的决议》。决议要求市人民政府要以城市总体规划为统揽，对“三改四化”进行合理规划、精心设计；要根据本次会议提出的意见和建议，对方案作出进一步修改和完善，明确具体目标，落实资金来源，细化建设标准和保障措施；所涉工程项目要严格实行公开招投标，严禁违规操作；要严把工程质量关；项目建设要科学调度、有序推进，配套工程与主体工程要同步规划、同步建设。

2013 年 10 月 30 日，市六届人大常委会第六次会议作出《关于常德市与斯里兰卡阿努拉达普拉市缔结友好城市的决定》,同意常德市与斯里兰卡阿努拉达普拉市结为友好城市。

2013 年 12 月 18 日,市六届人大常委会第七次会议作出《关于将社保基金预算和国有资本经营预算纳入政府全口径预算决算审查监督的决定》,决定要求市人民政府应当按照全口径预算决算管理的要求,从 2014 年起将社保基金预算和国有资本经营预算纳入预算管理,建立包括公共财政预算、政府性基金预算、国有资本经营预算、社保基金预算在内的全口径预算体系;应当将市级全口径预算草案提交市人民代表大会审查和批准,将市级全口径决算草案提交市人民代表大会常务委员会审查和批准;应当加强预算执行管理,提高预算支出的及时性、均衡性。市级各预算单位应当严格执行预算,严禁超预算或者无预算安排支出,严禁虚列支出、转移或者套取预算资金;经批准的预算决算,市人民政府应当及时向社会公开,并方便公众查询;应当强化举债约束和债务管理,防范债务风险,尽早将政府债务纳入全口径预算管理;应当督促审计部门将市人民代表大会及其常务委员会确定的年度财政预算决算和其他财政专项资金监督重点列入年度审计项目计划,并向市人民代表大会常务委员会报告审计结果;政府审计部门应对部门决算进行审计,市人民政府应当将审计结果报市人民代表大会常务委员会。

第四篇《

选举与人事任免

第四篇　选举与人事任免

第一章　常德市人民代表大会选举事项

常德市人民代表大会进行选举时，依据法律有关规定，按照会议通过的《选举办法》或《补选办法》，由主席团或代表联名提出候选人，各代表团酝酿，确定正式候选人，进行无记名投票选举的程序，进行各项人事选举。1988 年 6 月至 2013 年 5 月，常德市人民代表大会共选举产生国家机关工作人员 267 人（次）。其中市人大常委会主任 6 人、副主任 53 人（次）、秘书长 7 人（次）、常委会委员 149 人（次）；市人民政府市长 10 人、副市长 30 人（次）；市中级人民法院院长 6 人；市人民检察院检察长 6 人。此外，还通过人大各专门委员会组成人员 88 人（次），选举湖南省人民代表大会代表 278 人（次）。

第一节　第一届人民代表大会选举事项

1988 年 6 月 20—24 日，常德市第一届人民代表大会第一次会议，选举罗寅阶为第一届市人大常委会主任，陈文浩等 7 人为副主任；蔡汝栋为秘书长；丁世明等 23 人为委员。选举程林义为市人民政府市长，卜启圣等 4 人为副市长；张维民为市中级人民法院院长；李少甫为市人民检察院检察长（检察长选出后，依法报经省人大常委会批准，以下同）。

1989 年 7 月 15—20 日，常德市第一届人民代表大会第二次会议，通过关于接受程林义辞去市人民政府市长职务请求的决定和接受市人民代表大会常务委员会“关于接受严高明辞去市人大常委会委员职务请求的决定的备案报告”。代表十人联名提出的候选人蔡长松被选为市人民政府市长。补选徐霞林等 2 人为市人大常委会副主任；杨万柱为市人民政府副市长；曹儒国等 2 人为市人大常委会委员；邓友志等 2 人为湖南省第七届人民代表大会代表。

1991 年 3 月 29 日—4 月 3 日，常德市第一届人民代表大会第四次会议，选举余习忠为市人大常委会秘书长。

1992 年 4 月 10—14 日，常德市第一届人民代表大会第五次会议，接受市人民代表大会常务委员会“关于接受市人大常委会副主任陈文浩，委员黄费智、汤音宏辞职请求的决定的备案报告”。选举熊奇生为市人大常委会副主任。

第二节　第二届人民代表大会选举事项

市第二届人民代表大会第一次会议上，市人大代表投票选举

1992 年 12 月 28 日—1993 年 1 月 3 日，常德市第二届人民代表大会第一次会议，接受市人民政府市长蔡长松、副市长李江辞职请求的决定的备案报告。选举熊奇生为第二届市人大常委会主任，蔡汝栋等 7 人为副主任；周鸿翔为秘书长；马仁辉（回族）等 23 人为委员。选举吴定宪为市人民政府市长，陈德铨等 5 人为副市长；夏绍春为市中级人民法院院长；李文耀为市人民检察院检察长。会议选举卜启圣等 75 人为湖南省第八届人民代表大会代表。

湖南省第八届人民代表大会代表名单

（以姓氏笔画为序）

卜启圣　丁寅洲　刁操铨　王少波　王东初　王成英（女）　王浦堂　尹桃英（女）
刘正岚（女）　刘长生　刘永山　刘伯元　刘欣文　刘定楚（土家族）　刘春兰（女）
刘承清　刘海樵　刘景恭　刘慧芳（女）　刘德亮　朱立炎　朱丽丽（女）
伍云霞（女、土家族）　伍业凤（女）　向冬芝（女）　李　顺　李四阳　李长发
李承武　肖运友　肖启培　吴定宪　吴跃进　何寿喜　何惠清　余谋才　汪啸风
汪盛萍（女、回族）　陈君文　陈金阶　陈建教（土家族）　陈新球（女）　杨芝文

杨先群　杨伟仁　罗寅阶　张　新　张金兰(女)　张宜章　林德意　周化民
周用功　周雪莲(女)　胡方炳　胡朝信　洪新平　姚正先　姚运来　徐学英(女)
高明清　高德顺　唐必清　涂能进　黄泽贤(回族)　黄道礼　谌和香(女)　彭世凤
蒋明模　覃道永(土家族)　蔡汝栋　蒯仲成(维吾尔族)　潘训安　潘贵玉(女)
戴临中　魏国超

常德市选出的湖南省第八届人大代表异动情况

辞职:

朱立炎(1994.12)

补选:

马立强(1993.2)　祝光友(1993.12)　向启国(1994.12)　刘莲玉(女)(1995.3)
罗　毅(1995.3)

1994年3月27—31日,常德市第二届人民代表大会第二次会议,接受市人民代表大会常务委员会“关于接受邱伏兰、张冠洲、阙海卿、张义田辞去市人大常委会委员职务请求的决定的备案报告”。补选王志华等4人为市人大常委会委员。

1995年3月25—29日,常德市第二届人民代表大会第三次会议,通过关于接受吴定宪辞去市人民政府市长职务请求的决定,接受市人民代表大会常务委员会“关于接受市人大常委会委员鲁代珍、骆正鑫、梅荣保辞职请求的决定的备案报告”。补选张昌平为市人民政府市长;刘明玉等3人为市人大常委会委员;刘莲玉(女)等2人为湖南省第八届人民代表大会代表。

1996年3月25—29日,常德市第二届人民代表大会第四次会议,接受市人民代表大会常务委员会“关于接受蔡汝栋、揭乐田辞去市人大常委会副主任职务请求的决定的备案报告”和“关于接受夏绍春辞去市中级人民法院院长职务请求的决定的备案报告”。补选肖有志为市人大常委会副主任;邓天保为市中级人民法院院长。

1997年3月24—28日,常德市第二届人民代表大会第五次会议,接受市人民代表大会常务委员会“关于接受杜辉才辞去市人大常委会委员职务的请求的决定的备案报告”。补选彭孟芝为市人大常委会副主任,杨明清为市人大常委会委员。

第三节　第三届人民代表大会选举事项

1997年12月28日—1998年1月4日,常德市第三届人民代表大会第一次会议,选举彭孟芝(女)为市第三届人大常委会主任,余习忠等8人为副主任;蒋祖建(女)为秘书长;王军杰等24人为常委会委员。选举张昌平为市人民政府市长,陈君文等6人为副市长;龚德培为市中级人民法院院长;杜辉才为市人民检察院检察长。选举万善志等64人为湖南省第九届人民代表大会代表。表决通过市第三届人民代表大会内务司法委员会等5个专门委员会主任委员、副主任委员、委员名单。

湖南省第九届人民代表大会代表名单

（以姓氏笔划为序）

万善志　马　慧（女、回族）　马志烈　王少波　王东初　王红霞（女）　王丽文（女）
王启林　王海平（土家族）　王焕明　王赛艳（女）　尹云华　朱丽丽（女）　朱道贵
刘正岚（女）　刘光明　刘次志（土家族）　刘金娥（女）　刘绍荣　刘承清　刘莲玉（女）
刘德亮　庄必胜　江从新　杨绍军　李开喜　李承武　李雅雯（女）　吴定宪
邱景蓉（女）　余习忠　宋惠萍（女）　邹义祥　邹建农　汪协清　张昌平　陈红霞（女）
陈君文　陈建教（土家族）　陈炳玉（女）　张双照　罗先贵　罗英碧　罗绍情
罗桂林　周名权　庞道沐　赵惠平　候　彪　姚建平（女）　徐德菊（女）　郭小云（女）
高明清　黄道礼　梁宋模　彭国华　彭孟芝（女）　彭缉熙　覃清香（女、土家族）
熊奇生　翦正红（女、维吾尔族）　潘训安　潘贵玉（女）　戴临中

常德市选出的湖南省第九届人大代表异动情况

调离本行政区域：

张昌平（1999.1）

补选：

李瑞师（1998.10）　程海波（1999.1）　罗祖亮（2000.10）

1999年1月15—21日，常德市第三届人民代表大会第二次会议，通过关于接受张昌平辞去市人民政府市长职务请求的决定，接受市人民代表大会常务委员会“关于接受副市长李会刚辞职请求的决定的备案报告”。补选程海波为市人民政府市长、湖南省第九届人民代表大会代表。

2000年2月5—19日，常德市第三届人民代表大会第三次会议，接受市人民代表大会常务委员会“关于接受何佑民辞去市人大常委会委员职务请求的决定的备案报告”。

2001年2月11—15日，常德市第三届人民代表大会第四次会议，通过市人民代表大会常务委员会“关于接受俞斌龙、张先春辞去市人大常委会副主任职务请求和王军杰辞去市人大常委会委员职务请求的决定的备案报告”。补选孙维忠等2人为市人大常委会副主任，王海平等4人为市人大常委会委员。

2002年1月17—21日，常德市第三届人民代表大会第五次会议，通过市人民代表大会常务委员会“关于接受程海波辞去市人民政府市长职务请求的决定的备案报告”，通过关于接受周鸿翔辞去市人大常委会副主任职务、高勇辞去市第三届人民代表大会农业委员会主

任委员职务、庹朝明辞去市人大常委会委员职务请求的决定，接受市人民代表大会常务委员会“关于接受蒋祖建辞去市人大常委会秘书长职务和陶明庆、成定明辞去市人大常委会委员职务请求的决定的备案报告”。补选陈君文为市人民政府市长，李学林为市人大常委会副主任，高勇为市人大常委会秘书长，刘晶柯等3人为市人大常委会委员。

第四节　第四届人民代表大会选举事项

2002年12月28日—2003年1月3日，常德市第四届人民代表大会第一次会议，选举莫道宏为市第四届人大常委会主任，孙维忠等8人为副主任；鲁秉群为秘书长。选举陈君文为市人民政府市长，陈文浩等7人为副市长；谢肇荣为市中级人民法院院长；杜辉才为市人民检察院检察长。选举王军杰等25人为市人大常委会委员。选举卜功元等68人为湖南省第十届人民代表大会代表。表决通过市第四届人民代表大会内务司法委员会等5个专门委员会主任委员、副主任委员、委员名单。

湖南省第十届人民代表大会名单

（以姓氏笔画为序）

卜功元　万善志　马承斌　王志英（女）　王焕明　伍文广　向光汉　刘友善
刘永山　刘兴国　刘锡达　齐淑兰（女）　孙载夫　杨绍军　李　芳（女、苗族）
李建春　李政军　吴定宪　何英平（女）　余永贵　余章贵　邹庚来　汪国平
沈冬生　张方才　张春发　陈　华（女）　陈君文　陈建教（土家族）　陈政清
陈祥圣　陈景清　林　刚　林行军　罗宏全　罗绍情　罗祖亮　周运来　周栋民
周显明　庞道沐　钟　实　侯　彪　姚建平（女）　莫道宏　聂西安
铁明东（女、回族）　徐政国　高云安　唐西英（女）　唐植勇（女、土家族）　梁宋模
彭述东　彭孟芝（女）　彭曼君（女、土家族）　彭清国（土家族）　程海波　童雪清（女）
曾培安　曾献兵　蔡　得　熊　彬（女）　樊明雪　蒯　影（女、维吾尔族）　燕中炎
戴开树　戴君惕　魏立刚

常德市选出的湖南省第十届人大代表异动情况

辞职：万善志（2007.8）

2004年1月3—7日，常德市第四届人民代表大会第二次会议，接受市人民代表大会常务委员会“关于接受周定贵辞去市人大常委会委员职务请求的决定的备案报告”。

2005年1月10—14日，常德市第四届人民代表大会第三次会议，接受市人民代表大会常务委员会“关于接受刘春林辞去市人民政府副市长职务请求的决定的备案报告”。

2007 年 1 月 14—19 日，常德市第四届人民代表大会第五次会议，接受市人民代表大会常务委员会“关于接受蒋祖建、邹克忠、李学林、何英满辞去市人大常委会副主任职务请求的决定的备案报告”和“关于接受龚建明辞去市人民政府副市长职务请求的决定的备案报告”。补选文承保等 4 人为市人大常委会副主任。

第五节　第五届人民代表大会选举事项

2007 年 12 月 28 日—2008 年 1 月 3 日，常德市第五届人民代表大会第一次会议，接受市人民代表大会常务委员会“关于接受陈君文辞去市人民政府市长职务请求的决定的备案报告”。选举刘本之为市第五届人大常委会主任，张元英（女）等 6 人为副主任；彭启云为秘书长；卜功元 等 32 人为常委会委员。选举卿渐伟为市人民政府市长，陈文浩等 7 人为副市长；邬文生为市中级人民法院院长；陈海波为市人民检察院检察长。选举万成贞等 66 人为湖南省第十一届人民代表大会代表。表决通过常德市第五届人民代表大会内务司法委员会等 5 个专门委员会主任委员、副主任委员、委员名单。

湖南省第十一届人民代表大会代表名单

（以姓氏笔画为序）

万成贞（女）　王先蒙　王国海　王振华　王爱平　车德斌　毛恩友　龙晓清
卢武福　申建春　朱　宏　伍　青（土家族）　向　阳　刘　清　刘本之　刘绍英（女）
齐淑兰（女）　李　荣　李　湘　李明亚　李建春　杨开政　杨成英（女）　杨启贵
杨品红　杨琦明　肖汉族　吴和枝（女）　余永贵　余周怀　余章贵　邹义祥
汪国平　沈冬生　张元英（女）　陈　华（女）　陈　星　陈兆前　陈安生　陈克山
陈建教（土家族）　陈耀年　武吉海（苗族）　罗宏全　周平常（女）　周运来　郑之松
郑弟祥　钟华山　贺　钢　铁明东（女）　卿渐伟　高　波　唐春仙（女）　龚曙光
彭述东　蒋建国　覃道雄（土家族）　童　琳（女）　曾培安　谢卫东
詹　敏（女、土家族）　黎卫平（女）　翦　影（女、维吾尔族）　戴宏生　瞿宏辉

常德市选出的湖南省第十一届人大代表异动情况

辞职：

武吉海（2008.12）　戴宏生（2010.1）　陈克山（2010.1）　童　琳（女，2011.1）

补选：

路建平（2008.12）　陈文浩（2008.12）　彭孟雄（2010.10）　蔡　得（2010.10）
曹儒国（2011.1）

2009 年 2 月 12—17 日，常德市第五届人民代表大会第二次会议，接受市人民代表大会常务委员会“关于接受卿渐伟辞去市人民政府市长职务请求的决定的备案报告”。补选陈文浩为市人民政府市长；燕中炎为市人大常委会副主任；龙艳（女）为市人大常委会委员。

2010 年 1 月 18—23 日，常德市第五届人民代表大会第三次会议，接受市人民代表大会常务委员会“关于接受罗先友、王志华辞去市人大常委会委员职务的请求的决定的备案报告”和“关于接受曹佳中辞去市人民政府副市长职务的请求的决定的备案报告”。补选王孝山为市人大常委会副主任；鲁祖安等 2 人为市人大常委会委员。

2011 年 1 月 11—16 日，常德市第五届人民代表大会第四次会议，通过关于接受刘本之辞去常德市第五届人大常委会主任职务请求的决定和接受市人民代表大会常务委员会“关于接受肖世轩、李友元辞去市人大常委会委员职务的请求的决定的备案报告”。补选曹儒国为市人大常委会主任，贺立新等 2 人为市人大常委会委员。接受市人民代表大会常务委员会“关于接受李爱国、石谋军辞去市人民政府副市长职务请求的决定的备案报告”和接受市人民代表大会常务委员会“关于决定任命沈习淼、刘进能为市人民政府副市长的备案报告”。

2012 年 1 月 4—9 日，常德市第五届人民代表大会第五次会议，接受市人民代表大会常务委员会“关于接受张元英辞去市人大常委会副主任职务请求的决定的备案报告”，接受市人大常委会第二十七次会议“关于接受陈海波辞去市人民检察院检察长职务请求的决定的备案报告”，接受市人民代表大会常务委员会“关于接受宋冬春、刘进能、徐万发辞去市人民政府副市长职务请求的决定的备案报告”。补选刘明等 2 人为市人大常委会副主任；刘清生为市人民检察院检察长。

第六节　第六届人民代表大会选举事项

2012 年 12 月 26 日—2013 年 1 月 1 日，常德市第六届人民代表大会第一次会议，选举刘明为市第六届人大常委会主任，文承保等 7 人为副主任；彭启云为秘书长；万利等 32 人为常委会委员。选举陈文浩为市人民政府市长，刘小明等 7 人为副市长；廖具之为市中级人民法院院长；刘清生为市人民检察院检察长；王华等 63 人为湖南省第十二届人民代表大会代表。

湖南省第十二届人民代表大会代表名单

（以姓氏笔画为序）

王　华　王国海　王晓光　车德斌　毛恩友　尹正锡　田家贵　朱　宏　朱　皖（女）
刘　明　刘定青　刘建跃　刘朝晖（女）　齐淑兰（女）　汤祚国　李跃忠　杨华桥
杨启贵　肖汉族　肖纲超　肖燕芳（女，回族）　吴为民　吴和枝（女）　沈　洋
宋云文　宋建民　宋冠毅　张友富　张运华　张　涛　陈友谊　陈文浩　陈安生
陈　军　陈建长　陈建教（土家族）　陈　星　陈琼武　罗少挟（女）　罗先东

周世平　周发源　周惠亮　郑大田　敖治平　聂西安　卿渐伟　高　波　高德知
高　毅　郭开朗　唐春仙(女)　曹儒国(土家族)　龚永福　龚美爱(女)　喻自文
舒德春　谢永忠　雷学军　颜学锦　蒴　影(女,维吾尔族)　魏邦发　魏岳林

常德市选出的湖南省第十二届人大代表异动情况

辞职:龚永福(2013.6 辞)

选举或补选:周德睿(2013.5 选)　　邹纲强(2013.12 补)

2013 年 5 月 15 日—17 日,常德市第六届人民代表大会第二次会议,通过关于接受陈文浩辞去常德市人民政府市长职务的决定,选举周德睿为常德市人民政府市长、湖南省第十二届人民代表大会代表。

第二章　常德市人民代表大会常务委员会人事任免事项

1988 年 6 月—2013 年 12 月，常德市人大常委会共任免国家工作人员 1960 人（次），其中任命 1364 人（次），免职 441 人（次），接受辞职 52 人（次），批准任免 91 人（次），决定代理 8 人（次），撤销职务 4 人（次）。

第一节　第一届人民代表大会常务委员会人事任免事项

1988 年 6 月 30 日市一届人大常委会第二次会议，审议通过《常德市人大常委会人事任免工作暂行办法》，明确市人大常委会人事任免工作按照党委考核推荐、人大常委会主任会议或"一府两院"提名、有关机关负责人到会介绍情况、拟任人员到会作从政发言或述职报告、常委会组成人员分组或全会进行审议（对审议意见很不一致的拟任对象，经主任会议研究后，由提请任命机关收回提名）无记名投票表决、颁发任命书等程序。

1988 年 6 月—1992 年 12 月，市一届人大常委会共任免国家工作人员 328 人（次），其中任命 263 人（次），免职 44 人（次），辞职 6 人（次），批准任免 12 人（次），决定代理 1 人，撤销职务 2 人。按提请机关分别统计，任免市人大常委会工作人员 28 人，任免市人民政府工作人员 77 人，任免市中级人民法院工作人员 123 人（次），任免市人民检察院工作人员 99 人（次）。

第一次会议

（1988 年 6 月 25 日通过）

任命：

陈春生为市人大常委会办公室主任；

杜辉才为市人大常委会法制工作委员会主任；

何贵铭为市人大常委会财政经济工作委员会主任；

李桂凡为市人大常委会教育科学文化卫生工作委员会主任；

王健政为市人大常委会农村工作委员会主任；

刘承楚为市人大常委会代表联络工作委员会主任。

第二次会议

（1988年9月3日通过）

任命：
杨万柱为市人民政府秘书长；
杨志斌为市计划委员会主任；
王逸时为市经济委员会主任；
张自强为市科学技术委员会主任；
熊继恩为市农村经济委员会主任；
范自立为市建设委员会主任；
李学林为市教育委员会主任；
俞斌龙为市经济体制改革委员会主任；
刘士六为市对外经济贸易委员会主任；
郑景阳为市计划生育委员会主任；
赵长寿为市体育运动委员会主任；
熊代东为市人民政府外事办公室主任；
庹朝明为市民政局局长；
刘诗信为市公安局局长；
龚玉昆为市司法局局长；
刘平政为市人事局局长；
余习忠为市劳动局局长；
雷立杰为市监察局局长；
高天成为市审计局局长；
滕国华为市工商行政管理局局长；
沈兆兴为市物价局局长；
李絮柳为市统计局局长；
刘霞飞为市商业局局长；
陈长久为市粮食局局长；
李述炽为市交通局局长；
涂玉明为市农业局局长；
丁孟春为市水利水电局局长；
翟笃培为市乡镇企业局局长；
陆训寿为市物资局局长；

吴雄甫为市文化局局长；

龙森泉为市卫生局局长；

史宏新为市广播电视局局长。

陈大范、李湘帆、孙际泉为市中级人民法院副院长、审判委员会委员；

刘冬勋、李荣新、姚守孝、卢学明、张树明、刘志远、文望生为市中级人民法院审判委员会委员；

吴斌、树兵、刘湘滨为市人民检察院副检察长、检察委员会委员；

李祖金为常德市白洋堤地区人民检察院检察长；

鲁秉群、陈正华为市人大常委会办公室副主任；

贺启德、刘东强为市人大常委会代表联络工作委员会副主任；

王志华、陈本祥为市人大常委会财政经济工作委员会副主任；

熊鹤仙为市人大常委会农村工作委员会副主任；

熊锡礼为市人大常委会法制工作委员会副主任；

王国权为市人大常委会教育科学文化卫生工作委员会副主任。

有两名拟任人员赞成票没有过半数，未通过。

第三次会议

（1988年11月6日通过）

任命：

刘春林为市人大常委会副秘书长；

夏远铭为市人大常委会办公室副主任。

姚守孝为市中级人民法院刑事审判第一庭庭长；

张树明为市中级人民法院刑事审判第二庭庭长；

卢学明为市中级人民法院经济审判庭庭长；

刘志远为市中级人民法院民事审判庭庭长；

谢肇荣为市中级人民法院审判员、行政审判庭庭长、审判委员会委员；

何英主为市中级人民法院审判员、告诉申诉庭庭长；

文望生为市中级人民法院行政审判庭副庭长；

罗韬为市中级人民法院审判员、刑事审判第一庭副庭长；

马宏福、李桂能为市中级人民法院审判员、刑事审判第二庭副庭长；

杜世春、樊希旦为市中级人民法院审判员、经济审判庭副庭长；

高松枝、宋雨前为市中级人民法院审判员、民事审判庭副庭长；

黄更生、谈　典、陈作民、钟哲富、罗纯福、丰林越、邓谷桥、余以国、王一良、郑宣桂、李美明、李新珍、刘明志、徐维海、马朝彬、贾先来、陈位安、魏云良、鲁之球为市中级人民法院审判员。

陈彰福、陈乐生、李先忠、刘文科为市人民检察院检察员、检察委员会委员；

李体通、陈竹林、敖荣来、陈焕年、熊震春、赵启湘、毛国保、伍育斌、赵福元、张超凡、陈丰林、张道华、覃德运、李金泉、饶宏全、余忠国、文承喜、尹新成、佘俊元、芦山、胡光炎、周其华、周国权为市人民检察院检察员。

免去：

熊锡礼的市中级人民法院审判员、刑事审判第一庭副庭长职务。

第四次会议

（1988年12月29日通过）

决定：

接受严高明辞去市一届人大常委会委员职务的请求。

任命：

李益浦为市国土管理局局长；

张道华为市人民检察院检察委员会委员；

彭世理、朱国祥、许建国为市人民检察院检察员；

王同福为常德市白洋堤地区人民检察院副检察长、检察委员会委员；

粟福国、李显协为常德市白洋堤地区人民检察院检察员、检察委员会委员；

李佑正、李明初、武海云为常德市白洋堤地区人民检察院检察员。

第五次会议

（1989年3月10日通过）

任命：

姚世柏为市公安局局长；

刘志奇为市林业局局长。

免去：

刘诗信的市公安局局长职务。

任命：

谢肇荣为市中级人民法院副院长；

李荣新为市中级人民法院刑事审判第二庭庭长；

余以国为市中级人民法院民事审判庭庭长、审判委员会委员。

免去：

张树明的市中级人民法院刑事审判第二庭庭长职务；

刘志远的市中级人民法院民事审判庭庭长、审判委员会委员职务。

补选：

周正湘为湖南省第七届人民代表大会代表。

第六次会议

（1989 年 4 月 29 日通过）

任命：

刘呈祥为市财政局局长。

第七次会议

（1989 年 7 月 10 日通过）

撤销：

刘呈祥的市财政局局长职务。

任命：

张冠洲为市财政局局长。

第八次会议

（1989 年 9 月 6 日通过）

免去：

杨万柱的市人民政府秘书长职务。

任命：

钦时中为市人民政府秘书长。

任命：

魏云良为市中级人民法院刑事审判第一庭副庭长；

马先国为市中级人民法院审判员、行政审判庭副庭长；

王宇、方春兰为市中级人民法院审判员。

第九次会议

（1989 年 10 月 28 日通过）

任命：

刘昌进为市人民政府副市长；

杨云孝为市人大常委会民族华侨工作委员会主任。

第十次会议

（1989 年 12 月 29 日通过）

免去：

杨志斌的市计划委员会主任职务；
李学林的市教育委员会主任职务；
翟笃培的市乡镇企业局局长职务；
刘春林的市人大常委会副秘书长职务。
任命：
唐必清为市计划委员会主任；
刘顺甄为市教育委员会主任。

第十一次会议

（1990 年 3 月 4 日通过）

免去：
卜启圣的市人民政府副市长职务。
任命：
阙海卿为市乡镇企业局局长。
免去：
马先国的市中级人民法院行政审判庭副庭长职务；
杜世春的市中级人民法院经济审判庭副庭长职务。
任命：
夏绍春为市中级人民法院副院长、审判员、审判委员会委员；
姜德安为市中级人民法院经济审判庭副庭长、审判员；
张汝朗、钟昌琪、胡金林、王代新、鲁正义、熊继品为市中级人民法院审判员。
批准任命：
严兴华为武陵区人民检察院检察长；
彭子荣为鼎城区人民检察院检察长；
聂再甫为汉寿县人民检察院检察长；
胡新建为桃源县人民检察院检察长；
龚道隆为石门县人民检察院检察长；
唐常安为津市市人民检察院检察长；
黄秋武为澧 县人民检察院检察长；
徐超强为临澧县人民检察院检察长；
周厚久为安乡县人民检察院检察长。
任命：
王尽忠、叶发科、杨长巨、宋英杰、钟吾山、童从福、卜宗斌、杨顺林为市人民检察院检察员。

第十四次会议

（1990 年 6 月 28 日通过）

任命：

李盛福为市人大常委会教科文卫工作委员会副主任。

第十五次会议

（1990 年 9 月 1 日通过）

免去：

范自立的市建设委员会主任职务。

任命：

钦时中为市人民政府副市长；

张安中为市建设委员会主任。

任命：

冷鹤龄、黄孝仁为市中级人民法院审判员。

第十七次会议

（1990 年 12 月 29 日通过）

补选：

刘大纯为湖南省第七届人民代表大会代表。

第十八次会议

（1991 年 2 月 27 日通过）

免去：

蔡汝栋兼任的市人大常委会秘书长职务；

钦时中兼任的市人民政府秘书长职务；

余习忠的市劳动局局长职务；

孙际泉的市中级人民法院副院长、审判委员会委员职务。

批准免去：

周厚久的安乡县人民检察院检察长职务。

任命：

徐田葆为市人民政府秘书长；

朱梅青为市劳动局局长；

毛先渭为常德市白洋堤地区人民检察院副检察长、检察委员会委员。

第十九次会议

（1991 年 3 月 27 日通过）

免去：

颜永盛的市人民政府副市长职务。

第二十次会议

（1991 年 5 月 30 日通过）

免去：

熊锡礼的市人大常委会法制工作委员会副主任职务；

陈本祥的市人大常委会财经工作委员会副主任职务。

免去：

龚玉昆的市司法局局长职务；

陆训寿的市物资局局长职务；

李絮柳的市统计局局长职务；

吴雄甫的市文化局局长职务；

龙淼泉的市卫生局局长职务。

任命：

李森树为市司法局局长；

窦长清为市物资局局长；

周国斌为市统计局局长；

杨荣族为市文化局局长；

蒋祖健为市卫生局局长。

任命：

张树明为市中级人民法院副院长；

姚守孝为市中级人民法院副院长。

免去：

李湘帆的市中级人民法院副院长职务。

任命：

陈彰福为市人民检察院副检察长；

佘俊元为市人民检察院检察委员会委员；

尹述革为市人民检察院检察员。

免去：

树兵的市人民检察院副检察长、检察委员会委员职务。

第二十一次会议

（1991 年 8 月 3 日通过）

免去：

文望生的市中级人民法院行政审判庭副庭长职务；

卢学明的市中级人民法院经济审判庭庭长职务；

高松枝的市中级人民法院民事审判庭副庭长职务；

樊希旦的市中级人民法院经济审判庭副庭长职务。

任命：

文望生为市中级人民法院刑事审判第一庭庭长；

卢学明为市中级人民法院林业审判庭庭长；

杜世春为市中级人民法院经济审判庭庭长、审判委员会委员；

高松枝为市中级人民法院行政审判庭庭长、审判委员会委员；

陈位安为市中级人民法院行政审判庭副庭长；

樊希旦为市中级人民法院告诉申诉审判庭副庭长；

李新珍为市中级人民法院民事审判庭副庭长；

糜玉枝为市中级人民法院经济审判庭副庭长；

姚敦贵、王同胜、李常春、吴宇峰、黄天伏为市中级人民法院审判员。

第二十二次会议

（1991 年 9 月 29 日通过）

决定：

接受陈文浩辞去市一届人大常委会副主任职务的请求；

接受黄费智辞去市一届人大常委会委员职务的请求。

任命：

刘士六为市人民政府副市长。

任命：

李伯强为市中级人民法院林业审判庭副庭长、审判员。

第二十三次会议

（1991 年 11 月 30 日通过）

决定免去：

刘士六的市对外经济贸易委员会主任职务；

王逸时的市经济委员会主任职务。

决定撤销：

李祖金的常德市白洋堤地区人民检察院检察长职务。

任命：

姚敦贵为市中级人民法院执行庭副庭长。

免去：

赵福元的市人民检察院检察员职务；

王同福的常德市白洋堤地区人民检察院副检察长、检察委员会委员职务；

粟福国的常德市白洋堤地区人民检察院检察员、检察委员会委员职务。

决定任命：

易湘域为市对外经济贸易委员会主任；

朱立炎为市经济委员会主任。

第二十五次会议

（1992年3月20日通过）

决定：

接受汤音宏辞去市第一届人大常委会委员职务的请求。

免去：

陈正华的市人大常委会办公室副主任职务。

任命：

陈正华为市人大常委会财经工作委员会副主任；

龚椰林为市人大常委会办公室副主任；

郑敏芳为市人大常委会法制工作委员会副主任。

任命：

潘爱民、任熙炜、万革新、冯献民、王秋阶、高云祥、劳新国、蔡运芝、黄云庭、廖忠义、雷光松、林泽华为市人民检察院检察员。

第二十七次会议

（1992年5月29日通过）

批准任命：

王建国为安乡县人民检察院检察长。

第二十八次会议

（1992年8月1日通过）

免去：

熊代东的市外事办公室主任职务。

任命：

王德盛为市外事办公室主任。

第二十九次会议

（1992 年 9 月 25 日通过）

任命：

李文耀为市人民检察院副检察长、检察委员会委员；

张瑞祥为常德市白洋堤地区人民检察院检察长；

曾祥国为市人民检察院检察员；

龚德培为市中级人民法院副院长、审判委员会委员、审判员；

何英主、胡金林、马朝彬为市中级人民法院审判委员会委员；

王顺舟、刘慎国、杨菊佳、黄志坚、陈远定、彭可安、何凡本、戴春枝为市中级人民法院审判员。

第三十次会议

（1992 年 11 月 23 日通过）

决定：

接受蔡长松辞去市人民政府市长职务的请求；

接受李江辞去市人民政府副市长职务的请求；

批准：

唐长安辞去津市市人民检察院检察长职务。

任命：

吴定宪为市人民政府副市长。

决定：

副市长吴定宪代理市长职务。

第二节　第二届人民代表大会常务委员会人事任免事项

在《常德市人大常委会人事任免工作暂行办法》基础上，经过适当补充完善，1993 年 2 月19 日，常德市二届人大常委会第一次会议通过《常德市人大常委会人事任免办法》。办法要求有关机关应在常委会会议前 10 天报送任免材料；常委会工作机构应对拟任人员进行任前的调查了解；对辞职事项表决方式改为举手表决，对颁发任命书的程序也提出了新要求。

1993 年 2 月—1997 年 12 月，市二届人大常委会共任免国家工作人员 388 人（次），其中任命257人(次),免职90人(次),接受辞职12人,批准任免27人,决定代理1人,撤销职务1人。按提请机关分别统计,任免市人大常委会工作人员20人(次),任免市人民政府工作人员90人(次),任免市中级人民法院工作人员147人(次),任免市人民检察院工作人员131人(次)。

第一次会议

(1993年2月21日通过)

任命:

鲁秉群为市人大常委会办公室主任;

陈春生为市人大常委会选举任免联络工作委员会主任;

熊鹤仙为市人大常委会农村工作委员会主任;

杜辉才为市人大常委会法制工作委员会主任;

杨云孝为市人大常委会民族华侨工作委员会主任。

任命:

肖有志为市人民政府秘书长;

向启国为市计划委员会主任;

朱立炎为市经济委员会主任;

龙定友为市科学技术委员会主任;

姚绍球为市农村经济委员会主任;

张启祥为市建设委员会主任;

刘顺甄为市教育委员会主任;

龙迪安为市经济体制改革委员会主任;

易湘域为市对外经济贸易委员会主任;

郑景阳为市计划生育委员会主任;

张新民为市乡镇企业经济委员会主任;

赵长寿为市体育运动委员会主任;

彭惠武为市外事办公室主任;

胡欣堂为市公安局局长;

李森树为市司法局局长;

庹朝明为市民政局局长;

刘平政为市人事局局长;

王华轩为市劳动局局长;

谢春开为市监察局局长;

高天成为市审计局局长;

陈君文为市财政局局长；
滕国华为市工商行政管理局局长；
沈兆兴为市物价局局长；
周国斌为市统计局局长；
李益浦为市国土管理局局长；
段国祥为市商业局局长；
车世炎为市粮食局局长；
张家界为市交通局局长；
刘本之为市农业局局长；
刘志奇为市林业局局长；
孙维忠为市水利水电局局长；
窦长清为市物资局局长；
杨荣族为市文化局局长；
蒋祖健为市卫生局局长；
史宏新为市广播电视局局长。
任命：
杨长巨为市人民检察院副检察长、检察委员会委员；
王尽忠为市人民检察院副检察长、检察委员会委员；
杨明清为市中级人民法院副院长、审判委员会委员、审判员；
姚敦贵为市中级人民法院执行庭庭长；
鲁之求为市中级人民法院刑事审判庭副庭长；
周建民为市中级人民法院经济审判庭副庭长、审判员；
余以国为市中级人民法院告诉申诉庭庭长；
糜玉枝为市中级人民法院执行庭副庭长；
陈爱玉、彭家玉、田斌榜为市中级人民法院审判员。
批准任命：
贾云庆为常德市武陵区人民检察院检察长；
彭子荣为常德市鼎城区人民检察院检察长；
谢贵爱为汉寿县人民检察院检察长；
胡新建为桃源县人民检察院检察长；
龚道隆为石门县人民检察院检察长；
黄生昌为临澧县人民检察院检察长；
黄秋武为澧　县人民检察院检察长；
王建国为安乡县人民检察院检察长；

谢圣美为津市市人民检察院检察长。

免去：

张树明的市中级人民法院副院长、审判委员会委员、审判员职务；

陈大范的市中级人民法院副院长职务；

何英主的市中级人民法院告诉申诉庭庭长职务；

李荣新的市中级人民法院刑事审判二庭庭长职务；

余以国的市中级人民法院民事审判庭庭长职务；

马宏福的市中级人民法院刑事审判二庭副庭长职务；

罗　韬的市中级人民法院刑事审判一庭副庭长职务；

糜玉枝的市中级人民法院经济审判庭副庭长职务。

补选：

马立强为湖南省第八届人民代表大会代表。

第二次会议

（1993 年 4 月 28 日通过）

任命：

覃事育、李友全、李华春、伍显林、周奔红、马先菊为市人民检察院检察员；

许建国、彭世理、朱国祥为市人民检察院检察委员会委员；

湛雁鸣、白　明、李　钧、刘德华、陈学贵、胡厚满为常德市白洋堤地区人民检察院检察员；

李明初、武海云为常德市白洋堤地区人民检察院检察委员会委员。

免去：

吴斌的市人民检察院副检察长、检察委员会委员职务；

刘文科、李先忠的市人民检察院检察委员会委员职务；

李显协的常德市白洋堤地区人民检察院检察委员会委员职务。

第三次会议

（1993 年 6 月 30 日通过）

任命：

宋雨前为市中级人民法院民事审判庭庭长；

方春兰为市中级人民法院民事审判庭副庭长；

覃宏庆、周桂珍、文国银、荣一平为市中级人民法院审判员。

第四次会议

（1993 年 8 月 28 日通过）

任命：

李延生为市人民政府副市长；

王见为市商业局局长。

免去：

段国祥的市商业局局长职务。

第五次会议

（1993 年 10 月 23 日通过）

免去：

刘本之的市农业局局长职务。

第六次会议

（1993 年 12 月 21 日通过）

补选：

祝光友为湖南省第八届人民代表大会代表。

免去：

陈德铨的市人民政府副市长职务。

任命：

洪明祥为市人民政府副市长。

免去：

杜世春的市中级人民法院经济庭庭长、审判委员会委员职务。

任命：

姜德安为市中级人民法院经济庭庭长、审判委员会委员；

尹述革、饶宏全为市人民检察院检察委员会委员；

卜学宏为市人民检察院检察员。

第七次会议

（1994 年 2 月 22 日通过）

决定：

接受邱伏兰、张冠洲、阙海卿、张义田辞去市第二届人大常委会委员职务的请求。

第八次会议

（1994 年 2 月 23 日通过）

任命：

李会刚为市人民政府副市长。

任命：

王志华为市人大常委会财经工作委员会主任；

王孝山为市外事办公室主任；

田晓川为市农业局局长。

免去：

朱立炎的市经济委员会主任职务；

彭惠武的市外事办公室主任职务。

任命：

王同胜为市中级人民法院经济审判庭副庭长；

宋雨前为市中级人民法院审判委员会委员；

樊明程为市中级人民法院审判员。

免去：

李荣新、何英主、胡金林的市中级人民法院审判委员会委员职务。

第九次会议

（1994 年 4 月 28 日通过）

任命：

李建新为市经济委员会主任。

免去：

刘平政的市人事局局长职务。

第十次会议

（1994 年 6 月 28 日通过）

任命：

鲁秉群为市人大常委会副秘书长；

吴承云为市人事局局长。

第十一次会议

（1994 年 8 月 27 日通过）

决定：

接受鲁代珍辞去市第二届人大常委会委员职务的请求。

任命：

赵春先、罗朝珍、许大维、汪建保、谢正平、魏峥嵘、雷光醒为市人民检察院检察员。

第十三次会议

（1994 年 12 月 28 日通过）

决定：

接受骆正鑫辞去市第二届人大常委会委员职务的请求。

免去：

龙迪安的市经济体制改革委员会主任职务；

易湘域的市对外经济贸易委员会主任职务；

李森树的市司法局局长职务；

陈彰福的市人民检察院副检察长、检察委员会委员职务。

任命：

赵涌涛为市经济体制改革委员会主任；

王孝山为市对外经济贸易委员会主任；

杜振汉为市司法局局长；

彭世理为市人民检察院副检察长。

决定：

接受朱立炎辞去湖南省第八届人民代表大会代表职务的请求。

补选：

向启国为湖南省第八届人民代表大会代表。

第十四次会议

（1995 年 1 月 14 日通过）

决定：

接受梅荣保辞去市第二届人大常委会委员职务的请求。

任命：

张昌平为市人民政府副市长。

决定：

接受吴定宪辞去市人民政府市长职务的请求；

副市长张昌平代理市长职务。

第十五次会议

（1995 年 3 月 1 日通过）

免去：

余以国的市中级人民法院告诉申诉庭庭长、审判委员会委员职务；

卢学明的市中级人民法院林业审判庭庭长职务；

樊希旦的市中级人民法院告诉申诉庭副庭长职务；

鲁之球的市中级人民法院刑一庭副庭长职务；

糜玉枝的市中级人民法院执行庭副庭长职务；

李桂能的市中级人民法院刑二庭副庭长职务。

任命：

卢学明为市中级人民法院告诉申诉庭庭长；

樊希旦为市中级人民法院林业审判庭庭长；

鲁之球为市中级人民法院执行庭副庭长；

王顺舟为市中级人民法院行政审判庭副庭长；

冷鹤龄为市中级人民法院告诉申诉庭副庭长；

糜玉枝为市中级人民法院经济审判庭副庭长；

李桂能为市中级人民法院告诉申诉庭副庭长；

吴宇峰、彭可安为市中级人民法院刑事审判庭副庭长。

第十七次会议

（1995 年 4 月 28 日通过）

任命：

王远和、李明君、彭政、詹子华、覃志平、熊月华、宋征、聂景华、赵昌华、杜方柏、邵玉成、袁美丽、李冲、蒋正南为市中级人民法院审判员；

赵春先、廖忠义、钟吾山、劳新国、高云祥为市人民检察院检察委员会委员；

贾殿平、危兆海、曾凡荣、李仁莲、郭建国、张春枝为市人民检察院检察员；

程伯清、谢六桥为常德市白洋堤地区人民检察院检察员。

免去：

饶宏全、佘俊元的市人民检察院检察委员会委员职务。

第十八次会议

（1995 年 6 月 29 日通过）

决定任命：

陈君文为市人民政府副市长。

决定免去：

莫道宏的市人民政府副市长职务。

任命：

钟兴无、曾晓东、聂学文、陈坚毅、文小平、刘智、王立珍、鲁祖芳、聂龙、唐招军、刘海岚为市中级人民法院审判员；

郭伯福、高翔、欧阳志恒、毛晓军、周献刚、陈兵役、陈丹玲、伍宏、李宽庆、何明惠为市人民检察院检察员；

刘德华为常德市白洋堤地区人民检察院检察委员会委员。

第二十次会议

（1995 年 10 月 26 日通过）

免去：

肖有志的市人民政府秘书长职务；

田晓川的市农业局局长职务；

刘志奇的市林业局局长职务。

任命：

叶培明为市人民政府秘书长；

周文清为市农业局局长；

贺家斌为市林业局局长。

撤销：

任熙炜的市人民检察院检察员职务。

第二十一次会议

（1995 年 12 月 27 日通过）

任命：

覃事育、黄云庭为市人民检察院检察委员会委员；

欧贤刚、梅建华、杨名夏、王国荣、王国丽、周立军、张桂生、程遥、翟世杰、黄志军为市中级人民法院审判员。

第二十二次会议

（1996 年 2 月 28 日通过）

免去：

李延生的市人民政府副市长职务；

刘湘滨的市人民检察院副检察长、检察委员会委员、检察员职务。

决定：

接受蔡汝栋、揭乐田辞去市第二届人大常委会副主任职务的请求；

接受夏绍春辞去市中级人民法院院长职务的请求。

第二十四次会议

（1996 年 4 月 26 日通过）

决定：

接受杜辉才辞去市第二届人大常委会委员职务的请求。

免去：

杜辉才的市人大常委会法制工作委员会主任职务；

郑景阳的市计划生育委员会主任职务；

庹朝明的市民政局局长职务；

陈君文的市财政局局长职务；

陈乐生、尹述革的市人民检察院检察委员会委员职务。

批准免去：

王建国的安乡县人民检察院检察长职务；

谢贵爱的汉寿县人民检察院检察长职务。

任命：

彭淑华为市计划生育委员会主任；

王永康为市国家安全局局长；

涂春堂为市民政局局长；

万善志为市财政局长；

杜辉才、王建国为市人民检察院副检察长；

毛国保、万革新为市人民检察院检察委员会委员；

李明初为常德市白洋堤地区人民检察院副检察长；

文国银为市中级人民法院告诉申诉庭副庭长；

文小平为市中级人民法院民事审判庭副庭长。

第二十五次会议

（1996 年 6 月 26 日通过）

任命：

冯献民为市人民检察院检察委员会委员；

刘保安、谈腊秀、周双全、傅绍宏、郭道华、熊湘涛、陈辉、张渊文、胡松国、裴文泽、向际万、张为、李友明、朱立爱、沈林华为市人民检察院检察员；

王道万、刘芳为市中级人民法院审判员。

批准免去：

胡新建的桃源县人民检察院检察长职务；

贾云庆的武陵区人民检察院检察长职务；

龚道隆的石门县人民检察院检察长职务。

免去：

万革新的市人民检察院检察员、检察委员会委员职务；

芦山、佘俊元、林泽华的市人民检察院检察员职务。

第二十七次会议

（1996 年 10 月 29 日通过）

免去：

杨明清的市中级人民法院副院长、审判委员会委员、审判员职务；

陈位安的市中级人民法院行政审判庭副庭长、审判员职务。

任命：

杨明清为市人大常委会法制工作委员会主任；

胡金林为市中级人民法院副院长、审判委员会委员。

第二十八次会议

（1996 年 12 月 27 日通过）

免去：

胡欣堂的市公安局局长职务；

潘爱民、毛晓军的市人民检察院检察员职务；

李显协的常德市白洋堤地区人民检察院检察员职务。

任命：

傅少祥为市公安局局长。

第二十九次会议

（1997 年 2 月 27 日通过）

免去：

高松枝的市中级人民法院行政庭庭长职务；

魏云良、彭可安、吴宇峰的市中级人民法院刑一庭副庭长职务；

姜德安的市中级人民法院经济庭庭长职务；

王同胜、糜玉枝、周建民的市中级人民法院经济庭副庭长职务；

姚敦贵的市中级人民法院执行庭庭长职务；

卢学明的市中级人民法院告诉申诉庭庭长职务；

李桂能、冷鹤龄、文国银的市中级人民法院告诉申诉庭副庭长职务；

鲁之球的市中级人民法院执行庭副庭长职务。

任命：

姜德安为市中级人民法院经济审判第二庭庭长；

周建民、赵昌华为市中级人民法院经济审判第二庭副庭长；

王同胜为市中级人民法院经济审判第一庭庭长；

糜玉枝、詹子华、刘智为市中级人民法院经济审判第一庭副庭长；

卢学明为市中级人民法院审判监督庭庭长；

李桂能、贾先来、文国银为市中级人民法院审判监督庭副庭长；

姚敦贵为市中级人民法院行政审判庭庭长；

鲁之球为市中级人民法院执行庭庭长；

彭可安为市中级人民法院执行庭副庭长；

徐维海为市中级人民法院立案庭庭长；

冷鹤龄为市中级人民法院立案庭副庭长；

周桂珍、钟兴无、曾晓东为市中级人民法院刑事审判第一庭副庭长；

魏云良为市中级人民法院刑事审判第二庭庭长；

陈远定、李明君为市中级人民法院刑事审判第二庭副庭长。

第三十次会议

（1997 年 3 月 19 日通过）

免去：

刘顺甄的市教育委员会主任职务。

第三十一次会议

（1997 年 4 月 30 日通过）

免去：

刘昌进的市人民政府副市长职务；

向启国的市计划委员会主任职务；

杜振汉的市司法局局长职务；

刘文科的市人民检察院检察员职务。

任命：

杨光宏为市人民政府副市长；

梁宋模为市计划委员会主任；

何英满为市教育委员会主任；

周利党为市司法局局长；

陈彰福为市人民检察院副检察长；

郑明君、童海燕、吴慧敏、丁灿平为市中级人民法院审判员。

批准任命：

龚道隆为武陵区人民检察院检察长；

万革新为石门县人民检察院检察长；

陈忠为安乡县人民检察院检察长。

第三十二次会议

（1997 年 6 月 27 日通过）

免去：

王建国的市人民检察院副检察长职务。

第三十三次会议

（1997 年 8 月 27 日通过）

任命：

覃宏庆为市中级人民法院行政审判庭副庭长；

彭先桥、贺德全、佘高友、严钦华为市中级人民法院审判员。

第三十四次会议

（1997 年 10 月 30 日通过）

任命：

刘克云为市经济委员会主任；
胡作武为市科学技术委员会主任；
马耀舫为市审计局局长。
免去：
李建新的市经济委员会主任职务；
龙定友的市科学技术委员会主任职务；
高天成的市审计局局长职务；
陈坚毅的市中级人民法院审判员职务。

第三十五次会议

（1997年12月17日通过）

批准任命：
龚道隆为武陵区人民检察院检察长；
刘则新为汉寿县人民检察院检察长；
刘长城为桃源县人民检察院检察长；
廖忠义为临澧县人民检察院检察长；
万革新为石门县人民检察院检察长；
黄秋武为澧 县人民检察院检察长；
熊忠民为津市市人民检察院检察长；
陈忠为安乡县人民检察院检察长。

第三节 第三届人民代表大会常务委员会人事任免事项

1998年3月，第三届人大常委会主任会议研究决定，新一届政府组成单位的拟任负责人，任前进行法律考试(随后扩大到“两院”拟任职人员)。2001年4月，第二十五次常委会通过了部分审判和检察人员职务实行任前公示的规定。2001年6月，第二十七次常委会会议作出了关于修改常德市人大常委会人事任免办法的决定，对原办法作了21个方面的修改。2002年10月，第三十七次常委会会议审议通过了“两院”组成人员实行随届任命的决定。

1998年1月—2002年12月，市三届人大常委会会议共任免国家工作人员309名(次)，其中任命184人(次)，免职94人(次)，接受辞职9人，批准任免20人(次)，决定代理2人。按提请机关分别统计，任免市人大专门委员会组成人员和常委会工作人员37人(次)，任免市人民政府工作人员72人(次)，任免市中级人民法院工作人员111人(次)，任免市人民检察院工作人员89人(次)。

第一次会议

（1998 年 3 月 3 日通过）

决定任命：

程海波为市人民政府副市长，代市长。

（1998 年 3 月 5 日通过）

任命：

彭启云为市人大常委会副秘书长，办公室主任；

鲁秉群为市人大常委会副秘书长；

梁志明为市人大常委会研究室主任；

陶明庆为市人大常委会选举任免联络工作委员会主任。

任命：

叶培明为市人民政府秘书长；

梁宋模为市计划委员会主任；

刘克云为市经济委员会主任；

赵涌涛为市经济体制改革委员会主任；

何英满为市教育委员会主任；

胡作武为市科学技术委员会主任；

张启祥为市建设委员会主任；

王孝山为市对外经济贸易委员会主任；

彭淑华为市计划生育委员会主任；

傅少祥为市公安局局长；

王永康为市国家安全局局长；

张正钧为市监察局局长；

马耀舫为市审计局局长；

涂春堂为市民政局局长；

周利党为市司法局局长；

万善志为市财政局局长；

吴承云为市人事局局长；

王华轩为市劳动局局长；

张家界为市交通局局长；

周文清为市农业局局长；

陈筱泽为市林业局局长；

罗英碧为市水利水电局局长；

杨荣族为市文化局局长；

张湘林为市卫生局局长。

任命：

樊明程为市中级人民法院审判委员会委员；

李明君为市中级人民法院刑一庭副庭长；

周桂珍为市中级人民法院刑二庭副庭长；

刘松林、熊云耀、胡桂英、李　浚为市中级人民法院审判员。

免去：

李明君的市中级人民法院刑二庭副庭长职务；

周桂珍的市中级人民法院刑一庭副庭长职务；

李荣新的市中级人民法院审判员职务。

批准任命：

贺泽亚为鼎城区人民检察院检察长。

第二次会议

（1998 年 4 月 30 日通过）

决定：

接受李会刚辞去市人民政府副市长职务的请求。

第四次会议

（1998 年 8 月 7 日通过）

决定任命：

刘春林为市人民政府副市长。

任命：

朱传和、李雪、朱梅安、祁圣友、龚力、沈波涌、谢迎春为市中级人民法院审判员。

任命：

卜学宏、郭建国、周奔红、陈辉为市人民检察院检察委员会委员；

杨共芳、刘昌超、卜兴炎为市人民检察院检察员；

罗琳、向延东为常德市白洋堤地区人民检察院检察员。

免去：

朱国祥、廖忠义的市人民检察院检察员、检察委员会委员职务；

毛国保的市人民检察院检察委员会委员职务；

李先忠、贾殿平、伍育斌、童从福、高　翔的市人民检察院检察员职务；

陈学贵的常德市白洋堤地区人民检察院检察员职务。

第五次会议

（1998 年 10 月 27 日通过）

补选：

李瑞师为湖南省第九届人民代表大会代表。

第七次会议

（1999 年 3 月 4 日通过）

任命：

卢学明为市中级人民法院民事审判庭庭长；

宋雨前为市中级人民法院审判监督庭庭长；

文望生为市中级人民法院刑事审判第二庭庭长；

魏云良为市中级人民法院刑事审判第一庭庭长。

免去：

卢学明的市中级人民法院审判监督庭庭长职务；

宋雨前的市中级人民法院民事审判庭庭长职务；

文望生的市中级人民法院刑事审判第一庭庭长职务；

魏云良的市中级人民法院刑事审判第二庭庭长职务。

第十一次会议

（1999 年 8 月 25 日通过）

决定免去：

刘本之、杨万柱的市人民政府副市长职务。

任命：

罗宏全为市劳动和社会保障局局长。

第十二次会议

（1999 年 10 月 27 日通过）

任命：

廖志明、熊利波、詹险峰、钟科见、郭 洪为市中级人民法院审判员。

第十三次会议

（1999 年 12 月 29 日通过）

任命：

张元英为市人民政府副市长。
决定：
接受何佑民辞去市第三届人大常委会委员职务的请求。

第十五次会议

（2000年2月28日通过）

任命：
龙建业为市第三届人大财经委员会委员；
严维贡为市第三届人大教科文卫委员会委员。
任命：
卜功元为市民政局局长。
免去：
涂春堂的市民政局局长职务。
批准免去：
刘则新的汉寿县人民检察院检察长职务。
批准任命：
高云祥为汉寿县人民检察院检察长。
任命：
刘则新为市人民检察院检察员。
免去：
高云祥、许大维的市人民检察院检察员职务。
任命：
文国银为市中级人民法院林业审判庭庭长；
钟欣吾为市中级人民法院行政审判庭庭长；
鲁祖芳为市中级人民法院立案庭副庭长；
欧贤刚、聂龙为市中级人民法院刑事审判第一庭副庭长；
杨名夏、唐招军、詹险峰为市中级人民法院民事审判庭副庭长；
谢迎春为市中级人民法院经济审判第一庭副庭长；
郑明君为市中级人民法院经济审判第二庭副庭长；
蒋正南、程遥为市中级人民法院执行庭副庭长；
聂学文、刘海岚为市中级人民法院审判监督庭副庭长；
李安云为市中级人民法院审判员。
免去：
卢学明的市中级人民法院民事审判庭庭长职务；

姜德安的市中级人民法院经济审判第二庭庭长职务；
姚敦贵的市中级人民法院行政审判庭庭长职务；
樊希旦的市中级人民法院林业审判庭庭长职务；
李桂能、文国银的市中级人民法院审判监督庭副庭长职务；
李新珍、方春兰的市中级人民法院民事审判庭副庭长职务；
冷鹤龄的市中级人民法院立案庭副庭长职务；
李明君、钟欣吾的市中级人民法院刑事审判第一庭副庭长职务；
詹子华的市中级人民法院经济审判第一庭副庭长职务；
赵昌华的市中级人民法院经济审判第二庭副庭长职务；
彭可安的市中级人民法院执行庭副庭长职务；
黄天伏的市中级人民法院审判员职务。

第十八次会议

（2000 年 8 月 31 日通过）

任命：
刘剑英为市人民政府副市长；
刘兴国为市计划生育委员会主任；
郭道义为市建设委员会主任；
诸戈文为市文化局局长。
免去：
彭淑华的市计划生育委员会主任职务；
张启祥的市建设委员会主任职务；
杨荣族的市文化局局长职务。
免去：
龙建业的市第三届人大财经委员会委员职务。

第二十次会议

（2000 年 10 月 31 日通过）

决定：
接受王军杰辞去市第三届人大常委会委员职务的请求。
免去：
张家界的市交通局局长职务；
姚守孝的市中级人民法院副院长职务；
郑明君的市中级人民法院经济审判第二庭副庭长、审判员职务；

丁灿平的市中级人民法院审判员职务。
任命:
马承斌为市交通局局长;
万利为市中级人民法院副院长;
魏云良、王同胜为市中级人民法院审判委员会委员;
文小平为市中级人民法院民事审判庭庭长。
补选:
罗祖亮为湖南省第九届人民代表大会代表。

第二十二次会议

(2000年12月27日通过)

批准免去:
万革新的石门县人民检察院检察长职务。
决定免去:
叶培明的市人民政府秘书长职务;
王尽忠的市人民检察院副检察长职务;
彭世理的市人民检察院检察员、检察委员会委员、副检察长职务;
李友全、雷光醒的市人民检察院检察员职务。
决定任命:
蔡建和为市人民政府秘书长;
彭世理为市中级人民法院审判员、审判委员会委员、副院长;
万革新为市人民检察院检察员、检察委员会委员、副检察长。

第二十三次会议

(2001年2月6日通过)

决定:
接受俞斌龙、张先春辞去市第三届人大常委会副主任职务的请求。
免去:
陶明庆的市人大常委会选举任免联络工作委员会主任职务;
吴承云的市人事局局长职务;
陈筱泽的市林业局局长职务。
任命:
吴承云为市人大常委会选举任免联络工作委员会主任;
肖世轩为市第三届人大财经委员会委员;

杨耀金为市第三届人大农业委员会委员；
曾再农为市人事局局长；
肖正汉为市林业局局长。
批准：
龚道隆辞去武陵区人民检察院检察长职务；
廖忠义辞去临澧县人民检察院检察长职务。
免去：
罗鑫来的市第三届人大内务司法委员会副主任委员职务。

第二十五次会议

（2001 年 4 月 29 日通过）

决定：
接受程海波辞去市人民政府市长职务的请求；
陈君文为市人民政府代理市长。
任命：
敖建斌为市监察局局长；
周栋民为市水利水电局局长；
聂其龙为市第三届人大内务司法委员会副主任委员；
伍　宏为市人民检察院检察委员会委员；
许服膺、袁春霞、陈忠林、宋仁辉、龚秀敏为市人民检察院检察员。
免去：
张正钧的市监察局局长职务；
罗英碧的市水利水电局局长职务。
批准任命：
廖忠义为武陵区人民检察院检察长；
黄道宜为石门县人民检察院检察长。

第二十六次会议

（2001 年 5 月 11 日通过）

任命：
李爱国为市人民政府副市长。

第二十八次会议

（2001 年 8 月 28 日通过）

任命：

李金城为市国土资源局局长；

李迪伟为市规划局局长；

彭培南为市城市管理局局长；

佘洪涛为市环境保护局局长；

熊国建为市统计局局长；

车世炎为市粮食局局长；

毛先金为市乡镇企业局局长；

印甫生为市物价局局长；

陶孝忠为市人民政府外事侨务办公室主任；

彭世理、万　利为市中级人民法院审判委员会委员、审判员；

孙孝明、刘宇学、程金明、侯克山、杜春梅、张秋岚、金春明、涂江波、熊淑兰、贺耕云、詹仁萍、张坤世为市中级人民法院审判员。

根据市人民政府机构改革实施方案，市经济体制改革委员会已经撤销，赵涌涛的市经济体制改革委员会主任职务随机构撤销自然免除，不再办理免职手续。原市计划委员会、市经济委员会、市教育委员会、市科学技术委员会、市建设委员会、市对外经济贸易委员会、市水利水电局现已更名，其局长（主任）未作调整，职务名称随机构更名做相应的改变：市发展计划委员会主任梁宋模、市经济贸易委员会主任刘克云、市教育局局长何英满、市科学技术局局长胡作武、市建设局局长郭道义、市对外贸易经济合作局局长王孝山、市水利局局长周栋民，以上人员不再办理任职手续。

第三十次会议

（2001 年 11 月 29 日通过）

决定任命：

陈文浩为市人民政府副市长。

任命：

程方山为市第三届人大财经委员会委员。

决定：

接受成定明辞去市第三届人大常委会委员职务的请求。

第三十一次会议

（2001 年 12 月 26 日通过）

任命：

李爱群为市人民检察院检察员。

免去：

梁志明的市人大常委会研究室主任职务；

郑敏芳的市人大常委会选举任免联络工委副主任职务。

决定：

接受蒋祖建辞去市第三届人大常委会秘书长职务的请求；

接受陶明庆辞去市第三届人大常委会委员职务的请求。

第三十二次会议

（2002 年 2 月 28 日通过）

免去：

蔡建和的市人民政府秘书长职务；

彭启云的市人大常委会办公室主任职务。

任命：

沈习森为市人民政府秘书长；

高勇为市人大常委会办公室主任。

第三十三次会议

（2002 年 3 月 22 日通过）

任命：

刘经平为市人大常委会研究室主任；

罗先友为市人大常委会研究室副主任；

戴平为市人大常委会选举任免联络工作委员会副主任。

批准免去：

贺泽亚的鼎城区人民检察院检察长职务。

批准任命：

冷明辉为鼎城区人民检察院检察长；

欧阳志恒为临澧县人民检察院检察长。

第三十四次会议

（2002 年 4 月 30 日通过）

任命：

文小平为市中级人民法院民事审判第一庭庭长；

杨名夏、唐招军为市中级人民法院民事审判第一庭副庭长；

王同胜为市中级人民法院民事审判第二庭庭长；

谢迎春、刘海岚为市中级人民法院民事审判第二庭副庭长；

詹险峰为市中级人民法院立案庭副庭长；

刘智为市中级人民法院民事审判第三庭副庭长；

周建民为市中级人民法院民事审判第三庭庭长。

免去：

文小平的市中级人民法院民事审判庭庭长职务；

杨名夏、唐招军的市中级人民法院民事审判庭副庭长职务；

王同胜的市中级人民法院经济审判第一庭庭长职务；

谢迎春、刘 智、糜玉枝的市中级人民法院经济审判第一庭副庭长职务；

詹险峰的市中级人民法院民事审判庭副庭长职务；

刘海岚的市中级人民法院审判监督庭副庭长职务；

曾晓东的市中级人民法院刑事审判第一庭副庭长职务。

第三十五次会议

（2002 年 6 月 19 日通过）

免去：

唐汇元的市第三届人大农业委员会副主任委员职务；

姚守孝、卢学明、姜德安的市中级人民法院审判委员会委员职务；

李伯强的市中级人民法院林业审判庭副庭长、审判员职务；

李浚的市中级人民法院审判员职务；

王尽忠、张道华的市人民检察院检察委员会委员职务；

周其华、文承嘉、李华春、欧阳志恒的市人民检察院检察员职务；

张瑞祥的常德市白洋堤地区人民检察院检察长、检察委员会委员职务；

毛先渭的常德市白洋堤地区人民检察院副检察长、检察委员会委员职务。

任命：

柳立武为常德市白洋堤地区人民检察院检察长、检察委员会委员、检察员；

郭洪为市中级人民法院立案庭副庭长；

张瑞祥、熊建军、荣明、刘克贤、夏阳、郭健、李宏为市人民检察院检察员；

易长辉、庹进菊、张斌、黄大源、徐谦、徐刚、刘铁军、陈柳湘为常德市白洋堤地区人民检察院检察员。

第三十六次会议

（2002 年 8 月 29 日通过）

决定任命：

周运来为市发展计划委员会主任。

决定免去：

梁宋模的市发展计划委员会主任职务；

王孝山的市对外贸易经济合作局局长职务。

任命：

陈忠为市人民检察院检察员；

陈位安、张治民为市中级人民法院审判员。

免去：

郭建国的市人民检察院检察员职务。

第三十八次会议

（2002 年 12 月 13 日通过）

免去：

鲁秉群、彭启云的市人大常委会副秘书长职务；

吴承云的市人大常委会选举任免联络工作委员会主任职务。

任命：

李友元为市人大常委会选举任免联络工作委员会主任；

蔡常林、李继杰为市人大常委会副秘书长；

吴为为市人大常委会选举任免联络工作委员会副主任；

刘德军为市人大常委会办公室副主任。

批准任命：

廖忠义为武陵区人民检察院检察长；

冷明辉为鼎城区人民检察院检察长；

高云祥为汉寿县人民检察院检察长；

刘长城为桃源县人民检察院检察长；

欧阳志恒为临澧县人民检察院检察长；

黄道宜为石门县人民检察院检察长；

丁大勋为澧 县人民检察院检察长；

熊忠民为津市市人民检察院检察长；

郭建国为安乡县人民检察院检察长。

第四节 第四届人民代表大会常务委员会人事任免事项

市四届人大常委会将随届任命人员的范围扩大到市政府各组成单位的负责人，并在任前调查、任前公示、任前法律考试、任前从政发言、会议审议、表决任命、颁发任命书、集体宣誓等程序上作出新的规定。

2003 年 4 月 29 日，由市第四届人大常委会第三次会议任命的检察官集体宣誓

2003 年 1 月—2007 年 2 月，市四届人大常委会共任免国家工作人员 519 人(次)，其中任命 412 人(次)，免职 77 人(次)，接受辞职 9 人，批准任免 20 人(次)，决定代理 1 人。按提请机关分别统计，任免市人大专门委员会组成人员和常委会工作人员 50 人（次），任免市人民政府工作人员 64 人（次），任免市中级人民法院工作人员 217 人(次)，任免市人民检察院工作人员 188 人(次)。

第一次会议

（2003年 2 月 28 日通过）

决定免去：

高勇兼任的市人大常委会办公室主任职务；

蒋琼的市人大常委会办公室副主任职务；

罗先友的市人大常委会研究室副主任职务。

决定任命：

鲁秉群为市人大常委会办公室主任；

严维贡为市人大常委会研究室副主任。

第二次会议

（2003 年 3 月 20 日通过）

决定任命：

沈习淼为市人民政府秘书长；

周运来为市发展计划委员会主任；

张友德为市经济贸易委员会主任；

黎建平为市教育局局长；

胡作武为市科学技术局局长；

傅少祥为市公安局局长；

敖建斌为市监察局局长；

卜功元为市民政局局长；

周利党为市司法局局长；

万善志为市财政局局长；

曾再农为市人事局局长；

罗宏全为市劳动和社会保障局局长；

郭道义为市建设局局长；

马承斌为市交通局局长；

周栋民为市水利局局长；

周文清为市农业局局长；

肖正汉为市林业局局长；

滕明友为市对外贸易经济合作局局长；

诸戈文为市文化局局长；

郑家火为卫生局局长；

刘兴国为市计划生育委员会主任；

吴让晓为市审计局局长；

李迪伟为市规划局局长；

彭培南为市城市管理局局长；

王吉亚为市环境保护局局长；

熊国建为市统计局局长；

王见为市粮食局局长；

张平为市乡镇企业局局长；

印甫生为市物价局局长；

陶孝忠为市人民政府外事侨务办公室主任。

任命：

胡金林、彭世理、万利为、赵世富为市中级人民法院副院长、审判委员会委员、审判员；

陈彰福、万革新、杨建波、周奔红、郑朝兵为市人民检察院副检察长、检察委员会委员、检察员；

樊明程为市中级人民法院审判委员会委员、审判员；

王岱新、李安云为市中级人民法院审判员；

魏云良为市中级人民法院审判委员会委员、刑事审判第一庭庭长、审判员；

欧贤刚、聂龙为市中级人民法院刑事审判第一庭副庭长、审判员；

孙孝明、詹仕萍为市中级人民法院审判员；

文望生为市中级人民法院审判委员会委员、刑事审判第二庭庭长、审判员；

陈远定、周桂珍为市中级人民法院刑事审判第二庭副庭长、审判员；

樊希旦、程金明、钟科见、熊淑兰为市中级人民法院审判员；

糜玉枝为市中级人民法院审判委员会委员、民事审判第一庭庭长、审判员；

杨名夏、唐招军为市中级人民法院民事审判第一庭副庭长、审判员；

李新珍、刘松林、杜方柏、王立珍、李 雪、金春明、刘宇学、涂江波为市中级人民法院审判员；

王同胜为市中级人民法院审判委员会委员、民事审判第二庭庭长、审判员；

刘海岚为市中级人民法院民事审判第二庭副庭长、审判员；

李明君、朱传和、王国荣、赵昌华、王国丽、杜春梅为市中级人民法院审判员；

周建民为市中级人民法院民事审判第三庭庭长、审判员；

刘智为市中级人民法院民事审判第三庭副庭长、审判员；

王宇、詹子华为市中级人民法院审判员；

钟欣吾为市中级人民法院审判委员会委员、行政审判庭庭长、审判员；

王顺舟、覃宏庆为市中级人民法院行政审判庭副庭长、审判员；

姚敦贵、黄志军、熊利波为市中级人民法院审判员；

文国银为市中级人民法院林业审判庭庭长、审判员；

鲁之球为市中级人民法院审判委员会委员、审判监督庭庭长、审判员；

贾先来、聂学文为市中级人民法院审判监督庭副庭长、审判员；

宋雨前、陈位安、贺德全、李冲、周立军、童海燕、侯克山、张秋岚为市中级人民法院审判员；

徐维海为市中级人民法院立案庭庭长、审判员；

鲁祖方、詹险峰为市中级人民法院立案庭副庭长、审判员；

王远和为市中级人民法院审判委员会委员、审判员；

马朝彬、陈爱玉、李常春、熊云耀、文小平、杨菊佳、彭可安、蒋正南、李美明、贺耕云、张坤世、彭政、朱梅安、祁圣友、郭洪、谢迎春、龚力、覃智平、梅建华、黄志坚、彭先桥、熊月华、翟世杰、熊继品、田斌榜、袁美丽、廖志明、曾晓东、彭家玉、聂景华、张治民为市中级人民法院审判员。

第三次会议

（2003 年 4 月 28 日通过）

任命：

许建国、杨长巨、卜学宏、冯献民、谢正平、何明惠为市人民检察院检察员、检察委员会委员；

李爱群、陈忠、靳湘辉、向际万、熊湘涛、李仁莲、尹述革、张春枝、周国权、谈腊秀、胡松国、许服膺、夏阳、宋仁辉、郭伯福、袁春霞、李宽庆、熊建军、荣明、郭健、裴文泽、危兆海、傅绍宏、卜兴炎、成来彪、龚德村、李宏、刘克贤、陈兵役、陈忠林、钟吾山、曾凡荣、周献刚、周双全、李友明、汪建保、朱立爱、刘昌超、张为、宋英杰、赵春先、沈林华、劳新国、张渊文、伍显林、魏峥嵘、李金泉、张瑞祥、雷光松、曾祥国、邱业建、覃事育、郭道华、陈丹玲、黄云庭、彭建国、龚秀敏、杨其芳、刘保安、王宪辉、杨　仲、徐　华、李拥军、黄向前为市人民检察院检察员；

柳立武为常德市白洋堤地区人民检察院检察员、检察委员会委员、检察长；

李明初、黄大源为常德市白洋堤地区人民检察院检察员、检察委员会委员、副检察长；

武海荣、刘德华、李钧为常德市白洋堤地区人民检察院检察员、检察委员会委员；

湛雁鸣、罗琳、刘铁军、徐　刚、胡后满、陈柳湘、徐　谦、张　斌、易长辉、向延东、庹敬菊为常德市白洋堤地区人民检察院检察员；

宋征、李浚为市中级人民法院审判员。

第五次会议

（2003 年 6 月 27 日通过）

任命：

杨耀金为市第四届人大城乡建设环境资源保护委员会副主任委员；

伍中福为市第四届人大城乡建设环境资源保护委员会委员。

决定任命：

钟华山为市国土资源局局长。

第七次会议

（2003 年 8 月29 日通过）

任命：

李浚为市中级人民法院林业审判庭副庭长；

程遥、佘高友、严钦华、王道万、于前军、覃业辉为市中级人民法院审判员。

第九次会议

（2003 年 12 月 8 日通过）

任命：

杨为明为市第四届人大内务司法委员会委员；

杨立安为市第四届人大教育科学文化卫生委员会委员；

贺立新为市第四届人大农业与农村委员会委员。

决定：

接受周定贵辞去市第四届人大常委会委员职务的请求。

第十一次会议

（2004 年 2 月 26 日通过）

决定：

接受刘春林辞去市人民政府副市长职务的请求。

批准任命：

柳立武为桃源县人民检察院检察长；

田建中为武陵区人民检察院检察长。

批准免去：

廖忠义的武陵区人民检察院检察长职务；

刘长城的桃源县人民检察院检察长职务；

冷明辉的鼎城区人民检察院检察长职务。

任命：

靳湘辉为常德市白洋堤地区人民检察院检察长、检察委员会委员、检察员；

阙兴中、汤明华、蒋 天为市人民检察院检察员。

免去：

柳立武的白洋堤地区人民检察院检察长、检察委员会委员、检察员职务；

靳湘辉的市人民检察院检察员职务。

第十二次会议

（2004 年 4 月 30 日通过）

免去：

文国银的市中级人民法院林业审判庭庭长职务；

聂学文的市中级人民法院审判监督庭副庭长职务；

陈远定的市中级人民法院刑事审判第二庭副庭长职务；

覃宏庆的市中级人民法院行政审判庭副庭长职务；

唐招军的市中级人民法院民事审判第一庭副庭长职务；

李安云、张坤世的市中级人民法院审判员职务。

任命：

张业梅为市中级人民法院副院长、审判委员会委员、审判员；

陈位安为市中级人民法院审判委员会委员；

聂学文为市中级人民法院林业审判庭庭长；

覃业辉为市中级人民法院民事审判第一庭副庭长；

赵昌华、覃宏庆为市中级人民法院民事审判第二庭副庭长；
陈远定为市中级人民法院审判监督庭副庭长；
杨晋为市中级人民法院审判员。

第十三次会议

（2004年6月30日通过）

决定任命：
徐万发为市人民政府副市长。

第十四次会议

（2004年6月30日通过）

决定任命：
徐超文为市人民政府副市长。
免去：
宋 征的市中级人民法院审判员职务。

第十七次会议

（2004年10月28日通过）

任命：
彭建国为市人民检察院检察委员会委员。
免去：
傅少祥的市公安局局长职务。
免去：
白明的常德市白洋堤地区人民检察院检察员职务。

第十八次会议

（2004年12月19日通过）

任命：
余德中为市第四届人大财政经济委员会委员；
关飙、肖丕国为市中级人民法院审判员；
周尚红、任熙炜、佘建中、廖宏俊、刘朝明、王朝阳、左建军为市人民检察院检察员。
免去：
袁春霞的市人民检察院检察员职务。

第十九次会议

（2004 年 12 月 27 日通过）

决定任命：

汤向荣为市公安局局长。

免去：

蒋琼的市第四届人大教育科学文化卫生委员会副主任委员职务。

任命：

赵娜莲为市第四届人大教育科学文化卫生委员会副主任委员。

第二十次会议

（2005 年 1 月 22 日通过）

决定任命：

周运来为市发展和改革委员会主任；

张友德为市经济委员会主任；

滕明友为市商务局局长；

张卫星为市人口和计划生育委员会主任；

张平为市安全生产监督管理局局长；

彭培南为市城市管理行政执法局局长；

袁云波为市物价局局长；

唐子钧为市统计局局长。

决定免去：

印甫生的市物价局局长职务；

熊国建的市统计局局长职务。

根据省委、省政府湘委〔2004〕26 号文件《关于常德市人民政府机构改革方案的通知》，市发展计划委员会改组，市经济贸易委员会和市对外贸易经济合作局被撤销，市城市管理局、市计划生育委员会、市乡镇企业局分别撤并、更名、降格，周运来的市发展计划委员会主任职务、张友德的市经济贸易委员会主任职务、滕明友的市对外贸易经济合作局局长职务、彭培南的市城市管理局局长职务、刘兴国的市计划生育委员会主任职务、张平的市乡镇企业局局长职务随机构改组、撤销、更名、降格自然免除，不再办理免职手续。

第二十一次会议

（2005 年2 月 28 日通过）

任命：

熊文辉为市人民检察院副检察长、检察委员会委员、检察员；
周桂珍为市中级人民法院刑事审判第二庭庭长；
鲁祖方为市中级人民法院立案庭庭长；
聂学文为市中级人民法院审判监督庭庭长；
欧贤刚为市中级人民法院林业审判庭庭长；
梅建华为市中级人民法院立案庭副庭长；
熊利波为市中级人民法院刑事审判第一庭副庭长；
于前军、程金明为市中级人民法院刑事审判第二庭副庭长；
李雪为市中级人民法院民事审判第三庭副庭长；
覃宏庆为市中级人民法院行政审判庭副庭长；
王国丽为市中级人民法院审判监督庭副庭长。
免去：
陈彰福的市人民检察院副检察长职务；
文望生的市中级人民法院刑事审判第二庭庭长职务；
鲁之球的市中级人民法院审判监督庭庭长职务；
徐维海的市中级人民法院立案庭庭长职务；
聂学文的市中级人民法院林业审判庭庭长职务；
贾先来的市中级人民法院审判监督庭副庭长职务；
王顺舟的市中级人民法院行政审判庭副庭长职务；
鲁祖方的市中级人民法院立案庭副庭长职务；
周桂珍、覃宏庆的市中级人民法院刑事审判第二庭副庭长职务；
欧贤刚的市中级人民法院刑事审判第一庭副庭长职务；
刘智的市中级人民法院审判员、民事审判第三庭副庭长职务。

第二十二次会议

（2005 年 4 月 29 日通过）

批准任命：
汪泽云为鼎城区人民检察院检察长。

第二十四次会议

（2005 年 8 月 26 日通过）

批准免去：
高云祥的汉寿县人民检察院检察长职务；
熊忠民的津市市人民检察院检察长职务。

决定任命：
张启俊为市人大常委会副秘书长、办公室副主任；
刘德军为市人大常委会副秘书长；
张阳为市粮食局局长。
决定免去：
戴平的市人大常委会选举任免联络工作委员会副主任职务；
王见的市粮食局局长职务。
任命：
李爱群、黄天伏、王庆全、文晓桃、樊 英为市中级人民法院审判员；
胡新建市人民检察院副检察长、检察委员会委员、检察员；
张治民、高云祥、熊忠民为市人民检察院检察员；
汪建保为常德市白洋堤地区人民检察院检察长、检察委员会委员、检察员。
免去：
张治民、彭政、曾晓东的市中级人民法院审判员职务；
万革新的市人民检察院副检察长、检察委员会委员、检察员职务；
李爱群、汪建保的市人民检察院检察员职务；
谢正平的市人民检察院检察委员会委员、检察员职务；
靳湘辉的常德市白洋堤地区人民检察院检察长、检察委员会委员、检察员职务。

第二十七次会议

（2005 年 12 月 26 日通过）

决定任命：
王鳌为市人大常委会选举任免联络工作委员会副主任。
任命：
黄天伏、周桂珍、聂学文、祁圣友为市中级人民法院审判委员会委员；
郭洪为市中级人民法院行政审判庭副庭长；
肖丕国为市中级人民法院民事审判第一庭副庭长；
侯克山为市中级人民法院刑事审判第一庭副庭长。
免去：
樊明程、文望生、鲁之球、王远和的市中级人民法院审判委员会委员职务；
聂龙的市中级人民法院刑事审判第一庭副庭长职务。

第二十八次会议

（2006 年 2 月 28 日通过）

决定：

接受龚建明辞去市人民政府副市长职务的请求。

第三十次会议

（2006 年 4 月 30 日通过）

批准任命：

靳湘辉为汉寿县人民检察院检察长；

谢正平为津市市人民检察院检察长。

第三十一次会议

（2006 年 6 月 29 日通过）

任命：

王志华为市人大常委会预算工作委员会主任；

肖世轩、程方山为市人大常委会预算工作委员会副主任；

文杰为市中级人民法院审判员。

免去：

肖世轩的市第四届人大内务司法委员会委员职务；

程方山的市第四届人大财经委员会委员职务。

第三十三次会议

（2006 年 8 月 31 日通过）

决定免去：

陶孝忠的市人民政府外事侨务办公室主任职务。

任命：

雷晓敏、鲁　斌、宋　婕为市人民检察院检察员。

免去：

鲁之球的市中级人民法院审判员职务。

第三十四次会议

（2006 年 9 月 28 日通过）

决定任命：

欧运崇为市人民政府副市长。

决定免去：

刘剑英的市人民政府副市长职务。

第三十五次会议

（2006 年 9 月 28 日通过）

决定任命：

朱晓平为市人民政府副市长。

第三十六次会议

（2006 年 12 月 27 日通过）

任命：

唐孟元为市第四届人大内务司法委员会委员。

第三十八次会议

（2006 年 12 月 28 日通过）

决定：

接受蒋祖建、邹克忠辞去市第四届人大常委会副主任职务的请求。

第三十九次会议

（2006 年 12 月 30 日通过）

决定：

接受李学林、何英满辞去市第四届人大常委会副主任职务的请求。

第四十一次会议

（2007 年 2 月 28 日通过）

决定任命：

卢武福为市财政局局长；

黄云新为市农业局局长；

陈　华为市人民政府外事侨务办公室主任。

决定免去：

周文清的市农业局局长职务；

万善志的市财政局局长职务。

任命：

杨立安为市第四届人大教育科学文化卫生委员会副主任委员；
杨为明为市第四届人大内务司法委员会副主任委员；
龚玉文为市第四届人大教育科学文化卫生委员会委员。
免去：
聂其龙的市第四届人大内务司法委员会副主任委员职务；
赵娜莲的市第四届人大教育科学文化卫生委员会副主任委员职务。
决定任命：
郭伟勋为市人大常委会选举任免联络工作委员会副主任；
徐郁平为市人大常委会研究室副主任。
决定免去：
严维贡的市人大常委会研究室副主任职务；
王鳌的市人大常委会选举任免联络工作员会副主任职务。

第四十二次会议

（2007 年 4 月 27 日通过）

决定任命：
曹佳中为市人民政府副市长；
杨易为市城市管理行政执法局局长。
决定免去：
彭培南的市城市管理行政执法局局长职务。
任命：
朱小林为市中级人民法院审判员、审判委员会委员；
覃业辉为市中级人民法院民事审判第二庭庭长；
文晓桃为市中级人民法院民事审判第一庭副庭长；
龚力为市中级人民法院审判监督庭副庭长；
朱梅安为市中级人民法院民事审判第二庭副庭长。
免去：
王同胜的市中级人民法院民事审判第二庭庭长、审判委员会委员职务；
陈远定的市中级人民法院审判监督庭副庭长职务；
覃业辉的市中级人民法院民事审判第一庭副庭长职务。
决定：
接受陈君文辞去市人民政府市长职务的请求。

第四十三次会议

（2007 年 5 月 9 日通过）

决定任命：

卿渐伟为市人民政府副市长。

决定：

卿渐伟副市长为市人民政府代理市长。

第四十四次会议

（2007 年 6 月 28 日通过）

任命：

张治民、高云祥为市人民检察院检察委员会委员；

欧阳志恒为市人民检察院检察员、检察委员会委员。

免去：

卜兴炎的市人民检察院检察员职务。

批准免去：

欧阳志恒的临澧县人民检察院检察长职务。

第四十五次会议

（2007 年 8 月 29 日通过）

决定：

接受万善志辞去湖南省第十届人民代表大会代表职务的请求。确认万善志的常德市第四届人民代表大会代表资格终止，常德市第四届人大常委会副主任职务相应终止。

第四十七次会议

（2007 年 11 月 27 日通过）

决定任命：

彭启云为市人大常委会办公室主任；

蔡常林为市人大常委会选举任免联络工作委员会主任；

罗先友为市人大常委会研究室主任；

杨立安为市人大常委会办公室副主任。

决定免去：

鲁秉群的市人大常委会办公室主任职务；

蔡常林的市人大常委会副秘书长、办公室副主任职务；

李友元的市人大常委会选举任免联络工作委员会主任职务；

刘经平的市人大常委会研究室主任职务。

批准任命：

田建中为武陵区人民检察院检察长；

汪泽云为鼎城区人民检察院检察长；

靳湘辉为汉寿县人民检察院检察长；

柳立武为桃源县人民检察院检察长；

卜兴炎为临澧县人民检察院检察长；

黄道宜为石门县人民检察院检察长；

苏基云为澧县人民检察院检察长；

谢正平为津市市人民检察院检察长；

张美权为安乡县人民检察院检察长。

第四十八次会议

（2007年12月17日通过）

决定任命：

肖世轩为市人大常委会预算工作委员会主任。

决定免去：

王志华的市人大常委会预算工作委员会主任职务。

第五节 第五届人民代表大会常务委员会人事任免事项

2008年1月—2012年12月，市五届人大常委会会议共任免国家机关工作人员416人(次)，其中任命248人(次)，免职136人(次)，接受辞职16人(次)，批准任免12人(次)，决定代理3人，撤销职务1人。按提请机关分别统计，任免市人大专门委员会组成人员和常委工作人员55人(次)，任免市人民政府工作人员99人(次)，任免市中级人民法院工作人员138人(次)，任免市人民检察院工作人员124人(次)。

第一次会议

（2008年2月28日通过）

决定：

对市中级人民法院副院长、审判委员会委员、庭长、副庭长、审判员，市人民检察院副检察长、检察委员会委员、检察员，不再实行随届任命。

（2008 年 2 月 29 日通过）

决定任命：

曹佳中为市人民政府副市长。

任命：

卜功元为市人大农业委员会委员(兼)；

马文华为市人大农业委员会委员(兼)；

杨孚初为市人大农业委员会委员(兼)；

赵志海为市人大农业委员会委员(兼)。

决定任命：

沈习森为市人民政府秘书长；

周运来为市发展和改革委员会主任；

张友德为市经济委员会主任；

黎建平为市教育局局长；

赵星为市科学技术局局长；

汤向荣为市公安局局长；

敖建斌为市监察局局长；

滕明友为市民政局局长；

周利党为市司法局局长；

卢武福为市财政局局长；

罗宏全为市劳动和社会保障局局长；

钟华山为市国土资源局局长；

郭道义为市建设局局长；

车德斌为市交通局局长；

陈安生为市水利局局长；

黄云新为市农业局局长；

肖正汉为市林业局局长；

马慧为市商务局局长；

诸戈文为市文化局局长；

郑家火为市卫生局局长；

张卫星为市人口和计划生育委员会主任；

吴让晓为市审计局局长；

李迪伟为市规划局局长；

杨易为市城市管理行政执法局局长；

王吉亚为市环境保护局局长；

唐子钧为市统计局局长；

张平为市安全生产监督管理局局长；

张阳为市粮食局局长；

陈华为市人民政府外事侨务办公室主任。

免去：

胡金林的市中级人民法院副院长职务；

万利的市中级人民法院副院长、审判委员会委员、审判员职务。

决定免去：

张启俊的市人大常委会副秘书长、办公室副主任职务。

第二次会议

（2008 年 4 月 29 日通过）

任命：

吴宇峰为市中级人民法院副院长、审判委员会委员、审判员；

李爱群为市中级人民法院审判委员会委员；

王正清为市中级人民法院审判委员会委员、审判员；

高云祥、王玮、聂敏为市中级人民法院审判员。

免去：

钟欣吾的市中级人民法院行政审判庭庭长、审判委员会委员、审判员职务；

文望生的市中级人民法院审判员职务。

任命：

卜学宏、欧阳志恒为市人民检察院副检察长；

何本凡、郭建国、陈辉为市人民检察院检察委员会委员、检察员；

阙兴中为市人民检察院检察委员会委员；

冷明辉、朱艳哲、王志军、伍谦慎、许文毅、王华锋为市人民检察院检察员。

免去：

熊文辉的市人民检察院副检察长、检察委员会委员、检察员职务；

高云祥、杨长巨的市人民检察院检察委员会委员、检察员职务；

彭建国、冯献民的市人民检察院检察委员会委员职务。

第六次会议

（2008 年 12 月 30 日通过）

决定：

接受卿渐伟辞去市人民政府市长职务的请求，报市五届人大第二次会议备案；

陈文浩副市长为市人民政府代理市长。

公告确认：

罗功大的市第五届人民代表大会代表资格已经终止。根据《全国人民代表大会和地方各级人民代表大会选举法》第五十条的规定，罗功大的市第五届人民代表大会常务委员会委员职务相应终止。

决定任命：

石谋军为市人民政府副市长。

任命：

赵爱国、康明为市人大教育科学文化卫生委员会委员。

决定：

接受武吉海辞去省十一届人民代表大会代表职务的请求，报市五届人大第二次会议备案。

补选：

路建平、陈文浩为省十一届人民代表大会代表。

第七次会议

（2009 年 2 月 26 日通过）

撤销：

王吉亚的市环境保护局局长职务。

任命：

聂龙为市中级人民法院刑事审判第一庭庭长；

祁圣友为市中级人民法院民事审判第三庭庭长；

文国银为市中级人民法院行政审判庭庭长；

唐招军为市中级人民法院审判监督第一庭庭长；

欧贤刚为市中级人民法院审判监督第二庭庭长；

文杰为市中级人民法院立案庭副庭长；

聂 敏为市中级人民法院刑事审判第一庭副庭长；

孙孝明为市中级人民法院刑事审判第二庭副庭长；

刘宇学为市中级人民法院民事审判第一庭副庭长；

严钦华为市中级人民法院民事审判第三庭副庭长；

涂江波为市中级人民法院行政审判庭副庭长；

杨名夏、王国丽为市中级人民法院审判监督第一庭副庭长；

龚力为市中级人民法院审判监督第二庭副庭长；

蒋晓玲、胡志勇、李亚敏、刘锋为市中级人民法院审判员。

免去：

魏云良的市中级人民法院刑事审判第一庭庭长职务；
周建民的市中级人民法院民事审判第三庭庭长职务；
聂学文的市中级人民法院审判监督庭庭长职务；
詹险峰的市中级人民法院立案庭副庭长职务；
熊利波的市中级人民法院刑事审判第一庭副庭长职务；
覃宏庆的市中级人民法院行政审判庭副庭长职务；
杨名夏的市中级人民法院民事审判第一庭副庭长职务；
赵昌华的市中级人民法院民事审判第二庭副庭长职务；
龚力、王国丽的市中级人民法院审判监督庭副庭长职务；
于前军的市中级人民法院刑事审判第二庭副庭长职务；
马朝彬、宋雨前、李新珍的市中级人民法院审判员职务。
任命：
施立清、高波、陈华英、张璇、钟颖、刘林、邢燕、伍建平、周琼为市人民检察院检察员。
免去：
陈彰福的市人民检察院检察委员会委员、检察员职务；
谈腊秀的市人民检察院检察员职务。

第十次会议

（2009 年 6 月 30 日通过）

决定免去：
滕明友的市民政局局长职务。
决定任命：
熊国建为市民政局局长；
洪振海为市环境保护局局长。

第十一次会议

（2009 年 8 月 21 日通过）

决定：
接受曹佳中辞去市人民政府副市长职务的请求，报市五届人大第三次会议备议。
决定任命：
刘小明为市人民政府副市长；
谭本仲为市监察局局长；
胡云武为市司法局局长。
决定免去：

敖建斌的市监察局局长职务；
周利党的市司法局局长职务。
任命：
高云祥为市中级人民法院副院长、审判委员会委员；
黄道宜、冷志刚、李光辉、金明政为市人民检察院检察员；
汪建保为常德市白洋堤地区人民检察院检察长；
向际万、杨昌文为常德市白洋堤地区人民检察院副检察长、检察委员会委员、检察员；
许光辉为常德市白洋堤地区人民检察院检察委员会委员、检察员；
罗琳为常德市白洋堤地区人民检察院检察委员会委员；
李立章、曾慧平为常德市白洋堤地区人民检察院检察员。
免去：
覃事育、李金泉、荣明、向际万的市人民检察院检察员职务；
李明初、黄大源的常德市白洋堤地区人民检察院副检察长职务。
批准：
黄道宜辞去石门县人民检察院检察长职务。

第十二次会议

（2009年10月29日通过）

决定：
接受罗先友辞去市第五届人大常委会委员职务，报市五届人大第三次会议备案。
决定免去：
罗先友的市人大常委会研究室主任职务；
黎建平的市教育局局长职务；
郭道义的市建设局局长职务；
诸戈文的市文化局局长职务；
杨易的市城市管理行政执法局局长职务；
陈华的市外事侨务办公室主任职务。
决定任命：
鲁祖安为市人大常委会研究室主任；
诸戈文为市教育局局长；
戴君耀为市建设局局长；
陈华为市文化局局长；
罗先友为市外事侨务办公室主任。
任命：

蒯鹰为市人大农业与农村委员会委员；

王书娥为市人大教育科学文化卫生委员会委员。

第十三次会议

（2009 年 12 月 18 日通过）

决定：

接受王志华辞去市第五届人大常委会委员职务的请求，报市五届人大第三次会议备案。

决定任命：

杨建华为市人大常委会副秘书长；

张军为市城市管理行政执法局局长。

免去：

文小平、蒋正南的市中级人民法院审判员职务。

第十四次会议

（2010 年 1 月 7 日通过）

决定：

接受戴宏生、陈克山辞去省十一届人大代表职务的请求，报市五届人大第三次会议备案。

第十五次会议

（2010 年 2 月 25 日通过）

决定：

接受李爱国辞去市人民政府副市长职务的请求，报市五届人大第四次会议备案。

决定任命：

沈习森为市人民政府副市长。

任命：

梅昌杰为市人大内务司法委员会委员（兼）；

汪明炎为市人大农业与农村委员会委员（兼）。

第十六次会议

（2010 年 4 月 23 日通过）

决定免去：

沈习森的市人民政府秘书长职务。

决定任命：

周代惠为市人民政府秘书长；

张友德为市经济和信息化委员会主任；

曾再农为市人力资源和社会保障局局长；

戴君耀为市住房和城乡建设局局长；

车德斌为市交通运输局局长；

陈华为市文化广电新闻出版局局长；

唐汇元为市人民防空办公室主任。

任命：

黄冀为市中级人民法院副院长、审判委员会委员、审判员。

批准：

荣明为石门县人民检察院检察长。

市人民政府关于张友德等同志职务自行终止的备案报告

市人大常委会：

根据《中共湖南省委、湖南省人民政府关于常德市人民政府机构改革方案的通知》(湘委〔2010〕9号)和《中共常德市委、常德市人民政府关于印发〈常德市人民政府机构改革方案实施意见〉的通知》(常委〔2010〕6号)，原市经济委员会、市人事局、市劳动和社会保障局、市文化局、市交通局、市建设局不再保留，市人民政府提请对以下同志的职务自行终止进行备案：

张友德的市经济委员会主任职务、曾再农的市人事局局长职务、罗宏全的市劳动和社会保障局局长职务、陈华的市文化局局长职务、车德斌的市交通局局长职务、戴君耀的市建设局局长职务自行终止。

市长　陈文浩

2010年4月19日

第十七次会议

（2010年6月29日通过）

决定：

接受石谋军辞去市人民政府副市长职务的请求，报市五届人大第四次会议备案。

决定免去：

钟华山的市国土资源局局长职务。

决定任命：

刘进能为市人民政府副市长；

刘建跃为市国土资源局局长；

朱文斌为市食品药品监督管理局局长。

免去：

翦鹰的市人大常委会农业与农村工作委员会委员职务。

任命：

袁北屏为市人大常委会财政经济工作委员会委员（兼）；

吴飞为市人大常委会财政经济工作委员会委员（兼）。

决定任命：

翦鹰为市人大常委会办公室副主任。

第十八次会议

（2010 年 8 月 27 日通过）

决定免去：

周运来的市发展和改革委员会主任职务。

第十九次会议

（2010 年 10 月 22 日通过）

补选：

彭孟雄、蔡得为省十一届人民代表大会代表（报省人大常委会代表资格审查委员会进行资格审查）。

决定：

接受肖世轩辞去市人大常委会委员职务的请求，报市五届人大第四次会议备案。

决定免去：

肖世轩的市人大常委会预算工作委员会主任职务；

马慧的市商务局局长职务；

郑家火的市卫生局局长职务；

吴让晓的市审计局局长职务。

决定任命：

肖世轩为市人大常委会副秘书长；

吴德新为市商务局局长；

马慧为市卫生局局长；

莫汉桃为市审计局局长；

胡秋兰为市人大常委会预算工作委员会副主任。

免去：

周国权、熊忠民、宋英杰、赵春先的市人民检察院检察员职务；

黄大源的常德市白洋堤地区人民检察院检察委员会委员、检察员职务。

任命：

成来彪、魏峥嵘、夏 阳、龚秀敏为市人民检察院检察委员会委员；

张浪鸥、谭军辉、王海龙、蒋迅、王清波、徐勇、徐文辉、杨新辉、李鑫、郭芳琼、张佳为市人民检察院检察员；

徐谦为常德市白洋堤地区人民检察院检察委员会委员。

第二十次会议

（2010 年 12 月 14 日通过）

决定：

接受李友元辞去市人大常委会委员职务的请求，报市五届人大第四次会议备案。

决定任命：

程方山为市人大常委会预算工作委员会主任；

汤祚国为市发展和改革委员会主任。

任命：

褚敏为市人大农业与农村委员会委员；

黄道田为市人大内务司法委员会委员。

免去：

王志华的市人大财政经济委员会委员职务；

杨明清的市人大内务司法委员会委员职务。

任命：

彭家明、李菊初为市中级人民法院审判员、审判委员会委员；

戴小军、左卉、张平、龚哲羲为市中级人民法院审判员；

冷明辉为常德市白洋堤地区人民检察院副检察长、检察委员会委员、检察员；

刘兴子为市人民检察院检察员。

免去：

鲁祖方的市中级人民法院立案庭庭长、审判员职务；

谢迎春、樊希旦、熊月华、詹子华、陈爱玉的市中级人民法院审判员职务；

冷明辉的市人民检察院检察员职务。

第二十一次会议

（2011 年 1 月 7 日通过）

决定：

接受童琳辞去省十一届人大代表职务请求，报市五届人大第四次会议备案。

补选：

曹儒国为省十一届人民代表大会代表(报省人大常委会代表资格审查委员会进行资格审查)。

第二十二次会议

（2011 年 2 月 25 日通过）

任命：

陈友谊、赵先桃为市人大常委会财政经济工作委员会委员。

第二十三次会议

（2011 年 4 月 26 日通过）

任命：

詹险峰为市中级人民法院立案庭庭长；

熊利波为市中级人民法院刑事审判第二庭庭长；

赵昌华为市中级人民法院民事审判第一庭庭长；

聂学文为市中级人民法院民事审判第四庭庭长；

郭洪、侯克山为市中级人民法院立案庭副庭长；

文杰为市中级人民法院刑事审判第一庭副庭长；

胡志勇为市中级人民法院刑事审判第二庭副庭长；

李雪、关飙为市中级人民法院民事审判第一庭副庭长；

王国丽为市中级人民法院民事审判第二庭副庭长；

刘海澜为市中级人民法院民事审判第三庭副庭长；

周立军为市中级人民法院民事审判第四庭副庭长；

张秋岚为市中级人民法院审判监督第一庭副庭长；

程遥为市中级人民法院行政审判庭副庭长；

孙艳慧、张巧云、朱建明、王继春、柳萌、张慧为市中级人民法院审判员；

朱玲子、伍中文为市人民检察院检察员。

免去：

糜玉枝的市中级人民法院民事审判第一庭庭长职务；

周桂珍的市中级人民法院刑事审判第二庭庭长职务；

梅建华、文杰的市中级人民法院立案庭副庭长职务；

侯克山的市中级人民法院刑事审判第一庭副庭长职务；

程金明的市中级人民法院刑事审判第二庭副庭长职务；

文晓桃、肖丕国的市中级人民法院民事审判第一庭副庭长职务；

刘海澜的市中级人民法院民事审判第二庭副庭长职务；

李雪的市中级人民法院民事审判第三庭副庭长职务；

王国丽的市中级人民法院审判监督第一庭副庭长职务；

郭洪的市中级人民法院行政审判庭副庭长职务；
王岱新、徐维海、熊继品、王国荣的市中级人民法院审判员职务；
钟吾山、杨其芳、伍显林、郭芳琼的市人民检察院检察员职务。

第二十四次会议

（2011 年 6 月 28 日通过）

决定：

接受宋冬春辞去市人民政府副市长职务的请求，报市五届人大第五次会议备案。

决定任命：

邓纯彪为市人大常委会副秘书长。

任命：

黄兴茂为市中级人民法院副院长、审判委员会委员、审判员；
王忠银为市人民检察院副检察长、检察委员会委员、检察员。

第二十五次会议

（2011 年 8 月 25 日通过）

决定免去：

李迪伟的市规划局局长职务；
徐郁平的市人大常委会研究室副主任职务。

第二十六次会议

（2011 年 10 月 26 日通过）

决定：

接受张元英辞去市人大常委会副主任职务的请求，报市五届人大第五次会议备案。
接受刘进能辞去市人民政府副市长职务的请求，报市五届人大第五次会议备案。

决定任命：

卢武福为市人民政府副市长；
汤向荣为市人民政府副市长。

任命：

肖宏波、陈专为市人民检察院检察员。

第二十七次会议

（2011 年 12 月 15 日通过）

决定：

接受陈海波辞去市人民检察院检察长职务的请求，由省人民检察院检察长提请省人大常委会批准后，报市五届人大第五次会议备案。

决定免去：

卢武福的市财政局局长职务。

免去：

黄冀的市中级人民法院副院长、审判委员会委员、审判员职务。

决定任命：

尹正锡为市财政局局长。

第二十八次会议

（2011年12月27日通过）

决定免去：

谭本仲的市监察局局长职务；

张阳的市粮食局局长职务。

任命：

刘清生为市人民检察院副检察长。

决定：

刘清生为市人民检察院代理检察长，报省人大常委会和省人民检察院备案。

接受徐万发辞去市人民政府副市长职务的请求，报市五届人大第五次会议备案。

第二十九次会议

（2012年2月28日通过）

决定：

接受程方山辞去市人大常委会委员职务的请求，报市六届人大第一次会议备案。

决定任命：

龚美爱为市民政局局长；

朱明为市林业局局长；

张运华为市人力资源和社会保障局局长；

张国政为市规划局局长；

程方山为市粮食局局长。

决定免去：

曾再农的市人力资源和社会保障局局长职务；

市五届人大常委会主任曹儒国向被任命人员颁发任命书

程方山的市人大常委会预算工作委员会主任职务；

熊国建的市民政局局长职务；

肖正汉的市林业局局长职务。

第三十次会议

（2012 年 4 月 28 日通过）

决定任命：

熊国建为市监察局局长；

刘德军为市人大常委会预算工作委员会主任；

李宏伟为市人大常委会研究室副主任。

任命：

李世霞为市人大城乡建设环境资源保护委员会副主任委员；

吴永兴为市人大内务司法委员会副主任委员。

决定免去：

刘德军的市人大常委会副秘书长、办公室副主任职务。

批准任命：

雷光宇为鼎城区人民检察院检察长。

任命：

李明初为市人民检察院检察员。

免去：

尹述革、王清波、谭军辉的市人民检察院检察员职务；

李明初的常德市白洋堤地区人民检察院检察员职务。

公告(第 2 号)：

确认：程方山、杨为明的市第五届人民代表大会代表资格终止，程方山的市人大财政经济委员会委员职务，杨为明的市人大内务司法委员会副主任委员职务相应终止。

第三十一次会议

（2012 年 6 月 27 日通过）

决定：

接受邬文生辞去市中级人民法院院长职务的请求，报市六届人大第一次会议备案。

任命：

彭炜、孙智勇、刘应典、刘爱华、许成东、吴坤、旷胜军、雍明、于秀、喻译婵为市中级人民法院审判员。

免去：

胡金林、陈位安的市中级人民法院审判委员会委员、审判员职务；
姚敦贵、李明君、田斌榜、王宇的市中级人民法院审判员职务。

第三十二次会议

（2012年8月23日通过）

任命：
廖具之为市中级人民法院副院长。
决定：
廖具之为市中级人民法院代理院长。

第三十三次会议

（2012年10月25日通过）

任命：
田建中、靳湘辉为市人民检察院检察员、检察委员会委员；
卞凯、刘前羽、吴祖胜、张加军、陈小利、钟涛、胡静、雷芳为市人民检察院检察员。
免去：
夏　阳的市人民检察院检察员、检察委员会委员职务；
李拥军的市人民检察院检察员职务。

第三十四次会议

（2012年12月10日通过）

决定免去：
汤向荣的市公安局局长职务；
鲁祖安的市人大常委会研究室主任职务；
肖世轩、邓纯彪的市人大常委会副秘书长职务；
杨立安的市人大常委会办公室副主任职务；
彭世理的市中级人民法院副院长、审判委员会委员、审判员职务。
决定任命：
胡丘陵为市公安局局长；
邓纯彪为市人大常委会研究室主任；
商淑雯、欧阳忆清为市人大常委会副秘书长；
董高群为市人大常委会办公室副主任。
批准任命：
柳立武为武陵区人民检察院检察长；

雷光宇为鼎城区人民检察院检察长；
苏基云为汉寿县人民检察院检察长；
张美权为桃源县人民检察院检察长；
谢正平为临澧县人民检察院检察长；
夏阳为石门县人民检察院检察长；
卜兴炎为澧 县人民检察院检察长；
李拥军为安乡县人民检察院检察长；
荣明为津市市人民检察院检察长。

第六节 第六届人民代表大会常务委员会人事任免事项

2013 年 2—12 月，市六届人大常委会共任免国家机关工作人员 62 人(次)，其中任命 49 人(次)，免职 10 人(次)。接受辞职 2 人(次)，决定代理 1 人(次)。接受 1 名湖南省第十二届人大代表的辞职请求，依法补选 1 名省人大代表。

第一次会议

(2013 年 2 月 28 日通过)

任命：
周代惠为市人民政府秘书长；
汤祚国为市发展和改革委员会主任；
褚戈文为市教育局局长；
赵星为市科学技术局局长；
张友德为市经济和信息化委员会主任；
胡丘陵为市公安局局长；
熊国建为市监察局局长；
龚美爱为市民政局局长；
胡云武为市司法局局长；
尹正锡为市财政局局长；
张运华为市人力资源和社会保障局局长；
刘建跃为市国土资源局局长；
洪振海为市环境保护局局长；
戴君耀为市住房和城乡建设局局长；
车德斌为市交通运输局局长；
陈安生为市水利局局长；

黄云新为市农业局局长；
朱明为市林业局局长；
吴德新为市商务局局长；
黄修林为市文化广电新闻出版局局长；
马慧为市卫生局局长；
张卫星为市人口和计划生育委员会主任；
莫汉桃为市审计局局长；
张国政为市规划局局长；
张军为市城市管理行政执法局局长；
罗先友为市人民政府外事侨务办公室主任；
张平为市安全生产监督管理局局长；
唐子钧为市统计局局长；
程方山为市粮食局局长；
袁云波为市物价局局长；
朱文斌为市食品药品监督管理局局长；
唐汇元为市人民防空办公室主任。

第二次会议

（2013 年 4 月 10 日通过）

决定：
接受陈文浩辞去市人民政府市长职务；
任命周德睿为市人民政府副市长、代理市长。

第三次会议

（2013 年 4 月 26 日通过）

任命：
伍薇、周林峰、魏玲为常德市白洋堤地区人民检察院检察员。

第四次会议

（2013 年 6 月 26 日通过）决定：

接受刘小明辞去市人民政府副市长职务；
接受龚永福辞去湖南省第十二届人民代表大会代表职务；
任命：
赵应云为市人民政府副市长；

刘震为市中级人民法院副院长、审判委员会委员、审判员；
刘祖军、卜玉平、罗真、徐曼君、孙晖、杨炎、朱晨辉、张中一为市中级人民法院审判员。
免去：
贾先来、王顺舟的市中级人民法院审判员职务。

第七次会议

（2013年12月18日通过）

任命：
张克武为市审计局局长；
陈昌玉为市人民防空办公室主任。
免去：
莫汉桃的市审计局局长职务；
唐汇元的市人民防空办公室主任职务；
蒯鹰的市人大常委会办公室副主任职务。
任命：
饶南丙为市中级人民法院副院长、审判委员会委员、审判员。
免去：
彭家明、魏云良的市中级人民法院审判委员会委员、审判员职务；
王远和、黄志军、杨菊佳的市中级人民法院审判员职务。
补选：
邹纲强为湖南省第十二届人民代表大会代表。

第五篇

监督工作

第五篇　监督工作

1999 年 4 月 20 日，市人大常委会在澧县召开常德市推行执法责任制经验交流会

第一章　听取和审议专项工作报告

第一节　听取和审议内务司法方面工作报告

1991 年 9 月 28 日，市一届人大常委会第二十二次会议，听取和审议市人民检察院、市中级人民法院关于以反贪污、反贿赂为主要内容的打击经济犯罪工作的情况汇报。会议认为，全市“两院”系统开展反贪污、反贿赂等打击经济犯罪斗争的指导思想明确，措施得力，效

果明显，为全市大局的稳定和经济发展做出了积极的贡献。但是，打击经济犯罪活动的任务还相当艰巨，局部地区和少数单位经济犯罪情况仍然相当严重。会议提出如下审议意见：一是要提高思想认识，进一步把打击经济犯罪的斗争引向深入。各司法机关要清醒地看到经济犯罪的严重性、长期性和危害性，树立长期作战的思想，振奋精神，继续把打击经济犯罪的斗争深入持久地开展下去。二是要坚持从严惩处的方针，稳、准、狠地打击严重经济犯罪分子。三是要实行群防群治，切实把打击经济犯罪的斗争纳入综合治理的轨道。要把打击经济犯罪的斗争列入社会治安综合治理的内容，制定和落实各种责任制，完善制度，堵塞漏洞，消除隐患，预防犯罪。四是各级政府要高度重视打击经济犯罪斗争，积极支持司法机关依法独立办案，严肃处理严重干扰办案的人和事，刹住说情风。五是要提高干警素质，适应打击经济犯罪斗争的需要。司法机关要加强教育培训工作，不断提高干警的政治、业务素质，努力培养一支能征善战、精明强干的干警队伍。

1992 年 1 月 27 日，市一届人大常委会第二十四次会议，听取和审议市中级人民法院关于《行政诉讼法》实施情况的汇报。会议认为，全市各级人民法院认真宣传贯彻《行政诉讼法》，积极慎重地开展行政审判工作，取得了一定的成绩。但还存在宣传不够普及，认识不尽一致；法律尚不配套，与其他法律、法规不统一；执法环境欠佳，法院心存顾虑；行政案件审理不多，撤诉比例偏大；审判人员素质较弱，亟待加强提高等问题。针对存在的问题，会议提出如下审议意见：一是要大力加强《行政诉讼法》的宣传教育，进一步增强法律意识。各部门、各单位要把《行政诉讼法》纳入“二五”普法的重点内容，采取多种形式在全体公民中，特别是在行政执法人员和各级领导干部中进行广泛深入的宣传教育，进一步提高全社会的法律意识。二是要坚持严肃执法，不断提高行政审判水平。各级人民法院要切实履行职责，依照法律大胆地开展行政审判工作，严肃执法、坚持原则，切实维护法律的尊严；要加强业务培训，组织行政审判人员学习行政法律法规，注意总结经验、改进工作，不断提高办案水平。三是要严格依法行政，自觉接受司法监督，各级行政机关要全面加强法制工作，严格依法管理、依法行政，积极支持和配合人民法院开展行政审判工作，以平等的地位参加行政诉讼活动。四是要切实加强对《行政诉讼法》实施的检查、监督。各级人大常委会要定期听取实施情况的汇报，积极支持人民法院开展行政审判工作，支持行政机关依法行政，人民检察院也要加强对《行政诉讼法》实施的法律监督。

1994 年 12 月 27 日，市二届人大常委会第十三次会议，听取和审议市中级人民法院《关于全市法院审判监督情况汇报》。市人大常委会法工委之前做了大量调研工作。会议对全市法院系统在整顿内部执法秩序，加强审判监督中所做的工作给予肯定，同时提出法院干警素质有待进一步提高，工作力度有待进一步加大，办案条件有待进一步改善等问题。会议提出如下审议意见：一是人民法院要进一步提高认识，摆正审判监督位置，做到院长亲自抓、审判委员会集体抓、分管院长专门抓、告诉申诉庭具体抓的工作格局；二是进一步加大审判监督力度，保证执法的统一，抓好内部执法秩序的整顿，强化责任、健全制度，坚决抵制地方保护主义和部门保护主义;三是进一步加强队伍建设,严格依法办事。要加强对干警的政治思想、廉政勤政、严肃执法和职业道德教育,坚持“有法必依、执法必严、违法必究”,树立人民法院公正廉洁、执法如山、秉公办案的良好形象。市中级人民法院按照审议意见的要求,研究了贯彻措施加以落实,并于1995年将落实情况向市人大常委会作专题报告。

1995年6月28日,市二届人大常委会第十八次会议,听取和审议市中级人民法院《关于全市经济审判工作情况的汇报》。市人大常委会法工委围绕这一议题,作了专题调研。会议肯定了全市各级法院在维护经济秩序和社会稳定,促进改革开放和经济发展中所做的工作,同时指出法院系统还存在干警素质亟待提高,“利益驱动”问题尚未彻底解决,与当事人同吃、同住、同行的现象比较普遍,案件执行不力等问题。会议提出审议意见:一是要进一步明确经济审判工作的指导思想,各级人民法院要充分发挥调节经济关系的职能作用,树立为社会主义经济和经济建设服务的观念,重点审理涉及生产、经营、流通领域的经济纠纷案件,积极慎重地审理涉及企业转换经营机制的联营、分立、租赁、承包、兼并、破产等案件;二是要进一步提高办案的社会效益,各级人民法院要在保证案件质量的前提下,加快办案进度,力戒拖拉作风,尽量减少当事人诉累,要大力推行审判方式改革,严格规范庭审活动,缩短办案周期,提高执法水平;三是人民法院要把经济审判队伍建设作为整个法院队伍建设的重点,调整、充实审判力量,狠抓政治、业务培训,提高综合素质,加强干警反腐倡廉教育,采取有效措施,解决执法不严、裁判不公的问题,解决办“关系案、人情案、油水案”的问题;四是各级人大常委会要加强对法院经济审判工作的工作监督,督促其严格执法、秉公执法,依法独立行使审判权,创造良好的执法环境,各级人民政府及其相关部门要采取积极措施规范经济秩序,提高企业领导人的法律意识,支持法院依法办案,对于法院必要的办案经费,各级人民政府要给予切实保证,为法院严格执法、廉洁执法创造条件。

1995年8月29日,市二届人大常委会第十九次会议,听取和审议市人民政府关于打击犯罪维护社会治安情况汇报。会议充分肯定全市公安机关在维护政治稳定和打击刑事犯罪中所做的工作:一是竭尽全力抓稳定;二是始终保持高压态势,不停顿地打击刑事犯罪;三是严格治安管理,减少社会乱源。会议分析面临的严峻治安形势:隐蔽战线敌情错综复杂,不安定因素大量存在;刑事案件大幅度上升,恶性案件突出;丑恶现象屡禁不止,社会反响强烈。会议提出如下审议意见:一是全市各级公安机关要继续保持严打斗争的高压态势,进一步采取有效措施,依法严厉打击各种严重刑事犯罪活动;二是狠抓乱源治理,预防和减少犯罪,把治标与治本有机结合起来,坚决扫除“黄、赌、毒”,要切实做好假释、保外就医等罪犯的监管及刑释、解教人员的教育转变工作,预防和减少犯罪,使社会治安秩序步入良性循环;三是加快基层建设,改善公安机关执法条件,要加快乡建所的步伐,市城区的治安岗亭要在两年内全部建齐,城建、国土、邮电、电力等部门要给予大力支持;四是公安机关要继续坚持从严治警的方针,进一步加强队伍建设,落实加强队伍管理的责任制,抓好“三条禁令”“八不准”的贯彻执行,表彰先进、鼓舞士气,调动广大干警的积极性。

1995年8月30日，市二届人大常委会召开第十九次会议，听取和审议市人民政府关于贯彻实施《劳动法》的情况汇报。会议认为，全市各级政府贯彻实施《劳动法》做了大量工作，在社会保险制度改革、劳动力市场建设、劳动监督检查等方面取得了初步成效。但还存在对《劳动法》认识不高、执行客观环境差、违反劳动法律法规情况普遍，劳动监察不够等问题。会议提出审议意见：一是市人民政府要切实抓好《劳动法》的宣传工作，劳动主管部门、工会、司法部门、各新闻单位要密切配合，通过形式多样的宣传活动，使各类经济组织中的经营者、劳动者都能较全面地掌握《劳动法》基本知识，增强守法的自觉性；二是要全面推行全员劳动合同制，各级劳动主管部门要引导企业经营者和劳动者主动参与到此项工作中来；三是市人民政府要按照《劳动法》及国务院、省政府的有关政策，深化养老保险制度改革，扩大养老保险覆盖面，完善养老金社会统筹与个人账户相结合的结构式计发方式的改革措施，逐步建立退休人员基本养老金的正常调剂机制；四是各级政府要把劳动监察工作摆在重要位置，市、县两级均应建立劳动监察大队，并在人员编制和经费安排上予以适当保证。

1996年6月24日，市二届人大常委会第二十五次会议，听取和审议市人民政府《关于加强查禁毒品违法犯罪工作的情况》汇报。会议认为，全市查禁和打击毒品犯罪工作取得明显成绩，加大了禁毒工作的宣传力度，加大了毒品犯罪的打击力度，加强毒品违法犯罪的综合治理，抓好吸毒人员强制戒毒、治疗和教育工作。但毒品犯罪的形势严峻，禁毒工作任务仍很艰巨。为此，会议提出审议意见：市人民政府要进一步加大对禁毒工作的宣传力度，教育市民自觉抵制毒品犯罪、积极参与禁毒斗争；司法机关要互相配合、协同作战，加大打击力度，坚决遏制毒品违法犯罪的蔓延势头；全市各部门、各单位要加强综合治理，采取有效措施，抑制毒品的侵入和蔓延；抓好吸毒人员强制戒毒、治疗和教育工作，努力降低吸食、注射毒品人员的复发率。

1999年12月27日，市三届人大常委会第十三次会议，听取和审议市人民政府关于实施行政执法责任制工作情况的汇报。会议认为，市人民政府通过加强检查指导、分解责任、建立制度、严格考核等手段，行政执法责任制工作取得了初步成效，主要表现在：一是行政执法责任制的实施，使各单位责任明确、权限清楚，减少了扯皮，加大了执法力度；二是规范了行政执法行为，执法人员都能做到持证上岗，绝大多数行政执法机关和执法人员都能做到文明执法，对于执法中出现的问题也能及时纠正；三是提高了队伍的执法水平。但在行政执法过程中，还存在少数领导干部认识有差距，个别行政执法人员的政治素质有待进一步提高，部门之间配合不够等问题，制约了行政执法责任制工作的开展。为全面推进行政执法责任制工作，会议提出审议意见：加强组织领导，加大工作力度；按照方案部署，清理执法依据，明确执法主体，落实执法责任；建立健全配套制度，坚持责任追究和考核兑现；进一步加大宣传力度，强化普法教育和培训。

2004年12月27日，市四届人大常委会十六次会议，听取和审议市中级人民法院、市人民检察院关于开展案件质量评选活动情况的报告。会议之前，市人大内司委于11月份先后到桃源、安乡等区县，与区县人大常委会一道，对全市“两院”案件质量评选活动的开展情况进行调研，向常委会议提交了调查报告。会议认为：“两院”把开展执法质量监督工作、提高办案质量作为实现司法公正的重要手段，成立了执法质量监督领导小组，制定了《执法质量监督管理实施细则》。按照“谁办案谁负责、谁审核谁负责、谁批准谁负责”的责任机制，制定了《执法质量监督管理奖惩办法》，建立健全了执法监督管理体系。“两院”通过深入开展案件质量评选活动，提升了司法干警的责任意识和办案水平。会议指出，少数干警对开展执法质量监管工作认识不足，执法活动不够规范，存在一些带共性的质量问题。会议要求“两院”要进一步统一思想认识，改变办案中“重实体轻程序、重办案数量轻办案质量、重经济效果轻法律效果”的错误观念，牢固树立执法为民、公正司法的思想，对案件质量工作要常抓不懈，不断提高司法干警的业务能力和水平。

2007 年 8 月 6—17 日，市人大常委会组成调查组对全市反贪污贿赂犯罪和反渎职侵权犯罪工作（以下简称“两反”工作）进行调查，先后走访市人民检察院和石门县、汉寿县、武陵区等地，形成专项调查报告。报告指出：全市检察院系统领导重视，“两反”工作得到强化；突出重点，一批有影响的贪污贿赂和渎职侵权犯罪案件受到查处；创新机制，“两反”工作的效率和质量得到提升；成效明显，“两反”工作的社会影响力得到增强。但调查发现存在一些问题：部分检察人员认识同严峻的反腐败形势还有差距；力量配置与任务相比还不适应；办案经费不足制约工作开展。8 月 28—29 日，市四届人大常委会第四十五次会议，听取和审议了市人民检察院《关于全市反贪污贿赂和反渎职侵权犯罪工作情况的报告》。会议认为，全市检察机关充分发挥职能作用，不断加大查办贪污贿赂和渎职侵权犯罪的力度，收到良好的法律效果和社会效果。会议提出要进一步统一和提高对反贪污贿赂犯罪和反渎职侵权犯罪工作的认识；突出重点，加大查办贪污贿赂犯罪和渎职侵权犯罪的力度；健全制度，有效预防职务犯罪；营造良好的反贪污贿赂犯罪和反渎职侵权犯罪执法环境；加强检察机关自身队伍建设等审议意见。

2011 年 10 月 26 日，市五届人大常委会二十六次会议，听取和审议市人民政府关于《工会法》贯彻实施情况的报告。在会议之前，市人大内司委分成 2 个调研小组，先后深入到汉寿、武陵、安乡、津市、临澧开展了实地调查，走访企业单位 13 家，召开座谈会 6 场，接触一线职工 50 余人。调查结束后，向市人大常委会提交了调查报告。会议经过审议，认为市人民政府在加强基层工会组织建设，夯实基础等方面做了一些有益的工作，全市共建立基层工会组织 4721 个，工会会员达 71.2 万人，新建企业工会组建率达 98%以上。在职工维权方面，全市国有及国有控股企业和国有事业单位全部建立厂务公开制度，推进面达 100%，规模以上非公有制企业 64%已建立了厂务公开民主管理制度，有 51%的企业与职工签订了集体合同。会议提出，全市贯彻实施工会法中存在思想认识统一难、非公有制企业工会组建难、工会经费收缴难、工会组织维权难等问题。会议要求市人民政府及有关部门要增强全社会贯彻落实工会法的自觉性，采取有效措施，创新工作载体、完善维权机制、加大工会法的执法力度、全面推进工会法贯彻落实。会后，市人大内司委还对市人民政府及相关单位对常委会审议意见落实情况进行了督导。

2013 年 12 月 18 日，市六届人大常委会七次会议，听取和审议市人民政府关于未成年人保护工作情况的汇报。会前，市人大内司委采取听汇报、召开座谈会、调查走访等形式对全市未成年人保护工作的实际情况开展调研。会议审议后认为，市人民政府及相关部门积极开展未成年人保护工作，成立了未成年人保护委员会和未成年人保护工作领导小组，根据各自职责开展工作。完善了考核机制，制订了考核办法，明确了各单位的职责，建立了较完善的考核体系。会议指出，工作中还存在认识不高、保障性投入不足、未成年人成长环境不优和综合性保护力度不强等问题。会议要求，市人民政府及相关部门要进一步提高对未成年人保护工作重要性的认识，增强政治意识和责任意识，把工作抓紧抓实；要加强对未成年人的教育和关爱，优化未成年人成长的环境，努力营造风清气正、团结友善的社会氛围；要加大工作投入，整合社会资源，鼓励发展慈善事业，尝试建立未成年人保护基金，设法解决残疾儿童救治、流浪儿救助、贫困学子帮扶、留守儿童关爱等工作经费不足的问题。

第二节　听取和审议财政经济方面工作报告

1990 年 6 月 27 日，市一届人大常委会第十四次会议，听取和审议市人民政府关于 1 月至 5 月工业生产情况的报告：全市预算内工业企业，1 月至 5 月实现利税比上年同期下降 58%。市场继续疲软，产成品大量压库，资金严重紧缺。到 5 月底，全市预算内工业企业产成品资金占用总额达 3 亿多元，严重压库的产品多达 70 多个。有 55 家企业处于停产和半停产状态，涉及就业人员几万人。原棉和电力供应紧张的矛盾呈扩大趋势。到 5 月底全市纺织行业计内棉花调进仅占计划的 58%。会前，市人大常委会副主任揭乐田带领财政经济工作委员会有关人员，先后到鼎城区、安乡县、津市市和市轴承厂、电机厂、七一机械厂、桃源纺织厂、德山玻璃厂、市造纸厂、西洞庭农场纸厂等 15 家企业，对其生产经营状况开展调查研究，召开区、县（市）人大财经工作座谈会和市直工业主管部门负责人座谈会，掌握大量一手资料后，形成了调研报告，并向本次会议进行了报告。会议审议后认为，全市各级政府、各工业主管部门、各企业面对困难，奋力拼搏，保持了工业生产的平稳发展。事实证明，只要班子团结稳定，经营决策对头，产品质量过硬，企业生产就稳定，就不怕市场疲软，企业就能立于不败之地。会议提出了：要树立信心，振奋精神，勇闯难关，正确处理速度与效益的关系，尽早落实第二轮承包方案；调整产业布局，优化产业结构，提高产品质量，促进产品销售；深入基层调研，搞好企业服务等方面的意见。当年 7 月，市人民政府在全市经济工作会议上，将这份调研报告作为正式文件全文转发。

为了监督市人民政府管好用好预算外资金，1994 年 6 月 27 日，市二届人大常委会第十次会议，听取和审议市人民政府关于市直单位预算外资金管理工作的汇报。会上，市财政局负责人报告了会同市人大、市纪委、市政府办对市直13个行政事业单位预算外资金管理使用进行调查的情况。认为,市人民政府虽然在预算外资金管理方面做了很多工作,取得了一定成效,但仍然存在不少问题:一是有些单位凭借手中的执法权力,采取私立收费项目,扩大收费范围,提高收费标准等手法乱收费;二是设置“小钱柜”的现象屡禁不止;三是支出混乱,滥发奖金和补贴;四是专款不能专用,随意借贷挪用。这些现象,造成新的分配不公,浪费政府财力,滋生腐败。会议要求市人民政府及主管部门要统一思想,相关职能部门要发挥应有的作用,开展经常性的检查监督,完善管理办法,强化监督机制。市政府认真贯彻落实市人大常委会的审议意见,取消执法单位的收入过渡户,推行综合财政预算,试行财政直接征收,严格收费票据管理,狠抓预算外资金的清理检查,摸清家底,促进了财政专户管理资金的大幅增长,“三乱”现象在一定程度上得到了遏制。

1999年12月27日,市三届人大常委会第十三次会议听取和审议了市人民政府关于1999年招商引资工作的报告:全市1999年的招商引资工作既有明显的不足,也有可喜的一面。一是利用外资下降,到11月底,与上年比较新批外资企业下降37.5%,合同利用外资下降47%,外资到位下降41%;二是引资总量增加,1月至11月,全市引进内外资折人民币同比增长15.2%;三是出口创汇与加工贸易增加,据海关统计,元至10月外资企业自营出口同比增长136.8%,外资企业完成加工贸易同比增长15.5%;四是外资运行健康,到11月底,全市开工投产的113家外资企业实现利润同比增长52.2%,上缴税金同比增长58.3%;五是利用内资势头强劲,到11月底,全市利用市外资金同比增长71%。存在的主要问题,除受国际金融危机影响外,主观方面一是招商项目严重匮乏,规模大、科技含量高、发展前途好的项目寥寥无几;二是全市多数企业物质技术基础差,产品档次低,市场前途不明,外商投资参股的积极性不高。三是部分企业由于多方面的原因,招商引资不够主动。会议提出三条审议意见:要求市人民政府切实加强对招商引资工作的领导,把招商引资作为经济发展的一个重要突破口和新的经济增长点,紧紧抓住不放,突破局限,全方位招商;努力拓展招商渠道,要按照“三个有利于”的标准,在继续抓紧引进外资的同时,进一步加大引进内资的力度,在恢复东南亚、港澳台引资市场的同时,积极拓展欧美等发达国家的资金市场;加强部门配合,增强服务意识,改善服务态度,提高服务质量,公开办事程序,提高办事效率,建立健全“一个窗口对外,一站式审批,一条龙服务”的审批机制,营造对外开放的良好形象。

2000年4月22日,市三届人大常委会第十六次会议作出《关于治理经济发展环境的决议》。为了保证治理经济发展环境工作的落实,市人大常委会制定了《关于监督治理经济发展环境工作的实施方案》。方案明确了指导思想,提出了重点监督部门服务态度、服务质量方面的突出问题;地痞地霸阻挠、破坏重点工程建设的突出问题;乱收费、乱摊派、乱罚款、乱集资、乱检查方面的突出问题;生产销售假冒伪劣产品的突出问题;农民增收减负方面的突出问题;司法不公方面存在的突出问题。成立了市人大常委会监督治理经济发展环境领导小组。余习忠任组长,俞斌龙、张先春任副组长。领导小组设办公室负责日常工作,办公室设市人大财政经济委员会。活动期间，市人大常委会曾三次听取和审议有关监督治理经济发展环境工作情况的汇报；领导小组召开过2次区、县（市）人大常委会主任会议、16次区、县（市）人大常委会工作机构及市直有关部门负责人联席会议。市人大常委会组织五个调查组共到了4个区县、35个乡镇、52家企业和45家市直单位，召开座谈会37次，发现了一些突出问题，常委会主任会议专题听取了调查情况汇报，并从调查情况中筛选出11个典型案例和问题线索以函件形式向市人民政府进行了交办。同时，市人大常委会组织了法官法和检察官法执法检查，向市人民法院和市人民检察院交办了13件重点案件及问题线索。组织了价格法和《湖南省行政事业性收费条例》执法检查，对3个单位违规收费等问题向市人民政府进行了交办。各级人大代表收集反映有关经济发展环境问题的线索1500多条。2000年12月25日，市三届人大常委会第二十三次会议，听取和审议市人民政府关于治理经济发展环境工作的报告和市人大常委会监督治理经济发展环境工作领导小组办公室的报告。会议认为，市人大常委会对监督治理经济发展环境工作，领导重视，部署周密，重点突出，监督有力，治理经济发展环境工作取得了阶段性的成果。

2005年6月27日，市四届人大常委会第二十三次会议，听取和审议市人民政府关于全市民营工业发展情况的报告：自2000年以来，通过国有企业改革重组和激活民资办工业，全市民营工业的发展实现了由上世纪末的补充地位向主体地位的跨越，表现为“四快”：企业个数增长快，全市民营工业企业占全部工业企业总户数的99.5%；经济总量增长快，2004年全市民营工业企业完成的工业增加值占全市GDP的15.75%；税收贡献增长快，2004年全市民营工业企业入库税金比上年增长33.6%，其中超1000万元的有5家，过500万元的有12家；吸纳就业增长快，全市民营工业企业共吸纳就业61万多人，占全部企业总人数的78%。报告同时也揭示了民营工业发展中存在三个主要矛盾，即民企发展与融资不畅的矛盾；民企发展与人才短缺的矛盾和民企发展与行业自律的矛盾。会议在充分肯定全市民营工业企业发展成绩的同时，提出了四条审议意见：市人民政府要进一步解放思想，加快发展速度；进一步放宽政策，创造宽松的发展环境；确实保障个体工商户和私营企业的合法权益；确实加强管理和引导，提高执法水平。收到市人大常委会审议意见后，市人民政府由三位负责人带队组成三个调研组，分赴各区、县（市）进行调查，并召集市直20多个部门的领导专题研究民营工业。市长陈君文主持召开了市推进工业化领导小组会议，就落实市人大常委会的审议意见形成了一致意见：一是进一步充实市推进工业化领导小组的力量，成立全市非公有制经济领导小组，建立领导联系企业制度，帮助企业解决发展中的困难，理顺管理关系。二是积极组织参加银企洽谈会，督促组建融资担保公司，积极组建完善行业协会，尽力解决民营企业融资难的问题。三是明确设立中小企业发展扶持资金，制定出台《关于加快工业发展的若干意见》，鼓励和扶持民营企业做大做强。四是积极选派外协副厂长（副经理）到民营工业企业协助管理，帮助企业建立现代管理制度。建立中小企业服务专网，及时向企业提供管理咨询和产品市场供求信息。健全民营企业问题化解机制。定期收集、交办民营企业反映的问题，并限期解决。五是加强德山工业园区建设规划和项目把关，确保园区发展与项目环保的和谐统一。加强民营企业人才培训，组织民营企业和大、中院校对接，促进民营企业管理水平的不断提高。10 月 25 日，市人民政府在市四届人大常委会第二十五次会议上报告了落实审议意见的情况。

2008 年 6 月 27 日，市五届人大常委会第三次会议，听取和审议市人民政府关于常德卷烟厂重组后市级税源变化情况的报告。市人大预算工作委员会进行了专题调研，向会议报告了调查结果。常德卷烟厂在地方政府和上级主管部门的领导和支持下，已经发展成为全国产销量大、税收多、产品知名度高的骨干企业，对本市的经济发展起着举足轻重的作用。2006 年“常烟”的城建税和教育费附加收入占同期市级一般预算收入的 58.9%。常烟重组后，取消了法人资格，成为“湖南中烟公司”的一个生产点，税收由省级税收部门征收，不仅使常德市级收入大幅减少，而且对本地关联企业的发展带来严重影响。在“常烟”重组期间，为了争取更有利于常德的重组方案，市政府及财税部门做了大量的工作，多次向省有关部门汇报。省政府在听取汇报后，制定方案时充分考虑到常德市的实际情况，在税收分成上实行了倾斜政策，但仍对常德市经济发展带来不小的影响。由于“常烟”不具有法人资格，对关联及附属企业的支持力度减弱，导致企业发展受到影响、增速减缓、盈利下降，地方税收增速明显放缓。重组后，在卷烟的包装盒上取消了“常德卷烟厂”字样，割断了芙蓉王品牌与常德市的产地关系，这些都直接或间接地对全市经济发展产生负面影响。通过调查分析，会议提出 5 条审议意见：加大对常德卷烟厂及关联和附属企业的支持力度；加快工业化进程，不断培育新的经济增长点；坚持依法治税、优化纳税服务、强化税收征管；努力争取将常德卷烟厂对常德市防洪保安的补助资金列入省财政固定补助项目；恢复“芙蓉王”品牌的常德卷烟厂产地标示。

2009 年 8 月 21 日，市五届人大常委会第十一次会议，听取和审议市人民政府关于全市社保基金运行情况的报告。报告表明，2006 年到 2008 年，全市六项社会保险（企业养老保险、机关事业养老保险、职工医疗保险、失业保险、生育保险、工伤保险）基金收入总量由 202501 万元增加到 314615 万元，增长 55.36%。市本级由 74810 万元增加到 102128 万元，增长 36.52%。2008 年、2009 年全市先后启动了城镇居民医疗保险、养老保险制度，实施了工伤保险市级统筹，完善了机关事业单位养老保险制度，出台了被征地农民就业培训和社会保障管理办法。截至 2008 年年底，全市各项社保基金结余共计 127986 万元。但由于受诸多因素的影响，社保基金运行仍然存在基金征缴扩面难、养老保险基金收支平衡难、信息资源共享难和统筹层次不高基金转移难等一系列问题。通过审议，会议提出 “进一步加大社保扩面工作的力度、进一步加强社保基金监管工作的力度、进一步加大信息资源整合的力度和进一步加大向上级争取转移支付资金的力度”等意见。

2010 年 7 月 29 日，市五届人大常委会主任会议，听取和审议市人民政府关于市本级城建融资使用管理和 2010 年城建债务预算的报告。会前，市人大财政经济委员会对市本级 2009 年以来城建融资管理使用情况进行了调研。调研组先后到市财政局、市国土资源局和市城市建设投资公司、市经济建设投资公司等部门和单位听取情况汇报并进行座谈，还实地察看了紫缘路桥、常德大道等5个工程项目现场。调查结束后，向主任会议报告了调研情况。报告认为，近两年市政府及相关部门抢抓国家加大贷款投放，扩大内需的发展机遇，融资成效明显，2009年以来，市本级城建融资到位105.2亿元，至2010年6月底，累计结余59.9亿元；启动了一批新的城建项目，有力地推动了城市建设；资金运行平稳，对资金融入和资金使用把关较严，资金实行了专户储存，专账核算，封闭运行，两家投资公司理财效益较好；建立了偿债基金制度，2009年市政府财政预算安排2.7亿元作为偿债基金，并逐年增加，缓解了还贷压力，保证了项目资金的正常循环。主任会议提出，在融资管理中，资金使用效益不够理想，项目进展缓慢，偿债压力大等问题也不容忽视。会议要求市人民政府要强化相关部门的责任，加快项目工程进度，确保工程质量；加大土地开发整理与出让力度，改变土地开发主体与土地出让主体不一致的现象，发挥土地收益偿债效能；科学安排建设项目，防止“半拉子”工程，加快片区建设性详规编制，集中资金搞好片区开发；健全偿债机制，化解债务风险，增加财政偿债基金额度，鼓励融资平台建立偿债基金和经营收益还贷，扩大土地收益还贷比例，建立稳定的偿债资金链，努力降低债务风险的审议意见。

2010年10月22日，市五届人大常委会第十九次会议，听取和审议市人民政府关于市本级国土出让收入收支情况的报告。2009年，市本级挂牌出让土地56宗，面积为2687亩，成交总价款18.53亿元。2010年1—9月，市本级挂牌出让土地46宗，面积为3900亩，成交总价款43.06亿元。市人民政府及其管理部门高度重视国土出让收入收支管理工作，规范操作，保证了各项政策措施的落实，取得了良好的效果。但受多方面因素的影响，土地出让管理中仍然存在一些问题：一是土地收入形势不容乐观；二是土地的开发成本较高；三是闲置土地的处置较难；四是超容积率土地收入追缴难。会议提出“进一步加强收入的征收、进一步规范资金的使用、切实加强土地市场的管理和加大闲置土地处置力度”审议意见。

2012年8月23日，市五届人大常委会第三十二次会议，听取和审议市人民政府关于2011年—2012年上半年市级非税收入征收管理工作的报告。2011年，市级非税收入完成30.66亿元，同比增长62.79%。2012年1—6月，市级非税收入完成12.85亿元，同比增长19.71%。市级非税收入从2004年的3.85亿元增长到2011年的30.66亿元，增长6.96倍。非税收入增长较快主要源于规范管理，体制流程逐步完善。随着非税收入管理工作的进一步规范，一些深层次的矛盾和问题也日益凸显。一是认识有待提高，部分非税收入征管部门执收工作“不作为”现象有所抬头；二是制度有待完善；三是征管有待加强；四是考核有待优化。为推进非税收入征管的制度化、规范化和科学化，会议提出“创新思路，构建公共财政科学体制、挖掘潜力，健全非税征管科学机制和强化监管，打造非税监管科学体系”等审议意见。

2013年4月25日，市六届人大常委会第三次会议，听取和审议了市人民政府关于全市工业园区发展情况的报告。市人民政府报告了全市工业园区的现状、存在的主要问题及下步工作打算。市人大财政经济委员会自3月中旬开始，就常德经济开发区和区县(市)工业园的发展情况进行了专题调研。在调研过程中，实地察看了常德经济开发区的部分企业，召开部分企业及相关部门负责人座谈会和区县（市）负责人座谈会，专题听取了市经信委就全市工业园区发展、市发改委就全市工业走廊建设情况的汇报，并将调查结果向常委会会议作汇报。调研认为，全市园区意识不断增强，园区建设初具规模，园区特色初步显现。2012 年园区完成规模工业总产值比上年增长 17.1%，占全市规模工业总产值的 50%。园区规模工业入库税金占全市规模工业入库税金的 42.7%，比上年增长 30%。但是，园区发展环境有待优化，产业配套有待完善，管理体制有待探索，产业特色和产业聚集有待提升，生产要素制约瓶颈有待破解。会议审议后提出，全市各级人民政府要始终紧扣工业强市的战略目标，坚持不懈地推进工业园区建设，加大投入力度，大力招商引资，优化发展环境；要积极探索园区管理体制，提高运转效率；要着力完善园区配套产业，推动园区产业链式发展；要拓宽融资渠道，积极争取用地指标，化解企业发展瓶颈；要严格约束部门的涉企行为，防止“三乱”死灰复燃，优化服务环境和法制环境。

2013 年 8 月 27 日，市六届人大常委会第五次会议，听取和审议市人民政府关于 2012 年及 2013 年上半年市级财政投资评审情况的报告。市人民政府及相关部门积极发挥财政投资评审职能，紧紧围绕政府投资和建设的重点，通过对财政性资金投资项目预算和竣工结算进行评价与审查，节约了建设成本，提高了资金使用效益。2008 年至 2013 年上半年，市本级财政评审投资项目 3091 个，累计额度 274.31 亿元，累计审减 46.25 亿元（预算审减39.56 亿元、结算审减 6.69 亿元），审减率 16.86%。随着评审工作的全面推开，一些深层次的矛盾和问题也日益凸显。一是评审认知度仍然不高、支持力度仍然不够；二是评审规范有待完善，法制建设仍然滞后，制度不够完善；三是评审标准与特殊情况的矛盾、评审标准上“宽”与“严”的矛盾、基础工作与结算评审的矛盾有待化解；四是评审效率有待提速，评审时效有待提高，变更程序有待优化；五是评审力量不足，评审任务较重，评审系统滞后。为进一步加强财政投资评审工作，会议提出“加强宣传沟通、加强制度建设、加强程序管控、加强部门联动和加强队伍建设”等审议意见。

第三节　听取和审议教育科学文化卫生方面工作报告

1988 年 11 月 2—6 日，市一届人大常委会第三次会议，听取和审议市人民政府所作的《关于全市职业技术教育的情况汇报》。审议前，市人大常委会教育科学文化卫生工作委员会先后 5 次到两区、六县考察 23 所职业技术学校和普通高中，召开人大代表、学校领导、教师和学生代表参加的座谈会 19 次，写出调查报告《桃源县中等职业技术教育举步维艰》。会议同意市人大常委会教育科学文化卫生工作委员会调查报告，认为职业技术教育存在着社会认识不足，重视不够；经费支持不多，扶持不够；一些部门缺乏办校的积极性和主动性；对职中毕业生的安排和跟踪指导抓得不够等原因造成办学条件差、报考学生少、学生异动大、专业教师缺、教师待遇差等问题。会议通过《关于巩固和发展职业技术教育的决议》。会后，市人民政府专题研究市人大常委会决议，在提高思想认识、加大工作投入、完善相关政策、建强教师队伍等方面采取了一系列措施。

1989 年 4 月 27—29 日，市一届人大常委第六次会议，听取和审议市人民政府所作的《关于全市农村科技工作情况的汇报》。会前，市人大常委会教科文卫工作委员会到安乡县进行专题调查，召开市农业局、市乡镇企业局分管领导座谈会，听取意见和建议。调查组认为农村科技队伍势力较雄厚，科技引进推广成效明显，但也存在缺少长远规划；农村科技管理体系不健全；农村科技投入较少；乡镇企业科技缺乏等问题。会议提出：各级人民政府要加强对农村科技工作的领导，尽快完善乡镇科技管理服务体系，选配好科技副乡镇长和科技专干，逐步加大科技投入，积极开展科普及技术培训工作。会后，市人民政府及其科技主管部门针对上述审议意见，制定了 5 项工作措施，并向市人大常委会报告了落实情况。

1990 年 5 月 4 日，市一届人大常委会第十三次会议，听取市人民政府所作的《关于全市农村初级卫生保健工作情况汇报》。会前，市人大常委会教科文卫工作委员会组织人员对澧县农村初级卫生保健工作进行专题调查，先后走访调查 7 个乡镇卫生院、114 个村（居）卫生室。调查情况表明，农村初级卫生保健工作存在着村级卫生组织集体成分少，服务质量差，乡村医生报酬低且不落实等问题。会议提出，市人民政府要进一步提高认识，加强领导，将农村初级卫生保健基本指标纳入本地社会、经济发展总体目标和行政首长任期责任目标；下大力改善乡村医疗条件，稳定提高农村医疗卫生队伍，保证乡镇卫生院的基本设施和乡村医务人员的工资、福利和合理报酬；医疗卫生单位要坚持社会效益第一原则，各级人民政府要在地方财力中适当增加农村初级卫生保健事业费支出比例。会后，市人民政府研究决定突出重点，努力抓好发展和完善合作医疗、办好村级卫生室、改造乡（镇）卫生院危房、抓好改水和血吸虫病防治等人民群众直接受益的工作。确保全市村级卫生室建设在 1995 年全部达标，乡（镇）卫生院危房在 1991 年全部解决，1992 年在农村普及使用安全用水。

1992 年 7 月 31 日，市一届人大常委会第二十八次会议，听取和审议市人民政府关于全市乡镇农科教中心建设情况汇报。会前，市人大常委会教科文卫工作委员会赴桃源县、安乡县和汉寿县有关单位开展专题调研，并向本次会议进行了报告。会议提出，市人民政府要切实加强工作领导，出台科教兴农长期规划和年度规划，制定有关政策措施，办好试点，总结推广；各级应按照省委、省政府《关于实行农科教结合加速农业发展的决定》的规定，加大资金投入，加快科教中心建设；完善配套基础设施，健全农科推广网络，扩大农科教结合范围，加强农村第一线科技队伍建设。

1993 年 8 月 26 日，市二届人大常委会第四次会议，听取和审议市人民政府关于培育和发展技术市场的情况汇报。会前，市人大常委会教科文卫工作委员会赴有关县市、单位开展了专题调研。会议审议认为，全市技术主管部门积极贯彻“放开、搞活、扶植、引导”方针，为开拓、培育、发展技术市场做了大量工作，取得了一定成绩。会议要求市人民政府要增强科技意识，加快发展技术市场；增加投入，搞好技术市场建设；面向企业，促进经济和科技紧密结合；严格管理，保证技术市场健康发展。市人民政府根据市人大常委会审议意见，采取了4项工作措施，推进全市技术市场发展。

1995年12月26日，市二届人大常委会第二十一次会议，听取和审议市人民政府关于贯彻执行《中华人民共和国科技进步法》情况汇报。会议经过审议，提出各级人民政府要增强科技意识，高度重视科技工作，将科技工作纳入工作目标考核指标，作为考核各级领导政绩的重要内容；抓好科技成果转化工作，不断优化产品结构，提高工业增长的质量和效益；加大对科技事业投入；建立健全人才激励机制，创造促进科技发展的外部环境等意见。

1997年6月26日，市二届人大常委会第三十二次会议，听取和审议市人民政府所作的《关于全市农村卫生工作情况汇报》。会议提出，各级人民政府要充分认识农村卫生工作重要性，进一步加强领导；要加大对农村卫生事业投入，进一步改善农村卫生工作条件，逐年增加基层医疗机构的经费补助；切实抓好农村初级卫生保健、乡镇卫生院建设、预防保健、卫生队伍建设和管理、卫生执法机构等工作，积极稳妥发展农村合作医疗事业。

1998年8月7日，市三届人大常委会第四次会议，听取和审议市人民政府所作的关于贯彻落实《中华人民共和国促进科技成果转化法》工作情况汇报。会议认为，全市科技成果转化意识和效益、科技集成水平、科技成果转化的层次和规模都得到较大增强和提高。同时针对存在的科技成果推广体系不健全，转化渠道不畅、科技人员积极性不太高、科技投入不足等困难和问题，提出统一思想认识，切实加强领导；增加科技投入，落实科技三项经费；稳定科技队伍，健全推广体系，改善科研条件，调整服务职能，加强体系管理等审议意见。

1999年9月2—3日，市三届人大常委会第十一次会议，听取和审议市人民政府《关于全市教育改革工作情况汇报》。会前，市人大教科文卫委员会和部分市人大代表，在市人大常委会1名副主任的带领下，赴有关区县市和市直有关单位、学校开展了专题调研，并向本次会议报告了调研情况。经审议，会议提出进一步加强对教育改革工作领导、对社会力量办学进行规范化管理、不断完善教育内部“三制”（校长负责制、教师聘任制、绩酬挂钩制）改革、加快高中阶段教育改革发展步伐、动员各部门关心支持教育改革五条审议意见。

2003年10月30日，市四届人大常委会第八次会议，听取和审议市人民政府关于贯彻实施《中华人民共和国献血法》情况汇报。会前，市人大常委会1名副主任带领市人大教育科学文化卫生委员会和市卫生局相关负责人，对武陵区、安乡县、津市市、澧县、市第一人民医院、市中心血站开展专题调查。调查认为，全市献血工作得到有效开展，人民群众用血需要和安全得到确保，但还存在无偿献血比例过低、思想认识有误区、整体配合力度不够等问题。会议经过审议并根据调查建议，提出各级人民政府要大力普及献血科学知识，积极开展预防和控制经血液途径传播疾病教育，统一全社会对无偿献血工作的认识；加大执法力度，依法确保采血、贮血及用血安全；加强对无偿献血工作领导，切实解决采血工作基本条件等审议意见。

2006年4月30日，市四届人大常委会第三十次会议，听取和审议市人民政府关于旅游工作情况汇报。会前,市人大教育科学文化卫生委员会会同市旅游局先后到石门县、临澧县、澧县、桃源县、鼎城区等区县开展调研,会议审议后,提出市人民政府要加强工作领导,按照“严格保护、统一管理、合理开发、永续利用”的原则,尽快制定适合全市旅游景点特色的开发利用和保护,并与全市科技、教育、环保、交通、商业、服务等工作相适应的中长期规划,促进全市大抓旅游、抓大旅游氛围的形成;加大对旅游景点建设、市场培育、产品促销经费投入,加快完善旅游基础设施,努力开发常德旅游精品,重点投入柳叶湖旅游景点和桃花源品牌,突出特色产品建设,把本市旅游产品广泛推向国内外市场;加强管理,理顺管理体制,解决多头管理,损害旅游资源等问题,加强对旅游经营者及从业人员思想、职业道德教育和业务培训,坚持质量标准,规范操作行为,改善服务水平,提高经营水平,改善旅游环境的审议意见。根据会议意见,市人民政府市长陈君文、常务副市长陈文浩、副市长刘剑英、李爱国、徐万发分别作出批示,于7月31日召开市长办公会议,专题研究审议意见办理工作,并于8月30日向市人大常委会书面报告落实情况。

同年8月31日,市四届人大常委会第三十三次会议,听取和审议市人民政府《关于贯彻落实食品卫生法的情况汇报》。会前,市人大常委会主任莫道宏、副主任蒋祖建带领市人大教育科学文化卫生委员会及卫生部门深入武陵区、鼎城区、临澧县、澧县等区县对全市贯彻落实食品卫生法情况开展专项检查,先后走访20多个食品生产、经营单位。检查结果表明,全市食品卫生状况明显改善,全民食品卫生意识明显增强,执法监管能力和水平明显提高。但仍然存在部门配合欠协调,实施环节监管易脱节;部分从业人员法律意识不强,依法监管难度大;农村食品安全无保障,城乡差距进一步拉大;执法保障亟待提高,食品卫生监管体系建设滞后等问题。会议审议后,提出进一步加大食品卫生法宣传贯彻力度,突出宣传重点,提高全民食品安全卫生意识, 特别是食品生产经营业主和从业人员相关法律知识和卫生常识教育;进一步强化部门协作,确保食品卫生安全,按照权责一致原则,建立健全各级食品卫生责任制和责任追究制;建立健全农村食品安全监管网络,消除农村食品卫生隐患,切实建立市、县、乡、村四级食品卫生监管体系,把监管重点向农村和城郊适度倾斜,切实改善农村和城郊区食品卫生状况;切实加大食品卫生执法保障,努力增强食品卫生执法能力,加大对食品卫生工作的投入,改善食品卫生监督条件,加强对食品卫生监督员管理,提高应对突发公共卫生事件的快速反应能力;保障广大公民对食品卫生安全状况的知情权,提高全社会对食品卫生安全的自我保护能力等审议意见。市人民政府认真落实市人大常委会审议意见,采取一系列有力的工作措施,推进食品卫生工作,并将有关情况向市人大常委会专题报告。

2007年4月27日,市四届人大常委会第四十二次会议,听取和审议市人民政府《关于贯彻防震减灾法情况报告》。会前,市人大常委会副主任文承保带领市人大教科文卫委员会、市科技局、市地震局组成的调研组,先后到桃源、临澧、石门、澧县、津市等区县(市)及市直有关单位,开展专题调研。调研组认真听取了各区县(市)人民政府负责人、地震局长、地震专业工作者的情况汇报,现场考察了地震台站、地震观测点的设备设施及运行情况,参观了部分抗震示范民居并与各区县(市)人民政府主要负责人交换了意见。调研组将有关情况向本次会议作汇报。经审议,会议提出,各级各部门要加强法律法规学习宣传,尽快普及防震减灾常识;改善监测预报条件,加强地震监测台网现代化建设,鼓励扶持地震监测预报科学研究;加速专业人才培养引进,提高监测预报水平;落实防震减灾措施,修订完善防震减灾规划和破坏性地震应急预案,并进行适当演练等审议意见。

2011 年 8 月 24 日,市五届人大常委会第二十五次会议,听取和审议市人民政府关于促进全市学前教育健康发展情况。会前,市人大常委会副主任文承保、肖燕芳带领市人大教科文卫委员会走访了鼎城区、澧县、汉寿县及市城区的学前教育机构,征求基层干部群众和人大代表对学前教育工作的意见,并向本次会议报告了有关情况。经审议,会议同意市人大教科文卫委员会的建议,提出各级人民政府进一步强化责任,推动学前教育公益性和普惠性发展,真正将学前教育纳入国民教育体系统一管理,实现“广覆盖、保基本、提质量”的基本目标;强化统筹,实现学前教育协调发展,认真抓好学前教育的规划编制和实施工作,因地制宜,构建覆盖城乡、布局合理的学前教育公共服务体系;优化学前教育资源配置,保障适龄儿童就近入园;幼儿园园长、骨干教师和保育员实现持证上岗,大力推进公办幼儿园和普惠性民办幼儿园建设;加大力度清理、整顿、规范无证幼儿园,维护学前教育健康发展等审议意见。

2013 年 6 月 26 日,市六届人大常委会第四次会议,听取和审议市人民政府关于文化强市工作情况的报告。会议认为近几年来,全市公民文明素质稳步提升,文化体制改革基本完成,公共文化设施网络基本健全,群众文化建设蓬勃兴起,文化产业发展势头良好。经审议,会议提出,市人民政府要切实强化组织领导,加强协调督导,推动部门联动,促进文化强市工作深入开展;加快发展公益性文化事业,加大财政资金保障力度,加快重点项目建设,完善中心城区公共文化设施建设,推进农村广播村村通、电视户户通和覆盖城乡的文化信息资源共享工程服务网络建设,充分利用现有文化设施,丰富文化活动,注重文化传承,加强文化传播;做大做强文化产业,推动文化产业与教育、科技、旅游、宗教、体育、信息等相关产业融合式发展,构建结构合理、科技含量高、竞争力强的现代文化产业体系;培育文化要素市场,发展和健全文化市场中介机构和行业组织;实施文化精品工程,扩大对外交流,增强常德文化影响力;加大文化投入力度,发挥文化名城建设引导资金和文化产业引导资金杠杆作用,引导和鼓励社会资本参与文化设施建设;建立和健全文化人才引进、培养、培训、激励、使用等机制,打造文化人才高地;积极推进文化领域用人机制改革,营造人尽其才、才尽其用的和谐环境等审议意见。

同年 8 月 28 日,市六届人大常委会第五次会议,听取和审议市人民政府关于贯彻执行药品管理法和《湖南省药品和医疗器械流通监督管理条例》情况的报告。经审议,会议建议市人民政府及其有关部门要优化法治环境,高度重视宣传教育工作,引导广大干部群众关心药械安全、支持药械监管和加强自我保护,建立健全举报奖励制度,强化对涉药涉械违法行为的社会监督;加强医药行业质量信用体系建设,充分发挥行业自律和市场公信对生产经营单位的约束作用，逐步完善药品医疗器械保健食品广告备案制度、违法广告公告制度和责任追究制度，进一步规范整顿药品医疗器械保健食品广告行为，切实维护群众利益；强化监管，严格落实相关质量管理规定，提高药品医疗器械安全水平；规范流通行为，维护市场秩序，推动产业发展；加大政府投入，提高药品检验市级全检和县级快检水平和能力，满足快速反应和准确处置监管工作需要等四条审议意见。会后，市人民政府副市长胡丘陵主持召开专题会议，研究制定“加强宣传教育，优化法治环境；深化信用体系建设，完善监管联动机制；强化安全监管，开展专项整治行动；完善体制保障，提升服务能力”等工作措施。

第四节　听取和审议农业与农村方面工作报告

1989 年 3 月，市一届人大常委会第 5 次会议，听取和审议市人民政府关于农业生产资料专营情况的报告。报告介绍了国务院关于化肥、农药、农膜等重要生产资料实行专营的决定精神，汇报了 1989 年全市农资供应情况，提出了全市农资专营的初步方案及主要措施。会前，常委会农村工作委员会到农业生产资料的生产、分配、供应单位和安乡县进行专题调研，并向本次会议作报告。调研表明，1989 年重要农业生产资料的供需矛盾较大。需求增加，库存减少，货源不足。生产企业因煤、电等紧缺生产资料供应不足而难以完成全年的生产任务。另外，资金紧缺，利益摩擦，服务功能脆弱，支农意识淡薄等问题导致价格上扬。会议审议认为，市人民政府和农资专营部门在实施专营方面做大量工作，初步改变了农资多渠道经营的混乱状况，改善了农资的供应。但是，专营工作是一项新的尝试，有许多问题需要进一步研究解决。会议要求：专营部门要端正业务指导思想，树立群众观念，改善服务态度，防止官商作风，让专营的实惠落实到农民身上。物价、工商、审计等职能部门要加强监管，供销部门要强化自我约束，严格控制价格上涨，严厉打击坑农害农的违法行为。要坚决制止农资经营中的搭售风，对继续搞搭配，坑害农民的单位和个人，要严肃处理。要下大力挖掘本地农资企业的生产潜力。解决好农资生产需要的资金、煤炭和电力，促进生产企业提高质量、降低成本、增加生产。要优先保证生产资料专营的资金。各级金融部门要进一步采取有效措施，多渠道筹集和融通资金，支持农资专营。农资专营单位要发动职工集资入股，保证专营工作的顺利进行。

1992 年 5 月，市一届人大常委会第二十七次会议，听取和审议市人民政府关于全市调整农业结构发展多种经营的情况报告。报告表明，全市十大农业商品生产基地实施进展顺利，优质米生产基地和优质棉基地建设可以提前完成；报告还提出后段调整农业结构发展多种经营方面的设想。常委会农村工作委员会，自 4 月下旬开始，到全市的 15 个乡镇进行全面调查，并向本次会议报告调查情况。会议审议后要求：市人民政府和农业主管部门要明确调整方向，坚持因地制宜和市场导向原则，防止“一阵风”“一刀切”，走出一条农、林、牧、副、渔全面发展的路子；要强化调整措施，落实各项优惠政策，努力增加对农业结构调整的资金、物资投入，鼓励农民自觉搞好结构调整，鼓励厂矿、机关、团体到农村建立相应的基地，实行谁开发，谁受益；要加强部门配合，搞好综合配套服务；加强技术培训，普及新技术、新品种，放开经营，拓宽市场，健全生产、加工、运输、销售服务网络；要深化认识，切实加强领导；帮助农民克服小农经济思想，树立大农业观念；注意培养、总结和推广典型，及时发现和解决农业结构调整中的新情况和新问题。

1995 年 10 月，市第二届人大常委会第二十次会议，听取和审议市人民政府关于全市农村集体资产管理情况的报告：据不完全统计，到 1994 年年底，全市农村集体资产总额为 46.75 亿元，比 1980 年增长 3.6 倍。农村集体资产对推动农村经济发展，增强集体经济组织的服务功能，巩固社会主义公有制发挥了重要作用。但是，由于产权模糊、体制不顺、管理不规范、监督缺机制、法规不健全，出现了一些蚕食集体资产，改变集体资产性质，经营管理不善等问题。会议审议提出：市人民政府要用两到三年时间，分期分批对农村集体资产进行一次全面的清产核资，查处违法违纪案件，界定产权，理顺管理关系，健全财务账目，切实加强集体资产的管理。要尽快出台《常德市农村集体资产管理暂行办法》以及相应的规章制度，公布实施。

2002 年 6 月，市三届人大常委会第三十五次会议，听取和审议市人民政府关于全市“五个百万亩工程”建设进展情况的报告。会前，市人大农业与农村委员会用两周时间，到鼎城、澧县、津市和桃源等区、县（市）进行调查，并向本次会议报告调查结果。调查报告对市人民政府实施“五个百万亩工程”所做的工作给予肯定，同时指出工作中还存在着思想认识不够统一，科技服务不够配套，资金投入严重不足，产业龙头舞得不活，点与面的差距大等问题。会议要求市人民政府要切实加强领导，进一步统一思想认识；要因地制宜，搞好分类指导；各地要以“五个百万亩工程”为契机，集中力量发展具有特色的优势产业，避免一哄而起又一哄而下的问题；要科学规划，合理布局；要强化服务体系建设，解决好农业科技人员的实际问题，强化信息服务；要加强龙头企业建设，充分发挥龙头企业的桥梁作用。

2003 年 8 月，市四届人大常委会第七次会议，听取和审议市人民政府关于推进农业产业化经营情况的报告。市人民政府在推进农业产业化经营过程中，主要抓了种苗工程建设，标准化生产，招商引资和项目争取，大宗农产品的深度开发，机制创新，政策落实，办点示范七个方面的工作。报告提出在今后的工作中将继续抓好龙头企业的发展壮大；继续抓好种苗工程建设；继续抓好农业招商引资和项目争取；继续抓好农村科技服务和疫病防治体系建设；继续抓好农产品质量标准体系建设；继续抓好农村专业合作经济组织与市场流通体系建设；继续抓好农业政策法规的落实。会上，人大农业与农村委员会报告对全市推进农业产业化经营工作进行调查的情况。会议对两个报告进行审议，认为，市人民政府大力推进农业产业化经营，有力地推动了农村经济的发展。但在推进农业产业化经营的过程中，也存在着一些需引起高度重视和亟待解决的问题。会议要求：要进一步做大做强龙头企业；各有关部门要认真落实好市人民政府《关于扶持农业产业化经营的意见》，抓好市、县两级财政扶持龙头企业的贷款贴息资金落实；要进一步抓好主导产业基地建设；继续抓好“五个百万亩工程”和

“十大龙头产业”,大力培育一批农业主导产业基地;要进一步建立和完善产业化服务体系,包括优质种苗繁育体系,农业科技服务体系,农产品标准化体系,农产品流通体系;要继续抓好农业法律法规的落实,加大农业执法力度,确保大农业总投入增长幅度高于财政经常性收入增长的幅度。

2010 年 8 月,市五届人大常委会第十八次会议,听取和审议市人民政府关于全市集体林权制度改革情况的报告:到 7 月底,全市集体林权制度改革的四项任务基本完成。9 个区县(市)均成立了林权管理服务中心。下一阶段市人民政府将继续完成“双百”任务,完善林业机构队伍建设,认真推进政策性森林保险,巩固扩大集体林权制度改革的成果。人大农业与农村委员会报告了对全市集体林权制度改革工作进行调研的情况。调研表明,全市集体林权制度改革工作进展顺利;政府高度重视,工作落实到位;政策把握准确,工作措施有力;部门积极作为,配套改革推进较快。存在的主要不足是少数地方有林改经费不落实、配套改革不到位,技术力量不专业,资料整理不规范,生态保护与林农生存矛盾较为明显的现象。会议审议了两个报告,要求市人民政府要进一步强化领导,尽快完成集体林权制度改革的扫尾工作;切实解决林改工作经费,保障林改工作有序推进;认真解决“两站”人员的编制及待遇,改善基层站的工作条件;统筹生态保护与林农增收,实现人与自然的和谐发展。

第五节　听取和审议城乡建设与环境资源保护方面工作报告

1989 年 3 月 9 日,市一届人大常委会第五次会议,听取市人民政府关于 1988 年城建资金预算执行情况和 1989 年预算(草案)的汇报,并就压缩基建规模、合理安排使用城建资金提出意见和建议。

1990 年 5 月,市一届人大常委会第十三次会议,听取和审议市人民政府关于城市管理情况的汇报,并对市人民政府《常德市城市管理暂行规定》提出审议意见,要求市人民政府进一步强化城市意识,依法管理城市,努力创造良好的城市环境。会议还就《常德市国家建设征地拆迁安置管理暂行办法(草案)》进行审议,要求市人民政府对有关条款进行适当修改后颁布实施。

1991 年 3 月,市一届人大常委会第十八次会议,听取市人民政府关于常德市 1990 年城市建设资金预算执行情况和 1991 年预算安排草案的汇报。提出政府有关部门要牢固树立规划意识,总体规划不得随意变动;加强重点城建项目的调度和管理;突出重点,兼顾一般,适当安排资金解决“行路难,上厕难”“路灯不亮,下水道不通”问题的审议意见。

1993 年 5 月,市二届人大常委会第二次会议,听取和审议市人民政府关于城建资金预算执行情况和安排意见(草案)的汇报。提出市人民政府要适应社会主义市场经济体制需要,实行城市建设投资体制的多元化等审议意见。

同年 7 月,市二届人大常委会第三次会议,听取和审议市人民政府关于“城市道路管理”“土地使用制度改革”的情况汇报。提出市人民政府要用多种形式，广泛宣传《常德市城市道路管理暂行办法（草案）》；实行统一管理，加强部门配合；严格依章治道，坚持经常性管理；加强占道费管理和明确土地使用制度改革的范围，强化征收手段；加强管理和监督，管好、用好土地有偿使用费的审议意见。

1993 年 8 月，市二届人大常委会第四次会议，听取市政府关于贯彻实施《中华人民共和国水污染防治法》情况汇报，提出：加大宣传教育力度，增强全社会保护水环境的意识；严格执行环境影响评价和“三同时”（防治水污染设施与主体工程同时设计、同时施工、同时投产使用）制度，坚决控制新的水污染源；突出重点，狠抓老污染源治理；严格执法，用法律手段强化水环境监督管理审议意见。

1995 年 10 月，市二届人大常委会第二十次会议听取市人民政府 1995 年城建资金预算执行情况的汇报，提出全面实施对建设工程的招投标管理，重点建设工程必须进入交易市场实行公开招投标等审议意见。

1996 年 2 月，市二届人大常委会第二十二次会议听取市人民政府城建工作汇报，提出对公用事业的建设，只要符合城市规划，可以放开建设，实行谁投资，谁受益使用；对现有设施可以放开经营权，通过承租、租赁、转让或者买卖，积累资金再投入到新的城建项目上去；对新建城市道路两厢的土地按城市规划要求广集社会资金实行综合开发等审议意见。

1996 年 10 月，市二届人大常委会第二十七次会议听取市人民政府关于全市实施《基本农田保护条例》的情况汇报，提出各级人民政府要牢固树立依法管土，用土思想；严格按照规划期内划定的面积和等级保护和使用耕地；切实加大执法监督力度的审议意见。

1997 年 6 月，市二届人大常委会第三十二次会议听取和审议市人民政府贯彻实施“三个条例”（湖南省建筑市场管理条例、湖南省建设工程招投标管理条例、湖南省建设工程质量管理条例），规范建筑市场管理情况的汇报。事前，市人大常委会组织民侨外工委、财经工委先后到市直和桃源县建设主管部门、建设单位、施工企业进行座谈，查看现场，了解情况。写出《认真贯彻条例，严格规范建筑市场》调查报告，会议审议后，提出要加大执法监察和处理违纪问题的力度、完善招投标管理办法、强化工程项目的专项审计，确保建筑市场健康有序发展的审议意见。

1998 年 8 月，市三届人大常委会第四次会议听取市人民政府关于土地市场管理情况汇报。提出政府要加强对土地一级市场垄断，强化二、三级市场管理；加强企业改革中的土地资产管理；加强土地市场建设；理顺部门关系，依法行使职权等审议意见。随后市政府下发常政办发〔1998〕9 号文件，规定土地出让金实行专项储存和清算，土地出让金原则上不予减免，市政府不开减免口子；拟制《常德市土地储备管理暂行办法》；下发《关于进一步完善划拨土地使用权转让审批手续的通知》，规范划拨土地使用权出让、转让程序和规则；出台《常德市城镇国有土地有偿使用办法》和《土地市场管理办法》，进一步规范土地市场管理。

1999 年 3 月，市三届人大常委会第七次会议听取市人民政府关于 1999 常德环保世纪行活动方案的汇报,提出加大宣传力度,增强全民环境保护意识;严肃环境保护执法,保证法律法规贯彻实施;突出重点,力求实效;上下配合,齐心协力,共同创造环境与资源保护工作的良好氛围审议意见。

1999 年 6 月, 市三届人大常委会第十次会议听取和审议市人民政府关于加强城市建设,加快城市化步伐的情况汇报。提出营造加快城市化发展氛围,确保城市建设按照规划有序进行,加强城市基础设施建设,加速城市经济发展的审议意见。

1999 年 9 月,市三届人大常委会第十一次会议听取和审议市人民政府关于贯彻实施土地管理法情况汇报。城环委在土地管理法实施情况调查报告中认为有与新法配套的地方性法规不完善、基层土地管理队伍困难多、新法宣传力度不够等问题,建议加大土地执法的力度、稳定基层国土管理队伍、确保耕地质量动态平衡目标的实现。常委会议提出深入宣传新法精神,树立全社会“保护耕地、依法用地”观念,加大土地执法力度的审议意见。

2003 年 9 月,市四届人大常委会第七次会议听取市人民政府关于编制《常德市城区近期建设规划(2003—2007)》的情况报告,同时听取市人大城环委对该规划的初步审查报告。会议同意市城环委的初步审查意见,建议市人民政府在服从城市总体规划的前提下,进一步完善和加强常德市城区城市特色建设和生态环境保护等方面的内容, 充分考虑城市社会经济的全面发展和历史文化遗产保护;协调好与土地利用总体规划的关系。

2004 年 8 月,市人大常委会主任会议听取人大城环委关于市本级住房资金和全市住房公积金管理情况的报告。会议肯定市人民政府以及市住房公积金管理中心“强化队伍建设,加强住房公积金的归集工作,加强制度建设,加大借贷回收力度”取得的成绩。提出“加强宣传教育,继续扩大归集面,强化日常管理,加大借贷款回收力度”的建议。

2005 年 4 月,市四届人大常委会第二十二次会议,听取市人民政府关于市本级 2005 年城建项目计划安排情况(草案)的报告。会前,市人大城环委和财经委一起进行专题调查,调查报告针对城市建设与资金短缺的矛盾突出、发展不平衡的现象依然存在、地下建设与地上发展不协调、与全面发展的要求有差距等问题,提出要坚持量力而行的原则、坚持计划的严肃性、切实关注地下管网建设、抓紧城建项目库的建设、进一步规范城市建设与管理工作等建议。会议在审议意见中提出重大城市建设项目计划,必须经人民代表大会或人大常委会批准,没有经过批准的重大城建项目,不得挤进城建笼子,更不得拨付资金和开工建设。城市建设项目要按环境影响评价法的要求评价。副市长刘剑英于 5 月 8 日召集鼎城区、德山开发区、柳叶湖度假区、市建设局等 13 个单位负责人会,对贯彻落实审议意见,规范城市建设项目管理提出具体要求。市建设局起草《关于进一步加强和理顺城建工程项目和资金管理的意见》,规定投资额在 5000 万元以上,或对城市建设、城市环境、市民生产生活有着重大影响的城建项目计划安排和建设,未经政府研究和专家审查,不得向市人大常委会汇报;未经市人大常委会批准不得进入招标程序,市财政不得拨付工程款。

2007 年 4 月,市四届人大常委会第四十二次会议,听取和审议市人民政府关于 2006 年市本级城建项目和城建资金计划执行情况及2007年市本级城建项目计划(草案)安排情况的报告。市人大城环委同年3月中旬组织相关专题调查,3月19日召开专委会,对市人民政府的报告提出修改意见,并向常委会会议报告调查情况。常委会会议对政府报告提出对一些涉及民生的城建项目,如廉租房建设、社区改造、小街小巷综合整治等,在资金安排上要有所倾斜;优先发展城市公共交通事业等审议意见。

2007年8月,市四届人大常委会第四十五次会议,听取和审议市人民政府《关于开展拆除市城市规划违法建筑专项行动》的报告,提出加强宣传教育,严格依法办事,出台相应办法,建立长效机制,遏制违法建设行为的审议意见。

2008年9月,市五届人大常委会第四次会议听取和审议市人民政府关于贯彻实施建筑法情况的报告。会议审议提出加强建筑市场秩序规范管理;落实建筑工程质量、安全各项措施;加大建筑法执法力度等建议。

2008年10月,市五届人大常委会第五次会议听取和审议市政府关于建设生态市、减少污染物排放工作情况的报告,提出提高认识,加强领导;部门合作,齐抓共管;编好规划,加大投入;加强治理,严格执法等审议意见。

2010年4月,市五届人大常委会第十六次会议,听取和审议市人民政府关于2009年市本级城建项目和城建项目资金计划执行情况及2010年市本级城建项目计划安排(草案)情况报告。会前,市人大城环委开展了专题调查,并向本次会议作报告。调查报告肯定2009年城建项目和城建资金计划执行关注民本民生,突出公共基础设施建设,加强项目和项目资金管理,抓住融资时机,计划执行较好;2010年城建项目计划安排情况比较合理。但也存在:项目建设进度缓慢;项目库的建设力度不大;项目建设重点不突出;城建项目总盘子偏大;对江南城区、德山经济开发区的城建项目安排指导性不强;关注弱势群体方面的城建项目不多;比例偏低等问题。会议原则同意市本级2010年城建项目计划,要求市人民政府及相关工作部门要加快新城区控制性详规编制,增加工作主导性,要加强城建项目建设的科学性;要采取强有力措施,抓好项目建设前的拆迁安置工作;要建立行之有效的偿债机制,做到融得进,用得好,还得起。会议还听取和审议市人民政府关于《常德市城市总体规划(2009—2030)》(草案)修编工作情况汇报和市人大城环委对该规划初步审议意见的报告。会议认为:经过充分论证和反复修改,规划的指导思想明确,内容全面,符合常德市经济社会发展状况,具有较强的科学性和实用性。会议就城市性质、中心城区空间结构与布局、城市基础公共设施、城镇体系规划提出修改意见,要求市人民政府抓紧编制控制性详细规划,提高规划的可操作性。

2013年4月26日,市六届人大常委会第三次会议,听取和审议市人民政府关于2012年市本级城建项目和城建资金计划执行情况和2013年市本级城建项目计划安排(草案)情况的报告,听取了市人大城环委的调查报告。调查报告肯定2012年市本级城建项目:建设上突出三个优先(具有带动性作用项目优先、配套重点工程项目优先、重大民生项目优先);资金管理上积极稳妥;建设过程中规范有序。但也存在:部分道路地下管网建设相对滞后;各片区开发建设统筹力度不够;安置小区配套设施跟不上;项目前期审批率有待提高;老城区民生工程建设有待继续加强等不容忽视的问题。会议认为:2012 年,市人民政府及相关部门按照市五届人大常委会第三十次会议审议意见要求,采取切实可行的措施,加大城建项目管理力度,规范城市建设行为,有效调度建设资金,较好地执行了 2012 年市本级城建项目计划和城建资金计划。会议原则同意市人民政府提出的 2013 年市本级城建项目计划,提出进一步保障项目计划的有效实施;进一步加大配套工程建设力度;进一步关注老城区的提质改造;进一步强化城建资金的管理等审议意见。

2013 年 8 月 27 日,市六届人大常委会第五次会议,听取和审议市人民政府关于生态市建设工作情况报告和市人大城环委对该工作的调查报告。调查报告指出:2006 年 10 月市人民政府拟定的《常德生态市建设规划》,经市四届人大常委会第三十六次会议审议批准后,市人民政府及相关部门按照规划做了大量工作,生态创建全面铺开,资源环境保护有效,节能完成"十二五"总体目标 70%,减排实现"十二五"中期目标,生态经济逐步推广,城乡环境有所改善。但还存在:建设氛围不够浓厚,发展不平衡;循环经济和清洁生产推进缺力度;项目建设相对滞后等问题。会议提出:"深化生态建设认识;健全生态建设机制;推进生态项目建设;抓好重点行业监管;关注城乡居民饮水安全"审议意见。要求市人民政府在 2 个月内,将上述审议意见研究处理方案送交市人大常委会征求意见,并在 6 个月后,向市人大常委会报告研究处理情况。

第二章　视　察

第一节　内务司法工作视察

1995 年 8 月 31 日,市人大常委会主任会议组成人员对市检察院工作进行视察。针对市检察院工作中存在的有关问题,要求市人民政府支持市检察院工作,帮助解决办公楼建设资金问题。

2000 年 5 月 19 日,市人大常委会主任会议组成人员视察常德军分区,听取贯彻实施国防法律法规的情况。

2000 年 7 月 5 日,市人大常委会主任会议组成人员视察武陵监狱,听取监狱队伍管理和执法情况汇报。视察中了解武陵监狱经费不足、整体规划等实际问题,市人大常委会以主任会议纪要形式,向市人民政府提出工作建议。

2000 年 9 月 6 日,市第三届人大常委会视察市阳光福利院

2003 年 5 月 19 日,市人大内司委对市直政法单位和鼎城区公安局武陵镇派出所、德山法庭等部分基层政法单位进行视察,视察中根据政法机关工作中出现的带普遍性和倾向性的问题,提出政法机关要进一步提高办案质量,减少人民群众申诉控告的意见。

2006 年 2 月 27 日和 10 月 20 日,市人大常委会主任会议组成人员先后两次视察市公安局交警支队,听取相关负责人的工作汇报,察看基层大队和测速现场,就队伍建设、交通管理、事故防控等方面提出建议和意见。

2006 年 9 月 29 日,市人大常委会主任会议部分组成人员视察了津市市人民法院及其下属新洲法庭,听取津市市法院为新农村建设提供司法保障的有关情况。

2010 年 7 月 9 日,常委会组织部分人大常委会组成人员、市人大代表对武陵监狱工作开展情况进行视察。针对武陵监狱存在的监管工作难度压力增大、警力不足、监狱警察的待遇欠优等困难,视察小组提出,市人民政府要继续加大对武陵监狱的建设与发展的支持力度，帮助解决实际困难。

2011 年 6 月 22 日，市人大常委会主任会议组成人员视察常德市脑瘫(自闭症)儿童康复中心和常德市残疾人辅助器具供应中心等 5 家单位和机构，听取市残联关于全市残疾人工作的情况汇报，了解全市残疾人康复、教育、就业、扶贫、组织建设、维权、文化、体育事业的全面发展和面临的困难和问题。视察结束后，市人大常委会办公室下发了《关于我市残疾人工作情况的视察意见》，向市政府和相关部门或组织提出了改进残疾人工作的意见和建议。

2012 年 3 月 23 日，市人大常委会视察市中级人民法院、市人民检察院，对"两院"队伍建设、院落建设提出工作意见和建议。

2013 年 11 月 5—6 日，市人大常委会主任刘明、副主任谭弘发带领市人大内司委全体成员对市城区城西、东郊、城南、火车站等部分基层派出所开展视察。视察活动结束后，围绕市城区基层公安派出所布局不合理、警力不足和设施简陋等突出问题，向市委、市政府提出工作建议，市委、市政府计划两年内完成城区基层派出所的重新规划和建设。

第二节　财政经济工作视察

1990 年 10 月 4—11 日，市人大常委会组织对全市重点建设项目和技术改造项目的视察。视察历时 8 天，视察三江口水电站、马头铺变电站、赤峰煤矿方石坪一井、大鲸港桥建设工程、常德飞机场扩建、唐家咀船闸、南昏和小河口电排、常德锦纶厂、安乡和澧县纺织厂、津市纸厂等 14 个项目。视察组认为，这批重点项目，无论是项目选择还是投资方面的确定，都符合国家的产业政策，符合常德市的实际，体现了实事求是，量力而行的基本原则。在视察过程中，有关单位向视察组反映建设过程中的一些困难和问题。有些问题，视察组在途中请市人民政府有关领导现场给予答复。同时，视察组经过认真研究，向市人民政府提出 6 个方面的建议：即要千方百计地帮助安乡纺织厂、小河口电排、南昏电排、湖南汽车车桥厂解决资金缺口问题；抓紧小河口和南碚电排建成后的供电配套建设问题；下大力协调好赤峰煤矿方石坪一井、马头铺变电站、常德飞机场扩建过程中的各种矛盾和问题；统一认识，果断决策马凌航

1999 年 12 月 30 日，市第三届人大常委会视察常德市德山乾明寺变电站

线工程、三江口电站五号机组建设和血吸虫病防治问题；加快马头铺变电站建设速度；继续做好津市、澧县纺织厂的引资工作。市人民政府领导表示，对视察组提出的建议，将召开市政府常务会进行专题研究，制定解决方案，一个一个抓落实。

1994 年 10 月 11 日至 31 日，市人大常委会视察组视察石门火电厂、澧水铁路大桥、常德机场三期改造工程、常德沅水公铁大桥、常德火车站、安乡大鲸港大桥、湘北干线常德段等 11 个重点基本建设项目和石门特种水泥厂、常德棉纺厂、常德有线通信（集团）等 3 个技术改造项目以及石门县 3 个县属重点项目。视察过程中，视察组听取了建设单位和市计委的报告。视察组认为，市级重点工程呈现出新的特点：突出了能源交通和高科技、高附加值项目；在建项目进展快；各级、各部门通力协作，全力支持重点建设。视察组对如何加快市重点项目建设速度问题，向市人民政府提出要努力协调各方面关系，创造更加宽松的建设环境；坚持实事求是，量力而行；抓紧做好项目的前期准备和衔接工作等三个方面的建议。

1998 年 9 月，市人大常委会视察组对全市重点工程建设项目进行视察。视察组分别视察市八中、南坪变电站、常德火车站、“518”邮电通讯工程、柳叶湖亚划赛场、江北城区管道燃气工程、城区防洪圈、桃源 22 万伏变电站、桃源沅水大桥等 9 个在建的重点建设项目。视察过程中，视察组听取了建设单位和市计委的汇报。视察组认为，全市重点工程建设围绕贯彻中央“增加投资，扩大内需，启动市场”的重大决策，抢机遇、争投资、保重点取得明显成效。视察组对如何加快全市重点项目建设的问题，向市人民政府提出切实加强领导，认真抓好在建项目的调度和管理，进一步扩大筹资渠道，千方百计帮助解决建设过程中的一些具体问题等方面的建议。

2003 年 10 月，市人大常委会视察组对全市重点建设工程进行视察。视察人员实地察看穿紫河综合治理工程、县乡公路改造武陵区新坡桥至芦山段、鼎城区蔡家岗至双桥坪段、临岗公路、创元铝业、常张高速斗姆湖互通、市第四自来水厂等在建重点项目。通过看现场，听汇报，视察组认为，所看项目突出了常德市基础设施建设的重点，项目进展较快。视察组就加快建设速度和解决重点项目建设中的一些问题向市人民政府提出五方面建议：在抓好基础设施建设的同时要下力抓好工业项目开发；要利用本地资源优势，加大招商引资力度，广开筹资渠道；穿紫河综合治理要进行认真研究，要拿出总体规划，既要治理好穿紫河的污染，又要保护好穿紫河的环境；常张高速斗姆湖互通问题，要及时向上级有关部门反映，争取支持；要进一步抓好环境治理。

2008 年 8 月 5—6 日，市人大财经委对湖南重庆啤酒国人有限公司、德山酒业、武陵酒业、澧县神洲庄园葡萄酒业有限公司、八百里酒业等 5 家酒类生产企业和常德市繁荣实业有限公司、金桥糖酒有限公司及金祥龙名酒专卖店等 3 家酒类流通企业进行视察，听取有关企业汇报。视察组认为，总的来看，全市酒业生产和流通的形势较好。生产企业品牌战略意识增强，产品研发和资金投入力度加大，产品质量及知名度不断提高；酒类流通企业有效地推动了全市酒业发展和市场繁荣。酒业发展正处于一个关键时期，企业面临的困难和问题较多：

税赋重，维权难，竞争无序，环境欠优，优惠政策没有完全落实到位等。视察组建议市人民政府摸清全市酒业历史和现状，拿出行业发展规划，指导行业发展；在法律和政策允许的范围内，对酒类生产企业实行扶持；尽快规划集中兴建仓储流转中心，支持流通企业和生产企业更紧密联手，加快做大；要坚决依法重拳打击假冒伪劣，整治地痞地霸，营造一个良好的酒类生产和流通环境。

2011 年 9 月 27 日，市人大常委会视察组视察全市重点工程和城建项目建设情况。9 月 20 日市人大常委会主任会议专题研究了视察方案，市人大常委会办公室向各有关单位下发了视察通知。视察组一行先后察看了三一重工常德工业园、东常高速沅水特大桥、特殊教育学校、沅江西大桥、白马湖中学、常德大道改建、万金障移堤筑岛、沾天湖东岸栈桥等重点工程及城建项目现场，并分别听了市发改委关于全市项目建设情况、市住建局关于市城区项目建设情况的报告，相关单位介绍了文化科技产业园建设、北部新城桥梁建设、常德卷烟厂易地扩建及江北水系综合治理等情况。视察组认为，在市人民政府“项目建设年”活动的推动下，全市重点工程及城建项目建设总体较好，在建项目推进较快，争资争项力度较大。同时指出，在项目建设上也存在总体数量多，大项目偏少；新开工项目多，按时竣工并达到设计效果的项目偏少；一般性项目多，战略性新兴产业项目偏少的问题。视察组向市政府提出 4 条视察意见: 聚精会神抓项目。争取更多更好的国、省计划项目落户常德；全力以赴促进度。科学安排、合理调度，强力推进，确保常德大道等一批项目尽早竣工投入使用；千方百计保资金。既要争取上级投资尽早到位，又要加强各方面资金整合，引导融资平台发挥作用；齐心协力搞拆迁，强化相关部门职责，加大工作力度，加强政策宣传，多作正面引导，营造良好氛围，严格落实补偿，加快拆迁进度确保拆迁户的利益。

第三节　教育科学文化卫生工作视察

1991 年 11 月，市人大常委会主任罗寅阶带领部分市人大常委会组成人员对全市“七五”科技重点项目进行视察。视察组一行赴市直有关科技企业和武陵区、澧县、津市市、桃源县、鼎城区所属重点农业、工业科技企业，了解“七五”科技重点项目进展情况。之后，视察组针对视察情况与市人民政府市长蔡长松，副市长李江、刘昌进等领导交换视察意见，市人民政府先后采取各种措施增加科技投入、逐步理顺科技经费管理程序、落实科技工作政策、改善科技人员工作和生活待遇。

2000 年 7 月 4 日，市人大常委会主任彭孟芝带领主任会议全体成员视察常德电视调频转播台、常德太阳山多普勒气象雷达基地，市人大各专门委员会、常委会各工作机构负责人和专职委员参加视察。视察中先后听取市广播电视局、市气象局等单位负责人工作情况汇报。根据视察情况，视察组认为全市广播电视等事业取得较快发展，但仍存在诸多问题和困难，必须引起各级人民政府及其有关部门高度重视，切实加以解决。关于电视调频转播台经费不足的问题，建议市人民政府按省委、省人民政府办公厅湘办发〔1999〕9号和省财政厅、省广电厅湘广台站字〔1999〕18号文件要求核定预算方案，解决经费不足。关于广电大厦建设资金的筹措问题，建议市人民政府加强项目设计评审，核定资金筹措方案，落实有关优惠政策，建立项目法人责任制，以确保工程优质按时竣工投产。关于常德多普勒气象雷达工程的有关困难，建议市人民政府成立领导小组，协调好有关部门关系，加快建设步伐。关于太阳山电视转播台和气象雷达电源供给高压输电线改造问题，建议市电业局拿出两个改造方案供用户选择，市人民政府协调解决改造中出现的困难，抓紧落实完成改造任务，确保供电正常。综合上述建议，形成主任会议纪要，交由市人民政府落实。市人民政府根据会议纪要的要求，召开专题会议，明确广电大厦建设资金和电视调频转播台经费在财政预算调整时予以适度增加。责成市电业局会同市广播电视局、市气象局制定相关电路改造方案，报经市政府批准后实施。

2001年3月27日，市人大教育科学文化卫生委员会在市人大常委会副主任周鸿翔带领下，视察市体育学校、市体育馆和市康乐园等单位，并在市体育委员会召开专门委员会会议，听取和审议市体育委员会关于全市贯彻实施体育法，发展体育事业情况汇报，之后向市人民政府提交《关于全市贯彻实施体育法中存在的几个具体问题致市人民政府的建议函》，建议市人民政府不断加大体育法宣传力度，努力提高全民体育意识；不断加强体育硬件建设，为发展体育事业创造良好条件；不断加大体育执法力度，努力推动全民体质检测工作。市人民政府对建议高度重视，召开专门办公会议，市人民政府副市长张元英对此签批“请有关部门就有关问题抓紧研究，尽快予以解决”意见。

2006年5月29日，市人大常委会主任莫道宏率部分常委会组成人员视察常德市职业中专学校、常德工业学校、常德职业技术学院等单位，并形成《关于全市贯彻执行职业教育法情况的视察报告》。视察报告在充分肯定全市执行该部法律认识统一、措施得力、成效较好的同时，针对投入不足、水平不高、师资不强等问题，提出了强化法律宣传、加大政府投入、提高办学水平等建议。

2006年5月29日，市第四届人大常委会视察市职业中专学校

同年6月19日，市人大常委会主任莫道宏率领驻会的市人大常委会委员对华亨国际（常德）体育生态园进行视察，听取市人民政府关于建设体育生态园项目意见。视察组认为建设常德体育生态园，有利于扩充常德优秀旅游城市内涵，

增强魅力城市吸引力，促进旅游经济更快发展；有利于提升常德城市品位，促进历史文化名城创建和城市建设更快发展。视察组建议市人民政府坚持依法运作，在招商引资、土地征用、项目报批、规划设计、房屋拆迁等多方面遵守相关法律法规；要科学开发利用土地资源，坚持保护耕地与保护环境基本国策不动摇；要高度关注群众利益，妥善安排群众的生产生活，征地拆迁补偿经费必须支付到位；要把体育生态园项目建设纳入城市建设重点项目，抓好市政配套建设，逐步完善与生态园相联系的道路、供水、供电、供气等方面基础设施建设。

2008 年 4 月 10—11 日，市人大常委会副主任文承保带领市人大教育科学文化卫生委员会及部分市人大常委会委员对全市旅游产品建设情况进行专题视察。视察组先后视察桃花源、花岩溪、柳叶湖等景区，听取各景区负责人关于景区旅游产品建设情况汇报，实地察看景区旅游产品建设现状，并在柳叶湖旅游度假区召开座谈会，听取有关方面发展旅游事业的意见和建议。视察后认为，市人民政府大力加强旅游产品建设，全市旅游产业整体发展水平不断提高，但与周边旅游市场的飞速发展和当前旅游消费特点的变化还不相适应，全市旅游产品建设迫切需要提质，旅游产业还存在发展认识冷热不均、旅游产品建设投入严重不足、旅游景区管理体制运转不畅、旅游景区通达条件较为落后等困难，提出抓好桃（花源）花（岩溪）公路建设、加大资金投入力度等建议。

2009 年 10 月下旬，市人大教育科学文化卫生委员会对市一医院医疗环境情况进行专题视察，听取该院发展和医疗环境情况的报告。针对该院存在的床位严重不足、基础设施明显落后、医托医闹活动猖獗、发展环境现状堪忧等突出矛盾和问题，提出提高思想认识、加大宣传教育、强化硬件建设和实施综合整治等建议。市人民政府认真办理视察建议，较好地调处和推动了该院门急诊综合大楼及相关配套医疗设施建设，有力打击了破坏医疗发展环境违法行为，维护了医疗安全稳定。

2010 年 4 月 20 日，市人大常委会组织部分组成人员，对澧县职业中专学校、澧县劳动技校、常德外事专修学校、常德汽车机电学校、常德财经学校等单位贯彻执行职业教育法情况进行视察。根据视察情况，视察组形成《关于贯彻执行职业教育法情况的视察报告》，认为全市贯彻执行职业教育法认识得到统一，措施不断加强，能力得到提升，质量得到提高，同时针对社会观念有待转变、投入机制有待完善、师资建设有待加强、职业教育资源有待整合等困难和问题提出改善职业教育环境、完善保障机制、强化资源统筹、优化师资队伍等建议。

2010 年 8 月 18 日，市人大常委会副主任文承保带领市人大教育科学文化卫生委员会全体人员，听取市卫生局关于应对公共卫生事件工作情况汇报，并视察常德市第二人民医院、常德市中心血站、常德市疾控中心和常德市卫生局。视察组认为，常德市公共卫生服务能力和医疗救治能力建设得到较快发展，突发公共卫生事件预警监测和应急处置能力明显提高，重大传染病疫情和公共卫生事件得到有效控制，人民群众生命健康安全得到较好保障。但同时存在农村卫生力量不足、预警监测手段不完善和物资储备数量不足等问题，提出进一步加大投入、完善机制、提升能力、明确责任等建议。

2011 年 4 月 20 日，市人大常委会副主任文承保带领相关部门负责人对武陵区贯彻实施食品安全法情况开展视察，先后视察市城区壹德壹餐厅、芦山蔬菜基地、宏海食品有限公司、芷兰农贸市场、大润发超市等单位。视察组提出要继续加强组织协调，狠抓工作重点，进一步完善食品安全监管体制，确保法律贯彻实施的成果惠及于民。

2011 年 6 月 24 日，市人大常委会主任曹儒国带领市人大常委会组成人员视察全市文化广电新闻出版工作，先后深入武陵区东江乡文化站、武陵区三岔路社区、常德市烟草专卖局物流中心、常德市芷兰学校、常德市文化中心和市城区部分网吧，深入了解社区文化站、文化馆建设，学校、企业文化建设等情况。视察组认为全市文化事业得到快速发展，但还存在文化管理体制不顺、公共文化服务体系建设投入不足等一些亟待解决的问题。视察组就此提出了进一步理顺文化管理体制、加快文化产业发展、加强文化队伍建设和规范文化市场管理等建议。

第四节 农业与农村工作视察

1990 年 10 月 20—28 日，市人大常委会主任罗寅阶带领视察组，在市人民政府及有关部门负责人的陪同下，对壶瓶山自然保护区进行视察。视察组听取了石门县人民政府、江坪河乡人民政府、南坪河乡人民政府及壶瓶山自然保护区管理所的情况汇报，考察了壶瓶山主峰，与保护区内部分群众进行了座谈，了解保护区内群众的生活情况。视察组认为，壶瓶山地质结构完整，动植物资源丰富，建立自然保护区的决策是完全正确的。为了保护好和建设好壶瓶山自然保护区，视察组建议：要进一步深入调查研究，作好规划，尽快上报，壶瓶山自然保护区要力争升为国家级自然保护区；抓紧组建成立壶瓶山自然保护区管理局，实行局管乡体制，改变管理职能与繁重的管理任务不相称的状况；加快保护区的保护、建设、开发的步伐；帮助保护区内群众调整农业生产结构，解决好他们的生活困难；加强保护区的科学研究，加快保护区的基础设施建设；给予保护区一定的优惠政策，各个部门都要为保护区的建设开绿灯、办实事；成立开发壶瓶山自然保护区领导小组和壶瓶山自然保护区促进委员会，协调保护区的工作。

1996 年 5 月 29 日，市人大常委会视察组在市政府有关部门负责人的陪同下，视察西洞庭农场农业产业化建设。视察组认为，改革开放以来，西洞庭农场围绕农场优势发展工业企业，围绕市场需要调整工业布局，围绕工业需要调整农业结构，实现了农工商一体化，产加销一条龙的格局，促进了农业产业化进程，壮大了制糖、造纸、纺织、食品、包装五大龙头产业，提升了经济效益，提高了职工的收入和生活水平。其经验具有一定的代表性，对全市农业产业化有较好的借鉴和指导作用。面临的突出困难和问题主要是农场体制不顺，基础设施薄弱，社会负担沉重，企业改造升级滞后。视察组建议市人民政府：抓住农业部确定西洞庭农场为现代企业改革试点的机遇，重点研究解决好农场的体制问题；认真落实好有关税费征收管理和分配使用的政策，尽量减轻农场的双重负担；协调好周边关系，解决农场扩大甘蔗生产基地和外排渍水的出路问题。

1998年常德市遭受百年不遇的特大洪灾，为督促各地加大水利建设力度，9月，人大常委会组织常德市的省人大代表、部分市人大代表，并邀请部分驻常全国人大代表，对全市部分重点水利工程建设项目进行视察。视察组认为，特大洪灾暴露出全市水利建设中比较严重的问题：堤防标准不高，险工险段隐患严重，排灌设施老化，给防汛抗洪带来很大隐患。视察组建议：要切实加大宣传力度，促进水法、防洪法等法律法规的贯彻实施，解决好有法不依，执法不严，违法不究的问题；要把加强江河、湖泊和水库的综合治理，作为根治常德水患的治本之策，争取皂市水库迅速上马，继续争取在"长江三口"建节制闸，加快湖区水利工程建设，加快沅水河道疏浚，加强水库除险保安；要加快城镇防洪工程建设，至少按30年一遇的标准设防；配套蓄洪安全设施；各级财政要保证按政策和法律规定的投入足额到位，保证上级安排的投入及时拨付到位；征齐收足管好用好各项水利规费，广泛动员社会各方面投资投劳加强水利设施建设，改善基本的生存条件。

2000年9月，人大常委会主任彭孟芝带领视察组视察了全市农业综合开发的重点工程。视察组先后听取了鼎城区人民政府和石门县人民政府的情况汇报，实地察看了蔡家岗项目区、秀坪柑橘基地、蒙泉灌区配套工程。沿途与项目区干部群众进行了座谈。视察组认为，农业综合开发的决策对头，项目建设进展顺利，质量标准较高。但也存在经验不足、资金不足、追求形式等问题。视察组建议，要提高对农业综合开发的认识，强化政府行为，努力加快项目工程的建设步伐；要及时足额落实配套资金，确保工程进展速度；要尽快建立和完善开发工程管护制度，发挥工程的最大效益。同时作好村庄配套发展规划，使之同步发展。

2000年9月5日，市第三届人大常委会视察市农业综合开发项目区

2006年7月6日，市人大常委会视察组在常委会主任莫道宏的带领和市人民政府有关人员的陪同下，视察了城区护城河治理和江北防洪圈建设工程。视察组听取了市人民政府关于护城河综合治理方案和江北防洪圈工程建设情况的汇报，察看了工程现场。视察组认为，市人民政府关于护城河综合治理的方案比较科学，江北防洪圈建设工程进展较快。视察组建议，要进一步完善护城河综合治理规划，使之发挥好调蓄、排灌、去污、休闲等多种功能；切实

严管项目资金，安全文明施工。坚持治管并重，建立长效管理机制；要理顺江北防洪圈建设工程的管理体制，加大资金筹措力度，加快工程进度。

2011年7月14日，市人大常委会视察组在市人民政府有关人员的陪同下，对全市农机化工作进行视察。视察组观看了桃源县枫树回维乡机收、机耕、机插现场演示，听取了市人民政府关于全市农机化工作发展情况的汇报。视察组认为，近年来，全市农机装备水平大幅提升，农机综合作业全面提高，农机化服务能力不断增强，农机安全生产态势比较平稳。同时指出，工作中存在的农村机耕道路建设滞后、农机化事业发展经费严重不足等问题，已成为影响农机化事业快速发展的瓶颈。视察组建议，要整合农业综合开发、小型农业水利建设、生态环境治理、国土整理、扶贫开发、以工代赈等项目资源，加快机耕道路建设；加大机收、机耕、机插的宣传、技术培训和推广力度，全面提高农机作业水平；按照鼓励而不强迫，扶持而不干预，参与而不包办的原则，积极扶持农机专业合作组织的健康发展；要建立以财政资金为引导，项目资金为推动，农民投入为主体的多层次投入机制，稳定农机技术队伍，加强业务技术培训，促进农机事业全面发展。

2011年8月22日，市人大常委会主任会议组成人员和部分驻会委员，在市人民政府有关领导的陪同下，对全市部分农田水利建设工程进行视察。视察组先后察看了善卷垸防洪工程、谈家河电排、西洋陂水库除险加固工程、五强溪水库、南昏电排改造工程的建设情况，听取市人民政府关于掀起农田水利建设新高潮工作的情况汇报。视察组认为，市人民政府及其主管部门认真贯彻中央1号文件精神，强化措施，狠抓落实，在全市掀起了农田水利建设的新高潮，水利建设进展较快。视察组指出，当前水利队伍建设亟待加强，水利建设前期经费不足，水利管理体制不顺，群众参与水利建设的积极性不高等问题已严重掣肘水利事业快速、可持续发展。视察组建议，市人民政府要切实解决基层水管单位人员的待遇问题，稳定队伍，培训技术，加强责任，保障工作正常开展；要加大争取国家项目的力度，加大项目前期经费投入，尽早建成水利灌溉管网系统；要认真研究动员群众和社会力量投入水利建设的问题，充分调动乡、村两级的积极性和创造性，利用秋冬季节大力开展农田水利基本建设。

第五节　城乡建设与环境资源保护工作视察

1989年9月，市一届人大常委会视察组对全市16个城市建设重点项目进行为期7天的视察，现场视察11个在建项目，听取5个建设项目汇报。提出压缩部分基建，确保重点项目的建议，对促进重点项目建设起到积极作用。

1993年9月，市人大常委会副主任揭乐田带领市人大财经工委对城区内防洪大堤、朗州路、西二路、三水厂、临江公园、武陵路续建工程等重点城建项目进行视察，提出："城建资金安排要保证重点，加快重点项目建设速度"的建议。

1994年7月中旬，市人大常委会主任熊奇生、副主任余习忠带领常委会部分组成人员对市城市规划管理工作进行视察，听取市规划部门汇报，现场察看城市管理情况。视察组发现：城市规划工作存在管理体制不顺，规划区内多头管理，城乡结合部管理失控，随意改变城市总体规划等问题。7月21日，市委书记庞道沐、市人大常委会主任熊奇生、副市长钦时中、市人大常委会副主任蔡汝栋、何星甫、揭乐田、副市长杨万柱和部分市人大常委会委员组成联合视察组再次对城市规划管理工作进行视察。视察后，市委常委办公会研究决定：成立"常德市城市规划管理委员会"；"常德市规划管理处"改名"常德市规划管理局"；明确界定规划管理范围；加快控制性详规编制工作。同时，市人民政府根据市人大常委会提出的要求，加大规划执法力度，对违法违章建设进行严肃查处。

1998年3月27日，在市人大常委会副主任向启国带领下，市人大城环委对常德市城区房地产开发和物业管理情况进行视察。提出促进房地产开发良性循环，坚持健康发展的意见，特别指出要规范物业管理，市人民政府应尽快出台《物业管理办法》。

1998年4月17日，市人大常委会对城区绿化情况进行视察。此前，市人大城环委在市人大常委会副主任向启国率领下，对市城区绿化工作进行了专门调研，提出城区绿化要系统规划、突出城市绿化特色，要贯彻《城市绿化条例》、依法兴绿；要理顺关系、建立责任清晰的工作负责体系；要提高施工水平，保证绿化工程质量等建议。市人大常委会在视察中，提出高山街一带占道经营现象严重，摊主们在行道树上乱扯绳搭棚，废弃垃圾丢在树根附近等问题。城环委三次到城管办、建委督办，问题得到解决。

1998年6月24日，市人大常委会听取关于编制《常德市德山经济科技开发区总体规划》的汇报并进行视察。视察组对德山开发区的性质、规模、发展方向、布局设置、功能定位等提出意见。

2002年7月16日，市人大常委会副主任向启国率市人大城环委组成人员对市城区人民防空工事、工程及工作进行视察，市政府副市长刘剑英、常德军分区副司令员朱文良、市政府有关负责人陪同视察。视察组通过察看市委机关、人民银行、人寿保险公司等单位人防工程开发利用情况和市人防工事主干道—南干道维护开发情况，深入金地香榭、公路局、交警、劳动局综合大楼、电力新村电力调度中心大楼施工现场，听取工程负责人和市人民政府有关负责人汇报后认为：

2004年3月4日，市第四届人大常委会视察市城区人民东路廉租房建设工地

第四次全国人防工作会议后，常德人防工作较好地解决了机构编制、人员经费、发展计划、工程建设等问题，“十五”人防发展有良好开局，但人防建设历史欠账较多，与全市经济建设和人口增长不相适应。视察组建议：加大人民防空法宣传力度，增强全民人防意识，切实抓好依法行政，加强人防指挥所建设，搞好小区人防工程建设。

2006 年 4 月 20 日，市人大常委会视察组视察江北城区部分绿化工作现场。视察组认为常德市以政府投入为主导，“以奖代投”拉动社会投入绿化机制基本形成；以提高养管水平为目标的公共绿化养管改革顺利推进；以强化责任为重点，园林绿化行政执法不断规范。但是，工作中还存在法规意识不强、城区绿化与城市发展不相适应、行政执法力度不够等问题。视察组提出：市人民政府和有关部门要积极全面推进生态市建设，加大投入力度、科学规划、严格执法，限制公园周边进行房产开发，改善城区居住环境，完善绿线审批程序等建议。

2006 年 7 月 6 日，市人大常委会对市城区护城河治理工程进行视察，听取市人民政府关于护城河综合整治方案的汇报。视察组认为，市人民政府提出的综合整治方案可行。提出进一步完善方案、搞好规划编制、加强工程项目管理、加强生态环境保护、建立管理长效机制等建议。

2011 年 8 月 1 日，市人大常委会视察组对全市保障性住房建设工作进行视察，先后察看常德经济开发区樟木桥廉租房小区、嘉莉丝服装有限公司公租房、武陵区平安廉租房、泉水桥安置房小区及葫芦口城市棚户区改造项目，听取市政府关于保障性住房建设工作情况汇报，提出要进一步理顺住房保障工作机制，完善政策措施，加强保障房分配监管等建议。

2011 年 9 月 27 日，市人大常委会对市城建项目建设情况进行视察，先后察看桃花源大桥、常德大道改建、万金障移堤筑岛、沾天湖东岸栈桥等城建项目现场，听取市住建局关于市城区项目建设情况报告。视察组建议，市人民政府要加快项目建设进度、加强各方面资金整合，引导融资平台发挥作用。

2012 年 10 月 12 日，市人大常委会对市园林绿化工作进行视察。视察组一行先后察看常德大道、桃花源路、丁玲公园、白马湖公园、文津华庭小区等城建项目和住宅小区园林绿化工作，并听取市政府关于园林绿化工作情况汇报。视察组认为：近年来，城市绿化总量不断扩大，绿化品位不断提升，城市人居环境得到改善，但仍需进一步加大宣传教育力度；进

2013 年 9 月 18 日，市第六届人大常委会视察市城区“三改四化”重点工程

一步加快园林绿地建设；进一步加强园林绿化管理；进一步加强园林科研工作；进一步加大园林绿化投入。

2013年9月18日上午，市人大常委会对市城区“三改四化”（路改、水改、棚改、美化、绿化、亮化、数字化）重点工程进行视察，先后察看洞庭大道和武陵大道综合改造工程、沅安路综合改造工程武陵阁段、武陵区灯泡厂棚户区改造工程、桃花源大桥、鼎城区大湖路和友谊东巷改造工程、常德经济开发区桃林路和善卷路改造工程以及柳叶湖七里桥路改造工程，听取“三改四化”工程指挥部工作情况汇报。视察组认为：市城区“三改四化”工程进展明显，质量把关较严，体现了对历史负责、对人民负责的工作态度。同时提出：“抓紧时间，确保质量；维护好安全和交通秩序；依法依程办事，积极争取国家支持”的建议，要求市人民政府在三个月内，将上述视察意见研究处理方案送交市人大常委会征求意见，6个月后，向市人大常委会报告研究处理情况。

第三章　执法检查

2013 年，市第六届人大常委会开展道路交通安全法执法检察

第一节　内务司法方面的执法检查

1989 年 9—12 月，市人大常委会开展《关于严惩严重破坏经济的罪犯的决定》《关于惩治贪污罪贿赂罪的补充规定》《投机倒把行政处罚暂行条例》《土地管理法》《村民委员会组织法(试行)》等法律法规的执法检查。检查采取条块结合、分级负责、自查为主、重点抽查的方法。各执法单位对以往发生的违纪违法问题边整边改，自查自纠，并将自查情况向市人大常委会进行汇报。市人大常委会于 11 月组织由常委会组成人员和部分市人大代表组成的9 个执法检查小组，对法院、检察院、公安局、工商局、国土局、民政局、交警支队等部门的执法情况开展重点抽查。抽查进行 10 天，共检查 63 个区县(市)直属执法机关和 77 个基层执法单位、48 个区乡(镇)和 23 个村、组。检查发现，各执法单位对过去的执法情况开展“回头看”，边整边改，乱设卡、乱罚款、乱收费、乱开支的问题得到遏制，促进了执法队伍建设。但执法中

还存在打击经济犯罪不够，立案审理案件逐年减少，有些经济案件久拖不决，查处不严，量刑偏轻；乱设卡、乱罚款、乱收费、乱开支的问题仍然存在；少数执法单位和人员违法乱纪；说情风严重，极少数领导干部干扰执法；查处违法占地问题难度大等问题，严重影响经济发展环境。检查结束后，市人大常委会提出五项建议：一是进一步加强对各级领导干部的法制教育；二是大力加强执法队伍建设；三是抓好整改，严肃查处违法违纪案件；四是加强法律监督；五是进一步加强对执法工作的领导。市人大常委会党组将执法检查情况向市委进行了报告，市委以常通字〔1990〕2号文件下发了《中共常德市委批转市人大常委会党组〈关于全市开展执法检查情况的报告〉的通知》。

1993年10月15日至12月，市人大常委会开展刑法、全国人大常委会《关于严惩严重危害社会治安的犯罪分子的决定》《关于严惩严重破坏经济的罪犯的决定》《关于惩治贪污罪贿赂罪的补充规定》《关于惩治走私罪的补充规定》以及市人大常委会《关于加强政法干警教育管理坚持严肃执法的决议》执行情况的执法检查。市人大常委会先后召开四次主任会议研究检查方案。10月10日下发执法检查的通知，11日召开全市执法检查电话会议，对执法检查工作作出部署和安排。执法检查采取统一部署、条块结合、自查为主、重点抽查的方法，分宣传发动、自查、抽查、整改四个阶段进行。在执法检查中，受理举报线索1346条，其中举报经济犯罪线索318条，刑事犯罪线索374条，政法干警违法违纪线索654条；接待群众举报162人次。重点抽查阶段，成立两个检查组，对18个司法机关和31个基层执法单位进行检查。执法检查发现的104起重点案件和问题线索，经过逐个调查核实，查阅案卷86卷，调查问询257人次，收集材料642份，拟定交办重点案件和问题30起。通过此次执法检查，市人大常委会认为全市政法系统贯彻实施有关法律法规和决定决议做了大量工作，取得一定成效。但还存在比较突出的问题：如对犯罪分子打击不力；以罚代刑的问题严重；有的机关干部存在以言代法的问题；少数执法单位和人员违法乱纪；批准劳教人员所外执行问题突出；超期收审的现象普遍存在。针对执法检查中发现的问题，市人大常委会建议，加强对执法人员的法制教育；进一步抓好政法队伍建设；严肃查处执法检查组交办的案件或问题；加大打击力度，保持"严打"势头；切实解决政法机关实际困难。

1996年10月5日至11月底，市人大常委会在全市公安系统开展人民警察法、刑法、全国人大常委会《关于严惩严重危害社会治安的犯罪分子的决定》、党中央关于"严打"斗争的决定和《治安管理处罚条例》《道路交通工具管理条例》以及中政委"三个绝对禁止"、省委"八个不准"规定（以下简称"两法两条例两决定两规定"）的执行情况的执法检查。检查采取统一部署、条块结合、分级负责、自查为主、重点抽查的方法，分自查自纠和重点抽查两个阶段进行。市人大常委会召开三次主任会议研究执法检查工作，于9月5日下发《关于在全市公安系统开展执法检查的通知》，10月4日召开执法检查电话动员会议。在抽查阶段，市人大常委会组成5个抽查小组，从10月20日起，对市公安局、市交警和巡警支队、武陵和德山公安分局进行3天抽查。检查组听取有关单位工作汇报，解剖5个基层执法单位，查阅近百宗案卷和有关登记表、罚款收据、管理制度等资料，召开干警、有关单位负责人、警风警纪监督员、居民群众以及有关案件当事人座谈会 18 场 229 人。全市公安系统自检自查，边整边改，共设立举报箱 156 个，向人大代表、警风警纪监察员发出征求意见函 1224 份，收到举报线索 137 条，发现各类问题 207 起。市人大常委会通过执法检查认为，全市公安系统在贯彻实施“两法两条例两决定两规定”中，总的情况较好。广大公安干警在任务重、条件差、困难多、社会治安形势严峻的情况下，常年超负荷运转，维护了社会稳定，保障了改革开放和经济发展。但还存在打击刑事犯罪不力，有些地方和行业治安管理薄弱；部分干警素质低，有违法违纪问题；受经济利益驱动，有越权办案现象、执法不严的问题。根据执法检查情况，市二届人大常委会第二十八次会议对公安执法工作提出审议意见：坚持打防并举，把打击的锋芒始终对准严重刑事犯罪分子；坚持从严治警，加大队伍建设的力度；进一步协调理顺好内部执法关系，坚持狠抓基层；严肃查处此次执法检查发现的问题和交办案件；市人民政府要加强对公安工作的领导，切实帮助解决公安机关的实际困难。检查结束后，公安机关对检查发现的问题，采取教育整训、立案查处、修订制度等措施进行整改。共立案查处干警违法违纪案件 13 起 18 人。

2000 年 8 月 7 日—9 月 15 日，市人大常委会开展法官法、检察官法执法检查。执法检查采取统一部署、市县联动的方式进行，检查分为自查自纠、重点检查、案件评议、集中整改四个阶段。参与检查的有市、县两级人大常委会组成人员和省、市、县、乡四级人大代表。执法检查期间，检查组共走访有关单位 367 家、1711 人，召开座谈会 196 次，接到群众举报线索 379 条，检查“两院”办理案件 1493 起。检查结果表明，全市法院、检察院认真加强法官、检察官队伍的教育和管理，较好地履行了审判职能和检察职能。但还存在超审限、错判、错裁、执行积案较多、办利益案、少数干警违纪违法等问题。通过执法检查，全市共纠正错案 41 起、纠正处理不当案件 92 起，有效促进了司法公正。

2007 年 8 月，市人大常委会对全市公安机关贯彻执行人民警察法、刑事诉讼法、《治安管理处罚条例》(简称“两法一条例”)的情况开展执法检查。执法检查组认为，全市公安机关在贯彻执行“两法一条例”中依法履行职责，维护了常德的大局稳定；努力规范执法行为，提高了执法质量和水平；加强队伍建设，战斗力不断提高。但还存在着依法打击刑事犯罪力度不够，有立案不实、破案率不高的现象，街头、闹市“两抢”和盗窃犯罪猖獗，涉黑涉恶犯罪渐成气候，涉毒违法犯罪活动严重；执法不规范、不公正的行为和现象时有发生；基层基础建设与当前的治安形势不相适应；警务保障与当前打击刑事犯罪的要求不相适应等问题。检查组建议：全市公安机关要积极开展专项整治行动，促进社会治安秩序根本好转；要加强队伍建设和管理；要着力和加强基层基础工作；市人民政府要切实解决全市公安机关警务保障滞后的问题。

2008 年 9 月，市人大常委会组织开展治安管理处罚法的执法检查。执法检查组通过向社会公布线索征集电话，分析整理群众来信来访中反映的公安机关行政执法中的突出问题，走访法院、检察院、政府法制部门等相关单位和部分律师，召开了人大代表座谈会，征求意见和建议，收集了10条具体线索。10月31日，市五届人大常委会召开第五次会议，听取和审议了市人民政府关于贯彻实施治安管理处罚法情况的报告和市人大常委会执法检查组关于执法检查情况的报告。会议认为，市、县人民政府及其公安部门认真贯彻实施治安管理处罚法，积极维护治安秩序，保障公共安全，保护公民、法人和其他组织的合法权益，规范和保障公安干警依法履行职责，促进全市经济发展和社会稳定。会议要求全市公安机关要加强队伍建设和管理；要继续加强基层、基础工作；市、区县(市)人民政府要切实加强全市公安机关的警务保障，努力改善公安机关执法环境。

2009年9—10月，市人大常委会组织开展人民检察院组织法及其诉讼活动中相关法律实施情况的执法检查。9月8日，市人大常委会主任会议对执法检查方案进行专题研究，明确指导思想、检查内容和各个阶段的任务及重点，成立执法检查办公室。检查活动分自查自纠、重点抽查、总结审议、整改落实四个阶段。在重点抽查阶段，常委会执法检查组分成8个执法检查小组，召开座谈会9场、查阅案卷材料40多本、核查案件线索9条、走访案件当事人30余人。执法检查组认为，全市检察机关履行检察职能，认真贯彻落实相关法律，刑事检察工作规范有序，职务犯罪查办和预防工作深入扎实，诉讼监督工作有所成效，为维护公平正义，确保社会和谐稳定做出了积极贡献。但还存在案件质量有待提升，诉讼监督有待加强，涉案款物有待规范的问题。市五届人大常委会第十二次会议听取和审议了市检察院的工作汇报和执法检查组的报告，认为检察院作为国家的法律监督机关，应当高度重视法律监督工作，切实维护社会公平正义。会议作出《关于加强人民检察院在诉讼活动中的法律监督工作的决议》。常委会将执法检查中发现的问题和案件向检察机关及有关部门进行交办。

2010年5—6月，市人大常委会对全市法院系统贯彻实施2007年10月28日新修订的民事诉讼法的情况开展执法检查。常委会组织8个执法检查小组，采取听汇报、查阅卷宗、核查线索、走访当事人、召开座谈会等形式，共召开座谈会15场、查阅案卷材料120多本、核查案件线索20余条、走访案件当事人30余人。执法检查组认为，2008—2010年，全市法院系统以贯彻实施新修订的民事诉讼法为契机，依法公正审判，维护了社会正常秩序；积极处理经济纠纷，促进了经济活动健康发展；坚持以民为本，落实司法为民。但还存在部分基层法院司法为民的服务理念不够，为民意识欠缺；个别法官司法水平不高，群众反响较大；少数法官综合司法能力不强，难以适应新形势和新任务的要求；执行效果不佳，执行难题未得到很好解决；司法保障不足，制约了法院工作的开展等问题。针对法院“执行难”的问题，市五届人大常委会第十七次会议作出《关于加强和改进人民法院执行工作的决议》。此次执法检查中发现的问题和案件，市人大常委会向市中级人民法院及有关部门进行交办，并督促整改到位。

2011年9—10月，市人大常委会在全市组织开展劳动合同法执法检查。常委会组织9个执法检查小组，采取听汇报、查阅档案材料、走访企业、召开座谈会等形式，共召开座谈会14场，查阅劳动合同档案资料1000余份，走访企业50余家。检查组认为，劳动合同法实施后，市、县两级人民政府及相关部门严格依法履行职责，强力推行劳动合同制度，确保劳动合同法的全面贯彻落实;社会劳动合同意识不断增强,劳动者权益保护不断加强;企业用工行为不断规范,劳动关系不断改善。在实施劳动合同法的过程中,存在一些问题与不足:一是思想认识欠统一;二是劳动合同签订履行欠严格;三是劳务派遣欠规范;四是队伍建设有待进一步加强;五是法律本身存在局限性。2011 年 10 月 25 日,市五届人大常委会第二十六次会议听取执法检查情况的报告后,提出市人民政府及相关职能部门要继续加大宣传力度,使劳动合同法真正深入人心;继续加强对用人单位劳动用工的指导和管理,督促企业完善内部管理制度,健全劳动用工登记备案制度,建立和完善欠薪保障制度;继续加大劳动监察执法和劳动争议调处工作力度,加强劳动用工日常监管,提高劳动争议处理效率;加强劳动检查和劳动争议仲裁队伍建设,造就一支政治过硬、业务熟练、执法公正、纪律严明的队伍,确保劳动合同法得以全面贯彻落实等审议意见。

2013 年 3—6 月, 市人大常委会在全市范围内开展道路交通安全法贯彻实施情况的执法检查。在宣传发动阶段,市人大内司委通过向社会公布举报热线电话、召开座谈会征求意见和建议,共收集整理 40 多条意见、建议和检查线索,确定了 7 个方面的检查重点,设计了 2 套 10 份检查表格。在重点抽查阶段,市人大常委会组成 9 个执法检查小组,采取听汇报、查阅案卷、核查线索、回访当事人、召开座谈会等形式了解全市道路交通安全方面的情况,共召开汇报会和座谈会 18 场、查阅案卷材料 500 多本、核查案件线索 20 余条、回访案件当事人 30 多人。通过此次执法检查,检查组认为道路交通安全法颁布实施后,市政府及相关职能部门高度重视,按照法律赋予的职责,不断加大宣传和执法力度,预防和减少交通事故发生,努力营造平安有序的交通环境,较好地维护了人民群众生命财产安全。但还存在一些问题:道路交通安全形势依然严峻,违法行为屡禁不止,涉摩交通事故频发,超标电动车泛滥成灾,校车监管亟待加强; 道路交通安全法制宣传工作力度不大; 道路交通安全规划工作落实不够;道路交通安全长效机制尚未形成。6 月 24 日,市六届人大常委会召开第四次会议,听取执法检查情况报告,提出了要进一步加大宣传力度,提高全民道路交通安全法治意识;进一步强化领导,推进道路交通规划和基础设施建设;进一步完善工作机制,努力提升道路交通安全管理水平;进一步抓好队伍建设,切实加强道路交通安全执法保障等审议意见。

第二节　财政经济方面的执法检查

1996 年 10 月下旬至 11 月底,市二届人大常委会组成人员和部分市人大代表,对市金融系统贯彻实施人民银行法和商业银行法(以下简称“两法”)情况的检查。这次检查采取听取汇报,座谈调查和重点抽查的方式进行。在听取市人民银行全面汇报的基础上,重点抽查了市工商银行常德支行、市农业银行、市农业银行鼎城支行等单位。抽查结束后,市人大常委会主任会议听取了情况汇报。12 月 26 日,常德市第二届人大常委会第二十八次会议,听取和审议了市人民政府关于贯彻实施“两法”情况的报告和执法检查情况报告。会议认为,自

“两法”颁布实施以来，全市金融系统广泛深入地进行了学习和宣传，完善了管理制度，加强了内部监管，加大了查处和打击金融犯罪的力度，取得了初步成效。但由于“两法”颁布实施的时间不长，加上长期以来计划经济的影响，政策性银行向商业性银行转轨还处于探索阶段，依然存在内部监控乏力，信贷质量不高等问题。会议同意检查组的报告，要求今后要进一步加大学习宣传“两法”力度；加强信贷资产管理，盘活资产存量，抓好贷款回收工作；各家银行要加强内部制度建设，强化内部监管；要严格内部结算制度、审贷分离制度、现金管理制度，严厉打击以贷谋私等不法行为；市人民政府要加强对金融工作的领导，要把金融工作作为政府工作的重要组成部分，作为发展地方经济的“牛鼻子”来抓，多听取银行的工作汇报，认真采纳银行对地方经济工作的合理建议，尽力帮助银行改善经营环境，提高经济效益。

2001 年 7 月下旬至 9 月下旬，常德市第三届人大常委会对全市实施预算法和《湖南省乡镇财政管理条例》（以下简称“一法一条例”）的情况进行了检查。执法检查采取市县联动、自查与抽查相结合的方式进行。7 月下旬执法检查组制定了方案，经市人大常委会主任会议研究确定后，以市人大常委会的名义对各区县（市）下发了通知，明确了检查的内容、时间、对象，要求各区县（市）在 8 月份全面开展自查。各区县（市）人大常委会按照通知要求，认真开展自查，并及时上报了自查情况汇报材料。9 月份，市人大常委会组成人员和部分市人大代表，分成三个检查组，分别由一名市人大常委会副主任带队，对部分单位采取听汇报、个别了解情况，调阅案卷，审查账表等方式进行了重点抽查。10 月 25 日常德市第三届人大常委会第二十九次会议听取和审议了市人民政府关于贯彻实施“一法一条例”的情况报告和执法检查情况报告。会议认为，市人民政府及相关部门加大了对“一法一条例”的宣传力度，报刊、电视、电台开辟了宣传专栏和专题，财政干部培训班把学习“一法一条例”列为重要内容；预算编制坚持了量入为出，收支平衡，预算内外资金统筹安排，不搞赤字预算的原则；坚持了预算收入增长与经济增长相适应的集财思路，坚持了安排一定比例预备费的法律要求，坚持了“一要吃饭，二要建设”的支出顺序，坚持了财政预算的审查报告制度；预算方案的执行监管更加严格。全市基本形成了审计监督、财政监督、会计监督互为补充，整体联动的预算执行监督体系；乡镇财政管理逐步步入了规范化的轨道，理顺了县乡财政收入分配体系，消赤减债取得较大成绩，乡镇国库建设迈出了较大步伐，财政管理体制改革顺利推进。不足之处主要是预算编制不够细化，预算支出不真实的现象仍然存在，乡镇仍有乱收费，私设“小金库”截留专项资金等问题。会议要求要进一步提高预算编制质量，严格收支平衡，细化支出预算；继续深化财政管理体制改革，逐步形成国库集中支付的雏形，实行会计统管、资金统付、工资统发、采购统办；按照“分税制”的原则彻底理顺县乡分配关系，缓解乡镇财政困难，逐步消灭乡镇财政赤字；加大财源建设投入力度，建立起既相互支撑，又相互独立的市、县、乡财源体系，确保财政收入稳定增长；完善财政监督体系，健全财政监督机制，加大财政监督力度，确保财政资金安全、高效运行。

2006 年 9 月，常德市第四届人大常委会组织开展了安全生产法、《湖南省安全生产条例》(以下简称"一法一条例")的执法检查。市人大常委会主任会议研究制定了检查方案,明确了执法检查的指导思想、检查内容,工作重点和检查方式。成立了6个执法检查组,分别由常委会领导、部分常委会委员组成。各检查组统一了检查表格,配发了安全生产相关法律法规资料。执法检查组检查前,各区县(市)开展了自查。从9月中旬开始,各检查组到市直部分单位和各区县(市),重点围绕安全生产责任制落实情况,改善安全生产条件,加大安全投入情况,安全监管队伍建设情况,安全事故隐患排查整治情况四个方面,听取了市直有关部门、各区县(市)政府的工作汇报,到企业现场察看了安全生产情况,查阅了安全生产方面的档案资料,较为全面地掌握了全市实施"一法一条例"的情况。10月26日,市四届人大常委会第三十六次会议,听取和审议了市政府贯彻执行"一法一条例"的报告和执法检查情况报告。会议认为,全市安全生产认真贯彻"安全第一、预防为主、综合治理"的工作方针,围绕控制一般事故、遏制重大事故、杜绝特大事故,各类事故总数与上年比较下降5%的工作目标,在加强法律法规宣传,落实安全生产责任制,建设安全生产监管网络,加大安全事故隐患的排查和治理力度,加大执法力度等方面做了大量的工作,安全生产工作逐步进入了规范化、法治化的轨道。生产经营环境和安全生产条件有了明显改善,各类安全事故呈下降趋势,安全生产形势逐年好转,促进了全市经济和社会的和谐发展。会议指出,全市安全生产法律法规的执法力度还有待加强,安全生产的投入欠账较多,安监队伍建设有待完善,安全隐患排查应更加细致。会议同意执法检查组的报告,要求市人民政府加大宣传教育力度,进一步提高全社会的安全生产法制意识,营造一种人人学习安全知识,人人关心安全生产,人人遵守安全法规的氛围,提高全社会安全文明水平;加强安全生产法制建设,进一步落实安全生产责任制,确保各级政府承担起安全生产监管主体责任,企业承担起安全生产主体责任,安全生产监管部门承担起监管的职责;加强安监队伍建设,加大安监工作投入;调整安监队伍管理机制,成立安全生产应急救援中心,安监部门的工作经费要列入财政预算;加强事故隐患的排查和整治,进一步加大执法力度,对安全生产的重大事故源,实行专人负责,定期检查,限期整改到位。本次会议向市政府交办了四个安全隐患问题,即武陵区葫芦口棚户区消防隐患问题;市轮发水上客运有限公司的安全监管责任问题;安乡县黄山头旅游缆车安全隐患问题;成立市安全事故应急救援中心的问题。这些问题市人民政府在2007年均妥善解决

2008年9月下旬,在市直相关单位和各区县(市)自查自纠的基础上,市人大常委会组成人员分成两个检查组,分别由2位市人大常委会副主任带队,对鼎城区、桃源县、市发改委、市建设局、市交通局、市水利局、市卫生局、市电业局贯彻实施招标投标法的情况进行了重点抽查。抽查中不仅采取了听汇报、查阅档案资料、察看现场等方式,还分别召开了招标人代表,招标代理机构代表、投标人代表及部分省市人大代表座谈会,广泛听取各方面的意见。2008年10月29日,市五届人大常委会第五次会议听取和审议了市人民政府关于贯彻实施招标投标法的情况报告和执法检查情况报告。会议认为,通过普法宣传,全社会依法招标投标的意识不断增强;全市招标投标监管体系基本健全,市县两级政府和相关部门均建立了以

主要领导挂帅的招标投标领导小组，设立了相应的招标投标管理办公室，市政府还出台了《常德市招投标管理办法》,全市基本形成了发改部门实施综合监管,行业主管部门实施行业监管、纪检部门实施再监督的招投标监管体系;市县两级政府及有关部门积极培育招标代理机构,加强招投标交易平台建设,招投标中介市场基本成熟;各级政府和有关部门强化招投标过程监管,加强招投标代理活动的监督,大力查处招投标违法案件,促使招投标行为渐趋规范。但是,普法宣传还不够深入普及,不懂法、不守法的现象仍然存在;管理体系不够顺畅,现行的招投标行政监管体制不顺,极易形成多头管理、重复执法、部门保护、行业垄断;交易市场不够健全,全市招投标交易平台建设普遍滞后,各行各业招投标活动仍然各自为政;监督管理不够到位,规避招标,虚假招标,围标串标等违法现象时有发生等问题。会议要求进一步加大宣传力度,要通过宣传、学习、贯彻法律,切实提高各级干部特别是领导干部和各类执法主体的法律素质,增强依法行政的能力和自觉性;要进一步理顺管理体制,强化招投标活动综合监管部门和各行业主管部门的监管职能,应考虑将招投标活动的监管职能进行整合,设立招投标综合监管机构;应创新监督管理方式,建立联合监督机制和联合执法制度,尽量避免多头管理,重复执法;进一步规范交易市场,整合现有资源,按照“同城合一、统一管理”的原则,市和各区县(市)建立集中统一的招投标活动交易市场,完善内部管理制度,提高服务水平,为招投标活动构建高效、廉洁、优质的服务平台;要继续依法加强招投标活动的监管,严厉查处虚假招标,规避招标等违法行为,建立招投标信用体系,尽力遏制串标、围标行为,坚决打击分包、转包等行为,着力解决工程建设中垫资、压价、回扣等问题。

2012 年 3—4 月,常德市人大常委会组织了对全市贯彻实施产品质量法情况的执法检查。检查分为两个主要阶段:3 月份市直相关部门和各区县(市)按照市人大常委会的要求进行自查自纠;4 月上旬，市人大常委会组成人员和部分市人大代表分成 8 个检查组下到各区县(市)通过听取汇报、召开座谈会、个别走访、现场执法观摩等多种形式开展执法检查。执法检查领导小组办公室专题听取了市质监局、市工商局和市商务局关于本部门的自查报告。市县报纸、电视、网站等多家媒体通过开办专栏、专访等多种形式对整个执法检查过程进行了跟踪报道。2012 年 4 月 27 日,市五届人大常委会第三十次会议听取和审议了市人民政府关于贯彻实施产品质量法情况的报告和执法检查组执法检查情况报告。会议认为,通过普法宣传教育,人们的产品质量意识得到了进一步强化;产品质量行政执法队伍的执法水平有所提高;监管水平得到进一步提升,专项整治活动取得一定实效;质量认证体系理念得到进一步升华，质量兴市的战略不断推进。为确保产品质量法更好地贯彻实施,会议要求今后要强化产品质量法律法规的宣传,加强对产品生产者、商品营销者的法制教育,增强消费者的维权意识,营造良好的知法懂法的社会环境;理顺产品质量监管体制,提高执法人员的法制观念、政策水平和业务能力,加大对产品质量违法案件的查处和打击力度;市人民政府要把提高产品质量纳入国民经济和社会发展规划,加强品牌宣传与保护,引导企业树立创牌意识,激发企业创牌热情,加速企业发展壮大;要进一步加大投入，加强产品质量检测能力建设，将检验检测经费纳入财政预算，逐步提高检验检测经费保障水平，确保产品质量法律法规更好地贯彻实施。

第三节 教育科学文化卫生方面的执法检查

1990年4—9月，市人大常委会开展全市教育科学文化卫生方面的执法检查，检查内容为《义务教育法》、省人大常委会《关于改革中等教育结构、发展职业技术教育的决议》、市人大常委会《关于巩固和发展职业技术教育的决议》、专利法、技术合同法、省人大常委会《关于深化科技体制改革、加速科学技术进步的决议》、文物保护法、《湖南省文物保护条例》、《湖南省文化市场管理条例》、食品卫生法、传染病防治法、《湖南省城乡集市贸易食品卫生管理办法》、药品管理法、《湖南省血吸虫病防治管理条例》、《湖南省工业企业劳动卫生管理条例》、《湖南省计划生育条例》等法律法规、决议，主要检查各级人民政府及其有关部门学习、宣传、贯彻上述法律、法规、规章制度和决议的情况，主要做法，存在困难和问题，今后的打算、措施和意见建议。检查方式是“自查为主，查违法案件为主”，分为宣传发动、自查整改、检查视察、总结汇报四个阶段，采取政府及其有关部门自查和人大代表视察，市人大常委会教育科学文化卫生工作委员会督促检查相结合的方法进行。7月13—14日召开执法检查联席会议，传达全省教育科学文化卫生执法检查情况交流会议精神，交流前段执法检查情况，研究部署下段执法检查工作。整个执法检查在9月中旬结束。检查结果表明，人民群众法律意识和法制观念得到增强，各部门依法行政和依法管理得到促进，共查处156个违法案件，2500余人受到党纪政纪处罚。但仍存在发展不平衡，以情执法、执法不严，执法人员少但执法工作量大，法规不完善，地方政策与法规要求不符等困难和问题。针对这些问题，市人民政府专题研究，出台专门文件，抓好工作落实，并向市人大常委会报告了有关工作情况。

1991年6—10月，市人大常委会组织开展全市贯彻执行义务教育法情况执法检查。8月16—17日，召开全市执法检查会议，省人大教育科学文化卫生委员会副主任和市人大常委会主任罗寅阶等领导出席会议并讲话。9月18—25日，市人大常委会组成三个联合检查组，采取“听介绍、看学校、访群众、谈印象、查资料、考领导”等形式对全市各区县(市)学习宣传义务教育法、落实教育经费、贯彻教育方针、师资队伍建设和违法案件查处5个方面情况进行执法检查，同时对区县(市)党政主要领导、分管教育副职和教育委员会班子成员闭卷测试义务教育法、《湖南省义务教育实施办法》基本知识。检查结束后，执法检查组就检查发现的问题和今后工作建议，与市政府交换了意见。

2002年8月12—17日，市人大常委会组织执法检查组对武陵区、鼎城区、临澧县、津市市及德山开发区贯彻执行食品卫生法情况进行执法检查。先后查看宾馆、酒楼、食品加工厂、机关食堂、大型超市和农贸市场等50多个现场。执法检查组认为，全市各级人民政府及有关部门对食品卫生工作高度重视、执法力度不断加大、食品生产经营场所卫生水平有很大提高，但也存在食品卫生状况令人担忧、执法力度不够、执法环境差、执法条件落后等问题。8月28—29日，市三届人大常委会第三十六次会议，听取和审议市人民政府关于贯彻执行食品卫生法情况报告。会议要求市政府要加强对食品卫生工作的领导，抓好食品卫生行业治理整顿，理顺卫生执法监督管理体制，协调好卫生行政部门与工商、公安、质检等部门执法关系，明确分工，各司其职；进一步扩大宣传，提高人民群众的食品卫生意识，把食品安全法的学习宣传纳入“四五”普法内容，加强对经营业主及其从业人员法律培训，提高自觉守法意识；加大执法力度，重点加大经常性监督执法力度和频率，重点查处制造、销售假冒伪劣食品违纪案件；加大经费投入，加强执法队伍建设。市人民政府认真落实市人大常委会意见，召开专门会议，研究加强食品卫生管理工作的具体措施。

2003年6月10日，市人大常委会派出由市人大常委会主任会议成员带队，部分常委会委员和有关部门负责人组成的4个检查组，到12个县级单位，30多个乡镇，110多所中小学校，调查走访近千名基层干部和教职员工，对贯彻执行义务教育法、教师法、《中华人民共和国义务教育法实施细则》《湖南省义务教育实施办法》《湖南省实施〈教师法〉办法》等法律法规情况进行执法检查，主要检查政府执行义务教育法律法规及履行义务教育职责基本情况，落实“以县为主”的基础教育管理体制情况，依法保障义务教育投入情况，义务教育普及和扫盲情况，中小学布局调整、危房改造及改善办学条件情况，教育违规收费及查处情况，教师队伍与教师权益保障情况等7个重点内容。6月23日，时任市委书记和部分市委常委到市人大机关召开专门会议，听取市人大常委会主任会议关于义务教育执法检查情况报告，当场决定要集中力量为义务教育事业发展解决几个突出问题，并印发市委常委会议纪要。6月26日，市四届人大常委会第五次会议，听取和审议市人民政府《关于全市贯彻实施义务教育法律法规的情况报告》。会议作出进一步落实义务教育法定责任；依法保障义务教育经费投入，坚持以财政拨款为主的投入体制，保证全市义务教育基本需要；切实加强教师队伍建设，稳定骨干教师队伍，依法落实教师待遇；努力改善义务教育办学条件，加速中小学危房改造进程，进一步扩大城区教育规模，积极发展社会办学力量，加强教育信息化建设，大力治理办学环境；不断提高义务教育普及程度，建立和完善切合本地实际的控流保学责任，实行政府与教育内部“双线”承包责任制，确保无一人辍学打工等5点审议意见。对存在的经费投入不足、办学条件较差、队伍结构失衡、普及程度反弹、执法力度软弱等重点问题向市人民政府进行交办，市人民政府及有关部门高度重视，采取措施，积极落实，所交办问题得到办理落实，其中个别县挪用510万元学杂费发放教师工资的问题得到有效解决，全市投入8000多万元，完成20万平方米的D级危房改造任务。

2004年3—10月，市人大教育科学文化卫生委员会组织对全市贯彻实施人口与计划生育法和《湖南省人口与计划生育条例》(以下简称“一法一条例”)开展执法检查。3月23日，市人大常委会召开各区县(市)人大常委会、政府分管计划生育工作负责同志，市直有关部门负责人参加的执法检查动员大会，学习传达全省执法检查会议精神，提出全市贯彻执行意见、办法、措施及具体步骤。随后，各区县（市）和市直有关部门展开自查，从 4 月开始，历时半年，到 10 月结束，执法检查组先后检查走访全市 9 个区县（市）18 个乡镇、36 个村，近 100 个农户和近 100 名基层干部。10 月 26—28 日，市四届人大常委会第十七次会议，听取和审议市人民政府《关于贯彻实施"一法一条例"的情况汇报》和执法检查组关于执法检查情况报告。会议认为"一法一条例"自颁布实施以来，全市计划生育工作水平不断提高，工作效果更加明显，但与有关法律法规要求还有一定差距，特别是在进一步加强部门配合、进行综合治理，加大执法力度，落实计划生育奖励政策等方面须做大量工作。会议提出进一步提高认识，加强对人口与计划生育工作领导，继续坚持实行党政一把手亲自抓、负总责不变，实行计划生育责任目标管理，严格兑现"一票否决"制度不变，牢固树立人口与计划生育国策地位，从科学发展观要求出发，实现人口与自然、社会、环境协调发展；进一步加强部门配合，切实搞好人口与计划生育工作综合治理，加强协调，搞好宏观控制，动员各部门团结协作，步调一致，依法履行各自职责，坚决防止不作为或乱作为现象发生；进一步优化执法环境，加大执法力度，坚决查处违法生育者，切实加强社会抚养费征收力度；提高人口与计划生育队伍素质，尽快配齐乡镇专干，保证所有技术人员持证上岗，提高执法和服务水平；积极筹措资金，加大对乡镇人口与计划生育经费投入，积极探索税费改革后，乡镇计生经费投入保障机制，依法落实计划生育的各项奖励政策等审议意见。市人民政府认真落实市人大常委会审议意见，召集有关部门，召开专门会议，研究计划生育工作，在强化宣传教育、落实经费保障、提升服务能力、严查违法生育、实行综合治理等方面采取了一系列改进措施，依法推进全市计划生育工作。

2005 年 3 月 19 日，市人大常委会召开全市科技进步法执法检查动员大会，常委会副主任蒋祖建、市人民政府副市长徐超文出席会议并讲话。3 月 20 日，执法检查组召开全体会议，听取市科技局、市人事局、市财政局、市发展改革委员会、市经济委员会等部门开展执法自查情况汇报。5 月 30 日—6 月 3 日，组成三个执法检查小组对全市 18 个乡镇、9 个科技园和 36 家企业进行执法检查，共召开 9 个座谈会，调查询问 78 名基层科技干部，查阅近百份文件资料。6 月 9 日，各执法检查组进行情况汇总。10 月 25—27 日，市第四届人大常委会第二十五次会议，听取和审议市人民政府关于贯彻实施科技进步法的情况汇报和执法检查组执法检查情况报告。检查组认为，贯彻科技进步法对科技进步、高新技术产业健康发展、民营科技企业异军突起、农业产业结构合理调整均起到促进作用，并根据各区县（市）人民政府和市直有关单位在贯彻实施该部法律中存在领导认识相对较低、科技投入严重不足、科技工作环境较差、科技管理体制不顺、基层科研平台崩塌、人才流失现象严重等问题提出意见和建议。会议同意执法检查组的报告，并提出市人民政府要提高认识，摆正科技工作位置，建立健全科技工作考核体系，把科技工作真正纳入政府主要负责人任期目标责任制，各有关部门齐抓共管；加大投入，逐年增加科学事业费和重大科研项目、中间试验、新产品试制三项经费，积极探索科技经费多元化投入的激励机制，充分调动企业、事业单位和个人投资科技事业的积极性，优化科技工作环境；创新机制，切实搞好科技队伍建设，切实加强基层科技队伍建设，积极为科技人才的引进、培养和使用创造良好条件等三点建议。市人民政府认真落实市人大常委会审议意见，副市长徐超文召集有关部门，专题研究处理科技进步工作，制定出台了专题整改方案。

2008年5月7—12日，市人大常委会执法检查组分赴桃源县、临澧县、澧县、汉寿县、鼎城区及市直有关单位，开展体育法贯彻实施情况执法检查。通过听取汇报、查看体育场馆及体育设施建设现状、走访部分企事业单位、学校、社区并进行座谈，了解全市体育事业的投入情况、体育队伍现状、公共体育设施现状、近远期规划以及对社会开放情况。执法检查组认为全市全民体育意识不断增强，学校体育工作不断规范，竞技体育水平不断提高，市本级体育投入不断加大。但同时存在体育场馆建设严重滞后、全民健身设施严重不足、体育专业人才严重缺乏等问题，针对存在的问题，提出提高对体育工作认识、加强对体育法律法规宣传和执法力度、加大对体育事业投入等建议。6月27日，市第五届人大常委会第三次会议，听取和审议市人民政府关于贯彻实施体育法情况报告。会议针对体育工作存在的问题，提出提高认识，切实加强对体育工作领导，努力抓好体育事业发展规划的编制、公共体育场馆和全民健身场地的规划设计，切实搞好居民小区内健身场地设施的建设与维护；切实抓好体育基础设施建设，逐步增加体育事业经费投入；健全队伍，全面提升体育工作水平，加强体育执法队伍建设，认真查处非法挤占、挪用公共体育场馆设施或擅自改变公共体育场馆设施用途的违法事件；加强体育专业人才队伍建设，加强重点项目人才引进，构建后备人才培养体系，全面促进社会体育、学校体育、竞技体育快速发展等三点审议意见。同年12月，市人民政府专题向市人大常委会报告了审议意见落实情况。

同年6月，市人大常委会执法检查组赴澧县、安乡县、汉寿县等地，就贯彻实施人口和计划生育法和《湖南省人口和计划生育条例》(以下简称“一法一条例”)有关情况开展执法检查。执法检查组先后听取当地人民政府关于贯彻实施“一法一条例”情况汇报、查阅人口与计划生育经费投入情况、奖励优惠政策落实情况、社会抚养费征收情况及行政执法程序执行情况有关资料，抽查走访部分县直计生工作综治部门和乡镇，征集基层群众意见和建议。执法检查组认为人口和计划生育工作在工作力度、综合治理、利益导向、制度建设、业务水平等各方面都取得了明显成效。10月31日，市第五届人大常委会第五次会议听取和审议市人民政府关于“一法一条例”贯彻实施情况报告。会议提出加大宣传力度，增强法治意识；依法履行职责，稳定生育水平；发挥联动作用，加强生育管理；落实保障措施，提高服务水平等四点审议意见。

2009年3月9—13日，市人大常委会对全市9个区县(市)人民政府和西洞庭管理委员会贯彻执行科学技术进步法情况进行执法检查。检查采取听取汇报、检查资料、视察有关单位、召开座谈会等方式进行，重点检查近三年区县(市)技术研究与开发奖金的投入总量，占当年财政决算一般性支出的比例，是否达到科技进步法规定的要求，以及造成的原因；科技管理班子配备情况,科技管理干部体系建设情况以及面临的问题;科技服务体系建设情况以及面临的问题;政府重视科技工作情况,是否专题研究科技工作;企业R&D投入情况,高新技术产业发展情况。经过检查,认为科技执法总体成效明显,全市依靠科技进步和大力开展产学研结合的良好局面基本形成,但也存在科技优先认识、科技工作投入、科技创新水平、科技队伍建设等与法律要求不相适应等困难。4月28日,市第五届人大常委会第八次会议,听取和审议市人民政府关于贯彻执行科学技术进步法情况报告。会议认为,全市各级人民政府为贯彻实施科学技术进步法做了大量工作,取得了一定成绩。但法律的实施情况与法律的要求比,还存在较大差距。并提出提高认识,切实加强对科技工作的领导;加大科技投入,逐步建立科技保障机制;推进产学研结合,不断提高科技创新能力三点审议意见。

同年7月,市人大常委会执法检查组先后深入桃源县、鼎城区、临澧县、澧县及市直宗教场所,就国务院《宗教事务条例》和《湖南省宗教事务条例》贯彻执行情况开展执法检查。检查组先后听取当地人民政府和宗教场所负责人情况汇报,视察宗教事务场所发展现状,召开座谈会听取宗教人士对宗教事务管理工作意见和建议。执法检查组认为全市各级人民政府认真贯彻执行宗教事务管理法律法规,充分保障广大人民群众宗教信仰自由合法权益,依法加大宗教事务管理工作力度,积极引导和支持宗教团体和宗教场所建设发展,宗教事务管理取得一定成绩。执法检查组针对存在的宗教事务工作认识、行政执法、管理保障难以到位等问题提出进一步加强对宗教事务工作领导、加大对宗教事务工作投入、加强对宗教事务工作监管等建议。

2012年7月18—20日,市人大常委会对汉寿县、鼎城区、常德经济技术开发区及市城区有关单位2008年以来贯彻实施献血法进行执法检查。8月23日,市第五届人大常委会第三十二次会议听取市人民政府关于贯彻实施献血法情况的报告和执法检查组执法检查情况的报告。会议同意执法检查组的意见,提出强化组织领导、宣传教育、保障机制、安全管理4点审议意见。会后,市人民政府召开专门会议,制定了整改方案,交由各区县(市)人民政府及市直有关单位落实。同年12月,市人民政府向市人大常委会报告了意见落实情况。

2013年7—8月,市人大常委会执法检查组分赴各区县(市),对药品管理法和《湖南省药品和医疗器械流通监督管理条例》(以下简称"一法一条例")贯彻实施情况开展执法检查。检查期间,执法检查组共召开汇报座谈会13场,抽查重点单位线索50条,查阅案卷材料300多本,走访相关人员260多人。8月27日,市六届人大常委会第五次会议听取和审议市人民政府关于贯彻实施"一法一条例"情况的报告和执法检查组执法检查的报告。会议同意执法检查组意见,提出加强宣传教育、优化法治环境,强化监督管理、维护市场秩序,完善保障措施、提高执法水平,创建工作机制、改进薄弱环节的审议意见。会后,市人民政府召开专题会议,制定了整改落实方案,重点开展药品和医疗器械专项整治,提高药品检验能力,促进监督管理水平的有效提高。

第四节　农业与农村方面的执法检查

1990年7—9月,市人大常委会组织开展关于涉及禁止向农民乱收费、乱摊派和国务院《关于切实减轻农民负担的决议》等方面法律法规的执法检查。重点检查农民负担总额是否超过规定比例;乡统筹、村提留的提取、使用是否坚持了定项限额和民主协商的原则;各级各部门向农民收取的费用是否符合法律、政策规定。检查分两阶段进行:7—8月,区、县(市)人大常委会组织开展本辖区内的全面检查;9月,市人大常委会组织三个检查组,重点抽查安乡县、桃源县和鼎城区,采取层层听取汇报,核查账表,深入村、组、农户座谈等方法,重点剖析了安乡县安全乡、桃源县泥窝潭乡的农民负担情况。常委会主任会议听取了执法检查组的报告。会议认为,近些年,市人民政府在减轻农民负担方面做了大量工作,但农民负担仍然项目多、数额大。其主要表现为:部门巧立名目强行摊派;农村教育高集资、乱收费;以资代劳漏洞大;该给农民的钱层层截留;乡镇财政转嫁负担,随意向农民伸手。会议要求:市人民政府要从稳定社会大局出发,采取切实可行的措施,把农民负担减下来;要重新审核、依法确定收费项目和标准,严格收费审批管理;要清理返还尅扣国家给农民的钱、粮、物,取信于民;严格控制公用工的提留使用,禁止用行政手段实行摊派;严格控制机构,精简压缩人员,防止转嫁负担;要切实加强领导,建立和完善监督管理机制。中共常德市委及时批转了执法检查组的报告,要求各区、县(市)认真贯彻执行。

1999年8月,市人大常委会组织开展水法、防洪法、森林法和水土保持法(以下简称"四法")等四部法律实施情况综合执法检查,检查的重点是水利基础设施建设的资金投入及使用、水利工程保护管理、河道管理和堤防建设、水资源利用保护、水土流失治理、制止滥伐盗伐和毁林开荒、乱占林地等方面的情况。8月下旬,市人大常委会组织4个执法检查组,由4名副主任带队,部分常委会委员以及市直相关部门负责人参加,分片听取区、县(市)人民政府的汇报,核查有关账目,察看重点工程设施。8月27日,市人大常委会主任会议,听取了执法检查组的情况报告和市人民政府关于实施"四法"情况报告。会议认为,"四法"贯彻以来,对全市水利、林业建设促进很大,但还存在许多薄弱环节,防洪形势严峻,水土流失面积较大,滥伐森林和乱占林地的案件时有发生,有的项目资金使用不当等等。会议要求:要充分认识治水防汛的严峻形势,进一步提高各级各部门治山治水的责任感和紧迫感,把依法治山治水摆到重要位置,常抓不懈,切实抓好。这次执法检查,解决了两个久拖不决的问题:五强溪水电站建成运行后,给沅水下游带来的防洪排涝以及航运方面的新问题,通过协商形成了处理意见;市绿委与城市园林部门执法主体的争议,通过市人民政府出台《义务植树办法》,矛盾妥善解决。

2003年6月,市人大常委会组织开展农产品质量安全工作及贯彻实施种子法情况的执法检查。由市人大常委会主任会议成员、驻会委员组成的执法检查组听取了市人民政府的汇报，召开了相关部门座谈会，并抽查了临澧县、澧县和武陵区、鼎城区部分在农业结构调整、农产品质量安全管理、贯彻执行种子法方面做得较好的典型单位。检查组认为，近几年，全市围绕农产品质量这个关键问题，从种子抓起，抓出了特色。检查组要求：要进一步深化农产品质量安全意识，坚决贯彻执行好种子法，提升农产品的质量安全，促进农业经济的更快发展。

2004年5—8月，市人大常委会组织开展农业法及相关法规实施情况的综合执法检查。检查分三阶段进行：5月份为宣传发动阶段；6—7月，区、县（市）自检自查；8月，市人大常委会组织检查。检查的重点内容是：各级对农业的投入、农业违法案件查处、退耕还林补贴的落实、国家各项扶持资金使用、农民建房、农村山林田地承包、农产品质量、水利设施保护以及扶贫开发等22项。8月初，市人大常委会4个执法检查组到区、县(市)抽查，每组负责2—3个区、县，每区县抽查2个乡镇，每乡镇抽查2个村。检查结束后，执法检查组向市人大常委会主任会议作了专题汇报。会议认为，市人民政府坚持依法治农，较好地实施了农业法及相关涉农法律法规，促进了农业发展。但也存在农业投入不足、征地补偿不到位、农民减负不到位、土地流转不规范、农产品质量管理不平衡、基层农业服务体系脆弱、农业执法难度大等问题。会议要求：市人民政府要进一步加大农业法等法律法规的宣传力度，提高农业的位置；要切实加强农业执法和农业科技两支队伍建设，保持农业持续稳定增长；要不断加大农业投入，改善农业生产条件，提高科技兴农水平；要依法抓好农民减负工作，切实保护农田和农民权益，促进农民致富和农业经济更大发展。主任会议将检查中发现的主要问题向市人民政府进行了交办。市人民政府对市人大常委会主任会议交办的问题召开专门会议进行研究，及时回复了整改意见和措施。

2008年5—6月，市人大常委会在全市开展动物防疫法和国务院《重大动物疫情应急条例》（以下简称"一法一条例"）实施情况的执法检查。6月上旬，在区、县（市）自检自查的基础上，市人大常委会组织4个执法检查组分赴各区、县（市）进行重点检查。检查组检查8个县级防疫站、28个乡级防疫站、51个规模养殖大户、292个散养户、28个定点屠宰场、30个动物及动物制品交易市场，广泛听取干部群众的意见。6月25日，市五届人大常委会第三次会议，听取和审议执法检查组关于"一法一条例"执法检查的情况报告。会议认为，全市以预防为主的动物疫病防控工作开始走向正规化、法制化的轨道，连续几年成功阻击了牲畜多种疫病，保证了畜牧业的健康、快速发展。但是，还有许多不足之处。会议要求；要继续大力宣传贯彻"一法一条例"，进一步提高全社会特别是各级领导的认识，坚持依法治牧；进一步强化经费保障，财政要足额预算动物防疫经费，同时建立重大动物疫病捕杀及免疫副反应补偿基金；进一步加强防控体系建设，加强技术培训，稳定基层防疫员队伍。

2009年7月22—30日，市人大常委会主任会议成员带队，分7个执法检查组，在各区、县（市）自查的基础上，开展对全市贯彻实施农村土地承包法情况的执法检查。检查组层层听取汇报，深入村组与基层干部群众座谈，广泛听取意见，了解农村土地承包法贯彻实施中的情况和问题。8月19日，市五届人大常委会第十一次会议，听取和审议市政府关于贯彻实施农村土地承包法情况的报告和执法检查组执法检查情况的报告。会议认为,贯彻农村土地承包法,是赋予农民长期而有保障的土地使用权,维护农民合法权益,促进农业经济发展和社会稳定的大事。近几年,市人民政府做了大量工作,取得了一定的成绩。但也还有差距,少数地方承包不到位、流转不规范、纠纷调解机制不健全,个别地方二轮延包进展缓慢。会议要求:要继续深入宣传发动;不断完善二轮延期承包工作,切实处理好土地承包中存在的各种遗留问题;要规范引导农民对田地实行有序流转,鼓励农民以转包、转让、互换、入股等多种方式搞活土地承包经营;继续加强农村土地承包管理体系建设。

2011 年 5 月,在各区、县(市)自查自纠的基础上,市人大常委会组成 4 个检查组,在全市开展畜牧法执法检查。每组由一名市人大常委会副主任带队,下到各区、县(市),层层听汇报、开座谈会,广泛听取干部群众的意见,了解实施畜牧法的情况。6 月28 日,市五届人大常委会第二十四次会议,听取和审议市人民政府关于贯彻实施畜牧法情况的报告、执法检查组关于开展畜牧法实施情况执法检查的报告。会议认为,全市贯彻实施畜牧法,促进养殖业发展,效果明显。但是,有的地方宣传不够深入、执法力度不够到位。会议要求:要加大宣传力度、执法力度、问责力度;要全面加强畜、禽产品质量安全保障能力建设;要着手养殖污染治理,努力搞好畜禽品种资源保护与开发,加快全市畜牧业发展。

2012 年 6 月,市人大常委会在全市开展农民专业合作社法实施情况执法检查。检查分两段进行:第一阶段,区、县(市)开展自检自查;第二阶段,市人大常委会组织 3 个执法检查组开展检查,第一组负责鼎城区和临澧县、澧县的明园蜂业、观山果业、农康葡萄等 7 个专业合作社;第二组负责石门县、武陵区的亚辉柑橘、湘北食用菌等 6 个专业合作社;第三组负责桃源、汉寿县的水稻棉花种植、龟鳖养殖等 7 个专业合作社。各组沿途分别听取了所到区、县(市)人民政府的情况汇报,与基层专业合作社干部群众座谈,广泛听取意见。市五届人大常委会第三十一次会议, 听取和审议市人民政府关于贯彻实施农民专业合作社法情况报告和执法检查组的执法检查报告。会议认为,近几年,全市发展农民专业合作社工作,措施有力、运转有序、发展较快。但是,也存在宣传不够广泛、管理欠规范、扶持不到位、人才缺乏等问题。会议要求;要进一步抓好宣传发动,用法律激励和保护群众入社积极性;要切实加强指导,不断提高办社水平;要认真抓好扶持,加大投入;优化合作社发展环境,打击破坏农民专业合作社的各种犯罪活动。

第五节 城乡建设与环境资源保护方面的执法检查

1989 年 7 月,市人大常委会分管副主任带领财经工委有关负责人赴石门县检查环境保护法执行情况,督促政府责令关闭石门县太平冶炼厂(土法炼砷)。

1991 年 5 月,根据市人大常委会安排,市人大财经工委组织对全市贯彻实施环境保护法一周年检查。检查组听取市环保局工作情况汇报,重点抽查安乡、临澧县有关企业和常德烟厂、市肉联厂等市直有关企业，发现：环境保护法实施一周年虽然取得一定成效，但问题也不少。主要是思想认识不高，有法不依，执法不严现象仍然存在。检查组向市人民政府提出要加强宣传教育，提高全民环保意识；强化目标管理，明确部门职责；落实环保资金，加快治理步伐；加强队伍建设，提高人员素质的建议。

1993 年至 1995 年为全国人大、国务院联合部署连续三年环保执法大检查活动。1993 年，由市人大、市政府牵头，组织环保、工商、林业、公安部门，对全市 43 家企事业单位、16 个集市、71 家宾馆和饭店进行水污染防治法、环境保护法专项检查，严肃处理违反环保法规的单位 18 个，关停石门矿粉厂等 3 家严重违法企业。1994 年 7 月，现场检查 31 家单位，对 10 多个存在不同环保问题的单位现场下达整改通知。临澧合口镇居民区一骨粉厂多年来污染严重，极大地影响周围群众的正常生产生活，检查组当即责成有关方面关闭该厂。1995 年 10 月30 日至 11 月 1 日，由人大常委会牵头，熊奇生主任、李丰茂、揭乐田、俞斌龙、鲁之英、张先春副主任和副市长杨万柱及部分人大常委会组成人员参加，组成环保执法检查组，对武陵、鼎城和桃源三区县所属 8 家企业贯彻实施环保法律法规的情况进行环保执法检查。检查组通过听、看、议的方式，深入 8 家企业生产现场和排污点，现场听取区、县领导和企业负责人汇报，现场察看污染现状，现场提出整改意见、市环保局现场下达整改监察通知书。检查结果：立即关停企业 3 家，限期关停企业 1 家，其余限期整改。连续几年环保执法大检查，全市环境保护工作取得明显成效。但从总体上看，全市环保工作还存在不少令人担忧的问题：一是少数党政领导和企业负责人对环境保护工作缺乏足够认识，不能正确处理经济发展与环境保护的关系；二是乡镇企业污染问题日益突出，环保污染正呈现由城镇向农村转移趋势；三是环保执法力度不够。

1996 年 4 月 16 日，市人大常委会下发《关于开展土地执法检查的通知》，决定重点检查乱占滥用耕地、城镇土地非法交易和法人违法等问题。这次检查声势大、影响深、效果好，增强了土地法制观念，对加强我市土地管理，规范土地市场，保护耕地资源，减少国有资产流失，起到一定的促进作用。

1997 年 8 月 20—30 日，市人大常委会副主任鲁芝芙带领城环工委对全市安乡、澧县、桃源、石门、汉寿、临澧县和津市市城市规划执行情况进行检查，检查采取听汇报、查卷宗、查资料和现场调查方式。检查发现个别县和部分建制镇违反规划法、不严格按规划法进行操作，放松“一书两证”（项目选址意见书、用地规划许可证、工程规划许可证）管理及违反城镇总体规划的行为和事件。检查组还对城区 488 平方公里规划区的情况进行调查，查找违反城市总体规划的情况，并向政府反馈意见。

1998 年 6 月 8—10 日，市人大常委会对城区贯彻执行大气污染防治法情况开展执法检查，抽查 12 个大气污染源头单位，现场提出整改意见。检查组建议市人民政府确定治理方案，对超标排放污染企业，限期整治，确保 2000 年稳定达标排放。城区周围 37 个砖厂，关闭 14 个。改造 25 台超标排放锅炉。同时建议市政府将原定以行政区划为界大气环境保护圈改为以地理环境为界，将德山、河洑山、太阳山、白鹤山以内列为城区大气环境保护圈。

1999 年 4 月 29—30 日，人大城环委对城区贯彻《城市绿化条例》情况进行执法检查。常委会主任彭孟芝、副主任向启国参加了此次检查。检查听取市政府副市长杨万柱、副秘书长张家安及市园林局负责人关于常德城区贯彻执行《城市绿化条例》情况汇报，实地察看穿紫河、芙蓉路三角地、临江公园、沅江南岸外滩、德山出城口等公共绿化、武陵大道、洞庭大道等街道绿化，新一村、贾家湖、皂果、西苑、三闾等小区绿化、市地税局、市职业中专等单位庭院绿化的建设和管理情况，执法检查组形成如下意见交政府及相关部门办理。即：加大对《城市绿化条例》宣传力度，强化市民绿化意识；绿化美化常德，创建园林城市；严格执法，依法管理城市绿化。在执法检查中，对还绿造绿方面的 4 个比较重大的问题向有关单位交办。

1999 年 11 月 22 日，市人大城环委对城区贯彻实施水污染防治法情况开展执法检查。检查中发现，城市生活污水仍然无组织排放，护城河、穿紫河污染十分严重；部分工业企业污染物排放不达标；柳叶湖水质富营养化，沅江河水大肠杆菌和非离子氨超标等问题。执法检查意见向市政府进行了反馈。

2001 年 4 月 9—10 日，市人大城环委对市城区贯彻《城市绿化条例》情况进行执法检查。检查组听取市园林局工作汇报，并到武陵区、鼎城区武陵镇、德山开发区、柳叶湖旅游度假区 22 个现场进行实地检查。检查情况表明：全市城区绿地率、绿化覆盖率、人均绿地面积分别达到国家园林城市标准，但市城区绿化发展不平衡，绿化建设速度较快，绿化管理养护工作相对显得薄弱，绿化资金投入不足，城区几大公园基础设施较差。检查中发现紫菱花园征地后长期不建设影响绿化，武陵镇三滴水村三角地带绿地建砂石场、武陵区东郊皇木关村无公害蔬菜基地扩建占用防护带绿地，市人民政府出台的有关绿化规范性文件急待修改，临江公园木材场长期未搬迁等，这些问题均发函政府及有关部门处理。检查组还就“提升园林绿化工作规范化水平；做好绿化详规编制；建设绿化网络，增加绿化投入”等方面向政府提出工作建议。

1995 年 10 月 31 日，市第二届人大常委会环保法执法检查组在武陵区红光玛钢厂调查

2001 年 7 月 23 日至 8 月 5 日，市人大城环委开展贯彻实施城市规划法和《湖南省城市规划法实施办法》执法检查。抽查鼎城区、安乡县、澧县、临澧县、桃源县及市规划局一、二、三、四分局。检查后提出：加大规划法宣传力度；加快规划编制工作，完善城镇规划体系；认真

执行常德市总体规划；加大违法案件查处力度；解决规划编制经费；研究新情况，处理新问题等6条整改意见，并就执法检查发现的几起违法建设问题进行了交办。

2003年6月5—10日，市人大城环委就全市贯彻实施大气污染防治法和固体废物污染环境防治法组织开展执法检查。重点抽查武陵区、鼎城区、安乡县和德山开发区。检查25个单位现场。检查组肯定市人民政府在大气污染防治和固体废物污染工作中取得的成绩，同时提出：进一步加大环保宣传力度，不断提高全民环保意识；进一步加大整章建制工作力度，建设和维护好公共秩序；进一步加大行政执法力度，不断改善全市环境质量状况的建议。对执法检查中发现安乡县城关一环北路菜市场、福利橡胶厂内米粉厂、鼎城区南亚染整厂、武陵区南坪泉水桥砖厂等4个典型污染问题，向有关单位进行了交办。

2004年5月9—11日，市人大环城委对水污染防治法、环境影响评价法、《医疗废物管理条例》、《排污费征收使用管理条例》（以下简称"两法两条例"）全市贯彻执行情况进行执法检查，邀请省人大常委会委员、省人大环资委委员彭孟芝、部分市人大常委会委员和省市人大代表参加。检查组听取市环保局、市卫生局情况汇报后分成三个小组到临澧县、桃源县、武陵区、德山和柳叶湖现场检查，听取当地政府和有关部门工作汇报，实地查看30个现场，查阅有关资料，询问有关责任人，走访当地群众，了解"两法两条例"贯彻实施情况。通过检查，检查组提出加强环境保护机构和队伍建设；加强环境保护执法力度；加大污染治理力度，加强水环境管理；加强基础设施建设；制定相应管理办法，科学开发水面；保证医疗废水废物有效处理；严格依法办事等建议。对检查中发现六个典型的企业污染问题向有关单位进行交办。副市长刘剑英要求交办的典型案件，要组织相关单位认真落实。柳叶湖旅游度假区总体规划没有将环境影响评价纳入工作程序，刘剑英亲自调度，迅速组织开展总体规划环境影响评价，开湖南省规划环评先河，国家环保总局对此给予肯定。

同年6月15—18日，市城环委对贯彻实施土地管理法和《湖南省基本农田保护条例》进行执法检查。检查组认为，全市基本农田保护工作比较落实，土地管理秩序逐步规范，征用农民集体土地补偿、安置工作纳入各级政府重要议事日程。但全市对住宅建设用地管理难以到位，土壤退化严重，地力下降明显，土地管理执法力度还不够。检查组提出"依法行政，切实保护好基本农田"建议。

2006年，省、市、县三级人大常委会同步开展贯彻实施环境保护法、环境影响评价法、大气污染防治法、水污染防治法、固体废物污染环境防治法执法检查活动。市人大常委会在2月和3月召开有关会议，作出执法检查工作部署；4月组建执法检查办公室，下发检查方案；5月中旬，各区县（市）相继开展执法检查；市直相关的15个单位开展自查，并递交自查报告；5月17日，市人大常委会主任莫道宏、副主任张启祥在环保执法检查组成员和市政府及有关部门负责人会议上对重点检查阶段提出工作要求；5月22—27日，市人大常委会组成5个执法检查组，到各区县（市）、德山、柳叶湖、西湖、西洞庭等地进行抽查。检查结束后，市人大常委会听取执法检查情况汇报，并向市人民政府交办四个方面环保问题28个。到年底，西洞庭管理区祝丰镇和西湖管理区西湖镇生活垃圾处理、鼎城花岩溪水库投肥养鱼污染水体、武陵镇永兴河沿岸居民饮水安全等 11 个问题基本完成整改，柳叶湖环境保护等 17 个问题按要求逐个整改。

2010 年 2—9 月，市人大常委会在全市范围内开展贯彻实施城乡规划法和《湖南省实施〈中华人民共和国城乡规划法〉办法》(以下简称“一法一办法”)执法检查。同时设立“一法一办法”执法检查办公室。2—5 月，执法检查组办公室召开各区县(市)人大常委会、市直部门、专业技术人员、房地产开发商、人大代表、乡镇(街道办事处)、村(社区)有关人员参加的 4 个座谈会，并在市政府工作部门和武陵、鼎城、德山、柳叶湖 4 区开展问卷调查。6 月，确定执法检查重点，制定工作方案，成立执法检查组。6 月 30 日，召开执法检查动员会，对执法检查对象、内容、步骤等全面部署。市委常委、市政府副市长宋冬春、市人大常委会副主任张元英作动员讲话。市政府及其相关部门、各区县(市)人大常委会和政府随即开展自查和检查。9 月，市人大常委会分 9 个检查组，在主任会议成员带领下，分别到各区县(市)和德山开发区、柳叶湖旅游度假区、西湖管理区、西洞庭管理区以及规划、国土、建设、城管等18 个市直相关部门开展抽查，召开各界代表参加的座谈会 23 个。检查后认为，“一法一办法”已经取得一定成绩，但依然存在规划编制发展不平衡、规划管理机制不健全、规划实施不完全到位等问题。市五届人大常委会第九次会议听取执法检查组的执法检查情况报告后，提出加强宣传教育，增强规划意识，科学编制规划，提高编制水平，严格实施规划，维护规划权威，完善工作机制，加强监督检查等审议意见。

第四章　评　议

第一节　内务司法方面的评议

1995年6月—1996年5月，市人大常委会组织人大代表对市中级人民法院、市检察院的工作进行评议。评议活动分为宣传发动、自查调查、评议、整改、验收等五个阶段，市人大常委会运用调查、审计、督办等手段，重点解决"两院"执法不公、执法不严、执法违法等问题。在调查研究阶段，市人大常委会抽调了20名人大代表和20名法律专业人员进行集中培训。1995年6月20日—8月31日，10个调查小组对216个单位调查走访，收集对"两院"执法工作的意见300多条；向全市500多名全国、省、市人大代表致函，召开座谈会，收集意见和建议1200多条；走访案件当事人、查阅案卷、找干警谈话，核实重点案件132起。在公开评议会上，有19名市人大代表作了评议发言，提出12大问题，涉及案件66起、涉及违法违纪干警16人，市人大常委会集中交办案件12件。在整改阶段，市人大常委会成立案件复查督办组8个，问题整改督办组4个，对评议案件和问题分组督办。在"两院"整改中，督办组召开复查案件承办人和有关人大代表座谈会62场次，帮助建立内部管理制度18项。1996年3月，市二届人大四次会议上，有6个代表团向"两院"质询评议案件和问题。4月，市二届人大二十四次常委会议听取了"两院"评议整改情况的汇报后分别形成审议意见，要求再次进行整改。在反复整改后，"两院"向代表进行书面了反馈。5月22日，市人大常委会组成两个验收组对"两院"评议验收，对代表不满意的个别案件，市人大常委会责成"两院"限期办理，并将办理情况书面报告人大常委会和向代表重新反馈。"两院"针对工作中存在的问题认真整改，共查处违法违纪干警16人，其中处级干部3人，纠正错案和处理不当案件39起，完善了"两院"内部管理，促进了队伍建设。

2000年10月10日，市人大常委会召开"法官法""检察官法"执法检察暨案件评议大会

2000年10月，市人大常委会对市中级人民法院、市检察院贯彻执行法官法、检察官法的情况进行工作评议。评议采取统一部署、市县联动、条块结合、分级负责、自查为主、重点抽查、择案评议的方法，分宣传发动、自查自纠、重点抽查、召开评议大会几个阶段。市、县人大常委会分别邀请本级党政领导68人参加了本次的评议大会，共评议案件88起。通过评议，全市共纠正错案41起、纠正处理不当案件92起。评议结束后，市人大常委会向全市两院交办案件107件，向市中级人民法院和市检察院交办案件13件，有效促进了司法公正。

2012年4月28日，市人大常委会第三十二次会议对市人民政府司法行政工作进行评议。评议会上，依照监督法启用了询问程序，常委会组成人员和参会代表就司法行政工作有关问题向市司法局的主要负责人进行询问，市司法局主要负责人现场予以答复。会议提出评议意见：一是进一步加大宣传力度，营造法制环境；二是进一步加大监管力度，规范职业行为；三是进一步加大保障力度，强化队伍建设。市人大内司委于8月18日对评议意见的落实情况进行了督查。

2013年，市人大常委会对全市人力资源和社会保障工作开展工作评议。8月，市人大内司委对人力资源和社会保障局下属各单位和各科室的工作情况进行调查了解。9—10月，市人大常委会综合评议调查组深入9个区县（市）和常德经济技术开发区、柳叶湖旅游度假区、西湖管理区、西洞庭管理区进行评议调查。调查组采取听汇报、召开座谈会、视察现场等形式，听取社会各界的意见和建议，了解全市人力资源和社会保障工作现状。10月29日，市六届人大常委会第六次会议，听取市人力资源和社会保障局工作情况报告和市人大常委会评议调查组的调查报告，对人力资源和社会保障工作进行会议评议。会议认为，市人民政府人力资源和社会保障部门创新社会管理，服务中心，服务大局，推动了经济发展，促进了民生改善，会议表示满意。会议对全市人力资源和社会保障工作提出评议意见：一是要进一步提高服务水平；二是要进一步改善就业状况；三是要进一步完善社保体系；四是要进一步和谐劳动关系。会后，市人大常委会下发《常德市人大常委会关于人力资源和社会保障工作情况的评议意见》文件，要求市政府在2个月内将评议意见研究处理方案送交市人大常委会征求意见，在6个月后向市人大常委会报告研究处理情况。

第二节　财政经济方面的评议

2004年10月27日，市四届人大常委会第十七次会议，对市物价局局长印甫生进行了述职评议。评议前，由一位常委会副主任任组长，组成了7人评议调查组，到市物价局听取了印甫生在全局干部职工、离退休人员大会上的述职报告，并采取召开小型座谈会和个别征求意见相结合的方式，分别听取了市物价局全体班子成员、中层骨干、部分职工和离退休人员代表、各区县（市）对口单位主要负责人的意见。在常委会会议上，印甫生作了述职发言，调查组作了评议发言。会议对印甫生的思想政治素质、政策和法律水平、依法行政，自觉接受人大监督的意识、带班能力、廉政作风、物价工作成绩给予实事求是的评价，并对印甫生提出进一步加大执法力度，改进工作方法，探索新形势下加强价费工作的新途径的工作要求。

2005 年 9 月中旬，由市人大常委会一位副主任带队的评议调查组，对市发展和改革委员会主任周运来换届以来的履职情况进行了调查。调查组召开有发改委机关全体干部职工、区县（市）和西湖、西洞庭两个管理区发改局负责人参加的动员大会，会上听了周运来的述职报告。会后调查组分成两个小组，分别与市发改委领导班子成员、科室负责人、纪检、财务人员、离退休人员，区县（市）发改局负责人共 33 人进行了座谈，并与周运来个别交换了意见。10 月 26 日，在市四届人大常委会第二十五次会议上，周运来作述职发言，评议调查组作评议发言。会议对周运来任职三年来的带班情况和贯彻执行市人大及其常委会的各项决议、决定的情况给予了较高评价，认为其任职期间能认真履职，工作成绩比较突出。希望发改委加强对常德市“十一五”规划的谋划和研究，切实制定出符合常德市实际的中长期发展规划和战略目标。

2005 年 10 月 26 日市四届人大常委会第二十五次会议，对市经委主任张友德进行了述职评议。会前，评议调查组分别听取了市经委班子成员、中层骨干和离退休老同志代表的意见和建议。常委会会议上，张友德作了述职发言，评议调查组作了评议发言。会议对张友德任职三年来带班情况、履职情况、自觉接受人大及其常委会监督的情况，办理人大代表建议情况、为工业经济改革出谋划策等各项工作给予了较好的评价。会议建议张友德克服急躁情绪，进一步坚定信心，增强服务意识，构筑企业人员培训平台，促进改制企业的发展和壮大；围绕工业强市目标，进一步发挥好参谋助手作用，积极主动参与常德“十一五”规划的制定；促进全市循环经济的发展，在抓好清洁生产的同时，要谋划全市循环经济发展思路，制定相关政策措施，推进循环经济、清洁生产在全市良性发展。

2010 年 4 月 23 日，市五届人大常委会第十六次会议确定对市人民政府交通管理部门进行工作评议并制定实施方案。方案明确：评议的内容为推进交通强市的工作情况；交通工程项目的安排程序、资金管理、工程质量及效益情况；落实市人大及其常委会决议、决定、审议意见，办理人大代表建议、批评和意见的情况；人民群众普遍关心和迫切需要解决的热点、难点问题处理情况。评议工作在市人大常委会的统一领导下进行，具体工作由评议工作小组承担。评议工作小组由市人大常委会一名副主任任组长、成员由部分市人大常委会组成人员、市人大代表组成。5 月上中旬，评议工作小组先后到市交通局及所属的市交通运输管理处、市城区公共客运管理处、市地方海事局、市公路管理处、市县乡公路管理处、市交通建设质量安全监督管理处，以及湖南省常德航道管理局、市高速公路建设协调指挥部等部门和单位听取汇报和座谈，并在鼎城区召开了部分市、区人大代表座谈会。5 月下旬，市人大常委会又组成 5 个评议视察组，到各区县（市）和西湖、西洞庭管理区，通过听取汇报，召开座谈会、察看现场等方式进行视察。6 月 4 日，市人大常委会评议工作小组专门听取了各区县（市）交通运输局局长、公路管理局局长及西湖和西洞庭管理区负责人的意见和建议。2010 年 6 月

29日市五届人大常委会第十七次会议，对市人民政府交通工作进行了会议评议。会上，市交通运输局局长车德斌汇报了交通工作情况，评议工作小组报告了评议调查情况，部分委员进行了评议发言，会议还对市人民政府交通工作进行了民主测评，常委会作出了评议意见。会议认为，“十一五”以来，市人民政府高度重视交通工作，大力推进交通强市战略，极大地改善了全市交通运输条件，促进了地方经济发展。特别是在实施农村通畅工程、新建高速公路、改造国省干线公路、活跃交通运输市场方面取得了突出成绩。会议对市人民政府交通工作表示满意。会议针对全市交通工作存在的困难和问题，建议市人民政府要进一步加大对农村公路的建设与管养力度，大力推进危桥改造工程，完善改革配套措施，努力振兴水运事业，科学编制常德市交通发展“十二五”规划，真正实行水运、陆运、航运、物流齐头并进的优良格局，促进全市交通运输事业又好又快发展。市人民政府对市人大常委会的评议意见高度重视，当年就出台了《常德市农村公路养护办法》，完成了11座国省干线公路危桥检测和施工图设计，启动了鼎城石公桥和樟树湾桥、汉寿沅江桥的开工建设，对3座未交工验收的特大桥梁也分别采取了相应的措施，着力完善交通体制改革配套措施和交通投融资机制，快速启动了常德市交通发展“十二五”规划编制工作。

2013年9月4日，市人大常委会办公室发出通知，决定10月下旬对市人民政府商务工作进行会议评议。常委会组成由市人大常委会副主任带队，部分常委会委员和市人大代表为成员的评议调查组，先后到武陵区、鼎城区、常德经济技术开发区、西洞庭管理区、桃花源旅游管理区，就全市推进招商引资、外经外贸和商贸流通情况；农贸市场改造情况；商务部门落实市人大及其常委会决议决定、审议意见，办理人大代表建议、批评和意见的情况；人民群众普遍关心和迫切需要解决的热点、难点问题的处理情况进行了调研。10月29日，市六届人大常委会第六次会议，听取市人民政府关于商务工作情况的报告和市人大常委会评议调查组关于全市商务工作情况的调查报告。部分人大代表进行评议发言或专题询问。常委会组成人员对市商务工作进行满意度测评，市商务工作获满意评价。会议同意市人大常委会评议调查组的情况报告，认为市人民政府不断加强商务工作，创新招商方式，强化市场管理，发展外贸主体，商务工作取得了明显成效。会议提出加大宣传力度，营造重商气氛；搞好优质服务，改善商务环境；强化部门协调，形成工作合力；大力发展外向型经济；拓展新兴业态，发展电子商务；设立商贸专项资金，推动经济转型升级的评议意见。根据相关法规之规定，会议要求市人民政府在两个月之内将评议意见研究处理方案送交市人大常委会征求意见，六个月之后向市人大常委会报告研究处理结果。

第三节　教育科学文化卫生方面的评议

1994年10月，市人大常委会组织对市文化局局长杨荣族进行述职评议。10月5—8日，市人大常委会1名副主任带领由部分市人大常委会委员、部分市人大代表及市纪委、市委办、市政府办、市委组织部、市监察局、市人事局负责人组成的评议调查组，到市文化局开展评议调查，先后采取召开全体干部大会、听取杨荣族工作汇报、召开座谈会、个别走访等形式进行。调查结束后，调查组将情况向市人大常委会主任会议汇报。10月20日，市人大常委会党组将主要情况向市委汇报。10月26—28日，市第二届人大常委会举行第十二次会议，杨荣族从贯彻党的方针政策、各级人大决定决议以及执行文化法规方面；围绕经济建设和改革开放，完成本职工作情况；局党组和本人在勤政廉政方面情况；当前文化工作和本人存在的主要问题向会议作工作汇报，然后进行会议评议。会议评议认为，全市文化体制、文化管理职能、管理方式、用人制度和工资制度等方面的改革成效明显，但同时也存在文化市场管理比较混乱，文化执法力度较弱、文化业务建设难度较大、文艺工作者经济待遇较低、优秀人才难引进、专业人才普遍老化，文化经济政策难落实等问题。会议提出了加强组织领导、建强文化队伍、规范文化市场、加大文化投入、健全文化网络的建议。

1996年12月上中旬，市人大常委会组织评议调查组，到市卫生局开展评议调查。通过听取市卫生局局长蒋祖健工作汇报，召开各科室全体干部和二级机构负责人座谈会，个别走访班子成员和退居二线负责同志等方式，全面了解全市卫生工作情况。12月26—27日，市第二届人大常委会第二十八次会议，蒋祖健就任职以来的依法行政、履行职责和廉政建设方面进行述职汇报，市人大常委会组成人员进行会议评议。会议认为，全市卫生工作成效较为突出，在依法行政、严格管理、卫生改革等方面做得较好。针对工作中存在的突出问题，会议提出了进一步加强市卫生局和市直卫生单位的班子建设，加强对农村卫生、传染病防治、妇幼保健和食品卫生工作的领导，以及加快医疗卫生体制改革，缓解看病就医难问题等建议。

2009年6月30日，市五届人大常委会第十次会议通过《关于对市教育局进行工作评议实施方案》。方案明确评议活动采取组织发动、评议调查、评议视察、会议评议、督促整改等五个方法步骤开展。评议工作小组由市人大常委会副主任文承保、肖燕芳任组长，部分市人大常委会组成人员、市人大代表为成员，并于7月底到市教育局开展评议调查，采取听取市教育局工作汇报，召开区县（市）教育局局长座谈会，征求市直学校校长、市教育局机关干部意见等方式进行。8月中旬，市人大常委会组成人员对全市教育工作进行视察。8月20日，市五届人大常委会第十一次会议，听取市教育局长黎建平所作的教育工作情况汇报和市人大常委会教育工作评议调查组所作的关于全市教育工作情况的调查报告，并对教育工作进行评议。会议认为，市人民政府教育工作稳步推进，各类教育协调发展，办学条件不断改善，教师队伍建设逐步加强，全市教育事业健康发展。同时针对教育投入不足，城区学校布局不合理，职业教育亟待加强，教师队伍结构有待优化等问题，提出依法落实教育投入、优化学校规划布局、加快职业教育发展步伐、加强教师队伍建设等评议意见。

2010年6月29日，市五届人大常委会第十七次会议审议通过了《关于对市人民政府卫生工作进行评议的实施方案》。7月20日，市人大常委会副主任文承保、肖燕芳带领2个调查小组，在沅水流域和澧水流域分别召开由区县（市）人大常委会分管副主任，市、县人大代表，基层卫生院长参加的卫生工作评议调查座谈会。7 月 27 日，评议调查组召开卫生工作情况汇报会，部分市人大常委会委员、市人民政府相关部门负责人、各区县(市)卫生部门主要负责人参加会议，市卫生局汇报全市卫生工作情况。8 月中旬，通过问卷调查形式征求 150 多名市人大代表意见，满意率和基本满意率达 98%以上。8 月 25 日，市人大常委会主任刘本之带领市人大常委会组成人员，对全市卫生工作情况进行评议前调研。调研组先后查看了常德市第一人民医院、常德市第一中医院、常德市第二人民医院、常德市中心血站和武陵区三岔路社区卫生服务中心。8 月 27 日，市五届人大常委会第十八次会议，听取市卫生局局长郑家火关于全市卫生工作情况的报告和市人大常委会评议调查组的调查报告，并对全市卫生工作进行评议。会议认为全市卫生工作取得显著成果，特别是在公共卫生体系和基本医疗服务体系建设、新型农村合作医疗制度施行、重大传染病和突发公共卫生事件应急处理、医疗卫生队伍和医德医风建设等方面取得突出成绩。会议同时根据卫生事业投入不足、医疗卫生环境欠优、城乡卫生资源不平衡、农村卫生队伍力量薄弱等问题提出进一步贯彻法律法规，加大卫生事业投入；进一步适应社会发展，抓好卫生事业规划；进一步开展综合治理，改善医疗卫生环境；进一步采取有效措施，优化卫生队伍结构等评议意见。

2011 年 5 月，市人大常委会印发决定对市人民政府文化广播电视新闻出版工作进行评议，评议内容主要是文化广电新闻出版部门执行文化广播电视新闻出版法律法规、体制改革发展、专项资金使用、文化名城建设等工作。6 月 6—7 日，市人大常委会副主任文承保、肖燕芳带队赴各区县(市)开展文化工作评议调查，倾听基层人大代表、干部群众对全市文化工作的意见和建议。6 月中旬，通过问卷调查形式先后征求 500 名市县人大代表意见。6 月 24 日，市人大常委会主任曹儒国带领市人大常委会组成人员，先后深入武陵区东江乡文化站、武陵区三岔路社区、市烟草专卖局物流中心、芷兰学校、市文化中心和市城区部分网吧，对社区文化站、文化馆建设，学校、企业文化建设等情况进行调查视察。视察后认为，全市文化工作发展态势较好，公共文化服务网络逐步健全、文化管理体制改革有序推进、文化行政水平全面提高、各类文化活动丰富多彩、文物保护和非物质文化遗产保护成绩突出、文化产业初具规模、各级文化班子团结和谐、文化工作者爱岗敬业。同时针对存在的问题和困难提出理顺体制等四点对策和建议。6 月 25 日，市五届人大常委会第二十四次会议，听取和审议市文化广电新闻出版局局长陈华关于全市文化工作情况的报告和市人大常委会评议调查组的调查报告。会议对全市文化事业工作上的一些问题向市人民政府有关方面负责人进行了询问，并进行会议集中评议。会议对全市文化事业的长足发展给予了充分肯定，同时指出工作中还存在公共文化服务体系建设投入不足，管理体系不顺，文化市场欠优，文化专业队伍力量薄弱，文化市场管理不到位，特别是农村文化秩序有待规范等问题。会议提出强化政府职责，理顺管理体制；深化文化改革，促进产业发展；制定激励政策，加速队伍建设；坚持依法管理，规范文化市场四点评议意见。10 月，市人民政府向市人大常委会报告评议意见贯彻落实情况，提出了营造浓厚文化工作氛围、加大文化惠民工程建设力度、加快文化产业发展步伐、规范文化市场管理、加强文化队伍建设五个方面的落实措施。

2012年5月，市人大常委会决定对市人民政府人口与计划生育工作进行询问和评议，明确评议内容为市人民政府有关部门执行人口和计划生育法律法规情况；计划生育对象基本权益保障情况；人口和计划生育专项资金落实、管理和使用情况；计划生育队伍建设情况；市人民政府人口和计划生育工作成效，存在问题及改进措施情况。5月底，市人大常委会组成评议调查组深入到各区县（市）、管理区、开发区、度假区及市直有关部门进行专题调查，先后采取听汇报、召开座谈会、个别座谈等方式听取各级人大代表、基层干部群众、人口与计划生育工作者建议和意见。6月27日，市五届人大常委会第三十一次会议，听取和审议市人民政府关于全市人口与计划生育工作情况的报告和市人大常委会询问和评议调查组的调查报告，并对人口与计划生育工作进行询问和评议。会议认为全市贯彻执行人口和计划生育法律法规工作在强化依法行政，优化管理措施，推广群众自治，开展优质服务，控制生育水平方面取得显著成绩，同时针对国策意识淡化，领导重视不够，奖励政策落实不到位，计划生育队伍缺乏活力等突出困难和问题提出加强宣传教育，强化国策意识；狠抓综合治理，强化依法行政；落实奖励政策，强化利益导向；抓好队伍建设，强化服务能力等评议意见。12月，市人口计划生育委员会向市人大常委会书面报告整改措施落实情况，在宣传教育、综合治理、激励引导、依法行政、服务能力等五个方面采取了一系列工作措施，改进全市人口计生工作。

2013年10月上中旬，市人大常委会成立5个综合评议调查组，深入9个区县（市）和常德经济技术开发区、柳叶湖旅游度假区、西湖管理区、西洞庭管理区，通过听取工作汇报、视察现场、召开代表座谈会等方式，对科技工作进行了集中评议调查。10月29日，市六届人大常委会第六次会议听取和审议市科技局局长赵星关于全市科技工作情况的报告和市人大常委会评议调查组的调查报告。在会议评议阶段，评议调查组认为全市科技工作态势较好，主要表现在：科技位置有所提高，科技法治环境得到优化，科技政策支持力度逐步加大，社会科技创新氛围正在形成；科技管理更加规范，科技奖励机制、科技项目管理和科技金融体系更加完善，科技经费使用更加规范；创新能力逐步增强，全市已建成省级科技创新平台13家、市级科技创新平台15家，全市规模以上企业产品研发经费投入年增长幅度超过了20%；引智引资注重实效，全市新吸引了76名博士在常德创新创业，参与全市创新创业的博士达到141名，全市共申报各类项目150个，争取上级科技项目投资取得较好成效。同时指出工作中还存在着社会科技创新氛围不浓、企业科技支撑能力不强、财政科技投入水平不高等突出问题。会议提出市人民政府要着力加强宣传教育、改善工作环境、建强人才队伍、完善创新机制，进一步加强科技工作对全市经济发展的推动作用。针对意见建议，市政府在贯彻落实市人大常委会科技工作评议意见方案中明确，将重点加大财政对科技创新工作的支持力度，切实推进科技创新平台建设，提升企业科技创新能力，更好地促进经济社会发展。

第四节 农业与农村方面的评议

1999 年,市人大常委会决定对市农业局局长周文清进行述职评议。评议前,市人大常委会评议调查组到市农业局召开有区、县(市)农业局基层工作人员参加的全局干部职工大会,听取周文清的工作汇报,并对局领导班子进行无记名测评。会后,评议调查组又分别与领导班子成员和二层骨干进行个别座谈,召开不同层次的座谈会。10 月,市第三届人大常委会第十二次会议,听取和审议了周文清的述职报告和评议调查组的调查报告。会议对周文清担任局长期间的工作给予了肯定,同时指出,市农业局存在着班子团结协调不够,政治思想工作不经常、不到位,有些紧要的工作抓得不够紧等问题。会议要求周文清要进一步加强政治思想工作,狠抓局班子建设,搞好分工协作,加强班子团结;要充分发挥专业技术人员的作用,不断优化专业结构,服务科技兴农;要不断强化依法兴农、依法行政的意识;要突出重点,切实抓好优质农产品开发,确保农产品质量安全,加快全市农业产业化和农业经济的快速发展。

2005 年,人大常委会决定当年 10 月对市人民政府水利局局长周栋民进行述职评议。9 月 15 日,市人大常委会评议调查组到市水利局对周栋民进行履职调查。调查组召开全局干部职工、二层机构领导班子和离退休老同志代表参加的动员大会,周栋民作了述职报告。会后,调查组分为两个小组,分别与局班子成员、副科长以上干部、二层机构主要负责人、区县(市)水利局主要负责人和离退休人员代表共 39 人进行个别座谈。10 月 27 日,四届人大常委会第二十五次会议,听取和审议了周栋民的述职报告和调查组的调查报告。会议对周栋民的工作给予了客观评价。

2005 年 10 月上中旬, 市人大常委会评议调查组对市林业局局长肖正汉的履职情况进行全面调查。调查期间,听取肖正汉在全局干部职工和区县(市)林业局局长会上的述职报告,分别与市林业局班子成员、在职和离退休处级干部、区县(市)林业局局长、机关科室主要负责人及在家的干部共 38 人进行座谈,查阅局党组会和局务会的会议记录。10 月 27 日,四届人大常委会第二十五会议听取和审议了肖正汉的述职报告和调查组的调查报告。会议在肯定肖正汉工作成绩的同时也指出其工作中存在推进改革力度不够, 提高林业生产水平的力度不够等问题。会议要求:林业系统要加大改革力度,重点抓好林业分类经营管理改革、林业产权制度改革、国有场圃和森工企业改革、林业机构队伍改革;要进一步研究如何提高林业生产力的水平,提高林业收入在国民经济收入中所占的比重;要稳步推进林业重点工程建设,大力发展非公有制林业,加快招商引资,努力建设发达的林业产业体系,促进林农增收和全市社会经济发展;要进一步加大森林资源保护的力度,特别是加大森林病虫害防治和森林防火工作;要严格实行限额采伐,严格落实森林保护的责任制。

2009 年 8 月 21 日五届人大常委会第十一次会议决定对市政府水利工作进行评议。评议的重点是:贯彻实施水利法律、法规,依法加强水政监管工作的情况;水利工程项目的安排程序、资金管理、工程建设及质量监管、效益发挥等情况；接受人大监督，落实人大及其常委会有关水利工作决议、决定和审议意见的情况，办理人大代表建议、批评和意见的情况；解决群众有关水利工作信访的情况；开展水域功能区划分，大水面禁止投肥养鱼工作落实情况。9月下旬和10月上旬，市人大常委会评议调查组先后听取市人民政府关于水利工作的报告，走访了部分基层人大代表和水管单位，对市政府水利工作进行测评，视察桃源县、汉寿县、澧县和鼎城区部分水利建设工程。10月28日，市五届人大常委会第十二次会议，听取和审议了市人民政府关于水利工作的报告和评议调查组的调查报告，并对市政府水利工作进行了测评。会议认为，市人民政府及其水利行政主管部门坚持以科学发展观为指导，认真贯彻实施水利法律法规，狠抓防汛抗灾、水利建设、水源保护和农村水改、引项争资、依法行政，取得了可喜的成绩。但也存在农村水利基础设施严重老化；水源保护不够、执法环境不优、基层水利队伍建设有待加强、政府水利建设资金难到位等问题。会议要求：要进一步加强农村水利建设。加大农村水利建设投入，加强小型水库维修、堰塘整治、渠道疏挖，尽快建成功能完备的农田水利系统；进一步加强饮水安全建设；要落实禁止水库投肥养鱼和非养殖湖泊投肥养殖工作专项治理经费；鼓励和引导农民自觉管水、合理用水、节约用水、有偿用水；进一步加强基层水利队伍建设；要进一步加大执法力度。市人民政府对市人大常委会评议水利工作的意见进行了专题研究和及时回复。

第五节　城乡建设与环境资源保护方面的评议

2001年4月29日，市三届人大常委会二十五次会议决定市建委主任郭道义为述职评议对象。2001年12月24—27日，市三届人大常委会第三十一次会议对郭道义任职期间的思想和工作情况进行评议，在充分肯定工作成绩的同时，对郭道义主持建委工作提出意见。2002年4月30日，郭道义在市三届人大常委会第三十四次会议上就市人大常委会的评议意见汇报整改情况，表示要正确运用批评武器，学会批评方法；采取有效措施，全面调动干部积极性；积极当好参谋，城市建设项目要严格按照规划组织实施；各项建设活动要依法进行，严格执行城建资金计划。

2006年10月25日，市四届人大常委会第三十六次会议，对市国土资源局局长钟华山、市建设局局长郭道义、市规划局局长李迪伟、市城市管理行政执法局局长彭培南进行述职评议。会议分别对上述人员进行评议发言，在肯定成绩时，分别提出建议。建议钟华山要完善制度，进一步加强土地资金管理；严格执法，进一步优化国土执法环境；强化服务，进一步提高干部队伍素质。建议郭道义要加强对城市建设法律法规宣传，取得社会各界理解和支持；进一步解放思想，加大建设行业改革力度，全面提升城市功能；进一步加大二级单位监管力度。建议李迪伟抓好制度落实，协调内设机构之间的分工与合作；开展调查研究，维护规划的严肃性；进一步加强对县(市)规划工作的指导。建议彭培南带领本单位全体同志，依法管理城市、科学管理城市、营造城市管理和谐氛围。

2011年8月24日,市五届人大常委会第二十五次会议对市人民政府2008年以来国土资源工作进行评议。7月4—22日,评议调查组分成9个小组到市政府国土资源主管部门、区县(市)政府和国土资源局,通过听汇报、召开座谈会、实地调查、个别走访等方式,听取社会各方面意见和建议。7月5—13日,市人大副主任王孝山带领部分市人大常委会委员、市人大代表到市国土资源局及其下属单位执法监察大队、土地开发管理中心、征地拆迁管理处、国土资源储备中心、国土资源规划测绘院听取专题汇报和座谈,进行调研。8月23日,市人大常委会组成人员对国土资源工作进行集中视察。25日评议调查组在常委会议上报告调查情况。调查报告肯定2008年以来,市人民政府坚持保护资源与保障发展并举,国土资源保护责任落到实处,国土资源保障能力提升,各项工作稳步推进取得成效。主要表现在:资源保护扎实有效,耕地总量动态平衡,土地整治成效显著,矿业资源开发有序,执法监察力度持续加大;发展用地保障有力,用地保障力度大,规划管理效果好,征地拆迁推进快;市场建设规范有序,市场监管日益规范,土地收储良性循环,矿山经济健康发展,测绘服务大步跟进;服务民生积极有为,地籍确权全面扎实、地灾防治得到加强。但工作也存在节约集约用地程度不高,国土资源执法比较乏力,征地拆迁难题有待破解等主要问题。会议对市人民政府国土资源工作表示满意。同时提出要进一步加大国土资源保护力度;进一步加大发展用地保障力度;进一步加大征拆难题破解力度;进一步加大地质灾害防治力度;进一步加大干部队伍建设力度的评议意见。

2011年8月25日,市五届人大常委会第二十五次会议,对市人民政府国土资源管理工作投票测评

2012年6月26日,市五届人大常委会第三十一次会议对市人民政府城管执法工作进行评议。会前,5月中旬至6月中旬,评议调查组分别由常委会负责人带队,分成4个调查小组到武陵区、鼎城区、常德经济开发区、柳叶湖旅游度假区开展调查,听取社区各方面意见和建议;5月21—29日,常委会副主任王孝山带领部分市人大常委会委员、城环委全体成员到市城管执法局及其下属单位市环卫处、市火车站广场管理处、市商业步行街城市管理办公室、武陵分局、德山分局、柳叶湖分局进行专题调研;5月底,评议调查组到武陵区、鼎城区街道、社区,向市、区人大代表、基层干部、社区居民,发放城市管理工作问卷调查表500份;6

月25日，市人大常委会组成人员对城市管理工作进行集中视察。26日，评议调查组向常委会议报告调查情况。调查报告肯定2008年以来，市人民政府及相关职能部门不断探索城市管理体制机制，依法履行城市管理职能，努力推进城市管理工作，顺利通过国家卫生城市复检，成功创建全国文明城市，为改善常德城市环境，提高城市品位，增强城市综合竞争力做出积极努力。会议提出，常德市的城市管理工作还存在城市管理整体作用未能有效发挥，城市管理难点问题突破不够，城市基础设施配套有待于加强等问题。会议对市人民政府城市管理工作表示满意。同时提出要进一步营造全民参与社会氛围；进一步探索和完善城市管理工作机制；进一步加强城市基础设施配套；进一步处理好城市管理中难点问题等评议意见。市委常委、副市长卢武福要求相关单位按照评议意见的要求，认真抓落实。10月25日，市人民政府向市人大常委会报告整改情况：有关部门努力营造全民参与城市管理社会氛围；采取具体措施，建立城市长效管理考核机制；加强城区垃圾清扫工作，推行“分责保洁、分类减量、分区处理”垃圾收集处理模式；大力实施街巷整治民生工程，突出市政公用设施管理维护，穿紫河污水治理全面展开，城市公用自行车租赁服务系统全部建设完毕投入运行；大力开展专项整治，纠正各种市容秩序违规行为；明确城区洗车市场经营模式，完成市城区夜市规划选址，各项工作有序开展。

2013年10月30日，市六届人大常委会第六次会议对市人民政府防空工作情况进行评议。会前，9月10日，市人大常委会副主任熊大顺带领市人大城环委有关负责人到市人防办进行评议调查，现场查看南干道工程、武陵阁8501工程和富园小区结建工程、市人防指挥所和疏散指挥基地，召开工作汇报会和评议座谈会，听取市人防办工作情况汇报，与相关部门负责人、企业管理人员、人大代表展开座谈，并发放征求意见表。10月上中旬，市人大常委会主任会议成员分别带领5个综合评议调查小组，到9个区县（市）和常德经济技术开发区、柳叶湖旅游度假区、西湖管理区、西洞庭管理区，通过集中综合听取工作汇报、召开代表座谈会、视察相关现场等方式，调查相关情况，听取意见和建议。评议调查组召开座谈会15场，查看现场十余次，发放征求意见表200份，收集建议42条。30日，评议调查组在常委会会议上报告调查情况，肯定市人民政府及相关部门贯彻落实人民防空法和《湖南省实施〈中华人民共和国人民防空法〉办法》，自觉接受市人大及其常委会监督，在工作中做到人防规划、防空预案与社会发展同步；指挥体系、通信网络和警报系统达到省内领先水平；人防工程建设、维护与开发利用有机结合；业务宣传、知识普及和联合演练工作全面拓展；行政审批，质量监管和服务水平整体提高；业务学习、队伍管理和考核监督自觉化常态化，工作成绩显著。存在的主要问题是：人防知识宣传普及还有待于深入；人防工程在“平”时作用还需进一步发挥；区县（市）人防工作发展还不平衡。会议对市人民政府人民防空工作表示满意。同时提出要进一步加大宣传工作力度；进一步提高建设与管理水平；进一步推进人防融合式发展等评议意见。并要求市人民政府在2个月内，将评议意见研究处理方案送交市人大常委会征求意见，6个月后，向市人大常委会报告研究处理情况。

第五章　“五行”活动

第一节　常德环保世纪行

1993 年，全国人大环资委倡导发起“中华环保世纪行”宣传活动，1996 年湖南省开展三湘环保世纪行活动；常德环保世纪行活动 1998 年底开始酝酿，1999 年全面启动。

常德环保世纪行活动始终坚持由党委领导、人大牵头、政府组织、部门实施的模式。常德环保世纪行活动也连年被评为全省先进单位。

1999 年，常德环保世纪行活动宣传主题围绕“还我蓝天，还我碧水，还我绿地”进行，《常德日报》开辟专版，电视、电台开辟专栏节目，宣传保护环境人人有责，保护环境就是保护生产力的道理。4 月 1 日，市环保世纪行组委会组织 17 家成员单位到武陵区丹洲乡泽远村现场关闭泽远砖厂，拉开关停城区大气保护圈内砖瓦厂序幕，至年底，关闭大气保护圈内 41 家砖瓦厂。6 月 4 日，市环保世纪行组委会在市电视台演播大厅组织了历时 110 分钟环保专题直播晚会。当年，临澧县组织跨世纪环保万人签名活动，参加人员 10800 名。

2012 年 6 月 2 日，常德环保世纪行组委会组织志愿者参加“常德环保世纪行”活动

2000 年，市环保世纪行组委会要求在全市 920 所中小学校、80 万中小学生中全面进行环境教育，并于 4—6 月开展环境教育专题活动。同时开展环保世纪行征文活动，收到稿件万余篇，选出优秀作品结集出版《绿色畅想》一书。2001 年，市人大城环委、市教育局、市建设局、市环保局出台《常德市创建绿色学校活动方案》，制定《常德市绿色学校评估验收标准》。6 月 23—24 日，由全国人大环资委牵头组织的中华环保世纪行“保护长江生命河”记者采访团（由人民日报、新华社、中央电视台等 18 家新闻单位组成）到常德市考察。他们对常德市环保世纪行活动高规格组织、大规模宣传、全方位参与的做法给予了充分肯定。

2002 年，市人大城环委、市建设局、市环保局推出绿色小区创建活动，向全市发出《关于在全市居民住宅区开展创建“绿色小区”活动的通知》。倡导居住区绿色建设、绿色管理和绿色消费，实现空间、环境、文化整体结合，人、住宅和自然环境之间自然融合。

2003 年，常德环保世纪行围绕“建设生态家园促进可持续发展”主题，突出创建国家环境保护模范城市这个中心，促进一些突出环保问题解决而进行。常德环保世纪行组委会办公室编辑出版《绿色构想》一书，汇集各区、县(市)领导对正确处理环境与经济发展关系的政见。常德市获“国家园林城市称号”。

2004 年，常德环保世纪行以“着眼于让人民群众喝上干净的水，呼吸清洁的空气，吃上放心的食物，在良好的环境中生产生活”为宗旨。组委会于 5 月、6 月和 9 月组织三次环保世纪行新闻采访，常德电视台、常德广播电台、常德日报、常德晚报首席记者参加，针对饮用水源保护区、小流域综合治理、大湖大库水环境保护、工业企业水污染防治，医疗废物废水污染防治以及排污费征收制度改革等问题，先后深入临澧、澧县、桃源、鼎城、德山、柳叶湖等地对 50 家(次)企业进行现场采访报道。《水—我们的生命之源》《水库搞精养，水质在恶化》《临澧恒杰纸业制浆项目仍未关停》等一批报道，对认清污染危害、揭露污染事件，解决环境问题起到积极的舆论监督作用。

2005—2007 年，常德环保世纪行以建设生态常德为主题。2006 年 6 月 5 日，市环保世纪行组委会启动以“绿色的关怀，平凡的感动”为主题的首届“芙蓉王杯”十大环保卫士评选活动。活动历时一年，郭三元等 10 人被评为首届十大环保卫士。2007 年，环保世纪行组委会将重污染行业整治工作纳入执法内容，督促关停 53 家造纸企业。全市还有 20 个重点镇和 118 个示范村启动全国环境优美乡镇和文明生态村创建工作。

2008—2011 年，常德环保世纪行活动主要围绕“推进节能减排，建设生态常德”进行。2008 年 4—9 月，组委会发动全市开展以环境和生态保护为主题的调研活动，收到理论文章和调研报告 45 篇。2009 年，市环保世纪行组委会将生态市建设纳入活动内容，制定生态市建设目标责任制考核实施办法，

2012 年，常德环保世纪行活动以建设现代常德、幸福家园为目标，以统筹城乡生态环保、打造宜居幸福家园为主题，突出节能减排和农村环境整治。2013 年，以“优先生态文明，建设美丽常德”为目标，围绕大气环境质量、饮用水安全等环境问题开展系列监督活动。每年 5 月，组委会办公室牵头，组织常德日报、常德电视台、常德政府网等 9 家新闻媒体开展环保新闻集中采访活动。《畜禽养殖污染，一个沉重的话题》采访报道引起市领导高度关注。2013年，市县两级组委会共同开展首届“生态卫士”评选活动。陈瑛等 10 位优秀代表获评“科辉墙材杯生态卫士”称号。

第二节　常德农产品质量安全行

2003 年，常德市农产品质量安全行活动开始启动。5 月 30 日，组委会召开新闻发布会，确定活动围绕五个方面的试点工作开展：临澧绿色食品基地县试点；武陵区无公害蔬菜基地和蔬菜检测检验中心试点；澧县兔子口村猪—沼—菜生态农业模式试点；澧县朱家岗村葡萄

园试点;鼎城区桃岗村养殖基地试点。9 月 10 日,组委会组织全市各区、县(市)和市直单位参加的农产品质量安全行知识抢答赛。通过三轮预赛和最后决赛,产生一等奖 1 名、二等奖 2 名、三等奖 3 名、优胜奖 9 名。省人大有关领导参加知识抢答赛颁奖晚会。

2004 年 3 月下旬，组委会组织市农业执法大队对全市农资市场进行执法检查，发现 50%棉铃病克、50%多菌灵等农药有质量问题,立即实行现场封存登记和抽样送检,确认不合格后,进行现场销毁;在全市开展了无公害农产品质量由湖南省地方认证向全国统一认证转换工作,超额完成省组委会下达的任务。

2005 年,组委会继续全面推进农产品产地认定工作。到年底,全市无公害农产品产地认定面积达到 58.8 万公顷,无公害牲猪认定规模达到 376 万头。农产品生产实用技术逐步走向生态化，技术操作逐步走向标准化，农产品逐步走向无害化;“车间型”、“订单型”、“协会型”农产品生产基地建设发展较快;全市投入 900 多万元,在 9 个区、县(市)和部分乡镇建立 64 个农产品检验检测机构;组织 15 次专项执法检查活动,查处违禁和假劣农药 14.6 吨、劣质饲料 19.5 吨、劣质肥料 111.5 吨,立案查处农产品产地污染事故 13 起。

2006 年,市人民政府投入 165 万元用于农产品质量安全检验检测体系建设,市级农产品质量安全检验检测中心建成并投入使用；解决了县级检测站的定编、定员和人员经费问题;组织零点行动,检查农贸市场和牲猪定点屠宰场,集中销毁 4.8 万公斤农残超标农产品;市人大常委会作出《关于加强农业投入品管理的决议》,市人民政府出台《关于加强农业投入品管理的意见》;农业标准化建设与“三品”开发、农业产业化建设及乡村清洁工程实行了有机结合。

2007 年,组委会明确提出推进农村清洁工程、农业标准工程等八大工程;农产品质量检验检测体系进一步完善;组织农产品质量安全执法检查,对不合格农产品依法进行了销毁。

2008 年,农产品质量安全行活动围绕农业标准化示范区建设、市场准入制度化规范化建设、农产品地理标志登记和农业投入品整治等四个方面进行。

2009 年,重点完善奖惩机制。市人民政府安排 200 万元专项资金用于全年农产品质量安全行考核奖励,并将农产品质量安全行工作纳入全市“双文明”考核内容,组委会的活动方式改过去的明查为不定期的暗查。

2010—2011 年,组委会组织制(修)订产业技术规范 58 项;举办标准化技术骨干培训班和农产品安全监测技术培训班 21 期,培训 2300 多人次;市人民政府将农产品质量安全行的专项奖励资金提高到 1000 万元。

2012 年,全市 208 个乡镇建立农产品质量安全监测站,每村配备了一名村级监管员;5 月,组委会在澧县召开标准化建设现场会;市人民政府成立食用油放心工程领导小组,推行农药管理五项制度,开展违禁农药专项整治和农产品地理环境治理专项行动;成立农产品质量安全事故应急指挥部,组织了农产品安全事故应急演练。

2013 年,组委会举办 1 期基层农产品质量安全监管骨干培训班和 1 期农业标准化试点示范乡镇监管站检测员培训班；全市 50 个乡镇监管站检测室配备农残速测设备；完成 8 个省级技术规范的评审，制定市级技术规范 53 个；开展农资打假专项执法检查，在全市范围内开展了农产品质量安全“百日行动”活动。

2013 年 7 月 8—9 日，“三湘农产品质量安全行”组委会在常德市召开“三湘农产品质量安全行”活动现场经验交流会，会议由常德市承办。会议的主题是总结交流全省畜禽水产标准化建设经验。参加会议的有“三湘农产品质量安全行”组委会领导，各市州人大常委会有关负责人和各市州畜牧水产局局长；省政府有关部门负责人及常德市各区县(市)相关单位负责人。省人大常委会副主任、“三湘农产品质量安全行”组委会主任徐明华，省人民政府副省长、“三湘农产品质量安全行”组委会副主任张硕辅莅临会议。中共常德市委、市人民政府主要领导出席会议。湖南日报、潇湘晨报、湖南人民广播电台、红网、人民网和农民日报等新闻媒体对会议进行了全程跟踪报道。考察安乡县珊泊湖生态渔业基地和鼎城区石公桥镇晟源禽业。中共常德市委书记王群向会议致辞，市人大常委会副主任王先蒙作题为《加强畜禽水产品质量安全监管，发展生态安全养殖业》的发言，介绍常德市开展畜禽水产标准化建设的有关工作情况。

至 2013 年，常德市农产品质量安全行组委会连续十年被评为全省“三湘农产品质量安全行”活动先进单位。

第三节　常德农民健康行

2006 年 3 月 28 日，常德农民健康行组委会成立，市人大常委会副主任蒋祖建任组委会主任，市人民政府副市长张元英、市人大教育科学文化卫生委员会主任委员赵正乐任副主任，市人大常委会委员贺启德等 14 人为组委会委员，市人大教育科学文化卫生委员会等 11 个部门为成员单位，组委会下设办公室，具体负责常德农民健康行活动组织协调工作。

同年 3 月 31 日，召开由成员单位负责人，各区县(市)人大常委会、人民政府分管领导，开发区、管理区主要领导共 120 余人参加的常德农民健康行动员大会。市委副书记戴军勇、市人大常委会主任莫道宏、副主任蒋祖建、市人民政府副市长张元英等领导出席会议并讲话。会议明确从 2006 年开始，把常德农民健康行列入全市建设社会主义新农村重要内容，同时确定 2006 年开展传染病防治执法检查、农民健康问题专题调查、农村公共卫生集中采访报道、“让健康走进千家万户”巡回宣传、常德农民健康行评比表彰五大主体活动。同年 4 月上旬，各区县(市)、开发区、管理区相继成立组委会，常德农民健康行活动在全市农村全面展开。

到 2006 年年底，常德农民健康行五大主体活动全面开展。《常德日报》以系列报道形式在常德日报头版陆续刊出活动开展情况，常德电视台开辟专栏，在常德新闻联播黄金时段连续播出 10 多天，中央、省级有关新闻媒体推介全市农村卫生工作先进典型和经验。7 月 21—22 日，省“三湘农民健康行”组委会组织 14 家中央媒体在湘机构和省会新闻单位组成新闻采访团，以安乡为重点对常德市农民健康行活动及农村卫生工作进行新闻采访，集中采写了乡镇卫生院建设、乡村卫生服务一体化管理、农村疾病预防控制与健康教育等方面的典型和经验，给予了充分肯定，并在中央、省级新闻媒体上进行推介。省人大常委会《人民之友》杂志以“农民健康的守护神”一文肯定了安乡县乡镇卫生院保护农民健康“巡回医疗、集中体检”的工作模式。

2007年年初，常德农民健康行组委会组成人员进行个别调整，市人大常委会副主任文承保任组委会主任。同年4月，组委会确定以“保障农民健康权益，改善农民健康状况”为年度活动主题，开展职业病防治执法监督、新型农村合作医疗和乡镇卫生院建设、农村医疗卫生队伍建设、农村疾病预防控制和健康教育、农村环境卫生整治五项主体活动，并对每一项活动明确具体要求。7月5—7日，组委会主任文承保带队赴临澧县、鼎城区、武陵区及德山开发区有关用人单位实地察看了职业病防治工作现场，并听取了区县人民政府和有关用人单位职业病防治工作情况汇报。针对部分用人单位暴露出来的如未开展职业病健康体检、现场警示标示不全、建设项目未经职业病防治预评价等有关问题，向政府及其主管部门进行了交办。7月中旬，常德农民健康行集中系列报道在常德电视台新闻频道《常德新闻联播》播出电视新闻10期，在《常德日报》头版刊出文字报道9期。截至9月底，全市共在中央、省级主流媒体上稿40多篇，其中《湖南日报》在头版先后对石门县、安乡县、临澧县开展新型农村合作医疗做法进行推介，湖南卫视就全市农村居民大病救助工作进行专题报道。

2008年年初，常德农民健康行组委会调整组成人员，文承保任组委会主任，市人大常委会副主任肖燕芳、市人民政府副市长万成贞、市人大教育科学文化卫生委员会主任委员赵正乐任副主任，市直有关单位分管负责人为成员。同年3月，组委会明确“改善农村食品卫生状况，确保农村食品卫生安全；健全农村妇幼保健机制，提高农村妇幼健康水平”两大工作内容。同时，围绕“母婴保健”主题，制定出台关于加强组织领导、新闻宣传、食品卫生、妇幼保健、计划生育、疾病控制与健康教育等各个方面的23条活动考评指标，推动农村地区母婴保健服务能力提升。7月，由常德日报、常德晚报、常德电视台、常德网等多家媒体记者组成新闻采访团赴各区、县(市)、管理区集中开展新闻采访，推出了一系列专题、专栏、专版、专刊，宣传常德农民健康行活动，进一步引起了社会各界对母婴保健工作的关注，推动了农村妇幼卫

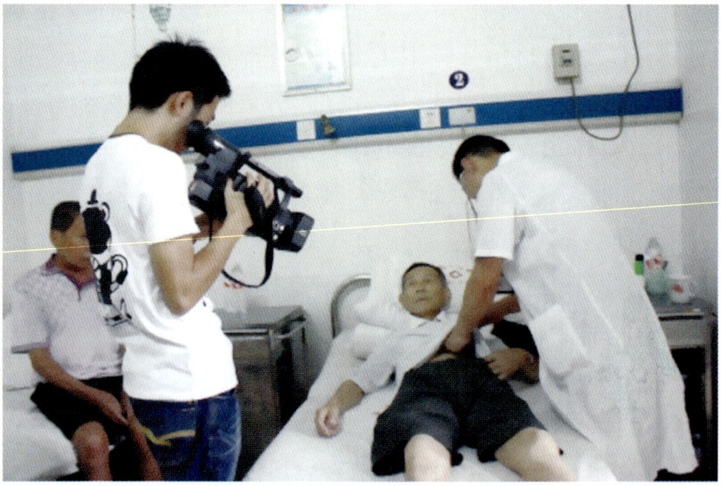

2011年7月7日，农民健康行新闻采访团在安乡县官垱乡卫生院采访

生和食品安全工作的发展。

2009 年,常德农民健康行活动确定“坚持中西医并举,推进中医药事业发展;持续深入开展生殖健康村村行活动,提高农村妇女保健水平;继续加强健康教育,健全农村公共卫生保障机制;积极开展卫生、生态村(镇)的创建与评比活动,进一步改善农村生产生活环境”等活动内容。围绕“发展中医药事业”主题,督促各级政府加大中医药建设项目投入。7 月中旬,组委会组织市直新闻媒体记者,对中医医疗机构和名老中医服务农民健康、生殖健康普查、提升农村育龄妇女健康水平等方面的先进典型进行集中采访报道,并分别在常德日报、常德电视台新闻联播陆续刊播。市县组委会针对中医药事业发展存在的薄弱环节,督促各级人民政府加大中医建设项目的投入，启动和推进市一中医院住院大楼项目和临澧县中医院门急诊住院大楼项目,并做好石门、澧县、安乡三县中医院建设项目的前期准备工作。

2010 年,常德农民健康行活动以“深化医疗卫生体制改革,完善农村医疗卫生体系,重点组织开展农民健康教育”为主题,确定“促进法律法规有效贯彻实施、深化医药卫生体制改革、推进基本药物制度实施、完善农村医疗卫生体系、提升农村医疗卫生服务能力、开展农民健康教育”等活动内容。4 月 10 日,组委会将活动细化为“严格监督,促进法律法规有效贯彻实施;加强引导,做好深化医药卫生体制改革相关工作;认真组织,切实推进基本药物制度实施;夯实基础,进一步完善农村医疗卫生体系;着力培养,提升农村医疗卫生服务能力;落实措施,全面开展农民健康教育”。同年 6 月,组委会开展对县级健康教育机构建设、乡村健康教育阵地建设、健康教育试点村建设、农村健康教育队伍建设以及健康教育经费保障情况进行调研。9 月,组织卫生、发改、财政及新闻部门,赴武陵区和安乡县开展基本药物制度试点情况调研,同时对调研中发现的突出问题向有关单位和部门提交有关意见和建议,使问题得到有效解决。

2011 年,常德农民健康行活动以“实施基本药物制度,减轻农民用药负担”为活动主题,以“促进法律法规有效贯彻实施、营造医药卫生体制改革良好氛围、推进基本药物制度实施、全面普及农民健康教育”为四大活动内容。在组委会的监督下,自 6 月 20 日起,常德市的所有乡镇卫生院和社区卫生服务中心全部启动实施国家基本药物制度。基层医疗卫生机构所有药品都实行省级网上集中统一采购、统一配送,并将国家确定的基本药物目录内的药品作为医生首选药物,实行“零差率”销售并严格按照全省统一组织机构、统一招标平台、统一规范操作、统一采购、统一配送五个“统一”的要求推进实施。截至 11 月 8 日,常德市 9 个区县市 219 家基层医疗机构累计采购药品品种规格 1338 个,采购总金额达 1.02 亿元,入库总金额 8549 万元,药品配送率为 95.32%。实施基本药物制度的基层医疗机构门急诊次均费用由实施前的 39 元降到 25.8 元,下降 33.90%。住院次均费用由 80 元降到 40.5 元,下降 49.60%。基本药物制度运行平稳,群众普遍反映药价下降,各基层医疗卫生单位门诊病人明显增多。

2012 年,常德农民健康行以“积极推进乡村清洁卫生工程,着力改善农民健康生活条件”为活动主题,明确继续大力开展城乡环境卫生整洁行动,搞好农村清洁工程;继续加强农村健康教育工作;全面实施推行参合农民乡镇卫生院住院费用起付线外全报销的付费机制改革等三大活动内容。在继续坚持搞好宣传报道的同时,各级组委会以"农村环境整治"为主题,督促各级政府加大农村环卫设施的投入,建立完善农村地区垃圾清扫贮存转运制度,实施农村改水改厨改厕工程,进一步优化农村地区生产生活环境。3月,市委、市政府成立城乡环境集中整治行动领导小组。市委、市政府下发《全市农村清洁工程实施方案》、《常德市农村环境卫生三年集中整治行动方案》《常德市农村环境卫生三年集中整治行动考核奖评办法(试行)》《常德市城乡环境卫生整洁行动整治工作方案》等文件,市财政专门安排1600万元作为农村环境整治的考核奖励基金。在各级各部门的共同努力下,全市乡村卫生管理正步入常态化,乡村卫生面貌发生较大变化,垃圾围城、垃圾围村的现象得到逐步好转。

2013年年初,组委会做出调整,肖燕芳任组委会主任,市人民政府副市长陈华、市人大教育科学文化卫生委员会主任委员鲁祖安、市卫生局局长马慧任副主任,市直有关单位分管负责人为成员。同年,组委会紧扣"积极推进乡村环境卫生工作,着力改善农民健康生活条件"活动主题开展工作。到年底,全市兴建垃圾池2万余个、垃圾压缩转运站31个、污水处理场16个,配备封闭垃圾转运车86台,投入使用大型标准垃圾填埋场4个,农村垃圾无害化处理能力提高30%以上。全市共有农村保洁人员4700人,村均达到1.2人,90%以上的村都明确了专职保洁员,负责农村主干道、人员集居区的常态保洁工作。全市农村卫生厕所普及率达70%,无害化厕所普及率达49.59%。先后改造400个村卫生室和39个乡镇卫生业务用房建设,启动临澧、汉寿、安乡、澧县4个县急救中心建设,全市新农合参合人数达到456.53万人,参合率为98.8%。农村五保户在县、乡两级住院基本医疗费用实现全免,基本医疗保障制度更加完善,保障水平不断提高。

到2013年,常德农民健康行组委会连续7年被省三湘农民健康行组委会评为先进单位。

第四节　常德民族团结进步行动

2009年7月2日,湖南省民族团结进步行动常德组委会成立,市人大常委会副主任文承保任主任,市人大常委会副主任肖燕芳、市政府副市长万成贞、市人大教科文卫委员会主任委员赵正乐、市民族宗教局局长黄功宽任副主任,市直30个单位为成员单位,市人大教育科学文化卫生委员会负责协调组织工作。7月24日,组委会明确2009年工作重点:大力开展党的民族政策和民族法律法规宣传教育活动,组织相关媒体开展全国民族团结进步先进集体和先进个人的典型报道,进一步营造民族团结和谐氛围;召开常德市民族团结进步行动总结表彰会议。10月下旬,常德组委会组织常德日报、常德电视台、常德晚报、常德人民广播电台、常德新闻网记者采访受国务院表彰的全国民族团结进步先进集体——桃源县枫树维回乡回维村支部委员会、全国民族团结进步先进个人——汉寿县毛家滩回维乡党委书记黄杰，其典型事迹在各媒体陆续刊播，社会反响良好。

2010 年 7 月 2 日，组委会在鼎城区许家桥回维乡开展民族地区专题视察调研活动，调研活动由文承保、肖燕芳带队，市人大教育科学文化卫生委员会、市委农村工作部、市发改委、市教育局、市交通运输局、市水利局、市卫生局、市民族宗教局负责人以及鼎城区相关人员参加。调研组一行先后视察许家桥乡卫生院，中堰村、跑马岗村基础设施建设情况；学校建设和农村改水情况；麻家巷、永寺山、中堰三村连接民族村通村公路情况，并形成视察调研活动纪要，要求有关部门解决好群众饮水难、出行难、诊疗难问题，帮助支持该乡一批社会民生基础设施项目优先列入“十二五”规划。9 月中旬，组委会组织常德电视台、常德日报、常德晚报、常德民生报、常德政府网、常德人民广播电台、市人大常委会新闻中心 7 家新闻媒体到桃源县枫树维回乡回维村、鼎城区许家桥回维乡中堰村等地现场采访，宣传报道民族团结进步模范典型先进事迹。同时配合人民日报、新华社湖南分社、湖南经视、三湘都市报、潇湘晨报、今日女报、民族论坛、红网、省人大网等国家和省级新闻媒体开展民族团结进步行动常德采访活动。10 月，鼎城区许家桥回维乡中堰村党支部、石门县罗坪乡人民政府在全省第五次民族团结进步表彰大会上被评为模范集体，桃源县枫树维回乡回维村党支部书记翦金蝉（维吾尔族）、鼎城区逆江坪乡副乡长李云华（回族）、石门县民族宗教事务局干部陈鑫堂（土家族）3 人被评为模范个人。

2011 年，组委会围绕“民族团结进步宣传月”活动、实施“启聪扶贫计划”、宣传表彰民族团结进步创建活动、促进少数民族和民族地区经济社会发展、推动少数民族文化事业繁荣发展、探索城市民族工作新方法等 6 个方面开展工作。6 月 10 日，组委会在汉寿县毛家滩回维乡就经济社会发展情况组织开展专题视察活动，形成视察活动纪要，帮助督促有关方面落实乡中心学校教学楼建设资金、糖柑产业发展资金、水渠出淤资金、村卫生室建设资金。

2013 年 9 月 17 日，常德市民族团结进步行动民族法规政策宣传展览现场

2012 年，组委会以民族政策法规宣传教育、推动民族政策法规落实、推进民族团结进步办点示范、助推少数民族和民族地区经济社会发展、促进少数民族文化事业发展、加强城市少数民族工作为重点开展工作。常德组委会重点扶持民族地区经济社会发展的做法被省民族团结进步行动组委会在全省予以重点推介。6 月，文承保、肖燕芳带领有关部门负责人赴桃源县枫树维回乡进行专题视察调研，根据调研情况对相关单位明确了落实民族小学改

造资金、民族敬老院建设资金、乡农技站、村卫生室、乡卫生院医务人员到市直医院进修培训、民族乡乡庆项目等工作任务。

2013年年初，组委会调整组成人员，肖燕芳担任主任，市政府副市长沈习森、市人大教科文卫委员会主任委员鲁祖安、市民族宗教局局长覃志云担任副主任，市直29个单位为成员单位。同年7月17日，肖燕芳带领有关单位负责人赴桃源县青林回维乡莫南回维村，对莫南回维村通村公路和少数民族敬老院建设问题进行现场调研，决定通过不同方式，扶持莫南回维村用于通村公路和少数民族敬老院建设。到年底，通村公路基本建成，少数民族敬老院项目开始启动，帮扶资金部分到位。9月17日，组委会在市城区金钻广场联合武陵区组委会举行2013年常德民族团结进步行动民族法规政策宣传展览活动，市人大常委会主任刘明、副主任文承保，市人民政府副市长陈华，市组委会成员单位分管负责人，武陵区组委会领导、成员单位分管负责人，各族群众代表以及部分社区干部群众近200人参加活动。同时，组委会还举办全市民族法律法规政策知识竞赛市级竞赛，在全社会进一步营造学习党的民族政策和民族法律法规的浓厚氛围。

2012—2013年，常德民族团结进步行动组委会连续2年被省民族团结进步行动组委会评为先进单位。

第五节　司法公正常德行

2011年3月，司法公正常德行活动正式启动，成立了由市委书记卿渐伟、市人大常委会主任曹儒国、市委常委、政法委书记何英平任顾问，市人大常委会副主任杨先平任主任，以及市纪委、市委宣传部、市委政法委、市信访局、市人大常委会办公室、市人大常委会研究室、市人大常委会联工委、市人大内司委、市政府法制办、市中级人民法院、市人民检察院、市公安局、市司法局等成员单位组成的司法公正常德行活动组委会。活动采取一年一个主题的办法，针对司法领域内的监督重点开展工作。

2011年，司法公正常德行的活动主题为“廉洁司法、行为正当”。根据活动要求，开展了宣传活动。市人大网站设置了“司法公正常德行”活动专栏，市县两级电视台、报社、网站都对司法公正行活动进行专题报道，扩大活动的社会影响。开展廉政文化学习。各司法机关召开党委会、班子成员会、全体干警大会认真学习廉政法律、法规，学习公正、廉洁司法的典型人物和先进事迹，收看反腐倡廉的视频，撰写学习心得，做出廉政承诺，增强拒腐防变的能力。开展督导检查。市人大常委会主任曹儒国、副主任杨先平带队开展督导检查，市委常委、政法委书记何英平听取活动开展情况汇报，提出活动要求。开展典型案件信息通报。向市县两级人大代表发函500多份，收集案件线索30多条；对办案水平高、处理结果公、社会效果好的典型案例编印成册向全市推介；对司法不公、司法不廉行为向社会公开曝光，共通报16件司法人员违纪违法案件。通过开展主题活动，全市化解各类涉法涉诉积案难案1271件，纠正各类错案63件，查处违纪违规司法人员43人。12月2日，司法公正常德行组委会组织市直司法机关召开“司法公正常德行”活动自查自纠情况暨典型案件信息通报会，通报司法机关反面典型15件，各司法机关针对本系统的问题提出整改措施。

2012年，司法公正常德行的活动主题为“阳光司法”。市人大内司委紧密结合司法工作现状，在广泛征求各方意见的基础之上，制定活动方案，并报常委会主任会议通过。各司法机关紧扣“阳光司法”活动主题，组织“司法开放日”活动。检察院系统实行检务公开，在全省率先建立“执法办案网上监督平台”，集在线举报、案件信息网上查询、处理意见网上反馈等多项功能于一体，真正实现及时、全方位、多角度向社会公开。公安系统出台阳光队伍、阳光窗口、阳光法制、阳光执法等警务公开制度，采取“便民利民十条措施”、发放“便民卡”或“警民联系卡”、建设阳光警务执法办案查询系统等措施，全面推进警务的公开化、透明化，提高社会满意度。法院系统建成便民诉讼站200余个，设立便民诉讼联系点500余个，聘请便民诉讼联络员1000余名。各司法机关还结合各自实际，采取多种方式，公开司法的过程，增强工作的透明度。石门县法院开展3次庭审全程电视录播和1次网络图文直播，取得了良好的社会效果。汉寿县检察院制作“检察执法流程电子板”，将每一件案件的受理情况、办理进度、责任主体、办理期限等在网上进行公示，方便人民群众进行查询。2012年5月18日，全国首个司法所工作信息查询系统触摸屏在汉寿县太子庙司法所试运行。通过主题活动，司法机关审务公开、检务公开、警务公开、狱务公开、所务公开制度得到了最大限度的扩大和落实。

2011年“司法公正常德行”活动启动仪式

2013年，司法公正常德行的活动主题为“推进司法公开、提升司法公信”。5月，组委会举行司法公正常德行活动组委会全会暨活动启动仪式，市、区县(市)两级党委、人大、政府以及司法机关的主要领导及相关负责人出席。市委常委、政法委书记何英平主持会议，市委书记王群出席启动仪式并作重要讲话。各级司法机关加大推行和完善司法公开的方式和机制，扩大审务公开、检务公开、警务公开和狱务公开的程度，创新公开的机制和举措。各司法机关均开通网上信息查询系统，接受群众监督。法院系统实行裁判文书上网，上网率达80%以上。检察系统推出执法办案网上监督平台，公安系统推出阳光警务执法办案查询系统，司法行政系统开发了司法所工作查询系统。活动采取不定期、不定点的方式，暗访、回访 1000 多人次，了解司法机关及司法人员的工作情况，督促相关单位和人员及时改正不当司法行为。通过活动的开展，全市新增涉法涉诉信访案件数量大幅减少，司法机关公信力得到提升。

第六章　其　他

第一节　规范性文件备案审查

2007年1月《监督法》施行，市人大常委会随即开展规范性文件备案审查调研工作。6月，市人大常委会主任会议明确由市人大内司委承担规范性文件备案审查工作，常德市规范性文件备案审查工作正式启动。市人大内司委经过一年的调研、考察，在细化《湖南省规范性文件审查备案条例》并参照外地经验和做法的基础上，草拟了《常德市人民代表大会常务委员会规范性文件备案审查办法(草案)》。2008年2月28日，市五届人大常委会一次会议，审议通过《常德市人民代表大会常务委员会规范性文件备案审查办法》。该《办法》规定，从2008年3月1日起，市人民政府制定和发布的决定、命令、规定、办法、通告以及其他具有普遍约束力的文件；市人民政府办公室向社会公开发布的涉及公民、法人和其他组织权利义务，具有普遍约束力的文件；区县(市)人民代表大会及其常务委员会对本行政区域内的重大事项作出的决议、决定等规范性文件在发布三十日之内，应当报送市人大常委会备案。市人大内司委负责对规范性文件进行接收、登记、分类、归档，并根据职责分工，分送有关市人大专门委员会或常委会工作机构备案审查。在登记备案后，市人大内司委单独或联合相关委(室)对规范性文件进行初审，发现存在违法或不适当情形的直接向制定机关发出规范性文件初审意见书，建议制定机关对规范性文件进行修改、废止或者作出必要的说明。

2009年，市人大常委会规范性文件备案审查工作机构、编制、人员、经费全部到位，建立资料室，对所有报送规范性文件分门别类整理归档。市人大常委会对规范性文件备案审查工作具体流程进一步细化，出台《关于进一步规范规范性文件备案审查工作程序的意见》。除被动接收报送，内务司法委员会还通过上网查阅各发文机关网站公告，比对政府公报、核对发文号等方式主动了解相关机关发文的具体情况，掌握发文动态。对于不同渠道发现的漏报情况，及时与报送义务机关联系，要求5日内补报。逾期不报送，即发出报送备案通知书，责令该机关及时报送，并将通知书抄送各报送义务机关主要负责人和市人民政府主要领导。常德市规范性文件基本做到了应报尽报，有件必备。

为提高规范性文件的质量，减少规范性文件出错后纠错造成的社会震动，市人大常委会与市人民政府通过沟通协商形成了规范性文件“提前介入”制度。市人民政府出台规范性文件前征求市人民代表大会常务委员会意见，制定重大涉及公共安全和民生的规范性文件，主动邀请市人大相关专门委员会和常委会相关工作机构全程参与规范性文件的制定过程。市人大内务司法委员会参加了《常德市规范珍珠养殖办法》《常德市残疾人扶助办法》《常德市投资项目行政审批代理实施办法》《常德市地下水资源管理办法》《常德市城建投融资公司管理暂行办法》等规范性文件的起草调研，并对《常德市农村敬老院建设和管理暂行办法》《常德市重大项目投资联合审批（核准）实施办法》《常德市农村五保供养工作实施办法》《常德市城市节约用水管理办法》《常德市低收入家庭认定暂行办法》《常德市房地产中介市场和二手房屋交易资金监管办法》等规范性文件在公布之前的法律审查中提出一些有价值的修改建议，得到规范性文件制定机关的采纳，据统计，截至 2013 年 12 月，规范性文件制定机关共采纳市人大内司委提出的各类修改建议 153 条。

为加大监督力度，市人大网站开辟规范性文件备案审查专栏，实时公布登记备案的规范性文件。市民登陆网站可以在线查询登记备案规范性文件的具体内容，发现存在违法或不适当情形，可以依法提出审查建议。2011 年 12 月市委全会通过的《关于建设法治常德的意见》中，将规范性文件的定期清理和备案审查作为常德市政治法治建设的重要内容。

2007—2013 年，市人民代表大会常务委员会共向省人民代表大会常务委员会报送规范性文件 10 件，接受市政府和下级人民代表大会常务委员会报送规范性文件 181 件，建议文件制定机关修改规范性文件 1 件，建议取消出台规范性文件 2 件。

第二节　财政预决算审查

常德市历次人民代表大会，除一届一次和六届二次外都听取和审查了市人民政府关于上年财政预算执行情况和当年全市及市本级财政预算（草案）的报告。为了审查好市人民政府关于上年财政预算执行情况和当年全市及市本级财政预算（草案）的报告，1988—1997 年，常德市第一、二届人民代表大会每次会议期间，均设立财政预算审查委员会，由主任一名，副主任和委员若干名组成，主要职责是为代表大会批准市人民政府上年财政决算和当年财政预算（草案）的报告作好审查工作。闭会期间，由市人大常委会财政经济工作委员会负责市人民政府财政预算审查监督的日常工作。

1988—1989 年，对市人民政府的财政预决算日常审查监督属起步阶段。市人民代表大会闭会期间，对市人民政府财政预决算的有关方案只经过市人大常委会财政经济工作委员会进行审查。

1990 年市人大常委会开始听取和审议市人民政府关于财政预决算的相关报告。

到 1995 年，市人大常委会对市人民政府财政预算的日常审查监督形式相对稳定，更加规范：每年，市人民代表大会召开之前，市人大常委会主任会议、常委会会议都听取和审议市人民政府关于上年财政决算和当年财政预算（草案）的报告，并提出审议意见；4 月份或 6 月份，市人大常委会会议听取和审议市人民政府关于上年财政决算的报告，听取和审议市人大常委会财政经济工作委员会关于市本级上年财政决算的审查报告，审查批准市本级上年的财政决算；10 月，市人大常委会听取和审议市人民政府关于全市 1 月至 9 月财政预算执行情况和市本级财政预算调整意见的报告，听取和审议市人大财政经济委员会关于市本级财政预算调整意见的审查报告，并作出相应的决定。

从1996年起，每年市人大常委会会议听取和审议市政府上年财政决算报告时，增加了听取和审议市审计局关于上年度市本级财政预算执行情况的审计工作报告。对于审计报告提出的问题和审计建议，市人大常委会在审议意见中要求市人民政府在规定的时间内作出回应。

市第三、四、五、六届（1998—2013年）人民代表大会的第一次会议，设立财政预算审查委员会或计划预算审查委员会。其他各次代表会议期间的预算审查工作由市人大财政经济委员会负责，闭会期间的预算审查监督职责，由市人大财政经济委员会和市人大常委会预算工作委员会承担。

代表大会召开之前，市人大财政经济委员会和市人大常委会预算工作委员会（或市人大常委会财经工委），都要对市人民政府关于上年财政预算执行情况和当年全市及市本级财政预算（草案）的报告进行初步审查。代表大会期间，与会代表以代表团为单位对市人民政府关于上年财政预算执行情况和当年全市及市本级财政预算（草案）的报告进行审查。财政预算审查委员会或市人大财政经济委员会综合各代表团的意见和初审意见，写出审查报告，经大会主席团会议通过。市人民政府关于上年财政预算执行情况和当年全市及市本级财政预算（草案）的报告经市人民代表大会表决通过后，市人民代表大会以决议的形式批准市人民政府所提出的当年市级预算，批准市人民政府关于全市上年预算执行情况和当年全市及市级预算草案的报告。

2001年年底，市人大财政经济委员会设立预算审查监督科，配备了专门从事预算审查工作的人员。

2002年，市人大常委会开始探索部门预算审查工作，预算审查监督从程序监督向实质监督迈进重要一步。当年对市计生委、市水利局、市司法局、市医保中心的部门预算进行了审查。由于没有现成的经验可以借鉴，仅对收支安排的大方向进行了粗线条的审查。

2004年2月27日，市四届人大常委会第十一次会议决定，由市审计局对市计生委、市林业局、市水利局、市民政局、市社保局、市司法局、市内贸办、市文化局、市统计局、市旅游局、市科协等11个单位2003年的部门预算执行情况进行审计，并将结果报告市人大常委会。自此，市审计局每年审计市人民政府财政预算执行情况时，都同时审计3~5个部门的预算执行情况。

2004年12月27日，市四届人大常委会第十九次会议审查通过了《常德市人民代表大会常务委员会预算审查监督办法》（以下简称办法），《办法》共22条，自2005年2月1日施行。《办法》明确了市人大常委会和市人大财政经济委员会审查监督市级预算的职责，明确了预算编制、报送、审查的时间和材料，明确了预算审查监督的重点和程序，明确了审查监督预算执行、调整以及决算的主要内容和原则，明确了违反《办法》规定，实行责任追究的要求。

从2005年开始，每年8月份市人大财政经济委员会都进行全市经济形势调研，其中财政收入完成情况是调研的主要内容之一。市人大常委会听取和审议全市经济形势分析报告后，都会对全市财税工作提出建议，以促进年初财政收入预算的实现。

2006年2月28日，市四届人大常委会第二十八次会议审议通过《关于加强对市级财政预算执行情况审计监督的决定》。其主要内容为：适时向社会公告预算执行情况的审计结果，提高审计工作的透明度和公信度，逐步建立比较完整的监督机制；加强对市级收入征缴情况的审计，要求审计部门对市级税收和非税收入的征缴情况进行审计调查，全面地反映市级收入征缴现状；加强专项资金的审计监督，对专项资金的真实性、合法性和使用效益进行专项审计，并向市人大常委会报告审计结果。

2006年6月29日，市四届人大常委会第三十一次会议审议决定成立常德市人民代表大会常务委员会预算工作委员会。其主要职责是：协助市人大财政经济委员会承担市人民代表大会及其常委会审查预决算、审查预算调整方案、监督预算执行以及审议审计工作报告等方面的具体工作；受市人民代表大会常务委员会主任会议的委托，承担有关财政、预算、税收、审计等方面规范性文件的起草工作，协助市人大财政经济委员会承担有关规范性文件审议方面的具体工作。

到2006年，部门预算审查工作更加完善和规范：在财政部门编制部门预算草案的同时，市人大常委会预算工委就深入到市直部门、单位调查了解情况，并及时与财政部门沟通；财政部门将初步修改的部门预算草案再送交市人大常委会预算工委进行审查，审查结束后，预算工委向财政部门和预算单位出具审查意见书并与财政部门再次进行沟通；在市人民政府向市人大主任会议、常委会会议报告预算编制情况时，预算工委同时将部门预算审查情况向市人大常委会报告。根据市人大主任会议、常委会会议的审议意见，财政部门对部门预算草案作进一步修改；召开市人民代表大会时将部门预算（草案）印发给与会代表审查。

2006年年底，市第四届人大第四次会议期间，开始尝试将四个市直单位的部门预算（草案）请部分参会市人大代表共同审查的做法，得到市人大代表的认可。

到2010年，部门预算审查已覆盖市本级所有部门和单位，并在召开市人民代表大会时印发给了与会代表。

从2010年起，市人民政府按照市人大常委会的要求在年初的市人大常委会会议上报告当年市本级部门预算编制情况，其主要内容：包括部门预算的主要做法及考虑，一般预算收入的增幅，各类公务人员经费标准，低保范围及标准等。

除听取市人民政府有关市财政预决算报告外，历届市人大常委会会议、市人大常委会主任会议、市人大财政经济委员会会议还听取和审议市人民政府关于专项资金管理、使用情况报告68次，其内容包括城建专项资金、预算外资金、房改基金、城区防洪工程贷款、教育费附加资金、国土出让金、转移支付资金、城建融资等。市人大常委会每年都组织市人大常委会组成人员，邀请部分省、市人大代表对重点工程和技术改造项目进行视察，评价财政专项资金的使用效益。

每次市人大常委会会议、市人大常委会主任会议听取市人民政府有关市财政预决算报告和其他专项资金管理、使用报告之前，市人大财政经济委员会（或会同预算工作委员会）都到相关单位调查研究，对市人民政府财政预决算报告进行初步审查，向市人民代表大会主席团或市人大常委会会议、市人大常委会主任会议报告调查和审查情况。

第六篇

代表工作

第六篇　代表工作

第一章　代表联络与代表活动

市人大常委会始终把联系人大代表、组织代表活动作为一项基础工作来抓，建立多项制度，采取多种形式加强与代表的联系；开展代表小组活动，邀请代表参加有关会议，小组视察与大型视察相结合，拓宽代表参政知政渠道；组织代表参加政府工作评议和司法工作评议，强化代表的监督意识；召开代表工作经验交流会，举办人大工作骨干培训班，提高基层人大工作者的工作水平；指导县乡人大换届选举，加强基层政权建设。代表活动形式多样，代表的履职积极性不断增强。

第一节　第一届市人民代表大会代表联络与代表活动

1988 年 6 月下旬，建立人大代表和区、县（市）人大常委会负责人列席市人大常委会会议制度。从一届人大常委会第二次会议开始，邀请市人大代表、驻常的全国和省人大代表及区县市人大常委会负责人列席常委会会议。

1988 年 8 月 30 日，建立“代表接待日”制度，确定每月 10 日为代表接待日，常委会主任会议成员分别到区、县（市）接待人大代表，听取意见建议。

1988 年 11 月 5 日，市一届人大常委会第三次会议审议通过《关于联系市人大代表开展代表活动暂行办法》（以下简称《暂行办法》）。《暂行办法》共 16 条，对联系代表的内容、方式、编定代表小组的原则、代表小组的主要任务、市人大代表的主要职责以及组织和支持代表开展活动、履行职责的必要措施和要求都作了明确规定，使代表联系和代表活动有章可循，逐步走向制度化、规范化。

1989 年 9 月 27 日，全市代表工作经验交流会议召开，全国人大代表邓威特和部分省人大代表参加，12 名人大代表作典型发言，陈建教代表介绍“人民选我当代表，我当代表为人民”的经验体会。

1989 年 10 月下旬，市人大常委会负责人分别带队到有关区县，就县、乡人大建设问题开展调研，针对调查中发现的问题，常委会党组向市委专题报告，建议健全区、县（市）人大常委会机构设置，配备乡（镇）人大主席团专职常务主席，市委采纳该建议并下发专门文件。各区、县(市)积极贯彻落实,凡没有设立代表联络工作机构的相继设立代表联络工作委员会,充实干部力量,乡(镇)人大主席团配设专职常务主席的达95%以上,80%的乡(镇)配备1~2名专干,区、县(市)直战线和县辖区配备人大联络组组长、人大工作联络员。

1989年11月24—26日,全市代表小组组长工作座谈会在安乡县召开,会议总结、交流代表小组工作经验,研讨代表小组的职责和活动方式。会后,各区、县(市)先后召开人大代表小组长会议,传达全市代表小组长工作座谈会议精神,交流代表小组工作经验,促进了全市代表小组工作。

1990年6月,代表接待日制度进行适当调整,由原来的市人大常委会负责人定期下区、县(市)接待改变为常委会与市政府负责人联合定期下基层接待。全年进行7次接待活动,接待人大代表152名,帮助基层解决了10多个实际问题。

1991年12月上旬,市人大常委会组织市人大代表和部分省人大代表以区、县(市)为单位,进行为期7天的视察。参加视察的市代表372名,下到15个市直单位、89个乡镇、168个村、96家厂矿、商店和学校、225个农田基本建设工程点,实地查看、走访,召开各种座谈会68次,走访群众2184人,代表们围绕工业效益、商品流通、农业结构调整、农田基本建设和群众反映强烈的问题开展视察,听取市、县两级政府和有关部门汇报,收集意见、建议762条。针对群众关注度高和事关常德经济社会发展的重大问题,如常德烟厂烟税分成问题、城建维护建设税上交问题、新建蒋家嘴电排问题、兴建石门火电厂资金问题、兴建皂市水库问题、把壶瓶山列入国家级自然保护区问题、灾区群众生产生活困难问题、卖粮难问题、安乡县血吸虫病防治问题,参与视察的省、市人大代表分别带到省、市人民代表大会作为议案和建议提出,先后列入议事日程,得到较好解决。

1992年8月16—24日,各级人大换届前夕,市人大常委会组成人员分成9个小组,到各区、县(市)和乡(镇)全面走访市人大代表。召开代表座谈会、上门走访看望,联系市人大代表382人次,收集意见建议300余条。常委会将走访活动情况和代表反映比较强烈的问题进行综合,形成文字材料,向市委作了专题汇报。

1992年9月中旬—12月底,全市县级人大换届选举。市人大常委会集中精力,周密部署,精心指导,派出三个巡回检查组督促检查,多次听取选举办公室工作汇报,及时召开电话会议和区、县(市)选举委员会负责人会议,推介各地各阶段的选举工作经验,使该项工作顺利完成。

第二节　第二届市人民代表大会代表联络与代表活动

1993年4月2日,召开有市、区、县(市)和省人大代表参加的城区人大代表座谈会。4月3日,市人大常委会负责人在常德电视台发表电视讲话,纪念《代表法》颁布实施一周年。同月,常委会向各区、县(市)人大常委会和市、省、全国人大代表小组发出通知,在全市范围内开展学习、宣传、贯彻《代表法》活动。

1993年11月，市人大常委会以鼎城区长茅岭乡、澧县永丰乡、临澧县合口镇为乡镇人大工作联系点（试点），总结、推介他们围绕经济建设中心开展乡镇人大工作和评议乡（镇）政府及部门的经验，指导面上工作。

1994年4月28日，市二届人大常委会第九次会议作出《关于开展向陈建教代表学习活动的决定》。全市各级人大认真贯彻这一决定，把学习贯彻《代表法》与学习陈建教代表活动紧密结合起来，运用各种宣传舆论工具广泛宣传代表事迹。5月，全市各级代表小组按照市人大常委会的统一部署，开展学习《代表法》及其《实施办法》，学习陈建教代表事迹为主要内容的“两学活动”。6月上旬，市人大常委会举办区、县（市）人大常委会、政府和市政府组成单位负责人共50多人参加的法律知识培训班，把《代表法》列为授课内容。11—12月，常委会组织开展《代表法》贯彻实施情况的执法检查，并就检查发现的问题向有关部门提出了整改意见。

1994年8月，建立政情通报制度。市人大常委会和市政府共同召开政情通报会，，由市政府负责人向市人大代表小组长和部分市直代表通报政府工作情况，听取代表对政府工作的意见和建议。

1994年10月，18位市人大代表列席二届人大常委会第12次会议，对市交通局、水利局、劳动局、文化局、民政局、审计局和林业局7个政府组成单位主要负责人的法律意识、政策观念、工作政绩、思想作风和廉洁自律的情况进行评议发言。

1994年11月，市人大代表参加对市电业局、市工商银行等8个单位的行风评议。被评单位对工作中存在的问题积极整改，取消乱收费项目60多项，减轻企业负担300多万元。

1995年10月17—18日，市人大常委会在芷园宾馆召开市人大代表评议“两院”工作大会，驻市城区的市二届人大代表参加会议，22位市人大代表作评议发言。评议后，“两院”对代表评议涉及的89个案件和问题进行全面复查和整改，对市人大常委会交办的12个重点案件进行重点调查，一些久拖不决的大要案加快了办理进度。

1995年11月，市人大代表以代表团所在的区、县（市）为单位对市县两级政府1995年的各项工作进行视察。代表们分别听取了市、县两级人民政府及有关部门的工作汇报，实地察看了162个市、县直属单位、乡镇、企业、学校和商业网点，召开各种座谈会78次，走访干部群众810多人次，收集建议、批评和意见431条。视察后，代表们向市政府提出交通、财政、农副产品销售、城镇居民粮食供应、城市建设与管理、市场建设与管理、撤区并乡区划变更、汉寿灾民生产生活、凌津滩电站建设用地土地征用补偿费纠纷等九个方面的问题，要求下大力帮助解决。

1996年，市人大常委会在桃源县车湖垸乡、汉寿县丰家铺乡、澧县大坪乡、安乡县安裕乡、鼎城区灌溪镇、临澧县文家乡、石门县新铺乡和武陵区南坪乡办乡镇人大工作联系点。10月，在灌溪镇召开全市乡镇人大联系点座谈会，交流点上工作经验，重点总结推介了灌溪镇人大主席团围绕经济建设中心开展乡镇人大工作的经验。

1997年3月下旬，市人大常委会向各区、县(市)人大常委会和市、省人大代表小组发出深入学习贯彻实施《代表法》的通知，纪念《代表法》颁布实施五周年。4月2日，驻城区部分市、省人大代表举行座谈会，座谈学习、实施《代表法》的经验体会和建议。常委会主任熊奇生主持座谈会。

1997年9—11月，全市县级人大换届选举。市人大常委会针对换届面临的《选举法》和《地方组织法》修改后，县级代表名额较大幅度减少；流动人口多，企业下岗人员多，选民难组织，参选率、直投率难以达到要求的困难，认真研究新情况，切实加强指导，以点带面，稳步推进，发现工作先进典型及时推介，与区、县(市)人大常委会密切配合，保证换届选举顺利完成。

第三节　第三届市人民代表大会代表联络与代表活动

1998年4月，市人大常委会举办市人大代表小组长培训班，组织新选任的代表小组长学习《地方组织法》《选举法》《代表法》等法律、法规知识，请连任的老代表小组长介绍工作经验，帮助代表小组长提高工作水平。

1998年11月中旬—1999年2月上旬，全市乡镇人大换届选举，市人大常委会加强工作指导，在鼎城区丁家港乡办点，派指导组下到选区巡回指导。选举结束后，及时组织“回头看”，发现问题及时纠正。在工作指导中发现，有的干部没有选上乡人大代表，却在乡人民代表大会上被选为乡人大主席；有的干部没有参选乡(镇)人大代表，却当上乡(镇)人大副主席。上述违法问题发现后及时予以纠正。

1998年12月29日，市人大常委会第六次会议审议通过《常德市人民代表大会常务委员会组织代表活动办法》(以下简称《组织代表活动办法》)。《组织代表活动办法》对代表活动的性质、任务、要求，联系代表方式、代表活动的方式、内容和要求，代表建议的办理和督促办理，代表小组活动的内容和要求，组织代表争先创优以及为代表履行职责提供服务的内容、要求等都作了详细规定。《办法》规定：每年四季度统一安排一次代表视察活动，必要时可以组织部分代表开展专题视察。代表进行视察，可以约见本级或下级国家机关负责人。代表进行评议时，被评议机关的主要负责人应当到会汇报工作情况，听取意见，回答询问。

市城区很多小学基础设施落后，校园狭窄，学生人数爆满，学生轮流做课间操，严重影响教学和学生健康成长。由于需要投入的资金多，需要协调解决的问题多，致使这一问题得不到及时解决。1998年年底，武陵区几个市代表小组开展联组活动，视察小学教学环境，约见武陵区和市政府主要负责人，当面提出意见和建议，得到市、区政府的重视和支持。市、区政府制定和落实城区教育“千万工程”的方案，按照分级负担的原则，连续三年每年投资一千万元，全面改造城区小学。

2000年4月22日，市人大常委会向市人大代表和驻常德市的省、全国人大代表发出

“关于动员和组织全市各级人大代表开展监督治理经济环境工作的公开信”，动员人大代表对经济环境中的突出问题和重点案例调查研究，参与有关执法检查和重点案例评议。4月—9月，常委会组织开展以“两院”司法工作为重点，以人大代表为主体的“百案评议”活动。至9月底，全市有万余名各级人大代表参加“百案评议”活动；千余名代表参加视察、调查和检查；百余名代表直接参加对100多起重点案件进行公开评议。通过“万、千、百”活动，治理和净化了经济发展环境。全市司法机关纠正错案和处理不当案件133起，查处违法案件20件，查处涉案司法人员23人，其中撤职4人、免职2人、记过处分2人、警告处分3人。

2001年11月11—16日，市人大代表和驻常省、全国人大代表，围绕全市国民经济和社会发展计划执行情况、国有企业改革情况、治理经济发展环境和行政审批制度改革情况，以及皂市水库等重点工程筹备情况等6个方面进行视察，省人大常委会、省交通厅、省教育厅和省水利厅的负责人应邀到常德参加。视察中，代表通过听取工作汇报、实地视察、召开座谈会，了解全市经济和社会发展中存在的困难和问题，对各级政府提出25个方面的建议、意见和要求，特别是涉及皂市水利枢纽工程建设、粮食风险基金、S205汉寿沅水大桥建设、常德高等职业技术学院建设等重点问题，通过各种渠道向省和国家有关部门汇报，希望得到上级的重视和支持。。

2002年4月3日，常委会主任彭孟芝发表电视讲话，市人大常委会召开驻城区代表座谈会，纪念《代表法》颁布实施十周年。6月，常委会组织开展《代表法》执法检查，结果表明，全市贯彻实施《代表法》比较好，代表的人身权利得到较好保障；代表活动经费逐年增加；全市各级国家机关都能为代表执行职务提供必要的条件。

第四节　第四届市人民代表大会代表联络与代表活动

2004年10月10日，市第四届人大常委会召开纪念人大制度建立50周年基层代表工作座谈会

2003年3月，市人大常委会在武陵区召开人大联络工作会议，围绕“如何组织开展好代表小组活动”主题进行探讨和交流。

2003年5月，举办市人大代表小组长培训班，组织代表小组长学习《地方组织法》、《选举法》和《实施〈代表法〉办法》等法律、法规，邀请省人大常委会有关领导和法律专家讲辅导课，请6位有经验的老代表小组长介绍经验。常委会主任莫道宏到班讲话，明确了本届代表工作的任务，提出整体推进全市代表工作上新水平的要求。市长陈君文到会通报全市经济形势和工作重点。

同年10月，以“广泛联系代表，充分发挥代表作用”为主题，市人大常委会在鼎城区召开全市人大联络工作会议，总结交流联系人大代表，发挥代表作用的经验。

2004年3—4月，市人大常委会与区、县(市)人大常委会联合组织调研，采取召开座谈会、个别征求意见等形式，就《地方组织法》和《选举法》的修改问题广泛听取区、县(市)人大机关和人大代表的意见，将意见归纳整理为22条，报送省人大常委会。其中，“借法律修改契机，保证县、乡人大换届同步”的建议得到省和全国人大常委会的高度重视，在“两法”修改中得到采纳。

2004年5月，市人大常委会组织城区部分市人大代表和驻常省、全国人大代表围绕解决“长—张”“长—吉”高速公路建设中涉及的斗姆湖枢纽互通工程设计方案的变更问题进行专题视察。通过视察，代表们一致认为，斗姆湖枢纽互通工程对常德乃至湘西北的经济社会发展意义重大，应当按原计划建设。联合视察后，由省人大代表领衔，联名向省政府提出建议，要求按国家计委批复的方案施工建设，恢复斗姆湖枢纽互通工程。省政府领导高度重视，采纳代表的建议，按原计划进行斗姆湖枢纽工程建设，使问题得到圆满解决。

2005 年 8 月初，市人大常委会召开政情通报会，市政府负责人向市人大代表通报了政府工作情况，与会代表就政府工作提出集中反映民情民意的 12 个问题，市政府非常重视，积极办理落实并及时向代表回复。如汉寿、澧县代表反映的关于加强西洞庭湖湿地保护区、澧县城头山古文化遗址保护方面的建议，市政府先后两次召开办公会研究，决定 2005 年给予西洞庭湿地保护区 10 万元经费补助；从 2006 年起，市财政每年预算安排 20 万元，用于西洞庭湿地保护区、澧县城头山等景点的旅游开发。

2005 年 8 月 3 日，全市人大代表小组工作经验交流会议召开，安乡、鼎城、汉寿等县（区）的 15 位人大代表小组组长从不同侧面介绍了代表小组围绕发展农业产业化，带动群众致富奔小康的经验。常委会将安乡代表小组活动的经验向省人大常委会重点汇报和推介。省人大常委会将安乡县列为全省人大代表工作联系点，在全省推介安乡县代表小组活动经验，《人民之友》《湖南日报》等报刊、杂志作了系列报道。全国人大常委会会刊《中国人大》刊发了题为：《湖南安乡：搭建更广阔的代表活动平台》长篇报道，对安乡经验作了高度评价。

2007 年下半年，是《宪法》、《选举法》和《地方组织法》修改后的县乡两级人大首次同步换届，意义重大。但涉及面广，工作量大，情况比较复杂，工作难度大。如选举工作力量难保证、选区难划分、选民难登记、参选难组织、代表素质和结构比例难把握等，都是面临的矛盾和实际问题。为了组织、指导好这次换届选举，市人大常委会组织力量深入开展调查，剖析了不同类型的 12 个乡镇的情况，与各级人大代表，县、乡、村负责人和群众座谈讨论，广泛听取意见，掌握比较翔实的第一手资料，形成专题调查报告，为指导县乡人大换届选举提供较好的决策依据。区县（市）人大常委会开展代表“资源”摸底调查，建立代表资源库。制定详细的工作方案，加强具体指导，一步一步抓落实。换届选举基本结束时，组织总结、检查，进行“回头看”，发现问题及时纠正。换届选举过程中，选民参与度仍然较高，有 409.36 万名选民参加投票选举，参选率为 89.85%，其中直接投票的有 348.34 万名，占总参选人数的 85.09%。

第五节　第五届市人民代表大会代表联络与代表活动

2008 年 3 月，全市人大联络工作会议重点推介了武陵区代表小组阵地建设的经验，组织与会人员参观学习，推动了各区、县（市）代表小组活动阵地建设。年底，52 个国、省、市三级代表小组或联组普遍建立代表活动阵地，做到有独立宽敞的活动室、有统一制作的牌子、有集中活动桌椅、有存放档案的柜子、有悬挂上墙的制度、有组织学习的资料、有记录活动的“簿卡”、有履职考核的公示。

2008年上半年，市人大常委会与区、县(市)人大常委会共同组织市人大代表向区县(市)人大常委会开展履职述职工作试点。

驻汉寿县的市人大代表小组针对珍珠养殖对水质环境造成污染的情况，开展专题调研，形成《关于引导珍珠行业科学发展，促进生态城市建设》的调研报告，引起市政府的高度重视，决定从2009年起，全市实施“还清水于民计划”，2009年压减珍珠养殖面积6万亩，计划5年内对全市27万亩珍珠养殖水面进行改造升级。

2009年上半年，市人大常委会完成人大代表信息化平台建设工程。通过信息化平台，市人大常委会对全市市级以上人大代表进行信息化的动态管理和服务、代表建议的网上督办、代表履职的网上管理，逐步实现和代表的网上交流，并实现和区、县(市)人大的网上联络、指导和交流，做到代表信息资源共享。

2009年10月，常委会主任会议决定，委托各区、县(市)人大常委会制定市人大代表履职考核办法，并结合市人大代表活动积极分子和先进市代表小组评选活动实施。

2010年6月，市人大常委会在市委党校举办全市乡镇人大主席培训班，全市乡镇人大主席、街道人大联工委主任、区县(市)人大常委会有关负责人参训。省人大常委会有关负责人和市委党校的教授上辅导课，市人大常委会主任会议全体成员出席开班仪式，市人大常委会主任刘本之作动员讲话。

2010年下半年，建立人大代表列席政府常务会议制度，让人大代表可以更多地了解和参与市政府的重要工作和重大事项的决策过程。

2010年1月20日，市人大代表视察市城区朗州北路道路建设工程

2011年9月，市人大常委会召开政情通报会。全体市人大代表小组组长、区县(市)人大常委会负责人、市人大常委会组成人员及专门委员会、工作机构负责人、市政府及有关部门负责人参加。市长陈文浩通报了上半年工作运行情况和后段工作安排，代表小组组长在调查

2011 年 8 月 26 日，政情通报会会场

研究的基础上，就所在区县（市）需要市里解决的热点问题作中心发言，对政府工作提出意见和建议，市长陈文浩表示市政府及其有关部门一定认真研究办理，及时回复代表，争取给代表一个满意的答复。

2011 年，市中级人民法院邀请 116 名（次）省、市人大代表旁听庭审活动 5 次，其中旁听民事案件 2 件，行政、刑事案件各 1 件，服刑人员减刑、假释听证会 1 次。代表提出评价性意见和建议 300 多条。

2012 年 6 月—11 月，全市县、乡人大换届选举。该次换届选举是在全国人大对《选举法》进行重大修改，城乡选民“同权同票”的新情况下进行的。市人大常委会组织专题调研，在选举工作的各个阶段，加强工作指导，保证换届选举工作的顺利进行。

第六节　第六届市人民代表大会代表联络与代表活动

2013 年 1 月 16—17 日，市人大常委会举办由常德市选举产生的省人大代表和市、县两级人大工作者培训班。全市 50 多名省人大代表和 20 多名区县（市）人大常委会分管代表工作的负责人和联工委干部参加培训。市人大常委会主任刘明、副主任文承保出席并讲话。

2013 年 2 月 27—28 日，市六届人大常委会举行第一次会议，邀请 2 名省人大代表、9 名市人大代表列席。尔后，每次常委会会议都邀请全国、省、市三级人大代表列席，形成制度。

2013 年 3 月，市人大常委会联工委建设新一届省、市人大代表的信息化平台，在市本级人大网站上公布省、市人大代表的基本情况，方便和促进代表与人民群众的联系。

2013 年 4 月 3 日，市人大常委会召开全市人大联络工作研讨会。各区县（市）人大常委会分管人大联络工作的副主任和区县（市）人大常委会联络工委的全体工作人员、市人大常委会联络工委全体工作人员参加会议。会议围绕人大联络工作如何服务于人大代表、服务于人大常委会，如何提升市、县两级人大联络工作水平问题进行交流和研讨，提出要以“三强三创”（强化组织、制度、阵地建设基础，强化履职职能和强化代表活动实效；创新代表工作理念、创新代表联系群众方式、创新发展争先创优活动）为主题，全面推进全市人大联络工作上水平。市人大常委会副主任文承保、市人大常委会党组成员张元英出席并讲话。

2013 年 4 月 12—23 日，市人大常委会开展走访联系代表活动月活动。市人大常委会组成人员在主任会议成员带领下，分9个小组下到各区县(市)集中走访联系代表，上门看望、走访省人大代表12名、市人大代表31名，邀请180多名省、市人大代表参加座谈讨论，召开9场专题座谈会，电话联系代表11名，广泛听取人大代表的意见、建议，收到代表提出的意见、建议139条。市人大常委会将代表反映比较集中的10个问题作为闭会期间的重点建议向市政府交办并纳入年内督办范围进行督办。

2013年7月3—8日，市人大常委会在全国人大深圳培训中心举办全市人大代表和人大工作者培训班。培训以法律法规、如何发挥人大职能作用和履行代表职责的相关知识为主要内容。全市人大代表小组长、部分省、市人大代表、乡镇人大主席和人大工作者，共90余人参加培训。

2013年8月23日，市人大常委会召开政情通报会。市人大常委会主任会议成员、驻会委员、各区县(市)人大常委会主任、分管副主任、市人大代表小组组长及市政府有关委办(局)负责人，共90多人参加会议。市人大常委会主任刘明主持会议。市长周德睿通报2013年上半年市政府工作情况及下半年主要工作部署。会上，驻会委员和各区县(市)人大代表小组长发言，就市政府在融资、财政绩效管理、经济运行、农村基础教育投入、统筹推进中联重科常德工业走廊建设等方面的工作提出68条意见和建议。会后，市政府和有关部门对代表提出的问题和建议进行专题研究，认真办理，书面回复。

2013年9月9日，市人大常委会组织部分人大代表到市中级人民法院第一审判庭旁听“上诉人丁桥勇与被上诉人常德市国土资源局武陵分局土地征收拆迁安置行政处理决定案”庭审。市人大常委会主任刘明和部分主任会议成员、驻会委员及市人大代表等30多人参加庭审旁听活动，对进一步搞好庭审工作提出了意见和建议。

2013年10月下旬—11月下旬，各区县(市)人大常委会根据市人大常委会的部署，组织省、市人大代表开展视察、调研活动。

2013年12月26日，周辉等3名市人大代表应邀列席市政府第十一次常务会议，听取和审议《幸福常德建设纲要(2013—2017)(草案)》等9个问题。列席会议的人大代表会前抓住主要议题进行调查研究，会上发表了意见和建议。

第七节　驻常德市全国、省人大代表联络与代表活动

1989年2月20—26日，市人大常委会组织驻常德市的全国人大代表开展视察活动。驻常德第七届全国人大代表卜启圣、邓威特、吴志泉、赵克蓉、蒋春云参加视察。视察的主要内容是：1989年国民经济社会发展计划、财政预算执行情况；农业情况；工业生产情况；城市建设管理情况；廉政建设情况和人民群众反映强烈的问题。代表们听取市、县两级政府及有关部门的汇报，现场察看，召开座谈会，走访基层干部群众，听取群众呼声，收集意见、建议120多条，为参加全国人民代表大会作准备。

1993年2月15—16日，市人大常委会组织八届全国人大代表熊奇生、邓威特、吴志泉、章春香开展代表小组视察，为参加八届全国人大第一次会议做准备。代表们听取市政府和市水利局、市交通局、市财政局和市血吸虫防治办的汇报，到鼎城、汉寿、桃源、临澧、澧县、安乡等区、县(市)，对洞庭湖和沅、澧两水的水情水害进行调查视察，广泛听取干部、群众的意见，收集一手材料。3月中旬，全国人大八届一次会议上，由熊奇生代表领衔，驻常德的3名全国人大代表参加，并得到益阳、岳阳和省直单位代表的支持和参与，以30人以上代表联名议案形式，向大会提交《关于加快治理洞庭湖严重洪涝灾害的议案》。3月18日，国务院副总理朱镕基到湖南代表团参加讨论，代表又集中反映洞庭湖的问题。4月，朱镕基副总理同国务委员陈俊生一道，带领水利部、农业部、财政部、内贸部、人民银行、国家计委、经贸委、国务院研究室、国家防汛抗旱指挥部办公室等部门的负责人到湖南洞庭湖区考察。考察期间，朱镕基副总理主持现场办公会议，专题研究洞庭湖综合治理问题。5月12日，国务院办公会议决定，1993—1995年，国家每年从农业税中返还1000万元，从防汛费中拿出1000万元，戴帽下达，专项用于蓄滞洪区安全建设、防汛抢险等。1994年3月，全国人大八届二次会议上，由于代表们的努力争取，洞庭湖的治理正式列入国家计划笼子。

湖南省八届人大会议期间，常德代表团代表向大会提出代表议案120件，建议480件。省八届人大五次会议，驻常德省人大代表联名提出"关于解决常德市城市建设维护税不上缴，支持常德建设的议案"，引起大会主席团和省人民政府的高度重视，转为重要建议办理。从1998年起，免除常德市每年上解1440万元城建维护税的任务。

1997年，市人大常委会编印《代表风范》一书，刊载21位全国和省人大代表的先进事迹，对全国人大代表邓威特、吴志泉、刘永山和省人大代表陈建教等作为突出典型进行宣传推介。

1998年9月下旬，市人大常委会组织驻常德省人大代表专题视察全市水利工程建设情况，邀请常德市城区的全国人大代表参加。视察后代表们提出切实加大宣传力度，促进《水法》、《防洪法》等法律、法规的落实；加强江、河、湖泊和水库的综合治理；加快城镇防洪工程建设；加快蓄洪安全建设；加大投入力度，多方筹措水利建设资金，切实解决水利建设和管理中的实际问题等五个方面的建议。

2003年10月28日—11月2日，市人大常委会组织驻常德第十届全国人大代表陈君文、曾献兵、李瑞师、李开喜、杨绍军、向才银进行异地视察，到湘潭、衡阳、郴州三市视察招商引资、城市建设、旅游开发情况。

2005年2月19日，十届全国人大三次会议前夕，驻常德全国人大代表陈君文、向才银、李开喜、李瑞师、曾献兵、杨绍军在《常德日报》头版头条刊登公开征求意见的消息，公布热线电话，市民纷纷建言献策。至28日代表赴京开会止，市人大常委会接待建言市民10多批，接热线电话100多个。市人大常委会联工委根据征集的群众建议、意见，整理成7个方面的材料，供代表们会上提出议案和建议参考。十届全国人大第三次代表大会上，驻常德6位全国人大代表提交建议近30件，由向才银代表领衔提交的《关于修改或完善婚姻法离婚损害赔偿制度的议案》《关于修改〈行政诉讼法〉的议案》被大会正式立案。

2006 年，省人大常委会统一部署在省人大代表中开展“人民选我当代表，我当代表为人民”为主题的争先创优活动，通过民主推选，省人大常委会批准，驻常德省人大代表陈君文、陈建教、齐淑兰（女）被评为“湖南省人大代表活动积极分子”。

2008 年 1 月 11 日，根据省委批转省人大常委会党组关于人大代表培训工作的意见（湘发〔2007〕25 号），市人大常委会组织常德市选举产生的 36 名省人大代表进行初任培训。

2008 年 9 月 8—10 日，第十一届全国人大代表常德小组围绕常德承接两型社会建设，加快转变增长方式方面的情况开展专题调研。十一届全国人大代表刘本之、王志英、代朝霞、杨绍军、李开喜、罗祖亮、张剑波参加调研。调研中，代表们实地察看西洞庭湿地保护区、汉寿工业园、湖南涉外经济学院清水湖校区、德山经济开发区、常德卷烟厂、市城区穿紫河改造工程现场等。听取政府和有关部门的汇报，座谈讨论，广泛征求各方面意见、建议。形成常德代表小组《关于两型社会建设的调查报告》，提出 2012—2020 年常德市实现“两型”社会的目标。参加调研的代表围绕“农村污染防治工作、规范集体土地流转行为、将常德市列入国家中西部地区加工贸易重点承接地、加强洞庭湖水利综合治理、支持常德市申报国家商品粮基地、将德山经济开发区升格为国家级开发区、将西洞庭省级自然保护区升格为国家级自然保护区”等七个方面的问题，形成拟提交全国人民代表大会审议的 5 件建议，2 件议案。

2009 年，市人大常委会完善代表联系制度，重新制定了《市人大常委会主任会议成员及驻会委员联系代表制度》和《常德市市级领导联系人大代表制度》，将分工联系代表对象扩大到全国、省人大代表，联系更加制度化、规范化。

2009 年 11 月 18 日，全国人大代表常德小组就黔张常铁路在桃源设站的问题进行专题视察。代表们听取桃源县政府的情况汇报，召开座谈会，广泛听取意见，向全国人大常委会提出《关于黔张常铁路在桃源设站的建议》。12 月 24 日，全国人大常委会、铁道部有关负责同志，约请罗祖亮、王志英、代朝霞代表赴京，就建议办理工作交换意见。2010 年 1 月，铁道部对代表建议进行专题研究，决定改变原有铁路建设规划，增加铁道建设 19 公里，增加资金投入 20 亿元，在距桃源县城 5 公里处设立火车站。

驻常德的全国、省人大代表视察调研汇报会会场

2010 年 10 月 22 日，市

五届人大常委会第十九次会议上，毛恩友等 4 名省人大代表作大会述职，陈建教等 5 名省人大代表作书面述职。

2011 年 10 月 26 日，市五届人大常委会第二十六次会议上，唐春仙等 4 名省人大代表作大会述职，5 名省人大代表作了书面述职。

2013 年 9 月 16—17 日，市人大常委会根据全国人大常委会办公厅和省人大常委会联工委的通知，组织全国人大代表常德小组的代表和由常德市选举的部分省人大代表一行40人，对常德市环洞庭湖经济圈建设和泛湘西北交通基础设施建设情况进行专题调研。全国人大代表李江、王群、杨绍军、罗祖亮、戴海蓉（女）、刘绍英（女）、鲁胡子参加调研。代表们听取市政府及有关部门的汇报，实地视察东常高速和常岳高速建设现场、西洞庭管理区农产品加工企业、西湖管理区千亩蔬菜示范园和美丽乡村建设等，进行座谈讨论，一致认为，洞庭湖生态经济区规划建设特别是常德的经济社会发展处在关键时期，交通基础建设也处于攻坚阶段，迫切需要各方面的支持和帮助。代表们向国务院提出将洞庭湖经济区建设上升为国家战略；加大交通建设方面政策支持的力度，包括兑现相关转移支付政策，调整干线公路建设补贴标准和扩大农村公路建设规模；支持常德市重大交通项目建设，如尽早启动环洞庭湖公路建设，加快石长铁路二线建设和机场、水运建设等方面的建议。

第二章　代表议案和建议、批评、意见

第一节　第一届市人民代表大会代表议案和建议、批评、意见

市一届人民代表大会会议期间，共收到代表议案145件，其中，属于农村工作的41件、财经工作的43件、教科文卫工作的27件、政法工作的5件、城建环保工作的16件、民族工作的5件、其他方面的8件。经大会议案审查委员会审查，提交大会主席团审议22件，直接转为代表建议123件。经大会主席团审议，4件交代表大会审议，作出决议；11件交市人大常委会审议办理；7件转作代表建议处理。大会收到代表建议、批评和意见686件，加上议案转为代表建议130件，共有代表建议816件。常委会认真抓好办理工作，共召开4次交办会，审议办理11件代表议案，作出决议1项，提出审议意见10份；采取常委会会议审议、现场办公、视察、检查、评议等多种方式进行督促检查，重点督办代表大会作出的两个决议的贯彻落实，努力提高办理质量。绝大部分代表议案和建议做到当年提出，当年办结。

1989年4月29日，市一届人大常委会第六次会议，审议通过《常德市人民代表大会常务委员会关于议案和建议、批评、意见的产生及办理的试行办法》（以下简称《试行办法》）。《试行办法》共十九条，对议案和建议、批评、意见的征集、审议、交办、承办、落实、答复、检查等环节作出具体规定。政府、“两院”也相继制定办理工作制度，如联系制度、交办制度、检查督办制度，答复、反馈、回访制度和立卷归档制度等，使办理工作逐步走向制度化、规范化。

1989年7月，市一届人大二次会议，孙定国等16名代表联名提出《关于切实抓好种子工作的议案》由大会主席团交市人大常委会办理后，市人大常委会农村工作委员会会同市人民政府有关部门，对全市农作物种子工作进行为期两个月的调查研究，召开有关单位人员和代表参加的座谈会，研究、探讨解决农作物种子管理混乱问题的途径和办法。市一届人大常委会第十次会议专题听取市人民政府关于农作物种子管理工作情况的汇报，作出相应决议。常委会组织对决议的贯彻落实情况进行检查、督促，使决议得到较好贯彻。

1990年3月30日，市一届人大三次会议将魏国超、邱正义、王宏忠、王浦堂4名代表分别领衔提出的4件议案的内容归纳为水淹区和自然保护区的生产建设和群众生活两个问题，列入大会议程进行审议，作出《关于解决水库淹没区生产建设和群众生活问题议案的决议》（注）和《关于解决自然保护区生产建设和群众生活生存问题议案的决议》（注），交市人民政府办理。1990年8月30日，常委会第十五次会议听取市政府《关于解决部分水库淹没区群众生产生活问题意见的汇报》和《关于壶瓶山自然保护区群众生产生活现状的调查情况和解

决意见的汇报》，经过认真审议，会议对市政府为解决部分水库淹没区群众生产生活问题所做的工作给予充分肯定，但对市政府委托林业局所作的汇报提出批评，汇报未予通过，要求市政府重新调查研究并拿出解决问题的具体措施后，再向第十六次常委会会议汇报。之后，市人大常委会主任罗寅阶带领常委会视察组到壶瓶山自然保护区视察调查，研究贯彻落实决议的意见和建议。市政府再次派出由林业、粮食、环保、民政等部门组成联合调查组赴壶瓶山自然保护区调查，市政府常务会议多次研究。1990 年 10 月 31 日，市一届人大常委第十六次会议再次听取市人民政府《关于壶瓶山自然保护区群众生产生活困难调查情况和解决意见的汇报》，会议对市政府提出的各项措施表示赞同，并要求尽快落实。1991 年 3 月 27 日，常委会第十九次会议又一次听取市人民政府关于办理两件议案的情况汇报。常委会通过多次听取市政府工作汇报和认真督办，使群众反映多年的热点问题得到较好的解决。

1991 年 5 月 30 日，市一届人大常委会第二十次会议对一届人大第四次会议主席团交办的两件代表议案，即黄费智等代表提出的《关于切实解决常德高专基本建设第一期工程立项与投资问题的议案》和章伯先等代表提出的《关于保护和修复常德会战阵亡将士公墓的议案》进行审议，分别形成审议意见，交政府办理。市人民政府在财力十分紧张的情况下，积极筹措资金，使常德高专二期工程顺利完成。决定投资 470 万元用于修复常德会战阵亡将士公墓。

1992 年 4 月，一届五次代表大会代表建议交办后，市人大常委会会同市政府，召开 8 次现场办公会，组织市人大代表对市建委、农经委、市教委、工商局、公安局等单位的办理工作进行评议。

注：关于两个议案决议的背景材料：

1.关于水库淹没区情况：全市 8 座大中型水库淹没区，涉及桃源、石门、临澧三县的 19 个乡、69 个村、186 个村民小组，12209 户，46720 人，群众生产、生活十分困难。全市水库淹没区涉及 30 多万人。

2.关于壶瓶山自然保护区情况：壶瓶山，1982 年 4 月省政府批准成立自然保护区。由于狩猎、刀耕火种的传统生产方式未根本改变，加之野生动物得到保护，繁殖加快，破坏生产，伤害人畜。1982—1989 年，7 人被野兽咬死，70 多人被咬伤，群众生存受到威胁。

第二节　第二届市人民代表大会代表议案和建议、批评、意见

市二届人民代表大会会议期间，共收到代表议案 219 件，其中，农村工作方面 51 件、财经工作方面 48 件、教科文卫工作方面 37 件、政法工作方面 8 件、城建环境保护方面23 件、交通运输方面 26 件、其他 26 件。经大会议案审查委员会审查，提交大会主席团审议37 件，直接转为代表建议 182 件。经大会主席团审议，1 件交代表大会审议，作出决议；13 件交市人

大常委会列入会议议程，审议办理；1 件交人大常委会主任会议审议办理；22 件转为代表建议办理。大会收到代表建议、批评和意见 622 件，加上议案转为建议 204 件，共有建议 841 件。二届人大四次会议期间，代表提出质询案 1 件。市人大常委会审议办理大会主席团交办的 13 件代表议案，作出决议 1 项，提出审议意见 12 份。

1994 年 3 月 31 日，市二届人大二次会议，根据曹同生等 30 名代表提出的《关于认真贯彻实施〈代表法〉和实施〈代表法〉办法的议案》，作出关于深入学习宣传贯彻《中华人民共和国全国人民代表大会和地方各级人民代表大会代表法》和《实施〈代表法〉办法》的决议，交市人大常委会落实。市人大常委会向各区、县（市）人大常委会和市直各单位发出贯彻实施决议的通知，在全市范围内开展《代表法》学习宣传活动，开展《代表法》执法检查，先后查处 3 起侵犯代表民主权利和人身权益的违法事件。

1995 年 4 月 28 日，市二届人大常委会第十七次会议审议决定，将市二届人大三次会议主席团交办的《关于广泛宣传，坚决贯彻中共中央、国务院〈关于深化供销合作社改革的决定〉的议案》《关于加强农资市场管理的议案》《关于按法律政策增加教育投入，确保“普九”规划实施的议案》等三件代表议案，分别列入常委会会议议程进行审议，作出决议 1 项，提出审议意见 2 份。

1996 年 3 月，市二届人大四次会议，李光中等 11 名代表联名提出“关于对邓绪家一案重罪轻判，市检察院为何不忠于职守依法抗诉”的质询案。经大会主席团审议，予以立案，由市人民检察院检察长李文耀到武陵区代表团会议上接受质询，回答问题。会后，市人民检察院就该案提出抗诉。

1996 年 4 月 25 日，市人大常委会第二十四次会议审议决定，将市二届人大四次会议期间的 5 件代表议案列入市人大常委会会议议程。常委会组成人员围绕该 5 件议案开展调查、视察，掌握第一手资料。市政府及有关部门分别在市人大常委会第二十五次、第二十六次会议上作了《关于加强我市查禁毒品违法犯罪工作的情况汇报》《关于加强城区排水设施管理情况的汇报》《关于加大劳动行政执法力度，加强劳动监察的情况汇报》《关于市直单位反腐败斗争的情况汇报》。7 月 31 日，市人大常委会主任会议（扩大）听取市政府《关于全市社会养老保险基金收缴使用和管理情况的汇报》。审议后，都提出审议意见。审议中还请领衔代表和有关代表列席人大常委会会议，直接听取代表意见。

1996 年 5 月、6 月、7 月三个月，市人大常委会开展三次督办活动，组织市人大代表对市交通局、公安局的办理工作进行讲评。

1997 年 3 月，市二届人大第五次会议大会主席团向市人大常委会交办 5 件有关市、区管理体制方面的代表议案，要求转为重要建议，列入市人大常委会会议议程，审议办理。市人大常委会于 5 月份召开专题交办会，并多次进行督办。办理中，市人大常委会负责人带领有关委（室）和政府有关部门负责人，开展调查研究，召开座谈会，广泛听取各方面意见。同年8 月，市二届人大常委会第三十次会议上，听取和审议市政府就市区管理职能调整与办理 5 件重要建议的工作情况汇报，会议提出审议意见。会后市政府进一步协调解决市区卫生、文化方面有关职能问题；对善卷垸防洪保安问题、八官垸水事矛盾纠纷问题进行具体协商调解；对武陵区政府的有关行政职能调整问题议定具体方案；对要求将体育场游泳池大院调剂给武陵区管理使用、要求下放城市规划管理权等问题也分别给代表作出回复。

1997 年 8 月下旬，市人大常委会根据代表对建议办理的反馈意见，会同市政府及有关部门，并邀请提建议的代表参加，对《关于强化火锅燃料市场管理，确保我市城乡人民生命财产安全的建议》的办理工作进行督办，对市技术监督局在协调办理过程中工作松懈的行为给予批评。之后，市政府召开 3 次工作协调会，两次邀请提建议代表研究办理措施，听取代表意见建议，对火锅燃料市场违法经营采取严厉打击与整顿规范相结合的方式进行专项整治，组织 3 次市场检查，取缔 9 家非法经营火锅燃料门店，对 2 家掺杂使假，影响极坏的经营业主给予罚款，印发《关于强化火锅燃料市场管理的通知》，对火锅燃料生产、运输、保管、销售制定规范标准，遏制火锅燃料市场管理混乱的状况。

第三节　第三届市人民代表大会代表议案和建议、批评、意见

市三届人民代表大会会议期间，共收到代表议案 265 件，其中，属于农村工作的 57 件、财经工作的 78 件、教科文卫工作的 46 件、政法工作的 25 件、城建环保工作的 48 件、交通方面 7 件、其他方面的 4 件。经大会议案审查委员会或专门委员会审查，大会主席团决定将 9 件代表议案交人大常委会和有关专门委员会审议办理。会议期间收到代表建议、批评和意见 1119 件，加上由代表议案转为代表建议的 256 件，共有代表建议 1375 件。三届人大二次会议期间，代表提出质询案 1 件。

1998 年 3 月 5 日，市三届人大常委会第一次会议审议通过《关于将市三届人大一次会议期间的 3 件代表议案列入市人大常委会会议议程的决定》。其中，《关于要求将安乡三个蓄洪垸列入二期首批建设工程的议案》和《关于常德市防洪保安的议案》合并为关于全市防洪保安的议题，列入 4 月份第二次常委会会议；《关于继续加强对石门扶贫攻坚力度的议案》，列入 12 月份第六次常委会会议。三届市人大常委会第二次会议和第六次会议，分别听取和审议市政府关于该两项工作的汇报，提出了审议意见。为了办理该三件代表的议案，市人大有关专门委员会先后到安乡、石门、武陵等区县进行防洪保安和扶贫的专题调查，市人大常委会组织全体组成人员对市江北城区防洪圈建设进行视察。

1999 年 1 月 17 日，市三届人民代表大会第二次会议，石门代表团陈东海等 30 名代表就“市中级人民法院在审理常德建设银行诉珠海经济特区宏德工贸发展公司贷款 300 万元逾期不还，三江口水电管理局担保负连带责任一案中执法不公，错判此案，应追究责任”的问题，提出对市中级人民法院的质询案。大会主席团通过审议，予以立案。会议期间，市中级人民法院院长龚德培带领有关人员到石门县代表团会议上接受代表质询，答复问题，并表示，

一定按省高级人民法院的裁定书严格执行，并严肃查处错判此案的有关责任人。会后，市人大常委会对办理情况进行督办落实。

1999 年 1 月 21 日，市三届人大第二次会议将 5 件代表议案交有关专门委员会审议，交市人民政府及工作部门、“两院”办理。有关专门委员会对办理情况进行审议后，向市人大常委会提交审议报告。《关于开展对〈妇女权益保障法〉执法情况检查的议案》交办后，市人大内务司法委员会进行研究，于 1999 年 5 月上旬对全市贯彻执行《妇女权益保障法》的情况开展执法检查，将执法检查情况用书面报告的方式向省人大内司委、省妇联作了汇报。《关于建议组建常德市农业行政执法大队的议案》和《关于农村兑现纳入法制轨道的议案》交市人大农业委审议后，农业委及时召开交办会交办并跟踪督办。年内，农业局执法大队正式组建。其他 2 件议案，有关专门委员会也认真进行调查研究和交办、督办。

2001 年 2 月 15 日，市三届人大第四次会议将代表提出的《关于我市的城市管理实行相对集中行政处罚权制度的建议的议案》交市人大城乡建设环境资源保护委员会审议办理，城环委会同政府有关部门进行调查研究，对议案进行审议，将审议结果向三届人大常委会第二十五次会议报告，会议同意该报告。3 月 4 日，市人大常委会致函市人民政府，要求市政府将该项工作列入议事日程，组成专门班子，制定切实可行的操作方案，并依据《中华人民共和国行政处罚法》，积极向上级人民政府申报，争取尽早批准实施。同年 12 月 24 日，市政府在市三届人大常委会第三十一次会议上汇报办理情况。

2002 年 7 月 26 日，市人大常委会根据市直单位办理人大代表建议工作目标管理量化考核的规定，对 2002 年度 48 个承办单位办理人大代表建议的情况进行考核。市三届人大第五次会议共交办代表建议 214 件，其中，市政府系统承办 192 件，市人大常委会工作机构及有关专门委员会办理 7 件，市中级人民法院办理 9 件，市人民检察院办理 4 件，其他有关部门办理 2 件。到规定的时间止，所有承办单位均依法办理，按期回复。

第四节　第四届市人民代表大会代表议案和建议、批评、意见

市四届人民代表大会会议期间，共收到代表议案 299 件，其中，属于农村工作的78 件，财经工作 115 件，教育、科学、文化、卫生工作的 47 件，其他方面的 1 件。经有关专门委员会审议后，将 297 件直接转为代表建议，2 件提交大会主席团审议。经大会主席团审议，决定将《关于加大扶持力度，做大做强农业产业化龙头企业的议案》，作为重要建议，交政府办理；将《关于加强农业投入品监管的议案》交有关专门委员会调查，拿出实施意见，再交常委会审议决定，并报下一次代表大会。大会共收到代表建议、批评和意见 755 件，加上议案转为建议 297 件，共有代表建议 1052 件。代表在闭会期间提出建议 270 件，均转交市政府和“两院”办理并回复代表。

2003 年 1 月 2 日的市四届人大第一次会议的建议交办会上，市政府常务副市长陈文浩

将190多件代表建议向市政府系统的42个单位的主要负责人交办，各承办单位当场填写责任卡。

2003年1月2日，市第四届人民代表大会第一次会议人大代表建议、批评和意见交办会会场

2004年1月，市四届人大第二次会议交办的206件代表建议，各承办单位在法定时限内全部办理回复。其中，有9件代表不满意，承办单位重新办理中，直接和提建议的代表见面，交换意见，改进办理工作，及时回复。

2005年初，市人大常委会与市政府共同筛选一批代表十分关注的重点、热点、难点问题作为联合督办的重点，通过召开会议、上门走访，现场督办等方式进行联合督办，全年共组织各类督办活动15次。通过督办，一部分难度较大的问题得到较好解决。如四届三次代表大会上代表提出的《关于恢复通道及排下水的再次建议》，市水利局办理答复后，代表很不满意。市人大常委会会同市政府两次到水利局进行现场督办。市水利局认真研究，再次办理，克服资金缺、任务重的困难，使通道和排下水问题得到圆满解决。

2005年10月，市人大常委会总结多年办理工作经验，并根据中央、省有关文件精神和法律、法规的规定，提出关于制定《常德市人民代表大会代表建议、批评和意见办理工作规定(草案)》的设想。常委会联工委经过半年多的调研，广泛征求"一府两院"和区县(市)人大常委会的意见，多次修改，数易其稿。2006年6月，《规定(草案)》经主任会议讨论，提请四届人大常委会第三十一次会次审议。会后再次征求各方面意见，经主任会议审议形成《规定(草案)》送审稿，经2006年10月27日，市四届人大常委会第三十六次会议再次审议通过。《规定》对代表建议的提出、交办、办理和督办工作程序都作出明确规定。

2006年，市四届人大四次会议期间，临澧县代表团余光柏等17名代表提出的《关于加强农业投入品监管的议案》交办后，市人大农业委在法定的时限内将议案内容向市政府及其有关部门进行通报。市政府成立由副市长为组长的办理议案工作领导小组，组织4个专题调研组，围绕代表议案反映的问题，进行为期2个多月的调查研究，基本澄清全市农业投入品监管工作的实底。反复征求议案领衔代表及各方面的意见后，经市人大农业委全体会议审议，于同年8月向市四届人大常委会第三十三次会议报告审议结果，会议作出《关于进一步加强农业投入品监管的决定》。市政府认真贯彻决定，制定《关于加强农业投入品管理办法》，使全市农业投入品监管工作进一步规范。

2007年6月，7位市人大代表闭会期间联名提出《关于解决江南江北城区天然气同价的建议》，市物价部门在办理中虽然做了许多工作，但因诸多原因，问题未能解决。7名提建议代表对办理结果都做出"不满意"的评价。市人大常委会联工委会同市政府办召开协调督办会，市物价局、华油燃气公司负责人到会，并邀请提建议代表和市人大财经委负责人参加会议，共同商讨解决方案，最终达成一致意见。

第五节　第五届市人民代表大会代表议案和建议、批评、意见

市五届人民代表大会会议期间，共收到代表议案194件，其中，属于农村工作的49件，财经工作的59件，教育、科学、文化、卫生工作的40件，政法工作的20件，城市建设和环境保护工作的26件。经大会议案审查委员会和专门委员会审查，决定将其中5件代表议案交大会主席团审议，其余189件代表议案直接转为代表建议。大会主席团审议后，决定将1件转为建议办理，其他4件予以立案。大会收到代表建议、批评和意见836件，加上议案转为建议190件，共有代表建议1026件，加上代表在闭会期间提出的165件建议，一并转交市人民政府、"两院"及有关部门办理并答复代表。

2009年市五届人大第二次会议，张启俊等19名代表提出的《关于切实解决城乡贫困人口住房困难问题的议案》立案交办后，市人大农业与农村委员会和城乡建设环境资源保护委员会(以下简称"两委")开展调查研究，进行认真审议。2009年6月4日，市人大常委会主任刘本之主持召开办理工作联系督办会。6月28日，市五届人大常委会第十次会议审议通过"两委"的审议报告，作出《常德市人大常委会关于切实解决城乡贫困人口住房困难问题的决议》。随后，由市人大常委会主任会议成员带队，部分常委会委员参加，对各区、县(市)和4个管理区落实人大常委会决议，解决农村无房户的情况进行检查。2009年，全市农村无房户计划建房1025户，实际动工新建和改造2177户，解决城市贫困人口住房3352套。

2009年7月，市人大常委会主任会议决定，开展代表建议"督办月"活动，常委会负责人带队，对市财政局、市交通局、市建设局、市公安局、市教育局、市畜牧水产局等单位的办理工作进行重点督办。9月，市人大常委会主任会议专题听取市政府办理工作的情况汇报，加快办理的进度，提高办理质量。

2010年市五届人大三次会议，万利等30名代表提出的《关于加强和改进农村五保户供养工作的议案》立案交办后，市人大内务司法委员会会同市人大教科文卫委员会、市人

大常委会联工委对代表议案进行认真审议。9月上旬，市人大内司委组织对该议案办理督查活动，对鼎城、汉寿县进行上门督查。市人大内司委向市人大常委会提出议案审议结果报告，市人大常委会第十九次会议审议通过议案审议结果的报告，并听取和审议市人民政府《关于加强和改进农村五保供养工作情况的报告》，提出了审议意见。市人民政府认真落实常委会的审议意见，制定《常德市农村五保供养工作实施办法》，并认真组织实施。2010年，全市改扩建乡（镇）敬老院39所，并在澧县、临澧、鼎城区进行新型农村养老保险试点。

2011年市五届人大四次会议，赵正乐等30名代表提出的《关于促进学前教育健康发展的议案》立案交办后，市人大教科文卫委员会组织力量进行调研，提出《督促办理〈关于促进我市学前教育健康发展的议案〉的工作目标》，向主任会议作专题报告。3月31日，市人大常委会会同市政府召开市、县两级议案办理工作动员会。市人大常委会第二十五次会议，听取和审议市政府《关于学前教育工作情况的汇报》，审议通过《关于促进我市学前教育健康发展的决议》。市政府认真贯彻实施《决议》，制定《常德市学前教育三年行动计划》，决定连续三年，每年投入3000万元，用于加快学前教育基础设施建设。

2011年8月25日，市五届人大常委会第二十五次会议，审议通过《常德市人民代表大会代表议案处理办法》（以下简称《议案处理办法》）。《议案处理办法》共五章、二十五条，对制定《议案处理办法》的法律、法规依据，代表议案的性质、基本要求，代表议案的提出和处理作系统、具体的规定。

2012年市五届人大五次会议，潘道波等21名代表提出的《关于切实加强我市职业病患者医疗救助的议案》立案交办后，2012年2月29日，市人大常委会召开第二十九次会议，听取和审议市人大教科文卫委《关于切实加强我市职业病患者医疗救助的议案》审议结果的报告，听取和审议市人民政府《关于切实加强我市职业病患者医疗救助工作情况的报告》，作出《关于切实加强我市职业病患者医疗救助工作的决议》。4月，市人大常委会召开贯彻实施《决议》督办会，进一步明确市、县两级政府及有关部门的工作职责。7月，市政府出台《关于加强职业病防治工作的意见》，拟将2050名符合生活救助的对象、1303名符合临时生活困难救助的对象以及2353名符合医疗救助的对象纳入政府救助范围。10月，由市人大教科文卫委牵头，对社会散在职业病患者较多的石门、澧县贯彻实施《决议》的情况进行督办。2012年，市财政安排1000多万元专项资金用于市级职业病技术服务机构能力建设，购置检测设备、解决住院及办公条件等问题。

第六节　第六届市人民代表大会代表议案和建议、批评、意见

市六届人民代表大会第一次会议上，收到代表议案12件，其中，属于农业与农村工作方面的2件，财经工作方面的7件，教育科学文化卫生工作方面的1件，内务司法工作方面的1件，城乡建设和环境保护工作方面的1件。经大会议案审查委员会审议，决定全部转作建

议办理。大会收到代表建议、批评和意见 215 件,加上议案转建议 12 件,共有代表建议 227 件。截至 2013 年 12 月,代表建议所提问题已经解决、基本解决或列入计划逐步解决的 201 件,占 88.5%,限于政策和客观条件等原因,代表建议所提问题不能解决,作为工作参考的 21 件,占 11.59%;办理回复率 100%。闭会期间,代表提出 62 件建议,常委会及时交市人民政府、“两院”及有关部门办理并答复代表。

2013 年 1 月 18 日下午,市人大常委会与市政府联合召开六届人大一次会议代表建议交办会。市直有关委(办)局主要负责人、各区县(市)政府常务副县(区市)长及各农场管委会、开发区负责人参加会议,向有关部门交办 187 件代表建议。市人大常委会副主任文承保、市政府常务副市长刘小明出席会议并讲话。交办会之后,市人大常委会采取个别交办的方式,向有关单位交办 40 件代表建议。

2013 年 3 月 18 日,市人大常委会召开主任会议,决定将《关于加大对全市贫困地区和贫困对象扶持力度的建议》等 10 件涉及经济建设、法制建设、生态环保和民生改善的重要建议进行重点督办。其中市人民政府办理的 9 件、市检察院办理的 1 件。会后,市政府下发《关于做好 2013 年重点督办建议办理工作的通知》,分管副市长牵头督办,各承办单位“一把手”为第一责任人,积极办理重点建议。如《关于加大对全市贫困地区和贫困对象扶持力度的建议》明确为重点建议办理后,市政府常务会议专题研究,全市安排扶贫专项资金 3263 万元,启动扶贫办点 160 个,扎实推进开发扶贫、保障扶贫和定点扶贫。

2013 年 4 月,市人大常委会联工委和市政府办组织督查组对政府系统 50 个承办单位的办理工作进行督查。

2013 年 11 月 7 日,市人大常委会根据回访的情况,对办理结果不满意的 8 件代表建议进行重点督办。会上,各承办单位汇报办理工作情况,领衔代表对建议的办理落实提出批评意见和建议。督办会后,各相关单位主要负责人牵头重新办理,及时回复代表。

2013 年 11 月 19 日,市人大常委会联工委会同市政府办,邀请部分人大代表参加,对政府部分单位的办理工作“回头看”,查看办理工作资料和办理工作现场,评估兑现承诺情况。

第三章　先进表彰

第一节　第一届市人民代表大会代表先进表彰

1990年5月15日,市一届人大常委会发出《关于评选先进代表小组和代表活动积极分子的通知》,对先进单位和积极分子的条件、评选方法、表扬和奖励等作出明确规定。先进代表小组的条件主要是:代表小组组织健全,建立了学习、视察、调查、联系选民等制度;能经常组织代表开展活动,学习、宣传法律、法规和党的方针、政策以及人民代表大会及其常委会的决议、决定,代表积极参加活动,履职水平和遵纪守法的自觉性不断提高;组长、副组长热爱代表工作,认真负责,能按照计划组织代表进行活动;代表小组在视察、调查中了解的情况和问题,有书面专题报告,能积极反映人民群众普遍关心的热点、难点问题,收到的效果较好。代表活动积极分子的条件主要有:对代表的职责、权力、作用的认识比较明确,具有较强的责任感和使命感;积极参加市人民代表大会会议,主动参加闭会期间的各项活动;对人民群众的呼声和要求能及时向市人大常委会、市人民政府反映并提出意见建议;模范贯彻执行党的各项方针政策和人民代表大会及其常委会的决议、决定,坚持四项基本原则,遵纪守法,出色地完成本职工作任务;密切联系选举单位和人民群众,关心群众疾苦,帮助贫困户脱贫致富,积极为群众排忧解难成绩显著。

一届人民代表大会期间,开展了两次评选活动。1991年2月27日,市一届人大常委会第十八次会议作出表彰决定,1991年4月3日,市一届人民代表大会第四次会议上,对1990年度15个先进市人大代表小组和90名市人大代表活动积极分子进行大会表彰,陈建教等6名代表活动积极分子在大会上作典型发言。1992年3月21日,市一届人大常委会第二十五次会议作出表彰1991年度先进市人大代表小组和代表活动积极分子的决定,同年4月14日市一届人民代表大会第五次会议,对1991年度17个先进市人大代表小组和93名市人大代表活动积极分子进行大会表彰。

先进市人大代表小组和代表活动积极分子名单如下:

一九九〇年度

先进代表小组

武陵区:第三代表小组　第四代表小组

鼎城区:斗姆湖区代表小组　区直机关代表小组

桃源县:第一代表小组　第五代表小组

澧县:梦溪区代表小组　澧阳区代表小组
石门县:第二代表小组　第四代表小组
汉寿县:第一代表小组　第五代表小组
临澧县:第一代表小组
安乡县:第一代表小组
津市市:工商代表小组

代表活动积极分子

(按姓氏笔画为序)

武陵区
丁玉环(女)　马明泉　朱云德　孙云群(女)　邹克忠　张成仁　陈菊英(女)
曹同生　曾宪友　彭菊初　潘国忠　夏侯培英(女)
鼎城区
马善华　王成英(女)　刘道珍　李正达　杨桂元(女)　张丕望　陈芝先　陈湘杰
胡久云　袁民主　袁隆慧　潘友萍(女)
桃源县
方春元　邱长桂　朱清凤　杨秋林(女)　李秋林　周江生(女)　徐百筠　黄兆顺
黄雪丹(女)　谢云利(女)　覃正彦　彭新山
澧县
马盛武　王中文　王本祝　李开喜　杜慎茂　邹团群　陈春生　周文莲(女)
罗昌仁　羿世淦　覃道海　代承松
石门县
叶运华　田时洪　祁梅芳　刘德成　张松林　陈建教　罗寅阶　梁新保　崔昌武
覃道勋
汉寿县
邓　纯　卢泽勋　刘欣文　李跃海　肖　晋　张茂友　周家栋　曾明芳(女)
彭星跃　蒯林国　代琼芳(女)
临澧县
李宗政　杨友年　吴愈俊　张天政　罗摘星　龚秋娥(女)
安乡县
龙素文(女)　刘腊华(女)　孙定国　李光远　李涛白　周功柏　曾贵荣　覃正飞
庹朝明　廖松柏
津市市
王学好　汤明继　朱立炎　陈立钧　段金平(女)

一九九一年度

先进代表小组

武陵区:第一代表小组 第三代表小组
鼎城区:区直机关第一 第二代表小组 斗姆湖办事处代表小组
桃源县:第二代表小组 第五代表小组
澧县:澧阳区代表小组 大堰垱区代表小组
石门县:第一代表小组 第二代表小组
汉寿县:第一代表小组 第四代表小组
临澧县:第三代表小组
安乡县:第三代表小组
津市市:第三代表小组 第四代表小组

代表活动积极分子

(按姓氏笔画为序)

武陵区
丁玉环(女) 卜泽光 冯 敏(女) 孙荣群(女) 陈菊英(女) 贺大国 聂绍仪
姚建平(女) 龚友初 黄泽贤 谢桐樵 彭菊初
鼎城区
马善华 王春芳(女) 许芬芝(女) 李丰茂 李正达 杨桂元(女) 张丕望
陈芝先 胡前毅 章伯先 黄富春(女) 潘友萍(女)
桃源县
印长贵 刘立明 刘厚福 杨秋琳(女) 李秋林 罗元富 赵伯芹(女) 黄国军
黄雪丹(女) 谢云利(女) 葛志龙 彭新山 裴华皆
澧县
马盛武 王中文 王本祝 皮修银 汪国顺 李开喜 杜慎茂 邹团群 陈桂英(女)
陆维学 罗昌仁 徐霞霖
石门县
丁培元 甘昌强 叶运华 祁梅芳 刘德成 陈建教 罗寅阶 唐长庆 梁新保
韩炯承
汉寿县
方志刚 刘伊文 刘欣文 刘景恭 李 洁 肖 晋 肖有志 张 军(女)
范美玉(女) 费安培(女) 曾明芳(女) 彭星跃

临澧县

王宏忠　李建志　张朝胜　陈长伟　赵传绪　蒋宗杰(女)

安乡县

刘运武　孙定国　李光远　李涛白　张爱云(女)　袁庆才　龚道赐　谢官保

覃正飞　庹朝明　廖松柏

津市市

王学栋　刘宗贤　汤明继　肖本新　卓小莲(女)

第二节　第二届市人民代表大会代表先进表彰

为加强和活跃代表工作,充分发挥人大代表在经济建设和民主法制建设中的积极作用,市二届人大常委会决定在市人大代表中开展以“人民选我当代表、我当代表为人民”为主题的争先创优活动,并于 1993 年 6 月 5 日发出通知。1994—1996 年,共开展 3 次评选表彰活动,同时,1996 年又开展评选“十佳市人大代表”的活动。1997 年 2 月 27 日,中共常德市委、常德市人大常委会以常通字〔1997〕17 号文件,发出《关于表彰“十佳”市人大代表的通报》,授予陈建教、贺大国、邹克忠、杨绍堂、邹永志、伍娥(女)、王本祝、张天政、黄雪丹(女)、文学进等 10 位代表“十佳市人大代表”称号。

1994 年 3 月 31 日,市二届人民代表大会第二次会议上,表彰 16 个先进市人大代表小组和 95 名代表活动积极分子,陈建教、贺大国、张爱媛(女)、涂昌广、赵安汉 5 名代表活动积极分子在大会上作典型发言。

1995 年 3 月 29 日,市二届人民代表大会第三次会议上,表彰 18 个先进市代表小组和 93 名市代表活动积极分子。

1997 年 3 月 28 日,市二届人民代表大会第五次会议上,表彰 16 个先进市代表小组和 96 名市人大代表活动积极分子,获得“十佳市人大代表”称号的陈建教等 10 名代表由中共常德市委、常德市人大常委会授予铜质奖牌、奖励证书。

先进市代表小组和代表活动积极分子名单:

一九九三年度

先进代表小组

武陵区:第一代表小组　第三代表小组

鼎城区:区直机关代表小组　河洑代表小组　港二口黄土店代表小组

安乡县:第一代表小组

汉寿县:第一代表小组　第三代表小组

澧县:澧阳区代表小组　梦溪区代表小组

临澧县:第一代表小组
桃源县:第三代表小组 第四代表小组
石门县:第二代表小组 第四代表小组
津市市:农村代表小组

代表活动积极分子

武陵区
刘海清　吴昌杰　夏侯培英(女)　邹克忠　丁玉环(女)　张恩美(女)　潘国忠
柯碧军(女)　叶诗林　张凤梅(女)　李光中　贺大国
鼎城区
陈忠德　王仲强　刘春兰(女)　李建新　苏世华　黄德俊　夏国新　杨甫初
陈冬梅　唐友善　赵安汉　王正中　朱春日　伍冬梅(女)　谭学初
安乡县
刘运武　庹朝明　陈章任　祁开斌　曾广雪　晏德荣　赵诗茂　袁庆才　郭美珍(女)
汉寿县
戴琼芳(女)　彭兴云　王　耘(女)　陈秀娥(女)　肖宗荣　王志华　蔡国秋
张爱媛(女)　伍　娥(女)　余宗瑾
澧县
谢秉勋　马盛武　陈红霞(女)　戴承松　王本祝　皮世林　王忠文　赵大祥
羿世淦　龚道平　李大平　临澧县　郭大松　涂昌广　史训炎　熊鹤仙(女)
程远财　曹同生　张天政
桃源县
梁久华　杨昌桂　袁继树　胡兰花(女)　邱伏兰(女)　包学云　张李立(女)
伍建军　吴丕生　周鸿翔　马金雄　张凤翠(女)
石门县
揭乐田　刘光佐　祁梅芳　龙西斌　陈建教　覃红卫　唐长庆　张松林　田时洪
骆正鑫
津市市
肖本新　洪家银　朱继跃　王承菊(女)　贺修望　杨玉林

一九九四年度

先进代表小组

武陵区:第二代表小组　第三代表小组
鼎城区:大龙站代表小组　黄土店代表小组　港二口代表小组　武陵镇代表小组

安乡县:第一代表小组 第三代表小组
汉寿县:第二代表小组 第五代表小组
澧县:红湖区代表小组 澧阳区代表小组
临澧县:第二代表小组
桃源县:第一代表小组 第三代表小组 第四代表小组
石门县:第二代表小组 第四代表小组
津市市:农业代表小组

代表活动积极分子

武陵区
刘大德 杨伟仁 张凤梅(女) 潘国忠 崔午辰 姜燮清 鲁之芙 杨亚莉(女)
邹克忠 李光中 罗跃权 左宜斌(女) 王顺生
鼎城区
蒋国旗 伍冬梅(女) 华学政 杨绍堂 唐友善 赵安汉 杨九元(女) 王正中
黄德俊 雷云震 周 璇(女) 杜镇文
安乡县
余习忠 刘运武 石佳双 申建春 王元珍(女) 戴红兵 孙碧秀(女) 部成发
刘宏炎 庹朝明
汉寿县
伍 娥(女) 王春梅(女) 肖宗荣 张爱媛(女) 王 耘(女) 张正钧 黎建平
戴琼芳(女) 汪万昌 曾明芳(女) 彭兴云
澧县
刘云霞(女) 谢秉勋 李承新 谢代湘 李章海 皮世林 刘仕南 陈红霞(女)
李开喜 洪丕富 李书金
临澧县
俞斌龙 张冠洲 王宏忠 胡宗国 蒋宗杰 朱传湘 张天政
桃源县
伍建军 沙元亨 张李立(女) 马金雄 李长斌 李娥皇(女) 杨昌桂 刘双平
包学云 周鸿翔 高天成 袁继树 王建龙
石门县
唐天雄 陈建教 申祖长 杜辉才 张松林 叶运华 李文耀 徐霞霖 罗富国
丁冬从(女)
津市市
刘清秀(女) 朱继跃 易祚金 贺修望 马耀舫 肖本新

一九九六年度

先进代表小组

武陵区:第三代表小组　第一代表小组
鼎城区:区直战线代表小组　武陵镇代表小组
安乡县:第二代表小组 第三代表小组
汉寿县:第一代表小组 第三代表小组
澧县:澧阳代表小组 甘溪片代表小组
临澧县:第一代表小组
桃源县:第一代表小组 第二代表小组
石门县:第二代表小组 第四代表小组
津市市:农业代表小组

代表活动积极分子

武陵区
刘海清　贺大国　邹克忠　姜燮清　崔午辰　孙荣群(女)　文吉福　张凤梅(女)
罗跃全　胡大垣　胡登选
鼎城区
谭学初　杨绍堂　陈正思　赵安汉　黄德俊　华学政　伍冬梅(女)　胡国艮
李雪梅(女)　张振民　聂绍仪　杨甫初　苏世华　袁克宽
安乡县
许连椅　邹永志　肖秋莲(女)　杨志福　陈章任　张义田　陈章雄　庹朝明
戴红兵　孙碧秀(女)　金元武　何斌然
汉寿县
肖宗荣　伍　娥(女)　黎仲谋　胡子达　杨跃恒　汪万昌　张爱媛(女)　蔡国栋
李要舫　黄仁迪　戴琼芳(女)　刘汉华
澧县
陈　华　王本祝　谢秉勋　李开喜　马祖岗　李章海　李承新　李敦亮　皮世林
胡志军　刘云霞(女)　洪丕富　尹宏珍(女)
临澧县
俞斌龙　张天政　易湘域　刘东强　王宏忠　石南村　马宗英(女)
桃源县
杨昌桂　黄雪丹(女)　马金雄　刘双平　王建龙　聂文华　倪久如　叶平泉
崔卫平　张李立(女)　吴丕生　李长斌

石门县

申祖长　陈建教　涂春堂　邢协元　陈文浩　黄加田　张松林　周光武　唐长庆

津市市

蔡汝栋　贺修望　易祚金　文学进　王承菊(女)　何世丰

第三节　第三届市人民代表大会代表先进表彰

市第三届人民代表大会第三次会议向常德市“十佳”人大代表颁奖

市三届人大常委会继续在市人大代表中开展“人民选我当代表、我当代表为人民”的争先创优活动，要求先进代表小组做到:组织健全、制度完善;活动经常，选举单位和群众反映良好；小组成员都能成为本单位清正廉洁、遵纪守法的带头人。同时要求代表活动积极分子要推选“在代表和人民群众中较好地发挥了表率作用”“积极参加代表大会和闭会期间的活动，有较强的务实精神和议政能力”“积极反映群众的意见和要求,在人民群众中有较高的威信”的代表。各代表小组和广大代表按照通知要求,积极参与,争当优秀,涌现大批先进典型。三届人大期间,开展两次评选表彰活动。2000 年 2 月 19 日,市三届人大三次会议,表彰 18 个先进代表小组和 75 名代表活动积极分子。2002 年 1 月 21 日,市三届人大五次会议,表彰 20 名市人大先进工作者、16 个先进市人大代表小组和 75 名市代表活动积极分子。

先进市人大代表小组、代表活动积极分子、全市人大先进工作者名单如下:

一九九九年度

先进代表小组

桃源县:第一代表小组　第三代表小组　第四代表小组

汉寿县:第四代表小组　第三代表小组

武陵区:第一代表小组　第三代表小组　第四代表小组

安乡县:第四代表小组　第三代表小组

石门县:第四代表小组　第一代表小组
临澧县:第一代表小组
津市市:第二代表小组
鼎城区:第一代表小组 第五代表小组
澧县:第二代表小组 第七代表小组

代表活动积极分子

（排名不分先后）

夏胜平　邱景蓉(女)　郑华芬(女)　伍　娥(女)　蔡国栋　李厚祥　李永红(女)
邓家红　王三妹(女)　丁方德　黄雪丹(女)　陈其军　周中一　刘泽全　王科夫
龙立新　黄天明　文会新　何　峰　张天政　许春玲(女)　晏学峰　蒋　琼
冉承元　贺大国　张凤梅(女)　王德英(女)　万善志　呙　斌　姚建平(女)
王心一　杨　松　罗耀权　黄德成　张启祥　卜盛玲(女)　章泽明　马承斌
张金祥　邹永志　许连椅　朱玉龙　胡定洪　陈建教　孙云辉　殷远明　陈初中
甘昌强　韩宏庆　唐汇姣(女)　胡传忠　肖朝进　唐友善　胡烈豹　孙凡伟
刘生斌　杨作顺　唐生贵　赵安汉　张振明　涂能进　胡炎宏　陈桂英(女)　王本祝
张晓莲(女)　洪丕富　刘友明　韩先贵　孙运岩　郭绍清(女)　向绪汉　谭先茂
文学进　贺修望　冯树美(女)

二〇〇一年度

先进代表小组

武陵区:第一代表小组　第二代表小组
鼎城区:第四代表小组　第五代表小组
临澧县:第二代表小组
澧县:第三代表小组　第九代表小组
安乡县:第一代表小组　第四代表小组
桃源县:第一代表小组　第四代表小组
汉寿县:第一代表小组　第二代表小组
石门县:第二代表小组　第三代表小组
津市市:第二代表小组

代表活动积极分子

（排名不分先后）

姚建平(女)　文吉福　王德英(女)　万善志　杨亚莉(女)　贺大国　杨　松

陈菊英（女） 刘卫艳（女） 谭久成 唐友善 孔凡伟 胡烈豹 黄自灼 华学政
赵安汉 孙　旗 张振明 张世界 俞斌龙 史训炎 叶正兰（女） 刘光主
赵爱民 胡炎宏 郭绍清（女） 王本祝 赵绪清 洪丕富 羿保炳 龚道团
淡光新 杨孚淼 彭世凤 申建春 许连椅 马承斌 张新民 邹永志 曹德春
张金祥 曾宪举 胡建民 王科夫 周中一 熊以才 陈其军 杜文军 李富军
黄雪丹（女） 赵伯芹（女） 丁方德 黄天明 丁远福 郑华芬（女） 伍　娥（女）
蔡国栋 马志烈 黄运武 邓家红 吴国清 曾凡俊 谭先茂 文学进 马耀舫
冯树美（女） 谭绍兴 孙云辉 胡传忠 丁　霞（女） 韩宏庆 申玉生 肖宁元
王　勇 周常云

全市人大先进工作者

（排名不分先后）

姚建平（女） 武陵区人大常委会主任
曾建华 武陵区人大常委会办公室主任
马本慧（女） 鼎城区人大常委会副主任
邬友元 鼎城区人大常委会内司工委主任
谭久成 鼎城区灌溪镇人大主席
李承武 安乡县人大常委会主任
郭海光 安乡县人大常委会内司工委主任
刘大爱 汉寿县人大常委会副主任
简世新 临澧县人大常委会联工委主任
冉承元 临澧县新安镇人大主席
刘中秋 桃源县人大常委会办公室主任
周凤武 桃源县人大常委会内司工委主任
李炳成 桃源县热市镇人大主席
刘祖元 石门县人大常委会办公室干部
曾凡俊 津市市人大常委会副主任
陈敦和 津市阳由乡人大主席
朱道贵 澧县人大常委会主任
陈克炎 澧县人大常委会内司工委主任
马继国 澧县澧阳镇人大主席
蔡常林 市人大常委会办公室副主任

第四节　第四届市人民代表大会代表先进表彰

市四届人大期间，分别对2004年度、2005年度、2006年度的先进市人大代表小组和代表活动积极分子进行三次评选表彰活动。

2005年1月14日，市四届人大三次会议对2004年度的16个先进市人大代表小组和74名代表活动积极分子进行大会表彰。2006年1月13日，市四届人大四次会议对2005年度的16个先进市人大代表小组和73名代表活动积极分子进行大会表彰。2007年1月19日，市四届人大五次会议对2006年度的16个先进市人大代表小组和73名代表活动积极分子进行大会表彰。

先进市代表小组和代表活动积极分子名单如下：

二○○四年度

先进代表小组

武陵区：第一小组 第二小组
鼎城区：第六小组 第七小组
桃源县：第一小组 第三小组
汉寿县：第一小组 第四小组
临澧县：第一小组
澧县：第一小组 第七小组
津市市：第一小组
安乡县：第二小组 第四小组
石门县：第一小组 第二小组

代表活动积极分子

武陵区：
贺大国　尹治才　贺　钢　罗耀权　张友富　于济世　姚建平(女)　曾勤建
赵永鹏　曹卫平
鼎城区：
王志华　毛恩友　陈才贵　杨启贵　刘保桂　杨学平　粟跃进　李润初　蔡胜黎
沈国华
桃源县：
李富军　唐志坚　陈其军　刘平波　文会新　鲁光华　程泽斌　李春华　向联华
郭文均

汉寿县：

童桂云　黎　英(女)　吴和枝(女)　曾庆南　王兴亚　李跃忠　梅建世　柴丛林　肖跃林

临澧县：

王秋果　章祖贵　余周怀　王承宗　叶正兰(女)

澧县：

彭昌楚　邓伦彩　李祥林　洪丕富　向才协　陆振贵　赵绪清　熊永钧　牟明德　韩先贵

津市市：

李绍霞(女)　孔生彪　范国军　周向阳　刘青龙　李亚林

安乡县：

丁友才　薛开胜　申建春　李利民　刘丛宏　曾凡军

石门县：

王建国　袁智勇　甘昌强　贾之礼　夏崇仁　岳克己　易先平　杨为明

二〇〇五年度

先进代表小组

武陵区:第一小组　第三小组

鼎城区:第四小组　第五小组

桃源县:第二小组　第四小组

汉寿县:第二小组　第五小组

临澧县:第二小组

澧县:第五小组　第八小组

津市市:第三小组

安乡县:第一小组　第二小组

石门县:第三小组　第四小组

代表活动积极分子

武陵区：

尹治才　李迪伟　龚建民　袁世平(女)　黄建荣(女)　陈本祥　张民主　徐　平　王志明　罗耀权

鼎城区：

廖再文　胡烈豹　毛恩友　陈才贵　王　军　蔡胜黎　匡长楼　王志华　严维贡　余德中

桃源县：

翦象云(女)　燕文泉　陈之超　王义生　钟开琼(女)　薛志红　张亚兰(女)
唐志坚　胡官清　符建法

汉寿县：

肖跃林　王兴亚　童成振　吴和枝(女)　黄福才　林光浩　黎　英(女)　梅建世

临澧县：

蒋祖武　田淑平(女)　王承宗　王秋果　叶正兰(女)

澧县：

牟明德　彭昌楚　吴泽波　邓伦彩　李祥林　段君香(女)　皮世林　向才协
李绍生 赵绪清

津市市：

范国军　严东平　周向阳　孔生彪　刘青龙　熊　一

安乡县：

侯慧明　赵子君　樊明雪　刘丛宏　李祖军　薛开胜

石门县：

申玉生　王建国　孙云辉　赵松岳　韩宏庆　李　辉　易先平　周常云

二〇〇六年度

先进代表小组

武陵区:第一小组　第三小组
鼎城区:第四小组　第六小组
桃源县:第五小组　第六小组
汉寿县:第二小组　第四小组
临澧县:第三小组
澧县:第一小组　第八小组
津市市:第二小组
安乡县:第一小组　第二小组
石门县:第三小组　第四小组

代表活动积极分子

武陵区：

黄治军　李迪伟　尹治才　王世昌　曾勤建　罗上林　杨国华　刘凡荣　王志明
赵永鹏

鼎城区：

毛恩友　毛明星　柴从林　徐诗标　廖再文　杨启贵　胡烈豹　李润初　余德中　匡长楼

桃源县：

印善平　黄沅敏　李艳红（女）　曾佰友　刘宏胜　施怀中（女）　程泽斌　陈之超　万治军　胡官清

汉寿县：

肖跃林　王在友　林光浩　袁友德　汪国平　童自政　吴和枝（女）　黎　英（女）

临澧县：

余先柏　陈世忠　陈敏霞（女）　邵柏枝（女）　蒋祖武

澧县：

毛祖新　傅依广　徐泽荣　王少波　皮世林　彭士凤　韩先贵　金忠军　熊永钧　吴泽波

津市市：

刘青龙　李绍霞（女）　孔生彪　严东平　谭绍兴　周向阳

安乡县：

侯慧明（女）　赵子君　龚德生　杨正辉　李利民　薛开胜

石门县：

申玉生　袁智勇　孙云辉　甘昌强　龙西斌　曾宪妮（女）　易先平　周常云

第五节　第五届市人民代表大会代表先进表彰

市五届人大常委会于2008年6月10日，以常人常办〔2008〕11号文件印发《常德市第五届人民代表大会先进市代表小组及市代表活动积极分子评选表彰工作方案》的通知，明确了评选工作的指导思想、评选条件、评选时间、办法及表彰形式，要求各区、县（市）人大常委会积极组织由本区、县（市）选举产生的市人大代表开展闭会期间的代表活动，为代表履职创造条件。2009年11月12日，市人大常委会选举任免联络工作委员会发出《关于组织先进市代表小组及市代表活动积极分子评选有关事项的通知》，对评选工作作出具体安排。2009年11月上旬，评选工作在全市范围内开展。市五届人大常委会第十四次会议审议通过表彰名单。2010年1月18日，市人大常委会以常人常发〔2010〕1号文件发出《关于表彰常德市2009年度先进市人大代表小组和代表活动积极分子的通报》。2010年1月23日，市五届人民代表大会第三次会议对先进市人大代表小组和代表活动积极分子进行大会表彰。

先进市人大代表小组和代表活动积极分子名单如下：

二○○九年度

先进代表小组

武陵区:第三小组　第四小组
鼎城区:第一小组　第五小组
桃源县:第一小组　第五小组
汉寿县:第二小组　第四小组
石门县:第一小组　第三小组
临澧县:第一小组
澧县:第五小组　第七小组
安乡县:第一小组　第三小组
津市市:第一小组

代表活动积极分子

武陵区
李立波(女)　康　明　王春桥　周泽猛　李建华　王先波　罗耀权　顾庆平
王世昌　杨文惠(女)　鲍　华(女)
鼎城区
陈　颢　胡治湘　罗旺甫　朱晓初　赵爱国　卢年初　毛恩友　毛明星　李南孝
李新民
桃源县
郭国球　蒯凤鸣　唐春仙(女)　黄沅敏　陈誓红(女)　陈之超　傅光正　胡建民
丁璇如(女)　李富军　曾佰友
汉寿县
李昌友　熊文中　曾伯云　李娥皇(女)　杨长富　吴明星　饶　杰　黄　杰
石门县
赵松岳　项文元　夏崇仁　岳克己　王爱平(女)　陈建教　王其梅　曾宪妮(女)
张国珍
临澧县
卜功元　黄新春　吴泽梅(女)　蒋祖武　江　群
澧县
胡云平　肖世轩　雷　鸣　李祥林　杨明秋　皮世琳　吴明俭　皮桃凤(女)
罗德清　谭敦新

安乡县

曾宪孝　侯慧明(女)　廖　洪　徐晓斌　沈　洋　杨正辉

津市市

黄费武　周　枭　李亚林　李景峰　曾　君　唐胜利

第七篇《

常委会日常工作

第七篇　常委会日常工作

第一章　主任会议

第一节　第一届人大常委会主任会议

1988年6月24日，市人大常委会主任罗寅阶主持召开主任会议，研究市一届人大常委会第一次会议议程、常委会设立工作委员会和办公室等机构、一届一次代表大会至二次代表大会期间工作要点、第一届人民代表大会常务委员会代表资格审查委员会名单及其他事项。

1988年7月27日，市人大常委会主任罗寅阶主持召开主任(扩大)会议，研究市一届人大常委会第二次会议议程安排和准备工作及人大机关自身建设等问题。

1988年10月4日，市人大常委会主任罗寅阶主持召开主任会议，讨论研究市一届人大常委会第三次会议的议程和有关准备工作。

1988年10月24日，市人大常委会副主任陈文浩主持召开主任会议，讨论研究提请一届人大常委会第三次会议审议决定的有关人事任免等问题。

1989年1月17日，市人大常委会主任罗寅阶主持召开主任(扩大)会议，讨论研究一届人大常委会第五次会议议题和有关准备工作。

1989年2月14日，市人大常委会主任罗寅阶主持召开主任(扩大)会议，讨论市人大常委会1989年工作要点。

1989年3月16日，市人大常委会主任罗寅阶主持召开主任(扩大)会议，讨论全市人大工作会议、一届人大常委会第六次会议及一届人大二次会议的有关准备工作。

1989年3月17日，市人大常委会主任罗寅阶主持召开主任(扩大)会议，听取市财办负责人关于1989年财政预算情况的汇报。

1989年4月15日，市人大常委会召开主任(扩大)会议，讨论研究市一届人大二次会议有关筹备工作和驻市省人大代表参加省七届人大二次会议有关事宜。

1989年5月11日，市人大常委会副主任陈文浩主持召开主任(扩大)会议，研究市一届人大二次会议的筹备工作和会议的大体安排。

1989年5月17日，市人大常委会主任罗寅阶主持召开主任会议，市委书记陈彰嘉，副书记程林义、蔡长松，市政协主席王大元，市委秘书长何星甫列席会议。会议传达省七届人大二次会议的概况和主要精神；讨论市一届人大二次会议筹备工作和向市委请示的有关问题。会议提出要切实加强党的领导，注意政治倾向，反对资产阶级自由化。

1989年5月18日，市人大常委会主任罗寅阶主持召开主任（扩大）会议，传达省七届人大二次会议精神，根据当前形势和市委的意见，决定市一届人大二次会议推迟召开，并号召干部职工坚信党的领导、不听信谣言、坚守工作岗位、搞好机关值班。

1989年6月1日，市人大常委会召开主任会议，通报前段常委会负责人与各区县（市）人大常委会负责人通气和走访全国人大代表、做好稳定工作的情况。

1989年6月28日，市人大常委会主任罗寅阶主持召开主任（扩大）会议，讨论研究一届人大常委会第七次会议议题、市一届人大二次会议的指导思想和有关组织准备工作。

1989年7月28日，市人大常委会主任罗寅阶主持召开主任（扩大）会议，讨论市一届人大二次会议至三次会议期间常委会的工作计划要点，研究一届人大常委会第八次会议议题和有关准备工作。

1989年8月21日，市人大常委会主任罗寅阶主持召开主任会议，审议市人民检察院关于提请批准逮捕市一届人大代表刘呈祥的报告，根据有关法律规定，决定批准市人民检察院的报告，提交下次常委会会议追认。

1989年8月25日，市人大常委会主任罗寅阶主持召开主任（扩大）会议，讨论研究一届人大常委会第八次会议审议的有关决议、决定和办法（草案）。

1989年9月11日，市人大常委会主任罗寅阶主持召开主任（扩大）会议，讨论研究一届人大常委会第九次会议的有关议题和机关有关工作。

1989年10月6日，市人大常委会主任罗寅阶主持召开主任（扩大）会议，听取和审议市人民政府关于压缩基本建设规模情况的汇报和市工商局关于清理整顿公司情况的汇报。

1989年10月23日，市人大常委会主任罗寅阶主持召开主任（扩大）会议，听取市人民政府关于交通警察执法情况的汇报。

1989年11月30日，市人大常委会主任罗寅阶主持召开主任（扩大）会议，听取市人民政府及市直有关部门关于贯彻实施《湖南省散居少数民族工作条例》、环境保护法、计量法、标准化法、矿产资源法情况的汇报，听取市直有关部门关于建立农业发展基金，促进农业发展、整顿木材市场和计划生育工作情况的汇报。

1989年12月15日，市人大常委会副主任陈文浩主持召开主任（扩大）会议，听取市人民政府关于全市田土租赁经营情况汇报。

1989年12月25—26日，市人大常委会主任罗寅阶主持召开主任（扩大）会议，研究驻常全国、省人大代表和市人大代表视察等方面的工作安排问题。

1990年1月11日，市人大常委会主任罗寅阶主持召开主任（扩大）会议，总结1989年的工作，讨论研究1990年工作的指导思想和大体安排。

1990年2月5日，市人大常委会主任罗寅阶主持召开主任（扩大）会议，研究市一届人大常委会第十一次会议的准备工作和市一届人大三次会议的大体安排。

1990 年 3 月 7 日，市人大常委会主任罗寅阶主持召开主任(扩大)会议，听取全国和省、市人大代表视察情况汇报，研究市一届人大三次会议的筹备工作。

1990 年 5 月 1 日，市人大常委会主任罗寅阶主持召开主任会议，听取市人大常委会法制工委关于全市执法检查交办案件查处情况的汇报，研究督办 5 起未结案件的具体措施。

1990 年 6 月 7 日，市人大常委会主任罗寅阶主持召开主任会议，研究一届人大常委会第十四次会议的准备工作和机关自身建设问题。

1990 年 6 月 29 日，市人大常委会主任罗寅阶主持召开主任会议，研究全市人大工作会议、基层人大干部培训和地方人大常委会建立十周年纪念活动的大体安排和有关筹备工作。

1990 年 8 月 4 日，市人大常委会副主任刘淑元主持召开主任会议，听取石门县人民检察院关于市人大代表何仁全贪污受贿一案的案情汇报，同意批准石门县人民检察院关于逮捕何仁全的报告，提请市一届人大常委会第十五次会议予以追认。

1990 年 9 月 3 日，市人大常委会主任罗寅阶主持召开主任会议，研究市一届人大常委会第十六次会议、省人大在石门召开的湖南省西南片财经工作座谈会和全市乡镇人大主席团常务主席培训班的筹备工作。

1990 年 9 月 19 日，市人大常委会主任罗寅阶主持召开主任会议，研究视察重点建设工程项目与壶瓶山自然保护区工作方案和地方人大常委会建立十周年纪念活动的具体安排及第十六次常委会会议的准备等工作。

1990 年 10 月 19 日，市人大常委会主任罗寅阶主持召开主任会议，听取市财政局关于 1990 年财政预算调整方案和市建委关于城区防洪大堤建设方案的汇报。

1990 年 11 月 4 日，市人大常委会主任罗寅阶主持召开主任会议，研究一届人大常委会第十七次会议的有关筹备工作。

1990 年 11 月 27 日，市人大常委会主任罗寅阶主持召开主任(扩大)会议，听取市建委关于《常德市城市总体规划》修编情况的汇报。

1991 年 2 月 1 日，市人大常委会主任罗寅阶主持召开主任会议，讨论研究市人大常委会 1991 年工作计划和市一届人大常委会第十八次会议的筹备工作。

1991 年 3 月 11 日，市人大常委会主任罗寅阶主持召开主任(扩大)会议，研究市一届人大四次会议的有关筹备工作。

1991 年 4 月 6 日，市人大常委会主任罗寅阶主持召开主任(扩大)会议，研究市一届人大常委会第二十次会议的议题安排和有关筹备工作。

1991 年 6 月 5 日，市人大常委会主任罗寅阶主持召开主任会议，研究市一届人大常委会第二十一次会议的议题安排和有关筹备工作。

1991 年 7 月 12 日，市人大常委会主任罗寅阶主持召开主任(扩大)会议，听取市计委关于常德市十年规划和八五计划(草案)的说明，研究市一届人大常委会第二十一次会议的有关筹备工作。

1991年8月5日,市人大常委会主任罗寅阶主持召开主任(扩大)会议,研究市一届人大常委会第二十二次会议的议题安排。

1991年9月16日,市人大常委会主任罗寅阶主持召开主任(扩大)会议,听取市财政局关于1991年财政预算执行情况和调整方案的汇报、市中级人民法院关于全市经济案件与民事案件执行情况汇报和市人民检察院关于自侦案件办理工作的情况汇报。

1991年10月1日,市人大常委会主任罗寅阶主持召开主任(扩大)会议,研究市一届人大常委会第二十三次会议的议题安排及筹备工作。

1991年12月4日,市人大常委会主任罗寅阶主持召开主任(扩大)会议,听取市政府关于房改工作设想和分步实施方案等方面的情况汇报,研究市一届人大常委会第二十四次会议的建议议题和会议筹备工作。

1992年1月11日,市人大常委会主任罗寅阶主持召开主任(扩大)会议,研究市一届人大常委会第二十五次会议和市一届人大五次会议的建议议程及有关筹备工作。

1992年2月28日,市人大常委会主任罗寅阶主持召开主任(扩大)会议,听取市国土局关于全国和全省土地使用制度改革会议精神和全市土地使用制度改革初步设想的汇报。

1992年3月9日,市人大常委会副主任刘运武主持召开主任(扩大)会议,讨论市一届人大五次会议日程安排和大会主席团、秘书长等项建议名单。

1992年3月23日,市人大常委会主任罗寅阶主持召开主任会议,研究市一届人大常委会第二十六次会议议程安排和市一届人大五次会议的筹备工作。

1992年4月17日,市人大常委会主任罗寅阶主持召开主任(扩大)会议,研究市一届人大常委会第二十七次会议的建议议程和筹备工作。

1992年6月8日,市人大常委会主任罗寅阶主持召开主任(扩大)会议,研究市一届人大常委会第二十八次会议的建议议题和全市换届选举工作。

1992年8月19日,市人大常委会主任罗寅阶主持召开主任(扩大)会议,研究市一届人大常委会第二十九次会议建议议题和近段工作安排。

1992年9月4—5日,市人大常委会主任罗寅阶主持召开主任(扩大)会议,听取市统计局关于统计法执行情况汇报和市民政局关于贯彻实施《社会团体登记管理条例》《退伍义务兵安置条例》的情况汇报,副主任蔡汝栋传达全省人大换届选举工作会议精神,研究贯彻会议精神的意见。

1992年10月5日,市人大常委会主任罗寅阶主持召开主任(扩大)会议,讨论市一届人大常委会第三十次会议建议议题,听取全市前段换届选举工作情况汇报和省委宣传部、省人大常委会办公厅联合召开的全省人大制度宣传工作座谈会议精神的汇报。

1992年11月6日,市人大常委会主任罗寅阶主持召开主任会议,讨论研究市人大换届选举有关代表选举和省人大代表、全国人大代表推荐名单问题。会议还讨论一届人大常委会第三十次常委会议题及准备工作。

1992 年 11 月 18 日，市人大常委会主任罗寅阶主持召开主任会议，传达市委第十次常委会关于市人大、政协会议的有关问题的指示，研究代表大会有关筹备工作及一届人大常委会第三十次常委会的具体安排。

第二节　第二届人大常委会主任会议

1993 年 2 月 12 日，市人大常委会主任熊奇生主持召开主任（扩大）会议，讨论 1993 年人大常委会工作要点和人事任免办法（草案）。

1993 年 5 月 1 日，市人大常委会主任熊奇生主持召开主任会议，讨论研究召开区、县（市）人大常委会主任座谈会、市二届人大常委会第三次会议等方面的问题。

1993 年 5 月 19 日，市人大常委会主任熊奇生主持召开主任会议，听取市民政局关于农村社会养老保险工作情况、市卫生局关于职业病防治工作情况、市物价局关于价格改革和管理工作情况的汇报。关于农村社会养老保险工作，会议建议市人民政府要认真做好以下工作：加强领导，建立专门的领导班子，尽快制定有关具体规定或办法，理顺工作关系，明确职责，协调好工作中的矛盾；科学规划工作进度，搞好试点，以点带面，分步实施；强化资金管理，加强服务工作，定期进行检查，确保取信于民。关于职业病防治工作，会议建议市人民政府要突出重点，加强对工矿企业的监督监测；要严格把关，坚持基本建设和技术改造项目“三同时”审查制度，加强防护设施建设；要加强职防队伍建设，帮助改善工作条件。关于价格改革和管理工作。会议建议市人民政府进一步加强宏观调控，继续深化价格改革，加强对物价工作的领导。

1993 年 6 月 11 日，市人大常委会主任熊奇生主持召开主任会议，研究召开市二届人大常委会第三次会议的有关事宜。

1993 年 7 月 9 日，市人大常委会主任熊奇生主持召开主任会议，听取农村工委关于西洞庭湖区洪涝灾害治理调查和有关决议草案起草情况的汇报。

1993 年 7 月 30 日，市人大常委会主任熊奇生主持召开主任会议，听取市政府关于加强法律服务机构建设、实施归侨侨眷保护法情况的汇报，讨论确定召开市二届人大常委会第四次会议的有关问题。

1993 年 9 月 18 日，市人大常委会主任熊奇生主持召开主任会议，听取市政府关于贯彻市人大常委会减轻农民负担决议情况、减轻企业负担情况、中级人民法院关于加强经济审判工作情况的汇报。

1993 年 9 月 29 日，市人大常委会主任熊奇生主持召开主任会议，传达省人大工作座谈会精神，研究贯彻意见和全市执法检查工作。

1993 年 10 月 16 日，市人大常委会主任熊奇生主持召开主任（扩大）会议，听取市财政局关于财政工作情况和财政预算调整情况的汇报，就如何加强财政管理、增收节支工作提出意见和要求。

1993年11月29日召开主任会议，听取市政府关于贯彻市人大常委会关于打击生产、销售假冒伪劣商品违法行为决议、住房制度改革工作情况的汇报。

1994年1月15日，市人大常委会主任熊奇生主持召开主任会议，研究召开二届人大常委会第七次会议等问题。

1994年1月17日，市人大常委会主任熊奇生主持召开主任会议，听取市中级人民法院关于全市经济审判工作为建立社会主义市场经济体制服务的情况、市检察院关于反贪污贿赂斗争和法纪检察工作情况的汇报。

1994年2月4日，市人大常委会主任熊奇生主持召开主任会议，讨论研究市二届人大二次会议至三次会议期间常委会工作安排和市二届人大常委会第七次会议的有关议题。

1994年4月8日，市人大常委会主任熊奇生主持召开主任(扩大)会议，研究市二届人大常委会第九次会议议题和常委会1994年工作要点及开展向陈建教代表学习活动等问题。

1994年5月8日，市人大常委会主任熊奇生主持召开主任会议，听取市政府1994年财政安排情况的汇报。

1994年7月27日，市人大常委会主任熊奇生主持召开主任(扩大)会议，听取市政府关于农业法、农业技术推广法、城市规划法实施情况汇报。

1994年9月20日，市人大常委会主任熊奇生主持召开主任(扩大)会议，研究评议市政府部分组阁局、视察全市重点工程、第十二次常委会议议题等工作，听取选举任免联络工委关于全省各级人大代表经验交流会有关情况的汇报。

1994年9月28日，市人大常委会主任熊奇生主持召开主任会议，听取市农经委关于扶贫开发工作和市侨办关于侨务工作的情况汇报。

1994年11月24—25日，市人大常委会主任熊奇生主持召开主任会议，听取市环保局关于环保法规执行情况、市建委关于市本级1994年城市维护建设资金执行情况和1995年城建工作意见、市广播电视局关于农村广播电视网络建设情况、市司法局关于律师队伍情况、市人民检察院关于查处大案要案的情况汇报；研究代表视察的安排意见、筹备成立人大制度研究会等有关问题。会议建议市人民政府加强对环保工作的领导，把环保工作纳入各级政府的目标管理，切实增加污染治理资金的投入；加强对城市污水排放、城区噪音、垃圾倒放等项目的治理，加强对桃源、鼎城两地个体淘金污染、西洞庭纸厂的环境污染和部分污染严重的乡镇企业、个体私营企业的整治，下大决心处理一批严重违法案件和群众反映强烈的问题；对于群众反映强烈要求禁止市区燃放鞭炮的问题，要尽快制定一个管理方案。关于城市建设资金管理问题，会议指出，城建工作仍存在着资金管理体制不顺，城市建设维护费严重不足，少数建设项目资金使用管理失控，城市建设的环境差等问题。对此，市政府应引起高度重视，采取积极措施，进一步加强城市建设和管理。关于农村广播网建设问题，会议要求各级人民政府要采取切实可行的措施，扭转农村广播网“滑坡”的局面。会议提出，要继续抓紧抓好律师工作的体制改革，加强对律师的行业管理，强化律师的职业道德教育，不断提高律师的政治素质和业务水平。会议指出，检察机关要进一步加强法制宣传工作，突出抓好重点部门的大案要案的查处。

1994 年 12 月 19 日，市人大常委会主任熊奇生主持召开主任会议，研究补选代表等有关事宜。

1994 年 12 月 30 日，市人大常委会主任熊奇生主持召开主任会议，听取全市区、县（市）人大常委会主任座谈会的准备情况、《妇女权益保护法》执法检查安排等情况汇报。

1995 年 1 月 5 日，市人大常委会主任熊奇生主持召开主任会议，通报有关人事任命情况。

1995 年 1 月 17 日，市人大常委会主任熊奇生主持召开主任会议，听取市建委关于建筑市场管理情况、市文化局关于文化市场管理情况、市公安局关于公安干警执法情况的汇报。

1995 年 1 月 19 日，市人大常委会主任熊奇生主持召开主任会议，研究市二届人大三次会议至四次会议期间常委会工作要点及主要活动的安排意见。

1995 年 2 月 8—9 日，市人大常委会主任熊奇生主持召开主任会议，研究筹备市二届人大三次会议有关事宜。

1995 年 3 月 22 日，市人大常委会主任熊奇生主持召开主任会议，研究市二届人大三次会议有关筹备工作，听取市财政工作情况汇报，传达八届全国人大三次会议精神。

1995 年 5 月 29 日，市人大常委会主任熊奇生主持召开主任（扩大）会议，通报市委常委扩大会议听取市人大常委会党组关于评议“两院”工作方案的意见；传达全省人大代表工作现场经验交流会精神；研究有关评议“两院”工作和机关作风整顿等问题。

1995 年 8 月 11 日，市人大常委会主任熊奇生主持召开主任（扩大）会议，听取选举任免联络工委关于全省乡镇人大换届选举工作会议的情况汇报，研究第二十次常委会议题等工作。

1995 年 9 月 22 日，市人大常委会主任熊奇生主持召开主任会议，听取关于 1995 年度环保执法检查方案、关于两区代表名额调整、补选代表、代表视察安排意见等情况汇报。

1995 年 10 月 4 日，市人大常委会主任熊奇生主持召开主任（扩大）会议，研究评议“两院”的有关问题。

1995 年 11 月 30 日，市人大常委会主任熊奇生主持召开主任（扩大）会议，研究常委会 1996 年工作安排的初步意见。

1995 年 12 月 29 日，市人大常委会主任熊奇生主持召开主任（扩大）会议，研究 1996 年度常委会会议议题和重大活动安排及市二届人大四次会议筹备等工作。

1996 年 1 月 11 日，市人大常委会主任熊奇生主持召开主任会议，研究市二届人大四次会议准备工作及市二届人大常委会第二十三次会议议题等有关问题，讨论常委会工作报告（初稿）。

1996 年 3 月 7 日，市人大常委会副主任何星甫主持召开主任会议，研究市二届人大四次会议筹备工作和市二届人大常委会第二十三次会议准备工作有关事项。

1996年3月31日，市人大常委会主任熊奇生主持召开主任(扩大)会议，听取市财政局关于市本级1996年专项支出预算的情况汇报。

1996年4月22日，市人大常委会主任熊奇生主持召开主任(扩大)会议，听取市财政局关于市本级1995年度财政决算(草案)及市审计局关于市本级1995年度预算执行审计情况的汇报。

1996年5月2日，市人大常委会主任熊奇生主持召开主任会议，研究“两院”评议整改工作验收方案，听取市人大代表向才富被侵权案调查情况汇报。

1996年5月28日，市人大常委会主任熊奇生主持召开主任会议，听取市政府关于省八运会筹备工作情况及市总工会关于工会法贯彻执行情况的汇报。

1996年7月25日，市人大常委会主任熊奇生主持召开主任(扩大)会议，听取市人大代表向才富被侵权案调查情况汇报，研究二届人大常委会第二十六次会议议题安排和救灾募捐工作。

1996年7月31日，市人大常委会主任熊奇生主持召开主任(扩大)会议，听取市人民政府关于全市卫生防疫和救灾防病工作、关于全市社会养老保险基金管理工作的情况汇报。会议肯定社会劳动保险事业取得的成绩，同时指出，在职工养老保险基金的收缴和管理上还存在一些问题，需要认真加以研究和解决。会议要求市人民政府进一步加强领导，强化养老保险基金的管理和监督，理顺管理体制，不断深化社会劳动保险制度改革。

1996年8月16日，市人大常委会主任熊奇生主持召开主任(扩大)会议，听取有关委办关于二届人大常委会第二十六次会议准备工作情况汇报。

1996年9月9日，市人大常委会主任熊奇生主持召开主任(扩大)会议，研究公安系统执法检查方案。

1996年9月24日，市人大常委会主任熊奇生主持召开主任会议，听取市人民政府关于全市支柱产业发展情况的汇报。

1996年10月14日，市人大常委会主任熊奇生主持召开主任会议，研究二届人大常委会第二十七次会议准备事项。

1996年11月6日，市人大常委会主任熊奇生主持召开主任会议，听取市财政局关于预算外资金收缴、管理、使用情况的汇报。

1996年11月15日，市人大常委会主任熊奇生主持召开主任(扩大)会议，研究二届人大常委会第二十八次会议议题及公安系统执法检查方案。

1996年11月27日，市人大常委会主任熊奇生主持召开主任会议，听取市司法局关于劳改劳教、市民族宗教事务办关于市政府扶持民族地区发展经济工作情况的汇报，市中级人民法院关于全省法院执行工作会议精神及执行工作情况的汇报。关于劳改劳教工作，会议要求要进一步开展创建文明监所活动，加强监所规范化管理，进一步从严治警，不断提高“两劳”工作水平。关于扶持少数民族地区经济发展工作，会议要求，要进一步落实少数民族政策，对少数民族地区给予必要的扶持照顾，鼓励和支持少数民族地区发挥自身优势，从实际出发发展经济，加强少数民族干部的培养和使用。

1996 年 12 月 2 日，市人大常委会主任熊奇生主持召开主任（扩大）会议，听取办公室关于代表大会议事规则（草案）起草情况的汇报，研究评议市政府有关部门负责人的安排意见。

1996 年 12 月 5 日，市人大常委会主任熊奇生主持召开主任会议，听取财经工委关于金融执法检查、法制工委关于公安系统执法检查情况的汇报。

1997 年 1 月 8 日，市人大常委会主任熊奇生主持召开主任（扩大）会议，听取市公安局关于全市公安系统执法检查整改情况的汇报。

1997 年 1 月 15 日，市人大常委会主任熊奇生主持召开主任（扩大）会议，听取市农业局关于贯彻实施《种子管理条例》、市人民检察院关于全市法纪检察工作等情况的汇报。

1997 年 1 月 16 日，市人大常委会主任熊奇生主持召开主任会议，研究市二届人大五次会议筹备工作，听取选举任免联络工委关于评选“十佳”市人大代表、市人大先进代表小组和代表活动积极分子的情况汇报。

1997 年 2 月 21 日，市人大常委会主任熊奇生主持召开主任会议，听取市财政局关于 1996 年财政预算执行情况及 1997 年财政预算（草案）的汇报。

1997 年 3 月 10 日，市人大常委会副主任何星甫主持召开主任会议，讨论市二届人大五次会议日程安排，研究二届人大常委会第三十次会议准备工作。

1997 年 4 月 24 日，市人大常委会主任熊奇生主持召开主任会议，听取市财政局关于 1996 年财政决算汇报、市审计局关于 1996 年财政预算执行情况审计情况的汇报。

1997 年 6 月 6 日，市人大常委会主任熊奇生主持召开主任（扩大）会议，听取市政府关于江北城区防洪工程建设情况的汇报。

1997 年 6 月 16 日，市人大常委会主任熊奇生主持召开主任（扩大）会议，听取市政府关于市本级政策性住房资金管理、关于全市贯彻执行律师法加强律师队伍管理等情况的汇报。

1997 年 7 月 22 日，市人大常委会主任熊奇生主持召开主任会议，听取市文化局关于常德市文化市场管理情况的汇报，并进行讨论和审议。会议要求：各级人民政府要统一认识，进一步加强文化市场管理的领导；要进一步加大执法力度；在抓好文化市场整顿、净化的同时，还要注重培育和繁荣文化市场，让更多健康的文艺作品占领社会主义文化阵地。

1997 年 9 月 22 日，市人大常委会主任熊奇生主持召开主任（扩大）会议，听取市财政局关于常德市预算外资金管理情况的汇报。会议要求要切实搞好科学管理，加大工作力度，狠抓重点和两头，加强监督检查，搞好改革，把预算外资金管理工作提高到一个新水平。

第三节　第三届人大常委会主任会议

1998年2月5日，市人大常委会主任彭孟芝主持召开主任会议，讨论市三届人大一次会议至二次会议期间常委会工作要点。

1998年3月2日，市人大常委会主任彭孟芝主持召开主任会议，研究三届人大常委会第一次会议议程。

1998年3月20日，市人大常委会主任彭孟芝主持召开主任（扩大）会议，听取市人民政府关于加强城市管理创建全国卫生城市工作的情况汇报。会议认为，1991年以来，常德市创建全国卫生城市的工作取得了很好的成绩，但也还存在许多问题，离创建全国卫生城市的要求差距也很大，必须努力解决。会议要求进一步加强宣传教育，提高创建意识；城市建设要服从规划管理；要依法创建卫生城市；要健全创建网络、理顺领导关系；要加大投入，配套城市管理设施。

1998年4月21日，市人大常委会副主任余习忠主持召开主任（扩大）会议，研究《常德市人民代表大会常务委员会议事规则修正案（草案）》。

1998年5月18日，市人大常委会主任彭孟芝主持召开主任会议，听取市财政局关于市本级1998年1—5月专项资金支出情况的汇报，讨论市人大成立十周年纪念活动方案。

1998年5月28日，市人大常委会主任彭孟芝主持召开主任会议，听取市人民政府关于实施再就业工程、关于建立城市居民最低生活保障制度的情况汇报。

1998年7月16日，市人大常委会主任彭孟芝主持召开主任（扩大）会议，听取市人民政府关于贯彻《湖南省散居少数民族工作条例》的情况汇报、关于市本级政策性住房资金管理情况的汇报、关于市本级住房资金审计的情况汇报。关于贯彻《湖南省散居少数民族工作条例》工作，会议要求进一步加强宣传，营造良好环境；认真落实政策，加大支持扶持力度；认真做好少数民族干部的选拔、任用工作。关于市本级政策性住房资金管理工作，会议提出要加大归集力度，提高归集率；要进一步规范住房资金的管理和使用；加强住房资金管理中的自我监督和民主监督等建议。

1998年9月18日，市人大常委会主任彭孟芝主持召开主任（扩大）会议，听取市人民政府关于全市救灾防病工作情况汇报。

1998年11月30日，市人大常委会主任彭孟芝主持召开主任（扩大）会议，听取市中级人民法院、市人民检察院、市公安局关于实行错案责任追究制度情况的汇报。会议要求：要进一步统一思想认识，增强工作自觉性；要全面提高干警的素质，少发生或不发生错案；要真抓实究一批错案；要进一步完善执法过错责任追究制度。

1998年12月16日，市人大常委会主任彭孟芝主持召开主任会议，研究市三届人大二次会议准备工作。

1999 年 2 月 6 日，市人大常委会主任彭孟芝主持召开主任会议，研究市三届人大二次会议至三次会议期间常委会工作要点(草案)。

1999 年 3 月 26 日，市人大常委会主任彭孟芝主持召开主任(扩大)会议，听取市人民政府关于贯彻执行母婴保健法、关于市本级 1999 年财政专项资金安排的情况汇报、关于市本级房改资金使用和管理的情况汇报，市人大财经委员会关于开展产品质量法执法检查情况的汇报。

1999 年 5 月 31 日，市人大常委会主任彭孟芝主持召开主任(扩大)会议，听取市人民政府关于贯彻实施森林法情况的汇报、关于加强城管工作的情况汇报、关于 1999 年市本级财政预算情况的汇报。关于贯彻实施森林法，会议要求市人民政府要着力解决好三个问题：一是要进一步加大森林法的宣传力度；二是要进一步加大林业投入力度；三是进一步加大执法力度。关于市城区城管创建工作，会议要求继续加大对城市管理创建工作的宣传力度；强化“门前三包”，提高保洁水平；进一步加快城区基础设施配套建设。

1999 年 6 月 18 日，市人大常委会主任彭孟芝主持召开主任会议，听取市人民检察院《关于对方伟杰、石瑞韬(市人大代表)立案、采取强制措施的报告》。会议决定于 6 月 21 日召开市三届人大常委会会议，听取和审议市人民检察院的报告。

1999 年 7 月 27 日，市人大常委会主任彭孟芝、副主任余习忠分别主持召开主任(扩大)会议，听取和审议市人民政府关于全市工业经济工作情况汇报、关于全市血防工作情况的汇报和《常德市城市规划管理试行办法》修订情况的汇报；听取市中级人民法院《关于市三届人大二次会议对本院〔1997〕常经初字第 35 号民事判决提出质询案办理情况的汇报》和《关于在德山开发区设立法院的情况汇报》。关于全市工业经济工作，会议建议市政府切实加强对全市工业经济的领导，采取过硬措施，确保全市工业经济进一步发展；加强工业经济工作的宣传，切实整治好工业发展的外部环境。关于《常德市城市规划管理试行办法》修订工作，会议认为修订工作要广泛征求意见，严格依法行政。

1999 年 8 月 27 日，市人大常委会副主任余习忠主持召开主任会议，听取市人民政府关于全市依法治水管水、护林兴林的情况汇报。

1999 年 11 月 26 日，市人大常委会主任彭孟芝主持召开主任(扩大)会议，听取市人民政府关于’99 常德环保世纪行活动情况汇报和全市贯彻《湖南省计划生育条例》的情况汇报；副主任余习忠作关于全市贯彻实施《湖南省计划生育条例》执法检查情况的报告；市人大内司委作关于公检法机关实行错案责任追究制度的情况汇报。

1999 年 12 月 21 日，市人大常委会副主任余习忠主持召开主任(扩大)会议，听取市人民政府关于《常德市城镇职工基本医疗保险试行办法(草案)》《常德市城镇职工大病医疗互助暂行办法(草案)》及其说明的报告；听取市人大常委会副主任张先春关于全市公安系统执法检查的情况报告。

2000 年 2 月 12 日，市人大常委会主任彭孟芝主持召开主任(扩大)会议，讨论常德市第三届人民代表大会第三次会议至第四次会议期间常务委员会工作要点(草案)。

2000年3月17日,市人大常委会主任彭孟芝主持召开主任(扩大)会议。会议就《常德市人大常委会关于治理经济发展环境的决议(草案)》和《常德市人大常委会关于监督治理经济发展环境工作的实施方案(讨论稿)》,《常德市人民代表大会常务委员会组成人员守则(草案)》进行讨论。

2000年4月19日,市人大常委会主任彭孟芝主持召开主任(扩大)会议,听取市公安局关于对市三届人大常委会交办的7件执法问题线索的查处情况和市检察院关于有关案件查处情况的汇报。

2000年4月28日,市人大常委会主任彭孟芝主持召开主任(扩大)会议,听取市人民政府关于2000年市本级财政专项经费安排情况的汇报和关于贯彻执行《湖南省乡镇财政管理条例》的有关情况汇报。

2000年5月31日,市人大常委会副主任余习忠主持召开主任(扩大)会议,听取市科委关于全市民营科技企业发展情况的汇报。

2000年7月31日,市人大常委会主任彭孟芝主持召开主任(扩大)会议,听取市人民政府关于市直行政执法机关推行执法责任制的情况汇报、市人大常委会监督治理经济发展环境办公室关于监督治理经济发展环境情况的汇报。

2001年3月26日,市人大常委会主任彭孟芝主持召开主任会议,听取市人民政府关于2001年常德环保世纪行活动安排情况的报告,市中级人民法院、市人民检察院关于法官法、检察官法执法整改情况及执法检查交办案件办理情况的报告;听取和审议市人大城环委关于市三届人大四次会议主席团交办的关于城市管理实行相对集中行政处罚权制度议案的审查情况报告。会议认为2000年市人大组织开展法官法、检察官法执法检查及司法评议活动,"两院"能够积极配合,并对交办的案件进行认真办理。这项活动对于"两院"广大干警提高办案水平产生了一定作用,取得了一定成效。会议要求市中院、市检察院要按照整改方案的要求进一步抓好落实。对于环保世纪行活动,会议建议:环保宣传教育要全面、普及、深化;环保世纪行活动要保持连续性,常抓不懈,一抓到底;要努力拓展工作的涵盖面,立足大环境的观念,向基层拓展,重视小城镇和乡村环保问题;要逐步建立规范化的工作机制,明确环保标准和指标,整体联动,力求实效。会议同意将市人大城环委关于市三届人大四次会议主席团交办的关于城市管理实行相对集中处罚权制度议案的审查情况的报告提请市三届人大常委会第二十五次会议审议。

2001年5月31日,市人大常委会主任彭孟芝主持召开主任(扩大)会议,听取市人民政府关于贯彻执行《湖南省血吸虫病防治条例》(以下简称血防条例)的情况报告和全市血防工作情况的报告。会议认为,"九五"期间常德市血防工作取得了一定的成效,但由于疫情复杂、防治难度大、资金严重不足等问题,血防形势依然严峻。会议建议:一是要提高认识,进一步强化血防观念;二是依法保证血防投入;三是要坚持以防为主,综合治理;四是要强化各级领导责任，全面推行血防工作联动责任制；五是要依法行政，保证血防条例全面贯彻落实。

2001 年 9 月 29 日，市人大常委会主任彭孟芝主持召开主任会议，听取市人民政府关于行政审批制度改革的情况报告。

2001 年 11 月 5 日，市人大常委会主任彭孟芝主持召开主任会议，听取市人大常委会选任联工委关于述职评议、代表视察等有关工作筹备情况的汇报。

2001 年 11 月 16 日，市人大常委会主任彭孟芝主持召开主任会议，研究市三届人大五次会议筹备工作，常委会有关工作机构负责人就有关大会筹备工作情况作汇报。

2001 年 11 月 29 日，市人大常委会主任彭孟芝主持召开主任会议，听取市人民政府关于全市劳动力市场管理工作的情况报告和市人民检察院关于开展反贪污贿赂和查办侵权渎职等职务犯罪工作的情况报告。

2002 年 3 月 22 日，市人大常委会副主任余习忠主持召开主任(扩大)会议，听取市人民政府关于 2002 年常德环保世纪行活动安排情况的报告；关于城市排水、芙蓉广场、穿紫河整治、三闾路等重点工程规划和建设情况的报告。

2002 年 4 月 9 日，市人大常委会主任彭孟芝主持召开主任会议，根据全省优化经济发展环境综合执法检查电视电话会议精神，就全市的执法检查工作进行专题研究。会议决定，成立市人大常委会优化经济发展环境综合执法检查领导小组，市人大常委会副主任肖有志、蒋祖建任副组长，市人大各专门委员会、常委会各工作机构主要负责人为成员。

2002 年 5 月 28 日，市人大常委会副主任余习忠主持召开主任会议，听取市人民政府关于贯彻实施归侨侨眷权益保护法和加强农产品监测工作的情况报告。对全市贯彻实施归侨侨眷权益保护法的工作，会议建议，一要进一步加大学习、宣传力度；二要切实完善和落实有关侨务政策，解决一些实际问题；三要适应新形势的需要，进一步加强对侨务工作的领导和管理。关于农产品检测工作，会议对市人民政府以市场为突破口，以蔬菜、肉类和米粉等食品的安全为重点，狠抓生产、加工和消费三个环节管理的做法给予肯定。建议通过法规、政策和技术等措施，协调好各有关职能部门的关系，继续抓好生产、加工和消费三个环节的管理，力求生产标准科学、全程监测经常、市场管理严格，努力使农产品质量安全状况满足人民群众的需要。

2002 年 7 月 1 日，市人大常委会副主任余习忠主持召开主任会议，听取市人民政府关于市本级城市住房资金、单位住房基金和个人住房公积金管理情况的汇报，提出如下意见：一要加大宣传贯彻国务院《住房公积金管理条例》的力度；二要规范公积金缴存标准；三要抓紧催收贷款；四要将个人住房公积金补贴支出列入财政预算；五要采取积极措施解决信托投资公司存款不能支付的问题。

2002 年 7 月 26 日，市人大常委会主任彭孟芝主持召开主任会议，听取市人民政府关于农村税费改革后教育经费落实情况的报告、关于健全城市居民最低生活保障制度的情况报告和关于国有资产经营公司组建方案的报告。关于农村税费改革后教育经费落实工作，会议建议市人民政府及教育行政部门要进一步重视税费改革后教育经费落实情况。确保教师工资按月足额到位;确保农村中小学义务教育正常经费的需求;继续深化教育改革。关于城市居民最低生活保障制度的工作,会议建议要进一步提高对“低保”工作重要性的认识,增加保障资金的投入,加强对“低保”工作的管理。关于国有资产经营公司组建方案,会议审议后一致认为,目前市政府提出的“国有资产经营公司”组建方案尚不成熟,建议要严格按照公司法的要求,对组建方案进一步酝酿、完善。

2002 年 11 月 26 日,市人大常委会主任彭孟芝主持召开主任会议,听取和审议市人民政府关于严打整治工作的情况报告。

第四节　第四届人大常委会主任会议

2003 年 1 月 23 日,市人大常委会副主任孙维忠主持召开主任(扩大)会议,讨论常德市第四届人民代表大会第一次会议至第二次会议期间常务委员会工作要点(草案)。

2003 年 2 月 24 日,市人大常委会副主任孙维忠主持召开主任(扩大)会议,听取法院拟任人员任前调查情况汇报。

2003 年 3 月 13 日,市人大常委会副主任孙维忠主持召开主任(扩大)会议,听取对市直 31 个工作机构拟任人员调查情况及考试情况的报告。

2003 年 3 月 31 日,市人大常委会副主任孙维忠主持召开主任会议,听取市人民政府关于司法行政工作中几个重要问题的情况报告和关于 2003 年常德环保世纪行活动方案的报告。关于全市司法行政工作中几个重要问题,会议认为,在市委、市人民政府的领导下,司法行政管理水平和业务技术水平有较大提高,在依法行政、公正司法方面树立了良好形象。但由于各方面原因,在司法鉴定、法律援助等方面还存在许多具体问题,司法人员培训考试制度还没有有效建立和完善。会议建议:各有关部门要统一对司法鉴定工作改革的认识,支持和配合司法行政部门做好指导管理面向社会服务的司法鉴定机构的工作;各级政府要把法律援助所需经费纳入本级财政预算予以安排,确保法律援助工作的正常运转;要加大对国家统一司法考试制度的宣传力度,认真总结经验,积极探索和建立健全一套科学、完善、有效的培训考试管理制度。关于 2003 年常德环保世纪行活动方案,会议建议,要进一步加大对环境保护基本国策的宣传力度,充分发挥新闻媒体的舆论监督作用;要切实加强环保世纪行活动的组织领导和协调;依法推进环境治理工作。

2003 年 4 月 1 日,市人大常委会副主任孙维忠主持召开主任会议,听取市财政局关于市本级 200 3 年财政收支预算(草案)的报告。

2003 年 5 月 6 日,市人大常委会副主任孙维忠主持召开主任会议,研究“常德农产品质量安全行”活动方案。

2003 年 5 月 23 日,市人大常委会副主任孙维忠主持召开主任会议,听取市人民检察院关于黄理清重大经济问题情况的汇报；听取市人大常委会副主任蒋祖健关于义务教育执法检查的安排情况的报告。

2003 年 5 月 26 日，市人大常委会副主任高勇主持召开主任会议，听取市人民政府关于退耕还林政策落实情况的调查报告。

2003 年 7 月 21 日，市人大常委会主任莫道宏主持召开主任会议，听取市人民政府关于人口与计划生育法贯彻落实情况的报告和市总工会关于工会法贯彻落实情况的报告。关于贯彻实施人口与计划生育法工作，会议建议：要进一步优化计生工作环境，强化流动人口的计生管理，提升基层计生技术人员素质，进一步加强依法行政。关于贯彻落实工会法工作，会议建议：要切实加强工会法的学习宣传力度；加大新经济组织工会组建工作的力度；加大工会经费的收缴力度；加大工会组织的维权力度。

2003 年 7 月 28 日，市人大常委会副主任孙维忠主持召开主任（扩大）会议，听取市人民检察院关于丁方德（市人大代表）案情的报告。

2003 年 9 月 26 日，市人大常委会主任莫道宏主持召开主任会议，听取市人民政府关于旅游产业发展情况的报告和关于优化经济发展环境情况的报告。关于优化经济发展环境问题，会议认为，尽管经济发展环境得到很大的改善，但仍然存在个别部门对优化经济发展环境工作认识不深，个别单位和执法人员受利益驱使，存在着程序违法、重复执法、重处重罚、以收代罚和部门权力向中介服务转化等问题，严重损害了常德市的形象和投资环境，影响了全市的经济发展。会议建议：进一步提高对优化经济发展环境工作的认识，切实规范执法行为，加大对破坏经济发展环境案件的查处力度，进一步完善约束机制。关于全市旅游业发展问题，会议建议：进一步加强对旅游工作的领导，完善管理机构；尽快查明全市的旅游资源存量，统筹安排，做好规划；进一步加大旅游产品和旅游商品的开发力度；大力开展旅游宣传，改善旅游服务环境。

2003 年 11 月 25 日，市人大常委会主任莫道宏主持召开主任会议，听取市人民政府关于贯彻实施人民防空法情况的报告和市本级城市建设贷款资金到位及使用情况的报告。

2003 年 12 月 5 日，市人大常委会主任莫道宏主持召开主任会议，听取关于市四届人大二次会议筹备工作情况的汇报。

2004 年 3 月 29 日，市人大常委会副主任张启祥主持召开主任会议，听取市人民政府关于贯彻落实动物防疫法工作情况的报告、关于 2004 年常德农产品质量安全行活动方案的报告和关于常德环保世纪行活动方案的报告。

2004 年 5 月 28 日，市人大常委会主任莫道宏主持召开主任（扩大）会议，听取市人民政府关于全市林业发展情况的报告。会议建议市人民政府尽快研究出台贯彻《中共中央、国务院关于加强林业发展的决定》和省委省政府《关于贯彻〈中共中央国务院关于加快林业发展的决定〉的意见》精神的相关政策措施，明确林业发展目标，深化林业改革，坚持依法治林、依法兴林。

2004年7月26日，市人大常委会主任莫道宏主持召开主任会议，研究农业法执法检查方案。

2004年7月28日，市人大常委会副主任孙维忠主持召开主任会议，听取市人民政府关于城市社区建设工作情况的报告、关于贯彻农业法及湖南省相关法规情况的报告；市人大农业委关于各区县（市）人大常委会组织开展农业法综合执法检查的报告；市人民政府关于穿紫河综合治理论证情况的报告；市人大常委会选任联工委关于2004年度述职评议工作方案的汇报。

2004年8月9日，市人大常委会副主任孙维忠主持召开主任会议，研究市四届人大常委会第十五次会议有关事宜。

2004年8月16日，市人大常委会副主任孙维忠主持召开主任会议，部署述职评议调查活动。

2004年8月31日，市人大常委会主任莫道宏主持召开主任会议，听取市人民政府防洪建设资金贷款有关情况的报告。

2004年9月6日，市人大常委会主任莫道宏主持召开主任会议，听取市人大农业委关于《农业法》执法检查情况报告，市人大常委会研究室关于《人大工作巡礼》编辑情况汇报。

2004年9月30日，市人大常委会副主任蒋祖健主持召开主任会议，听取市人民政府关于职业病防治法贯彻落实情况的报告。会议建议市人民政府采取措施，努力把职业病防治法律法规的学习宣传工作抓紧抓实；督促落实用人单位的防治、救助责任，提高作业工人特别是职业病患者的自我防护意识；切实加大资金投入，尽快改善职业病防治工作条件；切实加强有关部门的配合与协调，努力优化职业病防治法的执法环境。

2005年3月25日，市人大常委会主任莫道宏主持召开主任会议，听取市人民政府关于2005年常德环保世纪行活动方案和创建国家环保模范城市规划的报告以及关于2005年常德农产品质量安全行活动方案的报告。

2005年4月20日，市人大常委会主任莫道宏主持召开主任会议，听取市人民政府关于城建资金的情况汇报及市人民检察院关于调整市白洋堤地区人民检察院管辖范围的报告。

2005年5月27日，市人大常委会主任莫道宏主持召开主任会议，听取市人民政府关于贯彻实施水法和相关法律情况的报告。会议建议市人民政府结合全市水政执法工作的实际情况和面临的防汛抗灾形势，进一步抓好相关法律法规的宣传、水政执法、河道扫障、水政执法队伍建设、加速水务一体化进程和加强江北防洪圈的建设与管理等项工作。

2005年6月6日，市人大常委会主任莫道宏主持召开主任会议，听取市人大内司委关于在公安系统组织开展警察法、刑事诉讼法、《治安管理处罚条例》执法检查方案的汇报，市人大财经委关于在全市开展劳动法及相关配套法律法规执法检查的方案汇报。

2005年6月20日，市人大常委会主任莫道宏主持召开主任会议，讨论研究调整市、县、乡换届时间的建议和关于本年度述职评议工作方案。

2005年7月25日，市人大常委会主任莫道宏主持召开主任会议，听取市人民政府关于常德市与日本国滋贺县东近江市缔结友好城市的情况报告和关于2005年德山开发区新增城市基础设施工程项目的情况报告。

2005年7月28日，市人大常委会主任莫道宏主持召开主任会议，听取市人民政府关于传染病防治法贯彻落实情况的报告、食品药品监督工作情况的汇报和住房公积金管理情况的报告；听取市人大执法检查组关于劳动法及相关配套法律法规执法检查情况的汇报。关于贯彻落实传染病防治法，会议建议：进一步加大传染病防治法的宣传力度与执法力度，加大疾病预防控制经费投入，健全乡村疾病预防控制网络，加强对艾滋病的防治工作。关于食品安全监督管理工作的情况，会议建议：加大协调力度、宣传力度、整治力度、统筹协调工作力度。关于全市住房公积金管理工作的情况，会议建议：加大住房公积金归集力度、资金的安全运作力度、网络建设的投入力度、执法力度。

2005年8月8日，市人大常委会主任莫道宏主持召开主任会议，听取市人大财经委关于上半年全市经济形势分析情况的报告。

2005年8月15日，市人大常委会主任莫道宏主持召开主任会议，听取市人大内司委关于警察法、刑事诉讼法、《治安管理处罚条例》执法检查情况的汇报和市人大城环委关于德山开发区新增城市基础设施项目计划的初步审查意见的汇报。

2005年9月19日，市人大常委会主任莫道宏主持召开主任会议，听取市国土局关于城区闲置土地清理情况的汇报。

2005年9月29日，市人大常委会主任莫道宏主持召开主任（扩大）会议，听取市人民政府关于最低生活保障工作情况的报告和全市引进工业项目情况的报告。会议认为，全市城市居民最低生活保障工作还存在保障对象不易确定、非户籍居民未纳入低保范围、低保金在按时足额发放上存在困难、低保工作经费紧张、享受低保政策的城乡居民优惠政策没有完全得到落实等困难和问题。会议建议市人民政府加强领导，健全工作体系；整合社会资源，形成救助合力；完善工作机制，探索工作经验。关于全市引进工业项目工作，会议建议市人民政府抓好政策研究、项目开发、环境招商、协调服务，突出招商实效。

2005年10月9日，市人大常委会主任莫道宏主持召开主任会议，听取关于述职评议情况的汇报。

2006年3月13日，市人大常委会主任莫道宏主持召开主任会议，听取关于召开全市人大工作会议的筹备工作方案。

2006年3月24日，市人大常委会主任莫道宏主持召开主任（扩大）会议，听取市人民政府关于2006年常德农产品质量安全行活动方案的报告、关于2006年常德环保世纪行活动方案的报告和关于2005年市本级教育费附加征收和使用情况及2006年市本级教育费附加安排情况的报告。

2006年4月3日，市人大常委会主任莫道宏主持召开主任会议，听取市财政局对市本级国家开发银行城建贷款情况报告和市人大城环委关于环境保护执法检查方案的汇报。

2006 年 4 月 10 日，市人大常委会主任莫道宏主持召开主任会议，听取市人大常委会选任联工委关于人事任命事项及代表建议分类工作的汇报，一季度信访分析和城市绿化视察工作安排情况汇报。

2006 年 5 月 8 日，市人大常委会主任莫道宏主持召开主任会议，听取市人大常委会执法检查组关于环保执法检查情况的汇报。

2006 年 5 月 30 日，市人大常委会主任莫道宏主持召开主任(扩大)会议，听取市人民政府关于贯彻执行职业教育法、《湖南省城镇蔬菜基地管理条例》的情况报告。

2006 年 6 月 5 日，市人大常委会副主任孙维忠主持召开主任会议，讨论关于代表建议、批评、意见办理工作规定(初稿)及省人大代表活动积极分子和先进人大工作者推荐人员名单，并就法院人事任命提请进行审议。

2006 年 6 月 12 日，市人大常委会副主任孙维忠主持召开主任会议，听取市人民政府关于华亨国际(常德)体育生态园项目在常投资开发情况的汇报。

2006 年 7 月 24 日，市人大常委会主任莫道宏主持召开主任(扩大)会议，听取市人民政府关于城市市政公用设施建设项目管理情况的报告和市质量技术监督局关于全市质量技术监督工作的情况报告。关于城市市政公用设施建设项目管理工作，会议建议：要进一步规范项目的统筹机制和审批程序，进一步加强城建项目前期准备工作，建立合理的城建项目前期准备费拨付机制；进一步规范城市道路占用和挖掘管理工作，尽快出台城市道路占用和挖掘管理办法。关于全市质量技术监督工作，会议建议：要强化监督意识；探索应用先进的质量管理方法；加强质量技术监督队伍的建设。

2006 年 8 月 24 日，市人大常委会主任莫道宏主持召开主任会议，听取市人大农业委关于市四届人大四次会议主席团交付审议的代表议案审议结果的汇报和市司法局“四·五”普法情况和“五·五”普法规划的情况汇报，审议关于进一步加强农业投入品监管的决定(草案)和关于进一步加强法制宣传教育的决议(草案)。

2006 年 11 月 29 日，市人大常委会主任莫道宏主持召开主任会议，听取市人民政府关于矿产资源管理及地质环境和地质灾害防治情况的报告和贯彻执行《人民防空法》情况的报告。

2006 年 12 月 19 日，市人大常委会主任莫道宏主持召开主任(扩大)会议，听取市人民政府关于全市通村公路建设情况的报告。

2007 年 1 月 11 日，市人大常委会主任莫道宏主持召开主任(扩大)会议，听取市人民政府关于市城区 2007 年春节烟花爆竹燃放“禁改限”实施方案的报告。

2007 年 2 月 8 日，市人大常委会主任莫道宏主持召开主任(扩大)会议，讨论市第四届人民代表大会第五次会议至第五届人民代表大会第一次会议期间常委会工作要点(草案)。

2007 年 3 月 27 日，市人大常委会主任莫道宏主持召开主任(扩大)会议，听取市人民政府关于2007年常德环保世纪行、常德农产品质量安全行、常德农民健康行活动方案、关于做好市城区被征地农民就业培训和社会保障工作的实施意见(征求意见稿)和关于市城市规划区集体土地上居民住房征地拆迁安置等实行公寓楼安置的暂行办法(征求意见稿)的报告。

2007年5月30日,市人大常委会副主任孙维忠主持召开主任(扩大)会议,听取市建设局关于优先发展城市公共交通情况的报告。会议指出,优先发展城市公共交通,目前还面临几个方面的问题:认识上与优先发展城市公共交通的要求相对滞后;投入上与优先发展城市公共交通的需求不相适应;管理上与优先发展公共交通"方便、迅速、准时、经济、安全"的服务宗旨存在差距。会议建议市人民政府科学编制并严格实施城市公共交通规划;尽快制定并实施"公交优先"的各项政策措施;加大政府投入,加快公共交通基础设施建设步伐;加大监管力度,促进行业服务水平和服务质量的提高。

2007年8月1日,市人大常委会主任莫道宏主持召开主任会议,听取市人民政府关于贯彻实施《物业管理条例》情况的报告和关于加强农村文化建设情况的报告以及市中级人民法院关于法院开展司法调解工作情况的报告。

2007年9月24日,市人大常委会主任莫道宏主持召开主任会议,听取市人民政府关于贯彻实施公务员法情况的报告。

2007年11月26日,市人大常委会主任莫道宏主持召开主任会议,听取市人民政府关于贯彻实施《湖南省爱国卫生条例》的情况报告。

第五节　第五届人大常委会主任会议

2008年2月22日,市人大常委会主任刘本之主持召开主任(扩大)会议,讨论《常德市人民代表大会常务委员会议事规则(修订草案)》《常德市人民代表大会常务委员会主任会议议事规则(修订草案)》《常德市人民代表大会常务委员会规范性文件备案审查办法(草案)》《常德市人民代表大会常务委员会监督司法工作的若干规定(草案)》。

2008年3月31日,市人大常委会主任刘本之主持召开主任(扩大)会议,听取市人民政府关于2008年农产品质量安全行活动方案、2008年常德环保世纪行活动方案及2008年常德农民健康行活动方案的报告。

2008年5月26日,市人大常委会主任刘本之主持召开主任(扩大)会议,听取市人民政府关于贯彻实施未成年人保护法、国务院《关于进一步加强安全生产工作的决定》的情况报告。关于贯彻实施未成年人保护法,会议建议各级政府在近段时间内要围绕未成年人保护工作进行一次专题研究,明确在年内集中解决1~2个突出问题。关于贯彻落实《关于进一步加强安全生产工作的决定》,会议建议年内各级政府和相关部门应着力解决好两件事:安全生产监督部门"吃皇粮"的问题和存在严重安全隐患的300多艘木质渡船的改造问题。

2008年7月24日,市人大常委会主任刘本之主持召开主任(扩大)会议,听取市人民政府关于实施农村综合改革、关于实施国有农林场改革、集体林权制度改革的情况报告以及人民防空工作的情况报告。关于农村综合改革,会议建议进一步推进农村综合改革,要注意解决好改革成本、公共服务、区划调整、社会稳定等方面问题。关于集体林权制度改革和国有农林场改革,会议建议要切实加强生态资源的保护力度,坚决取缔林场范围内的采矿、取石、挖土、葬坟等现象,严格控制征占林地和规划外的建设项目,加大对林区内盗伐林木、捕杀经营野生动物的打击力度。关于人民防空工作,会议建议市人民政府重点解决好区县(市)人防机构问题,进一步促进全市人防工作的全面开展。

2008 年 9 月 25 日,人大常委会主任刘本之主持召开主任(扩大)会议,听取市人民政府关于文化名城创建工作和新农村建设的情况报告。关于文化名城创建,会议建议市人民政府要进一步深化宣传,提高全社会的参与意识;进一步加强领导,落实工作责任;加大资金筹措力度,推动项目工程建设;进一步繁荣文化,扶持文化产业发展。关于新农村建设,会议建议,在继续办好示范样板的同时,把工作重点转到面上;高度重视工程的配套建设与管理,充分发挥工程建设的效益;严格资金管理,确保及时到位,专款专用;要积极探索和建立推进新农村建设的长效机制。

2008 年 11 月 26 日,市人大常委会主任刘本之主持召开主任(扩大)会议,听取市人民政府关于民族宗教工作的情况报告、关于推进教育强市工作的情况报告和关于加强德山开发区和区县(市)工业园区建设的情况报告。关于民族宗教工作,会议建议市人民政府加强对民族宗教法律法规的宣传;加大对民族宗教工作的投入和对少数民族地区的扶持力度。关于教育强市工作,会议建议市人民政府继续加大教育投入力度,加强教师队伍建设工作,推进教育均衡发展。关于德山开发区和区县(市)工业园区建设工作,会议建议,修订完善园区规划,坚持招商引资与盘活存量资产并重;大力改善发展环境。

2009 年 3 月 26 日,市人大常委会主任刘本之主持召开主任(扩大)会议,听取市人民政府关于 2009 年常德农民健康行活动方案的报告、关于 2009 年农产品质量安全行活动方案的报告、关于 2009 年常德环保世纪行活动方案的报告,听取和审议市人民政府关于贯彻实施《常德市人民代表大会常务委员会关于确定常德市市树市花的决定》情况的报告。会议原则通过《常德市人民代表大会常务委员会会议服务工作规程(讨论稿)》,待进一步征求意见、修改完善后,正式印发实施。

2009 年 5 月 26 日,市人大常委会主任刘本之主持召开主任(扩大)会议,听取人民政府关于 2008 年向下级转移支付和上级财政补助资金安排使用情况的报告,关于城乡规划工作的情况报告。会议建议市人民政府加强资金的管理和监督,提高资金使用效益,进一步做好转移支付和补助资金安排使用工作。要按照城乡统筹的思路,建立责任体系、监督体系、评价体系,推动城乡规划工作,构建城乡一体的新格局。

2009 年 7 月 30 日,市人大常委会主任刘本之主持召开主任(扩大)会议,听取市人大财政经济委员会关于 2009 年上半年经济形势分析的报告;听取市人民政府关于贯彻实施《中华人民共和国律师法》情况的报告，关于开展农民教育培训情况的报告；听取有关机关关于市五届人大二次会议代表建议、批评、意见办理情况的报告。

2009 年 9 月 28 日，市人大常委会主任刘本之主持召开主任（扩大）会议，听取市人民政府关于污染源普查情况的报告。

2009 年 11 月 26 日，市人大常委会主任刘本之主持召开主任（扩大）会议，听取市人民政府关于 2009 年市本级融资情况的报告、关于 2009 年市级农业专项资金预算执行情况的报告。关于融资工作，会议建议要从实际出发，按需融资，加强监管，确保资金安全，同时做好还债计划，并要注重抓好工程项目的质量。农业专项资金使用要从“稳定、用活、增效”三个方面着力。

2010 年 3 月 23 日，市人大常委会主任刘本之主持召开主任（扩大）会议，听取市人民政府关于 2010 年常德环保世纪行活动方案的报告、关于 2010 年农产品质量安全行活动方案的报告、关于 2010 年常德农民健康行活动方案的报告及关于 2010 年常德民族团结进步行动活动方案的报告。

2010 年 5 月 27 日，市人大常委会主任刘本之主持召开主任（扩大）会议，听取市人民政府关于 2009 年转移支付资金安排使用情况的报告，听取市人大常委会预算工作委员会关于 2009 年全市转移支付资金安排使用情况的调查报告。

2010 年 7 月 29 日，市人大常委会主任刘本之主持召开主任（扩大）会议，听取市人民政府关于市本级城建融资使用管理和 2010 年城建债务预算的报告；听取有关机关关于五届人大三次会议代表建议、批评、意见办理情况的报告。

2010 年 9 月 17 日，市人大常委会主任刘本之主持召开主任（扩大）会议，听取市人民政府关于应对突发公共卫生事件工作情况的报告、关于耕地保护工作情况的报告及关于药品监督工作情况的报告。会议建议市人民政府及卫生行政部门要继续坚持提高应急能力与科学应对相结合的原则，加大应急经费的投入，完善应急处置机制，落实应急工作的责任，提高应对突发公共卫生事件的能力。

2010 年 11 月 26 日，市人大常委会主任刘本之主持召开主任（扩大）会议，听取市人民政府关于工业发展资金安排和使用情况的报告及关于社会主义新农村建设资金使用效益情况的报告。关于工业发展资金安排和使用，会议建议市人民政府要进一步做好规范项目管理、坚持资金整合、突出投入重点以及加强资金监管工作。关于新农村建设资金使用，市人民政府要科学制定规划，完善监督机制，突出“普惠”原则。

2011 年 3 月 25 日，市人大常委会主任曹儒国主持召开主任会议，听取市人民政府关于 2011 年常德环保世纪行活动方案的报告、关于 2011 年农产品质量安全行活动方案的报告、关于 2011 年常德农民健康行活动方案的报告及关于 2011 年常德民族团结进步行动活动方案的报告；听取市人大内司委关于司法公正常德行活动方案的报告。会议要求“五行”活动要强化活动主题，进一步突出活动特色，解决重点问题，增强活动效果。

2011年5月30日，市人大常委会主任曹儒国主持召开主任会议，听取市人民政府关于2010年转移支付资金安排使用情况的报告、关于社区管理工作情况的报告、关于《湖南省长株潭城市群区域规划条例》和《关于保障和促进长株潭城市群资源节约型和环境友好型社会建设综合配套改革试验区工作的决定》贯彻落实情况的报告；听取市人大城环委关于市人大常委会对市人民政府国土资源工作进行评议的实施方案的报告。关于2010年转移支付资金安排使用，会议要求，一是要加大争取转移支付资金的力度；二是要加强转移支付资金的预算监督；三是要强化转移支付资金的绩效管理。关于社区管理工作，会议建议市人民政府重点解决好改善社区办公条件、落实社区管理人员待遇、完善社区服务功能、加强社区工会组织建设四个问题。市人民政府及相关部门要高度统一对“两型社会”建设重大意义的认识，尽快争取上级批复常德市“两型社会”建设规划纲要，加强体制机制创新，加快常德市“两型社会”建设步伐。会议原则同意对市人民政府国土资源工作进行评议的实施方案。

2011年7月27日，市人大常委会主任曹儒国主持召开主任会议，听取市人民政府关于金融证券工作情况的报告、关于医疗改革工作情况的报告及关于食品安全工作情况的报告。关于医疗改革工作。会议建议市人民政府重点解决好强化基层建设、确保政府投入、完善工作机制三个问题。关于食品安全工作，会议建议要建好安全链条、严厉打击违法行为。

2011年9月26日，市人大常委会主任曹儒国主持召开主任会议，学习传达中国共产党常德市第六次代表大会会议精神，听取市人民政府关于生态市建设工作情况的报告、关于农业标准化工作情况的报告、关于落实《湖南省规范性文件备案审查条例》和《常德市人民代表大会常务委员会规范性文件备案审查办法》工作情况的报告。

2011年11月23日，市人大常委会主任曹儒国主持召开主任会议，听取市人民政府关于市级政府采购工作情况的报告。会议建议政府采购工作要在完善竞争机制和招投标上有新突破，减少和避免行政行为和领导干预政府采购，推进政府采购电子信息化，强化服务理念，加强队伍建设和完善内部管理。

2012年3月26日，市人大常委会主任曹儒国主持召开主任会议，听取市人民政府关于2012年常德环保世纪行活动方案的报告、关于2012年农产品质量安全行活动方案的报告、关于2012年常德农民健康行活动方案的报告、关于2012年常德民族团结进步行动活动方案的报告；听取市人大内司委关于2012年司法公正常德行活动方案的报告，听取市人民政府关于市城区快速公交建设实施方案的报告。

2012年5月24日，市人大常委会主任曹儒国主持召开主任会议，听取市人民政府关于开展“扶贫帮困行”工作情况的报告、关于2011年转移支付资金安排和使用情况的报告。

2012年7月30日，市人大常委会主任曹儒国主持召开主任会议，听取市人民政府关于全市国有资产（资源）经营管理工作情况的报告、关于全市住房公积金管理工作情况的报告；市中级人民法院关于全市人民法院执行工作情况的报告。会议建议市国有资产（资源）和住房公积金经营管理工作应从严格监管、规范运行、保值增值三个方面进一步加强。关于法院执行工作,会议提出市县两级人民法院应在加大执行力度、创新执行机制、推进执行公开、营造执行氛围等方面进一步加强和改进。

2012 年 9 月 28 日,市人大常委会主任曹儒国主持召开主任会议,听取市人民政府关于生态市建设工作情况的报告、关于全市旅游发展工作情况的报告;市人大内司委关于全市人民法院、人民检察院队伍建设情况的报告。关于全市生态市建设工作。会议要求,市人民政府及其相关部门要进一步加大宣传力度,提高公众对生态市创建工作的知晓率和满意率;要进一步加强组织协调,形成工作合力;要进一步加快工作进程,对群众反映强烈的污染问题,要尽快收到治理实效;重点推进节能减排、提升监督水平,尽快解决发展不平衡的问题,逐步形成"政府组织实施、部门全力配合、全民参与共建"的创建工作局面,确保生态市创建目标提前实现。关于旅游工作,会议建议要重点抓好培育精品景区、完善配套服务、提升整体形象、立足长远发展等方面工作。关于政法队伍建设工作,会议建议,有关机关应重点抓好思想建设、人才建设、能力建设和环境建设四个方面的工作。

2012 年 11 月 27 日,市人大常委会主任曹儒国主持召开主任会议,听取市人民检察院关于预防职务犯罪工作情况的报告,市人大常委会选任联工委关于全市人大换届选举工作情况的报告。

第六节　第六届人大常委会主任会议

2013 年 3 月 25 日,市人大常委会主任刘明主持召开主任会议,听取市人民政府关于 2012 年常德环保世纪行活动开展情况和 2013 年活动方案的报告、关于 2012 年农产品质量安全行活动开展情况和 2013 年活动方案的报告、关于 2012 年常德农民健康行活动开展情况和 2013 年活动方案的报告、关于 2012 年常德民族团结进步行动活动开展情况和 2013 年活动方案的报告;听取和审议市人大内司委关于 2012 年司法公正常德行活动开展情况和 2013 年活动方案的报告。

2013 年 5 月 28 日,市人大常委会主任刘明主持召开主任会议,听取市人民政府关于外事侨务工作情况的报告和 2012 年转移支付资金安排和使用情况的报告,以及市人大有关专门委员会和常委会有关工作机构关于以上两项工作情况的调查报告。关于全市外事侨务工作,会议认为进一步做好外事侨务工作,应该着力在对外事侨务工作的认识、政府推动和各方面行动、加大引资引智的力度,服务经济建设以及工作网络和工作机制的建设四个方面再上一个层次。会议建议,做好转移支付资金安排和使用工作,要在严格资金管理上下功夫。

2013 年 7 月 22 日,市人大常委会主任刘明主持召开主任会议,听取和审议市人民政府关于林业资金使用效益情况的报告。会议认为一要充分肯定全市林业专项资金使用管理,尤其是拓宽林业专项资金来源渠道,科学合理使用林业专项资金上所做的工作和取得的成绩;二要看到并正视挤占林业专项资金的现象较为普遍、配套资金不足、部分项目质量存在问题以及对林业优势产业的扶持还不够的问题；三要增强工作针对性，切实解决存在的突出问题，实现林业的更好更快发展。

2013 年 9 月 27 日，市人大常委会主任刘明主持召开主任会议，分别听取和审议市人民政府关于 2012 年和 2013 年上半年市级交通建设资金安排和使用情况的报告和市人民检察院关于全市民事行政检察工作情况的报告。关于交通建设资金安排和使用工作，会议建议要进一步理顺公路管理体制、财政投入机制、加大交通投融资平台建设、严格资金使用管理。

2013 年 11 月 29 日，市人大常委会主任刘明主持召开主任会议，听取市人民政府关于 2012 年市级财政预算执行情况和其他财政收支情况审计有关问题整改情况的报告；听取市直有关单位关于 2012 年市级财政预算执行情况和其他财政收支情况审计有关问题整改情况的报告。会议还听取市人民政府关于物业管理工作情况的报告、市人大有关专门委员会关于规范性文件备案审查工作情况的报告。

第二章　理论研究与宣传

第一节　理论研究

市人大常委会成立之后，即把人大制度研究、人大工作理论与实践研究列入工作日程。1988年至1997年6月，该项工作主要由市人大常委会办公室承担。1997年6月，市人大常委会研究室成立，该项工作即由研究室承担。

1988年8月，《常德人大工作》刊物编印出版第一期，刊发市第一届人大常委会主任罗寅阶在市人大机关干部职工大会上的讲话。罗寅阶在讲话中阐明了人大的地位、性质、工作内容与方法，要求机关干部大兴调查研究之风、学习之风，做好人大的调研与宣传工作。

1989年9月6日，市一届人大常委会第八次会议通过《常德市人民代表大会关于审议、决定重大事项的程序》，其中第三条中规定：市人大常委会组成人员和常委会有关工作机构应围绕提请审议、决定的事项开展调查研究，将调查研究纳入审议决定重大事项的必经程序。

1990年，市人大常委会围绕贯彻中共中央治理经济环境、整顿经济秩序，全面深化改革的方针开展调查研究。为充分发挥人大代表在整治工作中的作用，市人大常委会向人大代表发放征求意见函。同时，深入区县（市）走访380名市级以上人大代表，召开座谈会35次，对代表们提出的农业"升温"、廉政建设等问题，分别以《情况反映》《代表意见摘编》等形式呈报中央、省、市有关部门，为治理整顿经济环境，深化改革建言献策。

1993年12月12—13日，中共常德市委召开全市人大工作会议。市人大常委会主任熊奇生在会上作《总结经验，开拓进取，努力做好新形势下的地方人大工作》的讲话。讲话就运用邓小平同志关于社会主义本质的科学论断，研究人大工作如何促进生产力的解放和发展，如何服从和服务于经济建设中心的问题；运用邓小平同志社会主义市场经济和民主法制建设的理论，研究人大及其常委会如何充分行使法律赋予的职权，加强监督的问题；运用邓小平同志关于实事求是的论断，系统地了解中国人民代表大会制度的历史和现状，及时地总结各级人大在实际工作中积累的新经验，上升到理论的高度，更好地指导人大工作的问题，作了深入地阐述和理论上的探讨。

1994年，市人大常委会开展纪念人民代表大会制度建立40周年活动，总结坚持人大制度、做好人大工作的四条基本经验，即牢牢把握人大工作的正确方向，始终坚持对人民代表大会制度的坚定信念；坚持以经济建设为中心的指导思想，在改革与建设中发挥权力机关的作用；坚持为了人民、对人民负责的根本宗旨，紧紧依靠人大代表和人民群众做好人大工作；坚持党的领导，加强与国家机关的配合，共同推进民主政治建设。同年11月初，召开全市人大制度与人大工作理论研讨会。会议收到市直单位及区县(市)的理论研讨论文138篇,评出优秀论文18篇。

1995年6月23日,常德市人大常委会人大制度研究会正式成立。会议选举市人大常委会副主任余习忠为研究会会长,市人大常委会秘书长周鸿翔为副会长,选举研究会其他领导成员。聘请市委副书记彭孟芝、市人大常委会主任熊奇生、市人大常委会副主任蔡汝栋、何星浦为顾问。会议还研究了研究会队伍建设、制度建设、学术交流等问题。同时召开第一次人大制度理论研讨会,收到论文16篇,有4名同志在会上宣读论文。会议评选出入选论文11篇、优秀论文7篇。

1995年6月23日,常德市人民代表大会制度研究会成立大会举行

1997年8月22日,市人大制度研究会召开第二次理论研讨会。会议就人大换届中的代表选举、代表队伍建设、人大常委会建设以及人大常委会如何行使职权等有关课题进行理论研讨。会议上有15位同志宣读论文,评选出入选论文11篇、优秀论文7篇。

1998年,根据新一届人大常委会第一年的工作特点,市人大常委会围绕"增强全社会的人民代表大会制度意识,增强人大行使国家权力的主体意识,改进和加强市人大对县乡人大的指导与联系,依法对财政、司法机关进行更有效的监督,进一步提高审议决策水平"等5个方面分别进行专题调查研究,其调研成果对新一届的市县乡三级人大工作水平的提高起到一定的推动作用。

2000年,市人大常委会组织调研小组,围绕关注的热点问题进行调研,为常委会会议审议做资料准备。常委会会议在审议政府医疗改革工作报告中,结合调研小组的调研报告,提出医改工作要"加大宣传力度,扩大覆盖面;加强管理,减轻病人负担;简化手续,方便患者就医;加强资金管理,改善服务态度"等建议,引起市政府高度重视,有关方面根据建议采取比较稳妥的实施方案,较好地推动了医保工作顺利进行。

2001年,常委会组织专门调研组,针对全市人大工作的现状、存在的问题及改进意见进行为时三个月的专题调研,为市委人大工作会议作了比较充分的准备。市委人大工作会作出《中共常德市委关于进一步加强人大工作的决定》,于2001年10月17日以市委正式文件下发。《决定》中采纳市人大常委会的部分调研意见,对加强人民代表大会制度的研究与宣传专列一条,突出其重要性和紧迫性,并要求市委宣传部把人大制度的研究与宣传列入总体工作规划。

2002年,针对新一届人大常委会如何做好新形势下的人大工作开展专题调研,形成《以

“三个代表”重要思想为指导，努力开创人大工作新局面》《关于地方国家权力机关依法行使重大事项决定权问题的探讨》两篇论文，分获省人大制度理论研究会特等奖、一等奖。

2003年，为增强人大代表的责任意识，提高代表履职能力，常委会组织专门力量开展调研，得出“人大工作的活力在代表、代表作用的发挥靠组织，抓好代表工作靠活动，加强对代表的监督靠机制，代表整体活力的增强靠创新”的基本结论。撰写的论文《关于我市代表工作的调查与思考》在省人大内部刊物《工作参考》及省人大机关刊物《人民之友》杂志上全文发表。同年组织开展的重大事项决定权问题的课题调研论文及讨论决定重大事项规定的建议稿文本中部分内容被省人大常委会制定的《讨论、决定重大事项的规定》所采纳。

2002年11月11日，全市人大系统理论研讨会会场

2004年，市人大常委会组织“纪念人大制度建立50周年论文研讨会”。会议收到各方面论文170多篇，其中42篇优秀论文编入纪念论文专集。以常德市人大常委会名义发表的论文《加强法制建设，推进依法治理》，指出依法治理体现了人民当家作主的宪法精义，是依法治国的局部实践和有机组成部分，是建立法治国家社会经济发展的必然要求，也是广大干部群众的迫切愿望。剖析了推进依法治理面临的制约因素：政治法治化水平低，妨碍了法律的贯彻实施和依法治理工作的推进；监督机制不健全，使依法治理缺乏刚性的保障和制约措施。文中对如何推进依法治理提出了建议。该论文后获省人大制度研讨会特等奖，并在省人大《人民之友》刊物上全文发表。

2007年4—5月，市人大常委会调研组就全市贯彻实施监督法的情况，进行为期两个月的调查研究，撰写调研文章《关于我市贯彻实施监督法情况的调查与思考》，就人大依法开展监督存在模糊认识的问题；关于开展规范性文件备案审查的问题；关于依法开展财政预算监督的问题；关于人大常委会听取和审议审计工作报告问题；关于监督法赋予人大常委会的问责性监督手段运用问题，提出一些切实可行的改进工作的建议。该论文被评为省人大制度论文研讨会特等奖。

2008年，市人大常委会开展以纪念市人大成立二十周年的专题征文活动，收到论文、通讯、散文等各种纪念文稿94篇，对文稿进行了评奖，编辑《常德人大成立20周年庆典专刊》。

2010年，市人大常委会组织专门力量对如何加强人大工作进行调研。在调研报告中就德山开发区没有人大工作机构，相关工作开展不够顺畅；街道人大工作机构的设置及职权行使中还存在着一些矛盾等问题,向市委提出加强基层人大工作的建议。在市委人大工作会议作出的《中共常德市委关于进一步加强全市人大工作的意见》中,吸收了人大常委会的建议。

2011 年,常委会总结历年工作评议的经验,计划制定《常德市人大常委会工作评议办法》(以下简称《评议办法》),组织力量开展调研和《评议办法》起草工作,草案历经多次修改,于 2011 年 4 月 26 日五届人大常委会第二十三次会议通过。《评议办法》遵循地方组织法、监督法的原则,明确评议对象、规范评议程序,使后来的评议工作增强了实效。

2011 年,市人大常委会决定对 2004 年通过的《常德市人民代表大会常务委员会讨论、决定重大事项的规定》(以下简称"规定")进行修订。参与修订的有关人员对多年来市人大常委会行使重大事项决定权的实践进行总结回顾，根据宪法、《地方各级人民代表大会和地方各级人民政府组织法》、监督法等法律中关于"重大事项"的规定,参考外地经验,通过调研论证和分析比较,反复征求各方面的意见,历时近三个月,完成修订草案的起草工作,经市五届人大常委会第二十六次会议审议通过。与原"规定"相比,修订草案中修改的内容主要有两个方面:一是关于重大事项的界定。根据外延、内涵、程序三个要素将"重大事项"界定为本规定所称重大事项,是指需经常委会讨论、决定或须向常委会报告的本行政区域内政治、经济、教育、文化、科学、卫生、人口、环境和资源保护、社会保障、民政、民族等各方面工作中关系改革发展稳定大局和群众切身利益、社会普遍关注的重大事项。同时,将重大事项分为三大类:第一类是议而必决的事项;第二类是议而可决的事项;第三类是报告备案的事项。二是对讨论决定重大事项的程序进行规范,增强人大行使决定权的法定权威。

2013 年 6—9 月,市人大常委会"城乡居民饮用水安全"课题调研组,先后深入到 9 个区县(市)、5 个管理区的平湖区、山丘区开展调研,先后走访干部群众、人大代表、主管部门负责人及相关经营业主等 290 多人,放发调查表格、问卷 800 份,查看现场 52 处,召开座谈会 22 场,检测水样 230 份,查阅有关政策法规 18 种,听取关于城乡安全饮用水工作方面的意见和建议。调查结束后,及时向市委常委会议作了专题汇报,引起市委的高度重视。市委决定把城乡居民安全饮水作为建设幸福常德的一号工程来抓,并提出 6 个方面的工作措施:一是要求市政府对全市城乡居民安全饮水问题作出规划；二是向市人大常委会提出水源地建设和保护的议案;三是制定出规范投肥养殖和畜禽养殖的规定;四是向 2014 年省人民代表大会会议提出保护沅水和澧水的议案,并做好向全国人代会提出议案的准备;五是加快隰市污水处理厂的建设进度;六是启动"引黄(黄石水库)入常"可行性研究等前期工作。随着上述措施的逐步落实,全市水源地保护与建设、污水处理、治理工业污染与规范养殖污染治理工作初见成效。该项工作引起省人大常委会的高度关注,省人大常委会《工作简报》全文刊发常德市人大常委会的调研报告。

第二节　人大工作宣传

1988年至1992年，市人大常委会在省以上报刊、电台、电视台共上稿417篇，其中在全国人大《工作通讯》上稿11篇，在《人民日报》《法制日报》等全国性报刊上稿55篇。1991年，以市人大常委会名义发表的《围绕经济建设中心，开展地方人大工作》先后被全国人大《工作通讯》和多家省级报刊采用。1992年，市人大常委会组织撰写的反映中共常德市委重视人大工作的文章《加强政治领导，支持人大工作》被全国人大《工作通讯》刊用。1988—1992年，摄制人大工作宣传录像片3部；举办人大工作宣传窗351期；开展人大工作宣传月活动10次。

市人大常委会网站

1993年4月15日，全省人大宣传文秘工作会议在常德市召开。出席会议的有省人大常委会副主任朱东阳和省人大常委会有关负责人。中共常德市委、市人大常委会有关负责人参加会议。常德市人大常委会在会议上介绍开展人大宣传文秘工作的情况和经验。

1995年，结合宣传贯彻代表法，市人大常委会组织力量，系统采访宣传陈建教、邓威特等一批优秀人大代表的先进事迹。在省人大常委会召开的人大代表履行职务经验交流会议上，陈建教、邓威特作认真履行代表职务的典型发言。常德市人大常委会在会上介绍如何总结、宣传、推介人大代表履行职务的经验。

1996年1月29日，本土著名剧作家黄士元以常德市各级女性人大代表优秀事迹为素材创作的电视剧《女代表》在常德市开机拍摄。

不同时期的市人大常委会机关刊物

1998年6月，结合市人大成立10周年，市人大常委会以举办电视专题节目、报纸开辟专栏、刊登领导署名文章、街头展览、召开座谈会等多种形式，宣传人大制度与人大工作。市人大机关刊物《常德人大》编辑出版纪念市人大成立10周年专辑，组织拍摄《十年辉煌，十年历程》电视专题片。同年，中共常德市委宣传部与市人大常委会研究室联名下发《关于加强民主法制和人民代表大会制度宣传的意见》，指导区县（市）委宣传部和区县（市）人大常委会办公室开展人大制度的宣传工作。

1999年，重点开展推行执法责任制的宣传。市人大常委会组织有关单位和新闻媒体，开展以“还我蓝天、还我碧水、还我绿地”为主题，开展“’99常德环保世纪行”系列宣传活动，现场采访报道市控60家重点企业达标治理情况和关停“十八小”正反两方面的典型，撰写发表《不把污染带进21世纪》等系列文章。

2000年，市人大新闻中心成立。市人大新闻中心与常德日报社、常德电视台合作，在《常德日报》开辟《民主与法制》专栏，在常德电视台开办《民主与法制》专题节目，宣传人大制度与法制建设。人大、政协“两会”召开前一周，电视、报纸均首次推出《代表委员风采》专题栏目，广泛宣传人大代表履行职责的典型事迹。

2001年，市人大常委会机关刊物《常德人大工作》更名为《人大工作》，由不定期出版改为双月刊。2008年更名为《常德人大》，2013年更名为《人大传真》。刊物设置“监督剪影”“人大工作研究”“基层民主法制建设”“沅澧传真”“代表风采”“乡镇人大工作”“特别关注”“大事纪要”“人大知识”等栏目。

2010年9月16日，《人大工作》刊物工作人员到鼎城区许家桥回维乡中堰村采访

2002年，为纪念《代表法》颁布实施10周年，集中宣传省、市人大代表陈建教、李开喜和市县（区）人大代表胡运清、孔凡体、王科夫、刘大爱、杨生元、文世新、郭绍清等一批人大代表的优秀事迹。

2003年9月，全国人大信访工作经验交流会在常德市召开。市人大常委会配合开展一系列有关人大信访工作的宣传。以常德市人大常委会名义发表的《夯实基础，控源分流，加强人大信访网络建设》一文，被国家及省市有关媒体刊载。

2004年，市人大常委会开展纪念人大制度建立50周年系列宣传活动，市人大常委会主任莫道宏发表电视讲话，《常德日报》刊发专版纪念文章，常德电视台播出专题纪念节目，《常德人大工作》设置纪念专栏。同时，组织专门班子撰写编辑《常德人大工作巡礼》纪念文集。该书近100万字、200幅图片，集中展示常德市人大工作发展历程。

2005年，继续开展网络建设完善工作与通讯员培训工作，建立起市县（区）乡镇人大系统与市直有关部门横向、纵向相互联通的人大工作宣传网络。网络拥有通讯员200余人。

2008年，《人大工作内参》创刊。刊物坚持“内参性、典型性、针对性、知识性”的原则，不定期刊载“信息摘要、理论研讨、经验交流、工作动态”等不同类型的文章、文摘。刊物注重做到“四个及时”，即及时转载中央、全国人大和省人大的重要精神，及时刊发市人大常委会领导的重要讲话摘录，及时刊载外地人大工作的好经验，及时推介常德市各区县（市）人大工作的好经验、好做法，为市领导决策提供参考。

2009 年 2 月，常德市人大门户网开始试运行。3 月，全国“两会”期间，市人大网站与市其他新闻媒体的记者一同赴京采访，报道驻常德市全国人大代表参会活动。同年，结合设立地方人大常委会三十周年纪念活动，常委会组织力量编辑纪念征文《人民的重托》一书。

2010 年，收集整理历年理论研讨文章，编印出版《一切为了人民》一书。

2011 年，先后在网络上推出畜牧法执法检查专题、市人大常委会机关“三学三促”活动专题以及“司法公正常德行”“常委会专刊”“机关文化”“庆祝建党 90 周年”等栏目。年底，编印“人民系列丛书”之一的《人民的心愿》一书。

2012 年，在国家级媒体上稿 28 篇；在省级媒体上稿 78 篇，较好地宣传常德市的人大工作。

2013 年，市人大常委会门户网站发布新闻稿件 160 余条，其中，被全国人大网站转载 30 余条，被省人大网站转载 40 余条。

第三章　信访工作

2003 年 9 月 24 日,全国人大信访工作经验交流会参会人员视察桃源县桃花源镇人大信访工作

第一节　信访制度

1989 年 1 月—2013 年,常德市历届人大常委会共建立健全 9 项信访工作制度。

1994 年 6 月,市人大常委会建立《常德市人大常委会主任接待日制度》,确定每月 4 日为市人大常委会主任接待日(如遇节假日或星期天则往后顺延),在市人大常委会办公室信访科接待室由主任会议组成人员轮流接待来访的市人大代表、人民群众。必要时邀请有关委室负责人和政府主要负责人、政府部门负责人参加。要求每次接待日除正常接待来访人员外,要重点解决 1~2 个信访积案。对主任受理来访形成的意见,信访部门要及时转办,督促落实。

1996 年 3 月,建立信访工作《联席会议制度》《办理通报制度》《主任信箱制度》。《联席会议制度》规定每半年由市人大常委会办公室召集“一府两院”及相关单位负责人举行一次信访工作联席会议,分析、交流信访案件办理进展情况,研究重大疑难案件处理办法,交办、督办有关信访案件。《办理通报制度》规定每半年对来信来访的办理情况文字通报一次,口头通报两次以上。通报以市人大常委会办公室名义行文,发至市人民政府及其职能部门、市中级人民法院、市人民检察院。《主任信箱制度》规定在常德市人大常委会机关门前设立"主任信箱",来访者可随时将信访件投入信箱内,由市人大常委会办公室定时开箱,分类登记后呈市人大常委会主任、有关副主任阅示,再转交有关单位在两个月内办理完毕,回复市人大常委会主任、有关副主任及来访者。不属于受理范围的,由市人大常委会办公室直接转有关部门处理,并函告信访者本人。

1996 年 5 月,建立《主任接待电话制度》,公布接待电话号码,工作人员按照市人大常委会有关负责人的意见,转交有关单位在三个月内办理完毕并回复。

2004 年 1 月,市人大常委会对《常德市人大常委会主任接待日制度》进行修改。接待日变更为每月 12 日,接待内容明确为司法不公和不依法行政案件。主任会议组成人员轮流接待来访,"一府两院"派主要负责人参加接待,市人大各委室要有负责人值班。

2005 年 11 月,建立《主任会议定期听取信访工作汇报制度》。每半年,主任会议听取一次有关重大信访个案督查,信访综合分析等情况的专题汇报。

2005 年 11 月,建立《重大信访案件办理制度》。制度规定,全国人大常委会、省人大常委会交办的信访案件和本级的可能影响政治、经济、社会稳定的信访案件列为重大信访案件。重大信访案件呈报常委会主任和分管信访工作的副主任阅批,常委会办公室信访科按照主任批示意见落实责任单位和责任人定期办理、回复。涉及司法机关诉讼及执法行为的申诉、控告、检举或代表建议、批评和意见,由市人大内务司法委员会按程序归口办理。

2005 年 11 月,市人大常委会将 1996 年的《联席会议制度》修改完善为《常委会信访联席会议制度》和《与"一府两院"信访工作联系会议制度》。《常委会信访联席会议制度》规定每季度召开一次常委会机关信访联席会议,各专门委员会和有关工作机构的负责人参加会议,交流信访信息,督促信访事项办理进展情况,分析信访动态,研究重大信访案件。《与"一府两院"信访工作联系会议制度》在原制度的基础上,进一步明确联席会议的主要职责和各联席单位在会议中的具体任务,并规定,信访联席会议交办的信访事项,承办单位应在三个月内办结,如在三个月内不能办结,应当书面说明情况。

2012 年 3 月,建立《常委会正、副主任约访下访群众工作制度》。制度规定约访地点在市人大常委会机关,下访一般到信访人所在的乡镇政府(街道办事处)办公场所进行。案源由信访部门在日常信访接待中筛选,报分管信访工作的副秘书长与信访部门初定,再报约访下访主任最终审定。约访、下访的时间由主任、副主任根据信访人的要求和案件情况等因素综合考虑后确定。制度要求,相关单位对市人大常委会领导约访下访的案件,必须在法定期限内办结并回复,对于未积极落实、未在法定期限内办结或案结事了的,市人大常委会将依法启动质询等监督程序,确保督办落实到位。对于办理结果,市人大常委会将作为行使重大事项决定权、监督权和人事任免权的重要决策依据。

第二节 信访处理

1988—2013年,常德市历届人大常委会共受理人民来信来访77846件(次),其中来信6606件,来访71240人次。其中司法方面21251件次,占信访总数的27.3%;历史遗留问题16347件次,占信访总数的20.9%;城市建设13700件次,占信访总数的17.6%;劳动社会保障10166件次,占信访总数的13.06%;农村问题9107件次,占信访总数的11.7%;干部作风6071件次,占信访总数的7.8%;其他1204件,占信访总数的1.54%。

1991年2月,石门县泥沙镇居委会龙某等19位居民联名向市人大常委会信访科反映王永松及家人非法买卖土地,骗取政府建房证,并行凶伤人等问题,要求处理。市人大常委会按照信访处理程序的有关规定将信访件转石门县人大常委会办理。石门县人大常委会督促有关部门及时处理,平息了上访,并给市人大常委会回复。

1995年1月,安乡县陈家咀镇沙河口村村民宁某向市人大常委会举报村支部书记以权谋私,违法乱纪,加重群众负担,贪污挪用公款等问题。1995年2月14日,市人大常委会按照有关规定将信访件转安乡县人大常委会办理,安乡县人大常委会将信访件转陈家咀镇纪委调查,并对信访反映问题进行处理。

1995年4月,市人大常委会受理安乡县安康乡仙桃村黄某等要求查处安康乡政府擅自占用集体土地扩建造纸厂芦苇堆坪等问题,随即按规定将信访转安乡县人大常委会办理。安乡县人大常委会于5月26日召开主任会议,讨论决定将该案件作为重要信访案交安乡县政府调查处理,并要求在6月份的主任会上听取处理结果汇报。安乡县国土局受安乡县人民政府的委托,对信访举报的问题进行了调查处理。

1997年12月12日,常德城区某建筑工地30人联名向市人大反映:武陵区公安分局南坪派出所几名干警清查暂住人口时,不文明执法,致多人受伤,要求依法处理当事人并赔偿医药费等损失。市人大内司委受理该案后,多次听取公安、检察部门的案情汇报,三次到市公安局和武陵区公安分局进行具体督办。1998年8月11日,市人大内司委以办公会议的形式到市公安局听取具体处理意见。市、县两级公安机关根据南坪派出所干警在工作中给当事人造成的违法伤害事实,依法给受害人赔偿了医药费及损失。当事人表示满意,同意息诉。

1999年4月1日,武陵区河洑镇全美村75位村名联名向市人大常委会信访科举报本村第四次村委会换届选举弄虚作假,要求查处。信访科按照主任会议意见及信访处理有关规定,将信访件转武陵区调查处理。4月2日,区民政局会同区委组织部派员进村开展调查工作,认为信访反映情况基本属实。4月9日,镇人大主席等一行4人到该村召开村民代表大会,部署重新选举,该违法事件得到纠正。

1999年7月27日,桃源县公安局负责人及闵某家属到市人大内司委反映:7月4日晚,桃源县公安局津江派出所闵某接待处理一起因醉酒引发的治安案件,斗殴一方在离开派出所时,趁护送民警不备,将另一方袭成重伤,伤者在送往医院途中死亡。7 月 26 日,市检察院以涉嫌玩忽职守罪将闵某刑事拘留。漳江派出所及闵某家属不服,要求为闵某申冤。市人大受理此案并研究后,一方面委派内司委干部深入实地调查案情,一方面召集市检察院办案人员审查认定闵案的法律和事实依据。调查分析后认为闵某在处理案件中没有渎职行为,受害人的死亡是闵某意志外的因素造成的,因而不构成玩忽职守罪。检察机关于 8 月 9 日解除对闵某的刑事拘留。

1999 年 9 月 7 日,临澧县修梅镇范家村村民卢某到省人大上访,要求处理修梅法庭法官李某无故打人一案。按照省人大信访处领导和市人大常委会主任会议意见,信访件转临澧县人大常委会办理。10 月 8 日,临澧县人大信访领导小组负责人带领信访专干,会同修梅乡人大主席到范家村了解案情并上门听取当事人的意见与要求。10 月 10 日,县法院研究决定:责成法官李某道歉并在全院骨干会上认错,法院赔偿卢某医药费和误工费。

2002 年 2 月 17 日,陈某到市人大常委会信访科举报刘瑶科、许木松等人经营贩卖假药,要求追究刑事责任。此件经主任会议研究后交市公安局办理。市公安局经立案侦查查明:犯罪嫌疑人许木松、刘瑶科、文中义、文志斌触犯《刑法》构成偷税罪,非法经营罪,帮助伪造证据罪和非法处置查封、扣押、冻结的财产罪。截至 2003 年 5 月 14 日,追回部分赃款,犯罪分子受到法律制裁 。

2005 年 3 月,彭某到市人大内司委反映:彭某在一起建筑工程承包合同纠纷案中已按武陵区法院的判决协助履行了 16 万元的债务,而鼎城区法院在执行另一案过程中就同一债务又向他发出类似裁定,要求其再次履行债务。彭某提出异议,鼎城区法院仍然扣押彭某的小车一辆及现金 5000 元,并对其实行司法拘留。市人大内司委于 3 月 24 日召开内司委办公会议,并邀请常委会领导参加,召集两级法院领导及执行局的人员参加,提出明确的监督意见。市中级人民法院于 4 月 1 日对鼎城区人民法院下达撤销民事裁定书的指令。

2011 年桃源县廖某等人到市人大内司委上访,反映桃源县法院干部谢某驾车与的士车刮擦后,叫来社会无业人员吴某等十余人持凶器将对方多人砍伤,公安机关介入后仅对吴某等人作劳动教养处理。一个多月后,却将在扭送犯罪嫌疑人过程中致嫌疑人受伤的鲁某以涉嫌故意伤害罪刑事立案。内司委受理后,经集体研究,将该案作为要案先后向市检察院、市中级人民法院和桃源县人大常委会进行交办,要求依法公正办理。经过督办,桃源县公安局组织双方当事人达成调解协议,县公安局撤销对鲁某的刑事立案,桃源县法院决定对谢某给予行政处分。

2011 年 12 月,鼎城区灌溪镇五里岗村陈某等 6 户迁入户,不服本组按实际迁入年限给予不同份额土地征收补偿款的分配方案,到市人大上访,要求享受同组原住村民同等的土地补偿款分配权。市人大常委会主任会议研究后,委派市人大常委会分管信访工作的副秘书长率领相关人员会同鼎城区人大信访办等相关部门人员,多次赴灌溪镇实地调查督导办理,最终妥善解决了矛盾。

2012 年 12 月 18 日，陈某因外孙女钱某头部被同班同学胡某用手拍打受伤，不服常德市第一人民医院诊断，到市人大机关上访，要求对钱某伤情进行司法鉴定，赔偿损失。市人大常委会领导在听取相关部门汇报后研究决定，将该案交鼎城区人大群工部（信访室）处理。2013 年4 月 2 日，由鼎城区人大群工部牵头，会同津市市人大信访室，组织鼎城区教育局、鼎城区六中、津市市棠华乡政府等单位负责人及胡某亲属在鼎城区六中通过协商，达成协议，陈某息访。

第四章　机关建设

第一节　人员编制

1988年6月25日，市一届人大常委会第一次会议决定设立市人大常委会办公室、法制工作委员会、财政经济工作委员会、农村工作委员会、教育科学文化卫生工作委员会、代表联络工作委员会6个工作机构，市人大常委会机关定编70名。

1989年9月，增设民族华侨工作委员会，其人员编制在人大常委会既定编制内调剂解决。

1997年，根据市编办关于《常德市人大机关机构改革方案》的通知（常编发〔1997〕6号）精神，市人大机关核定行政编制69名，后勤服务人员事业编制14名。岗位结构为：

1.常委会正副主任7名。

2.常委会秘书长1名；副秘书长2名（副秘书长由办、委、室主要负责人兼任）。

3.人大常委会办公室37名（行政编制30名，后勤服务人员事业编制7名）。其中办公室主任1名（由人大常委会副秘书长兼任），副主任3名；纪检组长1名；秘书科6名，其中科长1名，副科长1名；信访科3名，其中科长（副科长）1名；政工科（与纪检组合署办公）2名，其中科长1名，副科长1名；保卫科2名，其中科长（副科长）1名；行政科15名，其中科长1名，副科长2名，事业编制7名；常委会值班室4名，其中主任1名，副主任1名。

4.人大常委会研究室7名（行政编制6名，后勤服务人员事业编制1名）。其中主任1名，副主任1名；综合调研科3名，其中科长（副科长）1名，司机1名（事业编制）；宣传科2名，其中科长（副科长）1名。

5.人大常委会选举任免联络工委6名（行政编制5名，后勤服务人员事业编制1名）。其中主任1名，副主任2名；综合科2名，其中科长（副科长）1名，司机1名（事业编制）。

6.市人大5个专门委员会25名（行政编制20名，后勤服务人员事业编制5名）。其中农业、教科文卫、财政经济3个专门委员会各设主任委员1名，副主任委员1名，委员1名；内务司法委员会设主任委员1名，副主任委员2名，委员1名；城乡建设环境保护委员会设主任委员1名，副主任委员1名。5个专门委员会内设的综合科各配科长（副科长）1名，司机1名（事业编制）。

市人大常委会机关老干部工作室，正科级，归口市人大常委会办公室管理。核定事业编制3名，其中主任1名、工作人员1名、司机1名。

2002年，根据中共常德市委关于印发《常德市人大机关机构改革方案》的通知（常通字〔2002〕12号）精神，市人大机关行政编制为61名。其中人大常委会专职正、副主任8名；秘书长兼办公室主任 1 名，副秘书长兼办公室副主任 3 名，副处级纪检员兼机关党委副书记 1 名，工会主席 1 名；选举任免联络工作委员会主任 1 名，副主任 2 名；研究室主任 1 名，副主任 2 名；市人大 5 个专门委员会主任委员、副主任委员 10 名（各专门委员会均配 1 正 1 副），专职委员 6 名（其中内务司法委员会专职委员 2 名，其他专门委员会专职委员各 1 名）；正副科级领导职数 19 名；其他工作人员 10 名。

离退休人员管理科核定离退休人员管理服务人员编制 3 名，实行单列，属于行政性质，其中科长（副科长）1 名，工作人员 2 名，管理人员参照公务员管理。

机关后勤服务编制 17 名。

2006 年，根据中共常德市委机构编制委员会《关于设立市人大常委会预算工作委员会的通知》（常编〔2006〕11 号）精神，撤销市人大财政经济委员会预算审查监督科，设立市人大常委会预算工作委员会（简称预算工委），为市人大常委会工作机构，机构级别为正处级。核定预算工委行政编制 4 名，其人员机构为：主任 1 名，副主任 1 名；正副科级领导职数 1 名；其他工作人员 1 名。编制来源为，从市人大财政经济委员会预算审查监督科连人带编划入 2 名，另新增行政编制 2 名。

2008 年，根据中共常德市委机构编制委员会办公室《关于市人大内司委增设备案审查科的批复》（常编办〔2008〕121 号）精神，同意市人大内司委增设备案审查科，核定行政编制 2 名，其中科长（副科长）1 名，其他工作人员 1 名。

2009 年，根据中共常德市委机构编制委员会办公室《关于设立市人大常委会信息中心的批复》（常编办〔2009〕77 号）精神，设立市人大常委会信息中心，为研究室管理的正科级事业单位。核定市人大常委会信息中心全额拨款事业编制 2 名，其人员机构为主任（副主任）1 名，其他工作人员 1 名。

2011 年，根据中共常德市委机构编制委员会办公室《关于市人大办公室等 16 个单位安置 2009 年度军转干部追加行政编制的通知》（常编办〔2011〕36 号）精神，同意市人大办公室追加行政编制 1 名（政工科 1 名）。

根据中共常德市委机构编制委员会办公室《关于市人大常委会办公室增加编制的批复》（常编办〔2011〕68 号）精神，同意市人大常委会办公室增加行政编制 1 名。调整后，市人大常委会办公室行政编制为 27 名（其中信访科 3 名）。

根据中共常德市委机构编制委员会办公室《关于市人大常委会信息中心增加事业编制的批复》（常编办〔2011〕249 号）精神，同意市人大常委会信息中心增加全额拨款事业编制 1 名，其编制结构为一般管理人员。调整后，市人大常委会信息中心全额拨款事业编制为 3 名。

2012 年，根据中共常德市委机构编制委员会办公室《关于调整市慈善总会办公室和市人大常委会信息中心人员编制的通知》（常编办〔2012〕131 号）精神，同意从市慈善总会办公室连人带编划转 1 名人员编制到市人大常委会信息中心。调整后，市人大常委会信息中心全额拨款事业编制为 4 名。

根据中共常德市委机构编制委员会办公室《关于调整市政协信息中心和市人大常委会信息中心人员编制的通知》(常编办〔2012〕131 号)精神，同意从市政协信息中心连人带编划转 1 名人员编制到市人大常委会信息中心。调整后，市人大常委会信息中心全额拨款事业编制为 5 名。

至 2013 年 12 月止，市人大常委会机关核定编制 92 名，其中行政编制 73 名、事业编制 19 名。

第二节　机关基层党组织建设

2011 年 6 月 30 日，市人大常委会机关党委组织全体机关共产党员重温入党誓词，庆祝建党 90 周年

1988 年 10 月，市人大常委会机关设立中共常德市人大常委会机关总支部委员会，负责市人大常委会机关党的工作。党总支部下设市人大常委会办公室、联工委、法工委、财工委、教科文卫工委、农工委 6 个党支部。1989 年后增设民侨工委支部，党支部增至 7 个。刘淑元任党总支部书记，夏远铭任副书记，各党支部书记任党总支部委员。1990 年 5 月，蔡汝栋任总支部书记。1991 年 6 月，根据中共常德市直属机关委员会批复，撤销中共常德市人大常委会机关总支委员会，成立中共常德市人大常委会机关委员会。蔡汝栋任机关党委书记，夏远铭任副书记，各党支部书记任机关党委委员。1993 年 8 月，机关党委换届，周鸿翔任机关党委书记，赵理群任副书记，各党支部书记任机关党委委员。1998 年 4 月，机关党委换届，根据机关实际情况，增设人大常委会研究室、老干部两个党支部，党支部增至 9 个。蒋祖健任机关党委书记，蒋琼、刘朝云任副书记，各党支部书记任机关党委委员。2005 年 11 月，龚本元任副书记。2003 年 8 月，机关党委换届，鲁秉群任机关党委书记，刘朝云、李继杰任副书记，各党支部负责人任机关党委委员。2005 年 11 月，李继杰任机关党委书记。2008 年机关党委换届，商淑雯任机关党委书记，彭海涛、翦鹰任副书记。2012 年 3 月，唐莹任副书记。该届增设预算工委党支部，党支部增至 10 个。

2011 年 6 月 30 日，市人大常委会机关党委举行庆祝建党 90 周年活动，机关共产党员齐唱《没有共产党就没有新中国》

2012年10月，杨立安任机关党委书记，刘伏沅任副书记。2013年4月，机关党委换届，杨立安任机关党委书记、刘伏沅任副书记，各党支部负责人任党委委员。至2013年年底，机关党员由1988年人大常委会机关成立之初的48名发展成136名，机关党支部由7个发展成10个。（详情见附表）

表7—4—2—1

<table>
<tr><th>组织名称</th><th>机构成立（调整）时间</th><th>书记</th><th>副书记</th><th>下设党支部</th></tr>
<tr><td rowspan="2">中共常德市人大常委会机关总支部委员会</td><td>1988.10</td><td>刘淑元</td><td>夏远铭</td><td rowspan="4">办公室、联工委、法工委、财工委、教科文卫委、农工委、民侨工委</td></tr>
<tr><td>1990.05</td><td>蔡汝栋</td><td>夏远铭</td></tr>
<tr><td rowspan="2"></td><td>1991.06</td><td>蔡汝栋</td><td>夏远铭</td></tr>
<tr><td>1993.08</td><td>周鸿翔</td><td>赵澧群</td></tr>
<tr><td rowspan="9">中共常德市人大常委会机关委员会</td><td>1998.04</td><td>蒋祖健</td><td>蒋　琼
刘朝云</td><td rowspan="5">办公室、研究室、联工委、内司委、财经委、城环委、教科文卫委、农业委、老干</td></tr>
<tr><td>2000.02</td><td>蒋祖健</td><td>龚本元</td></tr>
<tr><td>2003.08</td><td>鲁秉群</td><td>刘朝云
李继杰</td></tr>
<tr><td>2005.08</td><td>李继杰</td><td>刘朝云</td></tr>
<tr><td>2005.11</td><td>李继杰</td><td>刘朝云</td></tr>
<tr><td>2007.10</td><td>商淑雯</td><td>彭海涛
翦　鹰</td><td rowspan="4">办公室、研究室、联工委、内司委、财经委、预算工委、城环委、教科文卫委、农业委、老干</td></tr>
<tr><td>2010.06</td><td>商淑雯</td><td>彭海涛</td></tr>
<tr><td>2012.03</td><td>商淑雯</td><td>唐　莹</td></tr>
<tr><td>2012.10</td><td>杨立安</td><td>刘伏沅</td></tr>
</table>

第三节　制度建设

1988年9月，按照《中国共产党章程》和《中国共产党地方委员会工作条例》的有关规定，结合市人大常委会工作实际，制定《常德市人大常委会党组议事规则》（以下简称《议事规则》）。《议事规则》的主要内容是：市人大常委会党组在中共常德市委领导下开展工作。党组会议主要是传达学习党的路线、方针、政策及中央、省、市委重要会议和文件精神，研究部署贯彻落实的具体措施；讨论研究需要向市委请示报告的重大事项；研究确定市人大常委会党组领导班子成员分工；研究拟向市委提请的常委会机关处级干部任免事项，研究机关内部机构设置，向市委及有关部门提出建议；研究以常委会党组名义发出的重要文件及其他重要文稿；对党组会议召集人、参加人员、列席人员、会议召开方式、表决方式、会议文件签发程序等内容作了相关规定。

1993年6月，制定《常德市人大常委会委室主任联席会议制度》（以下简称《联席会议制度》）。《联席会议制度》规定，委室主任联席会议由分管机关工作的常委会副主任、秘书长、副秘书长、常委会各工作机构主要负责人组成；会议主要研究、安排和检查常委会会议、主任会议的有关准备工作；研究办理、落实常委会会议和主任会议布置的有关事项；研究布置机关重要工作；研究、协调机关管理的有关问题。联席会议一般每月上旬召开一次，必要时可临时召开。对会议召集人、议题确定程序、会议服务职责等作出规定。第三届人民代表大会设立专门委员会后，各专门委员会主要负责人成为联席会议成员。

1999年4月，制定市人大常委会秘书长办公会议制度。制度规定，秘书长办公会议由常委会秘书长、副秘书长组成。会议主要是研究贯彻落实常委会党组和主任会议决定事项的具体实施方案；讨论向常委会党组、主任会议提出的重要建议；讨论拟定机关重要活动的工作方案；讨论决定机关各委室提请秘书长办公会议研究的重要事项。制度对会议主持人、会议内容确定、会议召开条件及会议服务责任作出具体规定。

1999年4月，制定常委会机关综合治理工作制度。制度规定，机关综合治理领导小组由一名副秘书长任组长，各委室一名副主任为成员；办公室机关事务管理科负责机关综合治理的具体工作；制度还对安全保卫责任、办公楼设施设备检查办法、机关宿舍区管理作出具体规定。

2011年，根据《公务员法》《党政领导干部选拔任用工作条例》《公务员职务任免与职务升降规定（试行）》和市委关于加强干部管理工作有关文件精神，结合市人大常委会工作实际，制定市人大常委会机关科级干部选拔任用工作实施办法，对选拔任用科级干部的原则、任用条件、任用的基本程序及选拔任用纪律监督作出具体规定。

2013年，制定常委会主任工作例会制度。常委会主任工作例会由常委会主任会议成员、党组成员组成。各委室主要负责人列席每月最后一次工作例会。工作例会主要讨论各委室报告的有关事项、机关建设管理方面的有关事项、各委室当月工作落实情况和下月工作安排。例会由常委会主任主持，必要时可委托常委会副主任主持。会议一般每半个月召开一次，遇市级重大活动或其他特殊情况需变更会议召开时间，由主持人确定。制度还规定了会议议题确定程序、会议服务组织、会议纪要签发程序及会议议定事项落实责任等。

2013年，对常委会机关网络安全及设备管理制度进行修订。制度规定机关各类电脑严格单机使用，切实实行内外网分离，坚决杜绝“一机两用”。办公用笔记本电脑和链接外网台式电脑不能进行公文存储、处理操作，一般公文处理只能在内网工作机上进行。制度还对涉密信息处理程序、涉密计算机维护程序、涉密介质管理、网络安全管理、泄密情况处理等作出详细规定。

2013年，对市人大常委会机关事务管理委员会会议制度进行修订。制度规定机关事务管理委员会由分管机关工作的常委会副主任、秘书长、副秘书长、办公室副主任、副处级纪检员和代表大会各专门委员会及常委会各工作机构主要负责人组成。会议主要讨论决定机关事务管理方面的重大事项;讨论决定机关重点建设、重大维修有关事项;讨论协调常委会主任会议、秘书长办公会议涉及机关管理的有关事项。

第八篇《

区县(市)人民代表大会

第八篇　区县(市)人民代表大会

常德市区、县(市)人大常委会主任座谈会会场

第一章　武陵区

第一节　常德市各界人民代表会议

1949年9月至1954年3月，常德市各界人民代表会议历经两届，共举行9次正式会议，4次临时会议，作出决议决定9项。

一届一次会议于1949年9月16—18日举行，106名代表出席会议。会议听取了常德市解放以来的军事管制工作报告，推选赵墨轩等10人组成市各界人民代表委员会，决定成立市债调解委员会。收到代表提案 51 件。

一届二次会议于 1949 年 10 月 30—31 日举行，139 名代表出席会议。会议听取了市政府工作报告，推选赵墨轩等 13 人组成市各界人民代表委员会。收到代表提案 110 件。

一届三次会议于 1950 年 3 月 16—17 日举行，139 名代表出席会议。会议传达了中央关于调解劳资关系的政策原则，决定将“市各界人民代表委员会”改为“市各界人民代表会议协商委员会”，决定成立市劳资关系协商委员会。

一届四次会议于 1950 年 7 月 25 日举行，139 名代表出席会议。会议选举沈克家等 3 人为省一届各界人民代表会议代表。

二届一次会议于 1950 年 12 月 17—23 日举行，179 名代表出席会议。会议审议通过大会组织条例及协商委员会选举办法，传达省一届各界人民代表会议精神，制定了市各界人民支援抗美援朝等八项行动纲领，听取关于时事与军事管制等工作情况报告，作出 4 项决议；选举牛迪义为市二届各界人民代表会议协商委员会主席，郁志明、熊炳立为副主席，孙鸣久等 20 人为委员。收到代表提案 194 件，整理归纳为 104 件。

第一次临时会议于 1951 年 3 月 13 日举行，164 名代表出席会议。会议听取关于镇压反革命的动员报告，通过《关于坚决镇压反革命的决议》。

二届二次会议于 1951 年 11 月 14—20 日举行，178 名代表出席会议。会议听取和审议市人民政府有关工作报告，作出 5 项决议。收到代表提案 201 件。

第二次临时会议于 1952 年 1 月 19 日举行，175 名代表出席会议。会议听取和审议市人民政府工作报告，讨论确定 1952 年工作任务。

二届三次会议于 1952 年 2 月 28 日举行，178 名代表出席会议。会议听取市人民政府动员报告，作出《关于坚决制裁不法奸商破坏五反运动，为击退资产阶级猖狂进攻的五项具体措施的决议》。

二届四次会议于 1952 年 8 月 21—24 日举行，133 名代表出席会议。会议听取和审议全市开展“三反、五反”运动的成果报告，通过了关于严禁烟毒的决议案，选举李钦武为各界人民代表会议协商委员会主席，熊炳立、丁国泉为副主席，葛敬等 24 人为委员。

第三次临时会议于 1952 年 11 月 27—30 日举行，184 名代表出席会议。会议选举沈克家等 9 人为省二届各界人民代表会议代表。

二届五次会议于 1954 年 2 月 17 日举行，184 名代表出席会议。会议听取和审议市人民政府有关工作报告；作出《关于继续宣传教育和深入贯彻过渡时期总路线的决议》；补选孙怀珍为市二届各界人民代表会议协商委员会主席，李钦武、葛敬、李焕英、熊炳立为副主席，丁国泉等 22 人为委员；收到代表提案 296 件。

第四次临时会议于 1954 年 3 月 12 日举行，177 名代表出席会议。会议听取市人民政府有关工作报告，通过《关于在全市范围内积极开展普选工作的决议》。

第二节　武陵区(常德市)人民代表大会

1954 年 6 月至 1988 年 6 月，常德市人民代表大会历经十届;1988 年 6 月至 2013 年 1 月,武陵区人民代表大会历经六届。市、区人民代表大会共历经十六届,举行大会 62 次,其中包括革命委员会会议及其全体(扩大)会议 14 次。

第一届人民代表大会

一届人大一次会议于 1954 年 6 月 25—30 日举行,97 名代表出席会议。会议选举李钦武等 6 人为省一届人大代表,决定将市人民政府更名为市人民委员会。

一届人大二次会议于 1955 年 5 月 3—5 日举行, 103 名代表出席会议。会议传达了省一届人大二次会议精神; 听取和审议市人民政府一年来工作情况及 1955 年工作意见的报告,并作出决议;听取和讨论《关于〈中华人民共和国兵役法修正草案〉的报告》,讨论通过《关于深入开展节约粮食运动》等决议和代表提案审查报告。选举葛敬为市人民委员会市长,胡德清为副市长,丁国泉等 19 人为委员;赵锡禄为市人民法院院长。收到代表提案 289 件。

一届人大三次会议于 1956 年 1 月 7—10 日举行,99 名代表出席会议。会议听取和审议市人民政府《关于常德市一年来工作情况和 1956 年工作任务》等 4 个工作报告,并作出决议;传达省一届人大三次会议精神。收到代表提案 137 件。

第二届人民代表大会

二届人大一次会议于 1956 年 12 月 3—5 日举行,104 名代表出席会议。会议听取和审议市人民委员会和市人民法院工作报告,并作出决议;通过《关于继续深入开展增产节约运动的决议》。选举葛敬为市人民委员会市长,李汝章、熊炳立、魏燕文为副市长,王志国等 17 人为委员;文匡时为市人民法院院长;补选葛敬为省一届人大代表。收到代表提案 257 件。

二届人大二次会议于 1957 年 5 月 27—30 日举行, 94 名代表出席会议。会议听取和审议关于常德市 1957 年一季度工作情况及当前几项主要工作意见、关于市二届人大一次会议代表提案执行情况等报告,并作出决议;审查批准关于常德市 1956 年财政决算和1957 年度财政预算草案的报告。收到代表提案 174 件。

第三届人民代表大会

三届人大一次会议于 1958 年 5 月 23—25 日举行,104 名代表出席会议。会议传达省一届人大五次会议精神;听取和审议市人民委员会和财政、法院工作报告,并作出决议。选举葛敬为市人民委员会市长,李汝章、熊炳立为副市长,王志国等 18 人为委员;文匡时为市人民法院院长;葛敬等 6 人为省二届人大代表。收到代表提案 220 件。本届人大只召开一次代表大会。

第四届人民代表大会

四届人大一次会议于 1960 年12 月 13—15 日举行,122 名代表出席会议。会议听取和审查市人民委员会1958年至1960年的工作报告,并作出决议;审查和批准常德市1959年财政决算和1960年预算草案的报告;听取市人民法院三年来的工作报告并作出决议。选举李汝章为市人民委员会市长,魏燕文、熊炳立为副市长,孙怀珍等18人为委员;文匡时为市人民法院院长;补选李汝章等2人为省二届人大代表。收到代表提案100件。本届人大只召开一次代表大会。

第五届人民代表大会

五届人大一次会议于1964年8月7—10日举行,116名代表出席会议。会议听取和审议了市人民委员会和市人民法院工作报告,并作出决议;审查和批准常德市1963年财政决算和1964年财政预算安排及预算执行情况的报告;听取关于国际国内形势和工作任务的报告。选举李汝章为市人民委员会市长,戴史进、谢梦山、申明新、熊炳立为副市长,丁为政等18人为委员;李心诚为市人民法院院长;李汝章等6人为省三届人大代表。收到代表提案271件。本届人大只召开一次代表大会。

第六届人民代表大会

六届人大会议因"文化大革命"运动未能如期召开。1968年3月2日,常德市革命委员会成立。按照有关规定,依序视为第六届人民代表大会。六届人大期间,市革命委员会先后召开9次全体(扩大)会议。

第七届人民代表大会

七届人大一次会议于1978年2月27—3月2日举行,527名代表出席会议。会议听取和审议市革命委员会工作报告,并作出决议。选举朱练成为市革命委员会主任,曲邦照、刘高科、葛敬、胡德清、张续武、朱斐然、潘海萍为副主任,王跃清等33人为委员;张凤梅等8人为省五届人大代表。七届人大期间,市革命委员会先后召开5次全体会议。

第八届人民代表大会

八届人大一次会议于1980年11月30日—12月5日举行,169名代表出席会议。会议听取和审议市革命委员会和"两院"工作报告;审查批准常德市1979年收支决算、1980年财政预算草案和1981年财政概算的报告。决定撤销革命委员会,建立人民政府,设立人大常委会。选举葛敬为市人大常委会主任,才永富、廖报才、谢海泉为副主任,丘武兴等11人为委员;刘高科为市人民政府市长,朱斐然、文匡时、曾昭慎、熊光炎为副市长;王裕庆为市人民法院院长;唐仁杰为市人民检察院检察长。收到代表提案1793件。

市八届人大二次会议于1982年2月23—27日举行,157名代表出席会议。会议听取和审议市人大常委会和"一府两院"工作报告并作出相应决议;审查批准国民经济计划、财政预算报告;补选王跃清为市人大常委会副主任及1名市人大常委会委员;审议通过《关于努力实现三高(高速度、高质量、高效益)争取我市物质文明建设取得更大进展的决议》;审议了市城市管理办法(草案)和城市建设管理、城市卫生管理等5项规定,通过《关于切实加强城市各项管理,促进我市精神文明建设的决议》。收到代表提案473件。

八届人大三次会议于1983年3月11—16日举行,168名代表出席会议。会议审议通过《关于认真学习宣传、坚决贯彻执行宪法的决议》;听取和审议市人大常委会、"一府两院"工作报告并作出相应决议，作出关于加强中小学教育工作和开展全民义务植树运动等2个决议;审查批准国民经济计划、财政预算报告;选举丁玉环等11人为省六届人大代表,补选柳中秋为市人民法院院长。收到代表提案471件。

第九届人民代表大会

九届人大一次会议于1984年4月11—16日举行,202名代表出席会议。会议听取和审查"一府两院"工作报告并作出决议;审查批准国民经济计划、财政预算报告。选举潘国忠为市人大常委会主任,才永富、廖报才、王跃清、谢海泉、周用友、杨其昌为副主任,王孝儒等14人为委员;朱斐然为市人民政府市长,熊光炎、文匡时、李述炽、黄盛华为副市长;柳中秋为市人民法院院长;唐仁杰为市人民检察院检察长。收到代表提案1198件。会议期间,22名代表就食品卫生检验和德山地区的肉食蔬菜供应及服务态度、有关部门贯彻中央文件不力等问题提出3件质询案,大会主席团责成市人民政府及相关部门向代表作出答复。

九届人大二次会议于1985年3月12—16日举行,200名代表出席会议。会议听取和审议市人大常委会、"一府两院"工作报告,市人民政府关于加强法制教育、普及法律知识的议案及议案说明并作出决议;审查批准国民经济计划、财政预算报告;作出接受朱斐然等人辞去市人民政府市长、副市长的请求的决议,补选陈德铨为市人民政府市长,龙定友为副市长。收到代表议案1件、提案430件。

九届人大三次会议于1986年3月3—7日举行,223名代表出席会议。会议听取和审议市人大常委会、"一府两院"工作报告并作出决议;审查批准《常德市国民经济和社会发展第七个五年计划草案》和国民经济计划、财政预算报告;根据市人民政府提出的议案,作出关于建设文明城市、树文明市风、创文明单位、做文明市民和关于加速普及九年制义务教育2个决议;通过关于接受市人大常委会有关组成人员及市人民政府一名副市长辞去有关职务的请求的决议,补选丁时祺为市人民政府副市长。收到代表议案2件、提案392件。

第十届人民代表大会

十届人大一次会议于1987年2月21—25日举行,210名代表出席会议。会议听取和审议市人大常委会、"一府两院"工作报告并作出决议;审查批准国民经济计划、财政预算报告。选举潘国忠为市人大常委会主任,廖报才、王跃清、谢海泉、杨其昌、姚建平、彭楠柏为副主任,朱云德等12人为委员;陈德铨为市人民政府市长,张安中、龙定友、龙迪安、丁时祺为副市长;柳中秋为市人民法院院长;唐仁杰为市人民检察院检察长。收到代表提案907件。

十届人大二次会议于1988年1月5—9日举行,出席会议代表221名。会议听取和审议市人大常委会、"一府两院"工作报告并作出决议;审查批准国民经济计划、财政预算报告;选举陈德铨等7人为省七届人大代表。收到代表议案36件,经审查确定立案18件,转为建议18件;同时收到代表提案及建议、批评、意见425件。

十届人大三次会议于1988年6月7—8日举行,210名代表出席会议。会议选举常德市第一届人民代表大会的代表47名。此次大会后,常德市变更为现武陵区。

十届人大四次会议于1989年3月14—18日举行,216名代表出席会议。会议听取和审议区人大常委会、"一府两院"工作报告并作出决议;审查批准国民经济计划、财政预算报告;补选张安中为区人民政府区长,龙迪安、龙定友、丁时祺为副区长。收到代表议案15件,经审查决定立案9件,转作建议6件;同时收到代表建议、批评和意见262件。

第十一届人民代表大会

十一届人大一次会议于1990年2月13—18日举行,216名代表出席会议。会议听取和审议区人大常委会、"一府两院"工作报告并作出决议;审查批准国民经济计划、财政预算报告。选举黄泽贤为区人大常委会主任,姚建平、王跃清、杨其昌、彭楠柏、谢永发、龚业铮为副主任,王子敬等14人为委员;龙定友为区人民政府区长;戴军勇、龙祝林、张家安、向明容、丁时祺为副区长,高绍启为区人民法院院长;严兴华为区人民检察院检察长。收到代表议案28件,经审查决定立案2件,转为建议11件;同时收到代表建议、批评和意见452件。

十一届人大二次会议于1991年2月25日—3月1日举行,225名代表出席会议。会议听取和审议区人大常委会、"一府两院"工作报告并作出决议;审查批准国民经济计划、财政预算报告;表彰先进人大代表小组、人大代表活动积极分子、地方人大常委会成立十周年法律竞赛优胜个人。收到代表议案9件,全部转作建议;同时收到代表建议、批评和意见185件。

十一届人大三次会议于1992年2月24—28日举行,222名代表出席会议。会议听取和审议区人大常委会、"一府两院"工作报告并作出决议;审查批准国民经济、社会发展十年规划及第八个五年计划纲要及年度国民经济计划、财政预算报告;表彰先进人大代表小组和人大代表活动积极分子。收到代表议案7件,全部转作建议;同时收到代表建议、批评和意见77件。

第十二届人民代表大会

十二届人大一次会议于1992年11月30日—12月3日举行,210名代表出席会议。会议选举黄泽贤为区人大常委会主任,苏长新、龙祝林、熊以钦、王志明、李希玲为副主任,王天云等15人为委员;戴军勇为区人民政府区长,韦绍斌、向明容、姚建平、丁时祺、蔡文喜为副区长;高绍启为区人民法院院长;贾云庆为区人民检察院检察长;选举常德市第二届人大代表52名。

十二届人大二次会议于1993年2月10—13日举行,228名代表出席会议。会议听取和审议区人大常委会、"一府两院"工作报告并作出决议;审查批准国民经济和社会发展十年规划、"八五"计划调整方案及年度国民经济计划、财政预算报告。收到代表议案8件,全部转作建议;同时收到代表建议、批评和意见25件。

十二届人大三次会议于1994年2月24日举行,176名代表出席会议。会议听取和审议区人大常委会、"一府两院"工作报告并作出决议;审查批准国民经济计划、财政预算报告;增选姜燮清为区人大常委会副主任;表彰 1993 年度先进代表小组和代表活动积极分子。收到议案 8 件,经审查决定立案 1 件,转作建议 7 件;同时收到代表建议、批评和意见 30 件。会议期间,傅声贤等 10 名代表联名提出《关于要求政法机关秉公执法,维护企业合法权益的质询案》,主席团决定,由受质询单位区人民法院向代表作出了答复。

十二届人大四次会议于 1995 年 2 月 28 日—3 月 3 日举行,215 名代表出席会议。会议听取和审议区人大常委会、"一府两院"工作报告并作出决议;审查批准国民经济计划、财政预算报告; 接受戴军勇辞去区人民政府区长职务, 补选韦绍斌为区人民政府区长; 表彰了 1994 年度先进人大代表小组和人大代表活动积极分子。收到议案 8 件,王弘典等 10 名代表提出的《关于在全区学习好、宣传好、贯彻落实好〈劳动法〉的议案》被予以立案,并交区人民政府办理;会议还收到代表建议、批评和意见 17 件。

十二届人大五次会议于 1996 年 3 月 4—8 日举行,230 名代表出席会议。会议听取和审议区人大常委会、"一府两院"工作报告并作出决议;审查批准"九五"计划、十年长远发展纲要和年度国民经济计划、财政预算报告;接受高绍启辞去区人民法院院长职务,补选李云安为区人民法院院长;表彰 1995 年度先进人大代表小组和人大代表活动积极分子。收到议案 21 件,李光中等 20 名代表提出的《关于巩固、扩大评议"两院"成果的议案》被予以立案,其余 20 件转作建议;会议还收到代表建议、批评和意见 46 件。

十二届人大六次会议于 1997 年 2 月 27 日—3 月 2 日举行,230 名代表出席会议。会议听取和审查区人大常委会、"一府两院"工作报告并作出决议;审查批准国民经济计划、财政预算报告;接受贾云庆辞去区人民检察院检察长职务,补选龚道隆为区人民检察院检察长;表彰了 1996 年度先进人大代表小组和人大代表活动积极分子。收到议案 11 件,全部转作建议;同时收到代表建议、批评和意见 49 件。

第十三届人民代表大会

十三届人大一次会议于 1997 年 11 月 24—28 日举行,203 名代表出席会议。会议选举姚建平为区人大常委会主任,苏长新、龙祝林、王志明、姜燮清、代忠清、罗耀权为副主任,丁时作等 14 人为委员;韦绍斌为区人民政府区长,黄理清、陈磊、谭弘发、熊国建、杨新辉、易焕群为副区长;李安云为区人民法院院长;龚道隆为区人民检察院检察长;选举常德市第三届人大代表 61 名。

十三届人大二次会议于 1998 年 3 月 10—12 日举行,203 名代表出席会议。会议听取和审查区人大常委会、"一府两院"工作报告并作出决议;审查批准国民经济计划、财政预算报告。收到代表议案 16 件,经审查决定立案 3 件,转作建议 13 件;同时收到代表建议、批评和意见 60 件。

十三届人大三次会议于 1999 年 3 月 16—19 日举行,190 名代表出席会议。会议听取和审查区人大常委会、"一府两院"工作报告并作出决议;审查批准国民经济计划、财政预算报告;根据区人大常委会提出的议案作出《关于强化法律监督推行执法责任制的决议》;补选区人大常委会委员 1 名；表彰 1998 年度先进人大代表小组和人大代表活动积极分子、乡镇人大工作红旗单位和先进单位。收到代表议案 20 件，经审查决定立案 2 件，转作建议 18 件；同时收到代表建议、批评和意见 49 件。

十三届人大四次会议于 2000 年 2 月 23— 25 日举行，167 名代表出席会议。会议听取和审查区人大常委会、"一府两院"工作报告并作出决议；审查批准国民经济计划、财政预算报告；听取区人大常委会关于落实"强化法律监督推行执法责任制"议案的情况报告，"一府两院"关于办理代表议案及建议、批评和意见的情况报告；补选朱小林为区人民法院院长；表彰 1999 年度乡镇人大工作红旗单位。收到代表议案 14 件，经审查决定立案 1 件，转作建议 13 件；同时收到代表建议、批评和意见 24 件。

十三届人大五次会议于 2001 年 2 月 20—22 日举行，172 名代表出席会议。会议听取和审查区人大常委会、"一府两院"工作报告并作出决议；审查批准国民经济和社会发展第十个五年计划纲要和年度国民经济计划、财政预算报告；补选张正常为区人大常委会副主任，廖忠义为区人民检察院检察长；审议通过《武陵区人民代表大会议事规则》；表彰了乡镇人大工作红旗单位和先进人大代表小组及人大代表活动积极分子。收到代表议案 10 件，经审查决定立案 1 件，转作建议 9 件；同时收到代表建议、批评和意见 34 件。

十三届人大六次会议于 2002 年 3 月 2—4 日举行，186 名代表出席会议。会议听取和审查区人大常委会、"一府两院"工作报告并作出相应决议；审查批准国民经济计划、财政预算报告。收到代表议案 10 件，全部转作建议办理，同时收到代表建议、批评和意见 51 件。

第十四届人民代表大会

十四届人大一次会议于 2002 年 11 月 16—19 日举行，202 名代表出席会议。会议选举姚建平为区人大常委会主任，罗耀权、张正常、江升元、罗明顺、黄元甫、冉伍英为副主任，王华等 14 人为委员；黄理清为区人民政府区长，罗少挟、杨新辉、徐术福、许仕林、詹一兵、姜胜国为副区长；朱小林为区人民法院院长；廖忠义为区人民检察院检察长；选举常德市第四届人大代表 62 名。

十四届人大二次会议于 2003 年 2 月 13—15 日举行，198 名代表出席会议。会议听取和审查区人大常委会、"一府两院"工作报告并作出相应决议；审查批准国民经济计划、财政预算报告；表彰乡镇、街道人大工作红旗和先进单位。收到议案 10 件，全部转作建议办理；同时收到代表建议、批评和意见 20 件。

十四届人大三次会议于 2004 年 2 月 5—8 日举行，201 名代表出席会议。会议听取和审查区人大常委会、"一府两院"工作报告并作出决议；审查批准国民经济计划、财政预算报告。补选罗少挟为区人民政府区长；彭家明为区人民法院院长；田建中为区人民检察院检察长及区人大常委会委员 3 名。表彰 2003 年度先进人大代表小组和人大代表活动积极分子。收到议案 12 件，全部转为建议办理；同时收到代表建议、批评和意见 33 件。

十四届人大四次会议于 2005 年 1 月 19—21 日举行，197 名代表出席会议。会议听取和审查区人大常委会、"一府两院"工作报告并作出决议;审查批准国民经济计划、财政预算报告;表彰乡镇街道人大工作红旗和先进单位、先进人大代表小组、人大代表活动积极分子。收到议案 15 件,全部转作建议办理;同时受到代表建议、批评和意见 34 件。

十四届人大五次会议于 2006 年 1 月 22—24 日举行,195 名代表出席会议。会议听取和审查区人大常委会、"一府两院"工作报告并作出决议;审查批准国民经济计划、财政预算报告;补选区人大常委会委员 3 名;表彰了乡镇、街道人大工作红旗和先进单位、先进代表小组、代表活动积极分子。收到议案 12 件,全部转作建议办理,同时收到代表建议、批评和意见 39 件。

十四届人大六次会议于 2007 年 2 月 9—11 日举行,193 名代表出席会议。会议听取和审查区人大常委会"一府两院"工作报告并作出决议;审查批准国民经济计划、财政预算报告;补选区人大常委会委员 4 名;表彰乡镇、街道人大工作红旗和先进单位、先进人大代表小组、人大代表活动积极分子。收到议案 14 件,全部转作建议办理;同时收到代表建议、批评和意见 50 件。

第十五届人民代表大会

十五届人大一次会议于 2007年 11 月 16—19 日举行,226 名代表出席会议。会议选举郑之松为区人大常委会主任,鲁光学、罗明顺、冉伍英、吴新华、曾勤建为副主任;向立龙等 19 人为委员;罗少挟为区人民政府区长,徐术福、王路、陈卫平、李宗翰、丁天德为副区长;彭家明为区人民法院院长;田建中为区人民检察院检察长;选举常德市第五届人大代表 62 名。

十五届人大二次会议于 2008 年 1 月 14—16 日举行,223 名代表出席会议。会议听取和审查区人大常委会、"一府两院"工作报告并作出决议;审查批准国民经济计划、财政预算报告;选举许文耽为市五届人大代表;表彰了乡镇、街道人大工作红旗和先进单位。收到议案 12 件,全部转作建议办理;同时收到代表建议、批评和意见 51 件。

十五届人大三次会议于 2009 年 2 月 18—20 日举行,218 名代表出席会议。会议听取和审议区人大常委会、"一府两院"工作报告并作出决议;审查批准国民经济计划、财政预算报告;补选区人大常委会委员 1 名;表彰 2008 年度人大工作先进单位和个人。收到议案 8 件,全部转作建议办理;同时收到代表建议、批评和意见 52 件。

十五届人大四次会议于 2010 年 3 月 3—5 日举行,221 名代表出席会议。会议听取和审查区人大常委会、"一府两院"工作报告并作出决议;审查批准国民经济计划、财政预算报告;补选杨泽民为区人大常委会副主任及区人大常委会委员 2 名;表彰 2009 年度人大工作先进单位和个人。收到议案 8 件,李阳斌等 10 名代表提出的《关于进一步加快我区第三产业发展的议案》被予以立案,并交区人大常委会办理,其他 7 件全部转作建议办理;同时收到代表建议、批评和意见 67 件。

十五届人大五次会议于 2011 年 1 月 7—10 日举行,210 名代表出席会议。会议听取和审查区人大常委会、"一府两院"工作报告并作出决议;审查批准国民经济和社会发展第十二个五年规划纲要和年度国民经济计划、财政预算报告；选举涂碧波为区人民政府区长、锺欣吾为区人民法院院长及市五届人大代表1人；表彰2010年度人大工作先进单位和个人。收到议案3件，经审查全部转作建议办理；同时收到代表建议、批评和意见45件。

十五届人大六次会议于2012年2月9—12日举行，217名代表出席会议。会议听取和审查区人大常委会、"一府两院"工作报告并作出决议；审查批准国民经济计划、财政预算报告；选举廖忠义为区人大常委会副主任及区人大常委会委员1名；表彰2011年度人大工作先进单位和个人。收到议案2件，经审查全部转作建议办理；同时收到代表建议、批评和意见27件。

第十六届人民代表大会

十六届人大一次会议于2012年11月25—28日举行，225名代表出席会议。会议选举廖忠义为区人大常委会主任，鲁光学、杨泽民、曾勤建、罗承玉、钱攀为副主任，陈裕坤等21人为委员；涂碧波为区人民政府区长，陈爱喜、万勇、丁天德、瞿政前、汤劲翔、陈有万、钱盛霞为副区长；锺欣吾为区人民法院院长；柳立武为区人民检察院检察长；选举常德市第六届人大代表57名。

十六届人大二次会议于2013年1月21—23日召开，225名代表出席会议。会议听取和审查区人大常委会、"一府两院"工作报告，并通过有关决议；审查批准国民经济计划、财政预算报告。收到代表建议、批评和意见91件。

第三节　武陵区(常德市)人民代表大会常务委员会

1980年11月30日至12月5日，常德市第八届人民代表大会第一次会议选举产生人民代表大会常务委员会。第八至十一届人大常委会任期为每届三年，从1993年区十二届人大常委会开始每届任期为五年。

1980年12月，市人大常委会设立办公室。1984年5月，增设法制、财政经济、教育科学文化卫生等三个科。1986年3月，内部工作机构由科改工作委员会，共设"一室三委"，即办公室、财政经济工作委员会、法制工作委员会、教科文卫工作委员会。1987年4月，增设联络工作委员会。1989年6月，增设农村工作委员会。1998年5月，法制工作委员会更名为内务司法工作委员会。1999年，联络工作委员会更名为选举任免联络工作委员会。2005年5月，增设城乡建设环境资源保护工作委员会。2001年3月，设置城区街道人大工作联络委员会。

从1980年12月8日至2014年1月8日止，区人大常委会共举行会议278次，听取和审议"一府两院"工作报告和专题汇报640项，作出决议、决定240个，形成审议意见241份，决定和通过人事任免1546人次。

八届人大常委会　共举行29次会议。先后对德山市政建设、蔬菜产销、劳动就业等工作情况进行视察、调研，对常德市人民法院、市人民检察院、市公安局贯彻执行宪法和法律、法规情况进行检查;听取和审议“一府两院”关于经济建设、教育、社会治安、城市规划等工作报告和专题汇报47项,作出关于进一步整顿社会治安的决议、关于授予劳动模范荣誉称号的决议等决议决定21个,形成审议意见17份;通过人事任免109人(次);组织人大代表加强对《宪法》等法律法规的学习;针对群众反映的买煤难、上托儿所不便等问题开展调研、视察;受理人大代表和人民群众来信859件、群众来访911人次。

九届人大常委会　共举行23次会议。先后视察城市建设十大建设项目,对工业改革、中小学教育、蔬菜产销等工作开展调查;听取市公、检、法执法情况汇报,对《经济合同法》贯彻实施情况进行检查;听取和审议“一府两院”关于科技、教育改革、城市规划和公安、检察院、法院执法等45项工作情况报告,审议通过原常德市劳动模范人选和关于换届选举有关决定,作出关于加强审计监督工作的决议等决议决定20个,形成审议意见21份;通过人事任免145人次;组织人大代表采取集中开展活动、分散开展调查、定期联系选民、书信提出建议等形式,先后联系选民8000多人次,召开座谈会79次,收集群众意见346条;坚持“主任信访接待日”制度,受理人大代表和人民群众来信978件、群众来访997人次。

十届人大常委会　共举行29次会议。审议通过了《来信来访工作制度》《武陵区人大常委会工作规则(试行)》《加强工作联系制度》等制度;先后听取和审议“一府两院”关于物价、国土管理、抗灾自救、蔬菜生产、清理整顿文化市场等工作报告62项,作出决议决定24个,形成审议意见31份;对文物保护法、会计法、商标法等法律法规贯彻实施情况进行检查;审议通过《关于人事任免表决方式的决定》,改举手表决为投票表决,通过和决定人事任免156人次;组织人大代表与环保部门一道督促烟厂对老式烟囱进行了改造;围绕蔬菜供给问题,建议政府抓好“菜篮子”工程;受理来信1335件、接待人大代表和人民群众来访1741人次。

十一届人大常委会　共举行24次会议。审议通过《区人大常委会关于联系人大代表和人民群众的制度》等制度;先后就全区街道工业发展等工作情况进行视察,对水法、义务教育法、食品卫生法等法律法规贯彻实施情况进行调研和检查,抽查司法基层单位执法情况;听取和审议“一府两院”关于农民减负、司法执法、科技兴农、农村教育等工作报告41项,作出决议决定13个,形成审议意见23份,其中,专题审议了“八五”计划及十年规划,并就某些措施、个别增长速度及全市总体规划衔接等提出修改意见;通过和决定人事任免108人次,听取和审议“一府两院”部分负责人述职报告;组织人大代表就城市建设、社会治安、农业生产、文化教育等工作开展专项评议;受理来信1341件、接待人大代表和人民群众来访1827人次。

十二届人大常委会　共举行37次会议。审议通过了《区人大常委会议事规则》、《区人大常委会监督工作试行办法》《区人大常委会关于国家机关工作人员述职评议的试行办法》等制度;先后就“三资”企业发展、重点基本建设和技术改造、菜篮子工程等工作情况进行调研;听取区人民政府关于“三五”普法决议落实情况报告,对“两院”工作和法制建设进行集中评议,对劳动法、义务教育法、人民警察法等法律法规贯彻实施情况进行了检查;听取和审议“一府两院”关于水利、个体私营经济发展、城建、教育等工作情况报告107项,作出决议决定26个，形成审议意见45份；专题听取和审议区人民检察院个别案件办理情况报告，并作出相关决定；通过和决定人事任免267人次，对区人民政府一名负责人进行了述职评议；受理来信2359件、接待人大代表和人民群众来访3243人次。

十三届人大常委会 共举行37次会议。审议通过了《区人大常委会会议制度》《区人大代表活动规则》《区人大常委会关于选举、任命的国家机关工作人员述职评议的方法》《区人大代表向选民述职的暂行办法》《区人大常委会关于市区人大代表联系的办法》等制度；先后听取和审议"一府两院"关于监所检察、卫生事业改革、监督治理经济发展环境等工作报告189项，作出决议决定65个，形成审议意见58份；深入开展视察评议年主题活动；对食品卫生法、教师法、《湖南省计划生育条例》等法律法规贯彻执行情况进行检查；就防洪圈建设、"千万工程"进展和取缔邪教"法轮功"等工作情况进行视察调研；作出《关于全区乡镇人民代表大会换届选举问题的决定》；通过和决定人事任免211人次，补选市三届人大代表2名；推行干部述职评议工作，形成"公开述职内容、公开反馈意见、公开评议结果、公开整改情况"的做法，省人大常委会有关领导批示向全省推广；指导各级人大代表打破组别、层级界限，探索开展了市、区人大代表联组活动，《人民日报》以《找咱们的代表去》为题进行了推介；在全省率先开展全体区人大代表回原选区向选民述职，《人民代表报》《人民之友》以《寻找力的新支点》为题进行宣传；启动武陵环保世纪行活动，加强环保法律法规和知识宣传，促进环境问题整治；在街道设立了人大工作联络委员会，建立健全了工作职责和考核评比办法；受理人大代表、人民群众来信1580多件，接待群众来访4500多人次，办理回复1575件，回复率达99%以上。

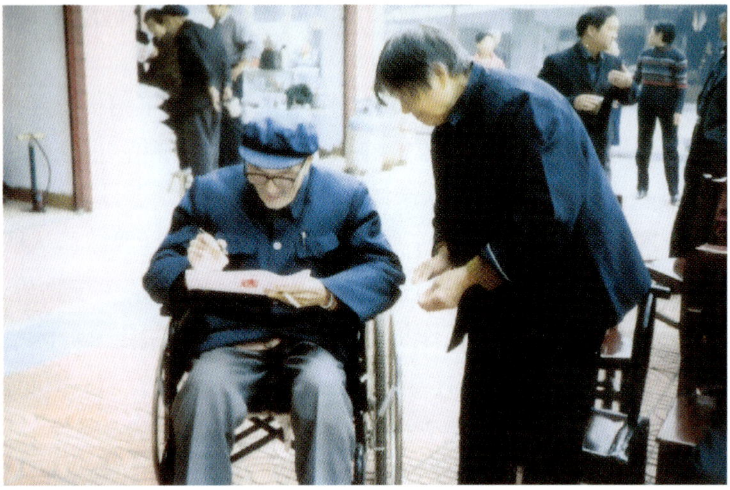

2002年11月武陵区人大换届，选民认真填写选票

十四届人大常委会 共举行43次会议。先后听取和审议"一府两院"关于教育发展、城乡道路建设、防洪保安、行政审判、刑事检察监督等工作情况的报告47项，作出《关于进一步加强郊区土地管理 促进经济可持续发展的决议》《关于开展"五五"普法 推进依法治区的决议》等决议决定32个，形成审议意见15份；对国土法、人口与计划生育法、义务教育法等法律法规实施情况进行检查；"武陵农产品质量安全行""武陵环保世纪行""武陵农民健康行"等专项活动进一步深化；通过和决定人事任免324人次，补选市四届人大代表4名；对8名副区长在内的33名"一府两院"负责人进行述职评议；组织各级人大代表就社区建设、公共卫生体系

2001 年 8 月,武陵区人大常委会组织市、区人大代表回原选区或选举单位述职,并接受现场评议和投票测评

建设、新农村建设等工作进行集中视察,指导开展代表小组、联组活动各类活动 218 场次;受理人大代表和人民群众来信 1316 件,接待群众来访 4071 人次,办复率达 100%。

十五届人大常委会 共举行 46 次会议。修订完善了《区人民代表大会议事规定》《区人大常委会议事规则》,制定《区人大常委会关于听取和审议专项工作报告的规定》《区人大常委会规范性文件备案审查办法》《区人大常委会监督司法工作的若干规定》等工作制度;在人大代表中开展"双学双联""双为双促""执法监督""代表述职""制度规范"等特色主题年活动,听取和审议专项工作实行"会前认真学习一部法律,会中重点指出一个问题,会后推动解决一个难题、开展一次前瞻性的调研"的做法,先后听取和审议"一府两院"关于区划调整、新农村建设、民办敬老院建设、审判管理等工作情况报告 87 项,作出《关于开展"六五"普法的决议》等决议决定 35 个,形成审议意见 31 份;对人口与计划生育法、中小企业促进法、未成年人保护法等 34 部法律法规贯彻实施情况进行执法检查;任命干部启动任前询问机制,通过和决定人事任免 226 人(次);开展省、市、区、乡人大代表活动阵地建设,探索实施了人大代表履职登记和人大代表形象监督员制度,各级代表以活动室为依托,开展代表小组、联组和集中视察活动 90 多场次;开展武陵民族团结进步行动,推进"启聪扶贫"计划,建立少数民族联谊、联席会议等制度;开展司法公正行活动,倡导司法机关扎实开展廉政文化学习活动,督促司法机关纠正错案和有瑕疵案件;接待和办理群众来信来访 1420 批次,办复率达 100%。

十六届人大常委会 共举行 10 次会议,先后听取和审议"一府两院"关于人口计生工作、建立城市管理长效机制、行政非诉执行等工作情况报告 15 项,评议公安工作、社会保障工作等专项工作 2 项,作出有关决议、决定 4 项,依法任免国家机关工作人员 41 人。深化开展"五行"专项活动。接待群众来信来访 235 人次,办复率达 100%。

第二章　鼎城区

第一节　常德县各界人民代表会议

1950—1953 年，常德县各界人民代表会议共召开了 5 次会议。

第一次会议于 1950 年 1 月举行，出席代表 301 人。会议的主要内容：发动群众减租退押，清匪反霸，修复堤垸，发展生产，节约度过春荒夏荒。

第二次会议于 1950 年 9 月举行，出席代表 330 人。会议的主要内容是：部署税征工作；号召山区修塘坝，湖区修堤垸；发动群众搞好冬春土改，防止匪特阴谋破坏活动，警惕地主疏散财物等。

第三次会议于 1951 年 6 月 1 日举行，出席代表 490 人。会议的主要内容：大力宣传抗美援朝运动，开展控诉美日蒋暴行，加强全县人民爱国主义的思想教育运动；发动青年参军参战，号召全县人民捐献"农民号"战斗机 1 架、"常德县人民号"高射炮 1 门，支援人民志愿军；组织成立常德县抗美援朝分会。

第四次会议于 1951 年 11 月 9—13 日举行，应出席代表 500 人，实到 479 人，列席 30 人。会议的主要内容：继续开展抗美援朝运动；讨论土改、增加生产、与反革命分子做斗争；选举 29 人组成各界人民代表会议常务委员会，张勇为主席，冯里明、李肃华、杨伯谦为副主席，孙光贝、李肃华为驻会委员。选举张勇等 11 人为省首届各界人民代表会议代表。会议通过了《向毛主席的致敬电》。会议共收到提案 108 件，大会通过 9 件，属于建设性已解答的 60 件，应处理而未处理 39 件。

第五次会议于 1952 年 11 月 21—26 日举行。出席会议代表 500 人。会议的主要内容：听取讨论近三年政府工作报告；选举产生政府委员 21 人，王丙坤任县长，郑建华任副县长；通过今后工作的决议。会议共收到提案 30 件。

第二节　鼎城区(常德县)人民代表大会

第一届人民代表大会

一届人大一次会议于 1954 年 7 月 28—30 日举行，出席代表 257 人。会议听取全县基层选举情况的汇报；听取和审议县人民政府工作报告；讨论宪法草案；要求办好互助组、开展增产节约运动，支援湖区抗洪救灾；将县人民政府更名为县人民委员会，选举王丙坤为县长，郑建华、张彩为副县长。会议收到代表提案 273 件，立案 254 件，供参考的 19 件。

一届人大二次会议于1955年4月19—21日举行，出席代表318人。会议听取和审议县人民委员会工作报告；讨论兵役法修正草案。选举魏呈贵为县长，张彩、郑建华为副县长，张琢等19人为委员；罗自立为县人民法院院长；会议确认省首届各界人民代表会议代表(于1951年第四次各界人民代表会议选举产生，共11人)为首届省人大代表，增选魏呈贵为省首届人大代表。会议收到代表提案269件，整理为130件。

第二届人民代表大会

二届人大一次会议于1956年12月1—2日举行，出席代表447人。会议听取和审议县人民委员会工作报告；讨论和制定发展农业生产和整顿、巩固高级农业合作社的措施；选举张彩为县长，黄朝登、崔彦博、潘国忠、彭岳保、郑建华为副县长，李新革等16人为委员；罗自立为县人民法院院长。

第三届人民代表大会

三届人大一次会议于1958年5月29日举行，出席代表323人。会议听取和审议县人民委员会工作报告；通过《调动一切力量，为实现1958年农业生产"大跃进"而奋斗》的决议；选举张彩为县长，黄朝登、胡昌明为副县长，李新革等18人为委员，郭建一为县人民法院院长，王志周等7人为省二届人大代表。

第四届人民代表大会

四届人大一次会议于1960年11月30日—12月2日举行，出席代表365人。会议听取和审议县人民委员会工作报告、县人民法院工作报告；审查和批准县1960年财政预算执行情况和1961年财政预算安排意见的报告；通过《全民紧急动员起来，把握大好形势，艰苦奋斗，奋发图强，夺取明年大丰收》的决议；选举张彩为县长，胡昌明为副县长，李新革等19人为委员，彭运梅为县人民法院院长；补选黄承吉为省二届人大代表。会议收到代表提案288件。

第五届人民代表大会

五届人大一次会议于1964年8月27—30日举行，出席代表387人。会议听取和审议县人民委员会工作报告、县人民法院工作报告；审查和批准关于1961年至1963年财政决算和1964年财政预算报告。选举张彩为县长，程培森、李书斌为副县长，雷恭政等20人为委员，彭运梅为县人民法院院长；选举常德县出席省三届人大代表9人。会议收到代表提案259件。

第六届人民代表大会

六届人民代表大会因处在"文化大革命"期间，没有举行过人民代表大会会议。1968年2月20日，常德县革命委员会成立。为了不割断历史，根据有关规定，将县革委会依序视为常德县第六届人民代表大会。

第七届人民代表大会

七届人大一次会议于1978年3月3—6日举行，出席代表975人。会议听取和审议县革委会工作报告；审查和批准《高速度发展国民经济，努力做好财贸工作》的报告。选举刘春樵为县革命委员会主任，雷恭政、万祖钧、张丕望、李毓流、朱凤江、黄德敏为副主任，朱金夫等44人为委员；选举常德县出席省五届人大代表8人。

第八届人民代表大会

八届人大一次会议于1979年11月1—6日举行，出席代表435人。会议听取和审议县革委会工作报告、县人民法院工作报告、县人民检察院工作报告并作出相应决议；审查和批准了县1978年财政收支决算和1979年财政收支预算（草案）的报告。决定撤销县革命委员会，建立县人民政府，设立县人大常委会；选举产生县第八届人大常委会，潘国忠为主任，黄德敏、李书斌、岳庭举、吴烈夫为副主任，人大常委会委员16名；选举万祖钧为县长，朱凤江、朱金夫、张传德、周伟（女）为副县长；选举龙云为县人民法院院长；谢正樵为县人民检察院检察长。会议收到代表提案1355件。

八届人大二次会议于1981年1月1—6日举行，出席代表400人。会议听取和审议县政府、县人大常委会、县法院和县检察院工作报告并作出相应决议；审查和批准县1979年财政决算及1980年财政预算和1981年财政概算的报告。会议收到代表提案445件。

八届人大三次会议于1982年1月16—19日举行，出席代表406人。会议听取和审议县政府、县人大常委会、县法院和县检察院工作报告并作出相应决议；审查和批准县1980年财政决算及1981年财政预算的执行情况和1982年财政概算的报告；补选覃昭荣为县人大常委会副主任，周志强为县人民政府副县长；通过《关于开展义务植树运动的决议》；原则批准了县人民政府《关于基本建设用地和农村私人建房用地的规划》。会议共收到代表提案242件。

八届人大四次会议于1983年3月17—22日举行，出席代表352人。会议听取和审议县政府、县人大常委会、县法院和县检察院工作报告并作出相应决议；审查和批准县1981年财政决算及1982年财政预算执行情况和1983年财政预算草案的报告；批准县人大常委会主任潘国忠辞职；补选张家仁为县人大常委会主任及县人大常委会委员2名；选举出席省六届人大代表10人。会议收到代表提案254件，经大会提案审查委员会审查，立案174件，另有80件征得提案人的同意，转为工作建议，由大会秘书处分别交有关单位办理。

第九届人民代表大会

九届人大一次会议于1984年4月9—10日举行，出席代表446人。会议听取和审议县政府、县人大常委会、县法院和县检察院工作报告并作出相应决议；审查和批准县1983年国民经济计划执行情况和1984年国民经济计划（草案）的报告、县1982年财政决算及1983年财政预算执行情况和1984年财政预算（草案）的报告。选举陈绪阶为人大常委会主任，黄德敏、黄吉玉、覃昭荣、周伟（女）、吴烈夫为副主任；胡兰桂等14人为委员；张先春为县长，张传德、孙子平、鲁代珍（女）为副县长；龙继尧为县人民法院院长；谢正樵为县人民检察院检察长。通过《关于坚决保护专业户、重点户合法权益的决议》等3个决议。会议共收到代表提案

368 件,立案 231 件。

九届人大二次会议于 1985 年 3 月 14—17 日举行,出席代表 434 人。会议听取和审议县政府、县人大常委会、县法院和县检察院工作报告并作出相应决议;审查和批准县 1983 年财政决算及 1984 年财政预算执行情况和 1985 年财政预算(草案)的报告。批准陈绪阶辞去人大常委会主任职务,补选张丕望为县人大常委会主任,蒋栋山为人大常委会副主任;批准张传德辞去县人民政府副县长职务,补选刘岳汉、陈君文为县人民政府副县长。通过《关于努力发展教育事业的决议》等 5 个决议。会议收到代表提案 356 件,立案 195 件。

九届人大三次会议于 1986 年 3 月 5—8 日举行,出席代表 436 人。会议听取和审议县政府、县人大常委会、县法院和县检察院工作报告并作出相应决议;审查和批准县 1986 年国民经济和社会发展计划（草案）的报告、县 1984 年财政决算及 1985 年财政预算执行情况和 1986 年财政概算的报告。批准龙继尧辞去县人民法院院长职务,选举梁新权为县人民法院院长;补选县人大常委会委员 1 名。通过《关于帮助贫困户发展生产,尽快脱贫致富的决议》等 3 个决议。会议收到代表提案 304 件,立案 274 件,其余转作建议、批评和意见,交有关单位办理。

第十届人民代表大会

十届人大一次会议于 1987 年2 月 21—25 日举行,出席代表 365 人。会议听取和审议县政府、县人大常委会、县法院和县检察院工作报告并作出相应决议;审查和批准县 1985 年财政决算及 1986 年财政预算执行情况和 1987 年财政预算(草案)的报告、县国民经济和社会发展第七个五年计划(草案)的报告。选举张丕望为县人大常委会主任,黄德敏、蒋栋山、黄吉玉、张竹清、李华章、颜瑞琪(女)为副主任,胡兰桂等 14 人为委员;张先春为县长,孔繁松、杨光宏、孙子平、刘岳汉、陈君文为副县长;梁新权为县人民法院院长;谢正樵为县人民检察院检察长;通过《关于贯彻全国人大常委会加强法制教育维护安定团结的决议》等 4 个决议。会议共收到代表议案和建议、批评、意见共 354 件,立案 266 件,其余转作建议、批评和意见,交有关单位办理。

十届人大二次会议于 1988 年 1 月 6—10 日举行,出席代表 372 人。会议听取和审议县政府、县人大常委会、县法院和县检察院工作报告并作出相应决议;审查和批准国民经济和社会发展计划报告、1986 年财政决算及 1987 年财政预算执行情况和 1988 年财政概算的报告。选举省七届人大代表 11 人。通过《关于敬老、爱幼、养老、维护老年人合法权益的决议》。会议共收到代表议案 74 件,建议、批评和意见 20 余件,其中代表所提议案立案 23 件,其余转作建议、批评和意见处理。

十届人大三次会议于 1988 年 6 月 8—9 日举行,出席代表 335 人。会议选举常德市第一届人民代表大会代表 57 人,通过《关于常德县改为常德市鼎城区后国家机构更名的决议》。

十届人大四次会议于 1989 年 3 月 28—31 日举行,出席代表 370 人。会议听取和审议区政府、区人大常委会、区法院和区检察院工作报告并作出相应决议;审查和批准关于国民经济和社会发展计划报告、1987 年财政决算及 1988 年财政预算执行情况和 1989 年财政概算的报告；通过《关于进一步贯彻实施〈土地管理法〉》等 5 个决议。会议收到代表议案 64 件，建议、批评和意见 93 件。

第十一届人民代表大会

十一届人大一次会议于 1990 年 2 月 13—17 日举行，出席代表 367 人。会议听取和审议区政府、区人大常委会、区法院和区检察院工作报告并作出相应决议；审查和批准区国民经济和社会发展计划的报告、关于 1988 年财政决算及 1989 年财政预算执行情况和 1990 年财政概算草案的报告。选举蒋栋山为区人大常委会主任，刘岳汉、陈正思、吴春阶、万光进、周炳川、孙达人(女)为副主任，刘声斌等 16 人为委员；卜功富为区长，窦长清、胡宗清、李建新、黎新兵、李平之、谢龙为副区长；梁新权为区人民法院院长；彭子荣为区人民检察院检察长。通过《关于齐心合力大办农业的决议》等 3 个决议。会议收到代表议案 117 件，建议、批评和意见 139 件。

十一届人大二次会议于 1991 年 3 月 13—16 日举行，出席代表 367 人。会议听取和审议区政府、区人大常委会、区法院和区检察院工作报告并作出相应决议；审查和批准区国民经济和社会发展计划的报告、关于 1989 年财政决算及 1990 年财政预算执行情况和 1991 年财政概算(草案)的报告；通过《关于加速发展工业生产的决议》等 5 个决议；补选市人大代表 1 名。会议收到代表议案 102 件，建议、批评和意见 85 件。

十一届人大三次会议于 1992 年 3 月 17—20 日举行，出席代表 359 人。会议听取和审议区政府、区人大常委会、区法院和区检察院工作报告并作出相应决议；审查和批准区国民经济和社会发展计划的报告、关于 1990 年财政决算及 1991 年财政预算执行情况和 1992 年财政概算(草案)的报告；通过《关于加强农村能源综合建设的决议》。会议收到代表议案 44 件，建议、批评和意见 95 件。

第十二届人民代表大会

十二届人大一次会议于 1992 年 12 月 8—10 日举行，出席代表 367 人。会议选举姚运来为区人大常委会主任，陈正思、吴春阶、范源湘、田子述、孙达人(女)为副主任，马本慧(女)等 17 人为委员；李建新为区长，胡宗清、王启林、李德才、刘云迪、李平之为副区长；梁新权为法院院长；彭子荣为检察院检察长；选举常德市第二届人大代表 66 名。

十二届人大二次会议于 1993 年 3 月 9—11 日举行，出席代表 365 人。会议听取和审议区政府、区人大常委会、区法院和区检察院工作报告并作出相应决议；审查和批准了国民经济和社会发展计划报告、1991 年财政决算及 1992 年财政预算执行情况和 1993 年财政概算(草案)的报告；通过《关于加快房地产改革的决议》《关于贯彻实施〈农民承担费用和劳务管理条例〉的决议》。会议收到代表议案 61 件，建议、批评和意见 51 件。

十二届人大三次会议于 1994 年 3 月 23—25 日举行，出席代表 367 人。会议听取和审议区政府、区人大常委会、区法院和区检察院工作报告并作出相应决议；审查和批准了国民经济和社会发展计划的报告、1992 年财政决算及 1993 年财政预算执行情况和 1994 年财政概算(草案)的报告;通过《关于加快发展个体经济的决议》《关于加快第三产业的决议》、《关于贯彻实施〈代表法〉和〈实施〈代表法〉办法〉的决定》;补选胡宗清为区人民政府区长及人大常委会委员 4 名。会议收到代表 52 件,建议、批评和意见 51 件。

十二届人大四次会议于 1995 年 3 月 15—18 日举行,出席代表 365 人。会议听取和审议区政府、区人大常委会、区法院和区检察院工作报告并作出相应决议;审查和批准了国民经济和社会发展计划报告和财政概算(草案)的报告;通过《关于进一步贯彻土地基本国策深化土地使用制度改革的决议》;接受 4 名人大常委会委员辞职,补选人大常委会委员 3 名。会议收到代表议案 31 件。

十二届人大五次会议于 1995 年 7 月 13 日举行,出席代表 365 人。会议接受胡宗清辞去区人民政府区长职务,补选文承保为区长。

十二届人大六次会议于 1996 年 1 月 29—31 日举行。原有代表 367 人,因行政区划变更,代表总人数亦变更为 355 人,出席 315 人。会议听取和审议区政府、区人大常委会、区法院和区检察院工作报告并作出相应决议;审查和批准国民经济和社会发展计划报告和财政预算报告。会议收到代表议案 25 件,建议、批评和意见 69 件。

十二届人大七次会议于 1997 年 3 月 12—14 日举行,出席代表 334 人。会议听取和审议区政府、区人大常委会、区法院和区检察院工作报告并作出相应决议;审查和批准了1996 年国民经济和社会发展计划报告和财政预算报告;补选汪鼎林为区人民法院院长。会议收到代表议案 21 件,建议、批评和意见 36 件。

第十三届人民代表大会

十三届人大一次会议于 1997 年 11 月 25—28 日举行,出席代表 296 人。会议选举周名权为人大常委会主任,吴春阶、何福珍(女)、田子述、张传发、马本慧(女)、尹茂林为副主任,郭德望等 16 人为委员;肖朝进为区长,李巨开、陈安生、许中诚、唐汇诰、马慧(女)为副区长;汪鼎林为法院院长;贺泽亚为检察院检察长;选举常德市第三届人民代表大会代表 64 人。

十三届人大二次会议于 1998 年 3 月 11—13 日举行,出席代表 294 人。会议听取和审议区政府、区人大常委会、区法院和区检察院工作报告并作出相应决议;审查和批准国民经济和社会发展计划报告和财政预算报告;通过《关于建立特防特救基金的决议》《关于武陵镇城区防洪圈建设的决议》。会议收到代表议案 42 件,建议、批评和意见 54 件。

十三届人大三次会议于 1999 年 3 月 23—25 日举行,出席代表 296 人。会议听取和审议区政府、区人大常委会、区法院和区检察院工作报告并作出相应决议;审查和批准国民经济社会发展计划报告和财政预算报告;接受 1 名人大常委会委员辞职,补选人大常委会委员 1 名;补选常德市第三届人民代表大会代表 2 名。会议收到代表议案 41 件,建议、批评和意见 77 件。

十三届人大四次会议于 2000 年 2 月 22—24 日举行,出席代表 296 人。会议听取和审议区政府、区人大常委会、区法院和区检察院工作报告并作出相应决议；审查和批准了国民经济社会发展计划报告和财政预算报告。会议收到代表建议、批评和意见117件。

十三届人大五次会议于2001年2月26日—3月1日举行，出席代表299人。会议听取和审查区政府、区人大常委会、区法院和区检察院工作报告并作出相应决议；审查和批准国民经济和社会发展计划报告、财政预算报告、国民经济和社会发展第十个五年计划纲要；补选李大平为区人民政府区长，龚玉喜为区人大常委会副主任。会议共收到代表提出的议案19件，代表建议、批评和意见74件，其中议案立案1件，其他全部转作代表建议办理。

十三届人大六次会议于2002年3月12—15日举行。出席代表298人。会议听取和审查区人民政府、区人大常委会、区法院和区检察院工作报告并作出相应决议；审查和批准国民经济和社会发展计划报告和财政预算报告；补选冷明辉为区人民检察院检察长。会议收到代表议案25件，建议、批评和意见78件，其中议案立案2件，其余转作建议、批评和意见办理。

第十四届人民代表大会

十四届人大一次会议于2002年11月26—28日举行，出席代表287人。会议选举徐政国为区人大常委会主任，何福珍（女）、马本慧（女、回族）、龚玉喜、潘端明、皇甫泽华、尹茂林为副主任，丁福华等16人为委员；李大平为区长，向绪彦（土家族）、韩才渊、谭延胜、凌茹（女）、王建华、刘友善为副区长；汪鼎林为区人民法院院长；冷明辉为区人民检察院检察长；选举常德市第四届人民代表大会代表65名。

十四届人大二次会议于2003年3月23—26日举行，出席代表299人。会议听取和审查区政府、区人大常委会、区法院和区检察院工作报告并作出相应决议；审查和批准国民经济和社会发展计划报告、财政预算报告。会议收到代表议案2件，建议、批评和意见137件。

十四届人大三次会议于2004年3月8—11日举行，出席代表295人。会议听取和审查区政府、区人大常委会、区法院和区检察院工作报告并作出相应决议；审查和批准国民经济和社会发展计划报告、财政预算报告；补选车德斌为区人民政府区长。会议收到代表议案2件，建议、批评和意见112件。

十四届人大四次会议于2005年3月15—17日举行，出席代表297人。会议听取和审查区政府、区人大常委会、区法院和区检察院工作报告并作出相应决议；审查和批准国民经济和社会发展计划报告、财政预算报告；补选汪泽云为检察院检察长；表彰2004年度先进区人大代表小组和代表活动积极分子。会议收到代表议案20件，建议、批评和意见112件，所提议案全部转作建议、批评和意见办理。

十四届人大五次会议于2006年3月7—10日举行，出席代表292人。会议听取和审查区政府、区人大常委会、区法院和区检察院工作报告并作出相应决议；审查和批准国民经济和社会发展第十一个五年规划纲要、国民经济和社会发展计划的报告、财政预算报告；补选李思洁为区人民法院院长；表彰了2005年度乡镇人大工作先进单位和先进个人。会议收到代表议案10件，建议、批评和意见139件，其中议案立案1件，其余转作建议、批评和意见办理。

十四届人大六次会议于 2007 年 3 月 12—15 日举行,出席代表 291 人。会议听取和审查区政府、区人大常委会、区法院和区检察院工作报告并作出相应决议;审查和批准国民经济和社会发展计划报告、财政预算报告;表彰区十四届人大“十佳代表”、2006 年度乡镇人大工作先进单位和先进个人、2006 年度代表活动积极分子。会议收到代表议案 15 件,建议、批评和意见 108 件,其中议案立案 1 件,其余转作建议、批评和意见办理。

第十五届人民代表大会

十五届人大一次会议于 2007 年 11 月 16—18 日举行,出席代表 311 人。会议选举向阳为人大常委会主任,马本慧(女、回族)、潘端明、皇甫泽华、刘友善、丁福华(女)为副主任,龚天宝等 21 人为委员;李秋葆为区长,向美华、杨君、王建华、李传荣、蔡仁国、唐少华(女)为副区长;李思洁为区人民法院院长;汪泽云为区人民检察院检察长;选举常德市第五届人民代表大会的代表 66 名。

十五届人大二次会议于 2008 年 2 月 25—27 日举行,出席代表 312 人。会议听取和审查区政府、区人大常委会、区法院和区检察院工作报告并作出相应决议;审查和批准国民经济和社会发展计划报告和财政预算报告; 表彰 2007 年度乡镇人大工作先进单位和先进个人。会议收到代表议案 25 件,建议、批评和意见 88 件,其中议案立案 1 件,其余转作建议、批评和意见办理。

十五届人大三次会议于 2009 年 3 月 28—30 日举行,出席代表 313 人。会议听取和审查区政府、区人大常委会、区法院和区检察院工作报告并作出相应决议;审查和批准国民经济和社会发展计划报告、财政预算报告。会议收到代表议案 29 件,建议、批评和意见 110 件,其中议案立案 1 件,其余转作建议、批评和意见办理。

十五届人大四次会议于 2010 年 1 月 8—10 日举行,出席代表 315 人。会议听取和审查区政府、区人大常委会、区法院和区检察院工作报告并作出相应决议;审查和批准国民经济和社会发展计划报告和财政预算报告;补选董岚为区人民政府区长。会议收到代表议案 23 件,建议、批评和意见 96 件,其中议案立案 1 件,其余转作建议、批评和意见办理。

十五届人大五次会议于 2011 年 1 月 8—10 日举行,出席代表 315 人。会议听取和审查区政府、区人大常委会、区法院和区检察院工作报告并作出相应决议;审查和批准区国民经济和社会发展第十二个五年规划纲要、年度国民经济和社会发展计划报告和财政预算报告;补选鲁祖方为区人民法院院长。会议收到代表议案 15 件,建议、批评和意见 88 件,其中议案立案 1 件,其余转作建议、批评和意见办理。

十五届人大六次会议于 2012 年 2 月 14—16 日举行,出席代表 314 人。会议听取和审查区政府、区人大常委会、区法院和区检察院工作报告并作出相应决议;审查和批准年度国民经济和社会发展计划报告和财政预算报告;补选杨君为区人大常委会副主任,雷光宇为检察院检察长。会议收到代表议案 9 件,代表建议、批评和意见 67 件,其中议案立案 1 件,其余转作建议、批评和意见办理。

第十六届人民代表大会

十六届人大一次会议于2012年11月16—18日举行,出席代表313人。会议选举杨君为区人大常委会主任,刘运华、唐少华(女)、李湘建、沈国华、李润初为副主任,龚天宝等21人为委员;董岚(女)为区长,庞波、胡彬彬、王直华、雷建国、熊辉、钟泽英(女)、洪振坤为副区长;鲁祖方为法院院长;雷光宇为检察院检察长;选举常德市第六届人大代表66名。

2013年10月10日,鼎城区人大代表视察小城镇建设

十六届人大二次会议于2013年1月21—23日举行,出席代表313人。会议听取和审查区政府、区人大常委会、区法院和区检察院工作报告并作出相应决议;审查和批准年度国民经济和社会发展计划报告和财政预算报告。会议共收到代表议案35件,代表建议、批评和意见29件,其中议案立案1件,其余转作建议、批评和意见办理。

十六届人大三次会议于2013年5月2—3日举行,出席代表296人。会议补选杨易为区人民政府区长。

第三节　鼎城区(常德县)人民代表大会常务委员会

1978年,全国开展县、乡两级人大代表实行直接选举试点工作,常德县作为全省三个试点县之一,于1979年11月建立人大常委会并成立临时办公室。1980年2月设立办公室,1984年2月增设法制科、财政经济科、教科文卫科,1986年2月将上述三科更名为内务司法、财政经济、科教文卫三个工作委员会,1987年3月增设选举任免联络工作委员会。常德县改鼎城区后,1989年11月增设农村工作委员会,2009年12月增设城乡建设与环境资源保护工作委员会,2012年12月增设群众工作部(人大信访室)。

八届人大常委会　共举行会议26次,听取和审议“一府两院”工作报告46项,作出决议决定6项,任免国家机关工作人员161人次。届内听取和审议国民经济计划、财政收支计划、司法工作、整顿城乡社会治安、信访工作、刑法及刑事诉讼法贯彻执行情况、物价工作、八官障溃垸事件及善后处理工作、城关镇建设工作、支农工作、人大代表提案办理工作、武陵镇总体规划等项工作汇报。作出《关于组织全县人民讨论“中华人民共和国宪法修改草案”的决议》《关于常德县综合农业区划报告的决议》《关于加强社会治安制止赌博、迷信活动、铺张浪费的决议》《关于在全县实行政社分开以社建乡的决定》。开展农村工作情况调查,指导地方人大工作开展,指导乡镇人大换届选举顺利进行。

九届人大常委会　共举行会议19次,听取和审议“一府两院”工作汇报50项,作出决议决定5项,任免国家机关工作人员176人次。届内听取和审议计划生育、农民负担、水费收支、民政工作、供销社改制、司法工作、打击经济及刑事犯罪、工业改革、林业、畜牧水产、卫生、环境保护、审计等情况汇报;作出《关于常德县人民政府1984年计划生育的若干规定中政策内二胎生育条件的补充规定》《关于认真贯彻〈会计法〉的决议》。

十届人大常委会　共举行会议23次,听取和审议“一府两院”工作汇报48项,作出决议决定6项,任免国家机关工作人员145人次。届内听取和审议《治安管理处罚条例》、药品管理法、土地管理法、民法通则、食品卫生法、婚姻法等相关法律法规贯彻实施情况及教育、农村信贷、体育、公安、科技、血吸虫防治、普法、整顿文化市场等工作情况汇报;作出《关于清查1988年以来救灾款、物发放使用情况的决议》;审查批准年度财政预算部分变更;研究区、乡(镇)两级换届选举、人大工作制度建设等问题。

十一届人大常委会　共举行会议21次,听取和审议“一府两院”工作汇报66项,作出决议决定8项,任免国家机关工作人员178人次。届内听取和审议国民经济计划、财政、农业生产、计划生育、城乡建设、农民负担、就业、土地管理、科技、乡镇企业、农村改水、社会治安、义务教育、农田水利、血吸虫防治、环境保护、药品管理、林业等情况汇报;通过《关于实施〈湖南省国防教育条例〉的办法》,审查批准财政预算部分变更。

十二届人大常委会　共举行会议35次,听取和审议“一府两院”工作汇报135项,作出决定决议14项,任免国家机关工作人员314人次。届内听取和审议教育、侨务、劳务、税收、企业改制、体育、城建、商业国有私营、减轻农民负担、畜牧水产、环境保护、广播电视事业、养殖、旅游开发、农村改水改厕、打假、社会治安、村级财务清理、林业、国土使用制度改革、监察、血吸虫防治、农业技术推广等工作汇报;作出《关于加快柳叶湖旅游开发的决议》,通过《常德市鼎城区人大常委会人事任免办法》《常德市鼎城区人大常委会议事规则》;对4名政府工作部门负责人进行述职评议;集中学习组织法、代表法、《湖南省社会治安综合管理条例》、《湖南省事业性收费管理条例》、赔偿法等法律法规。

十三届人大常委会　共举行会议39次,听取和审议“一府两院”工作报告118项,提出审议意见318条,作出决议决定55项,任免国家工作人员272人次,督促办理代表议案14件、代表建议490件,组织12次执法检查和25次专项视察、调查活动。届内听取和审议财政、教育、科技、文化、卫生、民政、生态资源保护等方面的专项工作汇报;对全区法官法、检察官法等法律法规贯彻实施情况进行执法检查;先后就停止征收特防特救基金、发展个体私营经济、国有企业下岗职工再就业、发展桥南大市场、创建文明卫生城市等工作作出决议决定;出台《个案监督办法》;编写出版《鼎城人大志》,收集整理新中国成立以来至1999年年底鼎城区人大工作的相关资料。

2013年7月23日，鼎城区人大常委会评议动员大会会场

十四届人大常委会 共举行会议43次，听取和审议“一府两院”工作报告33项，对52部法律法规的实施情况进行执法检查，作出决议决定37项，任免国家机关工作人员170人次。开展“我为人大工作做贡献，我为人大代表添光彩，我为人大机关当主人”的“三为”系列活动；着力加强治理环境污染工作监督力度，督促区政府关停一批不合格企业，终止花岩溪龙凤湖养鱼合同；组织述职评议活动，先后对7名副区长、25名局长、6名“两院”副职进行述职评议；组织代表视察等活动，通过代表视察和呼吁，有效解决沅水大桥收费站拆移及常张、常吉高速公路斗姆湖设计变更等问题；创办人大常委会机关刊《鼎城人大》和《人大内参》，制定人大宣传调研工作考评奖励办法。

十五届人大常委会 共举行会议38次，听取和审议“一府两院”涉及全区工业发展、城市经营、新农村建设、社会保障等方面专项工作报告37项，作出决议、决定28项。组织省、市、区代表联组集中视察活动5次；督促办理代表建议627件和议案5件，开展对环境保护法、职业教育法、城乡规划法等18部法律法规的专项执法检查或执法调研；先后对区人民检察院、区人民法院和16个区直单位开展工作评议；重视人大宣传调研工作，《先当议员后当官员》《粮票的故事》《强化法律监督，推进依法行政》等多篇文章在国、省获奖。

十六届人大常委会 共举行会议16次，听取和审议“一府两院”工作汇报37项，作出决议、决定24项，任免国家工作人员49人次，组织10次专项视察、调查活动。听取和审议财政、卫生、城建、环保、林业、公安、农业综合开发、工业、文化强区、体育等方面的专项工作汇报；开展道路交通安全法、档案法、药品管理法等多项执法检查和专题调研；组织发展现代商贸物流业、打造鼎城油茶品牌以及水利、医疗卫生、义务教育、小城镇建设等方面专题调研；开展对全区50万元以上财政专项资金的绩效评价监督；开通“鼎城人大新闻”网站，组建了群众工作部（信访室），出台《鼎城区人大常委会会议工作规程》，修订完善《鼎城区人大常委会关于届内开展专项工作评议的意见》。

第三章 汉寿县

第一节 汉寿县各界人民代表会议

汉寿县各届人民代表会议历经两届,共举行5次会议。

首届一次会议于1951年11月6—10日举行,到会代表282名。会议听取和讨论县政府工作报告,研究镇压反革命等问题;通过给毛泽东主席及中国人民志愿军致敬电;选举由王东才任主席,吴子英、陈文玉、徐德友、罗祥生、汤长秀(女)、高孟光任副主席和34名委员共41人组成的县首届各界人民代表会议常务委员会;选举6名出席省首届各界人民代表会议第一次会议的代表。

首届二次会议于1952年5月6—9日举行,到会代表256名。会议听取和讨论县政府工作报告;讨论土改复查和镇压反革命问题。

首届三次会议于1952年10月27日举行。会议听取和讨论县政府半年来的工作报告;研究秋征等项工作。

二届一次会议于1952年11月24—26日举行,到会代表283名。会议听取和讨论县政府工作报告;选举由吴子英为县长,郭连贵、罗祥生为副县长和16名委员共19人组成县人民政府委员会;选举吴子英为主席,刘保琴、徐顺、郭连贵为副主席和15名委员共18人组成县二届各界人民代表会议常务委员会;选举9名出席省第二届各界人民代表会议第一次会议的代表。

二届二次会议于1953年3月16—18日举行,到会代表232名。会议听取和讨论县政府工作报告,学习贯彻婚姻法等法律和政策。

县首届各界人民代表大会常务委员会组成人员,均系兼职,除参加常务委员会会议外,不常驻会办公。县第二届各界人民代表会议常务委员会在组成人员中,推选一名委员兼任秘书,另配2名专职干部驻会办公。其工作任务主要是:督促贯彻县各界人民代表大会的决议,检查与督促各有关单位办理代表提案,认真处理代表和人民群众来信来访,组织工商界人士学习时事政策等。

第二节 汉寿县人民代表大会

至2013年12月,汉寿县人民代表大会历经十六届,共举行会议47次。第一至五届,每届任期2年。1980年第八届人民代表大会第一次会议设立县人大常务委员会起,每届任期三年。1993 年起每届任期五年。

第一届人民代表大会

一届人大一次会议于 1954 年 7 月 17 日举行，应到代表 402 名，因防汛抢险缺席 185 名,实到 217 名。会议听取和审议县政府工作报告,就防汛抢险、支援灾区等项工作进行研究;选举县出席省首届人大代表 6 名。

一届人大二次会议于 1955 年 4 月 16—18 日举行,原有代表 402 名,因行政区划变更,43 名迁出县境,另行增补 15 名,共有代表 374 名,实到 262 名。会议听取和讨论关于省首届人民代表大会第二次会议精神的传达报告,关于《中华人民共和国兵役法(修正草案)》的宣讲报告;听取和审议县人民政府关于 1954 年以互助合作为中心的各项工作情况、1955 年春耕生产及春季救灾的报告。会议选举徐德友为县长,童子香为副县长和 16 名委员共 19 人组成县首届人民委员会;选举宋秋仲为县人民法院院长;补选省首届人大代表 1 人。作出了《关于紧急动员起来,进一步开展农业以互助合作为中心的春耕生产运动,保证今年农业生产任务的完成和超额完成的决议》。

第二届人民代表大会

二届人大一次会议于 1956 年12 月 11—12 日举行,应到代表 346 名,实到 301 名。会议听取和审议县人民委员会工作报告。选举童子香为县长,万教云、贾玉梅(女)为副县长及县二届人民委员会委员 16 名;补选省首届人大代表 1 人。作出《关于动员起来,进一步巩固农业社,发展生产,增加收入,为提高广大人民物质、文化生活水平,支援国家工业化,建设社会主义而奋斗的决议》。

二届人大二次会议于 1957 年 5 月 19—21 日举行,应到代表 346 名,实到 205 名。会议听取和审议县人民委员会工作报告;就农业生产、发展生猪、节制生育、中小学生毕业升学与就业等项工作进行研究;作出《关于巩固农业合作社,全面发展生产,克服灾荒困难,开展增产节约运动,争取农业丰收的决议》。

第三届人民代表大会

三届人大一次会议于 1958 年 5 月 28—29 日举行,应到代表 352 名,实到 218 名。会议听取和审议县人民委员会工作报告。选举童子香为县长,贾玉梅(女)为副县长和 15 名委员共 17 人组成县第三届人民委员会;选举宋秋仲为县人民法院院长;选举县出席省第二届人大代表 6 人。

第四届人民代表大会

四届人大一次会议于 1960 年12 月 17—18 日举行,应到代表 352 名,实到 303 名。会议听取和审议县人民委员会工作报告;对农业、商业、交通运输等项工作进行研究。选举童子香为县长,朱堂、贾玉梅(女)为副县长和 15 名委员共 18 人组成第四届人民委员会;选举文嘉祥为县人民法院院长。

第五届人民代表大会

五届人大一次会议于1964年8月26—28日举行,应到代表352名,实到303名。会议听取和审议县人民委员会工作报告、县法院工作报告、县财政决算预算报告;研究农业、青年、妇女、文教卫生及计划生育等项工作。选举何秋舫为县长,朱堂、赵安民、贾玉梅(女)为副县长及第五届人民委员会委员13名;选举法院院长1人;选举出席省第二届人大代表7人。作出《关于全县今后工作任务的决议》。

第六届人民代表大会

因"文化大革命"影响,人民代表大会会议未能举行。1968年3月18日,成立汉寿县革命委员会。按照有关规定,依序视为县第六届人民代表大会。

第七届人民代表大会

七届人大一次会议于1978年3月1—4日举行,应到代表920名,实到898名。会议听取和审议县革委会工作报告;选举何秋舫为革委会主任,周立民、解正南、王少春、邱德鼎、李干忠、余水明、艾祖信为副主任及革委会委员36名。

第八届人民代表大会

八届人大一次会议于1980年12月27—28日举行,应到代表364名,实到354名。会议听取和审议县革委会工作报告、县财政决算报告、县法院和县检察院工作报告;决定撤销县革命委员会,设立县人大常委会,建立县人民政府。选举产生县八届人大常委会组成人员13名,肖晋为县人大常委会主任,童德来、王少春、彭惠敏(女)、曾济民为副主任;解正南为县长、邱德鼎、李干忠、吴德初、卢泽勋为副县长;张和清为县人民法院院长,聂再甫为县人民检察院检察长。作出《关于大力发展林业生产的决议》。

八届人大二次会议于1982年1月3—6日举行,应到代表367名,实到292名。会议听取和审议县人大常委会工作报告、县政府工作报告、县财政决算预算报告、县法院和县检察院工作报告,并作出相关决议。补选鄢维保、曾庆友为县人大常委会副主任。作出《关于加强精神文明建设,振作精神搞四化的决议》和《关于执行五届全国人大四次会议〈关于开展全民植树运动的决议〉的决议》。

八届人大三次会议于1983年3月12—15日举行,应到代表366名,实到358名。会议听取和审议县人大常委会、县政府、县法院和县检察院工作报告,县财政决算预算报告,并作出相关决议;补选县人大常委会委员1人;选举出席省六届人大代表9人。

第九届人民代表大会

九届人大一次会议于1984年3月27—31日举行,应到代表417名,实到401名。会议听取和审议县人大常委会、县人民政府、县法院和县检察院工作报告,县财政决算报告,并作出相关决议。选举产生县九届人大常委会组成人员19名,肖晋为县人大常委会主任,吴德初、王少春、曾庆友、黎仲谋、彭惠敏(女)、曾济民为副主任;选举何星甫为县长,邱德鼎、黄再生、卢泽勋、肖有志、孙大忠为副县长;李洁为县人民法院院长;聂再甫为县人民检察院检察长。作出《关于努力办好省定科技基点县的决议》。

九届人大二次会议于1985年2月4—8日举行,应到代表423名,实到412名。会议听取和审议县人大常委会、县政府、县法院和县检察院工作报告,县财政决算预算报告,并作出相关决议。补选肖有志为县长,石明贤、李新国、王焕耻为副县长。作出《关于在全县普及法律常识的决定》和《关于保护农村专业户、经济联合体合法权益的决定》。

九届人大三次会议于1986年3月1—4日举行,应到代表415名,实到389名。会议听取和审议县人大常委会、县政府、县法院和县检察院工作报告,县财政决算预算报告,县国民经济和社会发展第七个五年计划草案报告,并作出相关决议。作出《关于加强审计工作的决定》和《关于加强全县基层政权建设的决定》。

第十届人民代表大会

十届人大一次会议于1987年2月7—11日举行,应到代表327名,实到319名。会议听取和审议县人大常委会、县政府、县法院和县检察院工作报告、县财政决算报告,县国民经济和社会发展计划报告,并作出相关决议。选举产生县十届人大常委会组成人员19名,肖晋为县人大常委会主任,吴德初、王少春、黎仲谋、彭惠敏(女)、曾庆友、彭克祥为副主任;选举肖有志为县长,石明贤、王焕耻、卢泽勋、李新国为副县长;李洁为县人民法院院长;聂再甫为县人民检察院检察长。作出《关于全县各行各业都要切实为农业服务的决定》。

十届人大二次会议于1988年1月5—8日举行,应到代表327名,实到313名。会议听取和审议县人大常委会、县政府、县法院和县检察院工作报告,县财政决算预算报告、县国民经济计划报告,并作出相关决议。补选姚亚君为副县长;选举出席省七届人大代表9名。作出《关于严禁遗弃女婴的决定》。

十届人大三次会议于1988年6月8—9日举行,应到代表327名,实到303名。会议选举常德市一届人大代表48名。

十届人大四次会议于1989年3月21—25日举行,应到代表327名,实到297名。会议听取和审议县人大常委会、县政府、县法院和县检察院工作报告,县财政决算预算报告,县国民经济和社会发展计划报告,并作出相关决议。补选县人大常委会委员1人。作出《关于加强廉政建设的决定》《关于"一年消灭荒山、五年绿化汉寿"的决定》《关于搞好血吸虫病防治工作的决定》。

第十一届人民代表大会

十一届人大一次会议于1990年2月12—15日举行,应到代表326名,实到315名。会议听取和审议县人大常委会、县政府、县法院、县检察院工作报告和县财政决算预算报告及国民经济和社会发展计划安排报告并作出相关的决议。选举产生县第十一届人大常委会组成人员21名,卢泽勋为县人大常委会主任,黄再生、周世盈、黎仲谋、彭惠敏(女)、谢新发、刘欣文为副主任;选举肖有志为县长,张志英、何英满、王焕耻、周显明、李茂盛为副县长;李结为县法院院长;聂再甫为县检察院检察长。作出《关于"八五"期间大力发展欧美杨的决定》

《关于大力改善农村饮用水条件的决定》。会议收到代表提出的建议、批评和意见 178 件。

十一届人大二次会议于 1991 年 3 月 18—20 日举行,应到代表 320 名,实到 292 名。会议听取和审议县人大常委会、县政府、县法院、县检察院工作报告和县财政决算预算报告,县国民经济和社会发展计划报告,并作出相关决议。会议收到县政府议案 3 件,经审查均予立案,作出《关于修订实施九年义务教育规划的决定》等 3 个决定。收到代表提出的建议、批评和意见 117 件。

十一届人大三次会议于 1991 年 5 月 30—31 日举行,应到代表 320 名,实到 319 名。会议补选高德顺、李运南为副县长,补选县人大常委会委员 1 名。

十一届人大四次会议于 1992 年 2 月 24—27 日举行,应到代表 318 名,实到 305 名。会议听取和审议县人大常委会、县政府、县法院、县检察院工作报告和县财政决算预算报告,县国民经济和社会发展计划报告,并作出相关决议。会议收到议案 2 件,建议、批评和意见72 件。作出《关于在全县实施农村初级卫生保健的决定》等 2 个决定。

第十二届人民代表大会

十二届人大一次会议于 1992 年 11 月 28—30 日举行,应到代表 326 名,实到 301 名。会议选举产生县第十二届人大常委会组成人员 21 名,高德顺为人大常委会主任,黎仲谋、谢新发、杨克成、张桃秀(女)、刘欣文为副主任;选举胡子达为县长,邱景蓉(女)、李运南、周显明、刘汉华、徐联梅为副县长;金旺廷为县法院院长;谢贵爱为县检察院检察长。选举常德市第二届人民代表大会代表 54 名。

十二届人大二次会议于 1993 年 3 月 20—23 日举行,应到代表 326 名,实到 312 名。会议听取和审议县人大常委会、县政府、县法院、县检察院工作报告和县财政决算预算报告、县国民经济和社会发展计划报告,并作出相关决议。会议收到县政府议案 1 件,经审查予以立案并作出决议。收到代表建议、批评和意见 66 件。

十二届人大三次会议于 1994 年 3 月 17—20 日举行,应到代表 323 名,实到 319 名。会议听取和审议县人大常委会、县政府、县法院、县检察院工作报告和县财政决算预算报告、县国民经济和社会发展计划报告,并作出相关决议。会议收到代表建议、批评和意见 63 件。

十二届人大四次会议于 1995 年 3 月 18—21 日举行,应到代表 323 名,实到 319 名。会议听取和审议县人大常委会、县政府、县法院、县检察院工作报告和县财政决算预算报告、县国民经济和社会发展计划报告,并作出相关决议。会议收到代表建议、批评和意见 56 件。

十二届人大五次会议于 1996 年 3 月 7—9 日举行,应到代表 327 名,实到 314 名。会议听取和审议县人大常委会、县政府、县法院、县检察院工作报告,县财政预算执行情况和 1996 年财政概算草案报告,县国民经济和社会发展计划报告,并作出相关决议。补选县人大常委会委员 1 名。会议收到县政府议案 1 件,经审查准予立案,并作出决定。收到代表建议、批评和意见 78 件。

十二届人大六次会议于 1997 年 3 月 13—15 日举行,应到代表 327 名,实到 317 名。会议听取和审议县人大常委会、县政府、县法院、县检察院工作报告,县1996年财政预算执行情况和1997年财政概算草案报告、县国民经济和社会发展计划报告,并作出相关决议。作出《关于实施汉寿县1997—2001年水利建设规划》的决议。会议收到代表建议、批评和意见98件。

第十三届人民代表大会

十三届人大一次会议于1997年11月26—28日举行,应到代表278名,实到276名。会议选举产生县第十三届人大常委会组成人员21名,邱景蓉(女)为县人大常委会主任,刘大爱、张桃秀(女)、吴介华、曾凡国、何犖文、邓威特为副主任;胡子达为县长,周显明、刘汉华、谭卿平、骆绍华、罗启文、罗忠义为副县长;张治民为县法院院长;刘则新为县检察院检察长。选举常德市第三届人民代表大会代表55名。

十三届人大二次会议于1998年3月15—17日举行,应到代表278名,实到272名。会议听取和审议县人大常委会、县政府、县法院、县检察院工作报告,县财政预算报告、县国民经济和社会发展计划报告,并作出相关决议。补选杨先平为县长。会议收到代表建议、批评和意见60件。

十三届人大三次会议于1999年3月10—12日举行,应到代表278名,实到274名。会议听取和审议县人大常委会、县政府、县法院、县检察院工作报告,县财政预算报告、县国民经济和社会发展计划报告,并作出相关决议。会议收到代表建议、批评和意见87件。

十三届人大四次会议于2000年3月22—24日举行,应到代表278名,实到273名。会议听取和审议县人大常委会、县政府、县法院、县检察院工作报告,县财政预算报告、县国民经济和社会发展计划报告,并作出相关决议。作出《关于加快小城镇建设的决定》。补选高云祥为县人民检察院检察长,补选县人大常委会委员2名。会议收到代表提出的建议、批评和意见81件。

十三届人大五次会议于2001年2月20—21日举行,应到代表278名,实到276名。会议听取和审议县人大常委会、县政府、县法院、县检察院工作报告,县财政预算报告、县国民经济和社会发展计划报告,并作出相关决议。补选车德斌为县人民政府县长。会议收到代表建议、批评和意见88件。

十三届人大六次会议于2002年3月1—3日举行,应到代表278名,实到275名。会议听取和审议县人大常委会、县政府、县法院、县检察院工作报告,县财政预算报告、县国民经济和社会发展计划报告,并作出相关决议。会议收到代表建议、批评和意见88件。

第十四届人民代表大会

十四届人大一次会议于2002年11月28—30日举行,应到代表279名,实到279名。会议选举产生县第十四届人大常委会组成人员23名,周显明为县人大常委会主任,曾凡国、李应常、李仁才、彭国华、曾燮柳、王立芬(女)为副主任;车德斌为县长,谭卿平、李学文、蹇斯勇、鄢炳成、杨超坤、马志列为副县长;何本凡为县法院院长;高云祥为县检察院检察长。选举常德市第三届人民代表大会代表55名。

十四届人大二次会议于2003年2月22—24日举行,应到代表279名,实到274名。会议听取和审议县人大常委会、县政府、县法院、县检察院工作报告、县财政预算报告、县国民经济和社会发展计划报告,并作出相关决议。听取和审议县人民政府《关于汉寿县黑杨产业五年发展规划的议案说明》,并作出相应决定。会议收到代表建议、批评和意见89件。

十四届人大三次会议于2004年2月16—18日举行,应到代表279名,实到275名。会议听取和审议县人大常委会、县政府、县法院、县检察院工作报告、县财政预算报告、县国民经济和社会发展计划报告,并作出相关的决议。听取和审议县人民政府《关于汉寿县县城第三次总体规划修编议案》的说明,并作出相应决定。补选刘定青为县长。大会收到代表建议、批评和意见88件。

十四届人大四次会议于2005年1月17—19日举行,应到代表279名,实到275名。会议听取和审议县人大常委会、县政府、县法院、县检察院工作报告、县国民经济和社会发展计划报告、县财政预算报告,并作出相关决议。会议收到代表建议、批评和意见110件。

十四届人大五次会议于2006年2月12—14日举行,应到代表279名,实到274名。会议听取和审议县人大常委会、县政府、县法院、县检察院工作报告、县国民经济和社会发展"'十一五'规划纲要(草案)"的报告、县国民经济和社会发展计划报告、县财政预算报告,并作出相关决议。会议收到代表建议、批评和意见108件。

十四届人大六次会议于2007年3月7—10日举行,应到代表279名,实到275名。会议听取和审议县人大常委会、县政府、县法院、县检察院工作报告、县国民经济和社会发展计划报告、县财政预算报告,并作出相关决议。大会收到代表建议、批评和意见104件。

第十五届人民代表大会

十五届人大一次会议于2007年11月12—14日举行,应到代表280名,实到278名。会议选举产生县十五届人大常委会组成人员27名,杨开政为县人大常委会主任,李应常、王立芬(女)、周政怀、龚玉德、彭天喜为副主任;选举宋云文为县长,李学文、解以刚、马志列、袁佑清、吕平、余习琼、周功表为副县长;何本凡为县法院院长;靳湘辉为县检察院检察长。选举常德市第五届人民代表大会代表55名。

十五届人大二次会议于2008年2月26—28日举行,应到代表280名,实到277名。会议听取和审议县人大常委会、县政府、县法院、县检察院工作报告,县国民经济和社会发展计划报告、县财政预算报告,并作出相关决议。大会收到代表建议、批评和意见98件。

十五届人大三次会议于2009年2月25—27日举行,应到代表280名,实到275名。会议听取和审议县人大常委会、县政府、县法院、县检察院工作报告,县国民经济和社会发展计划报告、县财政预算报告,并作出相关决议。会议收到代表建议、批评和意见99件。

十五届人大四次会议于2010年2月1—3日举行,应到代表280名,实到276名。会议听取和审议县人大常委会、县政府、县法院、县检察院工作报告,县国民经济和社会发展计划报告、县财政预算报告,并作出相关决议。会议收到代表建议、批评和意见102件。

十五届人大五次会议于2011年2月22—24日举行,应到代表280名,实到275名。会议听取和审议县人大常委会、县政府、县法院、县检察院工作报告,县国民经济和社会发展计划报告、县财政预算报告,并作出相关决议。会议收到代表建议、批评和意见101件。

十五届人大六次会议于2012年2月8—10日举行,应到代表280名,实到276名。会议听取和审议县人大常委会、县政府、县法院、县检察院工作报告,县国民经济和社会发展计划报告、县财政预算报告,并作出相关决议。补选李学文为县人大常委会副主任。会议收到代表建议、批评和意见105件。

第十六届人民代表大会

十六届人大一次会议于2012年11月20—22日举行,应到代表280名,实到279名。会议选举产生县十六届人大常委会组成人员27名,李学文为县人大常委会主任,周政怀、王立芬(女)、彭天喜、陈武俊、饶杰为副主任;选举宋云文为县长,袁佑清、余习琼(女)、朱进友、李功文、冈滨辰、罗永锋、宋磊(女)为副县长;选举刘智为县法院院长、苏基云为县检察院检察长。选举常德市第六届人民代表大会代表57名。

十六届人大二次会议于2013年3月5—7日举行,应到代表280名,实到276名。会议听取和审议县人大常委会、县政府、县法院、县检察院工作报告,县国民经济和社会发展计划报告、县财政预算报告,并作出相关决议。补选县人大常委会委员1名。会议收到代表建议、批评和意见124件。

十六届人大三次会议于2013年5月8—9日举行,应到代表280名,实到276名。会议补选杨昶为县长。

第三节　汉寿县人民代表大会常务委员会

1980年12月,县第八届人大一次会议选举产生县人大常委会,同时设立办公室。1984年2月,增设法制科、财政经济科、教科文卫科,1986年4月改设法制工作委员会、财政经济工作委员会、教科文卫工作委员会。1987年4月增设联络工作委员会。1989年4月增设农业工作委员会。1997年11月法制工作委员会更名为内务司法工作委员会、农业工作委员会更名为农村与农业工作委员会。2005年8月,财政经济工作委员会加挂城乡建设环境资源保护工作委员会牌子。2007年12月,设立财政经济城建环保工作委员会。

八届人大常委会　共举行会议26次。听取和审议"一府两院"工作报告58项,作出决议决定10项,任免国家机关工作人员311人次。届内听取和审议县人民政府及有关部门关于社会治安情况和市场物价、加强市场管理和打击投机倒把、农业生产责任制、劳动就业等项工作情况的汇报,作出了《关于农业生产责任制的决议》《关于劳动就业的决议》等,听取了全国人大五届四次会议精神的传达报告。1982年5月12日,县人大常委会在省人大工作经验交流会上作《汉寿县人大常委会如何联系和走访人大代表》的典型经验发言。

九届人大常委会共举行会议20次。听取和审议“一府两院”工作报告61项，作出决议决定11项，交办和督办代表建议、批评和意见414件，任免国家机关工作人员255人次。届内听取和审议了关于换届选举工作、扶贫工作、工业企业经济效益、乡镇企业、财贸改革等情况汇报。作出《关于切实搞好农村扶贫工作的决议》《关于工业企业必须努力提高经济效益的决定》等。共组织执法检查活动15次、调查视察活动21次。受理人民群众来信135件，接待人民群众来访1105人次。

十届人大常委会　共举行会议24次。听取和审议“一府两院”工作报告62项，作出决议决定10项，交办和督办代表建议、批评和意见408件，任免国家机关工作人员217人次。听取和审议县政府关于“双增双节”运动、县法院关于复查历史老案、检察院关于严肃执法、认真履行法律监督等情况汇报。作出《关于广泛、深入、持久地开展增产节约、增收节支运动的决定》《关于加强法律监督的决定》《关于依法治县的决定》等。届内分别撤销2名副县长职务。共组织执法检查活动19次、调查视察活动25次。受理人民群众来信1451件，接待人民群众来访1187人次，

十一届人大常委会　共举行会议23次。听取和审议“一府两院”工作报告64项，作出决议决定11项，交办和督办代表建议、批评和意见405件，任免国家机关工作人员215人次。听取审议县政府关于减轻农民负担、经济合同法贯彻实施、中小学德育工作、农村初级卫生保健工作、城镇管理、会计管理、县城总体规划、办理人大代表建议批评和意见的情况、新建蒋家嘴电排站、发展特种水产等方面的汇报。增选常德市第一届人民代表大会代表1名。共组织执法检查活动19次、调查视察活动24次。受理人民群众来信1415件，接待人民群众来访1097人次。

十二届人大常委会　共举行会议38次。听取和审议“一府两院”工作报告127项，作出决议决定28项，交办和督办代表建议、批评和意见501件，任免国家机关工作人员277人次。通过《太子庙经济开发区总体规划》《土地利用总体规划》，听取和审议县政府关于财政预决算，整治农村社会治安、执行环境保护法、加强行政事业性收费管理、县机构改革、龙阳大道建设规划等方面的情况汇报。作出向全国人大代表邓威特学习的决定。共组织执法检查活动27次、调查视察活动36次，受理人民群众来信1611件，接待人民群众来访1224人次。1994年12月15日，县人大常委会在常德市人大工作座谈会上作《坚持跟踪监督讲求实际成效》的典型经验交流发言，同年12月在《中国人大》《常德人大工作》杂志予以刊登。常委会重视人大宣传工作，共上国、省、市人大新闻稿件387篇，其中国家级17篇、省级265篇、市级105篇，有10篇在省、市获奖。

十三届人大常委会　共举行会议35次。听取和审议“一府两院”工作报告182项，作出决议决定24项，交办和督办代表建议、批评和意见502件，任免国家机关工作人员256人次。听取和审议县人民政府关于《汉寿县1997—2001年水利建设规划》执行情况，工业企业改革情况等工作汇报，提出审议意见25份。对计划局、农业局、教育局、审计局、监察局等5

个单位主要负责人进行述职评议。审议通过《汉寿县2000—2004年依法治县实施方案》和《汉寿县2000—2010年小城镇建设发展规划实施方案》。作出《关于进一步开展“四五”普法教育和依法治理工作的决议》。视察全县黑杨产业化情况。组织执法检查活动31次、调查视察活动38次。受理人民群众来信1673件,接待人民群众来访1314人次。在国、省、市人大有关刊物发表新闻稿件401篇,有9篇获奖。

2008年11月13日,全国人大常委会委员张兴凯、全国人大环资委委员顾逸东率调研组到汉寿调查洞庭湖水污染防治和生态保护工作

十四届人大常委会 共举行会议41次。听取和审议“一府两院”工作报告207项，作出决议决定38项,交办和督办代表建议、批评和意见557件，任免国家机关工作人员258人次。对1名副县长、4名政府组成单位主要负责人、县法院1名副院长、县检察院1名副检察长进行述职评议。听取和审议“一府两院”关于社会养老保险扩面、乡镇站所人员管理、农村信用社改革、实施“品牌汉寿”战略等工作汇报,共提出审议意见48份。组织执法检查活动34次、调查视察活动42次。受理人民群众来信1834件,接待人民群众来访1315人次。

十五届人大常委会 共举行会议37次。听取和审议“一府两院”工作报告197项，作出决议决定36项,交办和督办代表建议、批评和意见519件，任免国家机关工作人员259人次。听取和审议了县人民政府关于国民经济和社会发展第十一个五年规划中期执行、县城国贷资金使用、民事审判工作、财政预算执行及调整方案、住房公积金管理、承诺“十件实

2011年10月28日,汉寿县人大常委会组织驻汉寿县省、市人大代表视察汉寿县中联重科工业园

事”办理、新农村建设、建立县级储备粮制度等工作汇报。组织执法检查活动31次、调查视察活动41次。受理人民群众来信1410件,接待人民群众来访1211人次。督促县政府出台《汉寿县财政预算周期管理办法》。在国、省、市人大有关刊物发表新闻稿件515篇,获省人大好新闻奖二等奖3篇、三等奖1篇。

十六届人大常委会　共举行9次会议。听取和审议“一府两院”工作报告38项,作出决议决定11项,交办和督办代表建议、批评和意见194件,任免国家机关工作人员68人次。听取和审议了县人民政府有关部门2013年工作计划的报告、关于义务教育均衡发展工作的情况报告、县公安局、县住建局、县林业局2012年度部门预算执行情况的审计报告,提出审议意见18份。共组织执法检查活动20次、调查视察活动21次。受理人民群众来信314件,接待人民群众来访421人次。

第四章　桃源县

第一节　桃源县各界人民代表会议

1950年3月—1953年7月，桃源县各界人民代表会议共召开了9次会议。

第一次会议于1950年3月4—6日举行，出席代表363人。会议听取和审议县人民政府《关于总结1949年下半年工作和部署1950年三大任务(剿匪、生产救灾、减租退押)的报告》，通过《关于执行三大任务的决议》。

第二次会议于1950年6月15日举行，出席代表352人。会议听取中共桃源县委关于当前工作形势的报告。

第三次会议于1950年9月27日—10月4日举行，出席代表426人。会议听取和审议县人民政府《关于国内外政治形势、国内经济形势和政府工作的报告》，根据县人民政府提出的提案，通过《关于地方粮征收公粮的20%的决议》。选举产生桃源县各界人民代表会议常务委员会，李铁锋为主席，卢青云、沙成章、傅志道、李秋为副主席；推选湖南省各界人民代表会议代表7人。

第四次会议于1951年1月4—7日举行，出席代表420人。会议听取中共桃源县委书记卢青云《关于土地改革的工作报告》，通过《关于拥护土地革命、彻底消灭地主阶级的决议》和《告全县农民书》。

第五次—第九次会议先后于1951年11月—1953年7月举行。会议均听取和讨论《政府工作报告》，并先后作出《关于镇压反革命分子的决议》《关于发展农业生产、完成爱国生产任务的决议》《关于搞好优属工作的决议》《关于办好学校的决议》《关于贯彻执行新婚姻法的决议》《关于防虫、防旱、防汛工作的决议》。

第二节　桃源县人民代表大会

第一届人民代表大会

一届人大一次会议于1954年7月20—23日举行，出席代表383人。会议审议通过《政府工作报告》；学习讨论《中华人民共和国宪法(草案)》；选举沙成章等7人为湖南省第一届人大代表；作出《关于开展山区丘陵区超额增产运动与灾区生产自救运动的决议》。会议共收到代表提案168件，其中31件由县长在会上答复，其余137件由大会主席团决定交有关部门办理。

一届人大二次会议于 1955 年 4 月 13—15 日举行,出席会议代表 441 人。会议传达省一届人大二次会议精神; 审议通过政府工作报告; 学习讨论《中华人民共和国兵役法》(修正案)。会议选举赵存良为县长,李子猛为副县长,丁晓云(女)等 19 人为县人民委员会委员;徐建国为县人民法院院长。作出《关于大力开展以互助合作为中心的春耕生产运动的决议》《关于反对美国侵略集团干涉我国内政、坚决解放台湾的决议》《关于拥护〈兵役法〉的决议》。会议共收到代表提案 125 件,经提案审查委员会审查,由大会主席团决定交有关部门办理。

第二届人民代表大会

二届人大一次会议于 1956 年12 月 6—8 日举行,出席代表 341 人。会议审议通过政府工作报告;听取中共桃源县委《关于今后工作任务的报告》,作出《关于今后工作方针、任务的决议》。选举李子猛为县长,田昌玉、章震南为副县长,丁晓云(女)等 18 人为县人民委员会委员;肖世钦为县人民法院院长。会议代表共提出提案 276 件,经提案委员会审查,由大会主席团决定交有关部门办理。

二届人大二次会议于 1957 年 5 月 14—16 日举行,因会期正值春耕大忙,担任农业生产合作社主任、会计的代表没有参加会议,出席会议代表 228 人,占应到会代表数的 55%。会议听取并讨论中共桃源县委《关于怎样正确处理人民内部矛盾的报告》。会议没有设立提案审查委员会,代表提出的批评和建议,由县长李子猛在会上作出答复。

第三届人民代表大会

三届人大一次会议于 1958 年 5 月27—29 日举行,出席代表 347 人。会议审议通过县人民委员会工作报告与中共桃源县委《关于当前形势和今后任务的报告》,21 名代表在全体会议上发言。选举徐建国为县长,田昌玉、章震南为副县长,张宜林等 18 人为县人民委员会委员; 肖世钦为县法院院长; 欧阳迁等 6 人为湖南省第二届人大代表。会议代表共提出提案 405 件,由大会主席团交有关部门办理。本届只召开一次会议。

第四届人民代表大会

四届人大一次会议于 1960 年 11 月 29—12 月 1 日举行,出席代表 370 人。会议审议通过县人民委员会工作报告、中共桃源县委《关于形势和任务的报告》、1959 年财政决算和 1960 年财政预算执行情况的报告、县人民法院工作报告。选举徐建国为县长,田昌玉、章震南为副县长,丁晓云(女)等 18 人为县人民委员会委员;王庆祥为县人民法院院长。补选杨明珍为湖南省第二届人大代表。会议代表共提出提案 328 件,由大会主席团交有关部门办理。本届只召开一次会议。

第五届人民代表大会

五届人大一次会议于 1964 年8 月 26—29 日举行,出席代表 381 人。会议审议通过县人民委员会工作报告、1963 年财政决算和 1964 年财政预算及执行情况的报告、县人民法院工作报告,批准 1963 年财政决算和 1964 年财政预算。会议选举武敬瑞为县长,田昌玉、张英、柴庆范、章震南为副县长,杨汇泉等 18 人为县人民委员会委员;王庆祥为县人民法院院长;

武敬瑞等 9 人为湖南省第三届人民代表大会代表。会议代表共提出提案 448 件，由大会主席团决定交有关部门办理。本届只召开了一次会议。

第六届人民代表大会

因 1966 年“文化大革命”影响，人民代表大会会议未能正常举行。1968 年 9 月县革命委员会成立，按照有关规定，依序视为县六届人民代表大会。

第七届人民代表大会

七届人大一次会议于 1978 年 2 月 28 日—3 月 2 日举行，出席代表 1044 人。会议审议通过县革命委员会工作报告和县人民法院工作报告。选举刘行悌为县革命委员会主任，方平、田昌玉、阙海卿、唐佩安、顾维生、沈昌柳、罗上富为副主任，霍宪俊、刘有恒等 41 人为县革委会委员；刘行悌等 8 人为湖南省第五届人大代表。会议设立代表资格审查委员会和提案审查委员会。本次会议共收到代表提案 334 件，由大会主席团交有关部门办理。本届只召开一次会议。

第八届人民代表大会

八届人大一次会议于 1980 年 12 月 2—7 日举行，出席代表 441 人。会议审议县革委会工作报告、财政工作报告、法院工作报告和检察院工作报告，并作出相应决议；审查批准 1980 年财政决算和 1981 年财政预算；作出《关于全县农业发展和建立健全农业生产责任制问题的决议》和《关于将县革命委员会改为县人民政府的决议》，决定设立县人大常委会。会议选举方平为县人大常委会主任，李丕吉、顾维生、康汉彬、霍宪俊为副主任，王冬莪(女)等 10 人为委员；李会卿为县长，唐佩安、刘志清、谌明安、魏国超为副县长；江震源为县法院院长；何守仁为县检察院检察长。会议代表共提出提案 421 件，大会主席团决定交有关机关办理。

八届人大二次会议于 1982 年 2 月 14—17 日举行，出席代表 432 人。会议审议县政府、人大常委会、人民法院、检察院工作报告，并作出相应决议；审查和批准 1981 年财政决算和 1982 年财政预算。根据县政府提出的议案，作出《关于保护森林资源的决议》等 3 个决议。会议收到提案 365 件，分别交有关机关办理。

八届人大三次会议于 1983 年 3 月 15—18 日举行，出席代表 439 人。会议听取和审议县政府、县人大常委会及“两院”工作报告，并作出相应决议；审查和批准财政决算和预算；选举杨汇泉等 11 人为湖南省六届人大代表。会议代表共提出提案 198 件，其中 175 件立案，23 件转作代表建议交有关机关办理。

第九届人民代表大会

九届人大一次会议于 1984 年 4 月 6—11 日举行，出席代表 386 人。会议听取和审议县政府、、人大常委会及“两院”工作报告，并作出相应决议；审查和批准国民经济计划和财政预算报告。选举田昌玉为人大常委会主任，朱良林、谌明安、李丕吉、燕蒲江、刘仲秋为副主任，方德清等 14 人为委员；魏国超为县长，唐佩安、刘有恒、宁望林、姜涤非为副县长；陈占保为法院院长；朱长松为检察院检察长。收到代表提案 316 件、建议 30 件，分别交有关机关办理。

九届人大二次会议于1985年3月14—18日举行,出席代表379人。会议听取和审议县政府、人大常委会及“两院”工作报告,并作出相应决议;审查和批准国民经济计划及财政预算报告。选举覃静斋为县人大常委会副主任,郭春生、蒯又鸣为副县长。根据县人民政府的提案,作出《关于加强法制宣传教育、普及法律常识的决议》等2个决议。收到代表提案137件、建议30件,分别交有关机关办理。

九届人大三次会议于1986年7月10—14日举行,出席代表389人。会议听取和审议县政府、县人大常委会及“两院”工作报告,并作出相应决议;审查和批准国民经济计划和财政预算报告。决定接受田昌玉辞去县人大常委会主任职务,朱良林、李丕吉辞去县人大常委会副主任职务,魏国超辞去县长职务,唐佩安辞去副县长职务;补选魏国超为县人大常委会主任,吴丕生、杨昌杰、管如平为副主任;曾庆炎为县长。收到代表提案284件、建议153件,分别交有关机关办理。

第十届人民代表大会

十届人大一次会议于1987年2月21—27日举行,出席代表362人。会议听取和审议县政府、人大常委会及“两院”工作报告,并作出相应决议;审查和批准国民经济社会发展第七个五年计划和1987年国民经济计划及财政预算。选举魏国超为县人大常委会主任,吴丕生、覃静斋、杨昌杰、谌明安、戴金秀(女)、刘仲秋为副主任,刘大纯等12人为委员;曾庆炎为县长,刘有恒、郭春生、罗建国、蒯又鸣为副县长;陈占保为法院院长;朱长青为检察院检察长。根据县政府提出的议案,作出《关于农田水利设施保护和管理的决议》和《关于尊师重教的决定》。收到代表提案95件、建议442件,分别交有关部门办理。

十届人大二次会议于1988年1月6—10日举行,出席代表342人。会议听取和审议县政府、人大常委会及“两院”工作报告,并作出相应决议;审查和批准国民经济计划及财政预算报告。根据代表联名提出的议案,作出《关于增强农业发展后劲的决议》。决定接受蒯又鸣辞去副县长职务;补选刘本之为副县长。选举魏国超等11人为湖南省第七届人大代表。收到代表10人以上联名提出议案28件,其中1件列入大会议程,9件交县人民政府办理,其余18件转作代表建议,与会期收到的另外172件代表建议,一并交有关机关办理。

十届人大三次会议于1988年6月8—9日举行,出席代表334人。会议选举魏国超等57人为常德市第一届人民代表大会代表。

十届人大四次会议于1989年3月20—23日举行,出席代表345人。会议听取和审议县政府、人大常委会及“两院”工作报告,并作出相应决议;审查和批准国民经济计划及财政预算。决定接受曾庆炎辞去县长职务,补选刘有恒为县长。根据县人民政府提出的议案,作出了《关于依法治县的决议》等3个决议。收到代表联名提出议案18件,全部转作代表建议,与另外92件代表建议,一并交有关机关办理。

第十一届人民代表大会

十一届人大一次会议于1990年2月11—16日举行,出席代表356人。会议听取和审议县政府、人大常委会及“两院”工作报告，并作出相应决议；审查和批准国民经济计划及财政预算报告。选举魏国超为人大常委会主任，吴丕生、杨昌杰、戴金秀（女）、刘满生、倪利钦、戴临中为副主任，朱国斌等16人为委员；刘有恒为县长，刘本之、汪协清、郭春生、罗建国、聂幼华为副县长；陈占保为法院院长；胡新建为检察院检察长。根据县政府提出的议案，作出了《关于实现全县水利工程安全、配套、管理达标的议案的决议》。收到代表联名提出议案28件，全部转作代表建议，与会期收到的169件代表建议，一并交有关机关办理。

十一届人大二次会议于1991年3月2—5日举行，出席代表352人。会议听取和审议县政府、人大常委会及“两院”工作报告，并作出相应决议；审查和批准国民经济计划及财政预算报告。收到代表联名提出议案15件，3件列入大会议程进行表决，作出《关于发展村组集体经济的决定》等2个决定和《关于发展山区竹林生产中有关问题的议案的决议》；12件转作代表建议，与另外99件代表建议，一并交有关机关办理。

十一届人大三次会议于1992年2月21—24日举行，出席代表340人。会议听取和审议县政府、人大常委会及“两院”工作报告，并作出相应决议；审查批准国民经济计划及财政预算报告。收到代表联名提出议案23件，1件列入大会议程，作出《关于尽快修建桃源沅水公路大桥的决议》；22件转为代表建议，与会期收到的105件代表建议，一并交有关机关办理。

第十二届人民代表大会

十二届人大一次会议于1992年11月26—28日举行，出席代表348人。会议选举魏国超为人大常委会主任，吴丕生、杨昌杰、戴金秀（女）、戴临中、冯月廷为副主任，朱国斌等15人为委员；卜功富为县长，艾新国、汪协清、廖峰、易法欣、张文富为副县长；康心健为法院院长；胡新建为检察院捡察长；卜功富等60人为常德市二届人大代表。

十二届人大二次会议于1993年4月14—16日举行，出席代表354人。会议听取和审议县政府、人大常委会及“两院”工作报告，并作出相应决议；审查批准国民经济计划和财政预算报告。根据县政府提出的议案，作出《关于修建沅水大桥筹资方案的议案的决议》。会议共收到代表议案9件，全部转为代表建议，与会期收到的69件代表建议，一并交有关机关办理。

十二届人大三次会议于1994年2月20—23日举行，出席代表328人。会议听取和审议县政府、人大常委会及“两院”工作报告，并作出相应决议；审查和批准国民经济计划和财政预算报告。决定接受廖峰辞去副县长职务。会议收到代表仪案15件，2件列入大会议程，作出《关于加强县城建设与管理的议案的决议》和《关于发展油茶生产的议案的决议》，其余13件转作代表建议，与会期收到的49件代表建议，一并交有关机关办理。

十二届人大四次会议于1995年3月7—10日举行，出席代表350人。会议听取和审议县政府、人大常委会及“两院”工作报告，并作出相应决议；审查和批准国民经济计划和财政预算报告。根据县政府提出的议案，作出《关于修建城关防洪大堤的议案的决议》。收到代表提出议案13件，全部转作代表建议，与会期收到的53件代表建议，一并交有关机关办理。

十二届人大五次会议于1995年4月20—21日举行，出席代表325人。会议决定接受卜功富辞去县长职务,补选胡宗清为县长。

十二届人大六次会议于 1996 年 3 月 5—8 日举行,出席代表 324 人。会议听取和审议县政府、人大常委会及“两院”工作报告,并作出相应决议;审查和批准了国民经济计划和财政预算报告。决定接受胡宗清辞去县长职务,补选徐超文为县长,增选李汉文为县人大常委会副主任。根据县政府提出的议案,作出《关于进一步治理乱收费、乱罚款和乱集资摊派的决议》和《关于加强县城和小城镇规划管理的决议》。会议共收到代表议案 5 件,全部转作代表建议,与另外 47 件代表建议一并交有关机关办理。

十二届人大七次会议于 1997 年 3 月 3—6 日举行,出席代表 314 人。会议听取和审议了县政府、人大常委会及“两院”工作报告,并作出相应决议;审查批准国民经济计划和财政预算报告。决定接受胡新建辞去检察院检察长职务,补选刘长城为检察院检察长。根据县政府提出的议案,作出《关于实施小康工程的决议》。收到代表议案 11 件,转作建议与另外 49 件代表建议一并交有关机关办理。

第十三届人民代表大会

十三届人大一次会议于 1997 年 11 月 25—27 日举行,出席代表 308 人。会议选举汪协清为人大常委会主任,李汉文、张兴娟、戴金秀、戴临中、袁继树、廖德智为副主任,刘中秋等 14 人为委员;徐超文为县长,覃光明、熊复兴、杨易、胡新建、张文富为副县长;张叶池为法院院长;刘长城为检察院检察长;丁方德等 68 人为常德市第三届人大代表。

十三届人大二次会议于 1998 年 3 月 10—12 日举行,出席代表 302 人。会议听取和审议县政府、人大常委会及“两院”工作报告,并作出相应决议;审查批准国民经济计划和财政预算报告。根据县政府提出的议案,作出《关于加快发展民营经济的决议》和《关于加快发展城镇经济的决议》。会议共收到代表议案 18 件,全部转作代表建议,与另外 73 件代表建议一并交有关机关办理。

十三届人大三次会议于 1999 年 3 月 9—12 日举行,出席代表 303 人。会议听取和审议县政府、人大常委会及“两院”工作报告,并作出相应决议;审查批准国民经济计划和财政预算报告。决定接受徐超文辞去县长职务,补选卢武福为县长。根据县政府提出的议案,作出《关于开拓市场搞活流通的决议》和《关于进一步加强社会保险工作的决议》。会议共收到代表议案 24 件,全部转作代表建议,与另外的 84 件代表建议一并交有关机关办理。

十三届人大四次会议于 2000 年 2 月 25—28 日举行,出席代表 304 人。会议听取和审议县政府、人大常委会及“两院”工作报告,并作出相应决议;审查批准国民经济计划和财政预算报告。收到代表议案 36 件,全部转作建议,与另外 109 件代表建议一并交有关机关办理。

十三届人大五次会议于 2001 年 2 月 5—8 日举行,出席代表 301 人。会议听取和审议县政府、人大常委会及“两院”工作报告,并作出相应决议;审查批准国民经济计划和财政预算报告。决定接受卢武福辞去县长职务,补选魏立刚为县长。会议根据县政府提出的议案,作出《关于加快创建旅游新市的决议》。收到代表议案 11 件,全部转作建议与另外45 件代表建议一并交有关机关办理。

十三届人大六次会议于 2002 年 2 月 28 日—3 月 2 日举行，出席代表 297 人。会议听取和审议县政府、人大常委会及“两院”工作报告，并作出相应决议；审查批准国民经济计划和财政预算报告。决定接受魏立刚辞去县长职务，补选郑弟祥为县长。收到代表议案 18 件，全部转作建议与另外 54 件代表建议一并交有关机关办理。

第十四届人民代表大会

十四届人大一次会议于 2002 年 11 月 20—22 日举行，出席代表 297 人。会议选举魏立刚为人大常委会主任，覃光明、杨连范、刘新早、王建龙、刘中秋、陈祥圣为副主任，余益新等 16 人为委员；郑弟祥为县长，熊复兴、张正福、胡文波、童婧、李振华、林行军为副县长；张叶池为法院院长；刘长城为检察院检察长；丁方德等 66 人为常德市第四届人大代表。

十四届人大二次会议于 2003 年 4 月 8—10 日举行，出席代表 303 人。会议听取和审议县政府、人大常委会及“两院”工作报告，并作出相应决议；审查批准国民经济计划和财政预算报告。决定接受魏立刚辞去人大常委会主任职务，补选覃光明为人大常委会主任、张正福为副主任。收到余桂华等 10 名代表联名提出的《关于桃源县人民法院在执行三阳港镇建筑公司债务纠纷案中违法问题的质询案》，大会主席团决定，由县人民法院在会议期间书面答复提议代表。收到代表议案 31 件，全部转作建议与另外 50 件代表建议一并交有关机关办理。

十四届人大三次会议于 2004 年 2 月 18—20 日举行，出席代表 297 人。会议听取和审议县政府、人大常委会及“两院”工作报告，并作出相应决议；审查批准国民经济计划和财政预算报告。决定接受刘长城辞去检察院检察长职务，补选柳立武为检察院检察长。收到代表提出议案 27 件，全部转作建议与另外 39 件代表建议一并交有关机关办理。

十四届人大四次会议于 2005 年 3 月 9—11 日举行，出席代表 294 人。会议听取和审议了县政府、人大常委会及“两院”工作报告，并作出相应决议；审查批准了国民经济计划和财政预算报告。补选县人大常委会委员 1 名，增选常德市第四届人大代表 1 名。收到代表提出议案 22 件，全部转作建议与另外 43 件代表建议一并交有关机关办理。

十四届人大五次会议于 2006 年 2 月 22—24 日举行，出席代表 302 人。会议听取和审议县政府、人大常委会及“两院”工作报告，并作出相应决议；审查批准国民经济计划和财政预算报告。决定接受张叶池辞去县法院院长职务，补选覃红卫为县法院院长。收到代表议案 27 件，全部转作建议与另外 28 件代表建议一并交有关机关办理。

十四届人大六次会议于 2007 年 3 月 9—11 日举行，出席代表 302 人。会议听取和审议县政府、人大常委会及“两院”工作报告，并作出相应决议；审查批准国民经济计划和财政预算报告。收到代表议案 20 件，1 件列入大会议程，作出《关于在大中型水库养鱼禁止投肥的决议》，其余 19 件均转作代表建议，与另外 24 件代表建议一并交有关机关办理。

第十五届人民代表大会

十五届人大一次会议于 2007 年 11 月 17—19 日举行，出席代表 297 人。会议选举魏岳林为人大常委会主任，杨连范、林行军、李岸初、周福初、吴丽兰为副主任，刘光建等 21 人为委员；龚德汉为县长，胡文波、易文斌、郑兴进、黄贵生、张志红、杨凡为副县长；覃红卫为县法院院长；柳立武为县检察院检察长；丁璇如等 67 人为常德市第五届人大代表。

十五届人大二次会议于 2008 年 3 月 4—6 日举行，出席代表 306 人。会议听取和审议县政府、人大常委会及“两院”工作报告，并作出相应决议；审查批准国民经济计划和财政预算报告。根据县政府提出的议案，作出《关于进一步严厉打击地下“六合彩”赌博活动的决议》。会议共收到代表议案 29 件，全部转作建议，与另外 23 件代表建议一并交有关机关办理。

桃源县召开代表大会

十五届人大三次会议于 2009 年 2 月 25—27 日举行，出席代表 307 人。会议听取和审议县政府、人大常委会及“两院”工作报告，并作出相应决议；审查批准国民经济计划和财政预算报告。代表提出议案 34 件，全部转作建议，与另外 40 件代表建议一并交有关机关办理。

十五届人大四次会议于 2010 年 3 月 10—12 日举行，出席代表 308 人。会议听取和审议县政府、人大常委会及“两院”工作报告，并作出相应决议；审查批准国民经济计划和财政预算报告。收到代表议案 35 件，2 件列入大会议程，作出《关于禁止违法捕鱼保护渔业资源决议》和《关于加大全县水利基础设施建设投入的决议》。其余 33 件转作代表建议，与另外 37 件代表建议一并交有关机关办理。

十五届人大五次会议于 2011 年 2 月 23—25 日举行，出席代表 309 人。会议听取和审议县政府、人大常委会及“两院”工作报告，并作出相应决议；审查批准桃源县国民经济和社会发展第十二个五年规划发展纲要及年度国民经济计划和财政预算。补选人大常委会委员 2 名。会议共收到代表议案 35 件，全部转作建议，与另外 39 件代表建议一并交有关机关办理。

十五届人大六次会议于 2011 年 9 月 25—27 日举行，出席代表 297 人。会议决定接受龚德汉辞去县长职务，补选唐汇诰为县长。

十五届人大七次会议于 2012 年 2 月 13—15 日举行，出席代表代表 302 人。会议听取和审议县政府、人大常委会及“两院”工作报告，并作出相应决议；审查批准国民经济计划和财政(部门)预算。会议共收到代表议案 8 件，全部转作代表建议，与另外 52 件代表建议一并交有关机关办理。

第十六届人民代表大会

十六届人大一次会议于2012年11月22—23日举行，出席代表315人。会议选举魏岳林为人大常委会主任，郑兴进、周福初、吴丽兰、胡文科为副主任，于惠平等21人为委员；唐汇诰为县长，陈章杰、李卫民、张志红、杨凡、黄沅敏、陈会龙、项文渊为副县长；彭政为法院院长；张美权为检察院检察长；丁璇如等67人为常德市第六届人大代表。

十六届人大二次会议于2013年2月27日—3月1日举行，出席代表309人。会议审议县政府、人大常委会及"两院"工作报告，并作出相应决议；审查批准国民经济计划和财政(部门)预算。会议共收到代表议案9件，全部转作代表建议，与另外57件代表建议一并交有关机关办理。

第三节　桃源县人民代表大会常务委员会

1980年12月，桃源县第八届人民代表大会第一次会议选举产生桃源县人民代表大会常务委员会。常委会下设办公室。1984年增设法制科、财政经济科和科学教育文化卫生科，1986年"三科"更名为相应的工作委员会。1987年增设联络工作委员会。1989年增设农村工作委员会。1997年联络工作委员会更名为选举任免联络工作委员会。1998年法制工作委员会更名为内务司法工作委员会。2013年增设城乡建设环境资源保护工作委员会和信访工作办公室。

八届人大常委会　自1980年12月—1984年3月，共召开常委会议23次，听取和审议政府、法院、检察院及县政府有关职能部门的工作报告43项，作出相应的决议、决定12项；任免人大常委会及"一府两院"工作人员131人(次)，组织代表视察6次。届内作出《关于进一步整顿社会治安的决议》《关于坚决打击经济领域中违法犯罪活动的决定》《关于批准县人民政府授予50名劳动模范和169个先进集体荣誉称号的决定》《关于批准桃源县城总体建设规划的决议》《关于实行政社分开、建立乡政府的决定》等重要决议决定。罢免了刘行悌湖南省第五届人大代表职务。

九届人大常委会　自1984年4月—1987年1月，共召开常委会议22次，听取和审议政府、法院、检察院及县政府有关职能部门的工作报告34项，作出相应的决议、决定20项；任免人大常委会及"一府两院"工作人员455人(次)；组织代表视察8次；开展执法检查6次。其中，二次会议决定将每月1日定为"主任接待代表日"，并根据县法院提出的报告，作出《关于撤销关英男桃源县人民法院民事审判庭庭长职务的决定》；三次会议作出《关于支持和维护经济改革的决定》；四次会议作出《关于调整县文化体育局和县畜牧水产局机构设置的决定》《关于撤销桃花源、黄石、三阳港三个乡，建立桃花源、黄石、三阳港、西安、沃溪五个镇的决定》《关于执行〈桃源县城关镇建设总体规划〉的决议》；1985年5月，常委会发出《关于开展人大工作"争先创优"活动的通知》，组织县人大代表开展"人民选我当代表，我当代表为人民”主题活动;九次会议作出《关于批准〈1980—2000 年桃源县发展规划总体设计〉的决议》;十次会议作出《关于扩大陬市镇行政区域的决定》;1985 年 12 月 6—11 日,常委会全体组成人员开展一次专题执法检查。1986 年 4 月 26—30 日,常委会执法检查组对《药品管理法》贯彻执行情况进行检查。

十届人大常委会　自 1987 年 2 月—1990 年 1 月,共召开常委会议 19 次,听取和审议政府、法院、检察院及县政府有关职能部门的工作报告 57 项,作出相应的决议、决定 25 项;任免人大常委会及“一府两院”工作人员 148 人(次);组织代表视察 7 次;开展执法检查 5 次。其中:1987 年 2 月,指导各乡镇人大主席团依法设立主席团常务主席;1987 年6 月,常委会全体组成人员及部分县人大代表,分赴 24 个乡镇的 54 所中小学和 9 所县属中学及职中,就县人大及其常委会《关于尊师重教的决议》和《关于解决中小学危房修缮和改造问题的报告的决议》的贯彻实施情况进行视察;三次会议作出《关于加强食品卫生管理的决定》;四次会议作出《关于县人大常委会人事任免表决方式的决定》;五次会议作出《关于撤销燕家坪乡人大关于接受副乡长丁大雄辞职的决议的决定》;九次会议通过《桃源县人民代表大会常务委员会议事规则》;十六次会议作出《关于撤销周元春县财政局局长职务的决定》和《关于征兵、优待工作若干问题的暂行规定的议案的决定》;十八次会议通过《桃源县人民代表大会常务委员会人事任免办法》;十九次会议听取审议县审计局、县监察局和县检察院等有关工作汇报,作出《关于坚决惩治腐败,加强廉政建设的决议》。

十一届人大常委会　自 1990 年 2 月—1992 年 10 月,共召开常委会议 19 次,听取和审议政府、法院、检察院及县政府有关职能部门的工作报告 52 项,作出相应的决议、决定 20 项;任免人大常委会及“一府两院”工作人员 128 人(次);组织代表视察 10 次;执法检查 8 次。其中:二次会议作出《关于撤销城关镇人民代表大会关于治安管理镇规民约的决议的决议》。1990 年 9 月开展义务教育法贯彻落实情况的执法检查。1991 年 7 月对县公安部门实施《治安管理处罚条例》的情况和城建部门加强城镇规划与管理的情况进行公开评议。同年,先后对行政诉讼法、环境保护法、《种子管理条例》等 6 部法律法规贯彻执行情况进行执法检查,督促县政府及其相关职能部门整改执法检查所发现的问题。1992 年 8 月,沅水出现新中国成立以来第二大洪峰,组织省、市、县三级人大代表,写出专题调查报告,交由驻县省人大代表联名,在省八届人大二次会议上提出《关于沅水为何暴发“八一”洪峰的质询案》。

十二届人大常委会　从本届起,常委会任期为 5 年。自 1992 年 11 月—1997 年 10 月,共召开常委会议 35 次,听取和审议政府、法院、检察院及县政府有关职能部门的工作报告 72 项,作出相应决议、决定 43 项;任免人大常委会及“一府两院”工作人员 312 人(次);组织代表视察 10 次;执法检查 12 次。其中:二次会议作出《关于全面实施农村初级卫生保健的议案的决议》;四次会议作出《关于加快发展个体私营经济的决定》;1993 年11 月,组织县人大代表评议基层法庭执法工作;七次会议听取县政府组成单位 10 位负责人的述职报告,并进行评议和满意度测评;十次会议作出《关于深入学习宣传贯彻代表法和实施代表法办法的决定》;1994 年 11 月,召开全县乡镇人大工作经验交流会议;十七次会议作出《关于加强预算外资金管理的决议》;十八次会议决定撤销姚志的县计生委主任职务和郭建溪的县民政局局长职务;二十次会议决定授予廖四清等 10 名同志“优秀警官”、“优秀法官”、“优秀检察官”荣誉称号;二十一次会议作出《关于在县城禁止燃放烟花鞭炮的决定》;二十五次会议作出《关于全县法制宣传教育第三个五年规划的议案的决议》; 二十九次会议听取审议县政府提出的《关于 1997 年全县实现基本普及九年制义务教育、基本扫除青壮年文盲,接受国家验收的议案》,并作出相应决议;三十三次会议作出《关于桃源县生态示范区建设总体规划的决议》;三十四次会议作出《关于依法治县的决议》。

十三届人大常委会 自 1997 年 11 月—2002 年 10 月,共召开常委会议 35 次,听取和审议政府、法院、检察院及县政府有关职能部门的工作报告 92 项,作出相应决议、决定 63 项;任免人大常委会及“一府两院”工作人员 216 人(次);组织代表视察 11 次、执法检查 13 次。其中:四次会议作出《关于修改桃源县人大常委会议事规则的决定》《关于修改桃源县人大常委会主任会议议事规则的决定》;五次会议作出《关于加强司法队伍建设、促进严格、公正执法的决议》;七次会议作出《关于整治无牌无证(照)车辆的决定》;十次会议审议主任会议和县政府提出的议案,作出《关于撤销覃志全当选杨溪桥乡人民政府乡长的决定》。十一次会议作出《关于开展桃源县环保世纪行活动的决定》《关于批准县城总体规划局部修编的决定》《关于加强血吸虫防治的决议》和《关于实施桃源县生态农业建设总体规划的决议》;2000 年 9 月 11 日,全国人大常委会副委员长铁木尔·达瓦买提视察枫树和青林两个民族乡民族自治工作;二十次会议审议法官法、检察官法的执法检查报告,对执法检查中发现和查实的 8 件重点案件展开工作评议,并根据评议结果撤销一名县法院副院长及一名法庭庭长职务;二十八次会议作出《关于批准桃源县城总体规划(修编)、人口与用地规模预测论证报告及桃源县县域城镇体系规划的决议》;2002 年 4 月 2 日,召开纪念《代表法》颁布十周年座谈会;三十一次会议作出《关于开展百库整治活动的决议》;三十五次会议作出《关于对县法院、县检察院有关人员法律职务实行随届任命的决定》。

十四届人大常委会 自 2002 年 11 月—2007 年 10 月,共召开常委会议 33 次,听取和审议政府、法院、检察院及县政府有关职能部门的工作报告 98 项,作出决议、决定 35 项;任免人大常委会及“一府两院”工作人员 327 人(次);组织代表视察 12 次;执法检查 13 次。四次会议作出在全县范围内开展“农产品质量安全行”活动的决定;五次会议作出《关于加快县通乡公路建设的决议》、《关于桃源县城总体规划修编的决定》《关于加强乌云界自然保护区管理的决定》;2003 年 9 月 16 日,首次组织开展代表向选民述职工作;2003 年 9 月 24 日,全国人大常委会副秘书长乔晓阳和全国人大系统信访工作经验交流会议的人员, 现场参观考察桃花源镇人大信访工作;十四次会议作出《关于批准实施城市经营七大项目的决定》;十五次会议对“一府两院”有关负责人开展述职评议,并进行满意度测评;十六次会议根据述职评议结果,决定免去李志文县司法局局长职务;十八次会议作出《关于进一步贯彻落实工会法的决议》,通过《桃源县人民代表大会常务委员会预算审查监督办法》,二十二次会议对“一府两院”有关10名负责人进行述职评议。2006年4月,决定在全县范围内开展“三湘农民健康行”活动;三十三次会议补选市四届人大代表1名。

十五届人大常委会　自2007年11月—2012年10月,共召开常委会议41次,听取和审议政府、法院、检察院及县政府有关职能部门的工作报告132项,作出决议、决定90项;任免人大常委会及“一府两院”工作人员382人(次);组织代表视察48次;执法检查13次。其中:四次会议通过《桃源县人大常委会规范性文件备案审查办法》;七次会议听取审议县政府、县法院、县检察院关于贯彻执行《县十五届人大二次会议关于严厉打击地下“六合彩”赌博活动的决议》情况的报告;九次会议作出《关于建设县城污水处理厂的决定》;十一次会议决定在全县范围内启动开展“三湘民族团结进步行”活动;十三次会议补选常德市第五届人大代表1名;十五次会议对公安、城管执法、农业三项工作开展工作评议,并对27个政府组阁单位和法院、检察院进行满意度测评;十七次会议作出《关于调整县城总体规划并启动修编工作的决定》;十九次会议专题对农村“五保”工作进行审议,提出“规范五保管理、提高供养水平、加强敬老院建设、提高丧葬补贴标准”的审议意见;2010年9月,组织开展《城乡规划法》执法检查,针对检查发现的问题,要求县政府重点解决规划编制滞后、不按规划建设、未批先建、少批多建等具体问题;2011年6月,全面启动“司法公正常德行”活动,开展“建机制、肃警风、纠错案、销积案”等主题活动;三十一次会议对政府发改、国土、人口计生工作开展工作评议,对31个政府工作部门进行满意度测评;三十二次会议作出《关于把乡镇人大主席团工作经费纳入县级财政预算的决定》。截止到2012年11月,通过督办,全县共帮助3000户完成危房改造,“五保户”供养水平标准提高600元,出台《桃源县学前教育三年行动计划》。

十六届人大常委会　自2012年11月—2013年12月,共召开常委会10次。听取和审议“一府两院”专项工作报告27个,组织开展集中视察2次,执法检查2次,专题调研14次,依法作出决议、决定、审议意见41个,任免国家机关工作人员158人次。其中:一次会议通过《桃源县人大常委会关于修订县人大常委会有关规范性文件的决定》《桃源县人大常委会关于设立桃源县人大常委会城乡建设环境资源保护工作委员会和桃源县人大常委会信访工作办公室的决定》《桃源县人大常委会关于设立桃源县第十六

2013年6月7日，桃源县人大常委会召开道路交通安全法执法检查座谈会

届人大常委会代表资格审查委员会的决定》;四次会议通过《桃源县人大常委会关于对县城区烟花爆竹燃放管理工作进行调整的决定》;七次会议通过《桃源县人大常委会关于桃源县国民经济和社会发展"十二五"规划实施情况中期评估报告的审议意见》《桃源县人大常委会关于农村环境整治工作情况报告的审议意见》《桃源县人大常委会关于扶贫帮困工作开展情况报告的审议意见》《桃源县人大常委会关于批准桃源县文化体育中心建设项目的决定》;九次会议通过《桃源县人大常委会关于县城区学校提质扩容情况报告的审议意见》《桃源县人大常委会关于对政法机关案件质量管理和涉案财物处理工作报告的审议意见》;十次会议通过《桃源县人大常委会关于批准陬市镇污水处理厂建设项目的决定》。

第五章　临澧县

第一节　临澧县各界人民代表会议

临澧县各界人民代表会议,共历两届,共召开 11 次会议。

第一届各界人民代表会议,任期自 1950 年 2 月至 1952 年 11 月,有代表 256 名,共举行会议 8 次。

第一次会议于 1950 年 2 月 26 日举行。会议听取了政府工作报告,作出相应决议。

第二次会议于 1950 年 7 月 24 日举行。会议总结一次会议以来的工作,对今后生产、度荒、减租、剿匪、工商发展、劳资关系、教育工作、男女平等 8 个问题作出决议。会议决定设立县各界人民代表会议常务委员会,选举 23 名常务委员,杜良英任主任,蒋燕初、王惠君(女)任副主任。委员会设常驻委员 1 名,配备专干 1 名。会议选举出席省各界人民代表会议代表 5 名。

第三次会议于 1950 年 9 月 16—18 日举行。会议听取政府工作报告,并作出相应决议。

第四次会议于 1950 年 12 月 4—6 日举行。会议听取政府工作报告,并作出相应决议。

第五次会议于 1951 年 7 月 17—19 日举行。会议听取政府工作报告,并作出相应决议。

第六次会议于 1951 年 11 月 22—26 日举行。会议听取政府工作报告,并作出相应决议。

第七次会议于 1952 年 1 月 14—16 日举行。会议贯彻省首届各届人民代表会议二次会议精神,听取土改和镇反工作、六次会议代表提案办理情况等报告,部署在县直机关开展“三反”(反贪污、反浪费、反官僚主义)运动,检查代耕和优抚工作。

第八次会议于 1952 年 10 月 26 日举行。会议听取政府工作报告,并作出相应决议。

第二届各界人民代表会议,任期自 1952 年 11 月至 1954 年 7 月,有代表 250 名,共举行会议 3 次。

第一次会议于 1952 年 11 月 27—28 日举行。会议听取民主建政工作报告,选举 13 名常务委员,史期祥任主席,蒋燕初、潘孝清(女)任副主席。

第二次会议于 1953 年 3 月 24—25 日举行。

第三次会议于 1953 年 7 月 3—4 日举行。会议传达中央关于将全国各界人民代表大会改为各级人民代表大会制度,实行普选产生全国及地方各级人民代表大会代表的有关精神。讨论研究抗旱、防虫、度荒、代耕和社会治安工作,通过对粮食实行统购和计划供应的安排。

第二节　临澧县人民代表大会

第一届人民代表大会

临澧县第一届人民代表大会，任期自1954年7月至1956年12月，有代表265名，共举行会议2次。

一届人大一次会议于1954年7月9—11日举行。会议听取政府工作报告，组织学习《中华人民共和国宪法》，讨论贯彻开展互助合作，发展农业生产，开展爱国增产运动的有关精神，并通过相应决议。选举林伯渠等5人为省首届人民代表大会代表。会议收到代表提案76件。

一届人大二次会议于1955年4月8—11日举行。会议选举县人民委员会委员15名，肖宗荣任县长，张振国任副县长，杨德凯任法院院长。

第二届人民代表大会

临澧县第二届人民代表大会，任期自1956年12月至1958年5月，有代表274名，共举行会议2次。

二届人大一次会议于1956年12月2—3日举行。会议审议并通过两年来政府工作总结和今后任务的报告，提出大力开展文化、教育、卫生事业，坚持"双百"方针，大力普及小学义务教育和有计划地扫除文盲，努力提高医疗技术水平和搞好血吸虫病防治工作。选举县人民委员会委员14名，吴兰波任县长，冯庆章、蒋蒸初任副县长。补选省人大代表1名。

二届人大二次会议于1957年6月1—3日举行。会议补选县人民委员会委员1名。会议通过决议，动员全县人民为完成各项任务，争取农业大丰收努力奋斗。会议收到代表提案31件。

第三届人民代表大会

临澧县第三届人民代表大会，任期自1958年5月至1960年12月，有代表253名。

三届人大一次会议于1958年5月26—28日举行。会议听取审议政府工作报告、法院工作报告；选举吴兰波为县长，冯庆章、蒋蒸初为副县长，杨德凯为法院院长；选举林伯渠等5人为省第二届人民代表大会代表。会议收到代表提案218件。

第四届人民代表大会

临澧县第四届人民代表大会，任期自1960年12月至1964年8月，有代表253名。

四届人大一次会议于1960年12月17—18日举行。会议听取审议政府工作报告，1960年国民经济发展计划草案，财政预决算报告，并作出相应决议；选举冯庆章为县长，尹晓晨（女）、蒋蒸初为副县长。会议收到代表提案218件。

第五届人民代表大会

临澧县第五届人民代表大会，任期自1964年8月至"文化大革命"开始前，有代表257名。

五届人大一次会议于1964年8月26—28日举行。会议听取审议政府工作报告、法院工作报告,并作出相应决议;选举吕定元为县长,张云卿、尹晓晨(女)、蒋蒸初为副县长;选举熊师贵为法院院长;选举省第三届人民代表大会代表5名。会议收到代表提案301件。

第六届人民代表大会

临澧县第六届人民代表大会,受“文化大革命”影响,没有召开代表大会。1968年4月成立县革命委员会,按照有关规定,依序视为第六届人民代表大会。1977年选举省第五届人民代表大会代表5名。

第七届人民代表大会

临澧县第七届人民代表大会,任期自1978年3月至1980年11月,有代表781名,共举行会议3次。

七届人大一次会议于1978年3月1—2日举行。会议听取审议革委会工作报告,提出认真抓好“一批两打三整顿”,深入开展揭批江青反革命集团,努力加强各级革命委员会建设,坚决贯彻执行党的各项农村经济政策,动员各行各业为高速发展农业服务,并作出相应决议;选举43名革委会委员,吴愈俊任主任,谢世久、孟宝生、李振湘、袁金修、连启发、韩林安、辛保炳、李妹香(女)、唐汇炳任副主任。会议补认于大才为法院院长。

七届人大二次会议。(资料无法查找)

七届人大三次会议于1980年9月9日举行,会议讨论通过第八届县人大代表选举工作方案。

第八届人民代表大会

临澧县第八届人民代表大会,任期自1980年11月至1984年4月,有代表253名,共举行会议3次。

八届人大一次会议于1980年11月30日—12月5日举行。会议听取审议革委会工作报告,县财政预决算报告,法院、检察院工作报告,并作出相应决议。会议决定撤销县革命委员会,建立县人民政府,设立县人民代表大会常务委员会。选举谢世久为人大常委会主任,刘子云、张茂文、连启发、朱远秀(女)任副主任,13人为人大常委会委员;韩林安为县长,李振湘、邹启固、夏绍春为副县长;马瑛为法院院长;黄仪礼为检察院检察长。听取审议关于林业、公安、精神文明建设等专项工作报告,作出5项决议。会议收到代表提案703件,立案321件。

八届人大二次会议于1981年12月22—25日举行。会议听取审议县人大常委会、县政府、县法院、县检察院工作报告、计划报告、财政报告(以下各届各次会议均简称6个报告),并作出相应决议;听取审议林业工作、精神文明建设、社会治安工作报告,并作出相应决议;传达五届全国人大四次会议精神。收到代表提案199件,立案167件。

八届人大三次会议于1983年3月12—14日举行。会议听取审议6个报告,并作出相应决议;补选孟宝生为县第八届人大常委会主任、补选县人大常委会委员1名、补选鄢福初为检察长。选举省第六届人大代表5名。会议收到代表提案186件,立案165件。

第九届人民代表大会

临澧县第九届人民代表大会，任期自1984年4月至1987年2月，有代表328名，共举行会议3次。

九届人大一次会议于1984年4月6—10日举行。会议听取审议6个报告，并作出相应决议。作出关于减轻农民负担、加强文明村(镇)建设、振兴教育事业、加速培养人才，大力发展商品生产、促进农村繁荣富裕、计划生育工作等5项决议。选举张茂文为人大常委会主任、潘继贤、朱远秀(女)、鄢福初、吴景贵为副主任，19人为人大常委会委员；夏绍春为县长，邹启固、刘德亮、陈隆财、蒋祖健(女)为副县长；谢肇荣为法院院长；徐超强为检察院检察长。会议收到代表提案260件，立案218件。

九届人大二次会议于1985年3月10—12日举行。会议听取审议6个报告，并作出相应决议。修改通过一次会议作出的五项决议。作出《关于向全体公民普及法律常识的决议》。补选陈隆财为常委会副主任，刘士六为县长，张冠洲、唐生孝、杨峰为副县长。会议收到代表提案158件，立案102件。

九届人大三次会议于1986年3月1—4日举行。会议听取审议6个报告，并作出相应决议。收到代表提案101件，立案72件。

第十届人民代表大会

临澧县第十届人民代表大会，任期自1987年2月至1990年1月，有代表261名，共举行会议4次。

十届人大一次会议于1987年2月11—15日举行。会议选举邹启固为人大常委会主任，陈隆财、潘继贤、鄢福初、郑文玉、贾柏枝(女)、于乾喜为副主任，19人为人大常委会委员；李文耀为县长，刘德亮、唐生孝、蒋祖健(女)、沈克非为副县长；李健志为法院院长；徐超强为检察院检察长。会议根据县政府提出的提案，分别作出《关于树立和发扬社会主义道德风尚的决议》和《关于加强土地管理的决议》。收到代表提案197件，立案149件。

十届人大二次会议于1988年1月4—7日举行。会议听取审议6个报告，并作出相应决议。听取审议县政府关于办理第十届人大一次会议代表提案情况的报告。选举省第七届人大代表6名。会议收到代表建议101件。

十届人大三次会议于1988年6月4—5日举行。会议选举常德市第一届人民代表大会代表28名。

十届人大四次会议于1989年2月16—19日举行。会议听取审议6个报告，并作出相应决议。听取审议县政府关于办理十届人大二次会议代表建议、批评和意见情况的报告。收到代表议案2件，均作建议、批评和意见办理。另外，收到代表建议、批评和意见31件。

第十一届人民代表大会

临澧县第十一届人民代表大会，任期自1990年1月至1992年11月，有代表260名，共举行会议3次。

十一届人大一次会议于1990年1月12—16日举行。会议听取审议6个报告,并作出相应决议。选举王宏忠为人大常委会主任,陈隆财、潘继贤、郑文玉、贾柏枝(女)、毛先炳、苏国秀(女)为副主任,21人为人大常委会委员;李大伦为县长,刘德亮、周文清、梁宋模、詹鸣、沈克非、王福云为副县长;李健志为法院院长;徐超强为检察院检察长。会议收到代表议案49件,立案1件,其余48件作代表建议、批评和意见办理。另外,收到代表建议、批评和意见124件。

十一届人大二次会议于1991年3月11—14日举行。会议听取审议6个报告,并作出相应决议。审查和批准《临澧县国民经济和社会发展十年规划及"八五"计划》。会议根据县政府提出的议案,分别作出《关于发展全县村级经济的决议》和《关于在全县公民中开展法制宣传教育第二个五年规划的决议》。会议补选常德市第一届人大代表2名。收到代表议案64件,立案10件,54件作建议、批评和意见办理。另外,收到代表建议、批评和意见58件。

十一届人大三次会议于1992年1月17—20日举行。会议听取审议6个报告,并作出相应决议。听取审议县政府关于办理第十一届人大二次会议代表议案情况的报告。会议根据县政府提出的议案,分别作出《关于调整全县农业结构的决议》和《关于大力发展工商企业的决议》。收到代表议案24件,立案6件,18件作建议、批评和意见办理。另外,收到代表建议、批评和意见23件。

第十二届人民代表大会

临澧县第十二届人民代表大会,任期自1992年12月至1997年11月,有代表262名,共举行6次会议。

十二届人大一次会议于1992年12月7—9日举行。会议选举刘德亮为人大常委会主任,陈隆财、贾柏枝(女)、毛先炳、徐超强、苏国秀(女)为副主任,19人为人大常委会委员;刘春林为县长,徐建国、张方才、朱甘宁、苏宏政、沈克非、吴志泉为副县长;汪鼎林为法院院长;黄生昌为检察院检察长。选举常德市第二届人民代表大会代表35名。

十二届人大二次会议于1993年3月17—20日举行。会议听取审议6个报告,并作出相应决议。听取审议县政府关于第十一届人大代表建议办理工作的报告。补选县人大常委会委员1名。收到代表议案29件,立案9件,20件作代表建议、批评和意见办理。另外,收到代表建议、批评和意见24件。

十二届人大三次会议于1994年3月14—16日举行。会议听取审议6个报告,并作出相应决议。根据县政府提出的议案,作出《关于大力发展养殖业的决议》。补选县人大常委会委员2名。会议收到代表议案27件,立案12件,15件作建议、批评和意见办理。另外,收到代表建议、批评和意见13件。

十二届人大四次会议于1995年3月19—22日举行。会议听取审议6个报告,并作出相应决议。听取审议县政府关于办理第十二届人大三次会议代表议案情况的报告。根据县政府提出的议案,作出《关于加速丘岗山地开发,建设高效林业的决议》。补选梁宋模为县长。收到代表议案30件,立案9件,21件作代表建议、批评和意见办理。另外,收到代表建议、批评和意见41件。

十二届人大五次会议于1996年4月11—14日举行。会议听取审议6个报告,并作出相应决议。听取审议县政府关于办理第十二届人大四次会议代表议案情况的报告。审查和批准《临澧县国民经济和社会发展"九五"计划和2010年规划纲要》。会议根据县政府提出的议案,作出《关于配套改造青山工程灌溉设施的决议》。补选张德炳为人大常委会副主任。会议收到代表议案41件,立案6件,35件作代表建议、批评和意见办理。另外,收到代表建议、批评和意见30件。

十二届人大六次会议于1997年3月17—20日举行。会议听取审议6个报告,并作出相应决议。听取审议县政府关于办理第十二届人大五次会议代表议案情况的报告。补选陈位安为法院院长。收到代表议案41件,立案9件,32件作代表建议、批评和意见办理。另外,收到代表建议、批评和意见15件。

第十三届人民代表大会

临澧县第十三届人民代表大会,任期自1997年11月至2002年11月,有代表203名,共举行会议6次。

十三届人大一次会议于1997年11月25—28日举行。会议选举刘德亮为人大常委会主任,贾柏枝(女)、毛先炳、徐超强、张德炳、石瑞玉、苏国秀(女)为副主任,21人为人大常委会委员;吴生元为县长,朱光昶、覃力、刘正岚(女)、徐学英(女)、刘开新、刘存见、马国辉为副县长;陈位安为法院院长;廖忠义为检察院检察长。选举常德市第三届人大代表32名。

十三届人大二次会议于1998年3月11—14日举行。会议听取审议6个报告,并作出相应决议。根据县政府提出的议案,作出《关于继续配套改造青山工程灌溉设施的决议》。收到代表议案33件,立案7件,26件作代表建议、批评和意见办理。另外,收到代表建议、批评和意见18件。

十三届人大三次会议于1999年3月23—26日举行。会议听取审议6个报告,并作出相应决议。听取审议县政府关于办理第十三届人大二次会议代表议案情况的报告。补选吴友云为县长,补选常德市第二届人大代表2名,补选县人大常委会委员1名。会议收到代表议案38件,立案11件,27件作代表建议、批评和意见办理。另外,收到代表建议、批评和意见19件。

十三届人大四次会议于2000年3月14—17日举行。会议听取审议6个报告,并作出相应决议。听取审议县政府关于办理第十三届人大三次会议代表议案情况的报告。收到代表议案40件,立案11件,29件作代表建议、批评和意见办理。另外,收到代表建议、批评和意见19件。

十三届人大五次会议于2001年2月25—28日举行。会议听取审议6个报告,并作出相应决议。听取审议县政府关于办理第十三届人大四次会议代表议案情况的报告。审查和批准《临澧县国民经济和社会发展第十个五年计划纲要》。收到代表议案35件,立案7件,28件作代表建议、批评和意见办理。另外,收到代表建议、批评和意见 25 件。

十三届人大六次会议于 2002 年 3 月 11—14 日举行。会议听取审议 6 个报告,并作出相应决议。听取审议县政府关于办理第十三届人大五次会议代表议案的情况报告。补选吴昂平为县长,欧阳志恒为检察院检察长。收到代表议案 46 件,立案 11 件,35 件作代表建议、批评和意见办理。另外,收到代表建议、批评和意见 17 件。

第十四届人民代表大会

临澧县第十四届人民代表大会,任期自 2002 年 11 月至 2007 年 11 月,有代表 204 名,共举行会议 6 次。

十四届人大一次会议于 2002 年 11 月 26—28 日举行。会议选举张方才为人大常委会主任,贾柏枝(女)、王承荣、沈绍球、祁春初、雷立敬、张建新为副主任,21 人为人大常委会委员;吴昂平为县长,杨华桥、徐学英(女)、刘开新、黄福全、陈华(女)、潘四平、毕金生为副县长;李思洁为法院院长;欧阳志恒为检察院检察长。选举常德市第四届人大代表 33 名。

十四届人大二次会议于 2003 年 3 月 11—14 日举行。会议听取审议 6 个报告,并作出相应决议。听取审议县政府关于办理第十三届人大六次会议代表议案情况的报告。收到代表议案 60 件,立案 10 件,其余作代表建议、批评和意见办理。另外,收到代表建议、批评和意见 31 件。

十四届人大三次会议于 2004 年 3 月 9—12 日举行。会议听取审议 6 个报告,并作出相应决议。听取审议县政府关于办理第十四届人大二次会议代表议案情况的报告。收到代表议案 43 件,立案 10 件,其余作代表建议、批评和意见办理。另外,收到代表建议、批评和意见 50 件。

十四届人大四次会议于 2005 年 3 月 7—10 日举行。会议听取审议 6 个报告,并作出相应决议。听取审议县政府关于办理第十四届人大三次会议代表议案情况的报告。收到代表议案 53 件,立案 8 件,45 件作代表建议、批评和意见办理。另外,收到代表建议、批评和意见 40 件。

十四届人大五次会议于 2006 年 3 月 7—10 日举行。会议听取审议 6 个报告,并作出相应决议。听取审议县政府关于办理第十四届人大四次会议代表议案情况的报告。审查批准《临澧县国民经济和社会发展第十一个五年规划纲要(草案)》。补选黄清宇为县长,曾晓东为法院院长。收到代表议案 41 件,立案 6 件,35 件作代表建议、批评和意见办理。另外,收到代表建议、批评和意见 40 件。

十四届人大六次会议于 2007 年 3 月 7—10 日举行。会议听取审议 6 个报告,并作出相应决议。听取审议县政府关于办理第十四届人大五次会议代表议案情况的报告。补选谭本仲为县长。收到代表议案 37 件,立案 8 件,29 件作代表建议、批评和意见办理。另外,收到代表建议、批评和意见 34 件。

第十五届人民代表大会

临澧县第十五届人民代表大会,任期自 2007 年 11 月至 2012 年 11 月,有代表 206 名,共举行会议6次。

十五届人大一次会议于2007年11月16—19日举行。会议选举黎卫平为人大常委会主任，雷立敬、祁春初、张建新、蒋宗海、邵柏枝(女)为副主任，25人为人大常委会委员；谭本仲为县长，杨华桥、朱泽欣、陈华(女)、毕金生、郭祖福、黄旭峰为副县长；曾晓东为法院院长；卜兴炎为检察院检察长。选举常德市第五届人大代表33名。

十五届人大二次会议于2008年3月7—10日举行。会议听取审议6个报告，并作出相应决议。听取审议县政府关于办理第十四届人大六次会议代表议案情况的报告。收到代表议案55件，立案6件，其余作代表建议、批评和意见办理。另外，收到代表建议、批评和意见24件。

十五届人大三次会议于2009年3月3—6日举行。会议听取审议6个报告，并作出相应决议。听取审议县政府关于办理第十五届人大二次会议代表议案情况的报告。收到代表议案52件，立案2件，其余作代表建议、批评和意见办理。另外，收到代表建议、批评和意见44件。

十五届人大四次会议于2010年2月24—27日举行。会议听取审议6个报告，并作出相应决议。听取审议县政府关于办理第十五届人大三次会议代表议案情况的报告。补选王学武为县长。收到代表议案38件，立案3件，35件作代表建议、批评和意见办理。另外，收到代表建议、批评和意见32件。

十五届人大五次会议于2011年2月13—16日举行。会议听取审议6个报告，并作出相应决议。听取审议县政府关于办理第十五届人大四次会议代表议案情况的报告。收到代表议案43件，立案3件，40件作代表建议、批评和意见办理。另外，收到代表建议、批评和意见21件。

十五届人大六次会议于2012年2月2—5日举行。会议听取审议6个报告，并作出相应决议。听取审议县政府关于办理第十五届人大五次会议代表议案情况的报告。补选杨天生为县长，杨华桥为人大常委会副主任。收到代表议案44件，立案3件，其余作代表建议、批评和意见办理。另外，收到代表建议、批评和意见21件。

第十六届人民代表大会

临澧县第十六届人民代表大会，任期自2012年11月起，有代表206名。

十六届人大一次会议于2012年11月20—23日举行。会议选举杨华桥为人大常委会主任，乔光泉、刘朝年、刘开明、邓少剑为副主任，23人为人大常委会委员；杨天生为县长，易文斌、毕金生、郑海涛(女)、朱荣华、汪年生、毛世秋、刘涛为副县长；覃红卫为法院院长；谢正平为检察院检察长。选举常德市第六届人大代表38名。

十六届人大二次会议于2013年2月20—22日举行。会议听取审议6个报告，并作出相应决议。听取县政府关于办理县第十五届人大六次会议代表议案情况的报告。补选县人大常委会委员3名。收到代表议案41件，立案3件，其余作建议、批评和意见办理。另外收到代表建议、批评和意见22件。

第三节　临澧县人民代表大会常务委员会

临澧县第八届人民代表大会第一次会议决定设立县人民代表大会常务委员会。常委会下设办公室,配备工作人员5名。1985年机构设置为办公室、法制科、联络科、财政经济科、教科文卫科。1986年机关机构调整,撤销原来所设各科,成立法制工作委员会,财政经济工作委员会,科教文卫工作委员会。1987年增设联络工作委员会。1989年设农村工作委员会。1998年,法制工作委员会更名为内务司法工作委员会。2002—2012年机构设置为办公室、选举任免联络工作委员会、内务司法工作委员会、财政经济工作委员会、农业与农村工作委员会、教育科学文化卫生工作委员会。

八届人大常委会　共举行会议24次,听取审议"一府两院"工作报告19项。任免国家机关工作人员12人(次),其中罢免副县长1名。组织代表对物价、卫生和教育等工作视察。作出《关于严厉打击刑事犯罪活动的决议》《关于国营企业推行利改税的决议》《关于保护妇女和女婴的决议》等9项决议。督办代表提案507件。1982年,在社(镇)设立人大工作联络员,并邀请他们列席县人大常委会会议。

九届人大常委会　共举行会议19次,听取审议"一府两院"工作报告21项。任免国家机关工作人员136人(次)。开展执法检查4次。组织代表视察3次。督办代表提案392件。作出《撤销停弦渡等4个乡、建立停弦渡等4个镇的决定》。围绕如何确定全县实现九年义务教育的时间等8项工作进行调查审议,督促县政府重新核实九年义务教育规划。各乡镇设立人大代表联络室,配备专职联络员。

十届人大常委会　共举行会议24次,听取审议"一府两院"工作报告36项。任免国家机关工作人员162人(次)。补选常德市第一届人大代表2名,罢免常德市第一届人大代表1名。开展执法检查5次。组织代表视察4次。作出《关于认真学习宣传贯彻全国人大常委会〈关于加强法制教育、维护安定团结的决定〉的决议》《关于力争"七五"期间实现农村人口饮用水安全卫生的决议》、《关于加强水利工程设施建设的决定》《关于加强初级卫生保健工作的决定》等10项决议决定。督办代表提案149件,建议、批评和意见134件。受理群众来信来访296件(次)。针对乡(镇)建立人大主席团和设立专职常务主席新情况,常委会从制度建设,业务建设方面加强和改进对基层人大工作指导。1987年,组织乡(镇)人大主席和专干进行了为期10天的培训。

十一届人大常委会　共举行会议21次,听取审议"一府两院"关于农业升温、扶贫工作、社会治安、教育督导评估、廉政建设、蒋小峰案件(即1990年10月2日发生在广州白云机场劫机事件)等工作报告42项。任免国家机关工作人员171人(次)。开展对行政诉讼法、义务教育法、《老年人保护条例》等法律法规执法检查8次。组织代表视察5次。作出《关于扶持农村贫困户的决议》《关于进一步实施义务教育法的决议》等10项决议决定。补选常德市第一届人大代表2名。督办代表议案17件,建议、批评和意见325件。每年组织驻乡(镇)的县人大代表分 4 次，每次 1 个片（全县分 4 个片）对县政府、法院、检察院工作开展议政活动（以下简称议政日活动），共计 12 次。帮助和指导乡（镇）建立健全“代表联络工作制度”“主席团议事制度”“主席团和党委、政府联席会议制度”等。

十二届人大常委会 共举行会议 38 次，听取和审议“一府两院”工作报告 79 项，作出决议决定 30 项。任免国家机关工作人员 251 人（次）。开展对劳动法、个人所得税法和消费者权益保护法等 15 部法律法规执法检查 8 次，对 22 部法律法规实施情况进行审议监督。组织代表视察 3 次。补选常德市第二届人大代表 1 名。督办代表议案 45 件，建议、批评和意见 246 件。从 1993 年开始，组织人大代表对法院、检察院、公安局、交警大队进行工作评议，对林业、计划、科技、卫生局等 4 个局的局长进行述职评议，并建立一套述职测评监督机制。开展“人民选我当代表，我当代表为人民”的创先争优活动，103 人（次）被评为代表活动积极分子。组织代表开展议政日活动 20 次。制定《常委会审议意见反馈制度》、《信访工作制度》、《机关管理制度》等。受理群众来信来访 692 件（次）。从 1996 年开始，指导和帮助乡（镇）人大建立工作制度，使乡（镇）人大工作逐步规范。

十三届人大常委会 共举行会议 40 次，听取审议“一府两院”工作报告 33 项，作出决议决定 19 项。开展对产品质量法、税收征管法、食品卫生法等 32 部法律法规执法检查。组织代表对全县农业结构调整、绿色食品基地示范县建设项目、科技强警等各类视察8 次。把建立和推行执法责任制作为贯彻依法治国方略、推进依法治县的切入点，作出《关于建立和推行执法责任制的决议》，督促和支持全县各执法单位层层签订执法责任状，建立健全错案和执法过错责任追究制，加大追究力度。制定《关于办理申诉、控告案件的监督办法》、《关于对被提请任命职务人员实行任前公示的办法》。任免国家机关工作人员 308 人（次），3 名拟任对象任命时未获通过，1 人撤职。补选常德市第三届人大代表 2 名。开展对 12 名局长述职评议。督办代表议案 47 件，建议、批评和意见 243 件。开展议政日活动 20 次。组织代表开展创先争优活动，65 人（次）被评为县人大代表活动积极分子，35 名县人大代表被评为抗洪抢险先进个人。先后两次举办人大制度理论研讨会。受理群众来信来访 2275 件（次）。

2009 年 9 月 1 日，临澧县人大常委会主任会议对人大代表建议、批评和意见办理情况集中督办

十四届人大常委会 共举行会议 37 次。听取审议“一府两院”工作报告 45 项，作出决议决定 16 项。开展对劳动法、安全生产法、民办教育促进法等 22 部法律法规执法检查。组

织代表对民营经济发展、金融部门对县域经济发展的支持和新型农村合作医疗工作进行视察。对法院、检察院及公安局办案质量进行8次评议。任免国家机关工作人员203人(次),4名拟任对象任命时未获通过。补选常德市人大代表2名。对6名副县长,22名县政府工作部门局长、4名法院副院长,1名检察院检察长和5名副检察长进行述职评议；对县安监局、城管局、交警大队等7家政府部门管理机构和线管单位进行工作评议。动员和组织全县各级人大代表积极参与监督治理经济发展环境工作。广泛征求代表意见,收集整理案件线索,抓住典型案件深入调查,组织代表开展专题评议,归纳案件交相关单位整改,促进了全县经济发展环境的改善。督办代表议案42件,建议、批评和意见384件。制定《临澧县人大常委会人事任免办法》《临澧县人大常委会议事规则》《临澧县人大常委会预算审查监督办法》等规范性文件。举办县人大代表培训班3期300人(次),组织代表开展议政日活动20次。创先争优活动评选出32个(次)先进县人大代表小组,149人(次)代表活动积极分子。受理群众来信来访1568件(次)。推动县法院和司法局等部门为101名因经济困难打不起官司的群众实行司法救助和法律援助。2005年建立县人民代表大会工作网站。

十五届人大常委会　共举行会议39次,听取审议“一府两院”工作报告59项,作出决议决定41项。任免国家机关工作人员186人(次)。补选常德市第五届人大代表5名。开展执法检查11次,重点检查劳动合同法、建筑法、水污染防治法、食品安全法、土地管理法、职业教育法等法律法规实施情况。组织代表开展视察活动13次。对法院、检察院及33个政府部门工作进行评议。督办代表议案17件,建议、批评和意见342件。整体推进“环保世纪行”“农产品质量安全行”“农民健康行”“民族团结进步行动”“司法公正常德行”等活动。围绕代表创先争优活动,启动代表向选民述职工作,共评选先进代表小组40个(次),代表活动积极分子196人(次)。组织代表开展议政日活动18次。制定主任会议议事规则、常委会组成人员守则等工作制度。受理群众来信来访1127件(次)。2009年,全县17个乡(镇)建立乡(镇)人民代表大会网站。

临澧县第十五届人大常委会第三十四次会议

十六届人大常委会　截至2013年年底,共召开7次会议。听取审议“一府两院”工作报告14项,作出决议决定12项。任免国家机关工作人员104人(次)。对价格法、森林法实施情况开展执法检查。对公安局、国土资源局、环保局、城管局、供电公司进行工作评议。受理群众来信来访255件(次)。评选表彰先进县人大代表小组10个,代表活动积极分子49人。

第六章　石门县

第一节　石门县各界人民代表会议

1950—1953 年，石门县各界人民代表会议历经四届，共召开 6 次会议。

第一届各界人民代表会议

第一次会议于 1950 年 7 月 2—7 日举行，出席代表 249 人。会议听取县长康日新所作的政府工作报告，通过相关决议。

第二次会议于 1950 年 10 月举行，出席代表 224 人。会议讨论秋收工作，通过相关决议；选举产生出席湖南省首届各界人民代表会议的代表 6 名。

第二届各界人民代表会议

由于多方原因，第二届各界人民代表会议未能如期举行。

第三届各界人民代表会议

第一次会议于 1951 年 11 月 30 日—12 月 3 日举行，出席代表 249 人。会议通过相关决议；选举产生石门县各界人民代表会议常务委员会，由张黎民、康日新、廖吉安、林永赖、申悦庐等 5 人组成。

第二次会议于 1952 年 1 月 18—20 日举行，出席代表 257 人。会议听取县政府工作报告，讨论通过相关决议。

第四届各界人民代表会议

第一次会议于 1952 年 11 月 21—23 日举行，出席代表 254 人。会议选举 33 人组成县各界人民代表会议常务委员会；选举湖南省第二届各界人民代表会议代表 8 人。

第二次会议于 1953 年 3 月 26—28 日在县城举行，出席代表 223 人。会议听取县政府工作报告，研究贯彻《婚姻法》、宣传《选举法》和召开人民代表大会等事宜。

第二节　石门县人民代表大会

第一届人民代表大会

一届人大一次会议于 1954 年 6 月 22—28 日举行，出席代表 294 人。会议听取和审议县人民政府工作报告，听取宣讲《宪法（草案）》的报告，通过《关于继续贯彻总路线的宣传教育，大力开展互助合作运动的决议》等 3 个决议。会议选举湖南省第一届人民代表大会代表 5 名。会议收到代表提出的提案 190 件。

一届人大二次会议于 1955 年 4 月 26—29 日举行，出席代表 225 人。会议听取和审议《关于湖南省第一届人民代表大会第二次会议基本精神的报告》《石门县人民政府一年来工作总结报告》《关于开展以互助合作为中心的农业生产运动的报告》《关于贯彻〈兵役法〉(草案)的报告》,作出《关于贯彻湖南省第一届人民代表大会第二次会议精神的决议》等 2 个决议。会议选举吕定元为县长、张士杰为副县长、贺敏功等 17 人为县人民委员会委员、赵会文为县法院院长。会议收到代表提出的提案 98 件。

第二届人民代表大会

二届人大一次会议于 1956 年 12 月 3—5 日举行,出席代表 276 人。会议听取和审议《石门县人民政府一年来工作和今后工作意见的报告》,通过《关于搞好当前农业社生产工作的决议》《关于总结合作生产经验,巩固农业社的决议》等 4 个决议。会议选举吕定元为县长,韩养义为副县长,赵会礼等 17 人为县人民委员会委员。会议收到代表提出的提案 236 件。

二届人大二次会议于 1957 年 6 月 10—14 日举行,出席代表 186 人。会议听取县人民政府工作报告、县 1956 年财政决算和 1957 年财政预算的报告等,并作出相关决议。会议收到代表提出的提案 178 件。

第三届人民代表大会

三届人大一次会议于 1958 年6 月 8—11 日举行,出席代表 189 人。会议听取县人民政府工作报告、政法工作报告等,并作出相关决议。会议选举吕定元为县长、韩养义为副县长、赵会礼等 17 人为县人民委员会委员、赵会文为县法院院长。选举湖南省第二届人民代表大会代表 5 名。会议收到代表提出的提案 235 件。

第四届人民代表大会

四届人大一次会议于 1960 年 11 月 25—28 日举行,出席代表 191 人。会议听取石门县两年来的工作总结和今后工作任务的报告、县 1959 年财政决算和 1960 年财政预算的报告等,并作出了相关决议。会议选举饶国炳为县长、吴华民为副县长、严修等 17 人为县人民委员会委员、阎于浩为县人民法院院长。选举湖南省第三届人民代表大会代表 3 名。会议收到代表提出的提案 130 件。

第五届人民代表大会

五届人大一次会议于 1964年 9 月 1—4 日举行,出席代表 226 人。会议听取关于政府工作任务的报告、县法院工作报告等,并作出相关决议。会议选举饶国炳为县长,刘国朴、宋秋仲为副县长,魏呈贵等 15 人为县人民委员会委员,梅德考为县法院院长。选举湖南省第四届人民代表大会代表 4 名。会议收到代表提出的提案 162 件。

第六届人民代表大会

因“文化大革命”影响,石门县人民代表大会未能正常举行。1968 年 9 月 17 日,县革命委员会成立,按照有关规定,依序视为县第六届人民代表大会。

第七届人民代表大会

七届人大一次会议于 1978 年 3 月 3—5 日举行，出席代表 855 人。会议听取审议县革命委员会工作报告，并作出相关决议。会议选举罗寅阶为县革命委员会主任，彭长清、吴扬钦、谷清明（女）、覃道崇、朱国和为副主任，覃遵德等 39 人为委员。

第八届人民代表大会

八届人大一次会议于 1980 年 11 月 29 日—12 月 4 日举行，出席代表 362 人。会议听取县革命委员会工作报告、县财政工作报告等；决定撤销石门县革命委员会，建立石门县人民政府，设立石门县人民代表大会常务委员会。选举陈德初为人大常委会主任，盛忠琎、李计海、王庆科、陈福儒为副主任，王宏云等 8 人为委员；韩金松为县长，姚应远、覃遵德、覃道崇、覃正经为副县长；刘湘英为县法院院长；潘兴明为县检察院检察长。会议收到代表提出的提案 609 件。

八届人大二次会议于 1982 年 1 月 13—16 日举行，出席代表 308 人。会议听取和审议了县政府、县人大常委会、县法院、县检察院工作报告以及国民经济和社会发展计划（草案）的报告、财政预算（草案）的报告，并作出相关决议。增选田熙、赵会文、戴承义为县第八届人大常委会副主任。会议收到代表提出的提案 416 件。

八届人大三次会议于 1983 年 3 月 17—21 日举行，出席代表 342 人。会议听取和审议了县政府、县人大常委会、县法院、县检察院工作报告以及国民经济和社会发展计划（草案）的报告、财政预算（草案）的报告，并作出相关决议。补选彭竹卿为县人民法院院长，选举湖南省第六届人民代表大会代表 8 人。会议收到代表提出的提案 309 件。

第九届人民代表大会

九届人大一次会议于 1984 年 4 月 16—21 日举行，出席代表 394 人。会议听取和审议了县政府、县人大常委会、县法院、县检察院工作报告以及国民经济和社会发展计划（草案）的报告、财政预算（草案）的报告，并作出相关决议。选举吴扬钦为县人大常委会主任，盛忠琎、覃道崇、王庆科、覃正经、戴承义、陈福儒为副主任，马绍阳等 12 人为委员；黄彧汪为县长，姚应远、姚绍球、邱正义、周常均、雷国新为副县长；彭竹卿为法院院长；梅德考为检察院检察长。会议收到代表提案 538 件。

九届人大二次会议于 1985 年 3 月 16—19 日举行，出席代表 391 人。会议听取和审议了县政府、县人大常委会、县法院、县检察院工作报告以及国民经济和社会发展计划（草案）的报告、财政预算（草案）的报告，并作出相关决议。作出《关于加强法制教育、普及法律常识的决议》等 3 个决议。会议收到代表提案 251 件。

九届人大三次会议于 1986 年 3 月 16—20 日举行，出席代表 375 人。会议听取和审议了县政府、县人大常委会、县法院、县检察院工作报告以及国民经济和社会发展计划（草案）的报告、财政预算（草案）的报告，并作出相关决议。增选县人大常委会委员 1 名；补选姚绍球为县长、李志明为副县长、丁玉桥为法院院长、龚道隆为检察院检察长。会议收到了代表提出的提案 143 件。

第十届人民代表大会

十届人大一次会议于 1987 年2 月 15—20 日举行,出席代表 309 人。会议听取和审议县政府、县人大常委会、县法院、县检察院工作报告以及国民经济和社会发展计划(草案)的报告、财政预算(草案)的报告,并作出相关决议。作出《关于认真学习贯彻全国人大常委会〈关于加强法制教育维护安定团结的决定〉的决议》。审查批准《石门县国民经济和社会发展第七个五年计划纲要》。选举吴扬钦为人大常委会主任,盛忠琎、覃道崇、王庆科、覃正经、戴承义、陈福儒为副主任,潘兴明等 12 人为委员;姚绍球为县长,邱正义、李志明、尹德成、周常均、黄家军、徐宗炳为副县长;丁玉桥为法院院长;龚道隆为检察院检察长。会议收到代表议案、批评、意见和建议 316 件,决定立案办理议案 17 件。

十届人大二次会议于 1988 年 1 月 4—9 日举行,出席代表 307 人。会议听取和审议县政府、县人大常委会、县法院、县检察院工作报告以及国民经济和社会发展计划(草案)的报告、财政预算(草案)的报告,并作出相关决议。讨论通过《关于建立人大代表与"一府两院"对话制度的决定》。选举湖南省第七届人民代表大会代表 8 人,增选县人大常委会委员 1 名,补选彭惠武、徐凯为副县长。会议收到代表议案、批评、意见和建议 86 件,决定立案办理议案 11 件。

十届人大三次会议于 1988 年 6 月 9—10 日举行,出席代表 304 人。会议选举常德市第一届人民代表大会代表 44 名,补选县人大常委会委员 1 名,补选佘洪涛为副县长。

十届人大四次会议于 1989 年 3 月 22—25 日举行,出席代表 302 人。会议听取和审议县政府、县人大常委会、县法院、县检察院工作报告以及国民经济和社会发展计划(草案)的报告、财政预算(草案)的报告,并作出相关决议。会议收到代表议案、批评、意见和建议86 件,决定立案办理议案 9 件。

第十一届人民代表大会

十一届人大一次会议于 1990 年 1 月 14—17 日举行,出席代表 308 人。会议听取和审议县政府、县人大常委会、县法院、县检察院工作报告以及国民经济和社会发展计划(草案)的报告、财政预算(草案)的报告,并作出相关决议。审议通过《关于学习贯彻中共石门县委〈关于组织农村社会主义思想教育工作队的决定〉的决议》。选举王浦堂为人大常委会主任,覃正经、覃道池、曾宪栋、李昌耀、沈绪刚为副主任,田玉华等 14 人为委员;翟笃培为县人民政府县长,黄家军、杨石旭、周其桂、邱正义、曹公达为副县长;丁玉桥为县人民法院院长;龚道隆为县人民检察院检察长。补选常德市第一届人民代表大会代表 1 名。会议收到代表议案、批评、意见和建议 117 件,决定立案办理议案 3 件。

十一届人大二次会议于 1991 年 2 月 1—5 日举行,出席代表 303 人。会议听取和审议县政府、县人大常委会、县法院、县检察院工作报告以及国民经济和社会发展计划(草案)的报告、财政预算(草案)的报告,并作出相关决议。作出《关于兴工富县的决议》《关于保护森林资源，加快林业发展的决议》《关于兴建殡仪馆的决定》《关于立案查处石门四中驱赶学生一案的决定》等决议决定。补选徐宗炳为县人民政府副县长。会议收到代表提出的议案、批评、意见和建议53件。

十一届人大三次会议于1992年3月21—25日举行，出席代表301人。会议听取和审议县政府、县人大常委会、县法院、县检察院工作报告以及国民经济和社会发展计划（草案）的报告、财政预算（草案）的报告，并作出相关决议。审查批准《石门县国民经济和社会发展十年规划与第八个五年计划纲要》。会议收到代表提出的议案、批评、意见和建议17件，决定立案办理议案2件。

第十二届人民代表大会

十二届人大一次会议于1992年11月27—29日举行，出席代表302人。会议选举王浦堂为人大常委会主任，刘玉坤、熊坤清、侯国清、刘柏松、朱丽丽（女）为副主任，张志等13人为委员；周用金为县人民政府县长，黄家军、张孝岳、周其桂、杨石旭、曾建国、徐宗炳为副县长；丁玉桥为县人民法院院长；龚道隆为县人民检察院检察长。选举常德市第二届人民代表大会代表44名。

十二届人大二次会议于1993年3月17—20日举行，出席代表308人。会议听取和审议县政府、县人大常委会、县法院、县检察院工作报告以及国民经济和社会发展计划（草案）的报告、财政预算（草案）的报告，并作出相关决议。会议收到代表议案、批评、意见和建议109件。

十二届人大三次会议于1994年3月8—11日举行，出席代表304人。会议听取和审议县政府、县人大常委会、县法院、县检察院工作报告以及国民经济和社会发展计划（草案）的报告、财政预算（草案）的报告，并作出相关决议。会议收到代表议案、批评、意见和建议293件，决定立案办理《关于三江口水电管理局给县航运公司财产补损的议案》《关于解决二都乡竹园塌村水毁区群众生活问题的议案》。

十二届人大四次会议于1995年3月7—10日举行，出席代表307人。会议听取和审议县政府、县人大常委会、县法院、县检察院工作报告以及国民经济和社会发展计划（草案）的报告、财政预算（草案）的报告，并作出相关决议。决定接受周用金辞去县人民政府县长职务，补选陈文浩为县长。会议收到代表提出的议案、批评、意见和建议30件，决定立案办理《关于修复商溪河防洪大堤的议案》《关于整顿我县农贸市场的议案》。

十二届人大五次会议于1996年1月28—31日举行，出席代表302人。会议听取和审议县政府、县人大常委会、县法院、县检察院工作报告以及国民经济和社会发展计划（草案）的报告、财政预算（草案）的报告，并作出相关决议。会议收到代表提出的议案、批评、意见和建议22件。

十二届人大六次会议于1997年3月5—8日举行，出席代表297人。会议听取和审议县政府、县人大常委会、县法院、县检察院工作报告以及国民经济和社会发展计划（草案）的报告、财政预算（草案）的报告，并作出相关决议。补选万革新为石门县人民检察院检察长。会议收到代表提出的议案、批评、意见和建议23件，决定立案办理《关于双塘公路升级为县级公路的议案》《关于整修寺垭、首桥水库的议案》。

第十三届人民代表大会

十三届人大一次会议于1997年11月25—28日举行,出席代表271人。会议选举侯彪为县人大常委会主任,刘玉坤、涂生斌、申祖长、田恢文、蔡盛刚、朱丽丽(女)为副主任,龙金红等14人为委员;覃清香(女)为县人民政府县长,车德斌、田玉华、熊大顺、彭建武、田时洪、张耀忠为副县长;赵世富为县人民法院院长;万革新为县人民检察院检察长。选举常德市第三届人民代表大会代表49名。

十三届人大二次会议于1998年2月25—28日举行,出席代表271人。会议听取和审议县政府、县人大常委会、县法院、县检察院工作报告以及国民经济和社会发展计划(草案)的报告、财政预算(草案)的报告,并作出相关决议。会议收到代表提出的议案、批评、意见和建议122件,决定立案办理《关于强化企业改革配套措施,硬化再就业工程的议案》。

十三届人大三次会议于1999年3月9—12日举行,出席代表270人。会议听取和审议县政府、县人大常委会、县法院、县检察院工作报告以及国民经济和社会发展计划(草案)的报告、财政预算(草案)的报告,并作出相关决议。补选县人大常委会委员1名。会议收到代表提出的议案、批评、意见和建议130件,决定立案办理《关于整修县城九澧路的议案》。

十三届人大四次会议于2000年2月28日—3月2日举行,出席代表272人。会议听取和审议县政府、县人大常委会、县法院、县检察院工作报告以及国民经济和社会发展计划(草案)的报告、财政预算(草案)的报告,并作出相关决议。补选邢修波为县人大常委会副主任。会议收到代表提出的议案、批评、意见和建议114件。

十三届人大五次会议于2001年2月25—28日举行,出席代表267人。会议听取和审议县政府、县人大常委会、县法院、县检察院工作报告以及国民经济和社会发展计划(草案)的报告、财政预算(草案)的报告,并作出相关决议;审查批准《石门县国民经济和社会发展第十个五年计划纲要》。增选谭庆森为县人大常委会副主任;补选县人大常委会委员1名;补选黄道宜为县人民检察院检察长。会议收到代表提出的议案、批评、意见和建议76件,决定立案办理《关于建设皂市规范化柑橘市场的议案》。

十三届人大六次会议于2002年2月23—26日举行,出席代表273人。会议听取和审议县政府、县人大常委会、县法院、县检察院工作报告以及国民经济和社会发展计划(草案)的报告、财政预算(草案)的报告,并作出相关决议。补选杨昌玉为县人大常委会副主任;补选县人大常委会委员2名。会议收到代表提出的议案、批评、意见和建议120件,决定立案办理《关于垃圾场迁址的议案》。

第十四届人民代表大会

十四届人大一次会议于2002年11月7—9日举行,出席代表271人。会议选举侯彪为县人大常委会主任,谭庆森、邢修波、杨昌玉、舒一平、杨昌云、唐植勇(女)为副主任,龙金红等14人为委员;熊大顺为县长,杨易、彭建武、高德知、覃志云(女)、张前云、李金生、孙云辉为副县长;赵世富为县人民法院院长;黄道宜为县人民检察院检察长。选举常德市第四届人民代表大会代表48名。

十四届人大二次会议于2003年3月5—8日举行,出席代表271人。会议听取和审议县政府、县人大常委会、县法院、县检察院工作报告以及国民经济和社会发展计划(草案)的报告、财政预算(草案)的报告,并作出相关决议。会议收到代表提出的议案、批评、意见和建议212件,决定立案办理《关于加强我县退耕还林项目建设管理的议案》。

十四届人大三次会议于2004年3月1—4日举行,出席代表268人。会议听取和审议县政府、县人大常委会、县法院、县检察院工作报告以及国民经济和社会发展计划(草案)的报告、财政预算(草案)的报告,并作出相关决议。补选李设球为石门县人民法院院长。会议收到代表提出的议案、批评、意见和建议140件,决定立案办理《关于发展石门生态农业的议案》《关于严格执行封山禁伐决定,禁止在石门林区兴办单板加工厂和移植活立木的议案》。

十四届人大四次会议于2005年3月9—12日举行,出席代表264人。会议听取和审议县政府、县人大常委会、县法院、县检察院工作报告以及国民经济和社会发展计划(草案)的报告、财政预算(草案)的报告,并作出相关决议。会议收到代表提出的议案、批评、意见和建议167件,决定立案办理《关于加强农村公路交通建设的议案》。

十四届人大五次会议于2006年2月20—23日举行,出席代表264人。会议听取和审议县政府、县人大常委会、县法院、县检察院工作报告以及国民经济和社会发展计划(草案)的报告、财政预算(草案)的报告,并作出相关决议;审查批准《石门县国民经济和社会发展第十一个五年计划纲要》。补选人大常委会委员1名。会议收到代表提出的议案、批评、意见和建议91件,决定立案办理《关于解决石门城区10多万居民饮水质量问题的议案》《关于关闭石门县境内木材单板加工厂的议案》。

十四届人大六次会议于2007年3月13—16日举行,出席代表260人。会议听取和审议县政府、县人大常委会、县法院、县检察院工作报告以及国民经济和社会发展计划(草案)的报告、财政预算(草案)的报告,并作出相关决议。补选杨琦明为石门县人民政府县长。会议收到代表提出的议案、批评、意见和建议102件,决定立案办理《关于做好乡镇集镇及农村中心村垃圾处理工作的议案》。

第十五届人民代表大会

十五届人大一次会议于2007年11月12—15日举行,出席代表269人。会议选举王振华为县人大常委会主任,张前云、谭庆森、唐植勇(女)、申玉生、刘双红为副主任,沈绍学等18人为委员;杨琦明为县长,高德知、覃志云(女)、伍林支、李世权、汪军华、沈英琼(女)为副县长;李设球为县人民法院院长;黄道宜为县人民检察院检察长。选举常德市第五届人民代表大会代表49名。

十五届人大二次会议于2008年2月24—27日举行,出席代表269人。会议听取和审议县政府、县人大常委会、县法院、县检察院工作报告以及国民经济和社会发展计划(草案)的报告、财政预算(草案)的报告,并作出相关决议。补选人大常委会委员1名。收到代表提出的议案、批评、意见和建议93件,决定立案办理《关于加强我县公路建设质量监督管理的议案》。

十五届人大三次会议于2009年2月23—26日举行,出席代表269人。会议听取和审议县政府、县人大常委会、县法院、县检察院工作报告以及国民经济和社会发展计划(草案)的报告、财政预算(草案)的报告,并作出相关决议。补选人大常委会委员1名。会议收到代表提出的议案、批评、意见和建议142件,决定立案办理《关于综合严管网吧的议案》。

十五届人大四次会议于2010年3月2—5日举行,出席代表268人。会议听取和审议县政府、县人大常委会、县法院、县检察院工作报告以及国民经济和社会发展计划(草案)的报告、财政预算(草案)的报告,并作出相关决议。补选荣明为石门县人民检察院检察长。会议收到代表提出的议案、批评、意见和建议141件,决定立案办理《关于切实加强我县城乡食品安全监管工作的议案》。

十五届人大五次会议于2011年2月20—23日举行,出席代表270人。会议听取和审议县政府、县人大常委会、县法院、县检察院工作报告以及国民经济和社会发展计划(草案)的报告、财政预算(草案)的报告,并作出相关决议;审查批准《石门县国民经济和社会发展第十二个五年计划纲要》。会议收到代表提出的议案、批评、意见和建议131件,决定立案办理《关于加强县域公路沿线建设管理的议案》。

十五届人大六次会议于2012年2月13—16日举行,出席代表269人。会议听取和审议县政府、县人大常委会、县法院、县检察院工作报告以及国民经济和社会发展计划(草案)的报告、财政预算(草案)的报告,并作出相关决议。补选高德知为县人大常委会副主任。会议收到代表提出的议案、批评、意见和建议136件,决定立案办理《关于缓解县城交通拥堵问题的议案》。

第十六届人民代表大会

十六届人大一次会议于2012年11月25—28日举行,出席代表272人。会议选举高德知为县人大常委会主任,伍林支、李世权、刘双红、李芳(女)、赵松岳为副主任,潘碧敏等19人为委员;杨琦明为县长,谭登平、李绍南、陈云谋、车立平、柴从林、刘颖(女)、江毅为副县长;曾晓东为县人民法院院长;夏阳为县人民检察院检察长。选举常德市第六届人民代表大会代表49名。

十六届人大二次会议于2013年2月26日—3月1日举行,出席代表271人。会议听取和审议县政府、县人大常委会、县法院、县检察院工作报告及国民经济和社会发展计划(草案)的报告、财政预算(草案)的报告,并作出相关决议。会议收到代表提出的议案、批评、意见和建议155件,决定立案办理《关于加强我县城市建设和管理的议案》。

十六届人大三次会议于2013年6月17—19日举行,出席代表272人。会议补选郭碧勋为石门县人民政府县长,补选常德市第六届人民代表大会代表1名。

第三节　石门县人民代表大会常务委员会

1980年12月,县八届人大一次会议决定设立石门县第八届人民代表大会常务委员会。1981年设立办公室。1984年7月设立法制科、财政经济科、教科文卫科;1986年6月分别更名为法制工作委员会、财政经济工作委员会、教育科学文化卫生工作委员会。1988年1月增设选举任免联络工作委员会。1989年4月设立农村工作委员会。法制工作委员会于1998年6月更名为内务司法工作委员会。2004年设立城乡建设与环境资源保护工作委员会(在财政经济工作委员会挂牌)。

八届人大常委会　共举行会议23次,听取审议"一府两院"工作报告65项,作出决议决定27项。就社会风尚、青少年教育、市场物价、森林保护、山区教育、企业经济效益、法制宣传等进行视察调研25次,撰写调研报告23个。支持相关职能部门依法维护村民欧家伍个人与所街公社企业办签订的合同权益,为其挽回经济损失4000多元。组织人大代表培训170多人次、人大代表视察11次。开展执法检查2次。督办代表议案、批评、意见和建议共1334件。受理群众信访711件815人次,监督处理群众信访649件。任免国家机关工作人员82人次。

九届人大常委会　共举行会议20次,听取审议"一府两院"工作报告44项,作出决议决定23项。听取审议县政府关于全县农业区划报告,作出《关于应用农业区划成果的决议》。先后组织开展44次专题或综合调研,撰写调研报告40份。督办代表议案、批评、意见和建议共1013件。组织人大代表培训100多人次、人大代表视察7次。开展执法检查3次。受理群众信访787件1015人次,监督处理群众信访769件。任免国家机关工作人员159人次。

十届人大常委会　共举行会议22次,听取审议"一府两院"工作报告44项,作出决议决定14项。开展相关执法检查,纠正个别乡镇选举中出现的违法行为。调查处理某执法单位办案中事实不清、定性不准、执法不严问题。对粮食供应中随意涨价问题进行调查,对相关责任单位提出严肃批评,及时刹住粮食涨价歪风。督办代表议案37件,督办代表批评、意见和建议共738件。组织人大代表培训100多人次、人大代表视察9次。受理群众信访817件1009人次,监督处理群众信访789件。任免国家机关工作人员100人次,撤销副县长1人。

十一届人大常委会　共举行会议22次,听取审议"一府两院"工作报告103项,作出决议决定22项。第十三次会议审议通过县政府《关于县城防洪工程澧水北岸建设方案》,并作出《关于兴建县城澧水北岸防洪大堤的决定》,推动政府建成县城澧水北岸集堤、路、防、排、林、景于一体的十里防洪大堤。组织人大代表培训210多人次、人大代表视察16次。开展执法检查4次。督办代表议案5件,督办代表批评、意见和建议共618件。受理群众信访713件807人次,监督处理群众信访687件。任免国家机关工作人员111人次。

十二届人大常委会　共举行会议40次,听取审议"一府两院"工作报告123项,作出决议决定61项。开展执法检查16次、专题调查35次。届内对县法院、县检察院、县公安局进行执法检查,督促办结相关大案、要案。在全县开展选民评议人大代表活动,有7名人大代表分别被评为市、县"十佳公仆"，1 名人大代表被评为"全省人民满意公仆"。1995 年 6 月 16 日，第十九次会议根据县十二届人大四次会议的授权，审查批准《石门县国民经济和社会发展计划第九个五年计划纲要》。组织人大代表培训 230 多人次、人大代表视察 10 次。开展执法检查 3 次。督办代表议案 6 件，督办代表批评、意见和建议 568 件。受理群众信访 1083 件 1107 人次，监督处理群众信访 987 件。任免国家机关工作人员 303 人次。

十三届人大常委会　共举行会议 43 次，听取审议"一府两院"工作报告 83 项，作出决议决定 41 项。组织执法检查 12 次，开展集中视察 41 次，组织领导干部述职评议 9 次。重点推行部门执法责任制，开展环保世纪行活动，监督治理经济发展环境，加强个案监督和专项资金审计监督。组织人大代表培训 270 多人次、人大代表视察 13 次。督办代表议案 5 件，督办代表批评、意见和建议共 557 件。受理群众信访 1059 件 1123 人次，监督处理群众信访 972件。任免国家机关工作人员 251 人次。

2013 年 7 月 30 日，石门县人大常委会视察电厂除尘设施运行情况

十四届人大常委会　共举行会议 46 次，听取审议"一府两院"工作报告 121 项，作出决议决定 45 项，提出审议意见 76 份。深化财政预算执行监督，对民政、城建、水利、交通、社保等专项资金进行重点监督；开展上级补助收入（含转移支付）、税收与支出、非税收入、政府信用城建贷款资金管理和使用以及县法院、检察院、公安局经费保障情况的调研活动；从 2004 年开始，对部门预算编制进行审查监督。开展劳动法、公路法、刑事诉讼法、婚姻法、职业病防治法、消防法、残疾人保障法、《湖南省大中型水库移民条例》等 8 部法律法规的执法检查。开展人大工作调研和人大制度理论研究，多篇论文在省市获奖。组织人大代表培训 290 多人次、人大代表视察 16 次。督办代表议案 8 件，督办代表批评、意见和建议806 件。受理群众信访 2148 件 4525 人次，监督处理群众信访 2010 件。2003 年，全国人大信访工作经验交流会代表考察县人大常委会和夹山镇政府的信访工作。任免国家机关工作人员 299 人次，罢免由石门县选举的常德市第四届人大代表 1 名，补选常德市第四届人大代表 2 名，补选县十四届人大代表 18 名。

十五届人大常委会　共举行会议 39 次，听取审议"一府两院"工作报告 72 项，作出决议决定 46 项。对政府 21 个工作部门进行工作评议。从 2008 年开始，进行规范性文件备案审查、特定司法案件备案。2007—2012 年，每年组织部分人大代表对县直政法单位进行"人民满意度"公开测评。对全县新农村建设、土地开发整理和地质灾害治理、农村饮水安全、家电下乡、畜牧业等专项资金管理使用进行监督；对县直有关单位的经费保障问题以及县直部分具有行政职能的单位自收自支人员经费问题开展专项调研，提出工作意见和建议。开展执法检查13次、执法调研21次、工作调研58次。完善和落实县人大常委会联系人大代表、人大代表列席县人大常委会会议、人大代表培训、政情通报、代表联系选民、选民评议代表、代表履职考核等一系列制度，每年开展一次“好议案好建议”“人大代表活动积极分子”评选表彰活动。组织开展环保世纪行动、农产品质量安全行、农民健康行、民族团结进步行、司法公正常德行活动。创办开通石门人大网，宣传人大工作和人大代表先进事迹。通讯《陈建教代表的心路历程》，获湖南省第二十届宣传人民代表大会制度好新闻评选一等奖；通讯《范水良和他的16张选民证》，在第十八届全国人大新闻奖评选中荣获全国人大报刊作品一等奖。组织人大代表培训300多人次、人大代表视察17次。督办代表议案5件和代表批评、意见和建议704件。受理群众信访1552件2545人次，监督处理群众信访1494件。任免国家机关工作人员251人次，撤销国家机关工作人员职务1人。

十六届人大常委会　截至2013年12月，举行会议9次，听取审议“一府两院”工作报告20项，作出决议决定16项，对39项工作提出了审议意见；对6个政府工作部门进行了工作评议；开展执法检查1项、视察2项；对30件规范性文件进行了备案审查，对135件特定司法案件进行了备案。实行两大改进：一是改进监督计划，选择禁毒法执法检查、缩减“三公经费”开支、县城区房地产开发、规范廉租房申报审批手续等16个重点内容进行监督目标任务的细化，在反复征求意见的基础上制定印发《石门县人大常委会2013年重点监督计划》，实现了大面上监督向精细化监督的转变。二是改进听取审议专项工作报告，县人大常委会会议室安装了会议控制系统，选择县政府的10个专项工作报告、县法院的1个专项工作报告通过电子表决器进行投票表决，开启了县人大常委会听取审议专项工作报告后投票表决的新的历史。依法任免国家机关工作人员50人、人民陪审员36人，组织补选石门县第十六届人大代表5名。开办了两期人大代表培训班，请专家授课与“身边的人讲身边的事”相结合，生动有效。重点完善走访联系代表制度、县人大代表履职考核制度和代表小组活动制度，有计划有组织地开展了“双学双联双争”等一系列代表小组活动。逐步推行人大代表向原选区选民述职，人大代表自觉接受选民监督，自觉依法履职，在“新石门新创业新跨越”中发挥了模范带头作用。督促办理县十六届人大二次会议

2013年7月30日，石门县人大常委会召开评议会议

上的人大代表议案 1 件、建议 178 件。2013 年,县人大常委会组成人员在常委会会议前集体学习水法、禁毒法、城市房地产管理法、预算法、社会保险法 5 部法律。不仅加强了县人大常委会会议、主任会议议题调研,还认真组织开展了生态立县、仙阳湖水源水质保护、旅游开发、新农村建设、饮水安全、硅砂石膏产业、地方人大工作等专题调研,撰写调研报告 31 篇、论文 10 篇。将原有的《石门县人大常委会信访工作规范》修改为《石门县人大常委会信访工作制度》。2013 年接受群众来信来访 300 多件近 400 人次。继续牵头组织开展了农产品质量安全行、环保世纪行、司法公正常德行、农民健康行和民族团结进步行动活动。从完善各项制度入手,坚持领导带头,狠抓公务接待、公务用车管理,大力缩减了机关"三公经费"开支,弘扬了清风正气。

第七章 澧 县

第一节 澧县各界人民代表会议

1949年9月，设立澧县各界人民代表会议。1951年2月，各界人民代表会议设立常务委员会。同年11月14日，选举产生19名常委会组成人员。1952年年底，常务委员会设立办公室，工作由县人民政府统一领导和安排。1954年7月，县各界人民代表会议及其常委会完成过渡使命，由县人民代表大会取代。其间召开各界人民代表会议共11次。

第一次会议 1949年9月18—20日举行，出席代表150人。会议主要议题是：听取并讨论县人民政府关于"支前征粮，剿匪安民"和"拒用银元，推行人民币及生产救灾"两个报告。

第二次会议 1950年2月4—7日举行，，出席代表354人。会议主要议题是：听取并讨论政府工作报告，就清剿土匪，退租减押和禁止赌博、煮酒熬糖、宰杀耕牛、地富买卖土地、浪费及大吃大喝五项禁令通过决议。

第三次会议 1950年6月22—25日举行，出席代表308人。会议听取并讨论政府工作报告，选举产生6名出席湖南省首届各界人民代表会议第一次会议代表。

第四次会议 1950年9月19—20日举行，出席代表294人。主要议题是：总结秋征工作中贯彻执行政策、发动群众的经验教训，讨论继续完成秋征任务的措施，补充修正并通过《奖惩办法》及《告各界同胞书》两个决议。

第五次会议 1950年11月26日举行。会议主要议题是：布置剿匪肃特、土改、修堤以及抗美援朝等工作。

第六次会议 1951年7月2日举行，出席代表264人。会议主要议题是：布置植棉、修堤修塘、防汛抗旱等生产任务和抗美援朝、增产捐献以及镇压反革命等工作。

第七次会议 1951年11月12—15日举行，出席代表325人。会议主要议题是：听取并讨论县政府工作报告，劳动模范介绍北京劳模大会盛况和生产经验，选举19名县各界人民代表会议常务委员会成员和6名出席省首届各界人民代表会议第二次会议代表。会议首次收集、处理代表提案9件。

第八次会议 1952年2月中旬举行，出席代表491人。会议讨论并通过县人民政府关于全县工作安排意见。

第九次会议 1952年10月28—30日举行，出席代表411人。会议主要议题是：讨论并通过政府工作报告和司法改革报告，就查田定产、征收农业税和交售爱国公粮等三个问题通过决议，选举14名出席省第二届各界人民代表会议第一次会议代表，收集并当场解答代表提案 62 件。

第十次会议　1953 年 3 月 25—28 日举行,出席代表 294 人。会议主要议题是:总结上段工作,明确春耕生产、取缔反动会道门和贯彻婚姻法等工作任务,收集、处理代表提案 103 件。

第十一次会议　1953 年 6 月 21—22 日举行,出席代表 333 人。会议主要议题是:听取并讨论政府工作报告,认清形势,战胜灾害,搞好防汛、防旱、防虫、治安保卫等工作,收集、处理代表提案 510 件。

第二节　澧县人民代表大会

1954—2013 年,澧县人民代表大会历经十六届(第六届停止活动),共召开了 47 次会议。

第一届人民代表大会

一届人大一次会议于 1954 年7 月 21—22 日举行,出席代表 258 人。会议主要议题是:听取和审议政府工作报告及修改宪法草案的报告,选举 7 名出席省首届人民代表大会代表。

一届人大二次会议于 1955 年 4 月 16—18 日举行,出席代表 282 人。会议主要议题是:听取和审议政府工作报告,传达省人民代表大会精神,讨论兵役法(草案);首次采用等额选举办法,选举产生县政府正、副县长各 1 名,县人民委员会委员 19 名,法院院长 1 名;收集并当场解答代表提案 13 件。

第二届人民代表大会

二届人大一次会议于 1956 年12 月 3—4 日举行,出席代表 328 人。会议主要议题是:听取和审议政府、法院工作报告,选举产生正副县长 4 人、县人民委员会委员 19 人,补选省人大代表 2 人,收集并当场解答代表提案 197 件。

二届人大二次会议于 1957 年 5 月 15—17 日举行,出席代表 289 人。会议中心议题是:听取讨论政府关于正确处理人民内部矛盾问题和农业生产的报告,收集并当场解答代表提案 281 件。

第三届人民代表大会

三届人大一次会议于 1958 年5 月 27—28 日举行,出席代表 385 人。会议主要议题是:听取审议政府、法院工作报告,选举产生正副县长 3 人、县人民委员会委员 20 人、法院院长 1 人、省二届人大代表 7 人,收集、解答代表提案 85 件。

第四届人民代表大会

四届人大一次会议于 1960 年 12 月 9—11 日举行,出席代表 250 人。会议主要议题是:听取和审议政府、法院工作报告和财政预决算报告,选举产生正副县长 3 人、县人民委员会委员 20 人、法院院长 1 人,补选省人大代表 2 人。会议还组织代表参观城关人民公社化工厂、上游食堂、敬老院、幼儿园和县通用机械厂,并安排半天听取部门发言。

第五届人民代表大会

五届人大一次会议于1964年8月26—28日举行，出席代表418人。会议中心议题是：听取并审议政府、法院工作报告，审查、批准财政报告，选举产生正副县长4人、县人民委员会委员19人、法院院长1人、省第三届人大代表10人。会中，县人民武装部、县妇联、共青团澧县县委负责人分别就民兵、妇女、共青团工作发言。会议收集、处理代表提案292件。

第六届人民代表大会

受"文化大革命"影响，没有举行过人民代表大会。1968年9月17日，县革命委员会成立，根据有关精神，为不割断历史，依序视为第六届人民代表大会。

第七届人民代表大会

七届人大一次会议于1978年3月2—4日举行，出席代表950人。会议主要议题是：听取、讨论并通过县革命委员会工作报告，选举产生县革命委员会委员49名。

第八届人民代表大会

八届人大一次会议于1980年4月5—10日举行，出席代表648名。会议审议并通过县革命委员会、县人民法院、县人民检察院工作报告，审查并批准财政报告。决定撤销革命委员会，设立县人大常委会，建立县人民政府。选举杜慎茂为县人大常委会主任，李福印、郑先荣、金兴武、彭信梅(女)、唐鹤亭为副主任，刘绍明等13人为县人大常委会委员；陈彰嘉为县人民政府县长，邓永连、尹宏烈、朱修林、谢代湘、谭徽嗣为副县长；赖治为县人民法院院长；张儒俊为县人民检察院检察长。会议收到代表提案563件。

八届人大二次会议于1981年12月15—19日举行，出席代表599名。会议审议并通过县人大常委会、县人民政府、县人民法院和县人民检察院工作报告，审查并批准财政报告；就保护森林、加强土地管理两个问题通过决议。会议收到代表提案462件。

八届人大三次会议于1983年3月16—21日举行，出席代表593名。会议审议并通过县人大常委会、县人民政府、县人民法院和县人民检察院工作报告，审查并批准财政报告。会议补选刘光华为县人民政府县长，王大懋为县人大常委会副主任；补选省六届人大代表12人。会议收到代表提案359件。

第九届人民代表大会

九届人大一次会议于1984年3月27日—4月1日举行，出席代表474名。会议审议并通过县人大常委会、县人民政府、县人民法院、县人民检察院工作报告，审查并批准财政报告。就减轻农民负担、发展商品生产、统筹全县民办教师报酬三个问题通过决议。选举杜慎茂为县人大常委会主任，金兴武、尹宏烈、王大懋、彭信梅(女)、肖炳先、唐鹤亭为副主任，丁家元等14人为县人大常委会委员；潘卫东为县人民政府县长，谭徽嗣、谢代湘、王宗庆、杨九洲为副县长；赖治为县人民法院院长；张儒俊为县人民检察院检察长。会议收到代表提案391件。

九届人大二次会议于1985年3月11—16日举行，出席代表408名。会议审议并通过县人大常委会、县人民政府、县人民法院和县人民检察院工作报告，审查并批准财政报告。就

“外引内联”、发展乡镇企业、开展法制宣传教育三个问题通过决议。补选洪明祥、陈克孝、宋叔尔、李学林为县人民政府副县长。会议收到代表提案242件。

九届人大三次会议于1986年3月5—10日举行，出席代表403名。会议审议并通过县人大常委会、县人民政府、县人民法院和县人民检察院工作报告以及九届人大二次会议提案办理情况报告，审查并批准财政报告以及县国民经济和社会发展“六五”计划的执行情况和“七五”期间设想的报告。就义务教育和建设用地管理两个问题通过决议。补选县人大常委会委员1名。会议收到代表提案253件。

第十届人民代表大会

十届人大一次会议于1987年2月11—15日举行，出席代表349名。会议审议并通过县人大常委会、县人民政府、县人民法院和县人民检察院工作报告，审查并批准计划、财政报告以及澧县国民经济和社会发展“七五”计划。就强化部门服务问题通过决议。会议选举杜慎茂为县人大常委会主任，金兴武、尹宏烈、王大懋、彭信梅(女)、肖炳先、杨谷江为副主任，刘云霞(女)等14人为县人大常委会委员；洪明祥为县人民政府县长，王德盛、孙维忠、陈克孝、马俊、宋叔尔为副县长；赖治为县人民法院院长；张儒俊为县人民检察院检察长。会议收到代表提案283件。

十届人大二次会议于1988年1月4—8日举行，出席代表340名。会议审议并通过县人大常委会、县人民政府、县人民法院和县人民检察院工作报告，审查并批准计划、财政报告。作出《关于切实保障教师合法权益的决议》和《关于加强松澧大垸防汛保安领导的决议》。补选湖南省第七届人大代表10名。会议改称提案为“建议、批评和意见”，并在原《提案产生办法》的基础上，制定《议案、建议、批评和意见的提出及办理程序》的规定。会议共收到代表议案、建议、批评和意见204件。

十届人大三次会议于1988年6月5—6日举行，出席代表350名。会议选举常德市第一届人民代表大会代表55名。

十届人大四次会议于1989年3月11—16日举行，出席代表330名。会议审议并通过县人大常委会、县人民政府、县人民法院和县人民检察院工作报告以及十届人大三次会议议案办理情况报告，审查并批准计划、财政报告。就廉政建设和加强农业基础建设两个问题通过决议。补选常德市第一届人大代表2名。会议收到代表议案、建议、批评和意见119件。

第十一届人民代表大会

十一届人大一次会议于1990年2月8—12日举行，出席代表346名。会议审议并通过县人大常委会、县人民政府、县人民法院和县人民检察院工作报告，审查并批准计划、财政报告。通过了《关于切实保障教师的合法权益的议案的决议》和《关于加强淞澧大垸防汛保安领导的议案的决议》。选举杨芝文为县人大常委会主任，谢代湘、彭信梅(女)、王大懋、杨谷江、胡宪俊、黄道礼为副主任，丁家军等16人为县人大常委会委员；孙维忠为县人民政府县长，田晓川、甘大见、宋叔尔、李云林、吴生元、易怀志为副县长；赖治为县人民法院院长；黄秋武为县人民检察院检察长。会议收到代表议案、建议、批评和建议 172 件。

十一届人大二次会议于 1991 年 3 月 13—17 日举行，出席代表 335 名。会议审议并通过县人大常委会、县人民政府、县人民法院和县人民检察院工作报告，审查并批准计划、财政报告以及县国民经济和社会发展“八五”计划和十年规划。通过了关于生猪养殖的有关决议。补选县人大常委会委员 1 名、常德市第一届人民代表大会代表 3 名。会议收到代表议案、建议、批评和意见共 138 件。

十一届人大三次会议于 1992 年 2 月 21—23 日举行，出席代表 331 名。会议审议并通过县人大常委会、县人民政府、县人民法院、县人民检察院工作报告，审查并批准计划和财政报告。表彰了人大工作先进单位和先进个人。会议收到代表议案、建议、批评和意见 73 件，县政府对部分代表建议、批评和意见进行直接答复。

第十二届人民代表大会

从县十二届人民代表大会开始，每届任期五年。

十二届人大一次会议于 1992 年 11 月 21—23 日举行，出席代表 346 名。会议选举杨芝文为县人大常委会主任，谢代湘、胡宪俊、胡国珍（女）、朱道贵、黄道礼为副主任，丁家军等 17 人为县人大常委会委员；李学林为县人民政府县长，卢新华、李云林、吴生元、姚大曰、赵家良为副县长；陈章华为县人民法院院长；黄秋武为县人民检察院检察长。选举常德市第二届人民代表大会代表 55 名。

十二届人大二次会议于 1993 年 3 月 19—22 日举行，出席代表 336 名。会议审议并通过县人大常委会、县人民政府、县人民法院和县人民检察院工作报告，审查并批准计划、财政报告。审议通过《澧县人民政府关于全面开展农村救灾保险改革的决定》和《关于解决农业生产基金问题的决议》。会议收到代表议案、建议、批评和意见 88 件，

十二届人大三次会议于 1994 年 3 月 11—14 日举行。出席代表 333 名。会议审议并通过县人大常委会、县人民政府、县人民法院和县人民检察院工作报告，审查并批准计划、财政报告。通过《关于涔澹蓄洪区水位调控管理的议案的决议》。会议收到代表议案、建议、批评和意见 83 件。

十二届人大四次会议于 1995 年 3 月 13—17 日举行，出席代表 335 名。会议审议并通过县人大常委会、县人民政府、县人民法院和县人民检察院工作报告，审查并批准计划、财政报告。通过关于抑制公款高消费和关于落实农业发展基金等 2 个决议。补选县人大常委会委员 1 名。会议收到代表议案、建议、批评和意见 82 件。

十二届人大五次会议于 1996 年 1 月 25—30 日举行，出席代表 332 名。会议审议并通过县人大常委会、县人民政府、县人民法院、县人民检察院工作报告，审查并批准计划、财政报告以及县国民经济和社会发展“九五”计划和 2010 年规划纲要。补选张绍荣为县人大常委会副主任、文青岩等 5 人为县人大常委会委员。会议收到代表议案、建议、批评和意见 62件。

十二届人大六次会议于 1997 年 3 月 3—6 日举行，出席代表 347 名。会议审议并通过县

人大常委会、县人民政府、县人民法院、县人民检察院工作报告,审查并批准计划、财政报告。会议对县人民政府作出的关于建立农村最低生活保障制度、加强粮棉油种子工程建设、改建207国道黄桥至卷桥段公路等三项决定分别作出决议。通过《关于给予乡镇政府程控电话投资产权及减轻农村电话费用负担的议案的决议》。会议收到代表议案、建议、批评和意见59件。

第十三届人民代表大会

十三届人大一次会议于1997年11月23—25日举行,出席代表294名。会议选举朱道贵为县人大常委会主任,胡国珍(女)、张绍荣、赵克松、周世民、肖超英(女)、庹德成(土家族)为副主任,王焕发等16人为县人大常委会委员;蔡建和为县人民政府县长,刘锡达、姚大曰、郑家火、羿世淦、谭敦新为副县长;朱小林为县人民法院院长;黄秋武为县人民检察院检察长。选举常德市第三届人民代表大会代表59名。

十三届人大二次会议于1998年3月3—6日举行,出席代表295名。会议审议并通过县人大常委会、县人民政府、县人民法院和县人民检察院工作报告,审查并批准计划、财政报告。通过《关于整顿文化娱乐市场,净化教育外部环境的议案》。会议收到代表议案、建议、批评和意见104件。

十三届人大三次会议于1999年3月7—10日举行,出席代表295名。会议审议并通过县人大常委会、县人民政府、县人民法院、县人民检察院工作报告,审查并批准计划、财政报告。通过关于禁止在澧水河道内采挖砂卵石和加强县城综合治理等2个决议。会议收到代表议案、建议、批评和意见123件。

十三届人大四次会议于2000年2月22—25日举行,出席代表293名。会议审议并通过县人大常委会、县人民政府、县人民法院、县人民检察院工作报告,审查并批准计划、财政报告。通过关于加强小城镇规划与建设及创建省级文明卫生县城的决议。补选黄天伏为县人民法院院长。会议收到代表议案、建议、批评和意见110件。

十三届人大五次会议于2001年2月27日—3月2日举行,出席代表290名。会议审议并通过县人大常委会、县人民政府、县人民法院、县人民检察院工作报告,审查并批准计划、财政报告以及县国民经济和社会发展第十个五年计划纲要。补选燕中炎为县人民政府县长,姚大曰为县人大常委会副主任。会议收到代表议案、建议、批评、意见107件。

十三届人大六次会议于2002年3月4—7日举行,出席代表292名。会议审议并通过县人大常委会、县人民政府、县人民法院、县人民检察院工作报告,审查并批准计划、财政报告。通过关于血吸虫病防治工作的决议。会议收到代表议案、建议、批评、意见139件。

第十四届人民代表大会

十四届人大一次会议于2002年11月12—15日举行,出席代表292名。会议选举刘锡达为县人大常委会主任,胡国珍(女)、姚大曰、赵克松、肖超英(女)、庹德成(土家族)、黄道华为副主任,王大志等16人为县人大常委会委员;燕中炎为县人民政府县长,羿世淦、樊孝其、谭敦新、严文波、贺湘平、杨成英(女)、李森为副县长;黄天伏为县人民法院院长;丁大勋为县人民检察院检察长。选举常德市第四届人民代表大会代表62名。

十四届人大二次会议于2003年3月3—6日举行，出席代表287名。会议审议并通过县人大常委会、县人民政府、县人民法院、县人民检察院工作报告，审查并批准计划、财政报告。通过《关于搬迁湘运车站，兴建澧州商业广场的决议》。会议收到代表议案、建议、批评和意见121件。

十四届人大三次会议于2004年3月2—5日举行，出席代表288名。会议审议并通过县人大常委会、县人民政府、县人民法院、县人民检察院工作报告，审查并批准计划、财政报告。审议并通过《澧县人民代表大会议事规则》。表彰人大工作先进单位和先进个人。会议收到代表议案、建议、批评和意见140件。

十四届人大四次会议于2005年2月28日—3月3日举行，出席代表286名。会议审议并通过县人大常委会、县人民政府、县人民法院、县人民检察院工作报告，审查并批准计划、财政报告。补选王昌义为县人民政府县长；补选县人大常委会委员4名。表彰人大工作先进单位和先进个人。会议收到代表议案、建议、批评和意见143件。

十四届人大五次会议于2006年2月25—28日举行，出席代表288名。会议审议并通过县人大常委会、县人民政府、县人民法院、县人民检察院工作报告，审查并批准计划、财政报告以及县国民经济和社会发展"十一五"规划纲要。补选彭孟雄为县人民政府县长；彭政为县人民法院院长。表彰人大工作先进单位和先进个人。会议收到代表议案、建议、批评和意见158件。

十四届人大六次会议于2007年3月5—8日举行，出席代表287名。会议审议并通过县人大常委会、县人民政府、县人民法院、县人民检察院工作报告，审查并批准计划、财政报告。通过《关于加强农村文化建设的议案的决议》。表彰人大工作先进单位和先进个人。会议收到代表议案、建议、批评和意见141件。

第十五届人民代表大会

十五届人大一次会议于2007年11月12—15日举行，出席代表292名。会议选举戴宏生为县人大常委会主任，谭敦新、赵克松、黄道华、金忠军、周乃泉为副主任，王大志等21人为县人大常委会委员；彭孟雄为县人民政府县长，颜学锦、严文波、杨成英（女）、傅临南、童成振、胡彬彬为副县长；彭政为县人民法院院长；苏基云为县人民检察院检察长。选举常德市第五届人民代表大会代表63名。

十五届人大二次会议于2008年3月10—13日举行，出席代表288名。会议审议并通过县人大常委会、县人民政府、县人民法院、县人民检察院工作报告，审查并批准计划、财政报告。补选谭弘发为县人民政府县长。表彰人大工作先进单位和先进个人。会议收到代表议案、建议、批评和意见222件。

十五届人大三次会议于2009年3月2—5日举行，出席代表287名。会议审议并通过县人大常委会、县人民政府、县人民法院、县人民检察院工作报告，审查并批准计划、财政报告。补选县人大常委会委员4名，另行选举常德市第五届人民代表大会代表1名。表彰人大工作先进单位和先进个人。会议收到代表议案、建议、批评和意见 232 件。

十五届人大四次会议于 2010 年 3 月 9—12 日举行,出席代表 288 名。会议审议并通过县人大常委会、县人民政府、县人民法院、县人民检察院工作报告,审查并批准计划、财政报告。补选彭孟雄为县人大常委会主任;杨易为县人民政府县长;补选县人大常委会委员 3名。表彰人大工作先进单位和先进个人。会议收到代表议案、建议、批评和意见 268 件。

十五届人大五次会议于 2011 年 2 月 19—22 日举行,出席代表 291 名。会议审议并通过县人大常委会、县人民政府、县人民法院、县人民检察院工作报告,审查并批准计划、财政报告和“十二五”规划纲要。补选颜学锦为县人大常委会主任及县人大常委会委员 4 名。表彰人大工作先进单位和先进个人。会议收到代表议案、建议、批评和意见 244 件。

十五届人大六次会议于 2012 年 2 月 7—10 日举行,出席代表 288 名。会议审议并通过县人大常委会、县人民政府、县人民法院、县人民检察院工作报告,审查并批准计划、财政报告。表彰人大工作先进单位和先进个人。会议收到代表议案、建议、批评和意见 265 件。

第十六届人民代表大会

十六届人大一次会议于 2012 年 11 月 25—28 日举行,出席代表 295 名。会议选举颜学锦为县人大常委会主任,罗德清、淡光兴、鲁明金、赵传柏、熊德蓉为副主任,王勇等 21 人为县人大常委会委员;杨易为县人民政府县长,朱金平、冯文元、张晓莲、刘辉、高建平、周常彩、杨莉为副县长;李设球为县人民法院院长;卜兴炎为县人民检察院检察长。选举常德市第六届人民代表大会代表 63 名。

澧县第十六届人民代表大会第一次会议会场

十六届人大二次会议于 2013 年 2 月 27 日—3 月 1 日举行,出席代表 293 名。会议听取和审议县人大常委会、县人民政府、县人民法院、县人民检察院工作报告,审查并批准了计划、财政报告。会议共收到代表议案、建议、批评和意见 231 件。

第三节　澧县人民代表大会常务委员会

1980 年 4 月 10 日,澧县八届人大一次会议选举 19 人组成县人大常委会。至此,澧县人大常委会正式设立。至 2013 年 12 月,共历 9 届。

1980年8月,县人大常委会设立办公室。1984年3月,增设法制科、财政经济科、教科文卫科。1986年2月,“三科”分别更名为法制工作委员会、财经工作委员会和教科文卫工作委员会。1987年3月,增设代表联络工作委员会。1989年4月,增设农村工作委员会。1998年6月,法制工作委员会更名为内务司法工作委员会。2004年4月,财政经济工作委员会更名为财经城环工作委员会。2012年9月,财经城环工作委员会分设为财政经济工作委员会、城市建设与环境资源保护工作委员会,增设信访办公室。

八届人大常委会 共举行会议22次。任免国家机关工作人员135人次。组织学习讨论《中华人民共和国刑法修正草案》,提出修改意见,并作出《关于组织全县人民讨论〈中华人民共和国刑法修正草案〉的决议》。听取、审议关于工业、交通、物价、教育、卫生、救灾、社会治安等方面和财政、计划、法院以及检察院工作报告。通过关于县城总体建设规划、整顿社会治安、生产救灾工作、开展打击刑事犯罪活动和实行政社分开建立乡人民政府等决议决定。受理群众来信来访1300件。

九届人大常委会 共举行会议17次。任免国家机关工作人员130人次。听取、审议关于撤乡建镇、经济体制改革、农民负担、法制宣传教育、调整农业结构、防汛抗灾、外引内联、农副产品收购、改水工作、普法工作、打击严重经济犯罪、土地管理等方面和财政、计划、法院以及检察院有关工作报告。开展婚姻法、森林法、食品卫生法、环境保护法、统计法贯彻实施情况的调查和视察。通过关于扩大大堰垱镇行政区域、关于扩大王家厂镇行政区域、关于撤乡建镇、关于农村饮用水安全卫生等决议决定。受理群众来信来访387件。

十届人大常委会 共举行会议22次。任免国家机关工作人员199人次。听取、审议关于加强职能部门服务工作、社会治安、普法教育、抗秋洪秋涝、办理代表建议批评意见、清理整顿公司等方面和财政、计划、法院以及检察院有关工作报告。开展关于贯彻执行药品管理法、土地管理法、环境保护法情况的执法检查。通过关于维护老年人合法权益、生产救灾、县城总体修编规划等决议决定。审议通过县人大常委会《议事规则》和《人事任免暂行办法》。受理群众来信来访1042件。

十一届人大常委会 共举行会议19次。任免国家机关工作人员153人次。听取、审议“一府两院”工作汇报28项。对义务教育法、《湖南省老年人保护条例》、行政诉讼法、《全国人大常委会关于加强社会治安综合治理的决定》等6部法律法规进行执法检查。组织代表对企业“三乱”、扶贫帮困、城镇就业、农民负担、教育收费、部门支农、农村优惠政策兑现等27个群众反映的热点问题,开展专项调查和视察活动,共形成调查和视察报告30篇。听取和审议关于血吸虫病预防、财政预决算、义务教育法、农业、社会治安方面的工作汇报。受理群众来信来访1484件。

十二届人大常委会 共举行会议33次。任免国家机关工作人员255人次。听取、审议“一府两院”工作汇报58项。对科学技术进步法、农业法、代表法、劳动法、城市规划法、《湖南省文化市场管理条例》等10部法律法规进行执法检查。组织人大代表开展视察活动6次,对全县“农民负担”“‘普九’教育”“三乱”等方面的工作进行了调查、视察。听取和审议《澧县县城总体规划修编》、1994年城市维护建设费计划执行情况和1995年城市维护建设费安排意见、关于普九规划调整等有关工作汇报。受理群众来信来访2052件。

十三届人大常委会　共举行会议35次。任免国家机关工作人员209人次。听取、审议“一府两院”工作汇报50项。组织开展食品卫生法、行政处罚法、《湖南省农民承担费用和劳务管理条例》、产品质量法、《湖南省血吸虫病防治条例》、法官法、检察官法等17部法律法规的执法检查。听取和审议关于食品安全、抗洪救灾、教育经费安排、农业发展基金等方面的工作汇报。推行部门执法责任制，特别是错案追究等8项制度，对4名错案责任人实行责任追究。受理群众来信来访2871件。

十四届人大常委会　共举行会议35次。任免国家机关工作人员254人次。审议修订《澧县人大常委会议事规则》《澧县人大常委会人事任免办法》《澧县人大常委会述职评议办法》。听取、审议县人民政府关于农村税费改革、防治“非典”工作、社会保险基金收支管理、抗洪救灾、高致病性禽流感防治、招商引资、社会治安综合治理、工业化和民营经济发展、澧县国民经济和社会发展第十一个五年规划纲要(草案)、新型农村合作医疗试点、农产品质量安全、开发区建设与发展工作汇报。开展《农民承担费用和劳务管理条例》、妇女权益保障法、公路法、建筑法、安全生产法、工会法、消防法、水污染防治法、残疾人保障法等15部法律法规的执法检查。届内先后对县人民政府6名副县长、县人民法院4名副院长、县人民检察院3名副检察长及县直14名工作局局长进行述职评议。受理群众来信来访2058件。

十五届人大常委会　共举行会议38次。任免国家机关工作人员241人次。听取、审议“一府两院”关于公路建设资金、环境保护、打击“两抢一盗”、城市建设、农村安全饮水、城乡居民最低生活保障、农田水利基本建设、防震减灾、生态县建设规划、城市建设管理、监所检察工作等17项工作汇报。审议通过《澧县人大常委会规范性文件备案审查办法》《澧县人大常委会审议决定县财政投入大型建设项目办法》《澧县人大常委会听取和审议县人民政府、县人民法院、县人民检察院专项工作报告办法》《澧县人大常委会关于加强对司法机关办理案件的监督试行办法》《澧县人大常委会专题询问和质询暂行办法》。审议通过澧县县城总体规划(2006—2020年)、县域村镇体系规划(2006—2020年)。开展职业病防治法、人口与计划生育法、农产品质量安全法、矿产资源法、森林法等9部法律法规的执法检查。届内先后对县计生局、公安局、交通局、质量技术监督局等18个单位开展工作评议。受理群众来信来访1539件。对县人民政府报备的217件规范性文件进行备案审查。

十六届人大常委会　2012年12月—2013年12月，澧县第十六届人大常委会共举行会议4次。任免国家机关工作人员126人次。先后听取县人民政府、县人民法院、县人民检察院在县十五届人大六次会议上所作的工作报告落实情况的汇报；县人民政府落实县人大常委会关于进一步贯彻执行森林法、环境保护法和文化产业建设及非物质文化遗产保护专项工作审议意见的情况汇报；听取和审议县人民政府关于农业发展基金、教育经费、城市建

澧县举办县、乡镇人大换届选举工作培训班

设维护费、工业发展基金2012年计划执行情况及2013年计划安排报告；听取和审议县人民政府关于廉租房、公租房、棚改房、农村保障性安居房和拆迁安置房建设工作情况汇报。开展公路法执法检查。审议通过澧县人大常委会代表评议工作实施办法和澧县人大代表联络工作试行办法。

第八章　安乡县

第一节　安乡县各界人民代表会议

1950年1月,安乡县实行县各界人民代表会议制度。采取推荐、聘请、特邀等形式,产生全县各方面代表,组成县各界人民代表会议。县各界人民代表会议历经两届。

第一届各界人民代表会议　任期自1950年2月—1952年8月,共举行5次会议。

第一次会议于1950年2月6—9日举行,出席代表194名。会议确定以生产自救、节约度荒为全县工作中心,同时开展好清匪反霸及减租退押运动。

第二次会议于1950年6月22—25日举行,出席代表141名。会议听取县长郝义武《关于三、四月份的施政工作总结和六、七、八月份工作方针的报告》,确定6—8月全县工作重点为防洪水、度夏荒,选举4名省各界人民代表会议代表。

第三次会议于1950年9月17—20日举行,出席代表109名。会议听取县武装部政委肖寒《关于一年来工作检查报告》和县长郝义武《关于农业税收暂行条例的报告》。会议围绕征粮、肃匪、反特等中心工作作出9项决议。

第四次会议于1951年12月举行,历时5天。会议成立县各界人民代表会议常务委员会,选举郝义武为常务委员会主席,李子云、孙振明、欧阳春为副主席及常委会委员17名。

第五次会议于1952年1月14—16日举行。会议部署开展优抚工作和春节拥军优属工作,作出4项决议。

第二届各界人民代表会议　任期自1952年8月至1954年2月,共举行2次会议。

第一次会议于1952年8月举行(史料失考)。

第二次会议于1953年3月22—26日举行,出席代表151名。组织成立主席团、代表资格审查委员会、提案审查委员会,部署春耕生产、贯彻《中华人民共和国婚姻法》。

第二节　安乡县人民代表大会

安乡县人民代表大会共经历16届。1954年3月,各乡镇选举县第一届人民代表大会代表280名。至1968年,县人民代表大会每届任期两年;1980—1992年,县人民代表大会每届任期三年;1993年起,每届任期五年。县人民代表大会历次会议中有5次会议只有选举议程,其余各次会议均听取和审议了县人民政府工作报告(1955—1968年称为县人民委员会、1968—1980年称为县革命委员会、1980年称为县人民政府)。第八届人民代表大会第一次会议后，增加听取审议县人大常委会、县人民法院、县人民检察院工作报告和国民经济和社会发展计划、财政报告。

第一届人民代表大会

一届人大一次会议应于1954年召开，因当年全县境内遭受特大洪涝灾害，延至1955年4月6—8日举行，出席代表212人。会议传达湖南省第一届人民代表大会第二次会议精神，听取和讨论关于全县受灾以来的农村工作情况和1955年农业生产任务的报告，贯彻落实《中华人民共和国兵役法》。建立安乡县人民委员会，由17人组成，选举秘相舜为县人民政府县长，严文林为副县长。选举朱传春为县人民法院院长。本届仅举行会议1次。

第二届人民代表大会

二届人大一次会议于1956年12月11—13日举行，出席代表228人。会议传达湖南省第一届人民代表大会第四次会议精神，听取和审议3项工作报告，作出厉行节约等决议。

二届人大二次会议于1957年5月15—17日举行，出席代表233人。会议听取和审议县人民委员会《关于半年来的施政工作情况和当前工作的方针任务的报告》《关于1956年财政决算和1957年财政预算安排的报告》《关于湖南省第一届人民代表大会第四次会议主要精神的传达报告》。会议对上述三个报告作出决议。

第三届人民代表大会

任期自1958年5月—1960年12月。

三届人大一次会议于1958年5月30日—6月1日举行，出席代表225人。会议听取和审议了3项工作报告并作出相关决议，动员全县人民实施县委提出的当年农业生产方案和七年规划。会议选举雷志刚为县人民政府县长，侯济辉为副县长及县人民委员会委员15名。选举朱传春为县人民法院院长。选举省第二届人民代表大会代表5名。本届仅举行会议1次。

第四届人民代表大会

四届人大一次会议于1960年12月7—9日举行，出席代表211人。会议贯彻中共中央指示，听取和审议3项工作报告并作出相应决议。选举雷志刚为县人民政府县长，侯济辉为副县长及县人民委员会委员15名。选举彭次卿为县人民法院院长。补选省人民代表大会代表2名。本届仅举行会议1次。

第五届人民代表大会

五届人大一次会议于1964年8月31日—9月2日举行，出席代表267人。会议听取和审议3项工作报告并作出相应决议，全面部署社教工作。选举雷志刚为县人民政府县长，张金川、王立祥、陆仁贵（女）为副县长及县人民委员会委员15名。选举刘清汉为县人民法院院长。选举省第三届人民代表大会代表5名。本届仅举行会议1次。

第六届人民代表大会

因“文化大革命”影响，县人民代表大会停止活动。1968年4月1日，县革命委员会成立，按照有关规定，依序视作第六届人民代表大会。

第七届人民代表大会

七届人大一次会议于 1978 年 2 月 28 日—3 月 1 日举行，出席代表 680 人。会议审议通过县革命委员会工作报告，印发县人民法院院长雷文凤题为《坚决落实华主席指示，切实加强社会主义法制》的书面材料。选举刘淑元等 45 名县革命委员会组成人员，刘淑元为县革委会主任，罗贻斌、杨振东、任保华、王立祥、谭忠敏、汤辉为副主任。本届仅举行会议 1 次。

第八届人民代表大会

八届人大一次会议于 1980 年 11 月 30 日—12 月 5 日举行，出席代表 294 人。会议听取和审议 4 个工作报告并作出相应决议。决定撤销县革命委员会，建立县人民政府，设立县人民代表大会常务委员会。选举人大常委会组成人员 13 名，李才鉴为县人大常委会主任，任保华、汤海渔、吴松桥、李涛白为副主任；罗贻斌为县人民政府县长，王立祥、谭忠敏、张爱亲、颜永盛为副县长；罗永林为县人民法院院长；王庭泥为县人民检察院检察长。

八届人大二次会议于 1982 年 2 月 3—7 日举行，出席代表 266 人。会议听取和审议各项报告并作出相关决议。补选陈克明为县人大常委会副主任。会议收到代表提案 294件。

八届人大三次会议于 1983 年 3 月 14—18 日举行，出席代表 274 人。会议听取和审议各项报告并作出相关决议。总结交流人大工作经验。选举湖南省第六届人民代表大会代表 7 名。

第九届人民代表大会

九届人大一次会议于 1984 年 4 月 5—10 日举行，出席代表 365 人。会议听取和审议各项报告，并作出相关决议。作出调整农业结构、减轻农民负担、放宽经济政策发展商品生产、促进社会治安进一步好转等决议。选举人大常委会组成人员 19 名，任保华为县人大常委会主任，谭忠敏、张光彩、李涛白、陈克明、刘荣孝、白芙华(女)为副主任；钦时中为县人民政府县长，王立祥、宋仕俊、胡前松、何浴沂为副县长；薛继林为县人民法院院长；周厚久为县人民检察院检察长。

九届人大二次会议于 1985 年 3 月 16—21 日举行，出席代表 285 人。会议听取和审议各项报告并作出相关决议。审议县人大常委会关于《向全县公民普及法律常识的议案》、县人民政府关于《保护农村专业户、联合体合法权益的规定》，作出向全县公民普及法律常识、保护农村专业户联合体合法权益等决议。补选谭忠敏为县人大常委会主任，汤胜保为副主任；补选向启国为县人民政府县长，孙立人、左连生为副县长。

九届人大三次会议于 1986 年 1 月 27—31 日举行，出席代表 316 名。会议听取和审议各项报告并作出相关决议。补选县人大常委会委员 1 名。会议收到代表提案 77 件。

第十届人民代表大会

十届人大一次会议于 1987 年 2 月 15—20 日举行，出席代表 281 人。会议听取和审议了各项报告并作出相关决议。作出关于大力推进农村改水工作、保障县乡(镇)人大代表民主权益两个决定。选举人大常委会组成人员 21 名，李涛白为县人大常委会主任，孙立人、张光彩、陈克明、刘荣孝、汤胜保、白芙华为副主任；向启国为县人民政府县长，李承武、余斌、罗英碧、何浴沂为副县长；罗永林为县人民法院院长；周厚久为县人民检察院检察长。

十届人大二次会议于1988年1月4—8日举行，出席代表275人。会议听取和审议了各项报告并作出相关决议。审议通过《关于加强血吸虫病防治工作的规定》和《关于加强水利设施管理的规定》。选举湖南省第七届人民代表大会代表8名。

十届人大三次会议于1988年6月8—9日举行，出席代表268人。会议专题听取《关于常德地区改建为市的情况报告》；选举常德市首届人民代表大会代表39名；补选罗振民、陈耀国为县人民政府副县长。

十届人大四次会议于1989年3月9—12日举行，出席代表279名。会议听取和审议了各项报告并作出相关决议。审议通过《关于依法治县的决定》。

第十一届人民代表大会

十一届人大一次会议于1990年2月10—15日举行，出席代表278人。会议听取和审议各项报告并作出相关决议。作出加快林业生产、加强农作物种子生产管理两个决议。选举人大常委会组成人员21名，张爱亲为县人大常委会主任，刘荣孝、汤胜保、何斌然、尹绍安、陈康裘、白芙华为副主任；龚德培为县人民政府县长，李承武、余斌、罗英碧、熊宜斌、朱远林、陈耀国、李锦蒙为副县长；薛继林为县人民法院院长；周厚久为县人民检察院检察长。会议收到代表议案2件，代表建议、批评和意见57件。

十一届人大二次会议于1991年2月2—6日举行，出席代表255名。会议听取和审议各项报告并作出相关决议。会议收到代表议案2件，代表建议、批评和意见75件。

十一届人大三次会议于1992年2月29日—3月3日举行，出席代表263名。会议听取和审议各项报告并作出相关决议。作出关于大力发展乡镇企业的决定。

第十二届人民代表大会

十二届人大一次会议于1992年11月25—27日举行，出席代表259人。会议选举人大常委会组成人员21名，李承武为县人大常委会主任，何斌然、龚道赐、于必歇、陈正明、白芙华(女)为人大常委会副主任；李金城为县人民政府县长，万善志、余斌、熊宜斌、万成贞(女)、张运鑫、肖本权、赵先桃(女)为副县长；薛继林为县人民法院院长；王建国为县人民检察院检察长。选举常德市第二届人民代表大会代表44名。

十二届人大二次会议于1993年3月11—15日举行，出席代表280人。会议听取和审议各项报告并作出相关决议。作出加强公路建设、加快市场建设两个决议。大会收到代表建议、批评和意见64件。

十二届人大三次会议于1994年1月25—29日举行，出席代表275人。会议听取和审议各项报告并作出相关决议。专题审议发展非公有制经济、深化农村改革和减轻农民负担、教育、社会治安和反腐倡廉工作，作出关于加快个体私营经济发展的决议。会议收到代表建议、批评和意见50件。

十二届人大四次会议于1995年2月27日—3月3日举行，出席代表279人。会议听取和审议各项报告并作出相关决议。作出关于加强农资市场管理的决议。补选徐万发为县人民政府县长，杨庆武为副县长；补选常德市第二届人民代表大会代表2名。专题审议教育、农村、社会治安、粮棉收购和生产资料供应工作。会议收到代表建议、批评和意见68件。

十二届人大五次会议于1996年1月28日—2月1日举行，出席代表277人。会议听取和审议各项报告并作出相关决议。评议县农业局、县供销社、县农行的支农工作。会议收到代表建议、批评和意见63件。

十二届人大六次会议于1997年1月22—25日举行，出席代表280人。会议听取和审议各项报告并作出相关决议。补选陈忠为县人民检察院检察长。会议收到代表建议、批评和意见43件。

第十三届人大代表大会

十三届人大一次会议于1997年11月25—27日举行，出席代表229人。会议选举人大常委会组成人员23名，李承武为县人大常委会主任，何斌然、康长利、倪再湘、李长青、李盈山、戴红兵为副主任；张孝岳为县人民政府县长，龙晓清、杨庆武、龚德湘、肖文彬、李绍源为副县长；王玮为县人民法院院长；陈忠为县人民检察院检察长。选举常德市第三届人民代表大会代表45人。

十三届人大二次会议于1998年3月1—20日举行，出席代表230人。会议听取和审议各项报告并作出相关决议。作出关于增收节支偿还乡村债务的决议。会议收到代表建议、批评和意见48件。

十三届人大三次会议于1999年3月22—25日举行，出席代表228人。会议听取和审议各项报告并作出相关决议。会议收到代表建议、批评和意见60件。

十三届人大四次会议于2000年1月17—20日举行，出席代表230人。会议听取和审议各项报告并作出相关决议。补选朱晓平为县人民政府县长。会议收到代表建议、批评和意见66件。

十三届人大五次会议于2001年2月19—22日举行，出席代表231人。会议听取和审议各项报告并作出相关决议。补选张树武为县人大常委会副主任。会议收到代表建议、批评和意见44件。

十三届人大六次会议于2002年3月5—8日举行，出席代表231人。会议听取和审议各项报告并作出相关决议。补选张开松为县人民政府县长。会议收到代表建议、批评和意见52件。

第十四届人民代表大会

十四届人大一次会议于2002年11月20—22日举行，出席代表232人。会议选举人大常委会组成人员23名，樊明雪为县人大常委会主任，张树武、刘光明、谭登发、彭志宏、肖泽德、戴红兵为副主任；张开松为县人民政府县长，汤祚国、李绍源、魏邦发、汤世才、潘勇、宋凡华为副县长；王玮为县人民法院院长；郭建国为县人民检察院检察长。选举常德市第四届人民代表大会代表42名。

十四届人大二次会议于 2003 年 2 月 26—28 日举行，出席代表 247 人。会议听取和审议各项报告并作出相关决议。会议收到代表建议、批评和意见 49 件。

十四届人大三次会议于 2004 年 3 月 1—4 日举行，出席代表 241 人。会议听取和审议各项报告并作出相关决议。会议收到代表建议、批评和意见 69 件。

十四届人大四次会议于 2005 年 3 月 14—17 日举行，出席代表 269 人。会议听取和审议各项报告并作出相关决议。会议收到代表建议、批评和意见 72 件。

十四届人大五次会议于 2006 年 2 月 14—17 日举行，出席代表 269 人。会议听取和审议各项报告并作出相关决议。会议收到代表建议、批评和意见 59 件。

十四届人大六次会议于 2007 年 2 月 28 日—3 月 2 日举行，出席代表 280 人。会议听取和审议各项报告并作出相关决议。会议收到代表建议、批评和意见 59 件。

第十五届人民代表大会

十五届人大一次会议于 2007 年 11 月 16—18 日举行，出席代表 230 人。会议选举人大常委会组成人员 27 名，田华为县人大常委会主任，田祖明、曹德春、章海南、彭志宏、戴红兵为副主任；王先蒙为县人民政府县长，汤祚国、廖可元、曾文波、魏邦发、陈支文、唐西英为副县长；李菊初为县人民法院院长；张美权为县人民检察院检察长。选举常德市第五届人民代表大会代表 43 人。

十五届人大二次会议于 2008 年 3 月 25—27 日举行，出席代表 231 人。会议听取和审议各项报告并作出相关决议。补选石玉林为安乡县人民政府县长。会议收到代表建议、批评和意见 71 件。

十五届人大三次会议于 2009 年 2 月 25—27 日举行，出席代表 231 人。会议听取和审议各项报告并作出相关决议。大会收到代表建议、批评和意见 24 件。

十五届人大四次会议于 2010 年 2 月 24—26 日举行，出席代表 224 人。会议听取和审议各项报告并作出相关决议。大会收到代表建议、批评和意见 70 件。

十五届人大五次会议于 2011 年 2 月 13—15 日举行，出席代表 222 人。会议听取和审议各项报告并作出相关决议。补选刘智为县人民法院院长。会议收到代表建议、批评和意见 65 件。

十五届人大六次会议于 2012 年 2 月 3—5 日举行，出席代表 222 人。会议听取和审查各项报告并作出相关决议。补选张阳为县人民政府县长，魏邦发为县人大常委会副主任。会议收到代表建议、批评和意见 55 件。

第十六届人民代表大会

十六届人大一次会议于 2012 年 11 月 20—22 日在举行，出席代表 232 人。会议选举人大常委会组成人员 27 名，魏邦发为县人大常委会主任，潘勇、胡盛勇、周海云、瞿宏辉、侯湘兰为副主任；张阳为县人民政府县长，徐茝、林红华、唐西英、李长春、杨栋、黄淳、姜建渠、程节为副县长；王伟丞为县人民法院院长；李拥军为县人民检察院检察长。选举常德市第六届人民代表大会代表 44 人。

十六届人大二次会议于2013年3月14—16日举行，出席代表232人。会议听取和审议各项报告并作出相关决议。会议收到代表建议、批评和意见88件。

第三节　安乡县人民代表大会常务委员会

安乡县第八届人民代表大会第一次会议决定设立县人民代表大会常务委员会，下设办公室。1984年5月，增设法制科、财政经济科、科教文卫科、代表联络科。1986年3月，各科分别更名为法制工作委员会、财政经济工作委员会、教科文卫工作委员会，由办公室负责代表联络工作。1987年4月，设立代表联络工作委员会。1989年1月，设立农村工作委员会。1997年12月23日，原代表联络工作委员会更名为选举任免联络工作委员会，法制工作委员会更名为内务司法工作委员会。2005年8月，财政经济工作委员会加挂“城乡建设环境资源保护工作委员会”牌子。2007年12月17日，设立城建环保工作委员会。至2013年，县人大常委会共经历9届。

八届人大常委会　共举行会议20次，听取和审议“一府两院”工作报告24项，作出决议、决定6项，任免国家机关工作人员112人次。届内对《中华人民共和国宪法(修正草案)》提出修改意见。听取和审议县人民政府关于加强市场管理打击投机倒把和走私活动、关于严禁打牌赌博取缔封建迷信、关于整顿交通秩序维护交通安全、关于保护水产资源维护渔业生产秩序、关于加强城关城市建设和房地产管理等各项工作报告。批准县人民政府授予王泽辉等54人为“安乡县劳动模范”的荣誉称号。

九届人大常委会　共举行会议22次，听取和审议“一府两院”工作报告44项，作出决定3项，交办和督办代表建议、批评和意见585件，任免国家机关工作人员187人次。听取和审议了县人民政府关于严格实行湖洲“三禁”防止感染血吸虫病、关于减轻农民负担等工作报告。

十届人大常委会　共举行会议24次，听取和审议“一府两院”工作报告48项，作出决定2项，交办和督办代表建议、批评和意见112件，任免国家机关工作人员126人次。讨论通过了县人民政府《关于合理确定对承包农户各项摊派提留标准的若干规定》，审议县人民政府《关于加强城镇规划建设管理的若干办法的议案》并作出《关于加强城镇规划建设管理的决定》。补选常德市第一届人民代表大会代表2名。

十一届人大常委会　共举行会议21次，听取和审议“一府两院”工作报告42项，作出决议、决定8项，交办和督办代表建议、批评和意见136件，任免国家机关工作人员131人次。听取和审议“一府两院”关于劳动就业安置、农村集体经济发展、防汛抗灾准备、社会治安、交通、刑事审判、打击经济犯罪等方面工作报告。组织《湖南省文化市场管理条例》《湖南省计划生育条例》等法律法规的执法检查。听取和审议县人大常委会“特定问题调查委员会”《关于1989年下学期学校收费问题调查结果的汇报》。作出《关于“二五”普法的决议》《关于保障县、乡（镇）人大代表民主权益决议》《关于安乡县九年义务教育实施规划的决议》《关于农作物种子问题的决议》。先后补选常德市第一届人民代表大会代表3名。

十二届人大常委会 共举行会议34次，组织视察16次，听取和审议“一府两院”工作报告55项，作出决议、决定13项，交办和督办代表建议、批评和意见288件，任免国家机关工作人员231人次。对县工商物价局、县教育体育局、县城建环保国土局、县水利局、县交通局等5个单位负责人开展工作评议，并进行“信任投票”。听取关于贯彻落实《农民承担费用和劳务管理条例》工作报告，并形成审议意见。作出《关于继续开展法制宣传教育的决议》和《关于调整县城总体规划的决议》。第二十六次常委会会议听取和审议县人民政府关于安造大垸城关防洪堤段建设规划方案的汇报，通过了安造大垸城关防洪堤段建设规划方案。补选常德市第二届人民代表大会代表3名。

十三届人大常委会 共举行会议37次，组织视察和执法检查22次，听取和审议“一府两院”工作报告59项，作出决议、决定23项，交办和督办代表建议、批评和意见270件，任免国家机关工作人员186人次。1998年安乡遭受特大洪涝灾害，县人大常委会机关积极组织参与抗灾救灾，组织视察灾区重建工作。组织学习职业教育法，形成增强全民职教意识促进职教改革发展的审议意见。审议通过《县人大常委会议事规则》《主任会议议事规则》《县人大常委会预算监督管理暂行办法》。组织法官法、检察官法执法检查，作出《关于推行执法责任制加快依法治县进程的决议》。第二十三次常委会会议对官垱镇第十一届人民代表大会第四次会议、焦圻镇第十四届人民代表大会第三次会议分别作出的教育集资决议进行审查，因两个决议违反了国务院《农民承担费用和劳务管理条例》的相关规定和中央、省、市农村工作会议精神，会议作出予以撤销的决定。

安乡县人大常委会召开农业法综合执法检查动员会

十四届人大常委会 共举行会议37次，组织视察23次，听取和审议“一府两院”工作报告49项，作出决议、决定18项，交办和督办代表建议、批评和意见317件，任免国家机关工作人员249人次。审议通过《安乡县人民代表大会常务委员会讨论决定重大事项的规定》《安乡县人民代表大会常务委员会个案监督暂行办法》。建立了审议意见书制度。审议通过《安乡县基层人大工作考核办法》《安乡县代表小组工作考核办法》《安乡县人大代表履职考核办法》，作出关于加强代表工作三项建设的决定，以人大代表组织建设、代表活动室建设、代表履职考核制度建设为内容的代表工作三项建设在全县铺开。组织学习《湖南省县级以上人民代表大会常务委员会述职评议工作条例》，对11名政府机关负责人的述职发言、13名政府和司法机关负责人的书面述职报告进行述职评议。视察全县重点文化遗址保护工作，组织学习文物保护法，听取和审议县人民政府贯彻执行文物保护法的情况汇报，审议通过关于加强文物遗址保护管理，搞好遗址树碑工作的审议意见书，督促县人民政府加大财政投入，建立全县108处文物保护单位的三级保护网络，对40处市级以上文物保护单位完成树碑工作，完成汤家岗、划城岗、刘弘墓等遗址申报国家文物保护单位工作。组织视察全县非典型肺炎防治工作情况，听取相关工作情况汇报。2004年，市委、市人大在安乡召开代表工作现场经验交流会。2005年，被确定为省人大代表工作联系点。常德市纪念人民代表大会制度建立50周年基层代表工作座谈会在安乡召开，县人大常委会作代表工作经验介绍。开展“每周一诗”“每月一法”“每年一看”“每年一奖”“每年一会”的机关建设“五个一”活动。县人大机关相继被评为市园林式单位、市文明标兵单位、县学习型机关和诗词机关。增选常德市第三届人大代表1名。

安乡县人大代表调研水生态治理工作

十五届人大常委会　共举行会议37次，组织视察26次，听取和审议“一府两院”工作报告139项，作出决议、决定38项，开展执法检查38次，组织专题调研75场次，交办和督办代表建议、批评和意见285件，任免国家机关工作人员271人次。作出《关于安乡县部分乡镇行政区划调整及城关镇更名的决议》和《关于确定深柳镇、大鲸港镇、安丰乡、安裕乡4个乡镇乡级代表名额的决定》。对建设教育强县、安乡大道建设、“十二五”规划编制、“六五”普法等重大事项作出决议、决定。审议通过《安乡县人大常委会专项工作评议暂行办法》，对县广播电视局、县规划局等8个单位的专项工作进行评议，并进行满意度测评。审议通过《县人大常委会任命对象年度履职报告审查办法》，每年对任命对象年度履职报告实施审查，并进行满意度测评。审议通过《安乡县人大常委会监督司法工作的若干规定》。听取和审议关于贯彻执行《城市生活无着落流浪乞讨人员救助管理办法》情况汇报，并形成审议意见。组织和开展环保世纪行、农民健康行、农产品质量安全行、民族团结进步行动、司法公正常德行活动。审议通过关于《安乡县县域村庄布局规划》。督办下渔口、陈家嘴、安康等代表团雷运华等30名代表提出的“关于维修改造大鲸港至沙河口公路的议案”，促成县人民政府争取国家投入700万元，县财政投入500万元，对全线22公里路面实施硬化，当年通车。开展以“每个代表小组选好一名组长，设立一个活动室，建好一个联系点示范点，填写一份代表履职档案，注重一个代表活动实效”为内容的代表小组“五个一”活动；以“县人大常委会组成人员和乡镇人大主席团成员联系人大代表、人大代表联系选民，争当先进乡镇人大主席团、先进人大代表小组、先进人大代表和先进人大工作者”为内容的“双联四争”活动；以乡镇、大垸、行业为单位的代表小组联组活动。组织开展地方人大常委会设立30周年系列庆祝活动。补选常德市第五届人大代表3名。

第十六届人大常委会 至2013年年底，共举行会议9次，任免国家工作人员63人次。听取和审议“一府两院”工作报告21项，作出决议、决定和审议意见14个，开展集中视察6次，组织专题调研28场次，交办和督办代表建议、批评和意见88件，任免国家机关工作人员63人次、人民陪审员22人次。作出《关于加强水资源管理的决议》。围绕解决影响安乡发展的“六大问题”（交通瓶颈问题、居民饮水安全问题、工业发展滞后问题、城乡面貌落后问题、农民增收问题、民生问题），确立18项课题，组建6个专题调研小组，启动实施省、市人代会代表议案、建议专题调研。举办2013年安乡县第十六届人大代表培训班，县人大代表213人、人大工作者24人参加培训。对39名县人大常委会任命对象首次实施法律考试、任职宣誓程序。

第九章　津市市

第一节　津市市各界人民代表会议

1949—1953年,津市市(镇)共召开10次各界人民代表大会。

首次津市各界人民代表大会,于1949年9月举行,出席会议代表70名。会议研究讨论的中心议题:迅速恢复和发展生产,沟通城乡关系,解决工人失业问题;依靠工人、团结其他劳动群众、争取知识分子,争取能够和共产党合作的小资产阶级及其代表人物共同努力建设新津市;禁止银元、铜元流通,巩固人民币;肃清匪特,安定社会秩序。

津市市第一届各界人民代表会议共举行六次会议。

第一次会议于1950年3月10日举行,到会代表91名。会议的中心内容:配合支持农村减租退押和反霸工作的顺利开展。

第二次会议于1950年6月11日举行,到会代表126名。会议的中心内容:调整公私关系,开展工商登记,镇压反革命等。

第三次会议于1950年8月26—29日举行,到会代表135名。经民主协商和推荐,成立津市市各界代表协商委员会,市委书记张帮信任主任委员。会议讨论研究抗美援朝宣传、购买公债、加强税收等工作。

第四次会议(查考无资料)。

第五次会议于1951年3月23日举行,到会代表135名。会议的中心内容:在城市各业工会组织中建立剿匪情报组织,支持农民的正义行动,完成减租退押任务。

第六次会议于1951年6月26日举行,到会代表135名。会议的中心内容:克服目前工商业困难,发展生产,繁荣经济,调整劳资公私关系,救济失业工人,进行工商登记,市政建设等。

津市市第二届各界人民代表大会共举行三次会议。

第一次会议于1951年11月12—14日举行,到会代表165名。会议的中心内容:实行民主改革,恢复发展生产,完成私营业主的财产重估,宣传贯彻执行婚姻法,大力支援农村土地改革等。

第二次会议于1952年11月16日举行,到会代表138名。会议总结前段工作的主要成绩,明确以搞好生产、街道民主建设为中心,结合做好建立人民武装(工人纠察队)、司法改革、宣传贯彻婚姻法,继续开展爱国卫生运动,搞好税收工作,完成房地产登记,解除或缩短一批反革命分子的管制期间,做好消防工作等工作任务。

第三次会议于1953年11月20日举行，到会代表86名，会议传达中央关于粮食工作四项政策：1.在农村作好向余粮户的收购工作；2.对城市人民和农村缺粮的人民实行计划供应；3.实行由国家严格执行管理粮食市场；4.在中央统一领导下，由中央与地方分工分组。根据中央的四项政策精神，结合津市市的情况，提出粮食统购统销的具体贯彻意见。

第二节　津市市人民代表大会

1954年7月至1964年8月，津市市（镇）第一至五届人民代表大会共召开8次会议。每次会议均成立大会主席团，组织并主持会议；历次会议设立代表资格审查委员会和提案委员会，分别审查代表资格和代表提出的提案。大会主席团对审查后的代表提案在会上答复，一时不能答复的提案会后交有关部门办理。

1978年2月，全国恢复县级人民代表大会制度。当时，津市市与澧县合并，成立澧县津市镇革命委员会。1979年12月，国务院以国发290号文件批复，同意恢复津市市建制。从1980年起，通过选民直选，产生历届津市市人民代表大会代表，每年至少召开一次人民代表大会。1980—1992年，津市市人民代表大会每届任期为3年；从1992年第十二届人民代表大会起，每届任期由3年改为5年。

历次会议的例行议程：听取和审议政府工作报告，部分代表大会发言，通过有关决议；从第四届一次会议起，增加听取和审议财政工作报告、人民法院工作报告、提案委员会提案审查报告；从第八届一次会议起，增加听取和审议国民经济计划年度执行情况和下年度安排意见的报告、市人大常委会工作报告、市人民检察院工作报告，并作出相关决议。

第一届人民代表大会

一届人大一次会议于1954年7月26—28日举行，出席代表86名。会议听取《关于市人民政府工作报告和今后中心工作的发言》《宪法（草案）》的报告，会议收到代表提案109件。

一届人大二次会议于1955年4月27—29日举行，出席代表73名。会议听取《政府工作报告和今后工作的几点意见》，选举产生津市市人民委员会组成人员和人民法院院长，通过《关于反对美国侵略集团干涉我国内政，坚决拥护解放台湾的决议》。会议收到代表提案111件。

一届人大三次会议于1956年1月8—9日举行，出席代表包括列席代表91名。会议听取市委书记王启功作的《关于津市人民积极行动起来，把资本主义工商业、小商业和农业手工业、水上的社会主义改造推进到一个新的台阶而努力》的报告。

第二届人民代表大会

二届人大一次会议于1956年12月3—5日举行，出席代表100名。会议听取《关于市人民委员会上半年工作总结以及今后工作的几点意见的报告》，选举皮业银为市人民政府市长。会议收到代表提案141件。

二届人大二次会议于1957年5月8—10日举行，出席代表76名。会议传达省第一届人大四次会议基本精神,听取市长所作的《关于当前工作的报告》。

第三届人民代表大会

三届人大一次会议于1958年5月14—17日举行,出席代表93名。会议听取《本级人民委员会工作报告》、听取和讨论津市市第一个五年计划执行情况和第二个五年计划建议的报告,选举皮业银为市人民政府市长。会议收到代表提案225件。作出《鼓足干劲,力争上游,多快好省地建设社会主义新津市》的决议。

第四届人民代表大会

四届人大一次会议于1960年12月3—5日举行,出席代表136名。会议听取政府工作报告、关于国民经济两年多发展情况和1961年计划安排意见的报告、关于津市市1958—1959财政决算和1960年财政预算的报告、市人民法院工作报告。选举刘勤华为市人民政府市长。会议收到代表提案115件。

第五届人民代表大会

五届人大一次会议于1964年8月10—12日举行,出席代表98名。会议听取政府工作报告、关于津市市1961—1963财政决算和1964年财政预算的报告。选举张茂文为澧县津市镇人民委员会镇长。会议收到代表提案86件。

第六届人民代表大会

澧县津市镇第六届人民代表大会,因处在"文化大革命"期间,未能正常召开会议。1968年9月17日,澧县津市镇革命委员会成立。为了不割断历史,按照有关规定,依序视为津市镇第六届人民代表大会。

第七届人民代表大会

澧县津市镇第七届人民代表大会第一次会议于1978年2月25—27日举行, 出席代表352名。会议听取镇革命委员会工作报告,选举产生镇革命委员会组成人员,韩养义当选为镇革命委员会主任。

第八届人民代表大会

八届人大一次会议于1980年11月11—15日举行,出席代表67名。会议听取政府工作报告,决定撤销革命委员会,设立津市市人大常委会,建立津市市人民政府。选举产生市人大常委会组成人员和市人民政府市长、副市长、人民法院院长、人民检察院检察长。张芳青当选为人大常委会主任,贾光富当选为市长。

八届人大二次会议于1982年3月17—20日举行,出席代表75名。会议分别听取和审议各项工作报告并作出相关决议。大会收到提案278件。

八届人大三次会议于1983年2月28日—3月3日举行,出席代表73名。会议分别听取和审议各项工作报告并作出相关决议,选举出席省六届人民代表大会代表;作出《关于严惩严重破坏经济犯罪的决议》《关于继续抓好社会治安综合治理的决议》《关于批准津市市城镇建设总体规划的决议》。会议收到提案163件。

第九届人民代表大会

九届人大一次会议于1984年4月5—10日举行，出席代表180名。会议听取和审议政府、人大常委会、法院、检察院工作报告，财政和国民经济社会发展计划报告，并作出相关决议。选举产生市第九届人大常委会组成人员和市人民政府市长、副市长、人民法院院长、人民检察院检察长。刘宗贤当选为人大常委会主任，刘士六当选为市长。会议收到提案315件。会议作出《关于加强津市南区建设的决议》。

九届人大二次会议于1985年3月18—22日举行，出席代表182名。会议听取和审议各项报告并作出相关决议。作出《关于向全市公民普及法律常识的决议》。

九届人大三次会议于1986年4月27—30日举行，出席代表210名。会议听取和审议各项报告并作出相关决议。收到代表议案63件，建议和批评意见136件。

第十届人民代表大会

十届人大一次会议于1987年2月20—25日举行，出席代表226名。会议听取和审议政府、人大常委会、法院、检察院工作报告，财政和国民经济社会发展计划报告，并作出相关决议；选举产生市第十届人大常委会组成人员和市人民政府市长、副市长、人民法院院长、人民检察院检察长。刘宗贤当选为人大常委会主任，朱立炎当选为市长。作出《关于国民经济和社会发展"七五"计划的决议》《关于进一步开展法律常识普及工作的决议》。会议收到议案98件，建议和批评意见109件。

十届人大二次会议于1988年1月4—8日举行，出席代表209名。会议听取和审议各项报告并作出相关决议。作出《关于依法治市的决议》。会议收到议案27件，建议和批评意见157件。

十届人大三次会议于1988年6月9—11日举行，出席代表204名。选举常德市第一届人民代表大会代表26名。

十届人大四次会议于1989年3月25—28日举行，出席代表213名。会议听取和审议各项报告并作出相关决议。作出《关于减轻企业负担的决议》《关于"三年消灭荒山八年绿化津市"的决议》《关于加强职业教育的决议》。会议收到议案24件，建议和批评意见98件。

第十一届人民代表大会

十一届人大一次会议于1990年2月12—16日举行，出席代表222名。会议听取和审议政府、人大常委会、法院、检察院工作报告，财政和国民经济社会发展计划报告，并作出相关决议；选举产生市第十一届人大常委会组成人员和市人民政府市长、副市长、人民法院院长、人民检察院检察长。朱玉述当选为人大常委会主任，刘万清当选为市长。

十一届人大二次会议于1991年3月15—20日举行，出席代表224名。会议听取和审议各项报告并作出相关决议。收到代表议案21件，建议和批评意见95件。作出《关于国民经济和社会发展十年规划和"八五"计划的决议》。

十一届人大三次会议于1992年2月26—29日举行，出席代表221名。会议听取和审议各项报告并作出相关决议。作出《关于加强市场管理，改善市容市貌的决议》《关于减轻农民负担的决议》。收到代表议案 10 件,建议和批评意见 91 件。

第十二届人民代表大会

十二届人大一次会议于 1992 年 11 月 26—28 日举行,出席代表 220 名。会议选举产生市第十二届人大常委会组成人员和市人民政府市长、副市长、人民法院院长、人民检察院检察长。潘训安当选为人大常委会主任,袁观清当选为政府市长。选举常德市第二届人大代表29 名。

十二届人大二次会议于 1993 年 2 月 28 日—3 月 3 日举行,出席代表 223 名。会议听取和审议各项报告并作出相关决议。作出《关于加强市场建设和管理,建立良好秩序的决议》、《关于七完小迁址的决议》。收到代表议案 6 件,建议和批评意见 69 件。

十二届人大三次会议于 1994 年 3 月 8—11 日举行,出席代表 222 名。会议听取和审议各项报告并作出相关决议。收到代表议案 3 件,建议和批评意见 52 件。

十二届人大四次会议于 1995 年 3 月 14—17 日举行,出席代表 210 名。会议听取和审议各项报告并作出相关决议。作出《关于加大我市工业经济力度的决议》《关于加强保护消费者权益的决议》《关于妥善安排好特困企业离退休干部生活的决议》。收到代表议案 10 件,建议和批评意见 57 件。

十二届人大五次会议于 1996 年 1 月 28—31 日举行,出席代表 215 名。会议听取和审议各项报告并作出相关决议。补选肖朝进为市人民政府市长。作出《关于兴建蔬菜批发市场的决议》《关于新洲至白衣棠华至渡口公路改造的决议》。收到代表议案 12 件,建议和批评意见 68 件。

十二届人大六次会议于 1997 年 1 月 26—29 日举行,出席代表 213 名。会议听取和审议各项报告并作出相关决议。作出《关于加大街道工作力度的决议》《关于国民经济和社会发展“九五”计划和 2010 年远景目标纲要的决议》。收到代表议案 4 件,建议和批评意见 22 件。

第十三届人民代表大会

十三届人大一次会议于 1997 年 11 月 24—27 日举行,出席代表 167 名。会议选举产生市第十三届人大常委会组成人员和市人民政府市长、副市长、人民法院院长、人民检察院检察长。潘训安当选为人大常委会主任,宋冬春当选为政府市长。选举常德市第三届人大代表 35 名。

十三届人大二次会议于 1998 年 3 月 24—27 日举行,出席代表 223 名。会议听取和审议各项报告并作出相关决议。作出《关于搬迁桥北社会客运站的决议》。收到代表议案 16 件,建议和批评意见 76 件。

十三届人大三次会议于 1999 年 3 月 23—26 日举行,出席代表 165 名。会议听取和审议各项报告并作出相关决议。作出《关于加强城市卫生综合治理,优化经济建设环境的决议》《关于新洲上垸防洪大堤加高加固的决议》。收到代表议案 13 件,建议和批评意见 46 件。

十三届人大四次会议于 2000 年 2 月 28 日—3 月 3 日举行,出席代表 161 名。会议听取和审议各项报告并作出相关决议。作出《关于扩大社会养老保险征收的决议》。选举邓德林为市长。收到代表议案 8 件,建议和批评意见 55 件。

十三届人大五次会议于 2001 年 2 月 26 日—3 月 2 日举行,出席代表 156 名。会议听取和审议各项报告并作出相关决议。作出《关于创建省级园林城市的决议》。收到代表议案 10 件,建议和批评意见 56 件。

十三届人大六次会议于 2002 年 26—28 日举行,出席代表 153 名。会议听取和审议各项报告并作出相关决议。收到代表议案 2 件,建议和批评意见 68 件。

第十四届人民代表大会

十四届人大一次会议于 2002 年 11 月 17—21 日举行,出席代表 170 名。会议选举产生市第十四届人大常委会组成人员和市人民政府市长、副市长、人民法院院长、人民检察院检察长。余永贵当选为市人大常委会主任,何英平当选为市政府市长。选举常德市第四届人大代表 34 名。

十四届人大二次会议于 2003 年 3 月 2—5 日举行,出席代表 169 名。会议听取和审议各项报告并作出相关决议。收到代表议案 13 件,建议和批评意见 59 件。

十四届人大三次会议于 2003 年 12 月 30 日—2004 年 1 月 1 日举行,出席代表 169 名。会议听取和审议各项报告并作出相关决议。收到代表议案 11 件,建议和批评意见 101 件。

十四届人大四次会议于 2005 年 2 月 20—22 日举行,出席代表 163 名。会议听取和审议各项报告并作出相关决议。收到代表建议和批评意见 96 件。

十四届人大五次会议于 2006 年 2 月 14—16 日举行,出席代表 160 名。会议听取和审议各项报告并作出相关决议。收到代表建议和批评意见 35 件。

十四届人大六次会议于 2006 年 12 月 7—8 日举行,出席代表 162 名。会议选举尹正锡为津市市人民政府市长。

十四届人大七次会议于 2007 年 3 月 14—16 日举行,出席代表 157 名。会议听取和审议各项报告并作出相关决议。收到代表建议和批评意见 40 件。

第十五届人民代表大会

十五届人大一次会议于 2007 年 11 月 18—20 日举行,出席代表 165 名。会议选举产生市第十五届人大常委会组成人员和市人民政府市长、副市长、人民法院院长、人民检察院检察长。余永贵当选为市人大常委会主任,尹正锡当选为市政府市长。选举常德市第五届人大代表 32 名。

十五届人大二次会议于 2008 年 2 月 20—22 日举行,出席代表 163 名。会议听取和审议各项报告并作出相关决议。收到代表建议和批评意见 66 件。

十五届人大三次会议于 2009 年 2 月 18—20 日举行,出席代表 163 名。会议听取和审议各项报告并作出相关决议。收到代表建议和批评意见 84 件。

十五届人大四次会议于 2010 年 3 月 1—3 日举行,出席代表 167 名。会议听取和审议各项报告并作出相关决议。收到代表建议和批评意见 88 件。

十五届人大五次会议于 2011 年 2 月 20—22 日举行,出席代表 156 名。会议听取和审议各项报告并作出相关决议。收到代表议案 1 件,建议和批评意见 65 件。

十五届人大六次会议于 2012 年 2 月 8—10 日举行,出席代表 153 名。会议听取和审议各项报告并作出相关决议。收到代表建议和批评意见 56 件。

第十六届人民代表大会

十六届人大一次会议于 2012 年 11 月 21—22 日举行,出席代表 169 名。会议选举产生市第十六届人大常委会委员,市人大常委会主任、副主任,市人民政府市长、副市长,市人民法院院长、市人民检察院检察长。王育平当选为市人大常委会主任,罗先东当选为市人民政府市长。选举常德市第六届人民代表大会代表 35 名。

十六届人大二次会议于 2013 年 1 月 21—23 日举行,出席会议代表 168 名。会议听取和审议市人民政府工作报告、市人大常委会工作报告、市人民法院工作报告、市人民检察院工作报告,审议 2012 年财政预算执行情况和 2013 年财政预算(草案)的报告。通过《关于建立农村公交大环线的议案的决议》《关于进一步提高我市城乡社会养老服务水平的议案的决议》。收到代表议案 6 件,建议和意见 52 件。

第三节　津市市人民代表大会常务委员会

1980 年 11 月,市第八届人民代表大会第一次会议决定,依法设立津市市人民代表大会常务委员会,下设办公室。1984 年 4 月,市第九届人民代表大会第一次会议决定,市人大常委会增设法制科、财政经济科、教科文卫科。1986 年 4 月,上述三科分别更名为法制工作委员会、财政经济工作委员会和教科文卫工作委员会。1987 年 3 月,增设选举任免联络工作委员会。1989 年 6 月,增设农村工作委员会。1998 年 4 月,法制工作委员会更名为内务司法工作委员会。至 2012 年,津市市人大常委会设有 1 办 5 委,即:办公室、选举任免联络工作委员会、内务司法工作委员会、财经(城环)工作委员会、教科文卫工作委员会、农村工作委员会。

1980 年—2013 年 12 月,津市市人大常委会共经历 10 届。

八届人大常委会　共举行会议 23 次。听取审议“一府两院”工作报告 44 项,作出《关于工业调整的决议》《关于批准〈津市市城市总体规划〉的决议》等决议决定 11 项,办理代表建议批评和意见 11 件(次),任免国家机关工作人员 78 人次,组织专题调查 6 次,撰写调查报告6 份,组织视察 3 次,撰写视察报告 3 份,开展执法检查 4 次。

九届人大常委会　共举行会议 21 次。听取审议“一府两院”工作报告 28 项,作出《关于加强我市南区建设的决议》《关于同意〈津市市城市管理若干问题规定〉颁发执行的决议》等决议决定 13 项,任免国家机关工作人员 148 人次,组织开展专题调查 18 次,组织视察 4 次,撰写调查报告 15 份、视察报告 4 份,开展执法检查 3 次。

十届人大常委会　共举行会议 21 次。听取审议“一府两院” 工作报告 36 项,作出《关于减轻企业负担的决议》《关于加强职业教育的决议》等决议决定 11 项,任免国家机关工作人员 116 人次，组织开展专项调查 18 次，组织视察 3 次，开展专项执法检查 3 次。加强制度建设，修改完善市人大常委会主任会议制度、调查工作制度、执法检查制度，制定《人大常委会人事任免工作暂行办法》和《人大常委会议事规则》。

十一届人大常委会 共举行会议 21 次。听取审议“一府两院”工作报告 52 项，作出《关于科技兴市的决定》《关于振兴津市工业议案的决议》等决议决定 19 项，任免国家机关工作人员 107 人次，组织开展专题调查 29 次，组织视察 2 次，开展专项执法检查 7 次，对“一府两院”7 个单位的主要负责人和领导班子进行述职评议。

十二届人大常委会 共举行会议 35 次。听取审议“一府两院”工作报告 84 项，作出《关于减轻农民负担的决议》《关于加快我市个体私营经济发展的决议》等决议决定 22 项，任免国家机关工作人员 135 人次，组织开展专题调查 35 次，组织视察 5 次，开展专项执法检查 11 次，对“一府两院”10 个单位的主要负责人进行述职评议。

2011 年 6 月，津市市“司法公正常德行”启动仪式

十三届人大常委会 共举行会议 35 次。听取审议“一府两院”工作报告 87 项，作出《关于深入开展依法治市的决议》等决议决定 23 项，任免国家机关工作人员 128 人次，组织开展专题调查 26 次，组织视察 5 次，开展专项执法检查 12 次，对“一府两院”10 个单位负责人进行述职评议。

十四届人大常委会 共举行会议 31 次。听取审议“一府两院”工作报告 42 项，作出《关于全面推行“放心食品”工程的决议》《关于全面绿化津市的决议》等决议决定 18 项，任免国家机关工作人员 261 人次，组织开展专题调查 40 次，组织视察 1 次，开展专项执法检查 19 次，对 5 个单位、23 名单位负责人进行述职评议。

十五届人大常委会 共举行会议 30 次。听取审议“一府两院”工作报告 53 项，作出决议决定 23 项，任免国家机关工作人员 223 人次，组织开展专题调查 17 次，组织视察 1 次，开展专项执法检查 3 次，对 16 个单位进行工作评议。

十六届人大常委会 至 2013 年 12 月，共举行会议 9 次。听取审议“一府两院”工作报告 16 项，任免国家机关工作人员 62 人次，任命市人民法院人民陪审员 17 人，接受 10 名市人民代表大会代表辞去代表职务，补选常德市人民代表大会代表 2 人，对“一府两院”及政府工作部门 2013 年工作进行评议。

人　物

人　物

已逝世的主任会议成员简介

罗寅阶（1931—2006）1931年6月出生，汉族，华容县人，1950年5月加入中国共产党，1949年参加革命工作。

1950年1月—1969年1月，在岳阳武装战线担任武装自卫大队副大队长，武装部部长等职务，历任岳阳县广兴洲公社党委第一书记、县委农村部长、县委办公室主任、县委常委、组织部部长、县委副书记、县革委会副主任等职。

1969—1980年，历任石门县革委会副主任、主任、县委副书记、书记等职。

1980年1月—1988年，历任常德地委常委、地委秘书长、常德行署常务副专员、地委副书记。

1988年6月—1992年12月，任常德市第一届人大常委会主任。

2006年因病逝世，享年75岁。

陈文浩（1934—1995）1934年1月出生，汉族，武陵区人，1956年8月加入中国共产党，1950年5月参加工作。

1950年5月—1952年8月，在常德地区百货公司、保险公司、安乡县保险公司工作。

1952年9月—1960年5月，任安乡县银行五区营业所主任、县保险公司人秘股长、县财委会干部、县财办秘书。

1960年6月—1972年12月，任安乡县委工交财贸办主任，县委宣传部副部长兼县委党校副校长、安武公社党委书记。

1973年1月—1978年11月，任安乡县委办副主任，县工交办主任、地区水泥厂筹建处主任。

1978年12月—1982年1月，任湘澧盐矿党委副书记、矿长。

1982年1月—1984年12月，任桃源纺织印染厂党委书记。

1985年1月—1986年8月,任地区纺织工业公司党委书记。

1986年8月—1988年6月,任地区行署办副主任、党组副书记。

1988年6月—1991年9月,任常德市人大常委会副主任。

1995年因病逝世,享年61岁。

刘淑元(1935—1991) 1935年4月出生,汉族,长沙市望城人,1954年3月加入中国共产党,1954年1月参加工作。

1954年1月—1959年12月,任安乡县区团委委员,县妇联福利部长、副主任。

1960年1月—1973年10月,先后任公社副书记、书记,县革委会副主任,县委常委、宣传部部长。

1973年11月—1975年12月,任安乡县委副书记、县革委会副主任。

1975年2月—1981年2月,任安乡县委书记、革委会主任,1977年5月任常德地委常委。

1981.年3月—1985年5月,任常德地委常委、地区妇联主任。

1985年6月—1988年5月,任常德地委委员、地区妇联主任。

1988年6月—1991年10月,任常德市人大常委会副主任。

1991年因病逝世,享年56岁。

刘运武(1933—2010) 1933年7月出生,汉族,安乡县人,1952年7月加入中国共产党,1951年5月参加工作。

1951年5月—1955年2月,任安乡县土改工作队员、一区干部、组织委员。

1955年2月—1956年7月,任安乡县一区区委副书记。

1956年7月—1964年9月,任安乡县公安局局长,安尤、安城公社书记、县委办主任。

1964年11月—1971年3月,任安乡县委副书记、县革委会副主任。

1971年4月—1973年6月,任临澧县委常委、县革委会副主任。

1973年7月—1977年2月,任安乡县委副书记、县革委会副主任。

1977年3月—1986年3月,任常德地区农村办副主任、农村工作部副部长。

1986年4月—1988年6月,任常德地区农经委党组书记,其中1987年8月任主任。

1988年6月—1993年1月,任市人大常委会副主任。

1993年2月—1994年10月,任市人大常委会特邀顾问。

2010年因病逝世,享年77岁。

杨万平（1940—1989） 1940年11月出生，汉族，石门县人，1959年7月加入中国共产党，1956年1月参加工作。

1956年1月—1963年5月，任石门沿市区公所通讯员，供销社经理、主任，党委委员。

1963年6月—1966年8月，任石门县委组织部干部。

1966年9月—1975年12月，任石门县新铺公社党委书记。

1976年1月—1977年10月，任石门县泥市区委书记、区领导小组组长。

1977年11月—1978年11月，任石门县委常委、组织部部长。

1978年12月，任地委组织部组织科长。

1982年7月，任地委组织部副部长。

1985年5月，兼地直机关党委书记。

1988年6月—1989年5月，任市人大常委会副主任。

1989年因病逝世，享年49岁。

徐霞霖（1933—2012） 1933年11月生，汉族，鼎城区人，1952年9月加入中国共产党，1952年8月参加工作。

1952年8月—1962年12月，任原常德市建设科科员、财政科副科长、市商业局副局长、物资局副局长、钢厂科长、手工业局副局长。

1963年1月—1982年2月，任地区财政金融局科长、副局长、财贸办副主任兼财政局局长、行署办公室副主任。

1982年3月—1985年2月，任地区经委副主任、主任。

1985年3月—1988年9月，任地区经济技术协作委主任。

1988年10月—1989年6月，任市政府经济技术协作办主任。

1989年7月—1992年12月，任市人大常委会副主任。

2012年因病逝世，享年79岁。

俞斌龙（1940—2012）1940 年 9 月出生，1971 年 11 月加入中国共产党,1963 年 8 月参加工作。

1963 年 8 月—1965 年 5 月,南京大学任教。

1965 年 6 月—1970 年 4 月,常德六五四工程筹建处工作。

1970 年 5 月—1984 年 11 月,常德市红光仪器厂工作。

1984 年 12 月—1985 年 6 月，任常德地区计划委员会副主任、党组副书记。

1985 年 7 月—1988 年 8 月,任常德地区物资局局长。

1988 年 9 月—1992 年 12 月,任市政府副秘书长兼体改委主任。

1993 年 1 月—2001 年 2 月,任市人大常委会副主任。

2012 年因车祸逝世,享年 72 岁。

驻常德市的全国人大代表名单

（1964—2013 年）

第三届全国人大代表
（2 名）

龙跃前　白方森

第四届全国人大代表
（6 名）

王海云　张传金　雷小汉　覃华美　李光庆　李　顺

第五届全国人大代表
（7 名）

马本慧　覃章明　刘行悌　毕承松　李二秀　游洪涛　董宝然

第六届全国人大代表
（5 名）

王先栂　丘武兴　苏玉媛　杨祖树　陈彰嘉

第七届全国人大代表
（5 名）

卜启圣　邓威特　吴志泉　赵克蓉　蒋春云

第八届全国人大代表
（4 名）

邓威特　吴志泉　章春香　熊奇生

第九届全国人大代表
（5名）

邓威特　吴志泉　李明菊　刘永山　张昌平

第十届全国人大代表
（6名）

向才银　李开喜　李瑞师　杨绍军　陈君文　曾献兵

第十一届全国人大代表
（7名）

刘本之　王志英　代朝霞　杨绍军　李开喜　罗祖亮　张剑波

第十二届全国人大代表
（6名）

王　群　杨绍军　罗祖亮　戴海蓉　刘绍英　鲁胡子

附　录

附　录

常德市人民代表大会常务委员会工作报告

第一届人民代表大会常务委员会工作报告

——1992年12月30日在常德市第二届人民代表大会第一次会议上

市人大常委会主任　罗寅阶

各位代表：

我受市一届人大常委会的委托，向大会报告本届常委会的工作，请予审议。

市一届人大常委会于1988年6月选举产生，至今已近5年了。五年来，在市委的领导下，常委会认真贯彻执行党的基本路线和党的十四大精神，坚持以经济建设为中心，紧紧围绕市委确定的一系列发展常德经济的战略部署，切实履行宪法和法律赋予的各项职权，充分发挥地方国家权力机关的作用，有力地推动了我市的“两个文明”建设和民主法制建设。

一、围绕经济建设和改革开放审议决定重大事项，促进了全市经济和社会事业的稳定发展

五年来，常委会始终把促进经济建设和改革开放摆到抓大事、议大事的重要位置，突出了四个方面的重点：

1.抓住经济和社会发展宏观管理上的问题进行审议决策，引导经济建设沿着健康的轨道发展。五年来，常委会始终突出抓好国民经济、社会发展计划和财政预决算的审议，搞好宏观决策，多次就改善总量控制、调整产业结构、确保重点建设、增加农业投入、控制财政支出、合理安排城市建设和社会事业等战略性问题，提出决策性的意见和建议，较好地保证了我市经济建设在总体上符合党和国家的方针、政策、符合实际需要和可能。1991年，常委会认真审议了我市国民经济和社会发展十年规划和“八五”计划纲要。审议前，我们深入基层进行了一个多月的调查，广泛听取各方面的意见；审议中，着重提出要准确把握常德市情，围绕兴工、强农、活商，突出解决制约我市经济和社会发展的根本性问题。市政府认真吸收这些重要意见，使《纲要》更具常德特色，更加科学可靠，对我市经济和社会事业健康持续的发展，起到了和必将继续起到重要的指导作用。

2.抓住经济工作中事关全局的重大问题进行审议决策，促进“兴工强农富市”战略的实施。五年来，常委会着重抓住提高工业经济效益、强化农业基础地位、发展科教事业等关系经济发展全局的重大问题，先后听取和审议了市政府改善工业发展小气候、开展“质量、品种、效益年”活动、为搞活大中型企业服务、加强农田水利建设、发展乡镇企业和村级经济、科技兴农等方面的工作汇报，并结合审议，多次对我市重点建设项目、技术改造项目和科技星火项目，如三江口电站、马头铺变电站、张公庙大桥、大鲸港大桥、常德机场、常德防洪大堤建设工作和常德烟厂、常德锦纶厂技改工程等项目的建设情况进行视察，较好地促进了“兴工强农富市”战略的实施。1991 年 8 月，常委会审议我市开展“质量、品种、效益年”活动的工作，着重就提高经济效益问题帮助市政府决策，督促市政府落实提高企业效益的政策措施，有效地遏制了企业亏损上升的势头，促进了我市工业经济效益的稳定提高。前些年，我市水利工程设施老化、病险增多、效益锐减，严重制约着农业的发展。针对这种状况，1990 年 8 月，常委会在对全市三大水利灌区、渠系进行为期一周的实地调查的基础上，审议了市政府关于水利工作情况的汇报，并作出了巩固发展水利事业的决议，督促市政府把这一工作作为一项战略措施来抓。当年，全市投入水利建设资金 8416 万元，完成土石方 5993 万立方米，创造了 80 年代以来最高水平。

3.抓住群众反映强烈的经济生活中的问题进行审议决策，为人民群众排忧解难。五年来，常委会从代表人民、服务人民的宗旨出发，先后就减轻农民负担、抗灾救灾、农村初级卫生保健、农村改水、血防工作、劳动就业工作以及城市规划与建设等关系群众利益和群众反映强烈的问题，开展调查、视察，听取政府汇报，有些还作出了决议，较好地促进了问题的解决。1988 年，当送走了的“瘟神”——血吸虫病在我市又“复生”时，常委会高度重视群众反映，立即组织实地调查，并于当年认真审议了全市血防工作，督促市政府迅速运行，多方采取措施，开展综合治理，及时有效地刹住了血吸虫病蔓延的势头，在全省、全国都产生了好的影响。城市建设与人民群众息息相关。这几年，我们除了认真审议城市建设中的一些突出问题外，还重点审议了我市城市建设总体规划，做了大量的调查、论证工作，提出了许多建设性的意见和建议，从而使城市规划不断完善和科学，为建设好常德、为群众创造良好的生产生活环境发挥了积极作用。

4.抓住改革开放中带倾向性的问题进行审议决策，加快深化改革、扩大开放的步伐。常委会始终以改革开放为主旋律，每年都突出审议这方面的工作。前些年，先后审议了建立农村社会化服务体系、放活科研机构和科技队伍、发展职业技术教育等一些改革措施，较好地促进了我市经济改革持续、深入的进行。今年，我们更是把改革开放作为议事的重点，先后围绕农业产业结构调整、企业三项制度改革等议题进行认真审议，收到了好的效果。常委会第 27 次会议审议国有商业企业“四放开”改革工作后，市政府及其有关部门更加大胆探索，推进“放开搞活”。到目前止，全市 585 家国合商业企业都不同程度地实行了“四放开”改革，其中有 91 个企业的 1561 个门店或柜组已试行了“国有私营”或“公有私营”的改革。

二、切实加强法律监督，保证了法律法规在我市的有效实施

五年来，常委会围绕保证法律法规的有效实施，以促进严格执法为重点，把执法检查、专项调查和会议审议等多种形式结合起来，切实加强法律监督，推动我市社会各个方面走上法制轨道。

1.把执法检查作为法律监督的主要途径。五年来，常委会采取自上而下、条块结合、自查为主、重点抽查的方法，先后组织五次全市性的执法大检查，重点检查了各级人民政府、人民法院和人民检察院执行《刑法》《刑事诉讼法》《森林法》《矿产资源法》《土地管理法》《药品管理法》《义务教育法》《食品卫生法》《行政诉讼法》、全国人大常委会《关于加强社会治安综合治理的决定》，以及《治安管理处罚条例》《道路交通管理条例》《劳动改造条例》《看守条例》等54个法律法规的情况。通过执法检查，增强了各级政府和法院、检察院及其工作人员的法制观念，发现了一些违法问题，并先后督促查处了84个重大违法案件，特别是对汉寿县西港镇原镇长严重违法占地、鼎城区双桥坪乡原乡长殴打群众致人重伤、石门县磨岗隘区部分干部严重侵害群众人身权益等案件的 严肃查处，在全市产生了很好的影响，有力地维护了法律的尊严。

2.把听取法律实施情况汇报作为法律监督的经常任务。五年来，常委会和主任会议先后听取了市政府实施《企业法》《环境保护法》《文物保护法》《计量法》《统计法》《国务院关于社会团体管理条例》、《湖南省文化市场管理条例》、《湖南省计划生育工作条例》《湖南省散居少数民族工作条例》等23个法律法规的情况汇报，肯定了成绩，解剖了问题，提出了严格执法的意见，促进了这些法律法规的有效实施。这几年，我们多次抓了实施《湖南省散居少数民族工作条例》的监督。特别是对督促尽快解决石门县土家族成分遗留问题，认真调查研究，积极反映情况，取得了好的效果，为进一步落实民族政策打下了基础。今年，常委会第28次会议认真审议市政府实施《食品卫生法》和《商标法》、打击假冒伪劣商品的情况汇报，督促政府依法全面深入开展"打假"斗争，查获并销毁了一大批假冒伪劣商品，查处了一批重点违法案件，狠狠打击了制假、销假的违法犯罪活动。

3.把对司法机关的监督作为法律监督的重要方面。常委会从听取汇报、检查工作和受理群众申诉、控告入手，加强对司法机关的监督，多次听取市中级人民法院、市人民检察院和公安、司法部门工作汇报，重点狠抓了执法机关严肃执法的问题。1989年，督促加强对公安干警、治安联防队伍的教育管理，查处了30多起公安干警违法违纪案件，清退了60多名不合条件的联防队员，提高了队伍素质。1990年，督促狠抓对有关部门乱设卡、滥罚款问题的整顿，撤除了乱设的关卡，改进了部门作风。五年来，我们还先后受理群众申诉、控告案件1200多件次，绝大部分移交司法机关办理，纠正了200余件错捕错判案件，促进了司法机关依法公正办案。

三、依法做好人事任免工作，推动了国家机关干部队伍建设

五年来，常委会切实遵循党管干部的原则，依法做好人事任免工作，先后任免国家机关工作人员288名，其中任职247名，免职39名，撤职2名。在实际工作中，我们注意做到这样三条：一是坚持党管干部和人大依法任免干部的有机统一，既尊重党委推荐和提请机关的提名，又认真行使法定权力；既尊重组织考察，又重视群众反映。二是贯彻德才兼备的方针，注重干部的政治素质和工作实绩，并自觉执行党的基本路线放在第一位，严格把住人事任免关。三是根据形势发展的需要，不断改进和完善任免工作。在了解干部这个基础环节上，既听取提请机关的报告，又听取拟任人员的述职和组织必要的视察、调查；在履行任免程序时，严格按照法律法规的有关规定办事；对批准任命的千部，还加强了任后的评议监督，从而使人事任免工作逐步走上规范化的轨道。

四、加强代表工作和对基层人大工作的指导，推进了全市基层民主政治建设

五年来，常委会从巩固和完善人民代表大会制度、推动基层民主政治建设的目的出发，加强代表工作和对基层人大工作的指导。在代表工作上，一是注意密切联系人大代表。通过每年定期走访代表、坚持代表接待日活动、建立常委会负责人联系代表小组制度等形式，不断加强了与人大代表的联系，及时、有效地听取了代表的意见。今年 8 月，常委会组成人员集中时间，分头下各区、县(市)，全面走访市一届人大代表和驻市的全国、省人大代表。代表们以高度的政治责任感，围绕我市改革开放和经济建设，以及精神文明和民主法制建设等方面的工作，深入剖析了群众普遍关注的六大“热点”“难点”问题，提出了许多中肯的意见和建议，为市人大常委会和市政府改进工作、科学决策起到了重要作用。二是积极组织代表开展视察、调查、检查活动，开展“争先创优”活动，激发了代表参政议政的热情。特别是近两年，我们把组织全面视察与专项视察、调查结合起来，突出专项视察、调查，收到了好的效果。三是认真督办代表议案和建议。五年来，市人大代表共提出代表议案和建议、批评、意见达 830 件。对这些代表议案和建议，我们高度重视，及时转交市、县政府和“两院”办理，并采取多种形式进行督办，特别是狠抓重大问题的督促解决，使绝大部分代表议案和建议做到当年提出、当年办结，所提问题的解决率达到 70%以上。在市一届人大三次会议期间，代表们提出关于解决水库淹没区和壶瓶山自然保护区群众生产生活问题的议案后，常委会三次召开会议，听取市政府办理情况的汇报，还组织部分常委会组成人员实地视察，督促有关方面狠抓落实。市、县政府加强对“两区”建设的指导和扶持，先后安排 90 多万元资金用于水淹区农田水利建设、交通建设和中小学校建设，安排近 20 万元资金用于自然保护区基础建设和林业建设，还安排 47 万斤返销粮解决水淹区部分群众的缺粮问题，大大加快了“两区”的生产建设步伐。四是高度重视代表和群众的来信来访。五年来，我们先后受理代表来访 419 人次、来信 926 件次，群众来访 5142 人次、来信 9737 件次。对于代表和群众来信来访，我们热情接待，及时答复，认真处理。通过处理来信来访，为代表和群众办了不少实事。今年 9 月，市人大代表陈建教向市人大常委会写信，反映石门部分贫困山区小学生失学严重的问题。我们及时将来信转送市委、市政府负责同志，并在人大刊物上登载，引起了各方面的高度重视。市委领导同志带头为该地失学儿童捐款，市直有关单位积极筹集资金支持该地的“希望工程”，市政府还专题研究了解决部分中小学生失学问题的措施。

在指导基层人大工作上，首先是加强了与基层人大的联系。我们坚持邀请区、县(市)人大常委会负责人列席市人大常委会会议,经常联合区、县(市)人大常委会共同开展有关工作,经常下到基层人大了解情况,通报工作,使上下联系日益密切。其次是帮助基层人大加强自身建设。我们积极与区、县(市)委配合,争取党委对县、乡两级人大建设的重视和支持。现在,县级人大常委会机构日趋健全,力量不断充实,乡镇人大主席团的建设也有了很大加强。同时,我们还加强了对基层人大工作骨干的培训,举办了全市乡镇人大常务主席和县级人大常委会委办负责人培训班,帮助大家增强了做好人大工作的本领。三是指导基层人大开展代表评议活动。主要抓了乡镇人大代表评议"七所八站"工作的指导,推广了部分乡镇代表评议工作的经验,并于今年上半年在汉寿县进行县级代表评议政府部门和司法机关工作的试点,及时总结了部分县探索县级代表评议政府工作的经验,推动了代表评议活动的深入开展,使基层人大工作更有活力。

五、认真搞好人大换届选举工作,促进了我市地方政权建设

今年9月中旬以来,我们在市委的直接领导下,以中共中央11号文件精神为指针,依法组织开展了人大换届选举工作。今年人大换届选举,是在面临许多新情况、新问题的形势下进行的。为此,市人大常委会和选举工作办公室集中精力,切实加强对这项工作的具体组织和领导,充分利用各种舆论工具,广泛深入地进行思想发动,并切实做到了每一阶段都周密部署,精心指导,及时检查,认真总结,使这次换届选举既切实按照法律规定和程序进行,又比较充分地体现了广大选民和代表的意志,取得了圆满的成功。全市有310万选民直接参加了选举,直投率为76%,加上委托代投的,选民参选率达87.9%。到12月中旬止,已顺利完成了市、县、乡三级代表的选举和县、乡政权领导班子的换届。全市选举产生新的一届乡镇人大代表15750名、县级人大代表2610名、市二届人大代表441名。选出的三级人大代表,知识、年龄结构更趋合理,整体素质进一步提高;新的一届县、乡政权领导班子,更符合"四化"要求和改革开放新形势的需要。

六、加强常委会自身建设.把人大工作不断推上新水平

五年来,我们从建设有中国特色社会主义民主政治制度出发,切实加强常委会自身建设,促进工作水平的不断提高。一是加强了思想建设。我们组织常委会组成人员和机关工作人员认真学习党的路线、方针和政策,学习邓小平同志建设有中国特色的社会主义理论,学习党的十四大精神,不断解放思想、更新观念,在思想上、政治上与党中央保持高度一致。同时认真学习宪法和法律、法规,学习中央领导同志关于加强民主法制建设的重要论述,不断提高对坚持和完善人民代表大会制度的认识,坚定做好人大工作的信心。二是加强了组织建设。我们陆续充实了一批热心人大工作而又年富力强的工作人员,逐步健全了办事机构,较好地适应了工作的需要。同时还严格加强对机关干部的培养、教育和管理,按照干部"四化"的原则,先后提拔任用和交流了一批干部,不断增强了机关的活力。三是加强了制度建设。我们从人大工作的实际出发,先后制定了常委会议事规则、常委会审议和决定重大事项的程序、人事任免暂行办法、代表活动和联系代表暂行办法、常委会决议决定和审议意见实施的检查制度、加强对“一府两院”工作联系的制度等十多项制度，使工作逐步走向制度化、规范化，不断增强了科学性和实效性。这几年，我们先后在全国人大工作通讯上介绍过“围绕经济建设中心，开展地方人大工作”、“强化监督职能，推动廉政建设”、“围绕促进稳定开展人大工作”和市委加强政治领导、支持人大工作等经验，还有一些工作多次受到省人大常委会的肯定和鼓励。

五年来，常委会的各项工作取得了比较显著的成绩，但也存在一些不足和问题，与法律赋予的职责和人民群众的期望相比还有差距。主要是:1.组织和动员社会各方面共同开展人民代表大会制度的宣传教育做得不够，部分干部群众对人民代表大会制度是我国的根本政治制度的认识不高，不重视人大地位和职权的现象在某些地方仍然存在。2.工作监督不力，既缺乏强有力的制约手段，也缺少很强的意识，有时有些看准了、应该实施监督的问题，没有及时大胆地履行监督职责。3.部分常委会决议和代表建议督促落实不好，督办机制不够健全，督促检查不够经常，有些问题没有一抓到底，致使有些决议执行效果不好，有些代表建议办理质量不高。这些问题，有待于在今后的工作中认真克服。

各位代表：

五年来，常委会的工作在实践中前进，在探索中发展，取得了可喜的成绩，也积累了可贵的经验。回顾起来，主要有这么五条。

1.围绕中心，服务改革，常委会工作才会卓有成效

解放和发展生产力，把经济建设搞上去，是我们党的根本任务，是人民群众的根本利益，也是人大常委会工作的根本出发点。五年来，常委会牢牢坚持以经济建设为中心不动摇，根据党的方针政策和形势的发展，紧紧围绕经济建设和改革开放中根本性的重大问题行使职权，既搞好宏观决策，又实施监督，有力地促进了我市的现代化建设。在实际工作中，我们坚持从人大常委会的职能和特点出发，服务经济建设，正确处理以经济建设为中心与以民主法制建设为主要任务的关系，做到通过履行法律赋予的职责，加强民主法制建设，保障和促进经济建设;正确处理参与、服务经济工作与搞好监督的关系，做到在参与和服务经济工作中开展监督，并通过一定程度的参与来深化监督;正确处理抓大事与办实事的关系，做到从解决实际问题出发抓大事，通过解决重大经济问题为群众办实事。五年来我们正是紧紧围绕经济建设这个中心开展人大工作，在同唱发展常德经济的这台戏中，有效地发挥了自身特有的作用，逐步树立起了人大常委会这一地方国家权力机关的权威。有为，才会有威，实践充分证明了这一道理。

2.依法办事，求是务实，常委会工作才会沿着科学化的轨道前进

五年来，常委会坚持学法、用法，严格依法办事，无论是行使职权，还是组织活动，无论是处理与“一府两院”的关系，还是指导基层人大工作，都切实遵循法律原则，严格按照法律规定和程序进行，并且不断加强制度建设，把有关法律规定具体化，使工作日趋规范、严谨。同时，常委会严格遵循实事求是思想路线，重视调查研究，把调查研究作为一项基本功，形成了上百篇富有成效的调研报告，并且注重工作实效，把调研成果运用到实际工作中去，狠抓落实，是人大常委会必须遵循的两大原则。五年来，我们牢牢坚持和自觉运用这两大原则，保证

和促进了常委会工作沿着科学化的轨道前进。

3.依托代表,联系群众,常委会工作才会充满活力

人大代表是国家权力机关的组成人员,是常委会工作的主体。五年来,常委会坚持以代表为依托,以发挥代表作用为宗旨,不断加强与代表的联系,认真开展代表活动,组织人大代表积极围绕我市“两个文明”建设出主意、提建议、献计策,有效地保障了代表的民主权利,充分调动了代表参政议政的积极性。广大人大代表积极履行职责,大胆行使职权,热情为群众服务,以出色的工作在全社会树立起了“人民使者”的崇高形象。五年来,常委会还坚持多渠道地联系人民群众,切实倾听群众的意见和呼声,善于集中群众的智慧和力量,着力解决人民群众普遍关心、反映强烈的问题,为群众办实事、解忧愁,使工作真正体现既受命于人民、又对人民负责的精神。我们深深感到,依托人大代表,联系人民群众,是人大常委会的一大优势和法宝,也是我们的工作充满活力的根本原因所在。

4.坚持党的领导。加强与“一府两院”的联系,常委会工作才会健康发展

五年来,我们自觉把工作置于党的领导之下,认真执行党的路线、方针、政策,充分尊重同级党委的意见、建议,重大问题及时向党委请示汇报,开展工作主动取得党委的支持,围绕党的中心行使职权,积极通过法定程序把党的主张变成国家意志和人民群众的自觉行动。同时,常委会还十分注意加强与“一府两院”的联系和配合,既依法各司其职,又互相理解,相互支持。这几年,在市委的正确领导下,我市人大常委会、市政府以及“两院”之间,关系是融洽的,配合是密切的,工作是协调的,并且形成了许多具有特色的、配合协调的制度和方法。在决定重大问题上,形成了党委动议、人大审议、政府执行的制度;在工作衔接上,做到了每年年初根据党委意图,召开人大、政府和“两院”联席会,形成共识,统一步调;在代表视察、执法检查等活动上,实行了人大牵头、政府和“两院”配合参与,等等。这几年,常委会的工作所以能够顺利进行、健康发展,党的领导是根本保证,“一府两院”的配合是重要条件。

5.积极进取,争创一流,常委会工作才会开拓前进

我市人大常委会刚成立时,新的班子面临着新的任务,目标如何定,开步怎么走?是当时摆在我们面前的首要课题。经过对全市人大工作基础的客观估计,我们立足高起点,提出“创一流”,并 以此为目标指导实践,迅速打开了工作局面。几年来,我们坚持边实践、边探索,并在实践中总结经验,在探索中掌握规律,开拓精神不断发扬,工作水平不断提高。我们在常委会审议重大问题上, 形成了会前调查—会中审议—会后督办的完整程序; 在人事任免工作上,实现了了解干部多途径、工作程序规范化的两大发展;在代表联系接待上,做到了从常规接待到归口接待、从坐机关接待到下基层接待、从独家接待到联合政府接待的三个改进。实践出真知,通过实践,我们取得了许多工作成果,积累了不少宝贵的经验。这些经验先后在全国、省人大召开的会议及其工作刊物上得到推介, 产生了很好的影响。大胆开拓—探索前进—争创一流,这就是五年来常委会工作发展的轨迹,而奋进、向上、创新的革命精神,正是我们不断前进的原动力。

第二届人民代表大会常务委员会工作报告

——1997年12月31日在常德市第三届人民代表大会第一次会议上

市人大常委会主任　熊奇生

各位代表：

我受市二届人大常委会的委托，向大会报告工作，请予审议。

市二届人大常委会于1993年1月选举产生，今已届满。五年来，常委会在市委的领导下，坚持以邓小平理论为指导，认真贯彻执行党的基本路线和党的十四大、十五大以及八届全国人大会议精神，紧紧围绕市委确定的工作思路和战略部署，以经济建设为中心，以推进民主法制建设为根本任务，团结奋进，务实创新，认真行使宪法和法律赋予的各项职权，各方面的工作取得了新的进展。

一、立足大局，紧扣中心，搞好审议决策讨论、决定本行政区域内的重大事项，是宪法和法律赋予地方国家权力机关的一项重要职权。五年来，常委会就全市改革开放和经济建设中的重大事项，行使审议决策权，共作出决议决定46个，提出审议意见63份。重点抓了以下四个方面：

1.抓住经济改革中的重大事项进行审议决策。常委会突出抓了国有企业改革、发展乡镇股份合作制企业、扩大招商引资、调整农村产业结构、推行土地使用制度改革等重大事项的审议决策，较好地保障了我市各项改革的平稳推进。如在推进企业改革方面，常委会先后五次就贯彻实施企业法、全民所有制企业转换经营机制条例、促进国有工业“三改一加强”等问题进行审议，要求市政府加快企业产权重组、强化企业内部管理、加快社会保障制度建设，推动了国有企业的改革和发展。

2.抓住经济建设中的重大事项进行审议决策。常委会始终抓住国民经济和社会发展计划、财政预决算、城建资金安排的决策，并就搞活国有企业和乡镇工业、强化农业基础地位、发展外经外贸等关系经济发展全局的重大事项，听取和审议市政府有关工作汇报，推动了经济的健康发展。治理西洞庭湖洪涝灾害，是保障我市经济可持续发展的根本性大事，也是湖区人民的强烈愿望。常委会在深入调查、视察的基础上，进行认真审议，作出了《关于西洞庭湖区洪涝灾害综合治理的决议》。并积极组织代表在全国、省人代会上提议案、建议，引起了党中央、国务院和省领导的高度重视，不少中央和省里领导到常德视察、调查，研究洞庭湖治理工作，并纳入全国大江大河治理总体规划，通过增加投入，分步实施，目前，西洞庭湖治理一期工程已胜利完成，二期治理工程已全面启动。

3.抓住社会事业中的重大事项进行审议决策。常委会抓住教育、科技、体育、卫生、文化、外事旅游、民族侨务等问题进行审议决策，促进了社会的全面进步。普及九年制义务教育，是提高国民素质的基础工作，常委会多次就贯彻教师法、义务教育法和增加教育经费，改善学校条件等进行审议,作出了加大投入,确保"普九"规划按期实施的决议,推动了我市基础教育事业的发展。目前,除一个县确定为明年验收外,8 个区、县(市)和几个农场"普九"验收都已合格。

4.抓住社会稳定中的重大事项进行审议决策。常委会认真处理改革、发展与稳定的关系,先后就减轻农民负担、物价管理、种子问题、禁放烟花爆竹、整顿医药市场、支灾救灾等与人民群众生产生活密切相关的问题进行审议决策,为改革开放、经济发展创造了良好的社会环境。如 1995 年我市物价水平居高不下,市民反映强烈。常委会要求市政府把物价管理作为经济工作的大事,把"菜篮子"工程作为平抑物价的基础工作抓紧抓好。经过市政府及其主管部门的积极努力,有效地遏制了涨价势头。近两年,我市物价趋于平稳,广大居民比较满意。

为提高议决质量,推动科学决策,常委会先后组织组成人员和代表视察调查 100 多次,参与、陪同全国人大、省人大组织的视察调查 50 多次。同时,常委会负责同志还分头联系十多家企业,参与常德飞机场、长常高等级公路、207 国道绕城线等重点工程建设的领导工作,参加农村基层党组织整顿和扶贫工作,全力以赴参加抗洪抢险、支灾救灾等一些阶段性的中心工作。这样,既增强了审议决策的科学性,又帮助政府推动了有关方面的工作。

二、突出重点,严格依法,加强监督工作

监督本级人民政府、人民法院、人民检察院的工作,在本届市人大常委会任期内有了比较明显的进展。五年来,常委会不断加大监督力度,重点抓了对法律法规执行的监督,对财政预算内外资金管理使用的监督和对人大选举任免的国家机关工作人员的监督。

1.突出三项工作,强化执法监督。常委会紧紧抓住行政执法和司法部门执法,采取代表评议、执法检查、受理信访等方式,不断强化执法监督。一是组织对"两院"工作的评议。1995 年 6 月至 1996 年 5 月,常委会组织人大代表对市中级人民法院、市人民检察院的工作进行了评议。代表们针对"两院"有些干警存在的执法不严、执法不公和执法违法的问题提出了严肃的批评和中肯建议。在评议的基础上,常委会向"两院"交办了一批重点案件和问题,责成他们严肃查处。这次评议时间长、规模大、反响大、效果好,促进了"两院"的执法工作、队伍建设和内部管理。二是开展执法检查。常委会先后检查了企业法、农业法、城市规划法、土地管理法、义务教育法、职业病防治法、食品卫生法等 80 多个法律法规的执行情况。自 1994 年起,常委会连续三年进行了大规模的环保执法检查。特别是 1995 年组织的环保执法大检查,对武陵、鼎城和桃源三区县 8 家污染严重、整改不力的企业,分别提出了立即关停、限期关停和限期整改的意见,都得到了较好落实。1993 年 7 月,针对城区部分地方违反城市规划法有关规定,乱占土地、乱建房屋的问题,常委会组织了两次视察,得到了市委的高度重视和大力支持,使城区规划管理中的突出问题得到了较好解决,有效地遏制了乱占、乱建之风的蔓延。三是抓好申诉控告的受理工作。常委会完善了申诉控告接待处理、重大违法案件举报、交办、督办等制度,明确了信访工作程序,建立了主任信访接待日和主任信访接待电话。五年受理群众来信来访 26900 多件(次)、群众申诉控告案件 1600 多件,绝大部分都得到了认真查办,督促处理了一批难案、积案、错案,维护了社会稳定,促进了司法机关和行政部门公正执法。

2.突出预算管理，强化财政监督。常委会在实践中不断摸索，逐步完善了对财政预算内外资金进行审计、审议、审查相结合的三审制度。从1996年起，常委会把听取审计部门关于市本级上年财政预算执行情况的审计报告，作为审议审查市本级上年决算的必经程序，使财政监督更加规范。在加强财政监督的工作中，还突出抓了预算外资金管理使用的监督。1994年，常委会针对有些单位的预算外资金基本上处于“谁收谁用、多收多用、乱收乱用”的状况，组织了对市直四个部门及其下属单位行政事业性收费管理、使用情况的检查，专题听取了市政府关于预算外资金管理工作的汇报，强调要尽快建立预算外资金管理的新体制，并要求市政府定期向人大常委会报告预算外资金的管理情况。市政府切实加强管理，健全各项制度，探索管理预算外资金的新路子，比较快地扭转了混乱局面，基本实现了预算外资金由原来的“随便你怎么用”，到“看着你怎么用”，再到现在的“管住你怎么用”的转变。近三年来，常委会每年听取一次市政府关于预算外资金管理情况和一些主要基金审计情况的汇报，督促解决出现的新问题、新矛盾，促进了经济的健康运行。

3.突出依法行政，强化干部监督。五年来，常委会以依法行政为重点，采取定期述职评议的办法，加强干部监督，先后安排27名市政府组成部门主要负责人到会述职，对其中的大部分同志的工作还进行了就地视察和面对面的评议。这些同志的公仆意识、法制观念增强，各项工作出现了新的起色。同时，市委常委也高度重视人大常委会的评议意见，及时对有的单位的领导班子进行了调整和充实。

三、完善制度，改进方法，依法任免干部

依法任免好国家机关工作人员，也是本届市人大常委会不断探索的一个重要课题。五年来，常委会先后任免国家机关工作人员298名，批准任命国家机关工作人员14名，接受国家机关工作人员辞职12名，撤销国家机关工作人员职务1名。在实际工作中，常委会从四个方面不断改进和完善任免工作。一是健全制度规范、完善工作程序。比如修订人事任免办法，建立常委会选举任免联络工委和有关方面衔接联系制度，定期召开联席会议通报情况、交换意见制度，完善政绩考核、评议等任后监督的工作程序等，使人事任免工作逐步走向规范化。二是拓宽知人知情渠道，加强任前了解。在坚持由有关方面事前提交考察材料，拟任人员作从政发言的同时，还结合视察、调查，了解拟任人员情况，听取人大代表和群众的反映，有重点地开展与拟任人员的任前谈话，力争做到知人善任。三是坚持民主程序，依法搞好任免。常委会全面贯彻德才兼备的方针，注重干部政绩和依法办事能力。在任免前，坚持党组讨论，多方听取意见。在任免中，坚持发扬民主，让常委会组成人员充分发表意见，严格按照民主和法定程序进行任免。四是改进颁发任命书方法。过去，常委会任命的“两院”工作人员均由院长和检察长代领任命书，从1995年开始，对于一次人数较多的任命改为常委会负责同志到“两院”干部大会上颁发任命书并发表讲话，提出要求，增强了被任命人员的责任感和使命感。

四、密切联系，精心指导，推动基础工作

五年来，常委会始终坚持把代表工作和对县、乡人大的联系与指导作为基础性的工作来抓。在代表工作上，突出抓了五个方面。一是认真学习贯彻实施代表法及其实施办法，全面落实市二届人大二次会议作出的《关于深入学习、宣传贯彻〈代表法〉和〈湖南省实施代表法办法〉的决议》。切实维护代表的合法权益，抓了几起侵犯代表民主权利和人身权利案件的督促查处，督促市、县两级司法机关制定了依法保护人大代表合法权益的制度和措施。二是进一步密切与代表的联系。建立了常委会组成人员按选区分工联系代表、接待代表以及邀请基层的人大代表列席常委会会议等制度，使常委会与代表的联系更加经常、密切。拓宽了代表参政议政的渠道，帮助代表解决了不少工作和生活中的问题和困难。三是认真组织代表开展经常性的活动。每年组织代表进行一次全面视察，并结合一些中心工作开展专题视察和调查。同时，还及时总结开展代表小组活动的经验，推动了代表活动的深入发展。四是认真自办和督办代表议案和建议。五年来，常委会自办和督促"一府两院"办理代表议案和建议 753 件，绝大部分代表议案和建议做到当年提出，当年办结，满意率达 70%以上。五是树立代表典型、宣传代表事迹。这些年来，"人民选我当代表，我当代表为人民"的争先创优活动不断深入，先进代表典型层出不穷。省、市人大代表陈建教就是突出的典型。为了把争先创优活动水平不断提到新的高度，1994 年 4 月，常委会作出了《关于开展向陈建教代表学习活动的决定》，今年又组织开展评选"十佳代表"的活动，对陈建教等十位突出典型，由市委、市人大常委会授予了"十佳代表"的光荣称号，编写印发了反映 48 名各级代表先进事迹的《代表风范》，从而激发了广大代表履行职责、发挥作用的积极性。

在联系指导县、乡人大工作方面，常委会注意采取多种措施，增强实际效果。一是每年召开一次区、县(市)人大常委会主任座谈会，交流工作情况，研究工作思路。二是于 1996 年 6 月举办了乡镇人大主席培训班，帮助他们提高业务素质和工作水平。三是常委会正副主任都办了一个乡镇人大工作联系点，加强指导，摸索经验，推动面上的工作。四是成功地组织、指导了 1995 年的乡镇人大换届选举和今年的区、县(市)人大换届选举。特别是这次区、县(市)人大换届选举，新情况、新问题比较多，难度大，常委会周密部署，精心指导，使这次换届选举圆满成功。全市有 373 万选民直接参加县级代表选举，选民参选率达 91%。到 11 月底止，已顺利完成了市、县两级代表的选举和区、县(市)国家机关领导班子的换届。新选出的县代表、市代表和区、县(市)国家机关领导班子，知识、年龄结构更趋合理，整体素质进一步提高。

五、注重教育，加强管理，抓好自身建设

常委会立足勤政廉政、务实创新，从多方面加强机关自身建设，增强了权力机关的整体功能和活力，促进了工作水平的不断提高。一是加强思想建设。常委会组成人员和机关工作人员认真学习邓小平理论和党的十四大、十五大精神，学习党的路线、方针、政策，学习宪法和法律、法规，学习中央领导同志关于坚持和完善人民代表大会制度、加强民主法制建设的重要论述，进一步解放思想，更新观念，坚定了在新形势下做好人大工作的信心。二是加强制度建设。除坚持以往行之有效的制度外，依据宪法和法律的规定，结合我市人大工作的实际，制定了《代表大会议事规则》《人大制度宣传联席会议制度》，修订了《常委会议事规则》《人事任免办法》《常委会决议决定和审议意见实施的检查制度》《人民来信来访处理办法》等十多项制度，使常委会的工作更趋规范。三是加强队伍建设。常委会注重争取党委的重视和支持，切实加强机关工作人员的培养、使用和交流。近年来，陆续充实了一批热心人大工作而又年富力强的工作人员，进一步健全了办事机构，较好地适应了工作需要。四是加强业务建设。本届任期内成立了全市人大制度理论研究会，积极开展人大工作和人大制度理论研讨，对人大工作起到了较好的指导作用。五是加强作风建设。常委会领导同志和机关工作人员经常深入基层，进行调查研究，了解群众呼声。常委会领导班子带头讲团结，讲原则，守纪律，自觉坚持反腐倡廉，推动了整个机关的勤政廉政建设。另外，常委会还积极努力，进一步改善了机关工作和生活条件。

回顾过去的五年，常委会的各项工作都取得了较好的成绩，但与宪法和法律赋予的职责和人民群众期望相比还有差距，工作中还存在某些问题和不足。主要是人民代表大会制度宣传还不够深入，有些方面的监督还不够有力，部分常委会决议和代表建议督促落实还不够好，为代表履行职责提供服务还不够周到。这些问题，有待于今后的工作中认真克服。

各位代表:

五年来，常委会的工作在实践中探索，在探索中前进，积累了一些有益的经验。我们体会到，要推动常委会工作不断取得新进展，必须坚持这么四条:

一、坚持环环紧扣，稳步推进，始终保持高度的责任感和务实进取精神

五年的工作实践使我们体会到，开展人大工作，必须做到环环紧扣，稳步推进，不见成效不撒手。要做到这一点，首先要有高度的责任感。要自觉增强公仆意识，开拓进取、务实创新、勤勤恳恳、兢兢业业，既不妄自菲薄，更不敷衍塞责，认真负责地行使好人民赋予我们的权力。其次要有很强的主动性。要抓住时机，掌握火候，做到早见识，早行动，争主动，不误良机。三是要有较强的务实精神。看准了的问题，要牢牢抓住，一抓到底，抓一件，成一件，不走过场。五年来，常委会在议决大事上始终突出一个“紧”字，安排议题时，一年突出几个重点，抓好几件大事，对某些重大问题，更是年年列入议题。决议大事时，调查、视察、审议、决定、督办，环环紧扣、稳步推进。对一些影响经济建设和社会发展，贯穿相当一个时期的重大事项，常委会基本上年年抓，年年议，年年督办，做到了紧中求实，稳中求进。实践证明，作为地方国家权力机关的人大常委会，只有始终保持高度的责任感和务实进取精神，工作才能抓出成效，才能发挥较大作用。

二、坚持依托代表，上下联动，真正形成工作的合力和整体优势

县、乡人大和各级人大代表是我们开展工作的重要基础和依托。人大工作要不断开创新局面，必须充分发挥人大代表和县、乡人大的作用，真正形成工作的整体合力。这些年来，常委会在许多重大活动中，坚持依托代表，发动县、乡人大共同参与，上下联动，协调动作，收到了比较满意的效果。如评议“两院”工作，环保执法检查和义务教育法执法检查，以及近年组织的国土法、农业法和公安、金融执法检查等，常委会总是与县、乡人大一起，组织各级人大代表广泛参与，形成共同的看法和建议，集中向政府和“两院”提出，督促政府和“两院”办理。实践使我们感到，常委会的工作只有依托代表，上下联动，才会充满活力，才会富有成效。

三、坚持认真学法，严格依法，切实增强人大工作的法律性

严格依照宪法、法律的规定行使职权，是权力机关开展工作的基本准则。五年来，常委会把依法行使各项职权作为大事来抓，在作出决议、决定，行使监督职权，进行人事任免，开展其他活动和工作时，都坚持事前学法，凡事依法，用法律来规范和指导工作，解决工作遇到的问题；同时运用法律支持政府和“两院”的工作，维护人大代表、法人和公民的合法权益。由于常委会始终突出了法律原则，认真学法、严格依法，人大工作的法律性在实践中得到了不断增强，实际效果也日趋明显。

四、坚持党的领导，争取各方配合，努力创造良好的政治、社会环境

自觉依靠党对人大工作的领导，是人大及其常委会必须遵循的政治原则，也是做好人大工作的根本保证。五年来，常委会自觉把工作置于市委的领导之下，积极主动地把党的主张转变为国家意志，保证党的路线、方针、政策的顺利实施。凡是常委会的重大活动，如长达一年之久的评议“两院”的活动，反响强烈的城市规划法执法检查活动，对所有政府组成的单位主要负责同志进行述职评议的活动，表彰“十佳”市代表的活动，等等，都是以常委会党组的名义向市委请示，争取党委的重视和支持。在上述重大活动中，有的是市委主要负责同志亲自参与，现场指导；有的是市委负责同志经常听取专题汇报，帮助解决活动进程中的重大问题；有的是以市委的名义发通报，下批复，从而进一步提高人大的权威和工作的效果。常委会在积极争取市委支持的同时，还注意加强与政府、法院、检察院的联系、配合，既依法各司其职，又互相理解，相互支持。对他们在工作中遇到的困难和阻力，常委会总是积极帮助解决；对他们在行政、司法中存在的问题和不足，也及时提出批评、建议，督促认真整改；对他们工作中遇到的新情况、新问题，及时组织力量开展调查研究，寻找解决的办法和措施。我们感到这样做，不仅有利于我们在市委的领导下，同心协力，做好工作，而且为常委会开展工作营造了良好的环境。

第三届人民代表大会常务委员会工作报告

——2002年12月29日在常德市第四届人民代表大会第一次会议上

市人大常委会主任　彭孟芝

各位代表：

我受市三届人大常委会的委托，向大会报告工作，请予审议。

五年工作回顾

市三届人大一次会议以来，市人大常委会在市委的领导下，坚持以邓小平理论为指导，认真贯彻党的十五大、十六大精神和“三个代表”重要思想，紧紧围绕经济建设中心，以推进民主法制建设为根本任务，全面落实依法治国方略，依法行使宪法和法律赋予的职权，大力推进全市经济、政治和文化建设，圆满地完成了市三届人民代表大会提出的各项任务。过去的五年，是开拓创新的五年，是求真务实的五年，是全市人大工作稳步推进的五年。

一、审议决策全市经济和社会发展重大事项

五年来，常委会围绕全市经济和社会发展的大局，听取和审议政府、法院、检察院工作报告119项，依法作出决议决定40项。在审议决策中，突出了以下三个方面的内容:

抓住事关经济发展全局的根本问题审议决策。计划、预算的编制与执行，直接影响到经济和社会事业的持续协调发展。常委会在专门委员会初审的基础上，每年四月，听取和审议政府上年度本级财政决算、城建资金计划执行情况的报告，听取和审议市审计局关于预算执行以及其他财政收支的审计报告，审查批准上年度市本级决算。每年十月，听取和审议政府关于计划、预算执行情况的报告，对计划预算的部分变更，适时作出决定。对计划、预算执行情况提出意见建议，督促政府采取切实有力措施，保证年度国民经济和社会发展计划及预算的完成。2000年，集中听取和审议全市“九五”计划完成情况、“十五”计划（草案）编制情况的报告，为市三届人大四次会议审查批准“十五”计划打下了扎实的基础。为推进城镇化进程，常委会围绕规划城市、建设城市、管理城市、经营城市的目标，加强调查研究，在充分论证的基础上，审查了1999—2020年常德市城市总体规划，先后作出了实施城市总体规划、批准德山经济科技开发区总体规划、建设城区大气环境保护圈、创建中国优秀旅游城市的决议，审议了柳叶湖度假区开发规划。在2001年批准城建资金计划时，建议调整安排方案，调出专项资金用于德山高科技工业园的基础设施建设，督促政府着力培植经济发展载体。

抓住经济发展中的重大问题审议决策。常委会突出推进工业化重点，听取政府有关国有企业股份制改造、工商企业改制、推进工业改革、加快工业发展等专题报告，研究、审议工业发展中的突出问题，督促政府加大工业经济结构调整力度，加大企业改革力度，提升工业经济运行质量，促进工业经济的稳步发展。农业问题是常委会密切关注的重大问题。1998年，连续两次听取和审议防洪保安、水利建设工作报告;1999年，重点加强灾后重建工作的调查和审议，邀请市委主管农业的领导和市一、二届人大常委会的老同志参与视察、调查，督促和支持政府加大治理水患力度。2001年、2002年，先后调查了农业结构调整、实施“五个百万亩”工程、农村税费改革、农村能源建设等情况，听取和审议了政府有关工作报告，要求政府加强规划，加快开发，强化管理，推进农业产化业进程，提高农业综合效益。常委会专题听取招商引资、壮大“三资”企业、推进科技成果转化、发展高新技术产业、发展民营科技企业等工作报告，提出了扩大开放、加快发展等建议和意见，促进了全市经济总量的提高。

抓住社会关注的热点问题审议决策。常委会把审议社会关注的热点和维护群众利益的问题当作大事来抓。本届任期内，常委会认真审议了下岗职工基本生活保障和再就业、城镇职工基本医疗保险、食品卫生、产品质量、救灾防病、扶贫、村级财务、义务教育、在城区扩大禁放烟花爆竹范围、禁止机动车鸣喇叭等问题，适时听取政府工作报告，作出决议决定。特别是对食品卫生、产品质量问题，在执法检查、视察的基础上，听取和审议政府贯彻食品卫生法、产品质量法的情况报告，督促和支持政府及有关部门，加大执法力度，解决了执法过程中存在的许多突出问题。针对城区部分地区长期受渍，群众生产生活严重受损问题，2000年在审议城建资金计划时，建议调整2000万元资金，改造城区排水机埠，较好地解决了城区渍水问题。常委会议和主任会议还对计划生育、环保、国土、教育、流通、城市居民最低生活保障、政府机构改革、建立政务服务中心、会计核算中心、劳动力市场管理等问题进行了审议，提出了一些好的意见和建议。

此外，常委会适时听取和审议"三五"普法教育情况的报告，作出了关于进一步开展法制宣传教育和依法治理工作的决议;作出了关于确定每年9月8日为全市"助教日"的决定。为鼓励市外人士支持常德建设，常委会还制定了常德市授予荣誉市民称号办法。

二、加强对行政、审判、检察机关的监督

全面推行执法责任制。常委会把推行执法责任制作为贯彻依法治国方略、推进依法治市的切入点。从1999年开始，在全市行政执法部门、司法机关中，督促全面推行执法责任制。通过组织视察、检查，加强重点督导，专题听取和审议有关报告，督促其加大执法过错责任的追究力度，进行个案跟踪监督，组织召开总结表彰会，及时推介经验等措施，推行执法责任制工作取得了比较明显的成效。现在，已将716部法律法规，按照法律规定的执法责任，分解到96个执法单位，并且层层签订执法责任状，落实执法措施，进一步完善内部监督制约机制，促进了政府、法院、检察院依法行政、公正司法。监督推行执法责任制的经验，得到了省人大常委会的肯定，并在全省市州人大常委会主任座谈会上进行推介。

监督治理经济发展环境。监督治理经济发展环境是省人大常委会部署的全省人大常委会整体联动的活动。常委会组织系列专题执法监督活动，做到一年一个重点。2000年，作出了关于监督治理经济发展环境的决议，向政府和法院、检察院交办重点案件线索，组织代表对行政执法和法院、检察院司法状况进行检查评议。2001年，继续把监督治理经济发展环境作为重要内容，连续三次听取政府、法院、检察院关于重要案件线索办理情况的报告、执法整改情况的报告，督促其加大大要案件的查处力度，开展"治乱、打假、除恶"专项斗争，督促政府进行审批制度改革，取消了近一半的行政审批项目。2002年，成立优化经济环境领导小组，对市直17个重点部门进行监督检查，督促查处一批突出问题，促进我市经济发展环境不断改善。

加强对财政资金、专项资金管理使用及重点工程的监督。一是切实加强对财政资金管理使用的监督。把听取审计部门对财政资金管理使用的审计报告，作为审议、审查本级上年度财政决算的必经程序，针对审计部门审计出来的问题，督促政府及财政部门及时纠正、整改，加强对预算资金的管理。二是加强对专项基金管理使用的监督。专题听取政府关于房改资金、社会劳动保险资金、医保资金等专项基金管理情况的汇报，提出了加强管理、严堵漏洞、强化服务的意见和建议;听取政府关于收费管理体制和预算体制改革的情况汇报,支持和督促政府全面启动部门预算工作,建立健全政府采购中心和会计核算中心。三是加强对重点工程的监督。组织开展专题视察、调查,听取政府专题工作汇报,督促政府加快重点工程建设,下大力解决重点工程建设中的困难和问题。

组织开展执法检查。常委会和人大各专门委员会,先后对人民警察法、农业法、土地管理法、传染病防治法、教师法、代表法、产品质量法、价格法、湖南省行政事业性收费管理条例等100多部法律法规进行执法检查;配合全国人大、省人大常委会开展对水法、防洪法等20部法律法规的执法检查。对湖南省预算审查监督条例等10部法律法规进行了立法调研。2000年对法官法、检察官法、价格法、湖南省行政事业性收费管理条例进行执法检查时,采取条块结合、市县联动、分级负责的形式,发动万名代表参与案件调查,千名代表参与执法检查,百名代表参与案件评议。对重点案件、重大问题线索向法院、检察院交办,督促整改落实。这次执法评议活动,由案及人,由人追责,全市纠正错案和处理不当案件133件,查处违法案件20件,查处涉案司法人员23人,在社会上引起了较好的反响。

组织开展环保世纪行活动。为贯彻可持续发展战略,推动全市的环境和资源保护,1999年以来,围绕"还我蓝天、还我碧水、还我绿地"主题,组织开展了常德环保世纪行活动。采取市、县联动,人大监督与新闻舆论监督相结合的方式,对环保法律法规的贯彻实施情况进行检查。经过几年的努力,先后督促全市228家重点企业排污达标,积极推进城区300平方公里大气环境保护圈建设和城市绿化建设,督促政府关停砖瓦厂41家,关闭1蒸吨以下锅炉98台,对78所学校授予了"绿色学校"称号,全民环保意识不断增强,城乡环境质量得到改善。这项工作得到了"中华环保世纪行"和"三湘环保世纪行"记者采访团的高度评价。邹家华副委员长对常德开展环保世纪行活动给予了充分肯定。

加强信访工作。常委会把信访工作作为联系人民群众的窗口工程来抓,健全网络,完善制度,夯实基础,为人民群众反映热点、难点问题开辟通道。坚持主任接待日制度、主任会议成员包案制度和阅批重要信件制度,有关专门委员会制定了《关于办理申诉控告案件的监督办法》,形成了齐抓共管的局面。五年来,共处理人民群众来信3346件次,接待来访8150人次,督办、转办案件453件。受理申诉控告案件1777件,其中直接调查和交办重大案件160件,督办和转办的案件332件,常委会直接监督纠正的错案有274件。这些案件均已办结回复。对影响大、久拖不决、明显判决不公的重大案件,抽调专人进行督办,维护了人民群众的合法权益和法律尊严。

此外,常委会还加强对政府、法院、检察院实施审判制度改革、反贪污贿赂工作、实施错案责任追究、严打整治斗争、办案质量评比等重点问题的审查监督,促进了依法行政、公正司法。

三、抓好干部任免和被任命干部的监督

常委会坚持党管干部和依法任免干部相结合的原则,五年共任免国家机关工作人员281名,其中任命187名,批准任命24名,免去职务85名,接受辞职15名,批准辞职9名。

在行使任免权的工作中，修订完善了常委会人事任免办法，密切了与党委组织部门和提请任免机关的联系，注重把握任前了解、任前公示、从政发言、会议审议等环节，既做到知人善任，反映民意，又实现了党委人事安排的意图。与此同时，加强了对人大选举和常委会任命的国家机关工作人员的任后监督，主要采取述职评议等方式，对他们履行职务的情况进行考核和评价。1999 年以来，先后对政府、法院、检察院及政府工作部门负责人进行了述职评议。特别是 2002 年进一步加大述职评议力度，按照湖南省人大常委会述职评议工作条例的要求，对政府副市长、秘书长、工作部门负责人、法院副院长、检察院副检察长共 34 人，进行了书面述职评议。通过在常德日报、常德电视台等新闻媒体公示，民主测评，将评议意见向党委组织部门和被评议人员反馈，督促被评议人员进行整改。这一活动的开展，在全市国家机关和社会上产生了较大反响，使国家机关工作人员受到了比较深刻的教育。今年，常委会又作出了关于对“两院”组成人员实行随届任命的决定，这将加强对司法人员的监督起到更好的作用。

四、深化人大代表工作

代表工作是人大工作的基石。常委会重视发挥代表在闭会期间的作用，代表工作呈现出持续活跃的局面。

密切与代表联系，组织开展代表活动。建立健全常委会组成人员联系代表制度。邀请代表列席常委会会议。组织召开代表座谈会，政情通报会，对政府工作提出意见和建议。集中培训代表小组长。制定组织代表活动办法。每年组织市人大代表及驻常的全国、省人大代表，进行专题视察。集中开展纪念代表法颁布十周年的纪念活动。对重大监督活动，发动代表广泛参与。在 2000 年开展监督治理经济发展环境活动中，常委会向全市各级人大代表发出公开信和征求意见书，发动代表参与调查，多渠道、多层面收集典型案例和重点问题，组织代表参与执法检查和评议，收到了较好的效果。

认真办理和督办人大代表议案、建议。五年来，人大代表共提出议案 490 件，转为建议的 486 件，提出批评意见建议 963 件。市三届人大四次会议代表提出的关于实施城市综合执法、相对集中处罚权的议案，市人大有关专门委员会进行了认真调研与审议，并向常委会作了专题汇报，常委会及时交付承办单位，议案正在实施之中。为提高办理质量，采取会议期间交办、现场检查督办、对不满意的发回重办、年终严格考核、专题听取和审议办理情况报告等方式，回复率、见面率、满意率逐年提高，解决了一些人民群众迫切需要解决的问题。

深入开展争先创优活动。在市人大代表中，广泛开展“人民选我当代表，我当代表为人民”为主题的争先创优活动。广大代表积极参与，涌现了大量的先进典型。本届代表大会期间，共表彰先进代表小组 34 个，代表活动积极分子 148 名，人大先进工作者 23 名，有 8 名代表在代表工作经验交流会上介绍了经验。通过评比和交流活动，调动了代表在闭会期间开展活动的积极性。

五、加强对县乡人大工作的指导

常委会把做好县乡人大的联系和指导工作，作为夯实人大工作的基础来抓。按照工作部署,适时召开区、县(市)人大常委会主任座谈会,委室对口联系会,交流经验,探讨工作;邀请区、县(市)人大常委会负责人列席常委会会议,联合区、县(市)共同开展执法检查等重大活动,做到相互交流,相互促进。加强对 1998 年和 2001 年两次乡镇人大换届选举工作的指导,保证换届选举工作顺利进行。及时举办两期规模达 400 人的乡镇人大主席、副主席培训班,使新上任的乡镇人大负责人尽快熟悉和掌握人大工作的基本知识和方法。常委会在市委的统一领导和部署下,主持了今年的市人大换届选举,指导了县级人大的换届选举,全市 450 多万选民以饱满的政治热情参加换届选举,按期选出区、县(市)人大代表 2256 名,各区、县(市)新一届人代会选出市四届人大代表 470 名,新当选的市、县人大代表,年龄结构、知识结构较上届有较大改善。

六、抓好常委会自身建设

狠抓思想、组织、制度和作风建设。常委会认真组织学习邓小平理论,扎实开展"三讲"教育和"三个代表"重要思想的学教活动,进一步增强了贯彻党的基本路线和十五大、十六大精神的自觉性扎实开展法律知识和人大业务知识的学习, 提高常委会组成人员的整体素质和行政水平。强化机关组织建设,推行机关机构改革,做好干部培养、使用、交流工作,开展科级干部竞争上岗,增添了机关活力。建立健全常委会会议、主任会议议事规则,完善机关内部管理制度,使常委会各项工作规范化、制度化。大力倡导求真务实的工作作风,组织机关干部进村入户,调查民情,体察民意;积极开展建整扶贫和双联工作,参加城市创建、重点工程建设、企业"三个代表"重要思想的学教活动和改制工作,促进了干部作风的转变,机关政务、事务服务水平有了新的提高。

充分发挥各专门委员会的作用。在常委会的领导下,各专门委员会根据人民代表大会确定的任务和常委会的工作部署,按照各自的工作职责,积极开展工作,大胆行使法律赋予的职权。在常委会开展重大监督工作时,各专门委员会提前介入,深入调查研究,听取有关单位工作汇报,督促解决有关问题;在常委会审议决定重大问题前,有关专门委员会组织视察、调查,提出切实可行的意见和建议;在人代会期间,对代表提出的议案进行审查,提出初审意见;积极办理主席团交办的议案。各专门委员会还特别注重加强了对对口联系的政府各部门和法院、检察院的经常性监督,及时审议有关重大事项,为人大及其常委会行使职权打下较好的基础。五年来,各专门委员会共召开会议 210 次,审议议题 230 项,开展视察、调查和检查活动 160 次,较好地发挥了专门委员会的职能作用。

加强人大制度的理论研究与宣传工作。常委会注重发挥人大制度研究会的作用,召开了 3 次人大制度理论研讨会,深入进行人民代表大会制度和人大工作的理论研讨。成立人大新闻中心,在常德日报、常德电视台开办"民主与法制"专版和专题节目。办好《常德人大工作》刊物。开展市人大成立十周年纪念活动,积极参与省人大常委会、市委布置的理论研讨以及宣传人大制度好新闻的评选,一批好的作品在活动中获奖。加强与外省、市人大的联系与交流,加强与国外友城议会的友好往来。

回顾过去的五年，常委会的工作取得了一定的成绩，但与新形势的要求相比，与人民群众的期望相比，对照宪法和法律赋予的职责，还有差距。主要表现在：人民代表大会制度宣传不广泛、不深入；监督工作还不到位；部分人大及其常委会决议决定和代表建议的督办落实不够理想；常委会自身建设有待进一步加强。这些问题，需要在今后的工作中认真改进和克服。

五年人大工作的体会

五年来，常委会工作在实践中探索，在探索中前进，积累了以下几方面的经验和体会。

第一、必须坚持党的领导，把坚持和依靠党的领导与人大行使职权统一起来

五年的实践告诉我们，人大工作必须在党的领导下进行。党对人大工作的领导，就是支持人民当家作主。人民代表大会制度就是党领导人民当家作主的最好形式。坚持党对人大工作的领导与发挥人大职能作用，是完全一致的，人大及其常委会只有自觉地把人大工作置于党的领导之下，才能保证人大工作健康发展，才能真正履行各项职权。把坚持和依靠党的领导与人大行使职权统一起来，就是要紧扣党委工作重点，确定人大常委会的工作任务，适时把党委的决策和主张通过法定程序，变成国家意志和人民群众的自觉行动。就是要将重大事项及时向党委请示汇报，以求得党委的支持。就是要争取市委重视，解决人大工作和建设中存在的实际问题，如2001年，我们建议市委召开了全市人大工作会议，市委作出了关于进一步加强人大工作的决定。这次会议对推进全市人大工作产生了积极影响。

第二、必须坚持把发展作为依法履行职责的第一要务，围绕全市大局开展工作

发展是硬道理。坚持以经济建设为中心，大力发展社会生产力，是全市的工作大局。在工作中，我们始终把发展作为常委会履行职责的第一要务，想问题、办事情、作决策、搞监督，都立足于发展，着眼于发展，始终围绕发展这个主题，从人大的性质和特点出发，找准促进经济社会发展的结合点，议大事，作决策。五年来，常委会近120个议题、作出的40个决议决定、组织的数十次视察调查、开展的几百部法律法规的执法检查以及开展的重大监督活动，无一不是与经济社会发展有关的。以发展为主题，为全市经济发展创造一个良好的法治环境，这是我们始终要把握的一个原则。

第三、必须坚持走群众路线，忠实代表人民群众的根本利益

始终代表广大人民群众的根本利益，是“三个代表”重要思想的出发点和归宿。人大及其常委会作为代表人民群众行使国家权力的机关，应该代表好、维护好、发展好人民群众的根本利益，做到人民的利益高于一切。在工作中，我们始终坚持做到如下几条：一是倾听群众呼声、反映群众意愿。常委会组成人员经常深入工厂、农村、街道、学校，走访群众、听取意见、督促有关部门解决基层和群众的实际困难和问题。常委会把人大代表作为联系广大人民群众的桥梁和纽带，建立了人大代表列席常委会会议、代表联系选民制度，直接听取他们的意见和要求。二是作出重要决策，始终坚持集中民智、反映民意、维护民利。充分听取人民群众和社会各方面的意见，使各项决策牢固树立在民主、科学的基础之上，使之符合客观实际，切实可行。三是维护人民群众的合法权益。通过畅通信访渠道，接待人民群众来信来访，受理公民的控告申诉，加强案件督办等方式，督促政府、法院、检察院依法行政、公正司法，解决人民群众反映强烈的难点、热点问题，维护了人民群众的合法权益。

第四、必须坚持与时俱进，开拓创新

人大工作和其他工作一样，要适应新形势、新任务的要求，在依法行使职权的前提下，以发展的观点和改革的精神，不断创新。五年来，常委会在进行执法检查、工作评议、述职评议、个案监督，以及干部任前公示、随届任命、任后考核等方面，创新了一套新的工作方式方法。比如，执法检查把检查与整改情况的跟踪监督结合起来，重在解决实际问题；评议工作把代表评议与常委会评议、工作评议与述职评议、书面评议与口头评议结合起来，使评议更具有权威性、针对性；审议报告把分组审议、大会审议与实地视察结合起来，增强审议效果；干部任命把任前了解、任中审议、任后评议等环节结合起来，加强对国家机关工作人员的监督；等等。这些工作方式方法的创新，把法律监督与新闻舆论监督、程序性监督与实体性监督、对事的监督与对人的监督有机结合起来，增加了监督的透明度，增强了监督实效，提高了人大常委会的权威。实践证明，人大工作只有积极探索，不断创新，才能与时俱进，生机勃勃。

第四届人民代表大会常务委员会工作报告

——2007 年 12 月 29 日在常德市第五届人民代表大会第一次会议上

常德市人大常委会主任　莫道宏

各位代表：

我受市第四届人大常委会的委托，向大会报告工作，请予审议。

五年工作回顾

市四届人大常委会任期的五年，是全市人民在市委的领导下，高举中国特色社会主义伟大旗帜，以邓小平理论和“三个代表”重要思想为指导，深入贯彻落实科学发展观，全市改革开放和全面建设小康社会取得重大进展的五年；是各级人大及其常委会认真贯彻落实中共中央〔2005〕9 号文件精神，坚持和完善人民代表大会制度，全市人大工作和政治文明建设稳步推进的五年；是全面贯彻实施监督法，切实加强对政府、法院、检察院的工作监督和法律监督，并取得明显成效的五年。五年来，市人大常委会紧紧围绕全市工作大局，认真履行宪法和法律赋予的职责，共举行常委会会议 48 次，主任会议 30 次，听取和审议行政、审判和检察机关的专项工作报告 95 个，对 80 部法律法规的实施情况进行了执法检查，发出审议意见书 34 份，作出决议、决定 76 项，任免国家机关工作人员 411 人，各项工作取得了新的进展，为建设“工业强市、文化名城、和谐常德”做出了积极贡献。

一、深入贯彻落实科学发展观，依法行使重大事项决定权

2004 年，市人大常委会制定《常德市人大常委会讨论、决定重大事项的规定》，使人大常委会行使重大事项决定权进一步规范化、制度化。

围绕经济和社会发展重大事项行使决定权。国民经济和社会发展第十一个五年规划，是贯彻落实科学发展观，全面建设小康社会的重要规划，常委会开展调查研究，听取情况汇报，提出意见建议，使“十一五”规划更加完善，并在四届四次代表大会上得到顺利通过。五年来，常委会对全市全面建设小康社会规划纲要、旅游产业发展规划、柳叶湖旅游度假区和德山经济开发区总体规划修编、城市总体规划布局调整、建设生态市、与国外缔结友好城市等重大事项，认真进行审议，作出决议、决定 20 项。每年 4 月，听取市政府上年度财政决算报告、审计报告和专门委员会审查报告，审查、批准财政决算。每年 10 月，听取和审议市政府关于国民经济和社会发展计划、财政预算执行情况报告，依法批准调整方案。2004 年，常委会从实现区域经济社会与人口、资源、环境协调发展出发，作出《关于进一步加强环境保护，建设生态市的决议》，确定了建设生态市的长远发展目标。市政府根据决议要求，出台《关于加强生态市建设的意见》，制定《常德市生态市建设规划》，加快了生态市建设步伐。对柳叶湖旅游度假区总体规划进行环境影响评价，是环境影响评价法颁布实施以后，在全国城市总体规划编制过程中，实施环境影响评价第一例。2005 年，常委会对城建项目计划安排作出审议意见后，市政府狠抓落实，及时出台《关于进一步加强理顺城建工程项目和资金管理的意见》，要求重大城建项目“市政府没有研究，专家没有审查，不得向市人大常委会汇报；市人大常委会没有审查批准，不得进入招标程序，市财政局不得拨付工程款”，规范了重大城建项目和资金管理的审批、运行程序。

围绕人民群众关注的热点难点问题行使决定权。开展对农产品质量安全管理、农业投入品监管、司法鉴定、社区劳动保障、社保资金、住房公积金管理、新农村建设、农村中小学“两免一补”、城区住房保障体系建设、穿紫河综合治理、违法建筑物的拆除、扶贫工程、再就业工程、城市防洪圈建设、春节期间限制燃放烟花爆竹等人民群众关心的热点难点问题进行审议，提出意见和建议。农产品质量安全关系人民群众的切身利益，常委会作出《关于加强农产品质量安全管理的决议》，督促市政府加强农产品从产地到餐桌的全程监管，确保农产品质量安全。针对司法鉴定层次渠道繁多，司法机关存在自侦自鉴、自诉自鉴、自审自鉴等问题，常委会作出《关于规范管理面向社会服务的司法鉴定工作的决定》，较好地理顺了司法鉴定管理体制。

围绕法制宣传和司法队伍建设行使决定权。2006 年，常委会听取和审议市政府关于在全市深入开展法制宣传教育和依法治理工作专项工作报告，批准在全市公民中组织实施法制宣传教育第五个五年规划，作出《关于进一步加强法制宣传教育的决议》。同时，常委会作出《关于授予“模范法官”称号的决定》和《关于授予“模范检察官”称号的决定》，推动了司法队伍争先创优活动的深入开展。

二、认真贯彻实施监督法，切实加强工作监督和法律监督

加强经济工作监督。认真听取和审议专项工作报告。五年来，常委会紧扣经济建设中心，听取和审议市政府关于建设社会主义新农村的专项工作报告，开展专题调查、视察和检查，提出审议意见，督促市政府落实支农惠农政策，加大农村基础设施建设投入力度。听取和审议市政府关于优化经济发展环境、招商引资、工业园区建设等有关工业经济发展的专项工作报告，召开全市经济形势分析专题会议，了解全市经济运行情况，提出意见和建议。市政府按照审议意见要求，优化经济发展环境，加强工作调度，加快园区建设和项目引进，全市工业经济呈现较好的发展势头。听取和审议市政府关于民营工业发展情况的专项工作报告，提出审议意见，市政府进一步理顺管理体制，拓宽融资渠道，落实扶持政策，全市民营经济得到长足发展。常委会和主任会议还围绕城乡统筹发展、国有企业改制、国有资产管理、招商引资、重点工程、林业发展和三资企业发展等工作进行视察和调研，对经济工作中存在的一些突出问题，向市政府提出意见和建议，促进了全市经济又好又快发展。

深化预决算审查监督。2004 年出台《常德市人大常委会预算审查监督办法》，2006 年成立预算工作委员会，加大部门预算审查监督力度。部门预算审查监督的单位，由 2003 年的 11 个增加到 22 个；部门预算审查的程序，在闭会期间审查的基础上，增加了代表大会期间审查。在审查批准市级财政决算时，审查到项目、到科目。充分发挥审计监督作用。常委会作出《关于加强对市级财政预算执行情况审计监督的决定》，定期听取审计报告，推行审计报告公示制度，将审查出来的问题交政府整改。

加强计划执行情况的监督。常委会根据全市国民经济和社会发展规划，定期视察全市重点工程建设等建设项目，建议市政府加快重点工程建设，引进高新科技产业，促进了全市经济运行质量的提高。

加强对法律法规实施情况的监督。五年来，市人大常委会采取统一部署，区县(市)互相配合、上下联动的方式，对义务教育法、农业法、劳动法、人民警察法、刑事诉讼法、民事诉讼法、环境保护法、安全生产法、传染病防治法、动物防疫法、非税收入管理条例等 80 多部法律法规，进行执法检查。2003 年开展传染病防治法执法检查，有力地支持和推动了全市抗击非典斗争；开展义务教育法执法检查，解决了全市中小学 20 万平方米的 D 级危房改造等问题；开展电力法执法检查，使岗市变电站周边的建设环境等问题得到较好的解决。2004 年开展农业法及相关法律法规执法检查，促进了全市农业投入的增加和较好地解决了失地农民的补偿问题。2005 年开展劳动法律法规执法检查，较好地解决了全市劳动和社会保障信息化建设等问题；开展人民警察法、刑事诉讼法和治安管理处罚条例的执法检查，督促有关部门组织开展打击“两抢一盗”和整治涉黑、涉恶、涉毒的专项活动，促进了全市社会治安的好转。2006 年开展环保法律法规执法检查，向市政府交办 4 大类 27 个问题，促进了一批环境污染问题的解决；开展安全生产法律法规执法检查，向市政府提出了加大安全生产隐患专项整治力度等五个方面的建议，使安乡县黄山头旅游缆车等一批重大安全隐患得到整治。开展规范性文件备案审查工作，切实加强法律监督。

市人大常委会还配合全国人大开展农村土地承包法、物权法、农民权益保护法等法律的执法检查和立法调研，配合省人大开展大气污染防治法、城市规划法、法官法、人口与计划生育法、道路交通安全法、血吸虫病防治条例等20多部法律法规的执法检查和立法调研。开展动物防疫法执法检查后，全市建立健全动物防疫体系，在全省起到了表率作用。

加强司法监督。本届以来，市人大常委会连续听取和审议市中级人民法院和市检察院案件质量评选活动专项工作报告。2004年7月，听取和审议市中级人民法院民事审判工作和市检察院办理自侦案件的专项工作报告。2005年，听取和审议市中级人民法院关于判决执行情况报告。2007年，听取和审议市检察院关于反贪污、反渎职、反侵权犯罪工作的专项工作报告。常委会还分别听取全市基层法院建设，人民陪审员、人民监督员制度实施情况和开展“打黑除恶”专项斗争等专项工作报告，对有关工作进行视察、调查。对日常受理的人民群众涉法涉诉信访案件，认真接待，依法处理，督促司法机关完善内部监督机制，启动司法工作程序，支持和保障司法机关依法、独立、公正地行使权力，开展工作。

加强民生问题的监督。围绕市政府“十件实事”办理、失地农民社会保障、农村改水改厕、禽流感防治、食品药品安全、防震减灾、廉租房建设、文明城市创建、城乡居民最低生活保障、县乡公路和城区小街小巷建设、园林绿化、社区建设、柑橘病虫害防治等工作，常委会和有关专门委员会开展调查、视察和检查，听取和审议政府专项工作报告，提出意见建议，督促政府为民办实事、办好事，较好地履行了保护人民群众根本利益的职责。

加强信访工作和对申诉控告案件的督办处理。坚持主任信访接待日制度，认真抓好对弱势人员上访、群体上访、重大问题个案上访的处理。五年来，共受理人民群众来信来访11835件，其中受理人民群众申诉控告案件1721件，交办案件86件，绝大部分已办理回复，得到改判和部分改判35件，保护了当事人合法权益。全市人大信访工作得到了全国人大、省人大的充分肯定，全国人大于2003年在常德召开全国人大信访工作经验交流会，在黑龙江、贵州等地召开的全国人大信访工作会议上，推介了常德的经验。

开展环保世纪行、农产品质量安全行和农民健康行活动。常委会把环保世纪行、农产品质量安全行和农民健康行活动，作为改善民生的实际行动来抓。环保世纪行坚持一年围绕一个主题、抓住一个重点、突出一个难点，为我市创建“国家环保模范城市”“国际花园城市”“国家卫生城市”做出了积极贡献。农产品质量安全行坚持抓标准化生产、抓“三品”认证、抓检验检测体系建设，全市农产品质量安全水平明显提升，年年评为全省先进单位。农民健康行活动的深入开展，促进了全市农村公共卫生和基本医疗服务体系建设，促进了新型农村合作医疗体制的全面启动。“三行”活动取得的成效，得到了人民群众的肯定。

三、依法行使任免权，加强对国家机关工作人员的监督

常委会始终坚持党管干部和依法任免干部相结合的原则，认真行使人事任免权。五年来，市人大常委会共依法任免国家机关工作人员411人，其中决定任命市政府组成人员51人，决定和补充任命市人大常委会工作机构、市人大有关专门委员会负责人26人，任命法院、检察院组成人员259人，免去职务50人，接受和批准辞职25人，从组织上保证了国家机关工作的顺利开展。在行使人事任免权的过程中，注重坚持任前调查、任前公示、法律考试等任免程序，做到知人善任，反映民意。在换届任免时，实行随届任免，组织被任命人员集体向国旗、国徽宣誓，颁发任命书。在任命后，采取述职评议和工作评议等方式，对履职情况进行考核和评价。2003年，市人大常委会决定对政府副市长、政府工作部门负责人、法院、检察院主要负责人进行全面的述职评议。几年来，共对市政府3名副市长、25名政府工作部门负责人和4名市中级人民法院副院长、3名市检察院副检察长进行了述职评议，增强了国家机关工作人员的法治观念和公仆意识。监督法颁布实施后，组织专项工作评议，对国家机关工作人员的工作业绩和存在问题实施监督，把人事监督寓于工作监督中，增强了监督工作的针对性和实效性。

四、加强和改进代表工作，充分发挥代表作用

2005年，中共中央转发了《中共全国人大常委会党组关于进一步发挥全国人大代表作用，加强全国人大常委会制度建设的若干意见》。常委会按照文件精神，进一步加强和改进代表工作，代表作用得到了较好发挥。

代表知情知政渠道进一步拓宽。坚持和完善常委会主任会议成员和专职委员分工联系代表制度。常委会领导深入基层走访代表，通报上情，了解下情。坚持为代表订阅刊物，寄送资料，让代表及时了解人大工作以及全市经济社会发展情况。邀请代表列席常委会，参加政情通报会，使代表尽可能地了解政情政务，激发代表当家作主的民主热情。

代表议案和建议办理力度进一步加大。制定《关于常德市人民代表大会代表建议、批评和意见办理工作规定》，进一步规范和完善代表议案、建议的提出、交办、办理和督办工作程序。五年来，共办理和督办市四届人代会期间代表提出的议案、建议1100多件，每年的办结率均达到100%，满意率在98%以上，解决率也逐年提高。对代表在闭会期间提出的300多件建议，及时转交政府、法院、检察院和有关部门研究处理。市四届人大四次会议上，临澧县代表团余先柏等18名代表提出《关于加强农业投入品监管的议案》后，有关专门委员会深入开展调查研究，对议案进行认真审议。常委会听取有关专门委员会审议结果报告和市政府专项工作报告后，作出《关于进一步加强农业投入品监管的决议》。市政府认真贯彻决议精神，组织专门班子进行调查研究，出台《关于加强农业投入品管理的办法》，使全市农业投入品监管工作步入规范化的轨道。

代表作用得到进一步发挥。认真贯彻中共中央〔2005〕9号文件和省、市委人大工作会议精神，逐步建立和完善了代表活动的组织和保障机制。深入开展“人民选我当代表，我当代表为人民”为主题的争先创优活动，评选一批省、市优秀代表和代表活动小组，调动了各级人大代表在全市经济建设、政治建设、文化建设和社会建设中的积极性。各个代表小组围绕常委会工作要点，制定代表活动规划，选择代表活动主题，组织代表参与视察、调查和执法检查，做到一年突出一个重点，一年解决一两个有影响的问题。2005年，组织驻常德的全国人大代表、部分省、市人大代表视察常张高速公路建设情况，向省政府提出了斗姆湖枢纽互通的建议案,引起了省政府领导的高度重视,使这一问题得到了圆满解决。

五、加强自身建设,提高履职水平

充分发挥专门委员会的作用。五年来,各专门委员会在常委会的领导下,根据代表大会确定的任务和常委会工作部署,按照各自的工作职责,大胆开展工作,依法行使职权。每年年底,各专门委员会在调查研究的基础上,提出下一年度常委会听取专题工作报告和开展执法检查的项目建议。常委会在听取专题汇报和开展执法检查前,各专门委员会开展调查研究,及时提供调查报告。常委会作出决议决定后,专门委员会进行跟踪监督,确保决议决定落到实处。各专门委员会还与政府职能部门、法院、检察院以及区县(市)人大常委会专门办事机构建立联系制度,使专门委员会工作进一步规范化、制度化。

加强常委会机关自身建设。在思想建设方面,坚持以中国特色社会主义理论体系武装头脑,深入贯彻落实科学发展观,认真开展保持共产党员先进性教育,使常委会党组、各委室班子及机关的凝聚力、战斗力进一步增强。在制度建设方面,先后制定了信访工作制度、代表培训制度等十几项制度,机关工作进一步规范化。在组织建设方面,建立健全办事机构,充实工作人员,增添了机关活力,提高了工作效率。在市委重视和领导下,加强了干部的交流和选拔。在作风建设方面,坚持深入基层调查研究,密切联系人民群众,反映民情、集中民智、体现民意。常委会主任会议成员自觉服从市委工作大局,按照市委整体分工,积极参与重点工程、城市创建、建整扶贫、防汛抗旱、库区移民、新农村建设和双联等中心工作,积极为全市经济建设服务。

加强人大制度宣传和理论研究工作。狠抓人大制度宣传,《常德日报》开辟民主法制专版,常德电视台举办人大工作专题节目,办好《人大工作》刊物,使全市人大制度宣传工作呈现出网络健全、阵地巩固、制度规范、效果明显的新局面。以纪念人民代表大会制度建立50周年为契机,组织专门力量编撰《常德人大工作巡礼》,召开纪念人民代表大会制度建立50周年暨基层代表工作座谈会,开展多种形式的纪念宣传活动,使人民代表大会制度更加深入人心。开展理论研讨,活跃理论研究气氛,涌现了一批理论研究者,有不少作品获省以上奖,有些还在实践中得到应用,转化成实践成果。

加强对县乡人大工作的指导。适时召开区县(市)人大常委会主任座谈会、委室对口联系会,探讨新时期开展人大工作的新途径。邀请区县(市)人大常委会负责人列席常委会会议,做到相互交流、相互促进。指导县乡人大的换届选举。2007年全市504万选民以饱满的政治热情参加换届选举,按期选出乡镇人大代表1.2万名,区县(市)人大代表2700多名,市五届人大代表473名,新当选的市、县人大代表,年龄结构、知识结构较上届有较大改善。

各位代表,市四届人大常委会取得的每一项成绩,都是在市委的正确领导下,常委会组成人员、各专门委员会和广大代表共同努力的结果,是市政府、法院、检察院和各区县(市)人大密切配合的结果,是全市人民积极支持的结果。在此,我谨代表市四届人大常委会,对所有关心和支持人大工作的同志和各界人士,表示衷心的感谢!

在充分肯定成绩的同时,我们也清醒地看到,对照宪法和法律的规定,对照全面建设小康社会的要求,对照党和人民的期望,常委会工作还存在不少差距。主要是:行使重大事项决定权的力度有待进一步加大;监督法的宣传和实施力度有待进一步加大;发挥代表作用和为代表服务工作有待进一步完善;常委会工作有待进一步加强。这些都需要在今后的实践中,采取积极措施,认真加以解决。

五年工作体会

五年来,常委会工作在实践中探索,在探索中发展,积累了一些经验和体会。

必须坚持党的领导。五年来,市人大常委会始终把坚持党的领导、人民当家作主和依法治国有机地统一于发展社会主义民主政治的实践中,统一于建设社会主义政治文明的全过程。因此,在任何时候都不能动摇党对国家事务的领导地位,任何时候都不能忘记支持和保证人民当家作主,任何时候都不能忘记实施依法治国的基本方略。常委会在工作部署上,围绕市委提出的建设“工业强市、文化名城、和谐常德”的目标,确定工作思路,做到部署同步,工作合拍。在审议和决定重大事项过程中,自觉服从和服务经济建设中心,从法律上和制度上保证市委重大决策和意图的实现。在行使人事任免权时,通过法定程序,使党的主张成为国家意志,使党组织推荐的人选成为国家机关的工作人员,并对他们进行监督。在自觉接受党的领导方面,每年人大常委会工作要点都报市委批转。2006年,市委召开全市人大工作会议,作出了关于进一步加强人大工作的决定,有力地推动了全市人大工作的开展。

必须坚持用科学发展观总揽人大工作全局。五年来,常委会紧紧把握科学发展观的第一要义,扭住经济建设这个中心,认真听取工作汇报,审议决定全市发展重大事项,始终把发展作为人大常委会依法履行职责的第一要务。突出以人为本,开展调查研究,体察民情,了解民意,重视改善民生,始终把实现好、维护好、发展好最广大人民的根本利益作为人大工作的出发点和落脚点。按照全面协调可持续发展的要求,着力解决全市人口、资源、环境方面存在的突出问题,促进资源节约型、环境友好型社会的建设。充分发挥人大信访的窗口作用和代表联系群众的纽带作用,广泛听取各方面的意见和建议,正确反映和兼顾不同方面群众的利益,调动一切积极因素,引领全市人民朝着共同富裕的方向稳步前进。

必须切实加强工作监督和法律监督。本届以来,特别是监督法颁布实施以后,常委会切实加大了工作监督和法律监督力度。在监督重点上,加大对重大经济决策实施和经济建设重大项目的监督力度。在监督方式上,不断完善监督机制,改进监督方法,突出监督重点,提高监督实效,综合运用各种监督手段,促进政府、法院、检察院依法行政和公正司法,为全市经济发展创造一个良好的法治环境。在监督的过程中,正确处理好人大与政府、法院、检察院的关系,做到在监督中体现支持,在支持中强化监督,确保法律法规的有效实施,维护了宪法和法律的权威,提高了依法履职的水平。

必须不断完善人大常委会工作机制。充分发挥人大代表作用,深入开展以“人民选我当代表,我当代表为人民”为主题的活动,为代表拓宽工作渠道,创造履职条件。充分发挥专门委员会作用,组织各专门委员会围绕人大及其常委会的议题开展调查研究,为常委会科学决策当好参谋和助手。建立上下联动机制,组织区县(市)人大常委会和市直部门单位,开展执法检查、视察和调查,为市人大加强与各区县(市)人大的联系、与各部门的联系搭建平台。加强常委会自身建设,提高常委会组成人员以及机关干部的履职水平,调动机关干部的积极性,使人大机关始终充满生机和活力。

今后五年工作建议

今后的五年,新一届人大常委会应当全面贯彻落实党的十七大精神,高举中国特色社会主义伟大旗帜,以邓小平理论和"三个代表"重要思想为指导,深入贯彻落实科学发展观,围绕市委提出的奋斗目标,大力发展社会主义民主政治,大力加强政治文明建设,全面履行宪法和法律赋予的各项职权。

认真贯彻党的十七大精神,坚定不移地发展社会主义民主政治。坚定不移地发展社会主义民主政治,是中国特色社会主义事业总体布局的重要组成部分,是党的十七大作出的一项战略部署。社会主义愈发展,民主也愈发展。各级人大及其常委会要认真学习贯彻党的十七大精神。加大人民代表大会制度的宣传力度,增强全社会的宪法观念和人民代表大会制度意识,增强对国家权力机关重要作用的认识。要在宪法和法律指导下,健全民主制度,丰富民主形式,拓宽民主渠道,扩大公民有序政治参与,保证人民依法实行民主选举、民主决策、民主管理、民主监督,保障人民的知情权、参与权、表达权、监督权。要坚持和完善人民代表大会制度,推进社会主义民主政治制度化、规范化、程序化。要积极推进依法治市,加强法律监督,优化发展环境,为全市经济和社会发展提供强有力的法律保障,为全面建设小康社会创建良好的法治环境。

认真贯彻实施监督法,依法行使法律赋予的各项职权。各级人大及其常委会要把贯彻实施监督法作为工作的重中之重来抓。要认真学习监督法,深入领会监督法的精神实质。要把监督工作的重点放在关系改革发展稳定大局和人民群众切身利益、社会普遍关注、影响社会和谐的突出问题上。抓住经济社会发展中带根本性、长远性、全局性的重大事项和事关人民群众根本利益的重大问题,作出决议、决定。跟踪督查决议、决定的落实情况,保证决议、决定得到切实遵守和执行。要严格遵守党管干部原则,始终坚持党委意图、人民选择和依法任免的有机统一,进一步完善人事任免制度,依法行使好人事任免权,努力提高组织保证能力。

认真做好代表工作,充分发挥代表作用。加强代表培训,提高人大代表管理国家社会事务、管理经济文化事业的意识和水平。进一步拓宽代表知情知政渠道。加强和完善代表议案和建议办理工作,尊重和保障代表的民主权利,纠正和查处侵犯代表合法权益、妨碍代表执行职务的行为,为代表依法履行职责创造良好环境。进一步建立健全代表活动的组织、激励和保障机制,加强和规范代表闭会期间的活动,密切代表与人民群众的联系,增强代表活动的实效。

认真抓好自身建设,不断提高常委会工作水平。人大常委会要认真学习党的十七大精神，切实加强自身的思想建设、组织建设和作风建设。健全工作制度，改善工作条件，不断提高依法履行职责的能力和水平。抓好人大机关干部的培养、使用和交流。要密切与区县(市)人大的联系，加强指导，搞好服务，整体提升常委会工作水平。

各位代表，让我们在市委的领导下，全面贯彻落实党的十七大精神，高举中国特色社会主义伟大旗帜，以邓小平理论和“三个代表”重要思想为指导，深入贯彻落实科学发展观，切实履行宪法法律赋予的各项职权，团结一心，开拓奋进，为建设富裕文明和谐常德而努力奋斗！

第五届人民代表大会常务委员会工作报告

——2012年12月27日在常德市第六届人民代表大会第一次会议上

常德市人民代表大会常务委员会主任　曹儒国

各位代表：

我受市五届人大常委会的委托，向大会报告工作，请予审议。

五年工作回顾

市五届人大常委会任期的五年，是我市经济社会发展取得重大成就的五年，是我市民主法治建设取得明显进步的五年，是我市人大各项工作取得可喜成绩的五年。五年来，市五届人大常委会在市委的坚强领导下，紧扣中心，服务大局，依法履职，开拓进取，为建设“现代常德、幸福家园”做出了积极贡献。五年来，共召开常委会会议35次，主任会议25次，作出决议、决定23项，发出审议意见35份、评议意见10份；开展执法检查12次；接受并进行规范性文件备案审查219件；任免国家机关工作人员416人次，圆满完成了市五届人大历次会议确定的目标任务。

(一)过去五年，我们把握主题主线，议决大事要事，更加注重彰显人大公信

*高度关注经济转型发展。*常委会围绕全市经济社会发展重大问题，认真评估“十一五”规划中期实施情况，提前介入“十二五”规划纲要初审，定期听取国民经济和社会发展计划执行情况报告，促进政府在规划编制上做到了严谨周密、在计划执行上实现了既定目标。围绕推动新型工业化，加强对工业发展、园区建设、项目上马等重大事项的审议，扎实开展中小企业促进法执法检查，建议政府破解要素瓶颈、加快项目建设、承接产业转移，全市工业经济呈现逆势上扬、稳步发展的良好局面。围绕推动农业现代化，加强对农村综合改革、农田水利建设、农民专业合作社建设等重大事项的审议，提出要强化基础支撑作用、壮大农业主导产业、促进农民持续增收等意见建议，极大地推动了全市农业的快速发展和农村面貌的巨大改观。围绕推动第三产业发展，专题听取旅游产业发展情况报告，支持政府加大了重大旅游项目的推进力度和建设步伐；及时作出以国有土地资产置换武陵农村信用联社不良贷款的决定，支持政府顺利完成了常德武陵农村商业银行的组建工作。围绕增强自主创新能力，听取和审议

科技进步法贯彻执行情况报告，跟踪监督科技专项资金使用情况，提出要加大科技投入力度、推进科技成果转化等意见建议，为进一步发挥科技在“两型”发展中的支撑作用做出了努力。

积极推动城乡协调发展。为加快形成以工促农、以城带乡、工农互惠、城乡一体的新型工农、城乡关系，常委会有针对性地加强了审议、视察和跟踪督办。认真听取和审议城市总体规划编制、城建项目安排、城市快速公交建设等情况报告，组织开展城乡规划法执法检查，多次视察保障性住房建设，督促政府大力推进扩容提质、全面提升城市功能；重点跟踪监督各类涉农资金管理使用情况，专题听取移民扶贫开发、农民教育培训、农村水源污染整治、现代农业示范区建设等情况报告，组织开展土地承包法、农民专业合作社法等执法检查，大力促进新农村建设；持续关注生态文明创建，坚持每年听取一次生态市建设情况报告，推动政府不断加大生态市建设力度。

大力促进社会和谐发展。为实现社会基本公共服务均等化、积极推动各项社会事业协调发展，常委会严格审议推进教育强市、贯彻实施职业教育法等情况报告，努力促进全市各类教育协调发展；认真听取文化名城创建工作情况报告，建议政府在文化惠民工程和文化产业发展上加大投入、加强整合、加快建设，促进了全市文化产业健康、有序发展；专题听取医疗卫生体制改革、药品安全监督管理等相关工作情况报告，要求政府加大医疗保障建设投入、下移医疗服务管理重心，为缓解“看病难、看病贵”等问题发挥了积极作用；全面听取食品安全工作情况报告，组织开展产品质量法执法检查，督促政府提升执法能力、加大监管力度，让人民群众真正能够吃得放心、用得安全。

（二）过去五年，我们突出工作重点，改进监督方式，更加注重发挥人大作用

认真听取和审议专项工作报告。常委会积极改进听取和审议“一府两院”专项工作报告的方式方法，坚持每年实行政府报告年度工作计划及落实情况的制度，并随机抽取政府工作部门进行口头报告，现场对所有工作部门进行满意度测评，切实强化了部门责任意识。五年来，共听取和审议“一府两院”专项工作报告 288 个，提出意见建议 600 多条，形成审议意见 35 份，交由相关部门办理，狠抓督促整改落实，有力推动了“一府两院”的相关工作。

深化拓展财政预算监督。常委会认真听取和审议年度市级财政预算执行情况和审计报告，审查批准年度决算报告和预算调整方案，积极支持政府着力构建公共财政、阳光财政、安全财政和绩效财政。坚持工作提前介入，拓宽预算监督范围，部门预算审查从最初的 40 个逐步扩展至全部 117 个市直一级预算单位。积极推动部门预算改革，督促政府先后出台 7 个规范部门预算编制的专门文件，使我市部门预算审查迈上了一个新台阶。大力支持审计监督工作，切实加强对审计整改落实情况的跟踪监督，逐步实现了审计监督从“程序性”向“实质性”转变。

切实加强司法监督。常委会先后组织开展了 12 部法律法规的执法检查；专题听取了 10 部法律法规贯彻执行情况的工作报告；配合开展了近 40 部法律法规的立法、执法调研活动，有力推动了法律法规的正确贯彻实施。在对司法机关开展相关法律法规贯彻落实情况的执法检查后，适时作出《关于加强人民检察院在诉讼活动中法律监督工作的决议》《关于加强和改进人民法院执行工作的决议》，填补了相关法律制度上的缺失，开创了全省乃至全国的先河。同时，今年作出的《关于推进法治常德建设的决议》和《关于进一步开展法制宣传教育的决议》，为加快法治常德建设进程起到了重要的推动作用。

常委会在全省率先出台《监督司法工作的若干规定》，相继建立司法监督联席会议、特殊案件备案等监督制度，切实加强重点司法案件备案工作；持续开展人大代表旁听庭审活动，常委会主任、副主任带头参加旁听庭审，不断加大司法监督力度，有效促进了公正司法，有力维护了司法公平。

严格实施备案审查。常委会及时成立备案审查专门机构，出台规范性文件备案审查办法，依法规范工作程序。五年来，对报送的219件规范性文件依法、及时进行备案审查，切实维护了法制统一。常德人大"参与调研、提前介入、主动审查"的做法，得到了上级人大、政府的一致认可和赞同。

精心组织工作评议。常委会注重创新工作询问和联组审议程序，制定出台了工作评议办法。五年来，先后组织开展了教育、水利、交通、卫生、文化、国土、司法行政、民政、计生、城管等10项工作评议。组织开展的这些工作评议，评出了压力、评出了动力、评出了实效，一批群众高度关注、社会反映强烈的热点问题得到了较好解决。

依法开展人事任免。五年来，常委会始终坚持党管干部原则和人大依法任免的有机统一，充分发扬民主，严格依法办事，共任免国家机关工作人员416人次。其中，任命人大常委会工作人员职务31人次、任命"一府两院"工作人员职务231人次；免去人大常委会工作人员职务17人次、免去"一府两院"工作人员职务121人次；批准人大常委会工作人员辞职7人次、批准"一府两院"工作人员辞职9人次，为加强地方国家机关建设提供了有力的组织保证。

（三）过去五年，我们关注社会热点，推动民生改善，更加注重体现人大宗旨

扎实推进"五行"活动的开展。常委会以"五行"活动为工作载体，紧扣民生主题，顺应民生诉求，积极推动一系列民生问题得到有效解决。"环保世纪行"关注节能减排和生态市建设，圆满完成了节能减排任务；推进生态修复及城镇生活污水、生活垃圾处理，污染行业治理初见成效；推动农村环境综合整治和农村饮用水源保护，实施"禁投"水库达到543座，启动规模养殖小区示范工程等建设27个。"农产品质量安全行"从产、供、销、检各环节入手，开展厅市合作，推进安全监管，建成农业标准化生产示范园区16个、完成"三品一标"认证364个，进一步提升了农产品质量安全水平。"农民健康行"一年突出一个主题，提升了母婴保健服务能力、促进了中医药事业发展、完善了农民健康教育网络、减轻了农民用药就医负担、改善了农村地区生产生活环境，特别是督促各级政府全面实施基本药物制度，基层医疗机构门（急）诊次均费用由实施前的39元降到25.8元，住院次均费用由80元降到40.5元。"民族团结进步行动"每年帮扶一个民族乡，促进民族地区经济社会实现全面发展，切实维护了各民族的团结和谐。“司法公正常德行”注重抓典型、促整改，有效维护了群众合法权益、有力促进了社会和谐稳定。

*高度关注“五有”民生的改善。*本届以来，常委会把人民群众最关心、最直接、最现实的“学有所教、劳有所得、病有所医、老有所养、住有所居”等“五有”民生问题，作为审议决定和工作监督的重要内容，致力维护人民群众的切身利益。从2009年起，在代表大会上先后提出了关于解决城乡贫困人口住房困难、加强和改进农村五保供养、促进学前教育健康发展、加强职业病患者医疗救助等4个“一号议案”，要求政府关注最弱势的群体、保障最基本的条件、解决最突出的问题，促进了全市社会民生的持续改善。

*主动回应“五类”群体的诉求。*常委会改革信访制度、规范转办程序、加大交办力度，有效发挥了人大信访在化解矛盾、维护稳定中的重要作用。五年来，共受理人民群众来信来访13215人(件)次，特别是针对土地征用、房屋拆迁、社会保障、环境污染、涉法涉诉等五类信访重点，坚持主动约访下访、狠抓矛盾化解，较好地做到了“件件有着落、事事有回音”。今年，常德人大在全国人大信访工作会议上作了典型发言，信访工作经验得到了全国人大的高度肯定。

(四)过去五年，我们强化服务理念，发挥主体作用，更加注重夯实人大基础

*不断拓宽代表知政议政渠道。*坚持常委会组成人员定期走访、分工联系代表制度，及时收集和反映代表的意见和要求。分期寄送人大、政府刊物，定期召开政情通报会议，第一时间向代表通报全市各项工作进展情况。邀请代表列席市人大常委会、市政府相关会议，努力为代表提供更多的知情知政渠道，不断激发代表知政议政的民主热情。五年来，市人大代表共有678人次列席了市人大常委会会议、市政府常务会议和政情通报会议。

*不断丰富代表闭会期间活动。*常委会继续坚持以代表小组为闭会期间代表活动的基本形式，加强组织指导，规范活动内容，使代表小组活动有计划、有专题、有深度、有实效。精心组织代表广泛参与议题调研、执法检查、工作视察和行风监督等活动，提出的一系列意见建议，为“一府两院”提供了决策参考。积极推进代表向选民、向选举单位述职工作，自觉接受选民评议和监督。健全履职考核机制，增强了代表的履职责任。增加活动经费，保障了代表依法行使职权。经常性、多层次组织开展代表培训活动，切实提升了各级代表的履职能力。

*不断强化议案处理建议办理工作。*常委会为提高议案处理、建议办理工作质量，专门出台了《关于加强和改进代表建议办理工作的意见》。五年来，市人大代表共提出议案194件、建议1160件，确定重点建议40件，回复率达到100%，满意率达到98%。特别是对事关经济发展、群众利益和社会管理的重点建议，采取会议集中督办、领导牵头督办、委室跟踪督办等方式，使一批群众反映强烈的意见、建议得到了较好的解决和落实。

(五)过去五年，我们加强自身建设，提高履职水平，更加注重维护人大形象

*注重思想建设，责任意识不断增强。*常委会及时传达中央和省委、市委重要会议精神，全面贯彻市委人大工作会议精神，精心组织地方人大常委会设立30周年纪念活动，认真学习

坚持和完善人民代表大会制度的新理论、新思路,增强了常委会组成人员的道路自信、理论自信和制度自信。紧跟市委党建工作部署,高度重视、积极支持法治常德、廉洁常德建设,认真开展机关文化建设,坚持提高思想认识与解决实际问题有机结合,组织开展了“创先争优”“三学三促”等主题活动,使机关干部的大局意识、法治意识、廉洁意识、争先意识和业务能力不断增强。

注重制度规范,履职效能明显提高。常委会先后修订完善了常委会会议议事规则、主任会议议事规则、讨论决定重大事项的规定;制定出台了执法检查办法、代表议案处理办法等多项制度;清理编辑了机关工作制度汇编,研究颁布了市人大常委会机关岗位责任制、调研与宣传工作奖励办法等20多项内部规章,形成了一整套有规可依、有章可循的制度体系,促进了人大工作制度化、规范化、程序化水平的提高。

注重宣传调研,整体形象得到提升。常委会不断加强人大宣传工作,成立市人大常委会信息中心,发挥《常德人大》、《教科文卫通讯》、人大门户网站、“民主与法制”专题专版等宣传阵地作用,充分展示了人大工作成效。积极推进人大理论研究,编辑出版《人民的重托》《人民的心愿》《一切为了人民》等理论研究成果专集,为地方人大的创新与发展提供了理论支撑。基本完成了《常德人大志》初稿编纂工作。

注重联系沟通,履职环境更加优化。常委会进一步加强对区县(市)人大工作的指导和联系,推动了全市人大工作水平的整体提升;进一步加强与“一府两院”的沟通协调,得到了“一府两院”的积极配合;进一步加强与省内外人大工作的交流,达到了开阔视野、借鉴经验、推介常德的目的;进一步发挥市人大各专门委员会和常委会各工作机构的作用,完善各专门委员会与“一府两院”、与区县(市)人大常委会工作机构的联系制度,形成了分工负责、团结协作、运转有序的工作格局。

本届以来,常委会主任会议组成人员还自觉服从市委领导,始终心系发展大局,主动投身中心工作,努力为建设“现代常德、幸福家园”献计出力、争做贡献。

各位代表,过去的五年,常委会在全面推进人大各项工作的同时,坚持突出重点,集中精力,着力强化财政监督、司法监督、民生监督和监督创新等工作,使人大作用的发挥更加充分,使人大履职的民意基础更加厚实,使人大工作的特色更加明显。

财政监督始终突出使用效益。本届以来,常委会始终把财政监督的重点放在安全监督、效益监督上,严把预算编制、审查、执行、调整和决算批准五道关口,想方设法督促和支持政府把财政资金用在“刀刃上”、用在最需要的地方。五年来,盯紧看牢转移支付资金,重点监督水利、交通、城建等项目资金,跟踪监督工业、农业、三产等专项资金,确保了财政资金投向准确、规模适当;高度关注城建融资资金运行情况,督促政府围绕融资资金“安全有效、健康运行”采取了一系列行之有效的监管措施;不断加大财政预算监督公开力度,坚持每年在人代会期间组织部分代表对部门预算进行审查,及时在报纸、网站等媒体上公布预算调整方案、决算报告、审计报告,广泛接受社会监督。

司法监督竭力维护公平正义。本届以来,常委会围绕促进“一府两院”依法行政、公正司法,突出工作监督重点,创新法律监督方式,有力推进了我市民主法治建设。尤其是从 2011 年开始,常委会在全省创新开展了“司法公正常德行”活动。两年来,活动紧扣“廉洁司法、行为正当”和“阳光司法”主题,动真格、出硬招、求实效,抓出了法律威严,创出了常德特色,得到了人民群众的真心拥护。全市共纠正错案 63 件,查处违纪违规司法人员 43 人,化解涉法涉诉信访积案 1217 件;全市各司法机关对应的审务公开、检务公开、警务公开、狱务公开、所务公开等工作制度得到最大限度的扩大和落实,司法公信力和透明度得到进一步提高。

民生监督谋求实现均等共享。本届以来,常委会在促进民生改善上,方向不变,持续给力,最大限度地让人民群众共享改革发展成果。在处理 4 个“一号议案”上,常委会主动调研,适时决定,反复督查,上下联动,使人大监督的效果更加顺应民心、体现民意、贴近民生。政府积极回应,出台相关政策,狠抓议案落实,集中力量解决了一批难点、打造了一批亮点。五年来,全市解决城市贫困人口住房 3352 套,解决农村无房户、危房户 4.3 万户;全市近 50000 名农村“五保”供养对象中,实行集中供养的达到 12500 多人,农村五保集中供养和分散供养标准分别达到 3300 元、2000 元;推动政府出台“学前教育三年行动计划”,全市启动新建、扩建和改造公办幼儿园和普惠性幼儿园项目 192 个;全市投入 1000 多万元用于职防所购置检测设备、解决住院及办公条件等问题,职业病防治机构能力建设进一步加强,积极落实各项救助措施,职业病患者生活和医疗救助水平明显提升。

监督手段更加注重刚柔相济。本届以来,常委会为提高审议质量,增强监督实效,在依法运用常规监督手段的基础上,大胆启用法律赋予的刚性监督手段,探索规范了工作评议,首次启用了工作询问,经常开展了视察检查,着力推动了跟踪督办,使人大常规监督手段更加规范,刚性监督手段更显有力。

2012 年,是地方人大换届选举之年,是市五届人大常委会工作收官之年。我们站在承前启后、继往开来的历史节点,胸怀理想,坚定信念,脚踏实地,扎实工作,向全市人民交上了一份满意答卷,为本届工作画上了一个圆满句号。

一年来,我们正确处理“权与责”的关系,在抓好换届上没有丝毫松劲。抓好换届选举,既是人大的神圣权力,也是人大的重要职责。今年,我们在市委的坚强领导下,充分发扬民主,严格依法办事,主动配合市委适时召开了全市换届工作会议;及时成立选举指导办,建立人大换届选举工作联席会议制度,严把代表入口关、选举程序关、换届纪律关,确保了换届选举领导有方、组织有力、工作有序。全市依法选举产生新一届市人大代表 478 名、区县(市)人大代表 2310 名、乡镇人大代表 12052 名,代表结构、素质明显优化、提升。依法选举产生新一届区县(市)人大常委组成人员 232 名、政府领导班子成员 72 名、法检“两院”主要负责人 18 名,地方政权建设不断巩固加强。

一年来,我们正确处理“多与少”的关系,在依法履职上没有丝毫松懈。今年,是本届人大常委会任期的最后一年,在有限的时间内,我们不仅没有减少工作任务,而是自加压力、增加了视察调研、执法检查、工作评议、专题询问等方面的工作分量。一年来，常委会组成人员始终保持积极心态和进取精神，正确对待人生的进、退、留、转，正确处理“干多干少、干好干坏、干与不干”的关系，审议议题不遗余力，推进创新不留遗憾，狠抓落实不留死角，各项工作做到了守责不推诿、履职不懈怠。

一年来，我们正确处理“虚与实”的关系，在注重实效上没有丝毫松弛。今年，常委会围绕市委“一个重点、两个突破”的工作部署和人大年初确定的工作要点，不走过场，不搞形式，一门心思想多办几件实事，千方百计想办成几件好事。把握思想动态，积极引导常委会组成人员一如既往、善始善终地抓好了本职工作。改进调研作风，深入基层、深入群众，了解民情、汇聚民智，进一步提高了审议质量。强化督办实效，对作出的决议决定和审议、评议、视察意见，坚持分工督办、责任到人、一督到底，支持和推动了“一府两院”的相关工作。

一年来，我们正确处理“终与始”的关系，在队伍建设上没有丝毫松散。越是在关键时期，常委会越注重历史担当和队伍形象。今年，我们始终坚持思想不散、秩序不乱、工作不断，在届末收官与开局奠基之际，努力做到了中心工作和机关干部队伍建设“两不误、两促进”。在市委的重视支持下，坚持用正确的用人导向激励干部，通过有限竞争、交流轮岗等形式，选拔充实了一批年轻干部、提拔重用了一批业务骨干，进一步优化了机关干部的知识和年龄结构；坚持以和谐的干事氛围影响干部，在“团结干事、和谐共事、合力成事”的工作氛围中，全体机关干部讲大局、守纪律、比奉献，始终保持了一种昂扬向上的履职热情、勤勉务实的敬业精神和精益求精的工作作风。

各位代表，五年来，我们在坚持与完善人民代表大会制度的使命中孜孜以求，在民主与法治的道路上砥砺前行，所取得的每一点成绩、获得的每一个进步，都离不开市委的正确领导，离不开历届人大奠定的坚实基础，离不开全体人大代表的真诚奉献，离不开“一府两院”和区县(市)人大常委会的大力支持与密切配合，离不开常委会组成人员和机关工作人员的辛勤付出与共同努力。在此，我谨代表市五届人大常委会，向所有关心、支持人大工作的同志们、朋友们，表示衷心的感谢并致以崇高的敬意！

各位代表，五年来，我们传承接力、开拓创新，对人民代表大会制度有了更深入的认识和理解，对人大工作有了更深切的实践和探索。五年的奋斗，充满艰辛；五年的成就，来之不易。回顾五年实践，总结五年经验，我们深深体会到：要做好人大工作，只有坚持党的领导，才能保持正确的政治方向；只有推进民主法治，才能担当赋予的历史使命；只有坚持为民履职，才能赢得广泛的信任支持；只有永葆创新激情，才能拥有不竭的前进动力。对于这些凝聚心血与汗水、智慧和力量的经验、体会，我们必须倍加珍惜、始终坚持、不断发展。

回顾过去的五年，在充分肯定成绩的同时，我们也清醒地看到，常委会的工作还存在一些薄弱环节和不足之处。主要是：创新监督方式、增强监督实效，还有待进一步探索；保障代表履职、发挥主体作用，还有待进一步改进；提高履职水平、提升人大形象，还有待进一步加强。对此，我们要在今后的工作中，采取有效措施，切实加以改进。

下届工作建议

各位代表,新形势、新任务对地方人大工作提出了新的更高的要求。我们衷心希望,新一届市人大及其常委会,在市委的坚强领导下,深入贯彻落实党的十八大精神,高举中国特色社会主义伟大旗帜,坚持以邓小平理论、"三个代表"重要思想和科学发展观为指导,紧跟经济社会发展新实践,紧扣民主法治建设新要求,紧贴群众思富求安新期盼,依法履职,锐意进取,努力谱写人大工作新篇章,不断开创人大工作新局面。在此,我们向新一届市人大常委会提出如下建议:

(一)努力把建设现代常德的宏伟事业不断推向前进。 新一届市人大常委会要坚定不移地把促进科学发展、建设现代常德作为第一要务。找准服务发展的切入点,进一步提高决策的民主化和科学化程度,进一步增强决议决定和审议意见的落实效果,进一步凝聚各方面的智慧和力量,形成促发展、惠民生、保稳定的强大合力。找准监督工作的着力点,致力推动解决不符合科学发展要求、"有法不依、执法不严、违法不究"和损害人民群众合法权益的突出问题,重点加强对政府全口径预算决算的审查和监督,以监督工作的实际成效取信于民、惠及于民。找准人事任免的结合点,积极探索"人""事"监督的有机结合,为促进经济社会全面协调发展提供可靠的组织保证。找准人大工作的出发点,继续关注物价稳定、食品安全、生态环境、扶贫开发等问题,不断提高人民群众的生活质量;继续关注"五有"民生的持续改善,大力推进"五行"活动的深入开展,积极推进基本公共服务均等共享,加快促进政府职能从"管理型"向"服务型"转变,让全市人民在习近平总书记"十个更好"目标的激励鼓舞下,工作得更加美好、生活得更加美好。

(二)努力把推进民主法治的建设进程不断引向深入。 新一届市人大常委会要在民主进程不断加快、法治社会加速构建的历史潮流中,发挥人大主导作用、引导人民顺势而为。更加注重健全民主制度、完善民主机制,以扩大有序参与、推进信息公开、强化权力监督为重点,拓宽范围和途径,丰富内容和形式,保障人民享有更多更切实的民主权利。更加坚持和完善人民代表大会制度,加强制度宣传,注重实践探索,增强各个阶层的宪政观念和"一府两院"的人大意识。更加支持法治创建,积极推动"六五"普法宣传,深入推进法治常德建设,建立健全质询、罢免等监督制度,依法促进"一府两院"依法行政、公正司法,确保国家机关按照法定权限和程序行使权力,绝不允许以言代法、以权压法、徇私枉法。更加坚持法治惠民,大力弘扬"主权在民"的宪政精神和法治理念,不断促进"一府两院"运用法治思维和法治方式深化改革、推动发展、维护稳定,切实维护群众合法权益,真正让人民监督权力,让权力在阳光下运行。

(三)努力把保障代表履职的服务理念不断拓展延伸。 新一届市人大常委会要积极探索加强和改进代表工作的新途径、新举措,最大限度地服务和保障代表依法履职、为民代言。进一步加强代表的初任培训和任中培训,切实提高代表履职的能力和水平。进一步探索闭会期间发挥代表作用的方法和途径,加强指导,丰富形式,不断提高代表小组的活动实效。进一步提高代表对人大工作的参与度，健全完善联系代表制度，不断拓宽代表知情知政渠道；加快设立管理区、开发区代表联络机构，完善代表联系群众制度，充分发挥好代表参与决策、监督协助和桥梁纽带的作用。进一步改进代表议案处理、建议办理工作，注重提高效率和质量，充分调动代表参与管理国家事务的积极性和创造性。进一步探索规范代表履职激励约束机制和服务保障机制，增强代表的公仆意识、责任意识和奉献意识。

（四）努力把坚持改革创新的工作思路不断融入实践。实践发展永无止境，认识真理永无止境，理论创新永无止境。新一届市人大常委会要坚持把观念创新、制度创新、方法创新融入人大依法履职的方方面面，推进人大工作彰显特色、实现作为。切实树立"突破即创新、完善即创新"的思想观念，坚持在法律规定的范围内合法创新，在符合客观实际的前提下合理创新，不断增强人大工作的活力。切实突出创新重点，着力在完善工作制度上做文章、在增强监督实效上下功夫、在发挥代表作用上求实效，努力提高人大工作的水平，尤其是要不断推进制度创新，着力构建系统完备、科学规范、运行有效的制度体系，使各方面制度更加成熟、更趋完善。切实创新工作方式，转变调研作风、增强"三查（察）"实效、完善议事程序、改进评议方法、健全督办机制，不断强化人大工作的实效。

2013年，是市六届人大常委会工作的开局之年，是贯彻落实党的十八大精神的初始之年，做好明年的人大工作，对于加快推进我市民主法治建设进程至关重要。在新的一年里，我们建议新一届市人大常委会：要进一步增强监督实效，切实突出财政、司法和民生等监督重点，认真抓好政府全口径预算决算的审查和监督，持续关注食品药品安全、社会保障、物价稳定、生态保护等问题，创新监督方式，拓展监督手段，强化跟踪督办；要进一步发挥代表作用，重点抓好新任代表培训，着力推动议案处理、建议办理工作，尽快启动管理区、开发区代表联络机构建设，积极拓宽知情知政渠道；要进一步加强自身建设，重视宪法法律和理论业务学习，健全完善工作制度，改进机关工作作风，提升队伍整体形象。

各位代表，人民利益高于一切，人大工作任重道远，需要一届接着一届、一棒接力一棒，坚持不懈，埋头苦干。我们坚信，即将依法选举产生的新一届市人大常委会，必将在市委的坚强领导下，在全体代表的共同努力下，承前启后，继往开来，开拓创新，扎实工作，为推进"现代常德、幸福家园"建设做出新的更大的贡献！

常德市人民代表大会常务委员会工作报告

——2014年1月15日在常德市第六届人民代表大会第三次会议上

常德市人民代表大会常务委员会主任　刘　明

各位代表：

我受常德市第六届人民代表大会常务委员会的委托，向大会报告工作，请予审议。

2013年工作回顾和主要体会

2013年，是第六届市人大常委会依法履职的开局之年。一年来，市人大常委会坚持党的领导、人民当家作主和依法治国三者有机统一，努力提升自身能力，依法履职，锐意进取，较好地实现了“内五型、外五行，开新局、上水平”的工作目标。全年共召开常委会会议7次、主任会议7次、工作例会39次；听取和审议“一府两院”专项工作报告25个，组织开展集中视察4次、执法检查2次、专题调研33次，依法作出决议、决定5个，审议、视察和评议意见20件；依法任免国家机关工作人员62人次，圆满完成了年初确定的目标任务。

一、坚持党的领导，紧紧围绕新常德新创业发展要求，着力贯彻落实市委重大决策

主动服务“新常德新创业”。常委会围绕“一个中心”的发展定位，听取和审议了在市城区开展“三改四化”工作情况的报告，及时作出相关决议，并从建设规划、资金保障、工程质量等6个方面提出了意见建议。9月、10月连续两次对“三改四化”重点工程建设情况进行视察调研，进一步提出了抓紧时间、确保质量、便民利民等视察意见。对此，市政府采取措施，大力推进。目前，各项工程进展顺利，城区面貌大为改观。为加速实现“两个转变”，促进“现代常德”建设，认真听取和审议了全市工业园区发展情况的报告，督促并支持市政府理顺管理体制、完善配套产业、化解发展瓶颈，促进了工业“1115工程”的顺利实施。一年来，按照市委统一安排，常委会党组4名成员积极参与白马湖国际商务中心、丁玲公园、常德西城新区、柳叶湖文化产业园等重大项目建设，以实际行动为“新常德新创业”出智出力。

依法决定重大事项。6月份，根据“法治常德”建设工作部署，对历届市人大常委会出台的规范性文件进行集中清理，依法废止了《关于切实减轻农民负担的决议》等23件规范性文件。对2005年和2009年分别作出的关于调整白洋堤地区人民检察院管辖范围的决定进行合并修改，重新作出了相关决定。10月份，根据市政府提请，作出了《关于我市与斯里兰卡阿努拉达普拉市缔结友好城市的决定》，促进了我市与国际社会的交流与合作。12月，作出的《关于将社保基金预算和国有资本经营预算纳入政府全口径预算决算审查监督的决定》，为启动全口径预算决算审查监督工作提供了依据。

助推经济社会发展。紧扣“三个翻番”的发展目标，听取和审议了“十二五”规划实施情况的中期评估报告、1—9月全市国民经济和社会发展计划执行情况的报告，督促并支持市政府严格实施规划、狠抓项目建设、着力改善民生、强化统筹协调，有效维护了规划、计划的严肃性和权威性。围绕中央“稳增长、调结构、促改革”的发展基调，专题听取了全市经济形势分析报告，系统提出了建设现代产业、统筹城乡发展、大力改善民生等意见建议。目前，市政府比较好地落实了这些意见建议。

依法进行人事任免。常委会严格落实任前法律考试、任前调查、人事说明、任职发言、民主投票等制度，注重加强任后监督，不断完善人事任免工作。去年，依法对市政府工作部门正职进行了随届任命，全年共任免国家机关工作人员62人次，其中决定代理职务1人次，任命43人次，免职13人次，批准辞职5人次。

去年，常委会根据省委、市委要求，于5月召集了市六届人大二次会议。在大会主席团的领导下，注重发挥政治优势，营造良好会纪会风，圆满完成了大会预定任务。

各位代表，在一年的实践中，我们深深体会到：坚持党的领导是做好人大工作的根本保证。因此，我们始终坚持重大事项及时向市委请示报告，自觉接受市委领导，主动争取市委支持。实践证明，只有牢固树立党性观念，认真贯彻党的路线、方针、政策，人大工作才能实现新发展、新提升、新跨越。

二、维护法律权威，紧紧围绕促进依法行政和公正司法，着力履行监督职责

听取和审议专项工作报告。年初，听取了市政府32个工作部门上年工作计划落实情况和当年工作计划报告，并对工作落实情况进行了满意度测评。5月，听取了外事侨务工作情况的报告，提出了加强领导、挖掘潜力、强化保障等意见建议，发挥了外侨工作服务发展大局的作用。6月，听取和审议了文化强市工作情况的报告，建议市政府强化管理职责、抓好文化惠民、繁荣文化产业，促进了文化事业和文化产业的稳步发展。9月，听取了全市民事行政检察工作情况的报告，督促市人民检察院出台工作方案、完善工作程序、优化人员配备。12月，听取和审议了未成年人保护工作情况的报告，提出了提高工作认识、加强教育保护、优化成长环境等审议意见。

加强财政预算决算审查监督。强化预算编制监督，听取和审议了市级部门预算编制情况的报告，针对存在的问题，要求市政府强化收入征管、支出管理和预算约束，促使预算编制更加规范。强化预算执行监督，听取和审议了2012年市级预算执行情况和其他财政收支情况的审计报告，审查批准了2012年市级财政决算；听取和审议了2013年1—9月全市及市级财政预算执行情况及2013年市级财政预算调整方案，决定批准调增预算收入2.3亿元，并明确要将调增收入主要用于解决民生问题。强化审计整改监督，连续3次听取和审议了7个单位关于审计报告指出问题整改情况的报告，跟踪督办相关问题，整改取得良好效果。

同时，常委会积极回应社会关切，加强了对市政府专项资金和融资工作的监督。4月，听取和审议了市级城建项目及资金计划上年执行和当年安排情况的报告，建议市政府坚持“项目合理计划与有效实施并重、主体工程与配套工程同步、新城区扩容与老城区提质兼顾”。5月，听取了2012年转移支付资金安排和使用情况的报告，提出的加大资金争取、资金监督和绩效评价力度的意见建议，为促进经济社会发展起到了积极作用。6月，听取和审议了市级融资使用和管理情况的报告，支持市政府合理确定规模、发挥资金效益、完善管理机制，较好地规范了政府融资行为。7月，听取了林业专项资金使用效益情况的报告，督促市政府重点解决部分项目质量不优、扶持优势产业不够等问题。8月，听取和审议了市级财政投资评审情况的报告，督促市政府优化程序、完善标准、提速评审，有效降低了财政投资成本。9月，听取了市级交通建设资金安排和使用情况的报告，支持市政府理顺管理体制、完善投入机制、强化资金监管，切实保障了交通建设项目的顺利实施。

精心组织执法检查。去年，常委会共组织了两次执法检查。5—6月，组织开展了《中华人民共和国道路交通安全法》执法检查，督促市政府根据“智慧常德”建设要求，健全工作机制，加强道路交通规划的编制和管理、加强基础设施建设、加强安全执法保障，启动智能交通系统建设。目前，市城区正在开展交通秩序整治工作。7—8月，组织开展了《中华人民共和国药品管理法》和《湖南省药品和医疗器械流通监督管理条例》执法检查，督促市政府优化法治环境、加强安全监管、提升服务能力，对保障人民群众的用药安全起到了较好作用。

*集中开展工作评议。*按照届内对市政府所有工作部门分批次进行工作评议的总体安排，10月份，对科技、人力资源和社会保障、农业、商务、人民防空等五项工作进行了集中评议。在评议中，明确了专题询问、集中测评和表态发言的程序与要求，对做得好的工作给予肯定，做得不够到位的直接了当予以指出，说明白话，不含糊其辞，并将评议意见和测评结果向市政府反馈，向市委报告。工作评议，评出了压力、议出了实效。

*认真开展规范性文件备案审查。*常委会坚持参与调研、提前介入、主动审查，认真开展规范性文件备案审查，全年共接受市政府和区县（市）人大及其常委会报备规范性文件36件。针对一些地方存在的社会认知度不高、工作机制不顺和工作力量不强等问题，11月份，听取了全市规范性文件备案审查工作情况的报告，提出要坚持有件必备、有件必审，增强制文、审文能力等意见建议，逐步提升了规范性文件的发文质量。

各位代表，在一年的实践中，我们深深体会到：依法履职是推进民主法治建设的基本准则。因此，我们始终坚持正确处理监督与支持的关系，促进“一府两院”依法行政、公正司法。实践证明，只有坚持依法履职，在监督中积极探索、创新、实践，人大工作才会有地位、有作为、有影响。

三、高度关注民生，紧紧围绕解决群众关心的热点难点问题，着力促进幸福常德建设

*高度关注城乡居民安全饮水。*年初，常委会决定本届着重围绕“水”开展调查研究，并一年突出一个主题。6—10月，常委会围绕“城乡居民安全饮水”问题，组织力量，深入调研，提出了加强水源地建设、分类治理水源污染、抓好安全饮水工程建设等一系列意见建议，并在市委常委第20次会议上作了情况汇报。市委明确：“要把城乡居民安全饮水作为幸福常德建设的一号工程来抓”，并提出了“六个一”的工作措施，要求市政府对全市城乡居民安全饮水问题作出规划；向市人大常委会提出水源地建设和保护的议案；拿出规范投肥养殖和畜禽养殖的规定；在2014年省人代会上，提出保护沅水和澧水的议案，并做好向全国人代会提出议案的准备；加快陬市污水处理厂建设；启动“引黄入常”可行性研究等前期工作。目前，陬市污水处理厂已经启动建设；市、县、乡、村四级水源地划分、确定和保护工作，规模养殖污染治理工作等正在制定方案。我市开展“城乡居民安全饮水”调研引起了省人大常委会的高度关注，得到了相关领导的充分肯定。12月，省人大常委会《工作简报》全文刊发了我市的调研报告。

*深入开展“五行”活动。*环保世纪行以“生态常德、你我共建”为主题，开展了大气污染防治、水源地保护等相关行动；组织评选出10名“常德生态卫士”，对他们的事迹进行了集中宣传。农产品质量安全行推进安全监管，开展专项整治，实施品牌创建，促进了食品安全和农民

增收。7月上旬,成功承办了全省“三湘农产品质量安全行”现场经验交流会,我市强化畜禽水产品质量安全监督的做法受到广泛好评。去年,我市这方面的工作被“三湘农产品质量安全行”组委会评为全省第一名。农民健康行督促市政府加大环境整治投入,兴建垃圾、污水处理设施,使全市农村环境卫生状况继续朝好的方向发展。去年,我市这方面的工作被“三湘农民健康行”组委会评为全省先进。民族团结进步行动重点支持桃源县青林回维乡莫南回维村通村公路、堰塘整治、油茶低改、敬老分院等项目建设,促进了民族地区的经济发展,增进了民族团结。司法公正常德行以“推进司法公开、提升司法公信”为主题,督促审务、检务、警务和狱务不断扩大公开领域和公开程度。去年,市中级人民法院实行了裁判文书上网等“六公开”,市人民检察院开通了执法办案网上监督平台,市公安局开通了阳光警务执法办案查询系统,市司法局将监狱、戒毒、法律援助等事项进行了公开。同时,关注市城区基层派出所建设,11月,开展专题调研,针对区域布局不合理、警力配备不足和办公用房不够等问题,建议市政府将这项工作纳入“完美社区”建设范围统筹解决。加强法院审判工作监督,全年共组织省、市人大代表96人次旁听市中级人民法院庭审3场次。

助力推进全面小康建设。4月,听取了2017年建成全面小康社会工作情况的报告,提出了加强领导、搞好统筹、攻克难点等意见建议,助推全面小康建设稳步发展。6月,听取和审议了农村扶贫工作情况的报告,提出了整合涉农项目倾斜扶贫、提升造血功能支持扶贫、巩固民生底线保障扶贫等意见建议。市政府及其相关部门加大点村建设力度、积极推进产业扶贫、扎实开展社保救助,贫困地区群众的生产生活条件得到改善。8月,听取和审议了生态市建设工作情况的报告,提出的健全工作机制、推进项目建设、强化行业监管等意见建议在市政府工作中逐步得到落实。11月,听取了物业管理工作情况的报告,督促市政府及其相关部门重视物业管理工作、健全物业管理制度、清理化解各种矛盾,这方面的工作也有了一些起色。

督促解决人民信访合理诉求。对于群众的来信来访,常委会创新工作方式,探索实行律师陪同接访、涉访部门负责人参加接访等方式;发挥代表作用,拓宽人民群众信访诉求渠道;规范工作流程,将涉法涉诉信访件归口到内司委集中处理,做到了有访必接、有信必办。一年来,共受理各类信访1935件次、来访726批次1619人次。其中,一些重要信访件和历史遗留问题,在常委会的督办下得以解决。比如,鼎城区灌溪镇五里岗村3组村民不服土地征收补偿款分配的信访件历时近四年,经常委会持续督办,于去年8月办理终结。

各位代表,在一年的实践中,我们深深体会到:坚持为民谋利是人大工作的根本目标。因此,我们始终把实现好、维护好和发展好人民群众的根本利益,作为我们工作的出发点和落脚点。实践证明,只有密切关注人民群众的冷暖疾苦,感知他们的所乐、所忧、所盼,人大工作才能顺民心、合实情、见成效。

四、夯实工作基础,紧紧围绕发挥代表主体作用,着力加强代表工作

积极开展代表履职培训。换届后,常委会把代表培训作为开局重点工作之一,有计划地开展代表培训工作。去年，市、县人大常委会整体联动，先后组织开展了全国人大代表初任培训、省代表履职培训、省代表小组组长培训、区县(市)人大常委会主任培训和县乡人大代表培训等专题培训共24场次，参训代表达到3200多人次。

跟踪督办代表意见建议。常委会通过集体交办、重点督办、跟踪回访和二次督办，推动代表意见、建议办理从“答复满意”向“结果满意”转变。市六届人大一次会议上提出的227件代表意见、建议已经全部办结并答复代表。其中，201件已经解决或正在解决，占88.5%；26件因条件不具备没有解决，已向提出意见、建议的代表进行了解释说明，占11.5%。

努力畅通代表知政渠道。出台了《常德市人大常委会组成人员联系人大代表制度》，并将每年4月定为“集中走访联系代表活动月”，扎实开展了常委会组成人员联系代表、代表联系选民的“双联”活动。去年，我市“双联”工作被省人大常委会评为全省先进。认真落实代表知情知政的各项具体措施，完善了代表列席市人大常委会会议制度；寄发政务资料、邮送人大专刊，向代表及时通报各级重要会议精神和常委会工作情况。8月，组织召开政情通报会，市长通报了全市经济社会发展和政府工作情况。一年来，共邀请和推荐代表列席市人大常委会和市政府全体会议、常务会议105人次，参加执法检查、视察调研和工作评议112人次；共推荐230多名代表参与了行业监督、行风评议等活动，进一步拓宽了代表知情知政渠道。

加强代表履职服务工作。常委会从组织、制度和阵地三个方面着力，建立健全闭会期间代表活动的工作网络，全市共建立省人大代表小组9个、市人大代表小组39个。坚持全程参与、细致服务，代表小组活动开展得比较扎实。精心组织国、省人大代表围绕“泛湘西北交通基础设施建设”和“环洞庭湖生态经济圈建设”集中视察调研，提出了关于津澧融城、修建黔张常铁路和长益常城际铁路以及三峡水库运行后对西洞庭湖区的影响及对策等意见建议。探索代表履职量化考核机制，建立代表履职档案，开展了代表履职登记工作。依法审查了由相关区县(市)人大及其常委会另选、补选的14名市人大代表的资格，补选省人大代表1人，审查终止市人大代表资格11人。

一年来，各位代表心系群众，积极听取和反映民意，闭会期间向“一府两院”提出意见建议500多条，发挥了维护人民群众利益“代言人”的作用；以帮助群众排忧解难为己任，为群众办实事220多件、调解纠纷430多起，发挥了构建和谐社会“连心桥”的作用；做好本职工作，注重示范引导，带领群众投身“新常德新创业”的发展实践，发挥了推进我市经济社会发展“排头兵”的作用。

各位代表，在一年的实践中，我们深深体会到：为代表服务是常委会工作的重要内容。因此，我们始终不忘为代表依法履职提供便利、创优环境，不断改进代表工作。实践证明，只有优质服务代表履职，充分发挥代表的智慧、力量、作用，人大工作才会根基牢、活力足、效果好。

五、狠抓队伍强能，紧紧围绕提升人大依法履职水平，着力加强人大自身建设

狠抓“五型”机关建设，创建“市级文明标兵单位”成效明显。去年，我们侧重“学习型”机关建设，组织开展了集中学习、领导轮流讲课、调研报告和学习心得评选、诗书画影展览等活动，展示“五型”机关建设成果的《印痕》一书结集印发。“文明型”机关建设以争创市级文明标兵单位为目标，组团参加市六届运动会、组织青年志愿者进社区、开办道德讲堂等主题活动丰富多彩。9月，成功承办了全市文明单位创建工作现场会；12月，文明创建年终受检全面合格。“廉洁型”机关建设组织开展廉政公开承诺签名、武陵监狱警示教育和“读书修德、读书思廉”等活动，严格落实中央、省委、市委关于改进作风等一系列规定，勤政廉政建设不断加强。同时，注重增强干部职工服务意识，提高依法办事水平，“服务型”和“法治型”机关建设同步推进。

着眼促进问题解决，扎实开展专项工作调研。一年来，常委会按照年度调研课题安排，先后组织开展议题调研、视察调研和民生调研40项，一批调研成果为市委科学决策提供了重要参考，为人大依法监督提供了重要依据，为“一府两院”推进工作提供了重要意见。同时，积极配合省人大常委会开展了城市管理条例、散居少数民族工作条例、工资集体协商条例等6部地方性法规的立法调研和修改意见征集工作。

开展理论研讨和新闻宣传，人大工作影响不断扩大。10月，坚持理论联系实际，组织召开了全市人大制度理论研讨会。积极参加全省理论研讨，我市论文获奖数量和等次在全省位居前列。不断加强新闻宣传，门户网站上稿量和访问量大幅增加，一批优质稿件被上级媒体转载刊发，其中2篇分获国家和省级“宣传人大制度好新闻奖”。机关刊物《人大传真》成功改版，“代表风采”栏目对张勇、唐纯松等23名代表的履职事迹进行了宣传报道。

修订完善工作制度，工作程序进一步规范。年初，修订完善了常委会党组议事规则、工作例会制度、机关工作人员录用制度等51项制度。严格落实目标管理绩效考核办法，有效促进了机关工作水平的提高。6月，出台了《市人大常委会决议、决定执行和审议意见研究处理督办办法(试行)》，有力促进了决议决定执行和审议意见研究处理的规范化、制度化。

各位代表，在一年的实践中，我们深深体会到：加强自身建设是提升履职水平的重要途径。因此，我们始终坚持以学习促提升、以制度促规范、以实绩树形象，致力加强“五型”机关建设。实践证明，只有自觉练好内功，提高自身的素质、能力、水平，人大工作才能有底气、有正气、有朝气。

各位代表，回顾过去的一年，我们不仅非常重视做好“规定动作”，而且非常重视推进改革创新。一是在审计整改的监督上，针对部分单位对审计报告指出问题整改不主动、不到位、不彻底的问题，连续3次听取整改情况汇报，坚持问题不解决不放手。这一举措，使一些屡审屡犯问题得到了有效解决。二是聘请专业人员对常委会组成人员的审议发言进行速录整理，在第一时间原汁原味地向市委报告、向政府反馈。这一方式，有效激发了常委会组成人员审议发言热情，明显提高了会议审议质量。去年，共速录整理《审议发言》15期，如实反映审议意见350多条。三是为加强对政府融资的监督，在认真调研的基础上，制订了规范政府融资行为的工作流程，推动建立了融资月报制度。这一创新，为督促市政府切实防控债务风险起到了一定作用。四是在执法检查中，以“促进问题解决”为出发点，增加“问题收集”环节，创新设计“自查自纠、重点抽查、意见归类”三类统计表格，根据前期调研，列出主要问题、案件线索“清单”。这一办法，明显增强了执法检查实效。五是注重发挥工作评议作用，在会议评议阶段，改进专题询问方式，采取“列提纲”问、“接二连三”问的方式，问出了真情、问出了压力、问出了效果。一份努力一分收获。常委会坚持依法履职、务实创新，促进了我市人大工作水平的进一步提升。

各位代表，过去的一年，是市六届人大常委会“踏石”“抓铁”开新局的一年。我们深知：一年来，常委会所取得的这些成绩，是市委正确领导、大力支持的结果，是“一府两院”和各级人大密切配合、协同奋进的结果，是常委会组成人员、专委会组成人员、人大代表和机关工作人员辛勤工作、共同努力的结果。在此，我谨代表市人大常委会，向全体代表，向所有关心、支持人大工作的各界人士和朋友，表示衷心的感谢和崇高的敬意！

回顾一年来的工作，我们也清醒地认识到，人大工作还面临许多新情况、新问题：如何更好地坚持党的领导、人民当家作主和依法治国三者有机统一，我们还要更加自觉和坚定；如何行使好重大事项决定权、监督权和人事任免权，我们还要更加勤勉和尽责；如何围绕全市工作大局，推动全市经济社会持续健康发展，不断增进人民福祉，我们还要更加主动和努力。在新的一年里，我们一定加强学习，勤奋工作，努力取得新的成绩。

2014 年工作思路和主要任务

各位代表！党的十八届三中全会明确了全面深化改革的总目标、总任务，对加强社会主义民主政治制度建设提出了新要求。我们一定要认真地、扎实地把党的十八届三中全会精神贯彻落实到人大工作当中去。

今年，市人大常委会工作的指导思想是：**深入贯彻落实习近平总书记系列讲话精神和党的十八大及十八届二中、三中全会精神，始终坚持党的领导、人民当家作主和依法治国三者有机统一，牢牢把握新常德新创业总要求，紧紧围绕打好民生升温、园区攻坚、城市提质“三大战役”，依法履职，探索创新，维护大局，促进发展，不断开创人大工作新局面。**

根据这一指导思想，今年，常委会将着重抓好以下五个方面的工作。

一、以服务“新常德新创业”为中心，切实履行法定职责

坚持重要工作和重大事项及时向市委报告，真正把党的领导落实到人大工作的各个方面。建议市委召开市委人大工作会议，切实解决人大工作中的突出问题，促进全市人大工作深入开展。

紧扣“新常德新创业”总要求，依法行使重大事项决定权，紧紧抓住影响、制约、阻碍常德发展的重大问题、瓶颈要素和主要矛盾，及时作出决议决定。

适时听取和审议市政府关于国民经济和社会发展计划执行情况、预算执行情况、财政收支审计情况、融资计划安排和资金使用情况、项目建设情况和城市提质工作情况等专项工作报告。

全面启动政府全口径预算决算审查监督，推动建立包括公共财政预算、政府性基金预算、社保基金预算和国有资本经营预算在内的全口径预算体系。启动财政专项资金使用绩效的监督，促进政府充分发挥财政资金使用效益。

认真开展经济和信息化以及规划、教育、林业、安全生产监督管理等五项工作评议，进一步搞好专题询问。

加强督办工作，督促“一府两院”认真落实市人大常委会决议决定，研究处理审议意见。

继续抓好规范性文件备案审查工作，切实维护法制统一。

依法行使人事任免权，进一步完善法律考试、任职发言、投票表决等任免工作环节，并切实加强任后监督。

二、以助推“幸福常德”建设为重点，切实促进民生改善

督促市政府落实“幸福常德”一号工程建设，加强对禁止水源地投肥养殖、规范畜禽养殖、防治农村面源污染、治理乱开滥采等工作的监督，组织开展工作视察，听取和审议市政府相关工作情况的报告，推进城乡居民安全饮水年度工作任务的完成。

开展农民财产权益保护、农民专业合作社发展情况调研，加强食品和药品安全监督管理，督促“三保三就”和生效法律文书执行难等问题的解决，维护群众合法权益，促进社会公平正义。

继续推进“五行”活动，每“行”突出一个主题，重点解决一个方面的实际问题。环保世纪行以“防治大气污染、建设绿色常德”为主题，着重督促治理大气污染；农产品质量安全行以“生态养殖”为主题，着重督促解决畜禽水产品质量安全问题；农民健康行以“推进乡村环境卫生工作、改善农民健康生活条件”为主题，着重督促农村厕所无害化改造；民族团结进步行动以“巩固大团结、实现新发展”为主题，着重督促武陵山片区区域发展与扶贫攻坚工作；司法公正常德行以“加强司法监督、提升司法水平”为主题，着重督促提高司法机关的办案质量。

三、以加强闭会期间为代表服务的工作为抓手，切实增强代表工作效能

继续加强代表培训工作，健全培训机制，突出培训重点，不断提高代表的履职能力。

深入开展常委会组成人员联系代表、代表联系选民的“双联”活动，推进“双联”工作的制度化、常态化。进一步畅通代表知情知政渠道，认真组织专题视察和专项调研。

完善闭会期间活动方式，组织、引导代表参加视察调研、执法检查、工作评议和工作督办，发挥代表主体作用。

创新办理代表建议、批评和意见的方式方法，加大重点建议督办力度，专题听取和审议相关部门建议办理情况的报告，并进行满意度测评，促进解决代表关注的热点、难点问题。

大力推进代表联系群众工作，增强各级代表的履职责任。指导建成一批“人大代表联系群众工作室”，促进闭会期间代表联系群众工作的创新发展。

切实加强对区县（市）人大常委会及乡镇基层人大代表工作的联系与指导，提升全市人大代表工作的整体水平。

四、以增强依法履职实效为目的，切实改进工作方式

进一步完善执法检查程序，探索实行新闻发布制度，不断增强执法检查的针对性、实效性和社会影响力。今年,要组织好水法、刑事诉讼法两部法律的执法检查。

进一步健全审计整改长效机制,强化责任追究,加大对审计工作报告指出问题整改的跟踪监督力度,问题不解决不放过。

适时组织旁听庭审的各级人大代表对法院庭审提出意见建议，并将意见建议反馈给相关司法机关,促进公正司法,维护司法权威。

进一步落实监督法“一公开五公布”的相关规定,制定常委会履职公开相关制度,增强人大工作的透明度。

召开人大代表依法履职经验交流会,形成学习先进、争当先进的浓厚氛围。

五、以建设“服务型”机关为侧重,切实加强自身建设

深入推进“五型”机关建设,以“服务型”机关建设为侧重,开展争创“省级文明单位”工作。

认真组织开展党的群众路线教育实践活动,严格落实中央、省委、市委关于改进作风的要求和《党政机关厉行节约反对浪费条例》等党风廉政建设规定,以“钉钉子”的精神,切实抓出成效。

充分发挥市人大各专门委员会、常委会各工作机构的作用,进一步加强机关干部队伍建设。

精选议题开展调研,围绕主题开展宣传,提升人大良好形象。

各位代表,今年,常委会在努力实施以上五个“切实”的过程中,还要突出抓好五个重点:一是围绕推进“新常德新创业”,就有关重大事项作出决议决定,特别是要重点围绕打好“三大战役”等审议决定好重大事项。二是加强预算决算审查监督,特别是要重点加强政府性债务的监督,促进市政府严格规范举债程序,着力防控债务风险。三是重视民生改善,特别是要重点督促市政府落实市委建设“幸福常德”一号工程的重大部署,加快解决全市城乡居民安全饮水问题。四是切实加强薄弱环节,特别是要重点加强工作监督、法律监督的前期调研和后期督办,促使工作平衡发展。五是继续推进“五型”机关建设,特别是要重点抓好“服务型”机关建设,着力提升服务发展、服务群众、服务代表的能力和水平。

各位代表!党的十八届三中全会对全面深化改革作出了总部署,对坚持和完善人民代表大会制度提出了总要求。我们深感责任重大、使命光荣。我们要紧密团结在以习近平同志为总书记的党中央周围,在中共常德市委的领导下,扎实干事,团结奋斗,忠诚奉献,争先创优,在新的一年里,以新的工作成绩向全市人民交出一份满意的答卷!

规范性文件

常德市人民代表大会常务委员会关于议案和建议、批评、意见的产生及办理的试行办法

（1989年4月29日常德市第一届人民代表大会常务委员会第六次会议通过）

第一条 根据《中华人民共和国地方各级人民代表大会和地方各级人民政府组织法》第十七、十八、十九和四十一条的规定，制定本试行办法。

第二条 依法向本级人民代表大会提出议案和建议、批评、意见，是法律赋予代表的一项重要职权，是代表人民行使管理国家事务、参政议政的一种主要形式。

第三条 市人民代表大会在举行会议的时候设立议案审查委员会，在大会主席团领导下进行工作。议案审查委员会组成人员的人选，由人大常委会在市人大代表中提出建议名单，提请大会预备会议通过。大会秘书处下设议案组，负责议案和建议、批评、意见的收集、整理等具体工作。

第四条 议案一般是指本级人民代表大会及其常务委员会职权范围内的本行政区域内带根本性的、全局性的、群众最关心而又要求列入代表大会及其常务委员会会议议程并作出相应决议的重大事项。

建议、批评和意见是指人大代表向人民代表大会提交的属于本级人民代表大会职权范围内的本行政区域的政治、经济、教育、科学、文化、卫生、民政、民族工作和人民群众关心的重要问题。

第五条 市人民代表大会举行会议的时候，大会主席团、常务委员会、各专门委员会、市人民政府、市人大代表十人以上联名，可以向市人民代表大会提出属于本级人民代表大会职权范围内的议案。大会主席团提出的议案须经主席团会议讨论通过，由大会秘书长签字；常务委员会的议案须经常务委员会会议通过，由常务委员会主任签字；各专门委员会提出的议案，须经各专门委员会会议通过，由各专门委员会主任签字；市人民政府提出的议案须经市人民政府常务会议通过，由市长签字；市人大代表联名提出的议案，由参加的代表签字』在第一名的应为领衔提出议案的代表。

第六条 在市人民代表大会闭会期间，市人大常委会主任会议、市人民政府、市人民代表大会各专门委员会、常务委员会组成人员五人以上联名，可以向市人民代表大会常务委员会提出属于常务委员会职权范围内的议案。

第七条　议案要根据事实清楚、理由充分、方案可行、一事一案的原则提出，用钢笔或毛笔书写清楚。并附有详细的情况和解决问题的具体意见。

议案和建议、批评、意见表填写后，在代表大会期间以代表团集中送交大会秘书处议案组。议案须在大会主席团规定的截止时间前送交。

第八条　市人民代表大会举行会议的时候，大会秘书处议案组将收集到的议案送议案审查委员会审议，提出意见，由大会主席团决定是否列入大会议程，或者先交有关的专门委员会审议，提出意见，再由主席团决定是否列入大会议程。没有列人大会议程的代表议案，由议案审查委员会转作代表建议、批评和意见。

市人民代表大会闭会期间，市人民政府、市人民代表大会各专门委员会、常务委员会组成人员提出的议案、由主任会议决定提请常务委员会会议审议，或者先交有关的专门委员会审议，提出报告，再请常务委员会会议审议。

第九条　凡与国家宪法、法律、法令、地方性法规、党的路线、方针、政策或市人民代表大会及其常务委员会的决议、决定相抵触的；在事实上有重大出入的；超过截止时间的议案，均不受理。

第十条　在审议议案时，涉及议案内容的有关机关应派人到会听取意见，回答代表提出的询问。

第十一条　提出的议案，在交付代表大会或常务委员会会议表决前，提案人要求撤回的，对该议案的审议即行终止。

第十二条　议案采用举手表决的方式，以全体代表或常务委员会全体组成人员的过半数通过，表决结果由会议主持人当场宣布。议案决议一经通过，就具有法律效力，有关机关和全市人民都必须认真贯彻执行。提交大会审议但未获得通过的议案可作建议、批评和意见办理。

第十三条　代表在代表大会上提出的建议、批评和意见，须在代表大会闭会后二十天内由市人大常委会代表联络工作委员会分别转交有关机关研究处理。

第十四条　市人大常委会要明确一位副主任，市人民政府、市中级人民法院、市人民检察院要明确一名副职领导分管代表建议、批评、意见的办理工作。市人大常委会代表联络工作委员会、市人民政府办公室、市中级人民法院办公室、市人民检察院办公室要有一名副主任负责抓好建议、批评、意见办理的督促、检查、审核、协调和总结交流经验等具体工作。市人大常委会和市人民政府、市中级人民法院、市人民检察院，要建立收发登记、核稿送审、会办转办、检查催办、上报归档等制度。

第十五条　各承办单位在收到人大代表的建议、批评和意见后，要有领导负责，落实承办人员，及时研究办理，并上报办理结果。一般要求在六个月内办理完毕。同时用文字回复代表和抄送市人大常委会代表联络工作委员会。

第十六条　各承办单位在办理代表建议、批评和意见时，要遵循党和国家规定的路线、方针、政策，坚持实事求是的原则，注重实效。凡是可以解决的，要抓紧解决；因条件所限暂不能解决的，要积极创造条件，逐步解决；因各种原因不能解决的，要如实向代表说明情况。

第十七条 市人大常委会建立代表建议、批评和意见的反馈制度。代表在接到建议、批评和意见的办理回复以后，如对办理结果有不同意见，应及时填写《代表建议办理情况征询意见表》进行反馈，由市人大常委会代表联络工作委员会督促承办单位重新办理。

第十八条 市人大常委会每年要组织代表对代表建议、批评和意见的办理情况进行视察、检查。在市人民代表大会召开前，市人民政府办公室、市中级人民法院办公室、市人民检察院办公室、市人大常委会代表联络工作委员会应将上次会议以来代表建议、批评和意见的办理情况向市人大常委会报告。

第十九条 本试行办法自通过之日起执行。

常德市人民代表大会常务委员会关于审议、决定重大事项的程序

（1989 年 9 月 6 日常德市第一届人民代表大会常务委员会第八次会议通过）

第一条 为了更好地坚持集体领导和民主集中制原则，使市人大常委会决策更加民主化、科学化和规范化，充分有效地行使决定权，根据《中华人民共和国宪法》、《中华人民共和国地方各级人民代表大会和地方各级人民政府组织法》规定，结合我市实际情况，制定本程序。

第二条 市人大常委会审议、决定的重大事项，一般由市人大常委会主任会议、市人民政府、市中级人民法院、市人民检察院和市人大常委会组成人员 5 人以上联名提出。

第三条 重大事项是否提交市人大常委会审议、决定，由主任会议确定。市人大常委会组成人员和常委会有关工作机构，应围绕拟提请审议、决定的事项开展调查研究。主任会议根据调查研究的情况，根据党的中心和人民群众的迫切要求，按照人大常委会的职权范围，确定是否提请常委会审议、决定。不提请常委会审议的，应当向常委会会议报告并向提请单位和提请人说明。

经主任会议确定提交人大常委会审议、决定. 的重大事项，一般应于常委会会议举行的一个月前通知到常委会组成人员和有关国家机关。有关国家机关和部门要认真做好准备，包括工作报告、调查、汇报材料以及提请审议通过的决议、决定（草案）等，并于常委会会议举行的 7 日前将这些材料送发常委会组成人员。

第四条 市人大常委会审议重大事项的方式，一般包括：举行全体会议，听取市人民政府、市中级人民法院、市人民检察院的工作报告（汇报），听取人大常委会决议、决定（草案）的说明和常委会有关负责人或工作机构对审议事项调查情况的发言，举行小组、联组会议，审议有关国家机关的工作报告（汇报），人大常委会决议、决定（草案）等。

市人大常委会组成人员在审议工作报告（汇报）中，可以就某些问题提出询问，市人民政

府、市中级人民法院、市人民检察院和有关部门负责人应到会听取审议意见，回答询伺。市人大常委会多数组成人员对工作报告（汇报）争议较大，可以中断审议，由有关国家机关或部门修改后，提交下次会议重新审议。

第五条　市人大常委会对重大事项作出决议、决定，均应通过常委会全体会议进行表决。除人事任免事项外，一般采取举手表决方式。表决决议、决定（草案），必须有人大常委会全体组成人员的过半数赞成方能有效。

市人大常委会多数组成人员认为决议、决定（草案）不够成熟，或有较大争议时，可暂不付表决，由主任会议重新研究，确定是否提交下次人大常委会会议审议、表决。

第六条　市人大常委会作出的决议、决定，都要正式公布，通常在市人大常委会《公报》上刊登，在本市报纸上发表，由市人民政府、市中级人民法院、市人民检察院通知所属部门执行。

第七条　本程序自常德市人民代表大会常务委员会通过之日起施行。

常德市人民代表大会常务委员会
关于市人大及其常委会决议、决定贯彻执行的检查制度

（1989 年 9 月 6 日常德市第一届人民代表大会常务委员会第八次会议通过）

一、为了切实维护人大及其常委会决议、决定的严肃性和权威性，保证其全面有效地贯彻实施，根据《中华人民共和国宪法》、《中华人民共和国地方各级人民代表大会和地方各级人民政府组织法》规定，结合我市实际情况，制定本制度。

二、市人大及其常委会作出的决议、决定，由市人民政府、市中级人民法院、市人民检察院贯彻执行。

三、市人民政府、市中级人民法院、市人民检察院，对市人大及其常委会的决议、决定要高度重视，认真学习和宣传，制定切实可行的贯彻措施，书面通知所属单位，积极组织实施，并向市人大常委会报告贯彻执行情况。

四、区、县（市）人大常委会要保证市人大及其常委会决议、决定在本行政区域内的遵守和执行，并向市人大常委会报告执行情况。

五、市人民代表大会举行会议期间，一般要听取市人民政府、市中级人民法院、市人民检察院关于上次人民代表大会有关重要决议、决定贯彻执行情况的汇报。

六、市人大常委会举行会议期间，可视需要听取市人民政府、市中级人民法院、市人民检察院关于市人大常委会有关决议、决定贯彻执行情况的汇报。

七、市人大常委会各工作机构在市人大及其常委会决议、决定作出后，要及时组织专题调查，了解情况，总结经验，发现问题，并就市人民政府、市中级人民法院、市人民检察院对决议、决定的贯彻执行情况向市人大常委会写出专题报告。

八、市人大常委会要组织人大代表开展视察、检查、督促市人民政府、市中级人民法院、市人民检察院对决议、决定的贯彻执行,及时反映并督促解决视察中发现的问题。

九、市人大常委会组织执法检查时,应将市人大及其常委会有关决议、决定的贯彻执行情况列入检查内容。

十、对市人大及其常委会决议、决定执行不力或没有执行的国家机关或部门,市人大代表、常委会组成人员有权向国家机关或部门提出询问,受询问的机关或部门应作出认真答复,积极进行整改。

十一、本制度自常德市人民代表大会常务委员会通过之日起施行。

常德市人民代表大会议事规则

(1997年3月29日常德市第二届人民代表大会第五次会议通过)

第一章　总　则

第一条　根据《中华人民共和国宪法》、《中华人民共和国地方各级人民代表大会和地方各级人民政府组织法》、《中华人民共和国全国人民代表大会和地方各级人民代表大会选举法》、《中华人民共和国全国人民代表大会和地方各级人民代表大会代表法》和有关地方性法规的有关规定,结合市人民代表大会的实际情况,制定本规则。

第二条　市人民代表大会会议实行民主集中制原则,充分发扬民主,严格依法办事,集体行使职权。

第二章　会议的准备

第三条　市人民代表大会会议由市人民代表大会常务委员会召集。每届市人民代表大会第一次会议,在本届市人民代表大会代表选举产生后两个月内,由上届市人民代表大会常务委员会召集。

第四条　市人民代表大会会议每年至少举行一次。

市人民代表大会常务委员会认为必要,或者经过五分之一以上代表提议,可以临时召集市人民代表大会会议。

第五条　市人民代表大会常务委员会在市人民代表大会会议举行前,进行下列准备工作:

(一)决定会议召开的日期;

(二)提出会议议程草案;

(三)提出大会主席团和秘书长名单草案以及大会需要设立的委员会组成人员名单草案;

(四)确认新选和补选出的市人民代表大会代表的代表资格;

(五)决定列席会议人员名单;

(六)会议有关报告材料和其他事项。

市人民代表大会常务委员会应当在市人民代表大会会议举行三十日前，将开会日期和建议会议审议的主要事项通知代表，并督促有关机关在会前将准备提请会议审议的政府工作报告草稿、全市上年国民经济和社会发展计划执行情况和当年国民经济和社会发展计划草案的报告草稿以及上年财政预算执行情况和当年财政预算草案的报告草稿发给代表。临时召开的市人民代表大会会议,不适用本款规定。

第六条　代表因病或者其他特殊原因不能出席市人民代表大会会议应当请假。会议举行前请假的,应当经代表所在选举单位的区、县(市)人民代表大会常务委员会转报市人民代表大会常务委员会主任批准;会议期间请假的,应当经大会秘书长批准;会议期间请假时间不超过一天的,应当经所在代表团团长批准。

未经批准两次不出席市人大代表大会会议的,其代表资格终止。

第七条　市人民代表大会会议举行前,召开预备会议。

第八条　在市人民代表大会举行预备会议前,代表以区、县(市)为单位组成代表团。

代表团团长、副团长由代表团全体会议推选。代表团团长负责召集并主持代表团全体会议,副团长协助团长工作。

代表团可以分设若干代表小组。代表小组会议推选小组召集人。

第九条　市人民代表大会常务委员会提请预备会议通过的事项，先由代表团全体会议讨论或在小组会议讨论。

市人民代表大会常务委员会主任会议根据各代表团提出的意见,可以对会议议程草案、主席团和秘书长名单草案以及其他事项的决定草案提出调整意见,提请预备会议审议。

第十条　市人民代表大会预备会议由市人民代表大会常务委员会主持。每届市人民代表大会第一次会议的预备会议,由上届市人民代表大会常务委员会主持。

第十一条 市人民代表大会预备会议的议程为:

(一)通过市人民代表大会会议议程;

(二)选举市人民代表大会会议主席团和秘书长;

(三)决定市人民代表大会议案审查委员会、财政预算审查委员会组成人员;

(四)决定市人民代表大会会议其他准备事项。

第十二条　市人大代表大会预备会议表决各项议程,采用举手方式,以全体代表的过半数通过。

第三章　会议的举行

第十三条 市人民代表大会会议必须有三分之二以上的代表出席,始得举行。

第十四条 市人民代表大会会议由主席团主持。主席团履行下列职责:

(一)主持市人民代表大会全体会议;

(二)领导市人民代表大会各专门委员会的工作;

(三)向会议提出议案和各项决议、决定草案;

（四）组织审议列入会议议程的事项；

（五）主持市人民代表大会会议的选举，提出选举的具体办法草案；

（六）通过财政预算审查报告、代表议案和建议、批评、意见处理报告，决定质询案的处理办法，提出罢免案的处理意见；

（七）发布公告；

（八）其他需要由主席团决定的事项。

主席团的决定，由主席团成员的过半数通过。

第十五条 主席团第一次会议由市人民代表大会常务委员会主任召集。每届人民代表大会第一次会议的第一次主席团会议由大会秘书长召集。

主席团第一次会议的议程为：

（一）推选主席团常务主席；

（二）推选代表大会各次全体会议的执行主席；

（三）决定大会副秘书长；

（四）决定代表大会会议日程；

（五）决定议案提出和处理办法；

（六）通过代表建议、批评、意见提出的注意事项；

（七）决定表决议案的方式；

（八）决定代表提出议案的截止时间；

（九）其他重要事项。

第十六条 主席团常务主席召集并主持主席团会议。

主席团常务主席可以对属于主席团职权范围内的事项向主席团提出建议，并可以对会议日程安排作必要的调整。

主席团常务主席可以召开代表团团长会议，就会议审议的重大问题听取意见，进行讨论，并将讨论的情况和意见向主席团报告。

主席团常务主席可以就重大的专门性问题，召集或者委托有关的专门委员会召集有关代表进行讨论，必要时，可通知市人民政府及其所属有关部门和市中级人民法院、市人民检察院负责人参加会议，汇报情况。回答问题，并将会议讨论的情况和意见向主席团报告。

第十七条 主席团可以召开大会全体会议组织大会发言，就有关议案和报告发表意见。

第十八条 市人民代表大会设立秘书处。秘书处由秘书长、副秘书长若干人组成，并根据工作需要下设若干工作机构。

秘书处在秘书长的领导下，办理主席团交付的有关事项，处理会议日常事务工作。副秘书长协助秘书长工作。

第十九条 市人民政府组成人员、市中级人民法院院长、市人民检察院检察长，列席市人民代表大会会议；其他有关机关、团体负责人，经市人大常委会决定，可以列席人民代表大会会议。

列席会议的人员,可以在代表团全体会议或者小组会议上发言,但没有表决权。

第二十条　市人民代表大会会议公开举行。大会会议期间,代表在会议上的发言,由大会秘书处整理简报,印发会议。

市人民代表大会会议期间,大会秘书处可以举行新闻发布会、记者招待会。

第四章议案的提出和审议

第二十一条　主席团、市人民代表大会常务委员会、市人民代表大会专门委员会、市人民政府、市中级人民法院、市人民检察院、代表十人以上联名,可以向市人民代表大会提出属于市人民代表大会职权范围内的议案,并应在议案中写明案由、案据和方案。

代表提出的议案,由大会秘书处摘要印发。

第二十二条　主席团、市人民代表大会常务委员会、市人民代表大会专门委员会、市人民政府、市中级人民法院、市人民检察院依法提出的议案,由主席团决定提交市人民代表大会会议审议,或者并交代表大会有关委员会审议,提出报告,再由主席团决定提交大会表决。

代表十人以上联名依法提出的议案,由主席团决定是否列入大会议程,或者先交代表大会有关委员会审议并提出意见,再由主席团决定按下列办法处理:

(一)列入会议议程。

(二)不列人大会议程的议案,改作建议、批评、意见处理。

(三)对代表的建议,也可以由大会秘书处在会议的期间组织现场交办。

主席团通过的关于代表提出的议案处理意见的报告,应当印发代表。

第二十三条　列入会议议程的议案,提案人应当向会议提出关于议案的说明。

第二十四条　市人民代表大会审议议案可以在代表团小组会议或全体会议上进行,必要时,经主席团决定,也可以在大会全体会议上进行。

第二十五条　代表团或大会全体会议审议议案时, 有关机关负责人必须到会听取代表的意见,回答代表的询问,并向会议提供有关资料。

第二十六条　对列入会议议程的议案,如有重大问题需要进一步调查研究的,经主席团提出,大会全体会议决定,可以授权市人民代表大会常务委员会审议决定,并报市人民代表大会下次会议备案,或者提请市人民代表大会下次会议审议。

第二十七条　列入会议议程的议案,在交付大会全体会议表决前,提案人要求撤回的,经主席团同意,会议对该项议案的审议即行终止。

第二十八条　代表提出的对各方面工作的建议、批评和意见,由市人民代表大会有关专门委员会或常务委员会有关工作机构交由有关机关办理。承办机关应当在大会闭会之日起三个月内,至迟不超过五个月将处理情况答复代表,并抄送市人民代表大会常务委员会有关工作机构。代表对答复不满意的,可以提出意见,由市人民代表大会常务委员会有关工作机构交由有关机关再作研究处理,答复代表。

市人民政府、市中级人民法院、市人民检察院和市人民代表大会常务委员会有关工作机构,应当向市人民代表大会常务委员会提出代表建议、批评、意见办理情况的报告。

第五章审议工作报告审查计划和预算

第二十九条 市人民代表大会每年举行会议的时候,市人民代表大会常务委员会、市人民政府、市中级人民法院、市人民检察院应当向会议作工作报告,提请会议审议。

第三十条 各代表团应将代表在审议各项报告中提出的意见进行修理后送交大会秘书处,由大会秘书处汇总向主席团报告。

各报告机关应根据代表提出的意见对其报告进行修改,并将修改情况的专题报告由报告人署名印发会议。

第三十一条 市人民代表大会举行会议三十日前,市人民政府有关部门应将全市上年国民经济和社会发展计划执行情况、财政预算执行情况以及当年国民经济和社会发展计划和财政预算编制情况,向市人民代表大会有关机构和市人民代表大会常务委员会分别作出汇报。并按照市人民代表大会有关机构和常务委员会的审议意见进行必要的修改。

第三十二条 市人民代表大会每年举行会议的时候,市人民政府应当向会议作关于全市上年国民经济和社会发展计划执行情况以及当年国民经济和社会发展计划草案报告,关于全市上年财政预算执行情况和当年财政预算草案的报告,并将当年国民经济和社会发展计划主要指标草案、财政预算指标草案,一并印发会议进行审议。

第三十三条 会议期间市人民代表大会有关委员会,要根据代表的审议意见,对计划和财政报告进行审查,并向主席团提出审查报告,经主席团通过后,印发会议。

第三十四条 市人民代表大会听取和审议各项工作报告以及国民经济和社会发展计划报告、财政预算报告后,应作出相应的决议。决议草案,经主席团讨论,由各代表团审议,大会秘书处根据主席团和代表团审议提出的意见进行修改,经主席团通过后,提交大会全体会议表决。

第六章　选举、辞职和罢免

第三十五条 市人民代表大会会议依法选举市人民代表大会常务委员会组成人员、市人民政府市长、副市长、市中级人民法院院长、市人民检察院检察长,以及由本市选举的省人民代表大会代表,通过市人民代表大会专门委员会组成人员的人选。

第三十六条 市人民代表大会会议选举市人民代表大会常务委员会组成人员,市人民政府市长、副市长、市中级人民法院院长、市人民检察院检察长,以及省人民代表大会代表,严格按照该次市人民代表大会全体会议通过的选举办法进行。

市人民代表大会专门委员会组成人员的人选,由主席团在代表中提名,大会通过。

第三十七条 市人民代表大会换届选举本级国家机关领导人员时,提名、酝酿候选人的时间不得少于两天。

第三十八条 市人民代表大会会议选举,应当当场公布候选人的得票数,并由大会执行主席当场宣布当选人。

市人民检察院检察长的当选，须报经省人民检察院检察长提请省人民代表大会常务委员会批准。由本市选举的省人民代表大会代表须报经省人民代表大会常务委员会代表资格审查委员会确认。其他各项选举的当选人名单，由主席团发布公告。

第三十九条　市人民代表大会常务委员会组成人员、市人民政府市长、副市长、市中级人民法院院长、市人民检察院检察长在大会期间向市人民代表大会提出辞职的，由主席团将其辞职请求交各代表团审议后，提请大会全体会议表决；在大会闭会期间提出辞职的，由市人民代表大会常务委员会主任会议将其辞职请求提请常务委员会审议决定。常务委员会决定接受辞职的，应当报请市人民代表大会下次会议备案。

接受市人民检察院检察长的辞职，须报经省人民检察院检察长提请省人民代表大会常务委员会批准。

第四十条　市人民代表大会举行会议的时候，主席团、常务委员会或者十分之一以上代表联名，可以提出对市人民代表大会常务委员会组成人员、市人民政府组成人员、市中级人民法院院长、市人民检察院检察长和由本市选出的省人民代表大会代表的罢免案，由主席团交各代表团审议后，提请大会全体会议表决；或者由主席团提议，经大会全体会议表决，组织调查委员会进行调查，由市人民代表大会下次会议根据调查委员会的报告审议决定。

罢免案应当写明罢免理由，并提供有关材料。

罢免案提请大会全体会议表决前，被提出罢免的人有权在主席团会议或者大会全体会议上作出申辩，或者书面提出申辩意见，由主席团印发会议。

罢免案的表决采用无记名投票方式，以全体代表的过半数通过，表决结果由主席团发布公告。

第四十一条　市人民代表大会罢免市人民检察院检察长的职务，须报经省人民检察院检察长提请省人民代表大会常务委员会批准。

罢免本市选出的省人民代表大会代表，须报经省人民代表大会常务委员会备案。

第七章询问和质询

第四十二条　主席团、专门委员会和各代表团审议议案和有关报告时，可以向有关国家机关提出询问，有关国家机关负责人应当到会回答询问，听取意见，并对有关议案或者报告作出补充说明。

第四十三条　市人民代表大会会议期间，代表十人以上联名，可以书面提出对市人民政府及其所属各部门和市中级人民法院、市人民检察院的质询案。

质询案必须写明质询对象、质询的问题和内容。

第四十四条　质询案由主席团决定交受质询的机关。受质询机关的负责人必须在市人民代表大会会议期间，在主席团会议、大会全体会议、有关的专门委员会会议或者有关的代表团会议上作出口头答复，或者由受质询机关书面答复。在主席团会议上答复的，提质询案的代表有权列席会议，发表意见；在代表团会议上答复的，其他代表团参加提质询案的代表有权列席会议，发表意见。

提质询案的半数以上代表对答复质询不满意的，可以提出要求，经主席团常务主席会议决定，由受质询机关再作答复。

在代表团会议上答复质询的，有关的代表团应当将答复的情况向主席团提出书面报告。主席团认为必要，可以将报告印发会议。

质询案以书面答复的，应由被质询机关的负责人签署，经主席团决定，可以印发会议或者印发提质询案的代表。

第八章　调查委员会

第四十五条　主席团或者十分之一以上的代表书面联名，可以向市人民代表大会提议组织关于特定问题的调查委员会，由主席团提请大会全体会议决定。

调查委员会由主任委员一人，副主任委员若干人和委员若干人组成。调查委员会组成人员由主席团在代表中提名，或者由各代表团按照大会主席团确定的名额分别在本代表团的代表中提名，大会全体会议通过。

调查委员会可以聘请专家参加调查工作，可以设立必要的工作班子。

第四十六条　调查委员会进行调查的时候，有关的机关、企业事业单位、社会团体和公民，都有责任如实提供情况和材料。提供情况和材料的单位、个人要求保密的，调查委员会应当保密。

调查委员会在调查过程中，可以不公布调查情况和材料。

第四十七条　调查委员会应当向市人民代表大会提出调查报告。市人民代表大会根据调查委员会的报告，可以作出相应的决议、决定。

市人民代表大会可以授权常务委员会在市人民代表大会闭会期间，听取调查委员会的调查报告，作出相应的决议、决定，报市人民代表大会下次会议备案。

第九章发言和表决

第四十八条　市人民代表大会代表在市人民代表大会各种会议上的发言和表决，不受法律追究。

第四十九条　代表根据大会全体会议的程序安排，要求在大会全体会议上发言的，应当在会前向大会秘书处提出，由大会执行主席安排发言顺序；临时要求发言的，须经大会执行主席许可，始得发言。

代表在大会全体会议上发言的，每人就同一议题可以发言两次，第一次不超过十分钟，第二次不超过五分钟。

第五十条　主席团成员或者代表团推选的代表在主席团会议上可以就同一议题发言两次，第一次不超过十五分钟，第二次不超过十分钟。经会议主持人许可，发言时间可适当延长。

第五十一条　市人民代表大会会议表决议案和其他事项，以全体代表的过半数通过。表决结果由执行主席当场宣布。

第五十二条　市人民代表大会表决议案和其他事项，采用无记名投票方式、举手方式或者其他方式，由主席团决定。

第五十三条　市人民代表大会通过的决议、决定，由大会主席团发布公告，并在常德电视台、常德人民广播电台和《常德日报》上公布。

第十章　附　则

第五十四条　本规则由市人民代表大会主席团解释；市人民代表大会闭会期间，由常务委员会解释。

第五十五条　本规则自公布之日起施行。

常德市人民代表大会常务委员会
组织代表活动办法

（1998 年 12 月 29 日常德市三届人民代表大会常务委员会第六次会议通过）

第一章　总　则

第一条　为了保证市人民代表大会代表（以下简称代表）依法行使代表职权，履行代表义务，发挥代表作用，依照《中华人民共和国地方各级人民代表大会和地方各级人民政府组织法》、《中华人民共和国全国人民代表大会和地方各级人民代表大会代表法》和《湖南省实施{中华人民共和国全国人民代表大会和地方各级人民代表大会代表法）办法》、《湖南省县级以上人民代表大会常务委员会监督条例》的有关规定，结合本市实际，制定本办法。

第二条　本办法所称代表活动，是指代表在人民代表大会闭会期间依法开展的各种活动。

代表在闭会期间依法开展活动，也是执行代表职务。

第三条　市人民代表大会常务委员会（以下简称市人大常委会＞组织代表开展闭会期间的活动。

市人大常委会委托区、县（市）人大常委会具体组织本选举单位的代表开展闭会期间的活动。

第四条　市人大常委会及其办事机构、工作机构和市人大专门委员会应当为代表执行职务提供必要的条件和服务。

一切组织和个人都必须尊重代表权利，支持代表执行代表职务。任何组织和个人不得以任何形式于涉或阻碍代表依法执行代表职务。

第五条　在市人大常委会的领导下，市人大常委会选举任免联络工作委员会（以下简称联工委）归口负责代表活动的组织、协调、情况综合等事宜；市人大常委会办事机构、工作机构和市人大专门委员会应当相互配合，各司其职。

第六条 市人大常委会、常委会主任会议（以下简称主任会议）应当经常研究代表工作，对开展代表活动的情况每年年底进行总结，并作为市人大常委会工作报告的内容之一向市人民代表大会报告。

第七条 代表应当积极参加代表活动，认真执行代表职务，严格履行代表义务，全心全意为人民服务。

代表应当采取多种方式经常听取人民群众的意见和要求，回答原选举单位对代表工作和代表活动的询问，协助人民政府推行工作，自觉接受原选举单位的监督。

第二章 联系代表

第八条 市人大常委会应当采取多种方式同代表保持联系。

第九条 市人大常委会组成人员分工联系代表。联系代表的名单由联工委提出，并报请主任会议确定。

第十条 市人大常委会组成人员可以通过个别走访、组织座谈、通讯等形式联系代表。

第十一条 印制统一的《联系和接待代表卡》。市人大常委会组成人员在联系和接待代表时，应当按照要求如实填写，并在每年年底交联工委归口整理后向主任会议报告。

第十二条 市人大常委会召开会议听取和审议市人民政府、市中级人民法院、市人民检察院工作报告和有关议案时，可以邀请代表列席会议，发表意见。列席会议的对象，根据会议的具体情况，由市人大常委会秘书长提议报主任会议确定。

第十三条 主任会议每年年初召开一次代表座谈会，听取他们对人大工作的意见和建议。必要时，可邀请市人民政府、市中级人民法院、市人民检察院以及其他有关单位的负责同志参加。代表座谈会议情况，由联工委整理成会议纪要，印发有关机关和人员。

第三章 组织代表视察、调查、执法检查

第十四条 主任会议根据常委会年度工作要点，每年四季度统一安排一次代表视察活动。必要时，也可以组织部分代表进行专题视察。

视察活动的具体组织者应当向市人大常委会写出视察报告，由主任会议决定转交市人民政府、市中级人民法院、市人民检察院以及其他有关机关和组织。上述机关和组织对代表视察提出的建议和意见应当认真研究办理并按要求向主任会议回复办理结果。

第十五条 代表可以持代表证就地进行视察。根据代表的要求，市人大常委会联系安排代表持代表证就某单位或某方面的工作进行视察。有关单位应当热情接待，如实提供情况。

第十六条 代表进行视察，可以向被视察单位提出建议、批评和意见，也可以提出约见本级或下级有关国家机关负责人。被约见的国家机关负责人或者由他委托的负责人应当听取代表的建议、批评和意见，回答代表的询问。

第十七条 代表个人可以就市人民代表大会及其常委会、市人民政府、市中级人民法院、市人民检察院职权和职责所涉及的事项，进行调查研究，可以随时向市人大常委会提出

对各方面工作的建议、批评和意见。其建议、批评和意见按本办法第二十五条、第二十六条的规定办理。

第十八条 代表根据市人民代表大会或者常委会的决定，参加关于特定问题的调查委员会。

第十九条 代表可以应邀列席市人大常委会会议和市人大专门委员会会议，市人大常委会和市人大专门委员会组织执法检查、调查研究时,可以吸收代表参加。

第二十条 代表视察、调查、执法检查时,不直接处理问题。

第四章 组织代表评议

第二十一条 市人大常委会可以组织代表对市人民政府及其工作部门、市中级人民法院、市人民检察院的工作进行评议。

第二十二条 评议对象由市人大常委会决定。评议时间和内容由主任会议确定。

在评议前,主任会议应当组织代表到被评议机关、有关单位进行调查,听取意见。被评议机关和有关单位应当协助搞好代表评议工作,为代表评议创造条件。

第二十三条 代表进行评议时,被评议机关的主要负责人应当到会汇报工作情况,听取意见,回答询问。

代表评议中提出的问题由主任会议决定转交被评议机关，被评议机关应当认真进行整改,并向市人大常委会报告整改情况。

第二十四条 评议中发现的重大问题,由主任会议责成有关国家机关进行调查处理,限期报告处理结果。必要时可以由主任会议提请市人大常委会会议审议,作出决定。

第五章 办理和督促办理代表建议

第二十五条 代表在市人民代表大会会议期间向市人民代表大会提出的和在闭会期间向市人大常委会提出的对各方面工作的建议、批评和意见(以下简称建议),市人大常委会应当认真办理和督促有关机关认真办理。

办理在市人民代表大会期间提出的建议,应在大会闭会之日起三个月(至迟不超过5个月)内答复代表;代表在闭会期间提出的建议,从收到建议之日起按上述时限办理。

代理对建议办理答复不满意的,有关机关和组织应当再作研究处理,并在收到反馈意见后一个月内作出答复。

第二十六条 代表向市人大常委会提出的对各方面工作的建议，由联工委转交有关机关和组织办理。如属重要建议,由分管代表工作的常委会负责人提请主任会议讨论,提出处理意见。

第二十七条 市人大常委会每年会同市人民政府至少组织一次代表建议办理工作会议,交流经验,表扬先进,提出办理计划,落实办理责任。

第二十八条 督促办理代表建议的具体日常工作由联工委归口负责。

第二十九条 市人大常委会对代表依法提出的临时召集市人民代表大会会议的提议,

主任会议应当及时提请市人大常委会会议作出决定。

第六章　开展代表小组活动

第三十条　代表由选举单位按照便于组织和开展活动的原则组成代表小组。每个代表应当参加由本级人大代表组成的一个代表小组。代表小组组建后,应当报市人大常委会备案。

第三十一条　每个代表小组设组长一人,副组长一至二人。正副组长由该组全体代表民主选举产生,并同时报代表选举单位的人大常委会和市人大常委会备案。

第三十二条　每个代表小组应当制定本届和每年的活动规划,制定活动制度。对年度活动规则,应当每半年回顾检查一次,年终进行总结。对规划和制度的执行情况应当有完整的记载。每届最后一年的九月底以前,应当进行全面系统的总结,并同时报代表选举单位的人大常委会和市人大常委会。

第三十三条　每个代表小组每个季度至少组织一次活动。活动由组长组织并主持。组长也可以委托副组长组织和主持小组活动。

代表应当服从组长安排,积极参加代表小组活动。因特殊原因不能参加,须经小组组长同意。

代表参加小组活动,应当有考勤记载。

第三十四条　若干代表小组可以联合开展活动,也可以参加下级人大代表小组活动。

第三十五条　代表小组开展活动,可以邀请或约见有关国家机关负责人。

第三十六条　代表小组活动产生的建议。按本办法第二十条、第二十六条的规定办理。

第七章　组织代表争先创优

第三十七条　市人大常委会组织代表开展"人民选我当代表,我当代表为人民"的争先创优活动。

第三十八条　市人大常委会在每届任期内,开展2—3次代表活动积极分子和先进代表小组评选活动,评比条件和比例由主任会议讨论确定,具体评选由选举单位组织,结果由联工委综合,提请常委会通过,在人民代表大会上表彰。

第三十九条　市人大常委会应当利用机关刊物和其他形式,宣传和推介代表的先进事迹。

第八章　为代表提供服务

第四十条　代表在闭会期间依法开展活动,代表所在单位必须按有关法律法规予以保证。代表参加活动,代表所在单位应当按正常出勤对待,并列入工作实绩考核范围。无固定工资收入的代表参加代表活动,由本级财政根据实际情况给予适当补贴。

第四十一条　少数民族代表执行职务时,有关单位应当在生活习惯等方面给予必要的帮助和照顾。

第四十二条　市人大常委会办事机构、工作机构和市人大专门委员会应当及时为代表传递信息,寄送资料,通报有关情况。

每年下半年,市人民政府、市中级人民法院、市人民检察院应召开一次工作情况通报会,由市人大常委会组织部分代表参加。

第四十三条　市人大常委会应当有计划地开展以学习法律和人大业务知识为主的代表培训活动。每届第一年,由市人大常委会对代表小组组长培训一次。其他代表的培训委托代表所在选举单位的区、县(市)人大常委会组织。

第四十四条　市人大常委会应当建立代表个人档案。代表档案的建档与管理由联工委负责。

第四十五条　有义务协助代表执行职务而拒绝履行其义务，或者阻碍代表依法执行代表职务,或者对代表执行职务进行打击报复的,按《代表法》第三十九的规定,分别给予批评教育、行政处分,直至追究刑事责任。

第九章　附　则

第四十六条　市人大常委会受省人民代表大会常务委员会的委托，依法组织由本市选举产生的省人民代表大会代表开展闭会期间的活动。

第四十七条　本办法自通过之日起执行。市人大常委会1988年11月制定的《常德市人民代表大会党务委员会关于联系市人大代表开展代表活动的暂行办法》同时废止。

第四十八条　本办法由主任会议负责解释。

常德市授予荣誉市民称号办法

(1999年10月27日常德市第三届人民代表大会常务委员会第十二次会议通过)

第一条　为了鼓励和表彰对本市经济建设、社会发展、对外交流合作作出突出贡献、在市内外享有较高声誉和影响的市外人员,根据《中华人民共和国地方各级人民代表大会和地方各级人民政府组织法》的规定,结合本市实际,制定本办法。

第二条　本办法所称市外人员是指外国人、外籍华人、港澳同胞、海外侨胞和其它市外人员。

第三条　具备下列条件之一的市外人员,可授予常德市荣誉市民称号:

(一)为本市引进资金、人才、高新技术和设备,并产生重大效益的;

(二)在促进本市对外交往、交流、建立和发展本市对外友好城市的关系中有突出贡献的;

(三)在本市开发利用资源、生态环境保护中有突出贡献的;

(四)为本市开拓国内外市场,促进经贸合作,有突出贡献的;

(五)对本市农业和能源、水利、交通、通信等基础设施进行开发建设,有突出贡献的;

(六)对发展本市教育、科技、文化、卫生、体育和公益慈善福利事业,有突出贡献的;

(七)在本市其他方面有突出贡献的。

第四条　授予常德市荣誉市民称号按下列程序办理:

（一）市级各机关、人民团体和各区、县（市）人民政府填写《常德市荣誉市民推荐书》，并按下列规定申报：

推荐对象是外国人、外籍华人的，报市人民政府外事主管部门；

推荐对象是华侨、港澳同胞的，报市人民政府侨务主管部门；

推荐对象是其他市外人员的，报市人民政府人事主管部门。

（二）接受申报部门提出初审意见后送市人民政府民政部门。

（三）市人民政府民政部门审查后，向市人民政府提出推荐报告。

（四）市人民政府综合评审后提请市人民代表大会常务委员会审议决定。

（五）由市人民政府举行仪式，颁发《常德市荣誉市民证书》和证章。

《常德市荣誉市民证书》由市长签署。

第五条 本市举行重大庆典活动时，可邀请常德市荣誉市民参加，并给予贵宾礼遇。

第六条 授予常德市荣誉市民称号活动所需经费由市财政列支，专款专用。

第七条 荣誉市民在本市行政区域内遭遇不公正待遇或在从事社会、经济活动时受到严重阻挠、打击报复等，可向本市有关机关提出申诉，有关机关应依照国家有关法律和纪律予以严肃处理。

第八条 荣誉市民因违法犯罪受到法律制裁的，经市人民政府提请市人大常委会决定取消其称号。

第九条 本办法由常德市人民政府民政部门负责组织实施。

第十条 本办法自通过之日起施行。

常德市人民代表大会常务委员会组成人员守则（试行）

（2000年4月22日常德市第三届人民代表大会常务委员会第十六次会议通过）

一、模范遵守宪法、法律，认真执行常德市人民代表大会及其常务委员会的决议、决定，自觉地接受常德市人民代表大会代表（以下简称人大代表）和人民群众的监督，为坚持和完善人民代表大会制度做出自己的贡献。

二、努力学习马列主义、毛泽东思想和邓小平理论，学习宪法、法律，深入钻研人大业务，掌握行使职权所必备的知识，不断提高工作水平。

三、努力工作，以对人民高度负责的精神，切实履行宪法和法律赋予的职责。

四、按时出席常德市人民代表大会常务委员会（以下简称常委会）会议，因病或其他特殊原因不能出席会议，应事先向常委会主任请假并征得同意；不能出席分组会议的，应向小组召集人请假。

如经常不能参加常委会会议，本人应向常委会提出书面辞职。

五、常委会会议举行前，应当根据会议议题进行调查研究，听取人大代表和人民群众的意见，认真做好审议准备；在常委会会议进行审议时，应当围绕议题，积极发言，发言应遵守常委会议事规则；认真参加对议案、决议和决定的表决，并服从依法表决的结果。

六、按时参加常委会安排的视察、执法检查、调查和其他活动。视察、执法检查、调查时不直接处理问题；但发现的问题必须及时指出，并向常委会反映，通过常委会督促有关国家机关认真处理。

七、密切联系人大代表、人民群众，积极参加代表小组活动，深入进行调查研究。

八、清正廉洁，不利用职权谋取私利。

九、严守国家机密。凡属国家规定不应公开的内容，不以任何方式传播，在外事活动中，模范地遵守外事纪律，维护国家尊严和根本利益。

常德市人民代表大会常务委员会人事任免办法

（1993 年 2 月 19 日常德市第二届人民代表大会常务委员会第一次会议通过，根据 2001 年 6 月 28 日常德市第三届人民代表大会常务委员会第二十七次会议《关于修改〈常德市人民代表大会常务委员会人事任免办法〉的决定》修正）

第一章　总　则

第一条　为了做好市人民代表大会常务委员会（以下简称市人大常委会）的人事任免工作，根据《中华人民共和国宪法》、《中华人民共和国地方各级人民代表大会和地方各级人民政府组织法》、《中华人民共和国人民法院组织法》、《中华人民共和国人民检察院组织法》、《湖南省县级以上人民代表大会常务委员会监督条例》等法律、法规的有关规定，结合我市实际，制定本办法。

第二条　对市人大常委会、市人民政府、市中级人民法院、市人民检察院等有关国家机关工作人员的任免，是法律赋予市人大常委会的一项重要职权。

第三条　市人大常委会的人事任免工作，必须贯彻党的德才兼备、任人唯贤的干部路线，坚持民主集中制的原则，严格按照法律规定的程序进行。

第二章　任免范围

第四条　在市人民代表大会闭会期间，常务委员会根据市长的提名，决定个别副市长的任免，决定任免市人民政府秘书长、委（办）主任、局长，并由市人民政府报省人民政府备案。

市人民代表大会换届后，市人民政府应在两个月内，提请市人大常委会决定任命秘书长、各委（办）主任、各局局长等政府组成人员。不再担任原职务的，不需办理免职手续。

第五条　常务委员会根据市中级人民法院院长的提名，任免市中级人民法院副院长、审判委员会委员、庭长、副庭长、审判员。

第六条 常务委员会根据市人民检察院检察长的提名,任免市人民检察院副检察长、检察委员会委员、检察员。

根据市人民检察院检察长的提名,任免市人民检察院的派出机构——地区人民检察院的检察长、副检察长、检察委员会委员、检察员。

根据市人民检察院检察长的提请,批准任免本市各区县(市)人民检察院检察长。

第七条 在市人民代表大会闭会期间,常务委员会根据主任会议或市长的提请,决定撤销个别副市长和市人民政府其他组成人员的职务;根据主任会议或市中级人民法院院长的提请,决定撤销市中级人民法院副院长、庭长、副庭长、审判委员会委员、审判员的职务;根据主任会议或市人民检察院检察长的提请,决定撤销市人民检察院副检察长、检察委员会委员、检察员的职务。

根据主任会议或市人民检察院检察长的提请,决定撤销市人民检察院的派出机构——地区人民检察院检察长、副检察长、检察委员会委员、检察员职务。

第八条 在市人民代表大会闭会期间,常务委员会认为市中级人民法院院长需要撤换,须报请省高级人民法院报经省人民代表大会常务委员会批准。

第九条 在市人民代表大会闭会期间,市长、市中级人民法院院长、市人民检察院检察长因故不能担任职务时,常务委员会根据主任会议的提名,分别在副市长、副院长、副检察长中决定代理市长、代理院长、代理检察长,如果上述副职中没有合适人选,可由主任会议另行提名,经常务委员会会议通过,先任命为副市长、副院长、副检察长、再决定代理市长、代理院长、代理检察长。

常务委员会决定代理检察长后,分别由市人民检察院和市人大常委会报省人民检察院和省人大常委会备案。

在区、县(市)人民检察院检察长因故不能担任职务时,区、县(市)人大常委会决定的代理检察长,分别由区、县(市)人民检察院和区、县(市)人大常委会报市人民检察院和市人大常委会备案。

第十条 在市人民代表大会闭会期间,市人大常委会可以接受市人大常委会组成人员,专门委员会组成人员,市人民政府市长、副市长,市中级人民法院院长,市人民检察院检察长提出的辞职请求。

请求辞职人员应写出辞职报告。

市人大常委会接受辞职后,须报市人民代表大会备案。市人民检察院检察长的辞职,须报省人民检察院检察长提请省人大常委会批准。

常务委员会根据市人民检察院检察长的提请,批准本市各区、县(市)人民检察院检察长的辞职。

第十一条 市人大常委会组成人员不得担任国家行政机关、审判机关和检察机关的职务,如担任上述职务,必须向市人大常委会辞去常务委员会的职务。

第十二条　常务委员会根据主任会议的提名，任免市人大常委会副秘书长，办公室、研究室、工作委员会主任、副主任。

在市人民代表大会闭会期间，常务委员会根据主任会议的提名，补充任免市人民代表大会专门委员会的个别副主任委员和部分委员。

常务委员会根据主任会议的提请，决定撤销市人大常委会副秘书长，办公室、研究室和工作委员会主任、副主任职务；决定撤销市人民代表大会专门委员会的个别副主任委员和部分委员的职务，向下一次市人民代表大会报告。

市人大常委会代表资格审查委员会的主任委员、副主任委员和委员的人选，由主任会议在常务委员会组成人员中提名，常务委员会会议通过。

第十三条 在市人大常委会主任因健康情况不能工作或缺位的时候，由市人大常务委员会根据主任会议提名，在副主任中推选一人代理主任的职务，直到主任恢复健康或者市人民代表大会选出新的主任为止。

第十四条　市人大常委会组成人员四分之一以上联名，可以向市人大常委会提出由市人大常委会任命的国家机关工作人员的撤职案。

第十五条　在市人民代表大会闭会期间，补选湖南省人民代表大会出缺的代表和罢免个别代表。

第三章　任免程序

第十六条　凡由市人大常委会任免的国家机关工作人员，各提请机关在市人大常委会召开会议前七天(换届时还应适当提前)，向市人大常委会选举任免联络工作委员会报送被提请任免人员的下列材料：一、提请任免的报告(名单)；二、基本情况和任免理由；三、考察材料或主要表现简介材料(免职除外)；四、应作从政发言人员的从政发言材料。

第十七条　市人民政府市长、市中级人民法院院长、市人民检察院检察长提出的人事任免，经市人大常委会主任会议决定提交常务委员会会议审议。.

常务委员会主任会议提出的人事任免案由常务委员会会议审议。

第十八条　市人大常委会在审议人事任免事项时，提请人应向常务委员会会议作出说明；提请人不能到会说明的，可以委托副职领导人说明。分组审议时，提请人应到会或者派人到会听取意见，回答有关问题。

第十九条　被提请市人大常委会任命的副市长，市政府秘书长、各委(办)主任、各局局长，市中级人民法院副院长，市人民检察院副检察长应到会作从政发言，并回答常务委员会组成人员提出的有关问题。

第二十条　凡经市人大常委会任免的国家机关工作人员，均由市人大常委会行文，并在市人大常委会《公报》和《常德日报》上公布。需上报备案的，由各提请单位在市人大常委会审议通过任免后办理上报手续。被任免人员在未完成法律程序前不得先行到职或离职，不得对外宣布、登报和广播。其中须报经省人大常委会批准任免的人员职务，应以省人大常委会批准任免的时间为准，并在批准任免后公布。

第二十一条 市人大常委会决定任命的人员，均颁发由常务委员会主任签署的任命书。

第二十二条 市人民政府市长、市中级人民法院院长、市人民检察院检察长、市人大常委会主任会议依照本办法由市人大常委会提出的撤职事项，应当提交书面报告、有关材料和结论，由提请人提请市人大常委会审议决定。

第二十三条 市人大常委会组成人员依照本办法向市人大常委会提出的撤职案，应当写明撤职的对象和理由，并提供有关材料，由主任会议决定是否提交常务委员会会议审议，或者组织特定问题的调查委员会进行调查，由主任会议根据调查报告决定提请常务委员会会议审议。

第二十四条 市人大常委会决定人事事项和补选、罢免省人大代表时，均采取无记名方式表决，以常务委员会全体组成人员过半数通过方为有效。

对提请市人大常委会会议任命而未获得通过的人选，提请机关如果认为必要，可以向市人大常委会会议再次提请任命。经两次未获得通过的人选，在本届人大常委会任期内，不得再提请任命其担任同一职务。

常务委员会会议审议人事任免事项，在交付表决前，提请机关要求撤回的，对该任免的审议即行终止。常委会组成人员对拟任免人选意见不一致时，经主任会议讨论，可以提请常务委员会会议表决，也可以暂不提请表决。

第二十五条 市人大常委会组成人员对被提请任免的国家机关工作人员，可以表示赞成，也可以反对或弃权，但不能另提他人。

第二十六条 市人大常委会会议在表决人事事项时，推选若干名常务委员担任监票人，由会议主持人在工作人员中指定若干名同志计票。

计票完毕，工作人员应填写表决结果报告单，并报告计票情况，由会议主持人当场宣布表决结果。

常德市人民代表大会常务委员会
预算审查监督办法

（2004年12月27日常德市第四届人民代表大会常务委员会第十九次会议通过）

第一条 为了加强预算审查监督，规范预算行为，促进国民经济和社会发展，根据《中华人民共和国预算法》和《湖南省县级以上人民代表大会常务委员会预算审查监督条例》等有关法律、法规的规定，结合本市实际，制定本办法。

第二条 市人民代表大会常务委员会(以下简称市人大常委会)监督市级预算的执行；审查和批准市级预算的调整方案；审查和批准市级决算；撤销市人民政府和区、县(市)人民代表大会及其常务委员会关于预算、决算的不适当的决定、命令和决议。

市人民代表大会财政经济委员会(以下简称市人大财经委员会)负责市本级预算草案、预算调整方案、决算草案的初步审查;承担监督预算执行的具体工作。

第三条　预算的编制应当按照《中华人民共和国预算法》及有关规定,遵循先有预算、后有支出的原则细化预算,编制部门预算。

预算草案应当在财政年度开始前编制完毕。各预算部门、单位应当在规定的时间内完成预算草案的编制工作。

第四条　在预算编制过程中,市人民政府财政部门应通知市人大财经委员会参加预算编制的主要会议,提供编制下一年度预算草案的思路、总体要求和工作安排等相关资料。在市人民代表大会会议举行的三十日前,将本年度预算草案的主要内容提交市人大财经委员会进行初步审查。提交初步审查的材料包括:

(一)预算编制的依据、有关说明;

(二)预算收支总表和政府性基金预算表;

(三)各预算部门、单位的部门预算表;

(四)农业、教育、科技、社会保障支出表;

(五)建设性支出、基金支出类别表及专项支出明细表;

(六)上级财政返还、补助收入和对下级财政返还、补助支出表;

(七)初步审查需要的其他材料。

第五条　市人大财经委员会应当按照真实、合法、效益和具有预测性的原则,对本年度预算草案和部门预算草案的主要内容进行初步审查。预算草案初步审查的重点:预算编制符合法律、法规以及贯彻量入为出、收支平衡原则情况;预算收支结构情况;预算内容完整情况;设置预备费的情况;实现预算拟采取的措施及其他重要问题。

市人大财经委员会可邀请市人大有关专门委员会、市人民政府有关部门、人大代表以及专家对本级预算草案和部门预算草案进行座谈论证。市人民政府有关部门应按照市人大财经委员会的要求,准备相关的背景资料和说明。

第六条　市人大财经委员会对预算草案初审工作结束后,要向市人民政府财政部门提出初审意见和建议。

第七条　市人民政府财政部门应当对初步审查意见进行研究,并及时向市人大财经委员会报告意见的采纳情况和没有采纳的理由。

第八条　市人民政府应当于市人民代表大会举行会议的十日前将预算草案的报告及有关材料提交市人民代表大会。

第九条　经市人民代表大会批准的预算,非经法定程序,不得改变。

第十条　市人民政府财政部门在市人民代表大会批准预算之日起三十日内批复部门、单位预算,并抄报市人大财经委员会。

第十一条 市人民代表大会常务委员会对预算执行情况进行监督，对预算执行中的重大事项可以组织视察或者调查。

市人大财经委员会可以对预算执行中有关问题进行专题调查,市人民政府有关部门、单位应当协助、配合。

第十二条 市人大常务委员会监督预算执行的主要内容是:

(一)执行人民代表大会决议的情况;

(二)为实现预算采取的各项措施的落实情况;

(三)预算收入依法征缴情况;

(四)国库按规定收纳、划分、留解、拨付预算资金以及退库的情况;

(五)按照批准的年度预算和用款计划及时、足额拨付预算资金情况;

(六)预算收入和支出的依法管理情况;

(七)预算执行中发生的其他重大问题。

第十三条 市人民政府应当在每年第三季度向市人大常委会报告上半年预算执行情况,在预算年度终了后向市人民代表大会报告全年预算执行情况。

第十四条 市人民政府在预算执行中,因特殊情况必须调整预算时,应当依法编制预算调整方案,报市人大常委会审查批准。市人民政府财政部门应当及时向市人大财经委员会通报预算调整方案的有关情况;在市人大常委会举行会议审批预算调整方案的二十日前,将预算调整的初步方案提交市人大财经委员会进行初步审查。预算调整方案初步审查的重点:调整的依据;调整的具体内容和项目;调整方案中收支结构变化的合法性、合理性;是否保证收支平衡等。

第十五条 在预算执行中,对上级政府返还、补助款项,市人民政府应向市人大常委会报告有关情况。

第十六条 市人民政府在年终确需动用超收收入追加预算支出的，由市人民政府财政部门及时向市人大财经委员会通报情况并报市人大常委会备案。

第十七条 各部门、各单位的预算支出应当按照预算科目执行,不同预算科目间的资金需要调剂使用的,必须报市人民政府财政部门批准。

第十八条 市人民政府财政部门在布置编报决算草案前，应向市人大财经委员会通报决算编制的有关情况,并在市人大常委会举行会议审批决算草案的二十日前,向市人大财经委员会提交决算草案和关于决算草案的报告。

市人大财经委员会应当结合预算执行情况和其他财政收支的审计工作报告及有关调查情况,对决算草案进行初步审查。决算草案初步审查的重点:执行市人民代表大会预算决议的情况;重点支出的完成情况及专项资金使用情况;对审计工作报告中提出问题的改进措施和整改情况。并向市人大常委会提出决算草案的审查报告。

第十九条 市人民政府应当将决算草案报市人大常委会审查批准。

第二十条　市人民政府审计部门应当依法对市级预算执行情况和部门决算进行审计，向市人大财经委员会通报对市本级预算执行情况和部门决算的审计结果。

市人民政府应当向市人大常委会提出对预算执行情况和其他财政收支的审计工作报告。市人大常委会可以对审计工作报告作出决议。

市人民政府有关部门对审计·发现的问题应当依法纠正、处理，并将有关情况向市人大财经委员会通报，必要时，由市人民政府向市人大常委会报告处理结果。

市人民政府审计部门应当对农业、利·技、教育、社会保障、城市建设等专项资金进行审计，并向市人大常委会报告审计结果。

市人大常委会或者市人大常委会主任会议可以要求市人民政府责成审计部门对有关部门和重点项目资金使用情况进行专项审计，并报告审计结果。

第二十一条　违反本办法规定，有下列情形之一的，市人大常委会责令市人民政府纠正或者依法对负有直接责任的主管人员和其他责任人员追究行政责任。

（一）不执行市人大及其常委会关于预算、决算的决议、决定的；

（二）故意隐瞒事实，弄虚作假，不报告真实情况的；

（三）擅自变更或者调整预算的；

（四）对审计工作报告中提出的重大问题不予纠正的；

（五）对检举、揭发和控告违反预算法律、法规行为的单位、个人进行打击报复的。

第二十二条　本办法自2005年2月1日起施行。

常德市人民代表大会常务委员会
关于常德市人民代表大会代表建议、批评和意见办理工作规定

（2006年10月27日常德市第四届人民代表大会常务委员会第三十六次会议通过）

第一章　总　则

第一条　为做好市人民代表大会代表（以下简称代表）建议、批评和意见的办理工作，保障代表依法行使职权，根据《中华人民共和国地方各级人民代表大会和地方各级人民政府组织法》、《中华人民共和国全国人民代表大会和地方各级人民代表大会代表法》、《湖南省实施〈中华人民共和国全国人民代表大会和地方各级人民代表大会代表法〉办法》等法律法规的规定，结合我市实际，制定本规定。

第二条　代表向市人民代表大会及其常务委员会提出对全市各方面工作的建议、批评和意见，是执行代表职务，参与管理国家事务、管理经济和文化事业、管理社会事务的一项重要职责。

认真研究办理代表建议、批评和意见并负责答复，是有关机关和组织的法定职责。

第二章　代表建议、批评和意见的提出

第三条　代表在市人民代表大会会议期间和闭会期间均可提出建议、批评和意见。

第四条　下列情况不应当作为代表建议、批评和意见提出：

（一）涉及解决代表本人及其亲属个人问题的；

（二）代转人民群众来信的；

（三）属于学术探讨、产品推介的；

（四）没有实际内容的；

（五）其他不应当作为代表建议、批评和意见的。

第五条　代表应同原选举单位和选民保持密切联系，通过视察、专题调研、小组活动和走访等方式，了解人民群众的意见和要求，对本市各方面工作提出建议、批评和意见。

第六条　代表建议、批评和意见可以由代表一人提出，也可以由代表联名提出。联名提出的，领衔代表应当采取适当方式，使参加联名的代表了解建议、批评和意见的内容；参加联名的代表应当确认建议、批评和意见的内容能够真实表达自己的意愿。

代表建议、批评和意见，在市人民代表大会会议期间，向代表大会提出；闭会期间，向市人民代表大会常务委员会提出。

第七条　代表建议、批评和意见应当书面提出，使用统一印制的代表建议、批评和意见专用纸；应当一事一议，实事求是，简明扼要，做到有情况、有分析、有具体意见；原件应当符合存档要求（可以打印，也可以用钢笔或毛笔书写）；代表姓名、邮政编码、详细通讯地址和联系电话等要书写工整清楚，并由代表本人签名。

第三章　代表建议、批评和意见的受理、交办

第八条　代表在市人民代表大会会议期间提出的建议、批评和意见，由市人民代表大会秘书处受理并在会议期间交有关部门办理；在市人民代表大会闭会期间提出的建议、批评和意见，由市人民代表大会常务委员会代表联络工作机构受理，并自受理之日起十个工作日内交有关机关和组织办理。

第九条　代表建议、批评和意见，按其内容分别交市人民代表大会常务委员会、市人民政府、市中级人民法院、市人民检察院以及其他有关机关和组织办理。

代表对市人民政府部门提出的建议、批评和意见，由市人民政府统一交由部门办理，并负责做好具体协调工作。

第十条　市人民代表大会常务委员会代表联络工作机构应当在对代表建议、批评和意见进行综合分析并征求有关方面意见的基础上，提出拟重点办理的代表建议、批评和意见，报主任会议确定后，通知有关机关和组织重点办理。

第十一条　代表建议、批评和意见需要两个以上单位共同研究办理的，由有关单位会同办理。对会同办理的代表建议、批评和意见，交办时应当确定主办单位和协办单位，由主办单位会同协办单位共同研究办理。

第十二条　承办单位对不属于本单位职责范围的代表建议、批评和意见，应当自收到之日起十个工作日内向交办机构说明情况，并经同意后退回，不得自行转办。逾期未退回的，由原定承办单位承担责任。交办机构对退回的代表建议、批评和意见，应当在五个工作日内重新确定承办单位并交办。

第四章　代表建议、批评和意见的办理

第十三条　承办单位要建立健全建议、批评和意见的办理工作制度，规范办理工作程序。要明确办理责任，由主要负责人分管，集体研究，专人办理，同时把办理工作纳入年终目标责任考核内容。

第十四条　重点建议、批评和意见，由承办单位主要负责人研究办理。

第十五条　承办单位办理代表建议、批评和意见，应加强与提出相关建议、批评和意见的代表的沟通、联系，通过走访见面、座谈调研等多种方式，充分听取意见。对重点建议、批评和意见，应当邀请相关代表参与研究。

代表建议、批评和意见涉及国家秘密的，承办单位应当做好保密工作。

第十六条　由两个以上单位共同承办的代表建议、批评和意见，主办单位应当主动与协办单位协商，协办单位应当积极配合。协办单位应当在收到代表建议、批评和意见之日起一个月内将办理意见告知主办单位，由主办单位统一答复代表。主办单位与协办单位意见不一致时，应当及时提请有关部门协调。

第十七条　承办单位对代表建议、批评和意见必须书面答复。答复应当按照规定格式行文，由承办单位负责人审核签发，加盖承办单位印章寄送代表，并抄送市人民代表大会常务委员会代表联络工作机构；有协办单位的应同时抄送协办单位；由市人民政府工作部门或者有关机关、组织办理的，应当分别抄送市委办公室、市人民政府办公室。

对代表建议、批评和意见所提问题，承办单位能够解决的，应尽快解决并给予答复；对应该解决但一时难以完成的，应如实说明情况；对确定不能解决的问题，应充分说明原因。

第十八条　代表建议、批评和意见的办理期限为交办之日起三个月，至迟不超过五个月。

承办单位在给代表寄送答复件时，应同时附《代表建议、批评和意见办理情况反馈意见表》。

代表应当及时填写《代表建议、批评和意见办理情况反馈意见表》，寄送承办单位和市人民代表大会常务委员会代表联络工作机构；由市人民政府工作部门或者有关机关、组织办理的，还应当分别寄送市委办公室、市人民政府办公室。

代表对建议、批评和意见办理答复不满意的，承办单位应当征求代表意见，重新研究办理，并在收到反馈意见后一个月内作出答复。

第十九条　为直观了解办理结果和便于统计，承办单位应当在书面答复件的右上角按下列分类标注相应符号：

A.表示所提问题已经解决；

B.表示所提问题正在解决或已列入计划逐步解决；

C.表示所提问题受客观因素限制暂时不能解决；

D.表示所提问题留作参考。

第二十条 代表提出的建议、批评和意见，本人要求予以保密的事项，交办机构和承办单位应当为其保密。

代表建议、批评和意见办结之前，代表要求撤回的，其办理工作即行终止。

第五章代表建议、批评和意见的督办

第二十一条 市人民代表大会常务委员会可以通过组织代表视察、代表评议、专题调查和跟踪督办、听取汇报等形式，对办理工作进行监督检查。

市人民代表大会各专门委员会会同市人大常委会代表联络工作机构做好属于本委员会工作范畴的建议、批评和意见的督办工作；对确定的重点建议、批评和意见，由市人民代表大会相关专门委员会进行重点跟踪督办。

第二十二条 市人民政府、市中级人民法院、市人民检察院及有关机关和组织应当对所属工作部门及有关单位的办理工作进行督促检查。

第二十三条 市人民代表大会常务委员会主任会议可以听取代表建议、批评和意见办理工作的汇报，必要时可以将有关议题提请市人民代表大会常务委员会会议审议。

第二十四条 承办单位应当在办理工作结束后一个月内，写出书面总结报送市人民代表大会常务委员会代表联络工作机构；由市人民政府工作部门或者有关机关、组织办理的，还应当分别报送市委办公室、市人民政府办公室。

市人民政府、市中级人民法院、市人民检察院应当在下一次人民代表大会召开之前向市人民代表大会常务委员会报告代表建议、批评和意见办理情况，审议通过后，印发市人民代表大会会议。

第二十五条 市人民代表大会会议期间，代表可以依法就代表建议、批评和意见办理工作提出质询。

市人民代表大会常务委员会会议期间，常务委员会组成人员可以依法就代表建议、批评和意见办理工作提出质询。

第二十六条 市人民代表大会常务委员会代表联络工作机构应会同有关部门做好代表建议、批评和意见办理工作的年度考核。

市人民代表大会常务委员会、市人民政府、市中级人民法院、市人民检察院及有关机关和组织可以在每年的建议、批评和意见办理工作结束后，组织总结评比，并对提出优秀建议、批评和意见的代表以及办理代表建议、批评和意见工作成绩突出的单位和个人给予表彰、奖励。

第二十七条 对代表建议、批评和意见拒不办理或不按规定时间办理及其答复与事实不符的，市人民代表大会常务委员会责令限期整改并报告结果。同时，有关单位对有关人员应当予以批评教育，直至给予行政处分。

对提出建议、批评和意见的代表进行打击报复的，由所在单位或者上级机关责令改正或者给予行政处分；构成犯罪的，由司法机关依法追究刑事责任。

第六章　附　则

第二十八条　本规定自2007年1月1日起施行。原规定与本规定不一致的，以本规定为准。

常德市人民代表大会常务委员会主任会议议事规则

（1998年4月30日常德市第三届人民代表大会常务委员会第二次会议通过
2008年2月28日常德市第五届人民代表大会常务委员会第一次会议修订）

第一条　为保证市人民代表大会常务委员会主任会议议事制度化、规范化，根据《中华人民共和国地方各级人民代表大会和地方各级人民政府组织法》、《中华人民共和国全国人民代表大会和地方各级人民代表大会代表法》、《中华人民共和国全国人民代表大会和地方各级人民代表大会选举法》、《中华人民共和国各级人民代表大会常务委员会监督法》，结合本市实际，制定本规则。

第二条　常务委员会主任、副主任、秘书长组成主任会议。

第三条　在市人民代表大会、常务委员会会议闭会期间，主任会议负责指导和协调市人民代表大会专门委员会和常务委员会工作机构的工作。

第四条　主任会议由常务委员会主任召集并主持。常务委员会主任可以委托一位副主任召集并主持主任会议。

第五条　主任会议每两个月至少举行一次，必要时可以临时召集。主任会议必须有主任会议全体组成人员过半数出席，才能举行。

第六条　主任会议讨论决定问题，实行民主集中制。主任会议的决定，必须由全体组成人员的过半数同意。主任会议采取举手表决或其他表决方式。

第七条　主任会议处理常务委员会的下列重要日常工作：

（一）决定常务委员会会议举行的日期，拟定常务委员会会议议程草案，决定常务委员会会议列席人员；

（二）提出常务委员会向市人民代表大会的工作报告草案和召开市人民代表大会的准备事项，决定提请常务委员会会议审议；

（三）拟定常务委员会年度工作要点草案，决定提请常务委员会会议审议，并组织实施；

（四）组织常务委员会组成人员和市人民代表大会代表，对有关工作进行视察或者专题调查；

（五）对市人民政府、市人民代表大会专门委员会或者常务委员会有关工作机构向常务委员会提出的议案，市中级人民法院、市人民检察院向常务委员会提出的议题，决定提请常务委员会会议审议，或者先交有关的市人民代表大会专门委员会审议，提出报告，再提请常务委员会会议审议；

（六）对常务委员会组成人员依法提出的议案，决定是否提请常务委员会会议审议，或者先交有关专门委员会审议，提出报告，再决定是否提请常务委员会会议审议；

（七）向常务委员会提出属于常务委员会职权范围内的议案；

（八）在常务委员会会议期间，需要临时调整会议议程，由主任会议提请常务委员会会议决定；

（九）在常务委员会会议期间，主任会议可以向常务委员会提议组织关于特定问题的调查委员会，由常务委员会会议决定；

五分之一以上常务委员会组成人员书面联名提议组织关于特定问题的调查委员会，由主任会议提请常务委员会会议决定；

调查委员会的主任委员、副主任委员和委员，由主任会议在常务委员会组成人员和市人民代表大会代表中提名，常务委员会会议通过；

（十）听取市人民代表大会专门委员会提出的关于代表议案的审议结果报告，并决定提请常务委员会会议审议；

（十一）听取市人民政府、市中级人民法院、市人民检察院专题工作汇报，并将审议的意见整理成主任会议纪要，交有关机关研究办理；

（十二）听取市人民代表大会专门委员会和常务委员会工作机构的工作汇报，提出处理意见；

（十三）听取市人民政府国民经济和社会发展计划、财政预算方案和执行情况报告，听取部门预算情况报告，听取审计工作报告，决定提交常务委员会重点审查的项目；

（十四）讨论应由常务委员会任命、免职、撤职、接受辞职、决定任命、批准任免的人选，决定提交常务委员会会议审议；

（十五）决定市人民政府代理市长、市中级人民法院代理院长、市人民检察院代理检察长、推选常务委员会代理主任，由主任会议分别在上述副职领导人员中提名，常务委员会会议审议；

（十六）任命由常务委员会任命的常务委员会工作机构负责人，由主任会议提名，常务委员会会议审议；

（十七）常务委员会代表资格审查委员会的主任委员、副主任委员和委员的人选，由主任会议在常务委员会组成人员中提名，常务委员会会议通过；

（十八）补充市人民代表大会专门委员会的个别副主任委员和部分委员，由主任会议在市人民代表大会代表中提名，常务委员会会议通过；

（十九）根据常务委员会的统一部署，讨论制定市人民代表大会代表换届选举工作实施方案，并组织实施。代表换届选举完成后，向常务委员会作出专题报告；

补选出缺的市人民代表大会代表，由主任会议提出候选人名单，交有关区县(市)人民代表大会常务委员会补选；

(二十)根据省人民代表大会常务委员会关于省人民代表大会代表换届选举的统一部署，提出应由本市选举产生的省人民代表大会代表候选人建议名单，报省人民代表大会常务委员会批准后，依照有关程序，提请市人民代表大会选举；

补选出缺的省人民代表大会代表，由主任会议提出候选人建议名单，报省人民代表大会常务委员会认可后，提请市人民代表大会常务委员会补选；

(二十一)在市人民代表大会闭会期间，罢免本市选举产生的省人民代表大会个别代表，由主任会议决定提请常务委员会会议审议；

(二十二)在常务委员会会议期间，对常务委员会组成人员依法联名向常务委员会书面提出的对市人民政府、市中级人民法院、市人民检察院的质询案，由主任会议决定交由受质询机关答复或再作答复；

(二十三)听取市人民代表大会专门委员会、常务委员会工作机构提出的关于市人民政府、市中级人民法院、市人民检察院不适当的规范性文件，下一级人民代表大会及其常务委员会不适当的决议、决定的审查报告，决定提请常务委员会会议审议；

(二十四)讨论市人民检察院检察长提出的重大案件和其他重大问题，决定提请常务委员会会议审议；

(二十五)讨论人民群众向常务委员会提出的对市人民政府、市中级人民法院、市人民检察院和国家工作人员的重大申诉和意见，提出处理意见；

(二十六)讨论司法机关对市人民代表大会代表提出的逮捕或者刑事审判，以及采取法律规定的其他限制人身自由的措施的报告，提出处理意见，提请常务委员会会议审议；

(二十七)讨论区县(市)人民代表大会常务委员会提出的有关事项，提出处理意见；

(二十八)讨论省人民代表大会常务委员会交办的有关事项，提出办理意见；

(二十九)讨论常务委员会机关内部机构设置、人事任免、制度建设等方面的重要工作；

(三十)处理常务委员会授权的其他重要日常工作。

第八条 主任会议的议题，由秘书长征求常务委员会主任、副主任和市人民代表大会专门委员会、常务委员会工作机构的意见后提出，由常务委员会主任或者受其委托的副主任确定。

第九条 在主任会议举行的七日前，常务委员会办公室应将会议议题、开会日期和地点通知主任会议组成人员以及其他有关机关和人员。

常务委员会办公室负责主任会议记录，编印会议纪要，印发有关国家机关办理并要求有关机关回复办理结果。

临时召集的主任会议，不适用前款规定。

第十条 根据需要，市人民政府及其有关部门、市中级人民法院、市人民检察院、市人民代表大会常务委员会副秘书长、市人民代表大会专门委员会和常务委员会工作机构负责人或者有关人员可以应邀列席主任会议。

常德市人民代表大会常务委员会议事规则

（1988年8月30日常德市第一届人民代表大会常务委员会第二次会议通过
1995年4月28日常德市第二届人民代表大会常务委员会第十七次会议第一次修订
1998年4月30日常德市第三届人民代表大会常务委员会第二次会议第二次修订
2008年2月28日常德市第五届人民代表大会常务委员会第一次会议第三次修订）

第一章　总　则

第一条　根据《中华人民共和国宪法》、《中华人民共和国地方各级人民代表大会和地方各级人民政府组织法》、《中华人民共和国各级人民代表大会常务委员会监督法》等法律的有关规定，结合本市实际，制定本规则。

第二条　市人民代表大会常务委员会审议议案、决定问题，实行民主集中制原则，充分发扬民主，严格依法办事，集体行使职权。

第二章　会议的召开

第三条　常务委员会会议每两个月至少举行一次，如有特殊需要，经主任会议决定可以临时召集会议。

常务委员会会议由常务委员会主任召集并主持。常务委员会主任可以委托副主任召集、主持会议。

常务委员会会议的日期由主任会议决定；会议议程草案由主任会议拟定，提请常务委员会全体会议决定。

常务委员会会议期间，需要临时调整会议议程，由主任会议提请常务委员会全体会议决定。

第四条　常务委员会会议举行前一个月，主任会议应将会议日期和建议会议审议的主要事项预告常务委员会组成人员、市人民政府及有关部门、市中级人民法院、市人民检察院，并在会议举行十日前发出正式通知。临时召集的会议可以临时通知。

第五条　常务委员会组成人员接到会议预告通知后，对会议议程做好必要的调查和审议准备。市人民代表大会专门委员会和常务委员会工作机构应围绕会议议题于会前组织专题调查研究。

第六条　常务委员会会议必须有常务委员会全体组成人员过半数出席，才能举行。

常务委员会组成人员应当按时出席会议，因事请假，须于会前向常务委员会秘书长报告并经常务委员会主任批准；因病请假，须向常务委员会秘书长备案。

常务委员会组成人员出席会议的情况,在常务委员会公报上公布。

第七条　常务委员会举行会议时,市人民政府、市中级人民法院、市人民检察院负责人列席会议,常务委员会副秘书长、市人民代表大会各专门委员会和常务委员会工作机构负责人、市直有关部门负责人、各区县(市)人民代表大会常务委员会主任或者一名副主任、部分市人民代表大会代表列席会议,必要时,邀请市人民代表大会有关专门委员会委员和专家列席会议。

在常务委员会会议上报告工作的市人民政府及有关部门和市中级人民法院、市人民检察院,除主要负责人列席会议外,还应另有一名负责人员列席会议,以便在会议分组审议时听取意见,也可以通知其他有关单位负责人到会,听取意见,回答询问。

第八条　常务委员会举行会议时,市直新闻单位应到会采访,并按相应规格予以报道。

第三章　议案的审议

第九条　常务委员会审议的议案主要有:重大事项决议决定案,人事任免和补选案,特定问题调查案等。

第十条　主任会议可以向常务委员会提出属于常务委员会职权范围内的议案，由常务委员会会议审议。主任会议根据工作需要可以委托市人民代表大会有关专门委员会或常务委员会工作机构拟定议案草案,并向常务委员会会议作说明。

市人民政府、市人民代表大会各专门委员会可以向常务委员会提出属于常务委员会职权范围内的议案,由主任会议决定提请常务委员会会议审议,或者先交有关的专门委员会审议,提出报告,再提请常务委员会审议。

常务委员会组成人员五人以上联名，可以向常务委员会提出属于常务委员会职权范围内的议案,由主任会议决定是否提请常务委员会会议审议,或者先交有关专门委员会审议,提出报告,再决定是否提请常务委员会会议审议。不提请常务委员会会议审议的,应向提案人说明。

第十一条　向常务委员会提出议案,必须用书面格式,写明案由、案据和方案。

第十二条　对列入常务委员会会议议程的议案，提议案的机关或提议案的领衔人应向常务委员会全体会议作说明。

对列入常务委员会会议议程的议案，提议案的机关应向常务委员会会议提供相关的法律、法规文件和有关资料。

第十三条　列入常务委员会会议议程的议案,在审议中有重大问题需要进一步研究的,由主任会议提出建议,并经常务委员会会议同意,可以暂不付表决,交代表大会有关专门委员会或常务委员会有关工作机构及市人民政府进一步调查研究,提出报告,提请下一次常务委员会会议审议。

列入常务委员会会议议程的议案，在交付表决前，提议案的机关或者提案人要求撤回的,经主任会议同意,对该议案的审议即行终止。

第四章 听取和审议市人民政府、市中级人民法院和市人民检察院的专项工作报告

第十四条 常务委员会每年选择若干关系改革发展稳定大局和群众切身利益、社会普遍关注的重大问题，有计划地安排听取和审议市人民政府、市中级人民法院和市人民检察院的专项工作报告。

常务委员会听取和审议专项工作报告的年度计划，经主任会议通过，印发常务委员会组成人员并向社会公布。

第十五条 常务委员会听取和审议市人民政府、市中级人民法院和市人民检察院的专项工作报告的议题，根据下列途径反映的问题确定：

（一）常务委员会在执法检查中发现的突出问题；

（二）市人民代表大会代表对市人民政府、市中级人民法院和人民检察院工作提出的建议、批评和意见集中反映的问题；

（三）常务委员会组成人员提出的比较集中的问题；

（四）市人民代表大会专门委员会、常务委员会工作机构在调查研究中发现的突出问题；

（五）人民来信来访集中反映的问题；

（六）社会普遍关注的其他问题。

市人民政府、市中级人民法院和市人民检察院可以向常务委员会要求报告专项工作。

第十六条 常务委员会听取和审议专项工作报告前，主任会议可以组织常务委员会组成人员和市人民代表大会代表，对有关工作进行视察或者专题调查研究。

常务委员会可以安排参加视察或者专题调查研究的代表列席常务委员会会议，听取专项工作报告，提出意见。

第十七条 常务委员会听取和审议专项工作报告前，常务委员会办事机构应当将各方面对该项工作的意见汇总，交由市人民政府、市中级人民法院和市人民检察院研究并在专项工作报告中作出回应。

第十八条 市人民政府、市中级人民法院和市人民检察院应当在常务委员会举行会议的二十日前，由其办事机构将专项工作报告送交市人民代表大会有关专门委员会或者常务委员会有关工作机构征求意见，市人民政府、市中级人民法院和市人民检察院对报告修改后，在常务委员会举行会议的十日前送交常务委员会办事机构。

常务委员会办事机构应当在常务委员会举行会议的七日前，将专项工作报告发给常务委员会组成人员。

市人民政府、市中级人民法院和市人民检察院没有非常特殊的情况，未按期送交报告的，主任会议可以决定是否在本次会议上听取此报告。

第十九条 专项工作报告由市人民政府、市中级人民法院和市人民检察院的负责人向常务委员会报告，市人民政府也可以委托有关部门的主要负责人向常务委员会报告。

第二十条　常务委员会组成人员对专项工作报告的审议意见交由市人民政府、市中级人民法院和市人民检察院办理。市人民政府、市中级人民法院和市人民检察院应当将办理情况送交市人民代表大会有关专门委员会或者常务委员会有关工作机构征求意见后，向常务委员会提出书面报告。常务委员会认为必要时，可以对专项工作报告作出决议。市人民政府、市中级人民法院和市人民检察院应当在决议规定的期限内，将执行决议的情况向常务委员会报告。

常务委员会听取的专项工作报告及审议意见，市人民政府、市中级人民法院和市人民检察院对审议意见办理情况或者执行决议、决定情况的报告，向市人民代表大会代表通报并向社会公布。

第五章　审查和批准决算，听取和审议国民经济和社会发展计划、预算的执行情况报告，听取和审议审计工作报告

第二十一条　常务委员会在每年六月，审查和批准市人民政府上一年度的市本级决算。

决算草案应当按照市人民代表大会批准的预算所列科目编制，按预算数、调整数或者变更数以及实际执行数分别列出，并作出说明。

第二十二条　常务委员会在每年十月，听取市人民政府关于本年度上一阶段国民经济和社会发展计划、预算执行情况的报告。

第二十三条　国民经济和社会发展计划、预算经市人民代表大会批准后，在执行过程中需要作部分调整的，市人民政府应当将调整方案提请常务委员会审查和批准。

严格控制不同预算科目之间的资金调整。预算安排的农业、教育、科技、文化、卫生、社会保障等资金需要调减的，市人民政府应当提请常务委员会审查和批准。

市人民政府有关主管部门应当在常务委员会举行会议审查和批准预算调整方案的一个月前，将预算调整初步方案送交市人民代表大会财政经济委员会进行初步审查。常务委员会预算工作委员会和相关的专门委员会在财政经济委员会进行初步审查之前，可以对预算调整方案进行调查研究，提出意见和建议。

第二十四条　常务委员会对决算草案和预算执行情况报告，重点审查下列内容：

（一）预算收支平衡情况；

（二）重点支出的安排和资金到位情况；

（三）预算超收收入的安排和使用情况；

（四）部门预算制度建立和执行情况；

（五）向下级财政转移支付情况；

（六）市人民代表大会关于批准预算的决议的执行情况。

除前款规定外，常务委员会还应当重点审查市本级债务情况、上级财政补助资金的安排与使用情况和市本级财政专项资金安排与使用落实情况。

第二十五条　常务委员会每年审查和批准决算的同时，听取和审议市人民政府提出的

审计机关关于上一年度预算执行情况和其他财政收支情况的审计工作报告。

第二十六条 常务委员会对国民经济和社会发展计划执行情况报告、预算执行情况报告和审计工作报告的审议意见交由市人民政府办理。市人民政府应当将办理情况向常务委员会提出书面报告。常务委员会认为必要时,可以对审计工作报告作出决议。市人民政府应当在决议规定的期限内,将执行决议的情况向常务委员会报告。

常务委员会听取的国民经济和社会发展计划执行情况报告、预算执行情况报告和审计工作报告及审议意见,市人民政府对审议意见办理情况或者执行决议情况的报告,应向市人民代表大会代表通报并向社会公布。

第二十七条 国民经济和社会发展五年规划经市人民代表大会批准后,在实施的中期阶段,市人民政府应当将规划实施情况的中期评估报告提请常务委员会审议。规划经中期评估需要调整的,市人民政府应当将调整方案提请常务委员会审查和批准。

第六章　法律法规实施情况的检查

第二十八条 常务委员会参照第十五条规定的途径,每年选择若干关系改革发展稳定大局和群众切身利益、社会普遍关注的重大问题,有计划地对有关法律、法规实施情况组织执法检查。

第二十九条 常务委员会年度执法检查计划,经主任会议通过,印发常务委员会组成人员并向社会公布。

常务委员会执法检查工作由市人民代表大会有关专门委员会或者常务委员会有关工作机构具体组织实施。

第三十条 常务委员会根据年度执法检查计划,按照精干、效能的原则,组织执法检查组。

执法检查组的组成人员,从市人民代表大会常务委员会组成人员以及市人民代表大会有关专门委员会组成人员中确定,并可以邀请市人民代表大会代表参加。

第三十一条 常务委员会根据需要,可以委托区县(市)人民代表大会常务委员会对有关法律、法规在本行政区域内的实施情况进行检查。受委托的区县(市)人民代表大会常务委员会应当将检查情况书面报送常务委员会。

第三十二条 执法检查结束后,执法检查组应当及时提出执法检查报告,由主任会议决定提请常务委员会审议。

执法检查报告包括下列内容:

(一)对所检查的法律、法规实施情况及相关工作进行具体评议,提出执法中存在的问题和改进执法工作的建议;

(二)对有关法律、法规提出修改完善的建议。

第三十三条 常务委员会组成人员对执法检查报告的审议意见连同执法检查报告,一并交由市人民政府、市中级人民法院和市人民检察院办理。市人民政府、市中级人民法院和市人民检察院应当将办理情况送交市人民代表大会有关专门委员会或者常务委员会有关工作机构征求意见后，向常务委员会提出报告，必要时，由主任会议决定提请常务委员会审议，或者由常务委员会组织跟踪检查。常务委员会也可以委托市人民代表大会有关专门委员会或者常务委员会有关工作机构组织跟踪检查。

常务委员会的执法检查报告及审议意见，市人民政府、市中级人民法院和市人民检察院对其办理情况的报告，应向市人民代表大会代表通报并向社会公布。

第七章　规范性文件的备案审查

第三十四条　下列规范性文件，应当在文件发布之日起三十日内报送常务委员会备案：

（一）市人民政府制定和发布的决定、命令、规定、办法、通告以及其他具有普遍约束力的文件；

（二）市人民政府办公室向社会公开发布的涉及公民、法人和其他组织权利义务，具有普遍约束力的文件；

（三）市中级人民法院、市人民检察院制定的指导审判、检察工作的规定、办法等；

（四）区县（市）人民代表大会及其常务委员会就本行政区域内的重大事项作出的决议、决定。

第三十五条　常务委员会对规范性文件进行以下几个方面审查：

（一）是否同宪法、法律、行政法规和地方性法规，上级和本级人民代表大会及其常务委员会决议、决定相抵触；

（二）是否超越法定权限，限制或者剥夺公民、法人和其他组织的合法权利，或者增加公民、法人和其他组织的义务；

（三）是否有其他不适当的情形。

第三十六条　常务委员会经过审查，有三十五条所列情形之一的，按照《常德市人民代表大会常务委员会规范性文件备案审查办法》责成修改、废止或者予以撤销。

第八章　询问和质询

第三十七条　常务委员会会议审议议案和有关报告时，市人民政府及其相关部门、市中级人民法院、市人民检察院应当派有关负责人员到会，听取意见，回答询问。

第三十八条　常务委员会组成人员五人以上联名，可以向常务委员会书面提出对市人民政府及其部门、市中级人民法院、市人民检察院的质询案。

质询案应当写明质询对象、质询的问题和内容。

第三十九条　质询案由主任会议决定交由受质询的机关答复。

主任会议可以决定由受质询机关在常务委员会会议上或者有关专门委员会会议上口头答复，或者由受质询机关书面答复。在专门委员会会议上答复的，提质询案的常务委员会组成人员有权列席会议，发表意见。主任会议认为必要时，可以将答复质询案的情况报告印发常务委员会会议。

第四十条　提质询案的常务委员会组成人员的过半数对受质询机关的答复不满意的，

可以提出要求，经主任会议决定，由受质询机关再作答复。

第四十一条 质询案以口头答复的，由受质询机关的负责人到会答复。质询案以书面答复的，由受质询机关的负责人签署。

第九章 特定问题调查

第四十二条 常务委员会对属于其职权范围内的事项，需要作出决议、决定，但有关重大事实不清的，可以组织关于特定问题的调查委员会。

第四十三条 主任会议可以向常务委员会提议组织关于特定问题的调查委员会，提请常务委员会审议。

五分之一以上常务委员会组成人员书面联名，可以向常务委员会提议组织关于特定问题的调查委员会，由主任会议决定提请常务委员会审议，或者先交有关的专门委员会审议，提出报告，再决定提请常务委员会审议。

第四十四条 调查委员会由主任委员、副主任委员和委员组成，由主任会议在常务委员会组成人员和市人民代表大会代表中提名，提请常务委员会审议通过。调查委员会可以聘请有关专家参加调查工作。

与调查的问题有利害关系的常务委员会组成人员和其他人员不得参加调查委员会。

第四十五条 调查委员会进行调查时，有关的国家机关、社会团体、企事业组织和公民都有义务向其提供必要的材料。

提供材料的公民要求对材料来源保密的，调查委员会应当予以保密。

调查委员会在调查过程中，可以不公布调查的情况和材料。

第四十六条 调查委员会调查结束后应当向常务委员会提出调查报告。常务委员会根据报告，可以作出相应的决议、决定。

第十章 人事任免、辞职、补选及撤职案的审议和决定

第四十七条 常务委员会任免下列工作人员：

（一）根据市长的提名决定市人民政府秘书长、局长、委员会主任的任免；

（二）在市人民代表大会闭会期间，决定副市长的个别任免。在市长、市中级人民法院院长、市人民检察院检察长因故不能担任职务时，从市人民政府、市中级人民法院、市人民检察院副职领导人员中决定代理的人选。决定代理检察长，须报省人民检察院和省人民代表大会常务委员会备案。在常务委员会主任因为健康情况不能工作或者缺位时，在常务委员会副主任中推选一人代理主任的职务；

（三）根据市中级人民法院院长和市人民检察院检察长的提名，任免市中级人民法院副院长、庭长、副庭长、审判委员会委员、审判员，任免市人民检察院副检察长、检察委员会委员、检察员，批准任免下一级人民检察院检察长；

（四）根据主任会议的提名，任免由常务委员会任免的市人民代表大会常务委员会工作机构负责人，补充任免市人民代表大会专门委员会个别副主任委员和部分委员；

（五）根据主任会议的提名，通过常务委员会代表资格审查委员会主任委员、副主任委员和委员的人选；

（六）在市人民代表大会闭会期间，常务委员会决定是否接受常务委员会组成人员、市人民政府领导人员、市中级人民法院院长、市人民检察院检察长提出的辞职。常务委员会决定接受辞职后，报市人民代表大会备案。市人民检察院检察长的辞职，须报经省人民检察院检察长提请省人民代表大会常务委员会批准。

第四十八条　在市人民代表大会闭会期间，常务委员会负责补选省人民代表大会出缺的代表和罢免个别代表；决定是否接受由我市选举产生的省人民代表大会代表提出的辞职。

第四十九条　常务委员会可以撤销下列工作人员的职务：

（一）在市人民代表大会闭会期间，决定撤销个别副市长的职务；

（二）决定撤销由常务委员会任命的市人民政府组成人员和市中级人民法院副院长、庭长、副庭长、审判委员会委员、审判员，市人民检察院副检察长、检察委员会委员、检察员的职务；

（三）在市人民代表大会闭会期间，如果常务委员会认为市中级人民法院院长需要撤换，须报请省高级人民法院报经省人民代表大会常务委员会批准；

（四）决定撤销由常务委员会任命的常务委员会工作机构负责人、市人民代表大会专门委员会个别副主任委员和部分委员的职务。

第五十条常务委员会主任会议、市人民政府、市中级人民法院和市人民检察院，可以向常务委员会提出对第四十九条所列国家机关工作人员的撤职案。

五分之一以上常务委员会组成人员书面联名，可以向常务委员会提出对第四十九条所列国家机关工作人员的撤职案，由主任会议决定是否提请常务委员会会议审议，或者由主任会议提议，经全体会议决定，组织调查委员会，由以后的常务委员会会议根据调查委员会的报告审议决定。

第五十一条　撤职案应当写明撤职的对象和理由，并提供有关的材料。

撤职案在提请表决前，被提出撤职的人员有权在常务委员会会议上提出申辩意见，或者书面提出申辩意见，由主任会议决定印发常务委员会会议。

撤职案的表决采用无记名投票的方式，由常务委员会全体组成人员的过半数通过。

第五十二条　常务委员会人事任免、撤职、接受辞职及补选的具体程序，按照《常德市人民代表大会常务委员会人事任免办法》办理。

第十一章　发言和表决

第五十三条　常务委员会组成人员和列席人员在常务委员会会议上的发言，应突出主题，简明扼要。第一次发言一般不超过十五分钟，对同一问题的再次发言不超过十分钟。事先提出要求，经会议主持人同意，可以适当延长发言时间。向常务委员会报告工作和宣读专题调查报告的时间可不受此限制。

第五十四条　常务委员会组成人员在常务委员会会议上的发言和表决不受法律追究。

第五十五条 常务委员会会议表决，采用无记名按电子表决器表决的方式或其他表决方式。法律和本规则另有规定的,从其规定。

第五十六条 常务委员会会议表决以全体组成人员的过半数通过。表决结果由会议主持人当场宣布。

第十二章 会议决议、决定和审议意见的公布与执行

第五十七条 常务委员会会议通过的决议、决定和审议意见在《常德市人民代表大会常务委员会公报》和市主要新闻媒体上公布。

第五十八条 常务委员会作出的决议、决定,由常务委员会分别书面交由市人民政府、市中级人民法院、市人民检察院执行。市人民政府、市中级人民法院和市人民检察院应在三个月内向常务委员会报告有关决议、决定的执行情况。对常务委员会组成人员提出的审议意见,交有关机关办理。有关机关应在两个月内向常务委员会反馈办理情况。

常务委员会授权市人民代表大会专门委员会、常务委员会工作机构对决议、决定的执行情况和常务委员会组成人员提出的审议意见的办理情况,进行检查、督促,并将情况向主任会议或常务委员会报告。

第十三章 附 则

第五十九条 常务委员会委托主任会议对本规则负责解释,如需要修改,由主任会议提请常务委员会会议修正。

第六十条 本规则自公布之日起施行。

常德市人民代表大会常务委员会监督司法工作的若干规定

（2008年2月28日常德市第五届人民代表大会常务委员会第一次会议通过）

第一条 为了加强和规范市人民代表大会常务委员会依法监督司法工作,根据《中华人民共和国地方各级人民代表大会和地方各级人民政府组织法》、《中华人民共和国各级人民代表大会常务委员会监督法》等法律的有关规定,结合本市实际,制定本规定。

第二条 市人民代表大会常务委员会在市人民代表大会闭会期间，依法监督市中级人民法院、市人民检察院与市公安局、市司法局的司法工作。

第三条 常务委员会应当依法监督司法工作，按照民主集中制原则，集体行使监督职权,支持司法机关依法行使职权。

第四条 市人民代表大会内务司法委员会在常务委员会的领导下，具体负责处理监督司法工作的日常事务,协助常务委员会开展监督司法工作。

内务司法委员会可以邀请市人民代表大会代表和有关专家参与监督司法的相关工作。

第五条 常务委员会可以依法通过听取和审议市人民政府、市中级人民法院和市人民

检察院的专项工作报告，组织视察和执法检查，询问和质询，特定问题调查，撤职案的审议和决定等形式对司法工作进行监督。

第六条　常务委员会监督司法工作的内容：

（一）司法机关遵守和执行宪法、法律、法规以及上级和本级人民代表大会及其常务委员会决议、决定的情况；

（二）司法机关依法办案、公正司法的情况；

（三）市人民代表大会及其常务委员会选举或者任命的司法机关工作人员履行职务中的执法情况；

（四）市人民代表大会代表提出的有关司法工作的建议、批评、意见的办理情况；

（五）依法需要监督的其他事项。

第七条　常务委员会可以根据下列途径反映的问题，确定监督司法工作的议题：

（一）常务委员会在听取和审议专项工作报告、组织视察和执法检查等工作中发现的司法工作中的突出问题；

（二）市人民代表大会代表对司法工作提出的比较集中的问题；

（三）内务司法委员会在对本规定第十条所列案件进行备案和受理申诉、控告、检举等涉法涉诉问题以及调查研究过程中发现的司法工作中的突出问题；

（四）上级人民代表大会专门委员会和常务委员会工作机构在工作中发现的涉及司法工作的带普遍性的问题；

（五）人民群众反映比较集中、社会普遍关注的司法工作中的突出问题。

第八条　常务委员会监督司法工作，应当依照有关法律、法规规定的形式和程序进行，重点是解决司法工作中关系全市改革发展稳定大局、群众切身利益和社会普遍关注的重大问题，促进公正司法。常务委员会对监督司法工作中的重大事项可以依法作出决议、决定。

第九条　常务委员会对涉及司法工作的专项工作报告或者执法检查报告的审议意见，交由市人民政府、市中级人民法院、市人民检察院研究处理。市人民政府、市中级人民法院、市人民检察院一般应当在二个月内将研究处理情况由其办事机构向内务司法委员会征求意见后，向常务委员会提出书面报告。

常务委员会可以对司法工作专项工作报告作出决议、决定。市人民政府、市中级人民法院、市人民检察院应当在决议、决定规定的期限内，将决议、决定执行情况向常务委员会报告。

对审议意见的研究处理情况的报告和决议、决定执行情况的报告，主任会议可以决定提请常务委员会审议，由常务委员会组织跟踪检查。常务委员会也可以委托内务司法委员会组织跟踪检查。

第十条　内务司法委员会具体负责下列案件的备案。必要时，可以依法听取情况报告，开展调查研究：

（一）人民法院判决无罪的案件，上诉改判或再审改判的案件，职务犯罪适用缓刑的案件，驳回抗诉的案件，人民检察院提出纠正意见的减刑、假释裁定案件，严重超审限的案件，多次或多人上访的执行案件；

（二）人民检察院立案后撤销的案件，相对不起诉的案件，抗诉和提请抗诉的案件，对公安机关提请批准逮捕作出不批准逮捕决定的案件；

（三）公安机关采取刑事拘留后不提请批准逮捕的案件，对犯罪嫌疑人采取取保候审、监视居住超过法定期限仍未侦查终结的案件，立案后撤销的案件，重大恶性刑事案件；

（四）人民检察院提出纠正意见的暂予监外执行案件；

（五）超期羁押的案件，体罚、虐待被监管人员的案件，刑讯逼供的案件，违法查封、扣押、冻结、拍卖、变卖、追缴、没收财产的案件；

（六）司法机关工作人员与律师、当事人串通损害国家、集体利益和其他当事人合法权益的案件；

（七）其他重大的刑事、民事、行政诉讼案件。

市中级人民法院、市人民检察院与市公安局、市司法局应将上列案件的办理情况每季度向内务司法委员会备案一次。备案内容为上列各类案件的汇总统计和每起案件的办理情况、主要事实及适用的法律。

内务司法委员会应当对司法机关备案的案件进行登记，并对重大案件依法交有关单位办理，有关单位应在三个月内回复办理结果。有关单位未及时依法办理的，内务司法委员会督促其依法办理。必要时，向主任会议报告，按法定程序由主任会议或常务委员会督促其办理。

第十一条　内务司法委员会具体受理下列申诉、控告和检举等涉法涉诉问题：

（一）公民、法人和其他组织向内务司法委员会或市人民代表大会其他专门委员会、常务委员会有关工作机构提出的涉法涉诉问题；

（二）常务委员会组织的视察、执法检查、专题调查研究等工作中发现的涉法涉诉问题；

（三）市人民代表大会代表提出的涉法涉诉问题；

（四）上级人民代表大会专门委员会和常务委员会工作机构转办、交办的涉法涉诉问题；

（五）常务委员会信访机构提交的涉法涉诉问题。

第十二条　内务司法委员会应当对受理的申诉、控告和检举等涉法涉诉问题进行登记，然后分别按下列方式办理：

（一）转交司法机关或区县（市）人民代表大会常务委员会办理，有关司法机关或区县（市）人民代表大会常务委员会按有关规定反馈办理情况；

（二）对重大的、群众反映强烈的涉法涉诉问题，经内务司法委员会集体研究，交司法机关或区县（市）人民代表大会常务委员会办理，有关司法机关或区县（市）人民代表大会常务委员会应当在三个月内告知办理结果。有关司法机关或区县（市）人民代表大会常务委员会未及时依法办理的，内务司法委员会督促其依法办理。必要时，向主任会议报告，按法定程序由主任会议或常务委员会督促其办理。

第十三条　内务司法委员会应当定期分析研究司法机关备案案件情况和涉法涉诉信访情况，对反映比较集中的倾向性问题，及时向有关机关通报、听取有关情况说明。必要时，依据《中华人民共和国各级人民代表大会常务委员会监督法》的有关规定依法启动特定问题调查、询问和质询、撤职案的审议和决定等监督形式。

第十四条　内务司法委员会应于每年初将上年度监督司法工作的情况向常务委员会报告。

第十五条　本规定由内务司法委员会负责解释。

第十六条　本规定自通过之日起施行。

常德市人民代表大会常务委员会规范性文件备案审查办法

（2008年2月28日常德市第五届人民代表大会常务委员会第一次会议通过）

第一条　为切实做好对规范性文件的备案审查，加强法律监督，根据《中华人民共和国地方各级人民代表大会和地方各级人民政府组织法》、《中华人民共和国立法法》、《中华人民共和国各级人民代表大会常务委员会监督法》和《湖南省规范性文件备案审查条例》等有关法律法规的规定，结合本市实际，制定本办法。

第二条　市人民代表大会内务司法委员会负责备案审查日常工作。

第三条　本办法所称规范性文件，是指市人民政府及其办公室、市中级人民法院、市人民检察院和区县（市）人民代表大会及其常务委员会，依照法定职权和程序制定发布的具有普遍约束力的文件。

第四条　下列规范性文件应当依法报送市人民代表大会常务委员会备案：

（一）市人民政府制定和发布的决定、命令、规定、办法、通告以及其他具有普遍约束力的文件；

（二）市人民政府办公室向社会公开发布的涉及公民、法人和其他组织权利义务，具有普遍约束力的文件；

（三）市中级人民法院、市人民检察院制定的指导审判、检察工作的规定、办法等；

（四）区县（市）人民代表大会及其常务委员会就本行政区域内的重大事项作出的决议、决定。

第五条　规范性文件应当自发布之日起三十日内，由规范性文件制定机关报送常务委员会备案。

两个或两个以上机关制定的规范性文件，由文件起草机关负责报送备案。

第六条　报送备案的规范性文件应包括以下内容：

（一）备案报告；

（二）规范性文件正式文本；

（三）规范性文件制定的法律、政策依据以及说明等有关材料。

上述文件材料应装订成册，一式五份。

第七条 内务司法委员会对报送备案的规范性文件做如下处理：

（一）对文件进行登记、分类、归档；

（二）按照职责分工，根据规范性文件所涉及内容分送市人民代表大会其他有关专门委员会或常务委员会工作机构；

（三）规范性文件涉及两个或两个以上专门委员会或常务委员会工作机构的，应同时分送有关专门委员会或常务委员会工作机构。

第八条 常务委员会对规范性文件是否存在以下几个方面的不适当情形进行审查：

（一）是否同宪法、法律、行政法规和地方性法规，上级和本级人民代表大会及其常务委员会决议、决定相抵触；

（二）是否超越法定权限，限制或者剥夺公民、法人和其他组织的合法权利，或者增加公民、法人和其他组织的义务；

（三）是否有其他不适当的情形。

第九条 内务司法委员会可以会同其他专门委员会、常务委员会工作机构做好规范性文件的初审。在规范性文件初审过程中，可以邀请有关专家参与相关审查工作，也可以要求规范性文件制定机关就有关情况作出说明。

专门委员会、常务委员会工作机构在初审过程中对重要问题意见不一致的，应当向主任会议报告。

第十条 市人民政府、市中级人民法院、市人民检察院以及区县（市）人民代表大会及其常务委员会认为本办法第四条所列规范性文件中有本办法第八条所列不适当情形之一，向常务委员会书面提出审查要求的，由内务司法委员会接收、登记。内务司法委员会应及时进行初审或将审查要求送其他有关专门委员会或常务委员会工作机构，由其进行初审。

其他国家机关和社会团体、企业、事业组织及公民，认为本办法第四条所列规范性文件，有本办法第八条所列不适当情形之一，向常务委员会提出审查建议的，由内务司法委员会接收登记。内务司法委员会对审查建议进行研究，提出意见，必要时进行初审或送其他有关专门委员会或常务委员会工作机构初审。

初审一般应在收到审查要求或审查建议后三个月内完成。

第十一条 内务司法委员会或其他专门委员会、常务委员会工作机构经过初审认为规范性文件存在本办法第八条所列不适当情形之一的，应及时向主任会议报告，由主任会议责成规范性文件制定机关自行修改或者废止该规范性文件。

第十二条 主任会议责成规范性文件制定机关自行修改或废止的，由内务司法委员会根据主任会议的意见，拟定《规范性文件审查意见书》。

《规范性文件审查意见书》由常务委员会主任、副主任或秘书长签发。

第十三条　规范性文件制定机关在接到《规范性文件审查意见书》后，应在二个月内研究，并将处理情况报告常务委员会。

制定机关对规范性文件进行修改后，应当按照修改后的规范性文件重新公布，并按照本办法的规定报送备案。

规范性文件制定机关对《规范性文件审查意见书》有异议的，可在十五日内向内务司法委员会提出，由内务司法委员会向主任会议报告。

第十四条　规范性文件制定机关接到《规范性文件审查意见书》后，对规范性文件不予修改或废止的，内务司法委员会可以提出撤销该规范性文件的议案，由主任会议决定提请常务委员会会议审议。

规范性文件被撤销的，常务委员会应及时向社会公布。

审查结束后，内务司法委员会应将审查结果书面通知提出审查要求或审查建议的国家机关、社会团体、企业、事业组织及公民。

第十五条　规范性文件制定机关，应于每年1月31日前，将上年度制定的规范性文件目录报送内务司法委员会。

第十六条　不报、漏报、不按期报送备案的，内务司法委员会应通知其限期补报。

对拒不报送备案或者违反本办法第五条、第六条、第十三条、第十五条规定的，给予通报批评，并依法追究有关人员的责任。

第十七条　要求对市人民政府工作部门（市人民政府办公室除外）发布的规范性文件进行审查的申请，内务司法委员会在收到申请后五日内转市人民政府法制机构。市人民政府法制机构应在三十日内，进行审查并答复申请人，同时将审查情况书面报送内务司法委员会备案。

第十八条　内务司法委员会应于每年初将上年度规范性文件备案审查工作向常务委员会报告。

第十九条　本办法由内务司法委员会负责解释。

第二十条　本办法自2008年3月1日起施行。

常德市人民代表大会常务委员会执法检查办法

（2009年6月30日常德市第五届人民代表大会常务委员会第十次会议通过）

第一条　为了保证法律、法规在本行政区域内的实施，增强监督工作实效，根据《中华人民共和国各级人民代表大会常务委员会监督法》，结合本市实际，制定本办法。

第二条　市人民代表大会常务委员会（以下简称常务委员会）每年选择若干关系本行政区域改革发展稳定大局和群众切身利益、社会普遍关注的重大问题，有计划地对法律、法规的实施情况组织执法检查。

第三条 常务委员会依法对市人民政府及其部门、市中级人民法院、市人民检察院(以下简称“一府两院”)的执法情况进行检查监督。

常务委员会可以依法对在本行政区域内负有执法责任而又不属于市人民政府管理的国家机关和有关组织的执法情况进行检查监督。

第四条 常务委员会执法检查的项目建议，由人民代表大会专门委员会(以下简称人大专门委员会)或者常务委员会工作机构，根据职责分工提出:

(一)常务委员会在行使职权过程中发现的法律、法规实施中存在的突出问题，由有关人大专门委员会或者常务委员会工作机构整理提出；

(二)本级人民代表大会代表(以下简称人大代表)对“一府两院”工作提出的建议、批评和意见集中反映的问题，由常务委员会代表联络工作部门整理提出；

(三)常务委员会组成人员提出的比较集中的问题，由常务委员会办公室整理提出，常务委员会有关工作机构配合；

(四)人大专门委员会或者常务委员会工作机构在调查研究中发现的突出问题，由开展该项调查研究工作的人大专门委员会或者常务委员会工作机构整理提出；

(五)人民来信来访集中反映的问题，由常务委员会信访工作部门整理提出；

(六)社会普遍关注的其他问题，由常务委员会办公室整理提出，常务委员会有关工作机构配合；

(七)“一府两院”可以向本级人民代表大会常务委员会书面提出执法检查项目的建议，由常务委员会办公室整理提出；

第五条 常务委员会办公室负责汇总各人大专门委员会、常务委员会工作机构以及其他有关方面提出的执法检查项目建议，与“一府两院”沟通协调，提出常务委员会年度执法检查计划建议。年度计划建议应当包括执法检查的项目、理由、重点、时间安排和具体组织实施的有关人大专门委员会或者常务委员会工作机构等。

第六条 常务委员会年度执法检查计划，经常务委员会主任会议(以下简称主任会议)通过，由常务委员会有关工作机构印发常务委员会组成人员，以书面形式通知本级“一府两院”及相关部门，并通过常务委员会门户网站和其他新闻媒体向社会公布。

第七条 主任会议根据实际需要或者“一府两院”的要求，可以适当调整年度执法检查计划，并由常务委员会办公室及时通知“一府两院”办事机构。

第八条 常务委员会执法检查工作由本级有关人大专门委员会或者常务委员会工作机构具体组织实施。

常务委员会根据年度执法检查计划，按照精干、效能、便于活动的原则，组织执法检查组。

执法检查组的组成人员，从本级人民代表大会常务委员会组成人员以及本级人大专门委员会组成人员中确定，并可以邀请本级人大代表参加。

第九条 相关人大专门委员会或者常务委员会工作机构应当制定执法检查的具体方

案。方案应当包括检查的重点内容、检查组组成和分组情况，以及检查的时间、方法和步骤等。方案经主任会议讨论通过后组织实施。

第十条　执法检查组组长由常委会相关副主任担任。

执法检查组可以分若干小组，围绕有关主题，分别开展执法检查工作。

执法检查组要听取法律、法规实施主管机关关于法律、法规实施情况的汇报，全面了解执法情况。

执法检查组应当加强信息收集和整理，采取多种方式，了解法律、法规实施的实际情况，研究法律、法规实施中存在的问题。必要时，可以委托有关机构进行调查并出具报告。

执法检查组可以组织人大代表对法律法规实施主管机关开展执法情况满意度测评、领导班子执法信任度测评和执法人员执法信任度测评。

第十一条　“一府两院”以及相关法律法规实施主管机关应当按照常务委员会的工作程序，协助、配合执法检查组的工作。

第十二条　执法检查组不直接处理具体问题。

执法检查中发现的急需处理的违法事件，应及时向主任会议报告，按有关规定转由“一府两院”或相关部门依照法律程序办理。

执法检查组的执法检查活动结束时，可以向接受执法检查的当地人大常委会和法律法规实施的相关部门反馈所了解的当地法律法规实施的情况。

第十三条　执法检查组应当在执法检查结束后及时提出执法检查报告，由主任会议决定提请常务委员会审议。

执法检查报告包括下列内容：

（一）对所检查的法律、法规实施情况进行评价，提出执法中存在的问题和改进执法工作的建议；

（二）对有关法律、法规提出修改完善的建议。

第十四条　执法检查报告由执法检查组组长或者由组长委托检查组其他成员向常务委员会会议报告。

法律、法规实施主管机关应当向常务委员会会议提交书面报告。常务委员会审议执法检查报告时，“一府两院”负责人或者有关部门负责人应当到会听取意见，回答询问。

第十五条　常务委员会组成人员对执法检查报告的审议意见，由有关人大专门委员会或者常务委员会工作机构在常务委员会会议审议结束后及时整理，经全体会议讨论通过，形成审议意见书。

审议意见书连同执法检查报告，由常务委员会办公室负责送交本级“一府两院”研究处理。同时，通过常务委员会公报通报本级人大代表，并通过常务委员会门户网站和其他新闻媒体向社会公布。

对不属于本级人民政府管理的其他国家机关和有关组织的执法情况，常务委员会应当向其上级主管部门通报,同时向上级人大常委会报告。

第十六条 "一府两院"应当于收到审议意见书后三个月内,将常务委员会审议意见的研究处理方案送交有关人大专门委员会或者常务委员会工作机构;六个月内,将审议意见的研究处理情况送交有关人大专门委员会或者常务委员会工作机构征求意见,并向常务委员会提出书面报告。经主任会议决定,由常务委员会有关工作机构印发常务委员会组成人员和参加执法检查的人大代表,通过常务委员会公报通报本级人大代表,并通过常务委员会门户网站和其他新闻媒体向社会公布。

第十七条 主任会议认为必要时,可以决定将"一府两院"落实常务委员会审议意见情况的报告提请常务委员会审议,或者由常务委员会组织跟踪检查;常务委员会也可以委托本级有关人大专门委员会或者常务委员会工作机构组织跟踪检查。跟踪检查结束后,常务委员会执法检查组、有关人大专门委员会或者常务委员会工作机构应当提出跟踪检查报告,由主任会议决定印发常务委员会组成人员。

第十八条 对执法检查中发现的问题,常务委员会组成人员可以依法询问和提出质询案。

对执法检查中发现的属于常务委员会职权范围内的重大问题,常务委员会可以依照监督法的有关规定,组成特定问题的调查委员会,由调查委员会调查后向常务委员会作出报告。

对执法检查中发现的涉法涉诉问题,依照《常德市人民代表大会常务委员会监督司法工作的若干规定》的有关规定处理。

对法律、法规实施主管机关拒不接受检查、不提供真实情况或者对常务委员会的审议意见、决议、决定拒不办理或者无故拖延的,常务委员会应当责令其限期改正,并可以建议有关机关依法给予处分;情节严重的,对其主要负责人可以按照监督法规定的范围和程序依法予以撤职。

第十九条 常务委员会有关工作机构根据年度执法检查计划,制定具体的新闻报道计划,组织新闻媒体对执法检查工作进行宣传报道。

第二十条 本办法自通过之日起施行。

常德市人民代表大会常务委员会
工作评议办法

(2011年4月26日常德市第五届人民代表大会常务委员会第二十三次会议通过)

第一条 为了进一步规范市人民代表大会常务委员会(以下简称常委会)对本级人民政府、人民法院、人民检察院的工作评议,加强工作监督,根据《中华人民共和国地方各级人民代表大会和地方各级人民政府组织法》、《中华人民共和国各级人民代表大会常务委员会监督法》等法律的规定,结合本市实际,制定本办法。

第二条　本办法所称工作评议，是指常委会在听取市人民政府、市中级人民法院、市人民检察院的专项工作报告时，对该项工作进行的评议。

常委会还可以依法对本行政区域内的具有地方行政执法管理职能的上级垂直管理部门的工作进行评议。

第三条　常委会围绕全市工作大局，每年选择关系经济社会发展和群众切身利益、社会普遍关注的重要工作，有计划地开展工作评议。工作评议列入常委会年度工作计划，并向社会公布。

第四条　常委会主任会议研究决定工作评议的实施方案以及其他重要事项。

市人大有关专门委员会或常委会工作机构具体组织实施工作评议的各项工作。

第五条　工作评议的内容：

（一）执行宪法、法律、法规的情况。

（二）执行上级和本级人民代表大会及其常委会决议、决定的情况，接受本级人民代表大会及其常委会监督的情况，办理人大代表建议、批评和意见的情况。

（三）工作成效、存在的问题及改进措施。

（四）常委会认为需要评议的其他工作情况。

第六条　根据工作评议需要，组织若干评议调查组。评议调查组的组成人员，从常委会组成人员和市人大代表中确定，也可以邀请在常的全国人大代表、省人大代表及有关专家参加。

第七条　评议调查组应当采取听取汇报、个别走访、召开座谈会、查阅资料、问卷调查和实地调查等多种形式进行调查，也可以采取听证会、专家咨询会、委托社会专业机构等形式进行调查。广泛听取意见，了解掌握相关情况，并公开评议调查组联系电话和电子信箱，征求社会各界对该项工作的意见和建议。

第八条　评议调查结束后，市人大有关专门委员会或常委会工作机构应当形成书面调查报告，送交常委会主任会议讨论，并由常委会主任会议决定是否向常委会会议报告。

市人大有关专门委员会或常委会工作机构可以根据调查情况，提出在常委会会议上作中心评议发言和专题询问发言的建议人选，提请常委会主任会议研究确定。

第九条　被评议工作主管机关在常委会会议进行工作评议的二十日前，将专项工作报告送交市人大有关专门委员会或常委会工作机构征求意见。市人大有关专门委员会或常委会工作机构在七个工作日内提出意见并反馈。

被评议工作主管机关对专项工作报告修改后，在常委会会议进行工作评议的十日前，送交常委会办公室。常委会办公室在常委会会议进行工作评议的七日前，将专项工作报告分送给常委会组成人员。

第十条　工作评议应在常委会会议上进行。常委会会议开展工作评议的程序：

（一）听取专项工作报告。

（二）听取评议调查组的专项工作调查报告。

(三)中心评议发言人评议发言。

(四)专题询问发言人询问发言,被评议工作主管机关及其部门负责人回答询问。

(五)常委会其他组成人员联组评议、询问发言。

(六)常委会组成人员对专项工作按满意、基本满意和不满意进行无记名投票测评,当场宣布投票测评结果。

(七)专项工作报告人表态发言。

第十一条 专项工作报告由市人民政府、市中级人民法院、市人民检察院负责人向常委会报告。市人民政府也可以委托有关部门主要负责人报告。

参加评议调查的人大代表及有关专业人员列席会议。列席人员视情况可以扩大到相关机关及部门中层以上干部。会议可以邀请市委及相关部门负责人参加。

第十二条 市人大有关专门委员会或常委会工作机构对会议评议时提出的评议意见进行整理,经常委会会议通过后,交由被评议工作主管机关研究处理。

被评议工作主管机关在两个月内,将研究处理情况送交市人大有关专门委员会或常委会工作机构征求意见后,在常委会会议上作出书面报告。

第十三条 被评议工作测评满意和基本满意票不过60%的,被评议工作主管机关要在两个月内向常委会会议作出整改报告,常委会对整改报告组织满意度测评。

整改报告测评结果满意和基本满意票不过60%的,常委会组成人员五人以上联名,可以提出质询案,由常委会主任会议交由受质询的机关答复。根据常委会主任会议提议,或者五分之一以上常委会组成人员书面联名提议并经常委会主任会议决定提请,常委会可以决定组织特定问题调查委员会,然后根据特定问题调查委员会的调查报告作出相应的决议、决定。根据调查情况,常委会主任会议可以提出对有关负责人的撤职案,由常委会会议审议决定;五分之一以上常委会组成人员书面联名也可以提出撤职案,由常委会主任会议决定是否提请常委会会议审议。

第十四条 常委会听取的专项工作报告、评议意见、测评结果及被评议工作主管机关对评议意见研究处理情况的报告和整改报告,以常委会公报的形式向市人大代表和垂直管理部门的上级领导机构通报,并向社会公布。

第十五条 本办法自通过之日起施行。

常德市人民代表大会代表议案处理办法

(2011年8月25日常德市第五届人民代表大会常务委员会第二十五次会议通过)

第一章　总　则

第一条 为了保障市人民代表大会代表(以下简称代表)依法行使提出议案的权利,规范代表议案的提出和处理程序，做好代表议案工作，根据《中华人民共和国地方各级人民代表大会和地方各级人民政府组织法》、《中华人民共和国全国人民代表大会和地方各级人民代表大会代表法》、《湖南省实施〈中华人民共和国全国人民代表大会和地方各级人民代表大会代表法〉办法》等法律法规的规定，参照《全国人民代表大会代表议案处理办法》，结合我市工作实际，制定本办法。

第二条　本办法所称代表议案，是指市人民代表大会代表联名向市人民代表大会提出的属于市人民代表大会职权范围内的议事原案。

第三条　代表提出议案是法律赋予代表的职权，是执行代表职务，参加行使地方国家权力的一项重要工作。

认真处理代表议案，是有关机关或者机构的法定职责。

市人民代表大会常务委员会应当为代表议案工作提供必要的条件，其办事机构应当为代表议案工作提供服务。

第二章　代表议案的基本要求

第四条　代表议案应符合下列条件：

（一）由市人民代表大会代表十人以上联名向市人民代表大会提出；

（二）内容属于市人民代表大会职权范围内的事项；

（三）要求列入市人民代表大会会议议程进行审议的事项。

第五条　下列事项可以作为代表议案提出：

（一）在本行政区域内贯彻实施宪法和法律、法规，执行上级人民代表大会及其常务委员会决议、决定的事项；

（二）改变或撤销市人民代表大会常务委员会不适当的决议、决定，撤销市人民政府不适当的决定和命令的事项；

（三）本行政区域内的政治、经济、教育、科学、文化、卫生、环境和资源保护、民政、民族等工作的重大事项；

（四）应当由市人民代表大会及其常务委员会决定或者批准的其他事项。

第六条　代表议案应写明案由、案据和方案。案由应当明确清楚，案据应当充分合理，方案应当具体可行。

第七条　代表议案应当一事一案，使用统一印制的代表议案专用纸，由代表按照专用纸上所列项目和要求填写，并亲笔签名。

第三章 代表议案的提出

第八条　代表应当通过视察、调研、参加代表小组活动等多种形式，深入实际，密切联系群众，广泛听取意见，在充分酝酿准备的基础上提出议案。

第九条　代表议案应当在市人民代表大会会议期间提出，并在大会主席团决定的议案截止时间前送交大会秘书处，超过截止时间的不作议案处理。

代表在闭会期间提出的议案,可送交市人民代表大会常务委员会代表工作机构,在市人民代表大会会议举行时,交由大会秘书处与会议期间的代表议案一并处理。

第十条 提出议案的领衔人应当向应邀联名的代表分别提供议案文本。应邀联名的代表应当在认真审阅同意后再签名附议,有条件集体讨论的,应集体讨论。

第十一条 大会秘书处负责对代表议案进行整理、分类和登记。对不符合议案基本要求的,可以建议提议案人修改、完善,也可以建议提议案人改作建议、批评和意见提出。

第四章 代表议案的处理

第十二条 大会秘书处应将代表所提议案送市人大有关专门委员会进行审议，专门委员会审议后提出具体建议，由大会秘书处负责整理并向大会主席团提出代表议案处理意见的报告。每届代表大会举行第一次会议时,设立议案审查委员会,负责代表议案审查工作,并向大会主席团提出代表议案处理意见报告。

第十三条 大会主席团听取代表议案处理意见的报告，并对代表所提议案分别作出如下处理:

(一)符合议案的基本要求,条件比较成熟、方案具体可行的,列入本次大会议程。

(二)符合议案的基本要求,但必要性和可行性需要进一步研究的,交由有关专门委员会在闭会期间进行审议。

(三)不符合议案基本要求的,作为建议、批评和意见处理。

大会主席团通过的代表议案处理意见的报告,应当印发本次大会全体代表。

第十四条 决定列入本次大会议程的代表议案,提案人应当向大会提出关于议案的说明。

第十五条 列入本次大会议程的代表议案,由大会主席团交各代表团进行审议,并同时交有关专门委员会进行审议,必要时,经主席团决定,也可以在大会全体会议上进行审议。

会议审议议案时,有关机关负责人必须到会听取代表的意见,回答代表的询问,并向会议提供有关资料。

第十六条 列入本次大会议程的代表议案,在审议中遇有重大问题需要进一步研究的,由大会主席团提出,经大会全体会议通过,可以授权市人大常委会审议并作出决定,并报市人民代表大会下一次会议备案,或者提请市人民代表大会下一次会议审议。

第十七条 列入本次大会议程的代表议案,除授权市人大常委会审议并作出决定的,大会应当作出相应的决议或决定。有关代表议案的决议、决定的草案由有关专门委员会根据代表审议的意见并商提议案人提出,经大会主席团通过后提交大会全体会议表决。

第十八条 列入本次大会议程的议案,在交付大会表决前,提议案人要求撤回致使联名代表不符合法定人数的,应当以书面形式提出,经大会主席团同意,对该项议案的审议即行终止。

第十九条 大会主席团决定交由有关专门委员会在闭会期间进行审议的议案，专门委员会要组织进行研究分析,提出代表议案审议工作的安排建议。

专门委员会审议代表议案，涉及需要先征求有关机关、组织意见的，应当在大会闭会之日起一个月内，将代表议案交由有关机关、组织研究。有关机关、组织应当在大会闭会之日起四个月内，至迟不超过六个月，提出意见。

专门委员会在审议代表议案时，应当邀请提议案的领衔人列席会议；还可以采取邀请提议案人参加调研、座谈等方式，加强联系和沟通，听取对议案处理的意见。

专门委员会应当采纳有关机关、组织和提议案人的合理意见，在认真审议的基础上，提出代表议案审议结果的报告，并在下一次代表大会两个月前，经主任会议决定，提请市人大常委会会议审议。常委会审议时，应当根据会议议程，邀请部分提议案人列席会议参与审议。

第二十条　专门委员会审议代表议案，主要是在调查研究和征求有关部门意见的基础上，提出是否列入会议议程的意见。

条件成熟、切实可行的议案，应当建议列入代表大会或者人大常委会会议议程；对暂不能列入会议议程的议案，可以建议列入市人大常委会今后的工作计划。

第二十一条　专门委员会提出的关于代表议案审议结果的报告，应当包括议案的主要内容，听取和采纳有关机关、组织和提议案人意见的情况，审议意见（包括是否列入代表大会或者常委会会议议程的意见）等内容，必要时可以用附件详细说明。

第二十二条　市人大常委会通过的代表议案审议结果报告和有关代表议案的决议、决定，由专门委员会寄送全体提议案人，并印发下次市人民代表大会。

第二十三条　市人民代表大会或市人大常委会作出的有关代表议案的决议、决定，有关机关、组织应当在决议、决定做出后两个月内，将执行的实施方案经专门委员会审查后向市人大常委会备案，并按规定报告执行情况。市人大常委会会议审议有关代表议案的决议、决定执行情况时，可以邀请提议案人列席会议。

第二十四条　市人大常委会及市人大有关专门委员会应当加强对有关代表议案的决议、决定执行情况的跟踪检查，根据需要，可以组织市人大代表采取视察、评议或者听取专题汇报等形式进行督查，也可以依照法律规定提出询问或者质询。

第五章　附　则

第二十五条　本办法自通过之日起施行。

常德市人民代表大会常务委员会
讨论、决定重大事项的规定

（2011 年 10 月 26 日常德市第五届人民代表大会常务委员会第二十六次会议审议通过）

第一条　为了保障和规范市人民代表大会常务委员会（以下简称常委会）依法行使讨论、决定本行政区域内重大事项的职权，促进决策民主化、科学化、规范化，根据《中华人民共

和国宪法》、《中华人民共和国地方各级人民代表大会和地方各级人民政府组织法》和《中华人民共和国各级人民代表大会常务委员会监督法》的规定，参照《湖南省人民代表大会常务委员会讨论、决定重大事项的规定》，结合本市实际，制定本规定。

第二条 本规定所称重大事项，是指须经常委会讨论、决定或须向常委会报告、备案的本行政区域内政治、经济、教育、科学、文化、卫生、人口、环境和资源保护、社会保障、民政、民族等各方面工作中关系改革发展稳定大局和群众切身利益、社会普遍关注的重大事项。

第三条 常委会讨论、决定重大事项，应坚持科学发展观，从本行政区域实际出发，充分发扬民主，集体行使职权，严格依法办事。

第四条 下列重大事项应当提请常委会审议，由常委会作出相应的决议、决定：

（一）贯彻执行宪法、法律、法规和上级人民代表大会及其常委会以及本级人民代表大会的决议、决定的重大措施；

（二）推进依法治市，加强社会主义民主法制建设的重大决策和部署；

（三）市人民政府提出的国民经济和社会发展五年规划的中期调整方案、年度国民经济和社会发展计划的部分调整；

（四）市人民政府提出的本级年度财政预算的部分调整；

（五）市人民政府提出的本级年度财政决算；

（六）决定授予地方的荣誉称号；

（七）市人民检察院检察长在重大问题上不同意检察委员会多数人的决定而提请决定的事项；

（八）撤销区县（市）人民代表大会及其常委会不适当的决议和决定；

（九）撤销市人民政府不适当的决定和命令；

（十）组织特定问题调查委员会及其提出的调查报告；

（十一）人民代表大会换届选举中的有关重大事项；

（十二）市人民代表大会授权常委会决定的重大事项；

（十三）法律、法规规定应当由常委会决定的其他重大事项。

第五条 下列重大事项应当提请常委会审议，常委会可以提出意见、建议，必要时可以作出相应的决议、决定：

（一）市本级财政预算（草案）和部门预算编制情况；

（二）国民经济和社会发展计划执行情况；

（三）市本级财政预算执行情况；

（四）市本级财政预算执行和其他财政收支的审计情况；

（五）贯彻人口与计划生育、环境和资源保护等基本国策方面的情况；

（六）教育、科学、文化、卫生、体育等事业改革和发展的情况；

（七）民政、民族、宗教等方面的重大措施；

（八）同外国地方政府建立友好关系；

（九）市财政担保融资投入1亿元以上的，市财政资金投入3000万元以上的，未列入年度计划但须经计划调整的重大建设项目的立项和建设情况；

（十）非税收入的征收、管理及使用情况；投融资和债务管理情况；

（十一）基本养老保险、失业保险、基本医疗保险等社会保障制度实施中的重大问题以及涉及全市人民群众切身利益的重大改革措施；

（十二）水利建设及其他抗灾规划与防灾减灾情况；

（十三）特大事件、事故、疫情和特大自然灾害的处理情况；

（十四）市人民代表大会及其常委会选举或者任命的国家机关工作人员的重大违法违纪案件的处理情况；

（十五）常委会交办的人大代表或者公民就重大案件提出的控告和申诉的办理情况；

（十六）由常委会主任会议决定列入常委会议程的质询事项；

（十七）市人民政府、市中级人民法院、市人民检察院认为需要提请常委会审议的其他重大事项；

（十八）法律、法规规定应当由常委会审议和常委会认为需要审议的其他重大事项。

第六条　下列重大事项应当向常委会报告或备案，常委会可以提出意见、建议：

（一）转移支付资金的到位及使用情况，预算超收收入的安排和使用情况；

（二）市人民政府对审计工作报告查出问题的纠正情况和处理结果；

（三）重大国有资产的处置情况，大宗国有土地使用权出让项目、矿业权出让项目和大宗物资采购项目的实施情况；

（四）乡级以上行政区域的设立、变更和撤销；

（五）常德市市域城镇体系规划、城市总体规划及控制性详细规划的制定、修改；

（六）常德市城市总体规划、环境保护规划、矿产资源总体规划的执行情况；

（七）年度城市基础设施建设项目和项目资金的安排，事关国计民生的重大政府公共工程项目建设情况；

（八）市级以上的自然保护区、风景名胜区、森林公园和历史文物古迹的保护情况；

（九）审判、检察、行政监察改革以及社会治安综合治理的重大情况；

（十）市人民政府工作部门的设立、变更和撤销，市中级人民法院、市人民检察院内设机构的设立、变更和撤销；

（十一）市人大代表建议、意见、批评的办理情况；

（十二）法律、法规规定应当向常委会报告或备案和常委会认为需要报告或备案的其他重大事项。

第七条　提请常委会讨论、决定和须向常委会报告或备案的重大事项，应以议案或报告形式提出。

第八条 下列国家机关和人员可以依法向常委会提出有关重大事项的议案、报告：

（一）常委会主任会议可以依法向常委会提出有关重大事项的议案；

（二）市人民政府、市人大专门委员会可以依法向常委会提出有关重大事项的议案或报告；

（三）市中级人民法院、市人民检察院可以依法向常委会提出有关重大事项的报告；

（四）常委会组成人员五人以上联名，可以依法向常委会提出有关重大事项的议案。

第九条 常委会主任会议提出的有关重大事项的议案，由常委会主任会议提请常委会审议。

市人民政府、市人大专门委员会、市中级人民法院、市人民检察院提出的有关重大事项的议案或报告，常委会组成人员依法联名提出的有关重大事项的议案，由常委会主任会议决定是否提请常委会审议，或者先交市人大有关专门委员会审议并提出报告，再由常委会主任会议决定是否提请常委会审议。

第十条 拟提请常委会审议并作出决议、决定或向常委会报告的重大事项，一般应当在每年年初提出建议议题，经常委会主任会议讨论通过后，列入常委会年度工作要点，并向社会公布。

市人民政府、市人大专门委员会、市中级人民法院、市人民检察院、常委会组成人员可以向常委会提出建议议题，必要时，常委会可以向社会公开征集建议议题。

已列入常委会议题计划的重大事项，如需变更，由常委会主任会议提请常委会决定。

未列入年度重大事项议题计划的事项，确需提请常委会讨论决定的，由常委会主任会议决定是否列入常委会会议议程。临时提请常委会审议的重大事项的议案、报告等，应当在常委会主任会议举行的七日前送交常委会办公室。

第十一条 提请常委会讨论、决定的重大事项的议案、报告，应当包括以下主要内容：

（一）关于该重大事项的基本情况；

（二）与该重大事项有关的法律、法规、规章、政策依据；

（三）该重大事项的决策方案及其可行性说明；

（四）该重大事项的有关统计数据、调查分析等资料；

（五）常委会认为需要的其他材料。

第十二条 对本规定第四条所列重大事项，常委会应当自收到议案、报告之日起两个月内进行审议；对常委会组成人员五人以上联名提出的议案，常委会从常委会主任会议决定提请常委会会议审议之日起两个月内进行审议。

对提请审议的重大事项的议案或报告，未进行审议的，常委会主任会议应向提请机关或联名提出议案的常委会组成人员作出说明。

第十三条 市人民政府、市中级人民法院、市人民检察院应当在常委会举行会议的二十日前，由其办事机构将有关重大事项的议案或报告送交市人大有关专门委员会或常委会工作机构征求意见；市人民政府、市中级人民法院、市人民检察院根据相关意见对报告修改后，在常委会举行会议的十日前送交常委会。

常委会办公室应当在常委会举行会议的七日前，将有关重大事项的报告发给常委会组成人员。

第十四条　常委会会议审议重大事项前，常委会主任会议可委托市人大有关专门委员会或常委会工作机构就该重大事项组织调查研究，广泛听取人大代表和社会各方面的意见，并将调研报告或收集的意见印发常委会会议审议时参阅。

常委会讨论、决定重大事项，可以依法组织特定问题调查委员会进行调查。

对列入常委会会议议程的有关重大事项的议案、报告，在审议中如有重大问题需要进一步了解民意的，或存在较大争议的，由常委会主任会议决定，可以举行听证会或专家论证会。听证会或专家论证会由市人大有关专门委员会负责组织。

第十五条　常委会审议重大事项时，提请机关或联名提出议案的常委会组成人员应当提供必要的附件和参阅材料，提请机关的主要负责人应当到会说明，回答询问。

常委会审议重大事项时，经常委会主任会议同意，有关单位、人员可列席会议；可邀请人大代表列席会议。

第十六条　常委会审议决定重大事项的议案或报告时，必须严格遵守法律规定，在充分审议的基础上进行无记名投票表决，以常委会组成人员的过半数通过，表决结果由会议主持人当场宣布。

第十七条　常委会对审议的重大事项，认为需要提交市人民代表大会讨论、决定的，应当依照法定程序提交市人民代表大会讨论、决定。

第十八条　常委会对重大事项作出的决议、决定，有关国家机关应当贯彻实施，并在三个月内向常委会报告办理情况，对确实需要较长时间办理的，可以分阶段报告。

常委会会议经审议未作出或不需要作出决议、决定的，常委会办公室应当在会议结束后七日内，将审议意见印送有关机关研究处理。有关机关应当在两个月内向常委会报告办理情况。

第十九条　常委会审议的重大事项的议案、报告，作出的决议、决定及提出的审议意见，市人民政府、市中级人民法院、市人民检察院执行决议、决定的情况或对审议意见研究处理情况的报告，以常委会公报的形式，向市人大代表通报，并向社会公布。

第二十条　对常委会决议、决定的执行情况或者审议意见的研究处理情况，市人大有关专门委员会或常委会工作机构应当进行跟踪检查，并向常委会主任会议报告。必要时，可以将常委会有关重大事项决议、决定的执行情况或审议意见的研究处理情况在常委会会议上进行票决；还可以作为监督的议题，纳入常委会年度监督工作计划。

第二十一条　对应当提请常委会审议或向常委会报告的重大事项而不提请审议或不报告的，由常委会责令有关机关提请审议或报告；对应当报请常委会讨论、决定的重大事项越权作出决定，以及对常委会作出的决议、决定不执行，对提出的审议意见不研究处理的，常委会可以依法提出询问、质询，组织特定问题调查，并根据具体情况依法撤销有关机关越权作出的决定,或依照法律、法规规定的其他方式实施监督。

第二十二条 本规定自通过之日起施行。

常德市人大常委会
决议、决定执行和审议意见研究处理督办办法(试行)

(2013年6月26日常德市第六届人民代表大会常务委员会第四次会议通过)

第一条 为了加强和改进市人大常委会监督工作,规范监督行为,增强监督实效,督促决议、决定的执行和审议意见的研究处理,促进市人民政府、市中级人民法院、市人民检察院(以下简称“一府两院”)依法行政、公正司法,根据《中华人民共和国地方各级人民代表大会和地方各级人民政府组织法》、《中华人民共和国各级人民代表大会常务委员会监督法》和《湖南省县级以上人民代表大会常务委员会监督条例》等法律法规规定,结合我市实际,制定本办法。

第二条 市人大常委会主任会议(以下简称主任会议)负责处理市人大常委会督办的日常工作。

市人大各专门委员会、常委会各工作机构协助市人大常委会开展督办工作。市人大常委会办公室承担督办的组织、协调、联系工作。

第三条 市人大常委会的督办范围:

(一)市人大常委会作出的决议、决定执行情况;

(二)市人大常委会对专项工作报告的审议意见(含评议意见)研究处理情况;

(三)市人大常委会对国民经济和社会发展计划执行情况报告、预算执行情况报告和审计工作报告的审议意见研究处理情况;

(四)市人大常委会对执法检查报告的审议意见(含执法检查报告)研究处理情况;

(五)市人大常委会主任会议组织视察所形成的视察意见研究处理情况。

前款所列审议意见、评议意见、视察意见统称审议意见。

主任会议从中选择若干关系改革发展稳定大局和群众切身利益、社会普遍关注的决议、决定和审议意见,进行重点督办。

第四条 督办工作坚持跟踪督办和集中督办相结合的原则,综合运用调查、视察、报告、评议等形式,依法监督,讲求实效。

市人大常委会办公室、市人大相关专门委员会、常委会相关工作机构在开展督办过程中,可以邀请市人大常委会组成人员或市人大代表参加。

第五条 市人大常委会决议、决定(草案)由议案提请主体拟定,也可以由主任会议委托市人大相关专门委员会、常委会办公室或相关工作机构拟定,然后由主任会议讨论决定列入常委会会议议程，提请市人大常委会会议审议通过，交“一府两院”执行。

市人大常委会会议期间，市人大常委会办公室会同市人大相关专门委员会、常委会相关工作机构及时整理常委会组成人员审议发言。审议意见提请主任会议研究，向“一府两院”发出，交“一府两院”研究处理。

市人大常委会通过的决议、决定和发出的审议意见应当属市人大常委会职权范围，符合法律法规的规定和常德的实际，突出重点，力求解决实际问题，具有针对性和可操作性。

第六条　市人大常委会作出的决议、决定和发出的审议意见，在常委会会议后十日内，由市人大常委会办公室以书面形式送达市人民政府办事机构和市中级人民法院、市人民检察院。

第七条　主任会议根据决议、决定执行和审议意见研究处理的所需时间等确定“一府两院”向市人大常委会报告决议、决定执行和审议意见研究处理情况的期限，一般不少于四个月。决议、决定执行具有连续性的，可以要求“一府两院”定期报告。

报告期限应在市人大常委会办公室送达决议、决定和审议意见至“一府两院”时予以明确。

第八条　“一府两院”应当在收到决议、决定和审议意见后两个月内，提出执行决议、决定和研究处理审议意见的方案，并将方案送交市人大常委会办公室和市人大相关专门委员会、常委会相关工作机构。

第九条　市人大相关专门委员会、常委会相关工作机构应当在收到“一府两院”执行决议、决定和研究处理审议意见方案后的适当期限内，通过发函、调查、听取汇报等方式，及时了解和掌握决议、决定执行和审议意见研究处理的情况，组织对方案落实情况的跟踪督办。

市人大常委会办公室可以会同市人大相关专门委员会、常委会相关工作机构对“一府两院”执行决议、决定和研究处理审议意见情况开展集中督办。

主任会议认为确有必要，可以要求“一府两院”专题报告执行决议、决定和研究处理审议意见情况。市人民政府相关部门、市中级人民法院、市人民检察院负责人应当向主任会议口头报告。

主任会议认为确有必要，可以组织市人大常委会组成人员或市人大代表，对决议、决定执行和审议意见研究处理情况进行视察。

第十条　“一府两院”应当按照报告期限要求，向市人大常委会书面报告决议、决定执行情况。报告内容包括：执行的措施及执行效果，执行过程中存在的主要问题及原因分析，改进执行措施的计划等。

“一府两院”应当按照报告期限要求向市人大常委会书面报告审议意见的研究处理情况。报告内容包括：研究处理的措施及落实效果，落实过程中存在的主要困难、问题及原因分析，改进措施的计划等。

经过主任会议讨论决定，可以要求“一府两院”向市人大常委会会议口头报告执行决议决定和研究处理审议意见的情况。

"一府两院"不能在规定时间内报告的,"一府两院"应当提出延期申请,经主任会议同意可以延期报告。

第十一条 "一府两院"在向市人大常委会报告决议、决定执行和审议意见研究处理情况之前,应当征求市人大常委会办公室和市人大相关专门委员会、常委会相关工作机构的意见。

第十二条 市人大常委会办公室和市人大相关专门委员会、常委会相关工作机构应当按照市人大常委会和主任会议的要求,对决议、决定执行和审议意见研究处理情况进行全面了解,客观评估效果,形成专题书面报告,提交市人大常委会。报告内容包括:总体效果评价、存在的主要问题及原因分析、进一步落实的建议。

第十三条 市人大常委会组成人员听取"一府两院"决议、决定执行和审议意见研究处理情况的口头报告或者阅读书面报告后,结合市人大常委会办公室和市人大相关专门委员会、常委会相关工作机构提交的专题书面报告,进行评议。

第十四条 市人大常委会可以组织组成人员按照"满意、基本满意、不满意"对第三条第三款所列重点督办的"一府两院"执行决议、决定和研究处理审议意见情况进行满意度测评。满意度测评事项由主任会议讨论决定,测评结果可以向社会公布。满意票和基本满意票未超过 2/3 的,"一府两院"应当就决议、决定的执行和审议意见的研究处理情况,在两个月内向市人大常委会再次报告,经市人大常委会会议评议并测评。如满意票和基本满意票仍未超过 2/3 的,经主任会议讨论决定,启动《中华人民共和国各级人民代表大会常务委员会监督法》规定的相关监督方式。

第十五条 市人大常委会在每年 12 月份常委会会议上专题听取"一府两院"关于本年度决议、决定执行和审议意见的研究处理情况的综合报告。

第十六条 市人大常委会决议、决定,审议意见,执法检查报告,"一府两院"执行决议、决定和研究处理审议意见情况的报告应当向市人大代表通报并向社会公布。

后　记

2011年12月，市五届人大常委会主任会议根据市人民政府地方志办公室的统一部署，决定编修《常德市人民代表大会志》，并成立编修工作委员会，设立编辑部，日常工作由常委会办公室牵头，聘请在常委会工作时间较长的二位退休同志专职其事。2012年3月，编辑工作正式启动。2013年初，编修工作委员会进行调整，日常工作由机关党委牵头。原定志书记记述上限始于撤区建市后的1988年，下限止于2012年，后经编修工作领导小组讨论决定，下限延至2013年12月。2015年8月，初稿编写工作完成。经编写人员反复校对、增删、修改后，2016年3月完成内审稿。2016年5月，内审稿呈主任会议成员、代表大会各专门委员会及常委会各工作机构主要负责人、部分退休的常委会老同志审阅，并召开内部评审座谈会听取意见，编写人员根据有关意见进行修改，形成送审稿。2016年9月8日，市方志办主持会议，邀请有关专家对书稿进行评审。评审会后，根据专家评审意见对书稿进行修改报送方志出版社进行审查，并按照审查意见再次进行修改。最后由市人大常委会主任、本书编委会主任刘明审查定稿。

在志书编写过程中，得到了常委会机关各委室、机关党委、办公室各科室和各区县（市）人大常委会的大力支持，市档案馆提供了大量资料，市方志办多次进行业务指导和工作督查，在此一并致谢。

由于编者水平有限，加上部分资料缺失，书中难免有错讹之处，请不吝赐教为幸。

编　者

2016年11月28日